全國高等院校古籍整理研究工作委員會規劃重點項目
二〇一一——二〇二〇年國家古籍整理出版規劃項目
國家古籍整理出版專項經費資助項目

俞樾全集

汪少華　王華寶｜主編

諸子平議

壹

（清）俞樾｜著
王華寶｜整理

鳳凰出版社

圖書在版編目（CIP）數據

諸子平議 / （清）俞樾著 ; 王華寶整理. -- 南京 :
鳳凰出版社, 2020.9（2022.6重印）
（俞樾全集 / 汪少華, 王華寶主編）
ISBN 978-7-5506-3256-1

Ⅰ. ①諸… Ⅱ. ①俞… ②王… Ⅲ. ①先秦哲學一研
究 Ⅳ. ①B220.5

中國版本圖書館CIP數據核字(2020)第154174號

書名	諸子平議
著者	(清)俞　樾 著　王華寶 整理
責任編輯	許　勇
裝幀設計	姜　嵩
出版發行	鳳凰出版社(原江蘇古籍出版社) 發行部電話025-83223462
出版社地址	江蘇省南京市中央路165號,郵編:210009
照排	南京凱建文化發展有限公司
印刷	蘇州市越洋印刷有限公司 江蘇省蘇州市吴中區南官渡路20號,郵編:215104
開本	880毫米×1230毫米　1/32
印張	28.75
字數	502千字
版次	2020年9月第1版
印次	2022年6月第2次印刷
標準書號	ISBN 978-7-5506-3256-1
定價	238.00圓(全二册)

《俞樾全集》編委會

主編

汪少華　王華寶

編委（按音序排列）

白朝暉　傅　傑　顧莉丹　胡文波　黄曙輝

劉珈珈　羅雄飛　倪永明　喬秋穎　喬玉鈺

孫　煒　滕振國　田松青　王其和　王倩倩

魏慶彬　謝超凡　顏春峰　張曉青　張燕嬰

目録

前言

晚清俞樾(一八二一—一九〇七)留有《春在堂全書》近五百卷,有學術研究,也有讀書札記以及詩文創作等,曾昭旭《俞曲園學記》分之爲考據、義理、文學、雜著、附録等五部;而其學術成就則主要體現在對群經、諸子的校勘、注釋以及對古漢語「文例」的歸納總結等方面。《諸子平議》爲其學術代表作之一,是研究先秦、兩漢諸子的訓詁校勘專著。該書歷來受到學人廣泛關注,研究論著也較豐富。作者事迹參考《清史稿・儒林傳三・俞樾》、章太炎《俞先生傳》、徐世昌《清儒學案・曲園學案・俞先生樾》、繆荃孫《俞先生行狀》、周雲青《俞曲園先生年譜》、徐澂《俞曲園先生年譜》、俞潤民和陳煦《德清俞氏: 俞樾　俞陛雲　俞平伯》、馬曉坤《清季淳儒——俞樾傳》、謝超凡《游心與呈藝: 晚清文化視閾下的俞樾及其文學著述》等。這裏參考王其和、李香平等人的研究成果,對該書的學術淵源與主要内容、學術價值與文化意義、主要版本與整理研究等做一簡要的梳理,對本書的整理情況做必要的説明。

一、學術淵源與主要内容

關於本書的學術淵源，《曲園自述詩》説：「十年春夢付東流，尚冀名山一席留。此是研求經義始，瓣香私自奉高郵。」詩下自注説：「是年夏間無事，讀高郵王氏《讀書雜志》《廣雅疏證》《經義述聞》而好之，遂有意治經矣。」結合《群經平議・自序》「治經之外旁及諸子，妄有訂正，兩《平議》之作蓋始此矣」可知，俞氏於咸豐八年（一八五八）研讀高郵王氏著作而定學術旨趣，且同時進行兩《平議》的撰寫。俞樾在本書的自序中又談及撰寫原因：「聖人之道具在於經，而周、秦、兩漢諸子之書亦各有所得，雖以申、韓之刻薄，莊、列之怪誕，要各本其心之所獨得者而著之書，非如後人剽竊陳言、一倡百和者也。且其書往往可以考證經義，不必稱引其文而古言古義居然可見。」即子書有其自身的價值，又可佐證和詮釋經書。并且：「諸子之書文詞奥衍，且多古文假借字，注家不能盡通，而儒者又屏置弗道，傳寫苟且，莫或訂正，顛倒錯亂，讀者難之。」指出子書文本的獨特性、傳承的特殊性、閲讀的困難性等。由此可見，俞樾試圖「以（諸）子證（儒）經」，經、子研究相輔相成，展示出諸子的特殊性，也順應了清儒對諸子學研究的重視。雖然如此，但勒成一帙則二書當有先後。本書序稱：「樾治經之暇旁及諸子，不揣鄙陋，用《群經平議》之例爲《諸子平議》，亦三十五卷。」《諸子平議》此前的擬用名爲《群書訂義》。據相關史料可知，該書開雕於同治六年丁卯，刻成於九年庚午（一八七〇），晚於《群經平議》。

該書内容豐富，主要體現在以下三個方面：一、從研究對象來説，全書涉及《管子》《晏子》《老子》《墨子》《荀子》《列子》《莊子》《商子》《韓非子》《吕氏春秋》《春秋繁露》《賈子》《淮南内經》《楊子太玄經》《楊子法言》等十五部，涵蓋了先秦兩漢時期道家、墨家、儒家、法家、雜家等學派的重要文獻，而《列子》《商子》《春秋繁露》《賈子》《楊子太玄經》五種爲高郵王氏《讀書雜志》所無，宗王氏而有所拓展。二、在校勘、訓詁方法上，宗法高郵王念孫《讀書雜志》，體例亦與《雜志》相似，摘條校釋諸子字句，内外證結合，廣引古籍。然俞樾對王氏成果有一定的修正、補充，并對《讀書雜志》的某些校勘訓詁方法進行了反思與糾正。部分成果體現於《古書疑義舉例》。三、從所校釋的内容來看，據李香平《俞樾〈諸子平議〉研究》（第四頁）統計，「共有平議二千四百一十條，其中主要屬於校勘的一千三百九十六條，占總數的百分之五十八；屬於狹義訓詁的有一千零一十四條，占總數的百分之四十二」。俞樾研究諸子著作，校勘方面，或用理校，或用經書校，或用他書校，考證文本的訛、衍、脱、倒、移，從理論方法，到材料運用，到具體結論等，都取得了巨大的成就；訓詁方面，或推其假借本字以求原義，或用訓詁條例來詮釋，在實踐上體現其「正句讀、審字義、通古文假借……三者之中，通假借尤爲要」的訓詁原則，訂正前人不足，既豐富了傳統訓詁學理論，也糾正了不少前人誤説，補充和豐富了子書校釋的内容，爲正確釋讀文本、理解諸子思想以及漢語史研究等作出了卓越的貢獻。

二、學術價值與文化意義

《諸子平議》三十五卷，校勘釋讀先秦兩漢子書十五部，在文獻學尤其是校勘學和訓詁學方面，成就巨大，也成爲後世校讀子書的重要參考文獻。如王先謙撰著《荀子集解》，孫詒讓撰著《墨子閒詁》，幾乎全部采録俞氏相關成果，且多贊同。俞樾的校釋，儘管仍有可商之處，如有些條目的觀點失之臆斷，有些條目存在誤讀，有時盲從古注，偶有錯用通假，本書據各家成果并結合個人見解略加校釋，但瑕不掩瑜，仍不失爲清末小學成就的代表作之一。王其和《俞樾訓詁研究》概括俞樾校勘的主要特點有：一、結論較爲精審，多與古本暗合；二、重視致誤之由；三、多闕疑，不妄校；四、系統總結校勘條例；五、善於綜合運用多種校勘方法。概括俞樾的訓詁思想與方法則有：提出了諸多訓詁的基本原則，首倡「以子證經」的訓詁方法，音義觀、語法觀、語義觀、詞彙觀及其在訓詁實踐中的運用，據對文訓詁、據全書文例訓詁、據方言訓詁、據古人名字相應關係訓詁等訓詁方法。而俞樾治學的求新求异之精神和懷疑之態度，民國學者錢玄同深表敬佩：「俞氏以前諸師……不敢創漢唐所無之新説，尤不敢大膽疑經。而俞氏獨不然，他是能够衝决這個網羅的……俞氏這種態度，實在是我們的好榜樣。」

對於該書，前人評價較高。如《清史稿》本傳稱「生平專意著述，先後著書，卷帙繁富，而《群經平議》《諸子平議》《古書疑義舉例》三書，尤能確守家法，有功經籍。……其《諸子平議》，則仿王氏《讀書雜志》而作，校誤文，明古義，所得視《群經》爲多」，章太炎稱「治《群經》不如《述聞》諦，《諸子》乃與《雜志》抗衡」。

清儒對諸子學的研究，尤其在子書整理方面取得了顯著成就，可以説諸子學是構成清代學術研究輝煌的一個重要方面。王念孫的《讀書雜志》自不必説；汪中的《述學》遍述諸子，獨出機杼；陳澧的《東塾讀書記》評釋《管子》《老子》《莊子》《墨子》《韓非子》《商君書》，有其創見；孫詒讓的《札迻》，考釋子書七十八種。具體子書的注疏、校釋、集考等種類繁多，不勝枚舉。盧文弨校勘專著《群書拾補》，亦涉及《晏子》《韓非子》《列子》等多部子書。《諸子平議》作爲清代校釋子書的代表作之一，與其他討論諸子的書一起，構成了對於經學獨尊地位的衝擊，并與清末民初的「西學源於諸子説」等試圖以諸子的學説來消化吸收西學的運動有着内在的關係(見千春松《俞樾與〈諸子平議〉》)。并且,俞樾出長杭州詁經精舍時,兼管浙江書局,以其在諸子校釋上取得的成果,主持精刻了子書二十二種,海内稱爲善本。蔣元卿評論清代的子學整理成就時説:「若是談到校讎方面,則其成績貢獻最大者,仍當以諸子之書爲首。蓋治經一事,漢唐以來,已十分發達,清儒雖加精密,亦未能跳出範圍以外。而諸子之書,自西漢以降,已不見重於世,故治之者少,於是傳刻訛舛,漸不可讀。清代學者既提倡好古之風,因於治經之外,兼及諸子,而子書乃有多數得以復活。」也由此可見俞氏諸子研究與傳播的文化意義。

諸子學研究也有致用之義,如羅檢秋《近代諸子學與文化思潮》分析:「如果説乾嘉學派還衹是從學術門徑中重視三家(道、墨、法)著作(這也是對傳統經學的偏離),不自覺地彰顯了諸子學的價值,那麽,晚清國粹學派和五四新文化健將則已自覺地闡揚了道、墨、法的思想價值和現代意義,并使之成爲批判正統儒學的思想武器。因而,道、墨、法成爲近代『以復古爲解放』(梁啓超)思潮中的學術中心。」當然,俞樾的研究與清儒一樣,仍重在校勘訓詁,屬於傳統諸子學,衹有到了他的學生章太炎輩,「方才於校勘訓詁的諸子學之外,别出一種有條理系統的諸子學」(見胡適《中國哲學史大綱・導言》),至胡適而完成諸子學的現代轉型。

三、主要版本與整理研究

《諸子平議》最早的刻本是俞樾的門生、友朋們集資刊印、前有俞樾序目的開雕於同治六年（一八六七）、成書於同治九年（一八七〇）刻本。

此後主要收録於不同時期、不同版本的《春在堂全書》中，另有少量單行本。一九三五年，商務印書館「國學基本叢書」收録《諸子平議》，以光緒二十五年（一八九九）《春在堂全書》重訂本爲底本，確立了該版本的通行地位。二〇〇二年，上海古籍出版社影印《續修四庫全書》，所收《諸子平議》即用此本。

然《春在堂全書》的版本比較複雜，謝超凡在《游心與呈藝》一書附録《〈春在堂全書〉流傳情況》中説：「據筆者掌握的材料，依次有清同治十年（一八七一）刻本、光緒三年（一八七七）刻本、光緒五年（一八七九）刻本、光緒七年（一八八一）刻本、光緒九年（一八八三）刻本、光緒十五年（一八八九）刻本、光緒二十三年（一八九七）石印本、光緒二十五年（一八九九）刻本、光緒二十八年（一九〇二）刻本、光緒間刻本。」謝超凡博士查閲大量文獻，做成此表，對瞭解《春在堂全書》版本大有幫助，功不可没，然尚有所疏漏，如光緒八年（一八八二）二百七十五卷本，爲兩函六十四册，就未被提及。我們認爲，《春在堂全書》收書四十種左右，是不斷增補形成的。多次刊印，除石印改變出版方式外，并非每次重新雕版，而是多據舊版或修或增，根據需要不斷刷印而成。與今日之某版某次概念不盡相同。先有同治六年《群經平議》、同治九年《諸子平議》單刊本等，後彙刊爲《春在堂全書》，至光緒二十五年仍在增補，最後於光緒二十八年刊定。俞樾去世後，仍在增訂重刊，是爲近五百卷本。據查閲多種版本所知，最後的增訂重刊本收書也不盡相同。

俞氏名聲很大，著作甚多，過去曾不斷刊刻，僅單行本就不下百種。然自二十世紀五十年代以來重印句讀本《群經平議》《諸子平議》，新式標點《古書疑義舉例》《茶香室叢鈔》等數種書之後，除《春在堂隨筆》《古書疑義舉例》重印數次外，俞氏的大多數論著未獲再版。《諸子平議》一直没有經過整理的新式標點本。

由於種種原因，有關俞樾的研究一度受到忽視。二十世紀九十年代中期以後，有關俞樾的研究成果逐漸增多：俞潤民、陳煦《德清俞氏》，張欣《花落春仍在——俞樾和他的弟子們》，馬曉坤《清季淳儒——俞樾傳》等傳記，均對俞樾的生平與著述有較詳細的介紹和研究；羅雄飛《俞樾的經學研究及其思想》、謝超凡《游心與呈藝：晚清文化視閾下的俞樾及其文學著述》

等論著，則從不同角度探討俞樾的思想、學術及文化成就，及其在文化史上的地位等。

當代專門研討《諸子平議》的論著不多，王智忠、王其和等有專文討論訓詁和校勘之失，劉如瑛《諸子箋校商補》與《諸子平議》相關的有二十餘條，李香平《俞樾〈諸子平議〉研究》（暨南大學二〇一〇年博士學位論文）則爲最爲系統全面的研究成果。該文以《諸子平議》爲研究對象，通過與王念孫《讀書雜志》、孫詒讓《札迻》進行對比，探討了《諸子平議》在校勘、訓詁術語的使用與校勘、訓詁方法的運用上呈現的特點，分析了俞樾《諸子平議》在校勘訓詁上的成就與不足。王其和《俞樾訓詁研究》則采用傳統語言學與現代語言學理論相結合、理論與文獻材料相結合的方法，對俞氏在校勘、訓詁、雅學等方面的成就進行了深入系統的分析，而對《諸子平議》之不足進行實事求是的討論，「俞樾校勘失誤例析」涉及一百條，「俞樾訓詁失誤例析」涉及三十二條，相對系統而全面。

四、本書的整理情况

俞樾治學以經學爲主，旁及子學、史學，文學創作頗豐，又精佛、道，擅書法，懂游藝、雜耍，所涉内容廣泛，著述宏富。他以「通經致用」爲學術宗旨，以「梯梁後學」爲學術取向，講學近四十年，培養了衆多人才，對國學的傳承起到了承前啓後的作用，其大膽質疑、兼收并蓄、務求通博的學術風範，對傳統學術的近代轉型也産生過重要影響，被陳寅恪譽爲「一代儒林宗碩，湛思而通識之人」。然而，學界對他的研究并不充分，除了俞樾涉獵廣博，研究者限於學養，難以把握之外，重要的是至今没有整理出一部全面彙編、校勘俞樾著述的全集。鳳凰出版社前社長、總編輯薛正興先生倡議整理《俞樾全集》，以《九九銷夏録》爲嘗試，以測知整理工作的難易及可以提升的空間，先後撰寫了《〈九九銷夏録〉點校本斷句標點疑誤舉例》《〈九九銷夏録〉點校本專名號討論》《〈九九銷夏録〉點校本誤字脱字舉例》等文。可惜天不假年，薛先生於二〇一〇年九月病逝。而不久，《俞樾全集》列入了「二〇一一—二〇二〇年國家古籍整理出版規劃項目」。

承鳳凰出版社社長、總編輯姜小青先生的信任，命我尋找能承擔整理《俞樾全集》之人。二〇一二年十月，中國訓詁學研究會學術年會在杭州召開，會前會後，我極力勸請汪少華教授擔此重任，而汪教授則以我相助爲前提條件。二〇一三年上半年，汪教授與鳳凰出版社簽訂出版合同；同年八月，「《俞樾全集》整理校點」獲批准爲「全國高等院校古籍整理研究工作委員會規劃重點項目」。汪教授在《孫詒讓全集》之《周禮正義》整理告竣之際，全身心投入《俞樾全集》的有關工作。因内容廣、難度大，故邀請了復旦大學傅傑教授、《文獻》編輯部張燕嬰編審、江蘇師範大學喬秋穎教授、江蘇大學倪永明副教授、華中科技大學謝超凡副教授、山東師範大學王其和副教授等共同承擔，也將《諸子平議》等書的整理任務交給了我。

儘管我曾策劃光緒末增訂重刊的《春在堂全書》影印出版，精裝七册，撰寫出版説明及書評，於書末附録相關的俞樾研究資料，并承擔了二〇一〇年度國家社會科學基金重大項目「《子海》整理與研究」（山東大學鄭杰文教授主持）中的「（清）俞樾撰《諸子平議》三十五卷」整理與研究工作，但對其中的難度估計不足。該書引文之多，涉及各種研究文獻之廣，對其是非討論之複雜，標點斷句之疑惑，令我大費周章。

本書以鳳凰出版社《春在堂全書》本《諸子平議》爲底本整理，參考蔡啓盛《春在堂全書校勘記》，參閱現代學者整理本諸子成果，訂正文字，參考中華書局句讀本以及吴懷德整理、李國鈞審閲的整理本等標點分段，同時參讀《讀書雜志》、于鬯《香草續校書》、孫詒讓《札迻》、陶鴻慶《讀諸子札記》、徐仁甫《諸子辨正》、徐復《後讀書雜志》、劉如瑛《諸子箋校商補》、董志翹《訓詁類稿》、王其和《俞樾訓詁研究》、李香平《俞樾〈諸子平議〉研究》等論著，略加校勘記；校樣排出後，再校底本，以訂正排版之誤，修正標點問題，適當增補校勘記等。校勘記重在校正底本的排印之誤、引文文字的可商之處及討論俞氏可能存在的誤校誤讀問題，簡明扼要，不作詳細考證。

最後，對已故薛正興先生曾給予的指導和幫助銘感在心！衷心感謝姜小青先生、汪少華先生、倪培翔先生等的信任，讓我有機緣更加細緻認真地閱讀俞樾論著！衷心感謝東南大學人文學院領導和同事的關心和支持，讓我有更充裕的時間從事古籍整理與研究工作！書稿的編輯與排印工作也非常不易，謹向鳳凰出版社諸位前同事和凱建圖文排版公司的諸位朋友致以真摯謝意！

筆者雖黽勉爲之，然學力或有不逮，精力有所不濟，誠惶誠恐，遺誤難免，懇請專家學者不吝指正，以便修訂完善！

王華寶

二〇一七年十月初稿

二〇二〇年一月改定

序目

《諸子平議》三十五卷，德清俞樾撰。樾有《群經平議》三十五卷，已自爲序録矣；及《諸子平議》成，又序其端曰：聖人之道具在於經，而周、秦、兩漢諸子之書亦各有所得，雖以申、韓之刻薄，莊、列之怪誕，要各本其心之所獨得者而著之書，非如後人剽竊陳言、一倡百和者也。且其書往往可以考證經義，不必稱引其文而古言古義居然可見，故讀《莊子·人間世篇》曰「大枝折，小枝泄」，「泄」即「抴」之假字，謂牽引也，而《詩·七月篇》「以伐遠揚，猗彼女桑」之義見矣；讀《賈子·君道篇》曰「文王有志爲臺，令匠規之」，而《詩·靈臺篇》「經始靈臺，經之營之」之義見矣；讀《管子·大匡篇》曰「臣禄齊國之政」，而知《尚書》今文家説「大麓」，古有此説；讀董子《春秋繁露·王道篇》曰「恩衛葆」，而知《春秋左氏傳》「齊人來歸衛俘」，字固不誤；讀《商子·禁使篇》曰「騶虞以相監」，而知韓、魯《詩》説以「騶虞」爲掌鳥獸官，亦古義也；讀《楊子·吾子篇》曰「如其智，如其智」，而知《論語》「如其仁，如其仁」，非孔子之許管仲以仁矣；讀

《楊子·五百篇》曰「月未望則載魄于西」，而知僞孔傳解「哉生魄」之誤；讀《商子·賞刑篇》曰「昔湯封於贊茅」，而知皇甫謐謂湯居穀熟之非；讀《吕氏春秋·音律篇》曰「固天閉地，陽氣且泄」，而知《月令》「以固而閉地氣沮泄」之文有奪誤也；讀《淮南子·時則篇》曰「大禱祭于公社」，而知《月令》「大割祠于公社」，「割」乃「周」之誤字，「周」乃「禂」之假字，「禂祠」即「禱祭」也。凡此之類，皆秦火以前六經舊説，孤文隻字，尋繹無窮。烏呼！西漢經師之緒論已可寶貴，况又在其前歟？然諸子之書文詞奥衍，且多古文假借字，注家不能盡通，而儒者又屏置弗道，傳寫苟且，莫或訂正，顛倒錯亂，讀者難之。樾治經之暇旁及諸子，不揣鄙陋，用《群經平議》之例爲《諸子平議》，亦三十五卷。今録其目於左方：

管子平議六卷

晏子春秋平議一卷

老子平議一卷

墨子平議三卷

荀子平議四卷

列子平議一卷

莊子平議三卷

商子平議一卷

韓非子平議一卷

吕氏春秋平議三卷

董子春秋繁露平議二卷

賈子平議二卷

淮南内經平議四卷

楊子太玄[一]經平議一卷

楊子法言平議二卷

是書也成，與《群經平議》同置匧中未出也。及《群經平議》刻成，而此書亦遂不自祕，稍稍聞於人。諸君子聞有此書，乃謀醵錢而刻之。經始於强圉單閼之歲，至上章敦牂而始觀厥成，蓋非一日之功，亦非一人之力也。《詩》不云乎：「無德不醻。」輒仿漢人碑陰之例，書其名字

[一] 太玄，原作「太元」，避清康熙帝名玄燁諱而改，今作回改。全書同。

焉：曰潘君霨字偉如，曰李君鴻裔字眉生，曰吴君煦字曉帆，曰吴君雲字平齋，曰郭君德炎字日長，曰劉君佐禹字治卿，曰沈君瑋寶字書森，曰陳君其元字子莊，曰馮君渭字少渠。烏呼！成書難，傳書不易，諸君子之刻此書，將謂此書足以傳乎，抑愛樾而姑以徇其意乎？樾固不足以知之。

諸子平議卷一

管子一

守國之度，在飾四維。（《牧民》）

樾謹按：禮義廉耻非由修飾，飾當讀爲飭。《詩·六月篇》「戎車既飭」，毛傳曰「飭，正也」。「飭四維」者，正四維也。飭與飾古通用。《易·雜卦傳》「蠱則飭也」，《釋文》曰「王肅本作飾」，《禮記·樂記篇》「復亂以飭歸」，《史記·樂書》作「復亂以飾歸」，并其證矣。

順民之經。

樾謹按：順，當讀爲訓。「訓民之經」，言教訓其民之道也。古順、訓通用。《尚書·洪範篇》「于帝其訓」「是訓是行」，《史記·宋微子世家》訓并作順，是其證。

不璋兩原，則刑乃繁。

樾謹按：尹注云「璋當爲章。章，明也。『兩原』，謂妄之原，上無量也；淫之原，不禁文巧也」。尹氏據上文以説「兩原」，是矣；讀璋爲章，未得其字，璋乃墇字之誤。《説文·土部》「墇，擁也」。經典多以障爲之。《吕氏春秋·貴直篇》「是障其原而欲其水也」，高誘注曰「障，塞也」。障塞，即墇擁也。此云「不墇兩原」，正與《吕氏春秋》所云「障其原」者同義。若非誤作璋，亦必改而爲障矣。

毋曰不同生。

樾謹按：生，與姓古字通。哀四年《春秋經》「公孫姓」，《釋文》曰「姓，本又作生」。然則「同生」猶「同姓」也。《詩·杕杜篇》「不如我同姓」，《毛傳》曰「同姓，同祖也」。尹注謂「不與汝同家而生」，未達古義。

無私者可置以爲政。

樾謹按：政，當作正。《詩·節南山篇》「不自爲政」，《禮記·緇衣篇》作「不自爲正」，《史記·秦始皇紀》「始皇名政」，徐廣曰「政，一作正」，是政、正古通用。《爾雅·釋詁》「正，長也」。

「可置以爲正」者，可置以爲長也，與上文「可立以爲長」、下文「可奉以爲君」，文義一律。

山高而不崩，則祈羊至矣。（《形勢》）

樾謹按：祈，當讀爲鐖。《説文·血部》「鐖，以血有所刏涂，祭也」。《周官》或以幾爲之，《犬人》職「凡幾珥沈辜」是也。或以刏爲之，《士師》職「凡刏珥」是也。或以祈爲之，《肆師》職「及其祈珥」、《小子》職「掌珥于社稷，祈于五祀」，是也。《肆師》之祈，鄭云「或爲刏」，是知祈爲假字矣。依《説文》，正當作鐖。凡作幾者，鐖之省。凡作刏者，音同也。陸德明云「刏音機」也。鄭注於《士師》職云「刏衈，釁禮之事，用牲，毛者曰刏，羽者曰衈」。此云「祈羊」，正「毛者曰刏」也。尹注「烹羊以祭，故曰祈羊」，北宋本作「耳羊以祭」。耳即衈之壞字，蓋以衈釋刏也。刏、衈雖有毛、羽之别，然散文亦通。《山海經·中山經》云「祠，毛用一雄鷄，一牝豚，刏」，郭璞注曰「刏，亦割刺之名」。夫鷄、豚并言刏，是刏、衈通稱之證。尹注以「衈羊」釋「祈羊」，未乖古義。因衈壞作耳，後人遂臆改爲烹，并祈字之義而亦晦矣。

銜命者君之尊也。

樾謹按：「銜命」，《形勢解》作「銜令」，其解曰「令出而民銜之」。此作「銜命」，雖於義亦通，然非《管子》原文矣。當據《解》訂正。

抱蜀不言，而廟堂既修。

樾謹按：《形勢解》曰「所謂抱蜀者，祠器也」。宋氏于庭據《公羊》「祠兵」，《左》《穀》作「治兵」，謂「祠器」即治器。又據《方言》「蜀，一也」，謂「抱蜀」即老子所謂「抱一」。其説祠字是矣，至「抱一」之説，終有未安。「抱一」，可謂之治道，不可謂之治器，一也。影宋本弟一卷《音釋》曰「蜀，音猶」，宋謂猶乃獨字之誤，是固然矣。然蜀不當音獨，二也。竊疑《管子》原文當作「抱檲」，檲即櫝字也。《詩·葛生篇》傳「䩞而藏之」，《釋文》曰「䩞本作檲，又作櫝」，是䩞、檲、櫝三字通用。古者國之寶器，皆櫝而藏之，故《論語》曰「龜玉毀於櫝中」。而陳國所分肅慎氏之貢，亦藏於金櫝，事見《魯語》。「抱檲不言，而廟堂既修」者，言有德之君，但謹守宗器，恭默不言，而廟堂之上已無所不治也。檲字經典罕見，故須音釋，宋本音獨，正爲檲字作音。自字壞作蜀，遂不可曉矣。

飛蓬之問，不在所賓。

樾謹按：尹注曰「蓬飛因風動摇不定，喻二三之聲問，明主所不賓敬」，此未達問字之義也。問，猶言也。《廣雅·釋詁》「言，問也」，言爲問，故問亦爲言。「飛蓬之問」，猶飛蓬之言也。《形勢解》曰「無儀法程式，蜚摇而無所定，謂之蜚蓬之問。蜚蓬之問，明主不聽也；無度之言，明主不許也」。然則「蜚蓬之問」，即「無度之言」，問字之義，於此可見矣。

裁大者衆之所比也。

樾謹按：尹注曰「裁，斷也。能斷大事，衆必比之」，此未達裁字之義也。裁，讀爲材。《文選·長笛賦》「裁已當簻便易持」，李善注曰「裁，或爲材」。是裁、材古通用。《國語》鄭注曰「材兆物」，韋昭注曰「材，裁也」，材可爲裁，故裁亦可爲材。「裁大者衆之所比」，謂材質大者容物必多也。《形勢解》曰「天之裁大，故能兼覆萬物。地之裁大，故能兼載萬物。人主之裁大，故容物多而衆人得比焉」，裁字并當讀爲材，謂天之材大，地之材大，人主之材大也。若從尹注，訓裁爲斷，不可通矣。

美人之懷，定服而勿厭也。

樾謹按：此句之義爲不可曉。據《形勢解》曰「貴富尊顯，民歸樂之，人主莫不欲也。故欲民之懷樂己者，必服道德而勿厭也，而民懷樂之」。然則《管子》原文本作「欲人之懷，必服而勿厭也」，故其解如此。若作「美人之懷，定服而勿厭」，則解何以不及美字、定字之義乎？尹注曰「欲令人貴美而懷歸者，須安定服行道德，勿有疲厭」，則其所據本已誤。夫「令人貴美而懷歸」，不得云「美人之懷」，即尹注之迂回難通，知《管子》原文必不如是，當據後解訂正。

曙戒勿怠，後穉逢殃。

樾謹按：既勿怠矣，又何逢殃之有？勿，疑夕字之誤。「曙戒夕怠」，言朝戒之而夕怠之也。下文云「朝忘其事，夕失其功」，此以夕對曙言，猶彼以夕對朝言矣。〔一〕

衣冠不正，則賓者不肅。

樾謹按：賓，讀爲擯，古字通用。《尚書・堯典》「賓于四門」，鄭注以賓爲擯，是也。主君衣冠不正，則擯者亦不肅，若上文云「上失其位，則下逾其節」矣。

生棟覆屋。

樾謹按：生，當讀爲笙。《方言》曰「笙，細也。自關而西，秦晋之間，凡細貌謂之笙」。

見其可也，喜之有徵。見其不可也，惡之有刑。（《權修》）

樾謹按：刑，當作形。《孝經》「形于四海」，《釋文》曰「形，又作刑」。《荀子・强國篇》「刑

〔一〕　陶鴻慶《讀諸子札記・管子一》認爲，「穉」當爲「徲」，爲希待，引申有遲緩之義，正文義自可通，何必改「勿」爲「夕」。

范正」，注曰「刑，與形同」。《成相篇》「讒夫棄之形是詰」，注曰「形，當爲刑」。是形、刑古通用也。「惡之有形」，與「喜之有徵」，文義正同。尹氏解「喜之有徵」曰「徵，驗也。必有恩賜以驗見喜，無空然矣」。則「惡之有形」，義亦然也。《韓非子・難三篇》引《管子》曰「見其可，說之有證。見其不可，惡之有形」，是其明證。

賞罰不信於其所見，而求其所不見之爲之化。

樾謹按：化，當作外，字之誤也。「爲之」二字，衍文。此本作「賞罰不信於其所見，而求其所不見之外」。因外字隸字或作外，見《魯峻碑》，化字隸書或作夘，見《夏承碑》，兩形相似，故外誤爲化，後人又加「爲之」二字，使成義耳。《韓非子》引此正作「賞罰不信於所見，而求所不見之外」。〔一〕

上好詐謀間欺。

樾謹按：尹注曰「間，隔也。有所隔礙而欺誑也」。然隔礙與欺誑，判然兩義，恐非「間欺」并言之本旨。間，當讀爲奸。昭二十二年經文「大蒐於昌間」，《左》《穀》并同，而《公羊》作「昌

〔一〕陶鴻慶《讀諸子札記・管子一》認爲「文義本可通」，《韓非子》「所不見」衍「不」字。

奸」，是其例矣。

道塗無行禽。（《立政》）

樾謹按：尹注曰「無禽獸之行」，此曲説也。禽獸之行，謂之禽行，已於文義未安，況倒其文曰「行禽」乎？此承上文「便辟无威於國」而言，禽猶囚也，襄二十四年《左傳》「收禽挾囚」，是禽與囚同。蓋以拘囚而言，則謂之囚；以禽獲而言，則謂之禽也。便辟左右之人擅作威福，則赭衣滿路矣。今也不然，是以「道塗無行禽」也。下文「疏遠無蔽獄，孤寡無隱治」，皆以獄訟言，可證此文禽字之義。

疏遠無蔽獄，孤寡無隱治。

樾謹按：「無隱治」與「無蔽獄」同義。《周官·小宰》職曰「聽其治訟」，《司市》職曰「聽其大治大訟，小治小訟」，《胥師》職曰「聽其小治小訟而斷之」，皆治訟并言，治亦訟也。《公羊·僖二十八年傳》「叔武爲踐土之會，治反衛侯」，何休《解詁》曰「叔武訟治於晋文公，令白王者反衛侯，使還國也」。是古人以治爲訟之證，然則「隱治」與「蔽獄」一也。

大德不至仁，不可以授國柄。

樾謹按：尹注曰「德雖大而仁不至，或包藏禍心，故不可授國柄」，此注於義未安。大德之人，何至包藏禍心乎？《群書治要》引此作「大位」，疑亦後人以意改之，未足據也。「大德不至仁」，仁乃人之假字，謂雖有大德而獨善其身，不能及人也。下文曰「卿相不得衆，國之危也」，即承此文而言，惟「不至人」，故「不得衆」，人即衆也。

草木不植成。

樾謹按：植，本作悳，古德字也。德與得通。《易·升》象傳「君子以順德」，《釋文》曰「德，姚本作得」，《詩·碩鼠篇》「莫我肯德」，《吕氏春秋·舉難篇》作「莫我肯得」，并其證也。此云「草木不悳成」，即「草木不得成」，以悳爲得，猶以得爲德耳。字壞作直，因誤爲植，失其義矣。宋本竟改作得，則又非《管子》之原文也。

五鄉之師出朝，遂于鄉官，致于鄉屬，及于游宗，皆受憲。

樾謹按：王氏引之曰「致于鄉屬，于字衍文」。然此文實非止衍一于字也。「遂于鄉官」句，衍鄉字。「及于游宗」句，亦衍于字。《管子》原文當云「遂于官，致鄉屬，及游宗，皆受憲」。

官，古館字。《周易·隨》「初九，官有渝」，《釋文》曰「官，蜀才本作館」。蓋官、館古今字也。官字從宀從𠂤。宀，交覆深屋也；𠂤猶衆也，以屋覆衆，是官之本義爲館舍字也。官司者，其引申之義，本義爲引申義所奪，乃别製從食之館字，《説文·𠂤部》有官，《食部》有館，歧而二之，殆非矣。故古書每以官爲館，《禮記·曲禮篇》「在官言官」，鄭注曰「官，謂版圖文書之處」，《玉藻篇》「在官不俟屨」，注曰「官，謂朝廷治事處」，皆即館字也。此文官字亦然。「遂于官，致鄉屬，及游宗，皆受憲」，言五鄉之師出朝，遂于館舍之中，致鄉屬，及游宗，而受憲焉。下文曰「憲既布，乃致令焉〔一〕」，尹注曰「致令于君」，夫受憲之後，即致令于君，則未反其鄉可知。所謂官者，即在國中，不得有鄉字明矣。後人不達官字之義，疑「遂于官」三字未足，妄增鄉字。又疑「鄉官」「鄉屬」爲對文，「鄉官」上有于字，「鄉屬」上亦不得無于字，兩句既皆有于字，則「及游宗」三字，文不成義，亦不得無于字，轉展相加，遂成此誤矣。又按《戒篇》曰「進二子〔二〕於里官」，尹注曰「里官，謂里尉也，齊國之法，舉賢必自里尉始，故令里官進二子，將旌别而用之」。夫管仲、隰朋皆國之大臣，乃令里官進之，不亦褻乎？且果如此，當云「令里官進二子」，不當云

〔一〕乃致令焉，諸本同。疑「乃」字下脱「反」字。

〔二〕子，原作「字」，據中華本及上下文義改。

「進二子於里官」，尹注非也。官亦即館字。里字亦後人不得其義而妄加也。此所謂官，正鄭君注《玉藻》所謂「朝廷治事處」者。桓公進二子於官，再拜頓首，誠重之也。後人不達古訓，率意增益，或爲「鄉官」，或爲「里官」，大可笑矣。

使民於宫室之用，薪蒸之所積，虞師之事也。

樾謹按：當作「使足於宫室之用，薪蒸之積」。足字與民字相似而誤，所字衍文。

正地者，其實必正。長亦正，短亦正，小亦正，大亦正，長短大小盡正。正不正，則官不理。（《乘馬》）

樾謹按：「正不正」句，上正字乃衍文也。此承「正地者」而言，「不正，則官不理」，即謂地不正也。今作「正不正」，不可通矣。蓋涉上句「長短大小盡正」而誤疊正字耳。下《爵位章》云「是故爵位正而民不怨，民不怨則不亂，然後義可理。理不正則不可以治」。「理不正」句，亦衍理字。此承「爵位正」而言，「不正，則不可以治」，即謂爵位不正也。今作「理不正」，蓋亦涉上句「然後義可理」而誤疊理字耳。兩文一例，其誤亦同，皆宜訂正。

是故百貨賤，則百利不得，百利不得，則百事治。

樾謹按：《太平御覽·資産部》引此文作「百利得」，乃後人不得其義而臆改也。《管子》之意，本謂「百貨賤，則百利不得」，於是人人竭其智力以求利，而百事反因之治。下文云「是故事者生於慮，成於務，失於傲。不慮則不生，不務則不成，不傲則不失」，正申説此文之義。「百利不得」，則謀慮從此出，事之所以生也。又不得不盡力於所當務，事之所以成也。若百利皆得，則轉以輕傲而失之矣。後人不達此旨，疑「百利不得」何以百事能治，遂妄删不字。然貨賤何以得利，其説殊不可通。孫氏星衍、王氏念孫反以爲是，由未詳繹下文故耳。

季絹三十三制當一鎰。

樾謹按：尹氏於「三十三」下出注曰「三等其下者曰季」，是誤以「季絹三十三」爲句，失其讀也。此當以九字連讀，謂季絹三十三制而當黄金一鎰也。《儀禮·既夕篇》「贈用制幣」，鄭注曰「丈八尺曰制」。

秋曰大稽，與民數得亡。

樾謹按：與，讀爲舉。《周官·師氏》「王舉則從」，故書舉爲與，是古字通也。「舉民數得亡」，謂記録民數之得失也。襄二十七年《左傳》「仲尼使舉是禮也」，《釋文》引沈注曰「舉，謂記録之也」，是其義。

十仞見水不大潦，五尺見水不大旱。

樾謹按：「十仞」，當爲「一仞」。一仞見水，其地較高，故不大潦；五尺見水，其地較卑，故不大旱。若作「十仞」，則太縣絶矣。其説更詳見下條。

十一仞見水，輕征。十分去二三，二則去三四，四則去四，五則去半，比之於山。

樾謹按：王氏引之曰，以「五則去半」推之，則當爲「一仞見水，輕征，十分去一，二則去二，三則去三，四則去四，五則去半」，此説是也。上文云「一仞見水不大潦，五尺見水不大旱」，此即承上而言，益知上文之誤。王氏但知此文「十」字之衍，而不知上文「十」字之誤，故其説猶未盡得也。

五尺見水，十分去一，四則去三，三則去二，二則去一。三尺而見水，比之於澤。

樾謹按：尹注以「五尺見水」屬上「比之於山」爲義，解曰「言平地五仞見水，同於山五尺見水」，不知「五尺見水」與上文「一仞見水」相對爲文，尹注誠非也。劉氏績曰「當澇之時，若高亢地十一仞見水，則常征十分中免二三分。十二仞見水，則免三四分。十四仞見水，則免四分。十五仞見水，則免五分。以其極高難灌溉，可以比於山也。當旱之時，若污下地五尺見水，則常征十分免四分。四尺見水，則免三分。三尺見水，則免二分。二尺見水，則免一分。以其極低易灌溉，可以比於澤也。十分去一，當作十分去四，乃字之誤」。今按劉氏所説，亦未得也。「十一仞見水」數句，王氏引之已訂正矣。至此文亦有錯誤，當作「五尺見水，十分去一，四則去二，三則去三，二則去四，一尺而見水，比之於澤」。此王氏所未及訂正也。請合上文而具論之：上文曰「一仞見水不大潦」，然則一仞見水之地，所患非潦也。其輕征之故，以旱不以潦。故一仞見水，十分去一。至二仞見水，地更高矣，故十分去二。至三仞見水，地更高矣，故十分去三。推而至於五仞見水，則比之於山，地愈高，旱愈甚也。上文曰「五尺見水不大旱」，然則五尺見水之地，所患非旱也。其輕征之故，以潦不以旱，故五尺見水，十分去一。至四尺見水，地更卑矣，故十分去二。三尺見水，地更卑矣，故十分去三。推而至於一尺見水，則比之於澤，地愈卑，潦愈甚也。一尺見水之地，當去十分之五。此不言者，以上文「五則去半」推之可見，蓋「比於山」與「比於澤」同也。古書遇數目字往往錯誤，《春秋繁露・爵國篇》所説諸數無一不誤，辯見本書。然則此文之誤，亦無怪矣。劉氏以旱爲潦，以潦爲旱，兩義顛倒，故不得其解。

且此文惟「五尺見水」「十分去一」兩句不誤，劉氏反以爲誤，信古書之難讀也。

民之生也，辟則愚，閉則類。

樾謹按：尹注曰「縱其淫辟，則昏愚」，「類，善也。閉其淫辟，則自爲善」。此注非也。辟即闢之假借字，闢與閉正相對。此兩句之誼，即所謂「民可使由，不可使知」者。《老子》曰「其政悶悶，其民醇醇。其政察察，其民缺缺」，亦此意也。《管子》書與《老子》大指每相近。

若是安治矣。（《七法》）

樾謹按：上文云「若是而能治民者，未之有也」，下文云「形勢、器械未具，猶之不治也」，上下文均無安字，則此安字乃語辭也。古書每以安爲語辭。王氏引之《釋詞》引《管子》書凡九事而不及此，蓋亦誤以爲實字矣。

猶左書而右息之。

樾謹按：息，猶滅也。古人文字皆先書於竹。《風俗通》曰，劉向校書「皆先書竹，改易删定，可繕寫者，以上素」是也。書竹，故可滅去。以左手書之之難，而右手滅之之易，其不成也必矣。尹注曰「息，止也」，未得其義。

世主所貴者寶也，所親者戚也，所愛者民也，所重者爵禄也。亡主則不然。

樾謹按：實，乃寶字之誤。王氏念孫已訂正矣。下文曰「不爲重寶虧其命」，「不爲愛親危其社稷」，「不爲愛人枉其法」，「不爲重禄爵分其威」，皆非世主所及，乃以爲亡主，殊不可曉。亡，疑當作良。良字古作[illegible]，闕其上半則爲亡矣。襄十四年《左傳》「良君將賞善而刑淫」。此稱良主，猶彼稱良君。

立少而觀多，則天下懷之矣。

樾謹按：尹注曰「或曰觀當爲勸」。然《大戴記·四代篇》曰「臣愿君之立知而以觀聞也」，亦以立與觀對，則觀字不誤。「立知觀聞」者，知聞即見聞也，謂立乎近以觀乎遠也。説詳《大戴記》。此云「立少觀多」，義正與彼相近。

凡將立事，正彼天植。（《版法》）

樾謹按：尹注曰「謂順天道以種植」，此義非也。植乃悳字之誤，古德字也。悳字壞作直，因誤作植矣。《管子》原文本作「凡將立事，正彼天悳」。故《版法解》曰「天悳者天心也」。《周官·師氏》職鄭注曰「在心爲德」。觀天心之解，知其字必作悳。若作「天植」，於義難通矣。

遠近高下，各得其嗣。

樾謹按：嗣，讀爲司。《尚書·高宗肜日篇》「王司敬民」，《史記·殷本紀》作「王嗣敬民」，是古字通也。「各得其嗣」，即各得其司。尹注曰「嗣，續也」，失之。

行毆養。（《幼官》）

樾謹按：毆之與養，二義不倫。尹注曰「謂禽獸之屬能爲苗害者，時毆逐之，所以養嘉穀也」，斯亦曲說矣。毆，當讀爲嘔。《莊子·人間世篇》「以下傴拊人之民」，《釋文》引崔注曰「傴拊猶嘔呴，謂養也」。字亦作嫗。《禮記·樂記篇》「煦嫗覆育萬物」。此云「嘔養」，彼云「煦嫗覆育」，其義正同。嘔即嫗也，養即育也。

秋行夏政葉，行春政華。

樾謹按：葉字無義。《淮南子·時則篇》作「秋行夏令華，行春令榮」，疑此葉字是榮字之誤。蓋榮、華二字，義本相近，故《管子》言「秋行夏政榮，行春政華」，而《淮南子》言「秋行夏令華，行春令榮」，文雖互易，義實不殊也。

器成於僇。

樾謹按：尹注曰「冬行刑之時，故成僇器」，此妄説也。僇者，㐱之假字，《说文・彡部》「㐱，细文也」。「器成於僇」，与下句「教行於鈔」同義，鈔猶眇也，皆謂始於微眇也。㐱聲與翏聲相近，故穆字從㐱得聲。而「昭穆」或爲「昭繆」，「穆公」或爲「繆公」，然則以僇爲㐱，猶以繆爲穆矣。

動静不記，行止〔二〕無量，戒。

樾謹按：戒，一字爲句，承止爲義。言動静不記，行止無量，所當戒也。

修春秋冬夏之常祭，食天壤山川之故祀，必以時。

樾謹按：食者飭之壞字，修與飭義相近。「修春秋冬夏之常祭，飭天壤山川之故祀」，二句相對成文。尹注以「常祭食」三字連讀，解爲「常所祭，常所食」，失其義矣。

〔二〕止，原作「上」，據《管子》原文與上下文意改。

官處四體而無禮者。

樾謹按：「處四體而無禮者」，與下文「立四義而毋議者」相對爲文。尹注以「官處」二字連讀，解曰「官處，謂處官也」，失之。

立四義而毋議者。

樾謹按：議，讀爲俄。《説文·人部》「俄，行頃也」，《廣雅·釋詁》「俄，邪也」，是俄有傾邪之意，《管子》書或以義爲之。《明法解》曰「雖有大義，主無從知之」，「大義」即大奸也，是以義爲俄也。此文又以議爲之，「立四義而毋議」，即立四義而毋俄，謂不傾邪也。尹注以「無异議」説之，未達假借之旨。

二千里之外，三千里之内，諸侯五年而會至習命。三年，名卿請事。二年，大夫通吉凶。十年，重適入，正禮義。五年，大夫請受變。

樾謹按：「三年」「二年」之下，又云「十年」「五年」，於義難曉。諸侯既「五年而會至習命」矣，安得又使「大夫請受變」？再及五年即爲十年，亦是五年而會之期，安得又使「重適入」？至《幼官圖》「十年」作「七年」，亦不可通。合十年計之，則爲七年；就五年計之，則即二年耳。今以上下文求之，此皆傳寫誤也。蓋三千里内之諸侯，二年而使大夫通吉凶，三年而使名卿請事，至五年則自來會矣。計五年之中，止空閑二年，適當未會之前一年，及既會之後一年。立法周密，不容更有五年、十年之事。此二句當在下文「三千里之外，諸侯世一至」之下。蓋世一至則太疏闊，故五年必使大夫請受變，十年必使重適入，正禮義也。傳寫之誤，所宜訂正。

幾行義，勝之。

樾謹按：《説文·人部》「僟，精謹也」，幾即僟之假字，謂精謹行義也。行、義二字平列，《賈子·俗激篇》「此其無行義之尤至者已」。尹注謂「庶幾行義者」，非是。

交物因方。

樾謹按：交，讀爲校。謂考校其物，必因其方也。尹注謂「交質之物，因方之有」，非是。

由守不慎。

樾謹按：由，疑申字之誤。哀二十六年《左傳》「申開守陴」。

死亡不食。

樾謹按：食，乃飭之壞字。上文「飭天壤山川之故祀」，今亦誤作食，是其證也。「死亡不食」，當作「死亡不飭」，《禮記·月令篇》曰「飭死事」，即此飭字之義。

不可數，則爲詐不敢鄉。

樾謹按：「爲詐」當作「僞詐」。爲乃僞之假字。《兵法篇》作「不可數，則僞詐不敢嚮」，是其證。

箸於取與之分，則得地而不執。

樾謹按：執，讀爲埶。《漢書·陳萬年傳》「豪彊〔一〕執服」，注曰「執讀曰埶」，是其例也。《說文·心部》「埶，悑也」。悑即今怖字。「箸於取與之分」，則得地而無後患，故「不埶」。與上文「審於動静之務，則功得而無患」，義正相同。尹注謂「不慹執」，失之。

慎將宿。（《五輔》）

樾謹按：尹注曰「傳送貨財，必慎止宿」，其義甚爲迂曲。且上文「修道途，便關市」，皆二字平列，則「將宿」二字亦當平列。《廣雅·釋詁》「將，行也」，「宿，止也」，然則「將宿」猶言行

〔一〕豪彊，原作「豪疆」，今改。

止耳。

貧富無度則失。

樾謹按：失，當讀爲軼。《廣雅・釋詁》「軼，過也」。言貧富無度，則相過軼也。尹注曰「失其節制」，非是。

士修身功材。

樾謹按：功，讀爲攻，謂攻治其材藝也。尹注謂「士既修身，必於藝能有功」，非是。

修飢饉。

樾謹按：「飢饉」不當言修，修乃備字之誤。備俗作俻，俻誤作脩，又誤作修耳。《版法篇》「修長在乎任賢」，據後解則作「備長」。此本書二字相亂之證也。

今工以巧矣，而民不足於備用者，其悦在玩好。

樾謹按：尹注曰「君悦玩好，則民務末作，故備用不足」。然本文無君字，注義非也。悦乃説字之誤。「其説在玩好」，言求其所以然之説，則在玩好也。《韓子・内儲説》《外儲説篇》并有「其説在某某」之文，《墨子・經下篇》言「説在某某」者七十八句，蓋古人自有此文法。下文

「其悦在珍怪」「其悦在文綉」，義并同此。

毋監于讒。（《宙合》）

樾謹按：「毋監于讒」，義不可通。監當讀爲啗[一]。監本從峆[二]省聲，與啗聲同，故得通用也。字又作嚂。《淮南子·齊俗篇》「荆吴芬馨，以嚂其口」。嚂即啗字，蓋古或以監爲啗，因即監字而加口旁耳。《管子》作監者，啗之假字。《淮南子》作嚂者，啗之俗字矣。

不用其區區。

樾謹按：區字不當叠。下文云「不用其區。句。區者，虚也」，可知此文不叠區字。蓋即涉下文兩區字相連而誤衍耳。

故君出令正其國，而無齊其欲。

樾謹按：齊，讀爲濟。《荀子·王霸篇》「以國齊義」，楊倞注曰「齊，當爲濟」，是其例也。此言君但求正其國，而無自濟其私欲也。尹注非。

[一] 啗，原作「啗」，據蔡啓盛《春在堂全書校勘記》改。下同。

[二] 峆，原作「峪」，據蔡啓盛《校勘記》改。

夫繩扶撥以爲正。

樾謹按：《説文・𣥠部》「𣥠，足刺𣥠也，讀若撥」。此文撥字即𣥠之假字，刺𣥠則有不正之意，故與正爲對文也。《荀子・正論篇》「不能以撥弓曲矢中」，亦是以撥爲𣥠。又或以發爲之。《考工記・弓人》曰「菑栗不迤，則弓不發」。

不依其樂。

樾謹按：依，讀爲殷。《禮記・中庸篇》「壹戎衣」，鄭注曰「衣，讀如殷，聲之誤也。齊人言殷聲如衣」。然則《管子》書以依爲殷，正齊言耳。「不殷其樂」，謂不盛其樂也。《説文・㐆部》曰「作樂之盛稱殷」。

業明而不矜。

樾謹按：「業明而不矜」，謂業盛而不矜也。《淮南・説林篇》「長而愈明」，高誘注曰「明，猶盛也」。

雖廣其威可損也。

樾謹按：北宋本損作須，然則威疑烕字之誤。「其烕可須」，言其滅亡可待也，涉下文「是以威盡焉」而誤威爲威，遂臆改「可須」爲「可損」矣。

失植之正而不謬，不可賢也。植而無能，不可善也。

樾謹按：此本作「夫植之正而不謬」，涉上文兩失字而誤作失耳。「植而無能」句，文義未足，疑有闕文。

所賢美於聖人者，以其與變化隨〔一〕也。

樾謹按：美，乃善字之誤。上文云「夫植之正而不謬，不可賢也。植而無能，不可善也」。此云「所賢善於聖人者」，即承上而言，不容有异文。

薄承瀷而不滿。

樾謹按：《説文・水部》「洦，淺水也」，字亦作泊。此文薄字，即洦之假字。《廣韵》博字注曰「古有博勞，善相馬」。博勞，即伯勞也。然則薄之通作洦，猶博之通作伯矣。上句「泉逾瀷而不盡」，與此相對成文。泉是水之深者，洦是水之淺者，因以薄爲之，尹注遂失其義矣。

〔一〕 化隨，戴望《管子校正》以爲「二字誤倒」，當據改。

十日不食，無儔類盡死矣。（《樞言》）

樾謹按：無字衍文。既云「盡死矣」，不必言無，涉上句「七日不食無國土」而衍。〔一〕

能而稷乎？能而麥乎？

樾謹按：而字并當作爲。古爲字作𢀳，故與而字相似而誤。襄十四年《左傳》「射爲禮乎」，《太平御覽·工藝部》引作「射而禮乎」。《孟子·滕文公篇》「方里而井」，《論語·顏淵篇》正義引作「方里爲井」，并其證矣。

〔一〕 王其和《俞樾訓詁研究》認爲：「『無』字非衍文。『無』乃『不論』『無論』之義，古籍常見……俞氏當誤以『無』爲『没有』之義而誤校。」（第八四頁。下同）其説可參。

諸子平議卷二

管子二

教訓習俗者衆，則君民化變而不自知也。（《八觀》）

樾謹按：「化變而不自知」，當以民言，不當以君言。此君字涉下文「明君在上位」句而衍。

萬家以下，則就山澤可矣。萬家以上，則去山澤可矣。

樾謹按：「下」「上」二字疑傳寫互易。上云「萬家之衆，可食之地，方五十里，可以爲足矣」，是方五十里之地可食萬家之衆。然萬家或有盈有絀，此復分别言之。若在萬家以上者，

則宜兼就山澤之地。若在萬家以下者，則山澤之地可去也。如今本義不可通，所宜訂正。〔一〕

論賢不鄉舉，則士不及行。

樾謹按：及，當爲服。服，從𠬝聲，古或止作𠬝，與及相似，往往致誤。僖二十四年《左傳》「子臧之服不稱也夫」，《釋文》作「子臧之及」，曰〔二〕「一本作之服」，是其證也。《尚書・吕刑篇》「何敬非刑，何度非及」，及當爲服，刑謂五刑，服謂五服，即《堯典》之「五刑五服」也。《大戴記・王言篇》「及其明德也」，及亦當爲服，謂天下皆服其明德也。説詳《群經平議》。此文「士不及行」，當作「士不服行」，謂士不服行道藝也。字誤作及，失其義矣。

則豪傑材臣，不務竭能。

樾謹按：臣，當依下文作人。

良田不在戰士，三年而兵弱。

樾謹按：兵字衍文也。「三年而弱」，與下「五年而破」「十年而亡」「十年而滅」句法一律。

〔一〕 陶鴻慶《讀諸子札記・管子 一》以爲「俞説未可從也」。
〔二〕 曰，原作「日」，據蔡啓盛《校勘記》改。

故申説之曰「戰不勝，弱也；地四削，入諸侯，破也；離本國，徙都邑，亡也；有者异姓，滅也」。可證此文無兵字。

則國居而自毁矣。

樾謹按：古謂坐爲居，如所稱「居，吾語汝」之類是也。「居而自毁」者，坐而自毁也，猶云坐而待亡也。尹注曰「居然自致毁滅」，以居爲「居然」，文不成義矣。

法制不議，則民不相私。（《法禁》）

樾謹按：議，當讀爲俄。説詳《幼官篇》「立四義而無議者」下。俄者，傾也，邪也。言法制平正而不傾邪，則民不相私也。尹注曰「君出法制，下不敢議」，未達假借之旨。

故下與官列法，而上與君分威。

樾謹按：列，讀爲裂，裂亦分也。列、裂古通用。《五輔篇》曰「大袂列」，即其證矣。

毋事治職，但力事屬。私王官，私君事，去非其人而人私行者，聖王之禁也。

樾謹按：「但力事屬」四字爲句。「毋事治職，但力事屬」，言不以治職爲事，而其所竭力從事者，惟在互爲連屬也。「私王官」爲句，「私君事」爲句，言以王官爲私，以君事爲私也。「去非其人而人私行者」爲句，去乃法字之誤，言法本非其人所宜行，而其人私行之也。尹失其讀，故所解皆非。

交於利通而獲於貧富〔一〕。

樾謹按：「利通」猶利達也。言以賄賂結交利達之人，而所從得者，皆出於貧窮之民也。尹注非。

絶而定。

樾謹按：絶，猶截也。《釋名·釋言語》曰「絶，截也，如割截也」。《穆天子傳》「乃絶漳水」，郭注曰「絶，猶截也」，是絶、截義通。「絶而定」猶「截而定」，謂整齊而定也。《詩·長發篇》「海外有截」，鄭箋云「截，整齊也」，是其義矣。

凡君國之重器。（《重令》）

樾謹按：宋本作「右國」，當從之。右讀爲有。後人不知右之通作有，而疑爲君之壞字，因

〔一〕 貧富，《管子·法禁》作「貧窮」，參下文「貧窮之民」，似可從。

臆改之耳。

天道之數。

樾謹按：《爾雅·釋詁》「數，疾也」。《禮記·曾子問篇》「不知其己之遲數」，鄭注曰「數，讀爲速」。此云「天道之數」，猶云「天道之速」，與下句「人心之變」相對爲文。下云「至則反，盛則衰」，正是言天道之速也。尹注謂「天道數終」，是讀爲「數且幾終」之數，失之。[一]

國無怪嚴。（《法法》）

樾謹按：《説文·心部》「怪，异也」。《禮記·大傳篇》「收族故宗廟嚴」，鄭注曰「嚴，猶尊也」。「國無怪嚴」，謂國無异尊，與下文「無雜俗」「無异禮」一律。尹注曰「國不作奇怪則嚴肅」，是「無怪」爲一義，「嚴」爲一義，失其旨矣。[二]

况主倨傲易令。

樾謹按：主，乃其字之誤。尹注云「况其倨傲易風俗」，是其所據本未誤。

[一] 王其和認爲：「俞説不確。『數』當讀『shù』音，訓爲『理』。」「『數』訓『理』是《管子》常訓。」（第二二四頁）

[二] 怪嚴，王其和參章太炎説作「怪業」，即所謂奇技淫巧之類，正與「雜俗」「异禮」相應（第二〇六頁）。

財無砥滯。

樾謹按：砥，讀爲底。昭元年《左傳》「勿使有所壅蔽湫底」，杜注曰「底，滯也」。故以「底滯」連文。

故善用民者，軒冕不下儗，而斧鉞不上因。

樾謹按：「軒冕不下儗」，謂其人有善，即從而軒冕之，不以其人在下位而有所儗議也。「斧鉞不上因」，謂其人有罪，即從而斧鉞之，不以其人在上位而有所依違也。《心術篇》曰「因也者，舍己而以物爲法者也」，此因字之義也。尹注曰「不以下有私寵，妄以軒冕有所許擬。不因上有私憾，妄以斧鉞有所誅戮」，此説殊不可通。豈上有私寵即可以軒冕許儗之，下有私憾即可以斧鉞誅戮之乎？

君臣之會，六者謂之謀。

樾謹按：「六者謂之謀」，當作「六者爲之媒」，言君臣會合，皆此六者爲之媒也。《説文・女部》「媒，謀也」，《廣雅・釋詁》文同，是謀與媒聲近義通。《禮記・禮器篇》「誰謂由也而不知禮乎」，《家語・公西赤問篇》作「孰爲」。宣二年《穀梁傳》「孰爲盾而忍弑其君者乎」，《公羊傳》

作「誰謂」，是爲與謂，古亦通用也。

令入而不至謂之瑕。

樾謹按：瑕，當讀爲格，古字通也。《儀禮・少牢饋食禮》「以嘏于主人」，鄭注曰「古文嘏爲格」。瑕之爲格，猶嘏之爲格也。《説文・人部》引《書》曰「假于上下」，今《書》作格。瑕之爲格，猶假之爲格也。「令入而不至謂之格」，謂有所扞格而不得達也。尹注曰「君臣相間故曰瑕」，未合「入而不至」之義。

德行成於身而遠古，卑人也。

樾謹按：尹注以「遠古卑人」連讀，非也。上文云「凡論人而遠古者，無高人焉」，則此文當以「德行成於身而遠古」爲句。句末亦當有者字，今奪之耳。「卑人也」三字爲句，與「無高人焉」義正相應，猶下文「愚士也」與上文「無智士焉」義亦相應也。

世無公國之君，則無直進之士。無論能之主，則無成功之臣。

樾謹按：「無論能之主」，當作「無論能之士」。上文云「忠臣直進以論其能」，然則直進論能，皆以人臣言，不以人主言。論能之士，即直進之士也。雖分爲二句，其實一耳。後人不察，疑下言臣，上當言君，妄改爲主，非《管子》之舊矣。

此四者用兵之禍也，四禍其國而無不危矣。（《兵法》）

樾謹按：此當作「四禍具而國無不危矣」。具、其形訛，國、而文倒耳。

官無常，則下怨上。器械不巧，則朝無定。賞罰不明，則民輕其産。

樾謹按：巧，乃功字之誤，王氏念孫已據《七法篇》訂正矣。定乃正字之誤，正讀爲政。〔一〕《七法篇》曰「朝無政」是也。王氏未訂。又以《七法篇》參考，則此文尚有錯誤，當作「官無常，下怨上，則器械不功。朝無正，則賞罰不明。賞罰不明，則民輕其産」，方與《七法篇》「官無常，下怨上，而器械不功。朝無政，則賞罰不明。賞罰不明，則民幸生」文義相合。

故曰，早知敵則獨行。

樾謹按：宋本作「而獨行」，當從之。「而獨行」者，如獨行也。《七法篇》曰「故蚤知敵人如獨行」。〔二〕

〔一〕王其和認爲：「『定』字當不誤。『定』當讀爲『政』，『定、正、政』三者古通用。」爲俞氏不通訓詁而誤校（第八五頁）。

〔二〕王其和認爲：「『則』字不誤。……俞氏不應以《七法》之誤文校《兵法》之文。」（第一三〇頁）

縱强以制。

樾謹按：尹注曰「有制則强可縱」，然縱字殊爲無義，當讀爲從。襄十年《左傳》「從之將退」，杜注曰「從，猶服也」。「從强以制」，謂有制則强可服也。古字縱與從通。《論語·八佾篇》「從之」，何晏《集解》曰「從，讀曰縱」。人知從之可讀縱，而不知縱之可讀從，斯莫得其解矣。

一氣專定，則旁通而不疑。

樾謹按：疑，當讀爲礙。《廣雅·釋言》曰「礙，閡也」。「旁通而不礙」，言無隔礙也。尹注曰「精一其氣，專而且定，故不疑」，以本字讀之，則與旁通之義不貫矣。

盡而不意，故不能疑神。

樾謹按：此本作「故能疑神」，疑神，猶言如神也。《形勢篇》曰「無廣者疑神」，是其證也。「盡而不意，故能疑神」，與下文「和合故能諧，諧故能輯」一律。後人不達「疑神」之義，而妄增不字。尹注曰「皆非彼所意，故不能疑度謂之爲神」，則神字與「不能疑」不相連屬，其不辭甚矣。

利適，器之至也；用敵，教之盡也。不能致器者，不能利適；不能盡教者，不能用敵。不能用敵者窮，不能致器者困。

樾謹按：諸敵字并當作適。「利適，器之至也；用適，教之盡也」，尹注曰「兵刃利而適者，其器得宜之至」，「士卒用命而適者，則教練之盡」，是其所據本作「用適」，不作「用敵」也。「不能致器者，不能利適；不能盡教者，不能用適」，即承上二句爲文，乃「用適」誤作「用敵」，尹注遂曰「器既不利，教又不盡，敵則不服，豈能用之哉」，望文爲説，而不一檢上文，何也？今本因下作「用敵」，遂并「用適，教之盡也」亦改作「用敵」，則又非尹氏所據之舊矣。宋本尚不誤。

出入异塗，則傷其敵。

樾謹按：「出入异塗」，即所謂「多方以誤之」也，故足以傷敵。尹注反云「爲敵所傷」，誤矣。

不廣閑。（《大匡》）

樾謹按：廣者曠之假字。《荀子・王霸篇》「人主胡不廣焉」，楊倞注曰「廣，或讀爲曠」。《列子・湯問篇》「不思高林廣澤」，《釋文》曰「廣，一本作曠」，是其證也。「不廣閑」者，不曠閑也。《詩·何草不黄篇》毛傳曰「曠，空也」，空與閑，義正相近。尹注曰「廣求閒安」，則增出求字矣。

夫所以定齊國者，非此二公子者將無已也。

檝謹按：尹注曰「二公子謂諸兒、子糾」，然上文曰「夫國人憎惡糾之母，以及糾之身，而憐小白之無母也。諸兒長而賤，事未可知也」。既云「事未可知」，安知齊國之必屬諸兒、子糾哉？二，疑三字之誤。齊僖公止此三子，更無异人，故曰「非此三公子將無已也」。〔一〕

受君令而不改，奉所立而不濟，是吾義也。

檝謹按：「奉所立而不濟」，安得云是「吾義也」？尹注曰「更有所立，不濟而死」，則增出死字矣。疑《管子》原文本作「奉所立而不廢」。上文云「犯吾君命而廢吾所立，奪吾糾也。雖得天下，吾不生也」，此即所謂「奉所立而不廢」，涉上文「事將不濟」句而誤作「不濟」，則不可通矣。

〔一〕王其和認爲：「俞説無據，『二』字當不誤，『二公子』當指『子糾、小白』。」（第一一九頁）

夷吾之爲君，臣也，將承君命，奉社稷以持宗廟。

樾謹按：兩君字并指僖公言，夷吾爲君之臣，則將承君之命，爲社稷、宗廟之計，不爲子糾一人死也。尹注曰「言已立君臣之義」，誤以「君臣」連讀，失之。

賢者死忠以振疑。

樾謹按：振，通作挋。《儀禮・士喪禮》「挋用巾」，古文挋作振，是也。《爾雅・釋詁》「挋、拭、刷，清也」，是挋與拭、刷同義。此云「挋疑」，謂拭刷其疑也。作振者，假字。尹注曰「振，救也」，未得其旨。〔一〕

今彭生二於君。

樾謹按：二，當爲貳。《禮記・坊記篇》「唯卜之日稱二君」，鄭注曰「二，當爲貳，唯卜之時，辭得曰：君之貳某爾」。然則「彭生貳於君」，謂彭生爲君之貳也。彭生爲公子，故云然。尹注曰「不以正道輔君，而從之於昏，故曰二」。夫從君於昏，非有二心之故，安得云「二於君」乎？

〔一〕　王其和認爲：「『振』當訓爲『止』。……本字可通，則不必通假爲訓。」（第二一四頁）

公若先，反恐注怨焉，必不殺也。

樾謹按：反，乃彼之壞字，當以「公若先」爲句，「彼恐注怨焉」爲句，彼謂施伯也。尹注云「若先反管仲」，是其所據本已誤。

夫雖不得行其智，豈且不有焉乎？

樾謹按：且，乃語詞。「豈且不有焉乎」，猶云豈不有焉乎？故尹注云「直是智不行，不得言無智也」。《莊子・齊物論篇》「誰獨且無師乎」，又曰「果且有彼是乎哉，果且無彼是乎哉」，《吕氏春秋・無義篇》「豈且忍相與戰哉」，并用且字爲句中語助，説見王氏引之《經傳釋詞》，而未引此文，故爲説之。

召忽雖不得衆，其及豈不足以圖我哉。

樾謹按：及，乃友字之誤。言召忽雖不得衆，然其一二死友亦足以圖我矣。故下文管仲之言曰「朋友不能相合摎」，正釋桓公此疑耳。

臣禄齊國之政，而不死糺也。

樾謹按：禄，讀爲録，謂領録其政也。《尚書・堯典篇》「納于大麓」，今文家讀麓爲録，故劉昭注《後漢書·百官志》引《新論》曰「昔堯試于大麓者，領録天子事，如今尚書官矣」。鄭君注《尚書大傳》亦云「堯聚諸侯，命舜陟位居攝，致天下之事，使大録之」，與《史記》堯使舜入山林川澤之説不合。然《管子》書已云「禄齊國之政」，則其義古矣。尹注不知禄爲録之假字，而云「空食齊政之禄」。夫食齊政之禄，不可言「禄齊國之政」，足知其非也。

請修兵革，吾士不練，吾兵不實，諸侯故敢救吾讎，内修兵革。

樾謹按：「内修兵革」，亦宜作「請修兵革」，蓋即上語而申言之也，涉下文「内奪民用」而誤。又因下文云「乃令四封之内修兵」，適與相合，故讀者莫知訂正耳。

管仲對曰：「以臣則不而令人以重幣使之。」

樾謹按：尹注讀不字絶句，解曰「以臣之意，則不與君同」，此説非也。蓋此文十二字當作一句讀。古而、如通用，「不而」即不如也。言以臣之意，則不如令人以重幣使之也。

問病，臣愿賞而無罰。

樾謹按：尹注於臣字絶句，解曰「臣有病者，君當慰問之」。夫慰問病臣，雖亦盛德事，然何與霸業乎？且病臣又何罰之有？此文問字，疑國字之誤。《山權數篇》「君不高仁則國不相被」，宋本國誤作問，即其例也。當讀「國病」爲句，「臣愿賞而無罰」爲句，言國家罷病，臣愿有賞無罰以寬之也。下文「管仲又請賞於國以及諸侯，君曰『諾，行之』。管仲賞於國，君賞於諸侯」。按「賞於國者」，承此文而言也；「賞於諸侯者」，承下文「諸侯之禮」而言也。蓋此兩節國與諸侯分言，下又合并而言之耳。

衛國之教危。

樾謹按：危，當讀爲詭。《漢書・天文志》「司詭星出正西」，《史記・天官書》詭作危。《淮南・説林篇》「尺寸雖齊必有詭」，《文子・上德篇》詭作危，是古字通也。「衛國之教危」，謂其政教詭譎。尹注以「高危」釋之，非是。

魯邑之教，好邇而訓於禮。

樾謹按：邇，當讀爲爾。《説文・㸚部》「爾，麗爾，猶靡麗也」。然則魯國好爾，謂麗爾也，正靡麗之意。尹注曰「邇，近也」，未得其義。

齊車千乘，卒。先致緣陵。

樾謹按：卒下有闕文。據上文「大侯車二百乘，卒二千人。小侯車百人〔一〕，卒千人」，則「齊車千乘」，當言「卒萬人」矣。「先致」者，先至也。致與至通。

戰於後，故敗狄。

樾謹按：戰上闕「諸侯」二字。上文齊請救於諸侯，而齊車卒「先致緣陵」，故諸侯之師「戰於後」也。後字正對上先字而言。尹注誤以「後故」連讀，解爲地名，非是。

斬孤竹。

樾謹按：斬，讀爲摲。《文選・長揚賦》「麾城摲邑」，李善引《蒼頡篇》曰「摲，拍取也」。「摲孤竹」，猶取孤竹。尹注謂「斬其君」，則當云斬孤竹之君矣。

二歲而稅一，上年什取三，中年什取二，下年什取一。

樾謹按：此即什一之法而變通之，仍是什而取一也。蓋雖有「取三」「取二」「取一」之不

〔一〕人，與上下文義不合，《管子・大匡》作「乘」，此當爲「乘」之誤。

同，然二歲一稅，假令六年之中，上年二，中年二，下年二，則通三、二、一之數而適得六，是即歲取其一也。

桓公使鮑叔識君臣之有善者。

樾謹按：王氏念孫《讀書雜志》曰「君，當爲群」，其説非也。《乘馬篇》曰「士聞見博，學意察，而不爲君臣者」，又云「賈知賈之貴賤，日至於市，而不爲官賈者」，「工治容貌功能，日至於市，而不爲官工者」，「君臣」與「官賈」「官工」并稱，則君臣猶言公臣耳。襄二十九年《傳》「公臣不足，取於家臣」，古君、公通稱，則「公臣」「君臣」亦得通稱。又《問篇》曰「君臣有位，而未有田者幾何人」？義亦同此。古蓋自有君臣之稱，未可臆改也。

令一人爲負以車。

樾謹按：尹注曰「當令一人以車爲負載其行裝」，然正文明言「人爲負」，注乃云「車爲負」，義不可通。尹氏特疑車非人所能負，故曲爲是説耳。今按，車乃連字之誤。《海王篇》「行服連」，注曰「輦名，所以載作器〔一〕，人挽者」。然則此云「負連」，猶云「服連」，負、服古通用。《淮南子·人間篇》「負輦載粟而至」，《御覽·治道部》「負輦」作「服撻」，是其證也。連本人挽者，故可以一人負之。下文云「若宿者，令人養其馬」，然則彼從諸侯來者，固自有車馬，必令一人負以連者，當是分載其囊橐耳。

費義數而不當，有罪。

樾謹按：尹注曰「義謂供客之禮徒費義數，而於事不當者，罪之」。夫既爲供客之禮，又何不當之有？且「義數」連文，亦不可通。義，疑羡字之誤。《七臣七主篇》「歲有敗凶，故民有義不足」。王氏念孫謂「義，當爲羡」，正與此同。有所溢於正數之外，是謂羡數。「費羡數而不當」，是妄費也，故有罪矣。

又多不發起，訟不驕。

樾謹按：尹注曰「又教之和通，不相告發，雖有起而訟者，莫不恭恪，不爲驕傲」，此於句讀

〔一〕 作器，《管子》尹注作「任器」，吴則虞《晏子春秋·諫上五》集釋引孫星衍云：「任器，任用之器，可以負載。」可參證。

未審也，當以起字絶句。多字衍文，涉下文「又多發起」句而衍。《七臣七主篇》曰「然彊敵發而起，雖善者不能存」，即可證此文「發起」之義。上云「野爲原」，謂能辟草萊也。此云「又不發起」，謂能治盜賊也。又云「訟不驕」，謂能聽獄訟也。驕讀爲矯。《國語・周語》曰「其刑矯誣」，韋注曰「以詐用法曰矯」，是其義也。下文云「又多發起，訟驕」，亦當以起字絶句。其下又云「又多而發訟驕」，則誤衍而字，奪起字。

桓公謂管仲曰：「請致仲父。」(《中匡》)

樾謹按：「請致仲父」者，欲仲父就己飲酒也。仲父，猶仲甫，夷吾之字耳。尹注曰「仲父者，尊老有德之稱。桓公欲尊事管仲，故以仲父之號致之」。此説非是。蓋自毛公解「尚父」爲「可尚可父」，鄭君亦以「尚父」爲尊稱，後人因疑「仲父」之稱猶「尚父」之比，故有此説。不知「尚父」亦字也，初非尊稱。説詳《群經平議》。

公與管仲父而將飲之。

樾謹按：與，讀爲預，《一切經音義》卷六曰「預，古文作與」，是也。公預管仲父而將飲之，猶襄十四年《左傳》曰「衛獻公戒孫文子、甯惠子食」也，「戒」與「預」其義相近。

三王失之也，非一朝之萃。

樾謹按：萃，當讀爲猝。言由來者漸，非起於一朝之猝然也。尹注讀如本字，而訓爲萃集，非是。

夫鮑叔之忍，不僇賢人，其智稱賢以自成也。（《小匡》）

樾謹按：《釋名·釋言語》曰「仁，忍也。好生惡殺，善含忍也」，然則「鮑叔之忍」，猶云「鮑叔之仁」。下云「其智」，正以仁、智并言也。《左傳》正義引作「鮑叔之不忍戮賢人」，蓋後人不達忍字之義而妄改之，不足爲據。

與魯以戰，能使魯敗。

樾謹按：「與」「以」二字，傳寫互誤，當作「以魯與戰」，言以魯國之師與齊戰也。能字義不可通。管仲以魯師與齊戰，豈反使魯敗乎？能，當讀爲乃。「以魯與戰，乃使魯敗」，明是天意，非人力所爲也。能與乃聲近，故得通用。《淮南·人間篇》「此何遽不能爲福乎」？《藝文類聚·禮部》能作乃。《漢書·匈奴傳》「東援海代，南取江淮，然後乃備」，《漢紀》乃作能，并其證也。

功足以德天〔一〕與失天，其人事一也。

樾謹按：足，乃定字之誤，言鮑叔相小白而得國。管仲奉公子糾，以魯與齊戰而敗，此非人事有優劣，乃由小白得天，而公子糾失天也。功之成不成，定以得天與失天。若以人事論，則一而已矣。定與足字，形相似而誤。《君臣上篇》「朝有足度衡儀」，足亦定字之誤。宋本正作定，可證也。若依尹注説此文，違戾甚矣。

糞除其顛旄。

樾謹按：尹注解「顛旄」之義，殊不可通。據《國語》作「班序顛毛」，韋昭注曰「顛，頂也。毛，髮也。言次列頂髮之白黑，使長幼有等」。然則此文糞字，疑䊮字之誤。糞，篆文作䩯，與䊮字相似，故誤也。䊮即今所用頒賜字，亦或以班爲之。是故《管子》書以䊮爲班，亦猶他書之以班爲䊮也。除，乃叙字之誤。叙與序通。「䊮叙」即班序也。䊮誤作糞，後人乃改叙爲除，以求合其義，而不知其不可通矣。

〔一〕德天，《管子》原文作「得天」。

以待時。乃耕。

樾謹按：時字絶句。乃，當作及，字之誤也。「及耕」二字屬下爲義。《齊語》作「及耕，深耕而疾耰之」，是其證。惟《齊語》時下有耕字，似爲衍文，當據此删。

奇怪時來，珍异物聚。

樾謹按：物，當爲總，言珍异總聚也。若作「物聚」，則不詞矣。因俗書總字作揔，其上半與物相似而誤。〔一〕

無坐抑而訟獄者。

樾謹按：坐，當爲挫，言人有挫折屈抑，則宜訟。若無是而訟，是好訟也，故必有以禁之。尹注「謂其人自無所坐，而被抑爲訟者」，非是。

擇其沈亂者而先政之。

樾謹按：政，乃征之假字。《齊語》作「擇其淫亂者而先征之」，是其證也。尹注非。

〔一〕 王其和認爲物訓類，義可通，非俞氏所説「不詞」（第八五—八六頁）。

存魯蔡陵。

樾謹按：地無名「蔡陵」者。據下文云「筑蔡鄢陵」，疑此文蔡上奪筑字，陵上奪鄢字。「存魯」爲一事，「筑蔡鄢陵」又爲一事。

割越地，南據宋、鄭，征伐楚。

樾謹按：南字當在鄭字下。《管子》原文本作「割越地，據宋、鄭，南征伐楚」。今本南字誤移在上，則「征伐楚」句不成義矣。《齊語》作「遂南征伐楚」，其明證也。

制泠支。

樾謹按：制，乃制字之誤。《齊語》作「制令支」，韋注曰「制，擊也」。

握粟而筮者屢中。

樾謹按：筮，即筮字，古書從巫、從巫之字往往相亂。《吕氏春秋・察傳〔一〕篇》「沈尹筮」，《贊能篇》作「沈尹筮」，是其證也。《顔氏家訓・書證篇》曰「巫混經旁」，正謂此類。

〔一〕察傳，原作「察傳」，據《吕氏春秋》改正。

而蓬蒿藜藋并興。

樾謹按：藋，乃藋字之誤，即藋字也。《莊子·徐無鬼篇》「藜藋柱乎鼪鼬之徑」，《釋文》曰「藋，本或作藋」。

穛載而歸。

樾謹按：穛字當從禾，即稇字也。《説文·禾部》「稇，絭束也。從禾，囷聲」。此作穛者，又變從麕聲。麕字亦從囷得聲者，故其聲同也。傳寫誤從木，非是。

培夏。

樾謹按：《齊語》作「負夏」，古字通也。《尚書·禹貢篇》「至于陪尾」，《史記·夏本紀》作「至于負尾」，即其例矣。

其相曰夷吾，大夫曰甯戚、隰朋、賓胥無、鮑叔牙，用此五子者，何功。

樾謹按：尹注曰「言何功而不成」。然正文止有「何功」二字，乃增益其文曰「何功而不成」，殆失之矣。據下文：管仲請立隰明爲大行，甯戚爲大司田，王子城父爲大司馬，賓胥無爲大司理，東郭牙爲大諫。而繼之曰：「君若欲治國彊兵，則五子者在〔一〕矣。若欲霸王，夷吾在此。」然則此文疑當作「甯戚、隰朋、王子城父、賓胥無、東郭牙」，所謂「五子」者，指此五人。不數夷吾，明桓公所以霸者，皆由其相夷吾之力。若止用此五人者，則何功之有？故下文曰「則唯有明君在上，察相在下也」。正見齊桓明君，夷吾察相，兩相得而成霸功，非由此五大夫矣。傳寫奪「王子城父」，又誤「東郭牙」爲「鮑叔牙」，與後文五子不合，遂并數夷吾爲五子，而「何功」之義，不可解矣。《管子》此篇多與《齊語》同，蓋本齊國史之文。《齊語》末云「惟能用管夷吾、甯戚、隰朋、賓胥無、鮑叔牙之屬，而伯功立」。此自是當時公論。爲管氏之徒者，取其文入《管子》書，則獨歸功於管仲，而他人不與焉，以其書固管氏之書也。今本錯誤，大非其旨矣。

晦夜而至禽側，田莫不見禽而後反。

樾謹按：尹注解「田莫不見禽」爲「其田必見禽」，此非也。田乃日字之誤。莫，古暮字。言日暮不見禽而後反也。

〔一〕在，《管子》作「存」。下條正爲誤「在」之由。

則五子者在矣。

樾謹按：《吕氏春秋·勿躬篇》作「則五子者足矣」，當從之。此作在者，涉下「夷吾在此」而誤。〔一〕

〔一〕 在，王其和據《管子》有作「存」者，以爲俞説非是（第一一二六頁）。

諸子平議卷三

管子三

桓公不救，裸體紉胸稱疾。（《霸形》）

樾謹按：尹注曰「紉，猶摩也」，此訓未知所本。《楚辭·離世篇》「情素潔於紉帛」，王逸注曰「紉，結束也」。「紉胸」，疑即「結束」之義，亦若僖二十八年《左傳》「魏犫束胸」歟！

於是令之縣鍾磬之榬。

樾謹按：尹注曰「榬，所以嚴飾之」，此未得其義也。《玉篇·木部》「榬，禹煩切，絡絲籰也。或作篗。」《説文》無榬、篗二字，蓋即繯字。《説文·糸部》「繯，落也」。落與絡通。《廣雅·釋器》曰「繯，絡也」。此文榬字當訓爲絡。又下文兩言「鍾磬之縣」，疑此文本作「於是令之樓鍾磬之縣，陳歌舞竽瑟之樂」，故下文曰「於是伐鍾磬之縣，并歌舞之樂」，即承此文而言也。所謂「樓鍾磬之縣」者，鍾磬本在縣，更從而繫絡之使牢固也。尹注飾字雖非，而嚴字則是。觀尹注以「嚴飾」爲解，疑其所據本正作「樓鍾磬之縣」，故解爲「嚴飾」。若如今本，則爲「縣鍾磬之嚴飾」矣，於義豈可通乎？

楚取宋鄭而不知禁，是失宋鄭也。

樾謹按：此本作「楚取宋鄭而不止」，止即禁也。故下文曰「禁之，則是又不信於楚也」。後人因下文是禁字，遂改「不止」爲「不禁」，而傳寫者又或誤合之，故宋本作「楚取宋鄭而不止禁也」。今本作「不知禁」，則又因「止禁」連文，於義重複，故易止爲知耳。夫楚取宋鄭而不止者，非不知也，乃不能也。不曰不能禁，而曰不知禁，是可見其文之誤矣。下文曰「知失於内，兵困於外」。「知失於内」，猶云計失於内，此知字乃智慮之智，非知識之知，不得因此而疑本文之非誤也。

東存晋公於南。

樾謹按：此承上「西伐秦，北伐狄」爲文。自秦而言，則晋在東矣。自狄而言，則晋在南矣。故曰「東存晋公於南」。尹注曰「自伐楚而遂存晋，於晋之南，故曰東存」。此得東字之義，而未得南字之義。

兼正之國之謂王。（《霸言》）

樾謹按：上之字，疑它字之誤。它即他字也，故尹注曰「兼能正他國者王」。

故貴爲天子，富有天下，而伐不謂貪者，其大計存也。

樾謹按：伐，乃代字之誤。上文「化人易代」，宋本代誤作伐，即其例也。《管子》原文本作「世不謂貪」，言一世之人不以爲貪也。唐人避諱改世爲代，因又誤爲伐耳。

國在危亡而能壽者。

樾謹按：《國語・楚語》「臣能自壽也」，韋注曰「壽，保也」，然則「能壽」，猶能保也。《晏子春秋・雜下篇》「賴君之賜，得以壽三族」。「壽三族」，亦猶保三族也。《説文・土部》「𡎸，保也」。古壽字作𠷎，與𡎸字并從𠷎聲，故義亦得通矣。

繼最一世。

樾謹按：繼，乃彊字之誤。草書糸旁與弓旁相似，又涉上文「繼絶世」而誤耳。下文云「彊最一伐而天下共之，國必弱矣」，宋本作「彊最一代」。代即世也。然則此云「彊最一世」，彼云

「彊最一代」，兩文正同。此彊字誤爲繼，彼代字誤爲伐，而兩不可通矣。

因其大國之重。

樾謹按：其字衍文。下文「因彊國之權」「因重國之形」，并無其字。

霸王不在成曲。

樾謹按：尹注曰「在於全大體」。然「成曲」之義，殊有未安。曲疑典字之訛。「霸王不成典」，言圖霸王者不必拘守成法也。曲與典形近而誤。《國語·周語》「瞽獻曲」，注曰「曲，樂曲也」。宋明道二年槧本如此。今本曲皆作典，是其例矣。

精於權，則天下之兵可齊。

樾謹按：齊，讀爲濟。《詩·載馳篇》「不能旋濟」，毛傳曰「濟，止也」。《周易·雜卦傳》「既濟，定也」。定，亦止也。「天下之兵可濟」，謂天下之兵可止也。上文云「彊國之兵可圉也」，圉亦有止義。

舉知人急，則衆不亂，行此道也。（《問》）

樾謹按：「行此道也」，乃總承上文以起下文。尹注以「則衆不亂行此道也」作一句讀，大謬。

王氏《讀書雜志》已辨正矣。尹解「舉知人急」爲「舉困難之事以示人」，則亦不然。《牧民篇》「地辟舉則民留處」，尹彼注曰「舉，盡也」，此舉字義與彼同。「舉知人急」者，盡知人急難之事也。

餘子父母存，不養而出離者，幾何人？

樾謹按：離，讀爲儷。《禮記·月令篇》「宿離不貸」，鄭注曰「離，讀如儷偶之儷」，是也。「不養而出離」，謂出而儷偶於他族，若後世贅婿矣。

官賤行書，身士以家臣自代者，幾何人？

樾謹按：尹注曰「其人居官乃賤，自行文書，身任士職，輒以家臣自代，亦須知其數也」。然身任士職以家臣自代，疑無是理，即有之，亦私事，無從核其數也。士蓋出字之訛，言身出而以家臣自代也。隸書出字或似士，如賣之爲賣，敖之爲敖，皆是。故古書「士」「出」二字往往相亂。王氏引之《經義述聞》詳言之。

國子弟之無上事，衣食不節，率子弟不田弋獵者，幾何人？

樾謹按：尹注曰「既無上事，乃率子弟不田農，但弋獵」，此釋率字未得其義。《小匡篇》曰「十邑爲率，十率爲鄉」，然則「率子弟」者，率之子弟也。下文曰「男女不整齊，亂鄉子弟者有乎」，「鄉子弟」「率子弟」，蓋當時有此名。尹氏不達，以謂由「國子弟」率之使然，非其義矣。「國子弟」與「率子弟」，文正相對。

冗國所開口而食者，幾何人？

樾謹按：冗，乃問字之誤，與上下文一律。尹注不釋冗字，則所見本未誤也。

是其事。

樾謹按：是，猶視也。《荀子・解蔽篇》「是其庭，可以搏鼠」，楊倞注曰「是，蓋當爲視」，即其證也。上云「視其色」，此云「是其事」，文异而義同。尹注「謂是正其事」，失之。

邉信傷德。

樾謹按：尹注曰「邉人失信，故傷德也」。然邉人失信，不得謂之「邉信」，於義殊不可通。邉當讀爲篙，即今篾字也。《玉篇・竹部》「篙，篾也」。然《説文》無篾字，篙即篾也。「篙信者」，小信也。「小信傷德」，正與上文「小利害信，小怨〔一〕傷義」一律。《尚書・君奭篇》「文王蔑

〔一〕 怨，今本《管子》多作「怒」。

德」，正義引鄭注曰「蔑，小也」。然則「小信」謂之篙信，猶「小德」謂之蔑德矣。《顧命篇》「敷重蔑席」，孫氏星衍疏曰「蔑，俗從竹，當爲蔑，即篙假音字」。據此知篙爲正字，蔑爲假字，篾爲俗字。《管子》之「篙信」，與《尚書》之「篾德」，文异而義同矣。

故天不動，四時云，下而萬物化。君不動，政令陳，下而萬功成。（《戒》）

樾謹按：云字、陳字，皆絶句。「下而萬物化」，言天氣下行而萬物自化也。「下而萬功成」，言君道下行而萬功自成也。王氏引之謂「云，即運字」，得之；謂上句「下」字涉下句而衍，則非也。兩句一律，不得參差，由失其句讀故耳。

妾人聞之，君外舍而不鼎饋。非有内憂，必有外患。

樾謹按：「妾人聞之」，當作「妾聞之先人」。《侈靡篇》作「吾聞之先人」，是其證。

管仲對曰：「君請矍已乎？」

樾謹按：尹注曰「矍已，謂有所驚懼而問未止也」，此注於義未安。矍疑獲字之誤。隸書獲字或作獲，見《祝睦碑》。又或作獲，見《靈臺碑》。其左旁皆與矍相似，缺其右旁，因誤爲矍矣。請者，問也。《儀禮·士昏禮》《聘禮》鄭注并曰「請，猶問也」。「君請」者，君問也。「君請獲已乎」，言君有所問，不得已而爲此對也。下文將歷言鮑叔牙諸人之短，故以此發之。

東郭有狗嘊嘊，旦暮欲齧，我猳而不使也。

樾謹按：王氏引之據宋本、朱本注中猳字作枷，訂正文猳字爲枷字之誤。又云「枷者，迦之假字」，引《説文》「迦互，令不得行」，以説其義，并勝舊解。惟讀我字絶句，則猶未爲得也。此當以「旦暮欲齧」爲句，「我枷而不使也」爲句。我者，管仲自我也。

用日維夢。（《參患》）

樾謹按：尹注曰「用吉日，襲吉夢」，此不然也。雖武王伐商有筮襲於夢之説，然亦偶然之事，豈用兵者必以夢爲主乎？今按，夢覺字，依《説文》本作㝱，非此夢字。夢隸夕部，與夜篆相次，其説解曰「不明也」，然則夢之本義爲夜不明，故此以夢與日對。「用日維夢」，謂將於其日有事，必先於其夜預爲之計，是所以用日者在夢，故曰「用日維夢」也。因經傳夢字皆㝱之假借，而無用其本義者，故於此文莫得其解耳。

而足以修義從令者忠臣也。（《君臣上》）

樾謹按：修與從二義不倫，修乃循字之誤。下文云「下之事上也[一]不虚，則循義從令者審也」，正作「循義從令」，可證此文修字之誤。

上下相希。

樾謹按：希，讀爲睎。《説文・目部》「睎，望也」。「上下相睎」，謂上下相望也。故下句曰「若望参表」。

其誠也以守戰。

樾謹按：誠，當爲成。言人嗇夫教成之後，可用以守戰也。涉上文「賞在信誠」句而誤爲誠耳。然誠與成，古亦通用。

法制有常，則民不散而上合。

樾謹按：不字衍文也。上云「治國無法，則民朋黨而下比」，此云「法制有常，則民散而上

[一] 也，今本《管子》無此字。

合」，兩文正相對。散者，散其朋黨也。昔文王寓政於臧丈人，而列士散植壞群，見《莊子・田子方篇》。此所謂「民散」，即「散植壞群」之義。後人不達其旨，而妄增不字，非《管子》原文也。

奔走而奉其敗事，不可勝救也。

樾謹按：奉，乃救字之誤。上云「坐而收其福，不可勝收也」，此云「奔走而救其敗事，不可勝救也」，兩文相對。今誤作「奉其敗事」，不特義不可通，且與「不可勝救」句亦不合矣。

主身者，正德之本也。

樾謹按：主，當作立，涉上文兩主字而誤。下文曰「身立而民化，德正而官治」，身立、德正，即承此文「立身」「正德」而言。

主德不立，則婦人能食其意。

樾謹按：尹注曰「君意委曲，隨於女謁，若食之充口」，其説甚迂，且如此則君食婦人之意，非婦人食君之意矣。食，當讀爲蝕。《周易・豐》彖詞「月盈則食」，《釋文》曰「食，或作蝕」，是古字食與蝕通。《説文・虫部》「蝕，敗創也」。「婦人能蝕其意」者，婦人能敗其意也，正與下文「國無常法，則大臣敢侵其勢」，文義一律。下篇云「便辟不能食其意」，義亦同此。

是故歲一言者君也。

樾謹按：《周官·冢人》「及葬，言鸞車、象人」，司農注曰「言，言問其不如法度者」，此言字與彼同義。「歲一言者」，謂每歲一言問其不如法度者也。下文云「時省者相也，月稽者官也」。言問亦有省察、稽考之意。尹注曰「謂正歲之朝，布之縣象」，是未解「問」字也。

是以明君之舉其下也，盡知其短長，知其所不能益，若任之以事。賢人之臣其主也，盡知短長與身力之所不至，若量能而授官。

樾謹按：兩若字，并當訓乃。《小爾雅·廣言》曰「若，乃也」。《國語·周語》引《書》曰「必有忍也，若能有濟也」，韋注曰「若，猶乃也」。此文言君必知其臣，乃任之以事，臣必知己，乃量能而授官。授，當作受。《周官·典婦功》職曰「凡授嬪婦功」，《司儀》職曰「登再拜授幣」，鄭注并云「授，當爲受」，是古授、受得通言也。「陳力就列，不能者止」，是謂量能而受官矣。

布法出憲，而賢人列士盡功能於上矣。（《君臣下》）

樾謹按：功，當作貢。《説文·貝部》「貢，獻功也」。貢能於上，猶上文言「歸親於上」也。《周易·繫辭傳》「六爻之義易以貢」，《釋文》曰「貢，荀作功」，是功、貢相通之證。

治斧鉞者不敢讓刑，治軒冕者不敢讓賞。

樾謹按：尹注曰「讓，猶距也」，然此以治斧鉞、治軒冕者言，非以受之者言。尹解讓字，殆非其義。讓，當讀爲攘。《禮記·曲禮篇》「左右攘辟」，鄭注曰「攘，古讓字」，是攘、讓古字通也。此文兩讓字，并當爲攘竊之攘。「不敢讓刑」「不敢讓賞」，謂不敢攘竊刑賞之權也。

穆君之色。

樾謹按：《續漢·祭祀志》注引《决疑要注》曰「穆，順也」。「穆君之色」，即順君之色。下句曰「從其欲」，「從」亦順也。尹訓穆爲悦，未得。

雖有偏卒之大夫，不敢有幸心。

樾謹按：「偏」者車數，「卒」者人數。成七年《左傳》杜注引《司馬法》曰「百人爲卒，車九乘爲小偏，十五乘爲大偏」，是也。「有偏卒之大夫」，蓋謂大夫之家有車徒者耳。尹注未得。

此先王所以明德圉奸，昭公威私也。

樾謹按：威，乃烕字之誤。烕者，滅也。劉氏績謂是戒字之誤，非是。

若稽之以衆風，若任以社稷之任。

樾謹按：兩若字并當訓乃，説詳上篇。此承上文而言，既稱德度功，勸其所能，乃稽之以衆風，乃任以社稷之任也。衆風者，衆人之風謡。尹解非是。

去惡充以求美名，又可得乎？（《小稱》）

樾謹按：尹注斷「去惡充」三字爲一句，解曰「所往去於人者，皆以惡事充」，此説殊未安。「去惡充以求美名」，七字爲句。「惡充」「美名」相對成文。《詩・山有扶蘇篇》毛傳「子充良人也」，正義曰「充者，實也」。《吕氏春秋・正名篇》「不肖者之充」，《淮南子・主術篇》「此皆有充於内」，高誘注并訓充爲實。然則「惡充」者，惡實也，正與「美名」相對。求，乃來字之誤。上文「我托可惡以來美名」，字正作來，可證也。去、來亦相對成文。「去惡充以來美名」，謂自我而去者爲惡實，自人而來者爲美名。此必不可得之數也，故曰「又可得乎？」上文「怨氣見於面，惡言出於口」，此皆惡之實也。尹氏不知充有實義，故失其解。

故之身者使之愛惡，名者使之榮辱。

樾謹按：「身」上衍「之」字，蓋涉上文「澤之身」「去之身」「審行之身」「審去之身」四句而衍。「身者使之愛惡」，「名者使之榮辱」，兩文相對。今作「之身者」，於義難通。尹注曲爲之説，非是。

酒食則慈。（《四稱》）

樾謹按：「酒食則慈」，謂有酒食必分以予人，以見慈惠之意也。或疑其當作辭，非是。

見賢若貨。

樾謹按：此本作「見貴若貨」，與下句「見賤若過」相對成義。謂見貴者則趨之若貨財然，見賤者則若行者之相過不相顧也。〔一〕因涉上句「以攻賢者」句而誤貴爲賢。尹注曲爲之説，非是。

不友善士，讒賊與鬥，不彌人争，唯趣人詔。

樾謹按：鬥一作通，詔一作訟，并當從之。「不友善士」，故「讒賊與通」。「不彌人争」，故「唯趣人訟」。四句之義皆上下相承，而「通」與「訟」又韵也。今作鬥、詔，則失其韵矣。訟之與

〔一〕 劉如瑛《諸子箋校商補》認爲：「俞説『賢』當作『貴』，是；然對『過』的解釋，亦沿尹注之誤。」過當爲名詞「灾禍」。

詔，以形似而誤。鬥字則因注文而羼入者。尹注云「其見人争則恣令鬥，無彌縫之心」，此自解「不彌人争」之意。鬥即争也，豈正文有鬥字乎？

遷損善士。

樾謹按：尹注曰「善士則遷改而損棄之」，疑正文及注文損字均捐字之誤。惟是捐字，故尹氏以棄字足成其義耳，宜訂正。

耕以自養，以其餘應良天子，故平。（《侈靡》）

樾謹按：「應良天子」義不可通。良疑即養之壞字，應之言承也。《爾雅·釋樂》「小者謂之應」，《釋文》引李巡注曰「小者聲音相承，故曰應」。應，承也。《説文·手部》「承，奉也」，然則「應養」猶奉養也。言耕以自養，而以其餘奉養天子也。養字闕其上半，而誤爲良。尹氏曲爲之説曰「有時有賦〔一〕曰良」，謬矣。

〔一〕有賦，《管子校正》等作「而賦」。

今周公斷指滿稽、斷首滿稽、斷足滿稽。

樾謹按：尹注曰「今周公，謂時所用法也」。如注義則當云「今周公之法」於文方足，不得但云「今周公」也。疑「周公」二字，乃「用法」二字之誤。法字，奪水旁，止存厺，字與公相似，因誤爲公。後人因「用公」二字無誼，妄加口於用下而爲周字耳。尹氏作注時，文尚未誤，故曰「今用法，謂時所用法也」。後人據已誤之正文而改注文，遂并注義而不可通矣。

而死民不服。

樾謹按：此本作「而民死不服」，言民至死不服也。「民死」二字，傳寫誤倒，尹注遂斷「而死」二字爲句，失之矣。〔一〕

若夫教者，摽然若秋雲之遠，動人心之悲。藹然若夏之静雲，乃及人之體。䳕然若謞之静，動人意以怨。蕩蕩若流水，使人思之。

樾謹按：「動人心之悲」，當作「動人心以悲」，與下文「動人意以怨」一律。古以、而字通

〔一〕死民，俞氏認爲「傳寫誤倒」，王其和認爲「非是」，「死民」當指「死罪之民」，文意甚明，不必改（第一一二〇頁）。

用，説見王氏引之《經傳釋詞》。「動人心以悲」，猶云動人心而悲也。「動人意以怨」，猶云動人意而怨也。今作「之悲」，則不詞矣，蓋涉上句有之字而誤耳。「藹然若夏之静雲」，當作「藹然若夏雲之静」，與上「秋雲」句一律。惟雲不能及人之體，尹注增成其義曰「油然含潤，將降其澤及人之體」，此曲説也。疑《管子》原文，本作「藹然若夏雲之静，動人意以怨」，與上文「摽然若秋雲之遠，動人心以悲」相對成文。「乃及人之體」，當在「鵾然若謞之静」下。「鵾然」句不可解，疑當作「窵然若高山」，與下「蕩蕩若流水」相對成文。山字與篆文之字相似而誤，又涉上文「夏雲之静」句而衍静字。後人因「若高之静」義不可通，乃加言旁作謞耳。鵾字字書所無，乃窵字之誤，因其字從穴從鳥，篆文穴字與隸書肉字相似，傳寫者誤從肉，後人因從肉之字皆在左旁作月，因變而爲鵾矣。《墨子・備城門篇》有膭字，即竇字之誤，正與此同，説詳《墨子》，可以爲證。「乃及人之體」，乃字衍文，即及字之誤而複者也。及，讀爲岌。《文選・羽獵賦》「天動地岋」，注引韋昭曰「岋，動貌」。「窵然若高山岋人之體」，言如登高山動人之體也。《管子》此文最舛訛難讀，今考正之如此。

薄德之君之府囊也。

樾謹按：尹注但云「德薄之君，皆囊而藏之」，不釋府字之義，疑府乃所字之誤。隸書所字作所，與府相似而誤。《管子》原文本云「薄德之君之所囊也」，故尹注止解囊字也。

鄰國之君俱不賢，然後得王。俱賢，若何？曰，忽然易卿而移，忽然易事而化。

樾謹按：尹注解「易卿」句曰「黜不肖，立仁賢」，解「易事」句曰「去故而取新」，皆非《管子》之意也。《管子》蓋謂鄰國之君俱賢，則不得王，故必待其有變。忽然而易卿，忽然而易事，皆就鄰國言之。「易卿而移」，「易事而化」，皆謂變而不善，使我有可乘之機也，故下文曰「變而足以成名」。尹注失之。

故日月之明。

樾謹按：故，疑放字之誤。《唐石經》桓九年《穀梁傳》「則是放命也」，今本放誤作故，即其例也。「放日月之明」，正尹注所謂「與日月齊其明」者。若作故字，則文義未足矣。

吾君長來獵，君長虎豹之皮。

樾謹按：上長字衍字，下長字當訓爲上。《吕氏春秋・貴公篇》「用管子而爲五伯長」，《勿躬篇》「雖不知可以爲長」，高注并曰「長，上也」。此文當以「吾君來獵」爲句，「君長虎豹之皮」爲句。「君長虎豹之皮」者，君上虎豹之皮也，與下文「上金玉幣」「上甲兵」，文异而義同。尹注曰「君好虎豹皮故來獵」，則其所據本尚未衍上長字。若如今本，則「君長」二字連文。「君長虎豹之皮」，文義未明。尹何以云「君好虎豹皮」乎？注文好字，正釋長字之義，長即上也。「上之」是好之也。後人不達，誤以「君長」連讀，遂於上句亦增長字，而文義失矣。

百振而食，非獨自爲也。

樾謹按：百，乃自字之誤。言自振作而食，非獨自爲也。兩自字正相應，因涉上句「百姓」字而誤自爲百，文不可通。

有雜禮我而居之。

樾謹按：有，當爲肴，我，當爲義，并壞字也。肴，讀爲殽。《説文・殳部》「殽，相雜錯也」。《漢書・食貨志》「殽雜爲巧」，亦以「殽雜」連文。

强而可使服事，辯以辯辭，智以招請，廉以標人，堅强以乘六，廣其德以輕上，位不能使之而流徙，此謂國亡之郄。

樾謹按：「國亡之郄」，當依注作「亡國之郄」，與下文「成國之法」正相對成文。然則此七句者，非美事也，而尹注皆失之。今爲釋其義曰：「强而可使服事」者，言下不順從上令，强之而後可使服事也。「辯以辯辭」者，下辯字當讀爲變，《禮記·禮運篇》「大夫死宗廟謂之變」，鄭注曰「變，當爲辯」，是其例也，謂以辯給變亂人之辭也。「智以招請」者，請讀爲情，《荀子·成相篇》「聽之經，明其請」，楊注曰「請，當爲情」，是其例也，《國語·周語》曰「而好盡言以招人過」，此招字義與彼同，言恃其智以招人之情實也。「廉以標人」者，標讀爲剽，《後漢書·崔寔傳》「剽賣田宅」，李賢注曰「剽，一作標」，是其例也，《説文·刀部》「剽，砭刺也」。「廉而剽人」，言恃其廉而傷人也。「堅强以乘六」者，尹注曰「君能堅意强力以乘上之六者」，然上文并無六者，注説非也。六乃下字之誤，草書相似故也。《國語·周語》曰「乘人不義」，韋注曰「乘，陵也」。「堅强以乘下」，言堅强以陵下也。「廣其德以輕上位」者，位字當屬下讀。「廣其德以輕上」，與「堅强以乘下」正相對成文，言廣樹其德以分上之權，若齊之陳氏也。「位不能使之而流徙」者，位字據尹注作任，故云「可以分其上之任」，是位乃任之誤也。此文當作「任不能而使之流徙」，言不能之人任之以事，而使之得罪流徙，所謂「賊夫人之子」也。今「而」字在「使之」下，乃傳寫誤倒，又誤任爲位，而屬之上句，遂不可曉矣。

好緣而好駔。

樾謹按：上好字乃惡字之誤。尹注曰「緣即捐也。怯惡者必亂，故棄之」，是其所據本正作「惡緣」，惟尹解此句未得其義。緣之言循也。《廣雅・釋詁》曰「緣，循也」。《莊子・列禦寇篇》注曰「緣循，仗物而行者也」。然則緣與駔義正相反，「惡緣而好駔」，謂惡因循而好壯健也。

開國閉辱，知其緣地之利者。

樾謹按：以下文證之，其字當在開字之下，閉字乃門字之誤。「辱知」下有「神次」二字，而今奪之。《管子》原文本作「開其國門，辱知神次」，下云「開其國門者，玩之以善言」「辱知神次者，操犧牲與其珪璧，以執其罜」，皆舉此文而釋之也。因傳寫奪誤，遂不可讀。尹注以「知其」二字屬下「緣地之利者」爲句，不知「緣地之利者」亦是舉上文而釋之，不當有「知其」二字也。

奈其罜辱。

樾謹按：辱字當屬下「知神次者」爲一句，乃覆舉上文而釋之也。「奈其罜」三字并衍文，即下文「執其罜」之誤而衍者。執字闕壞，止存左旁之㚔，因誤爲奈矣。尹曲爲之説，非是。

若是者，必從是𠾂亡乎？

樾謹按：尹注曰「𠾂，即臭字也」。洪氏筠軒曰「𠾂，疑器字之訛」，王氏《讀書雜志》從之，謂尹注亦似作器字解」，其實非也。此字實㒟之古文。《説文》「㒟，相敗也。從人，𠾂省聲」。

《管子》疑本作𠐋，亦從人，從𠤎省，而止省去中間一𡆧，猶𪆵字從鳥，𠤎省聲，與傴字同。而籀文作𠤎，止省去中間一𡆧也。傴之義爲相敗，故以「傴亡」連文，猶言敗亡也。字誤作𠐋，於是其字義俱失矣。

大王不恃衆而自恃。

樾謹按：尹注以「大王亶父」爲説，非也。古之賢王多矣，何獨舉一「亶父」乎？「大王」蓋泛言古之王者。曰大者，尊之之辭，猶言盛王也。説詳《群經平議·禮記》。

賤寡而好大。

樾謹按：《法法篇》「故仁者、知者、有道者，不與大慮始」，尹彼注曰「大，猶衆也」。然則「賤寡而好大」，猶賤寡而好衆，謂不問是非曲直，但以衆寡爲斷也。尹此注非。

先後功器事之治。

樾謹按：事字衍文也。尹注曰「功有大小，器有精粗，各定其先後之差也」，是其所據本無事字。

祭之時上賢者也，故君臣掌。君臣掌，則上下均。

樾謹按：掌，當爲黨字之誤也。祭禮有賓主，故有賓黨、主黨。天子、諸侯之祭亦然，故曰君臣黨。

無使其内，使其外。

樾謹按：此當作「使其内無使其外」，與下句「使其小毋使其大」一律。

如以予人財者，不如無奪時。如以予人食者，不如毋奪其事。

樾謹按：「如以予人財者」「如以予人食者」，當作「如以財予人者」「如以食予人者」。「不如無奪時」，當作「不如無奪其時」。

親戚之愛，性也。

樾謹按：古人稱父母亦曰親戚。《韓詩外傳》「曾子曰：親戚既没，雖欲孝，誰爲孝」，是也。「親戚之愛，句。性也」，正見人子之於父母，其愛出於天性，與君臣之以義相屬者不同也。尹注非。

人死則易云，生則難合也。

樾謹按：《説文・雨部》「雲，山川氣也。從雨，云象雲回轉形」。是云字本象回轉之形，故有旋繞之義。《詩・正月篇》「昏姻孔云」，毛傳曰「云，旋也」，鄭箋曰「云，猶友也」。蓋旋繞即有相親之義，故得訓友。《廣雅・釋詁》曰「云，有也」，有與友通。古者謂相親曰有。昭二十年《左傳》「是不有寡君也」，杜注曰「有，相親有也」。云訓有，即「相親有」也。襄二十九年《傳》「晉不鄰矣，其誰云之」，猶言其誰親之也。此以「易云」「難合」相對爲文。「易云」者，易親也。古人族葬，故有「死則易云」之説。下文「多賢可云」，亦言可親也。故下曰「則士云矣」，言士親之也。尹注以爲「可言」，非是。

其亟而反，其重陔動毁之進退。

樾謹按：之字衍文也。尹注曰「或遲重滯凝久而不去者，或發動而有所毁傷者，或乍進乍退者」，是三者并列，不當有之字。

視之亦變。

樾謹按：亦，乃天字之誤。亦古作夾，與天字相似。又涉上句「應國之稱號亦更矣」因而致誤。「視之天變」，與下句「觀之風氣」，兩句一律。尹注非。

古之祭者，有時而星，有時而星熺，有時而熰，有时而朐。

樾謹按：此四句皆以天象言，謂方祭之時，天象不同如此，即上文所謂「視之天變，觀之風氣」也。星者，《詩・定之方中篇》「星言夙駕」，《釋文》引《韓詩》曰「星，晴也」。次句星字，涉上句而衍，當作「有時而熺」。熺者，《禮記・樂記篇》「天地訢合」，鄭注曰「訢，讀爲熹，熹猶蒸也」。《正義》曰「言天地氣之蒸動，猶若人之喜也」。熺、熹一字耳。熰字，他無所見，疑亦以氣言。朐者，昫字之誤。《説文・日部》「昫，日出温也」。

鼠應廣之實，陰陽之數也。華若落之名，祭之號也。

樾謹按：應字、若字皆衍文也。尹解上句曰「鼠，憂也。凡此皆君之憂，人故廣爲祈福祥而祭之」，不釋應字之義，則上句無應字也。應即廣字之誤而複者耳。尹解下句曰「言祭時爲物作美號，若花落也」，以「花落」連文，即正文「華落」字也。然則「華落」兩字之間不當有若字。因注言「若花落」，遂誤羼入正文耳。《管子》原文本作「鼠廣之實，句。陰陽之數也。華落之名，句。祭之號也」。雖其義不盡可通，而其文猶可考也。「華」「落」對文，「鼠」「廣」疑亦對文。《漢書・五行志》曰「鼠，盗竊小蟲」，意者以鼠喻小，故與廣對歟！

諸子平議卷四

管子四

故曰，上離其道，下失其事。（《心術上》）

樾謹按：此不當有「故曰」二字，涉下解而衍。

掃除不潔，神乃留處。

樾謹按：宋本作「神不留處」，當從之。下解曰「不潔則神不處」，是其證。

求之者不得處之者。

樾謹按：下「之者」二字，衍文也。「求之者不得處」，謂不得其處也。尹注謂「不知其處而得之」，是其所據本未衍。

天曰虚，地曰静，乃不伐。

樾謹按：伐，乃貸字之誤。貸字闕壞，止存上半之代，因誤爲伐矣。據下解曰「天之道虚，地之道静。虚則不屈，静則不變。不變則無過，故曰不伐」。以「無過」釋「不伐」，則「不伐」是「不貸」之誤，明矣。《禮記・月令篇》「宿離不貸」，鄭注曰「不得過差也」，是貸之義爲「過差」。《周易・豫》彖傳曰「天地以順動，故日月不過，而四時不忒」。忒與貸同。「日月」曰「不過」，「四時」曰「不忒」，文異而義不殊。然則此文言「不貸」，而後解言「無過」，正合古義。且言天地者，當美其不差貸，不當言不伐。天地之大，誰能伐之乎？於義求之，既不可通，貸字與上文色字、則字爲韵，今誤作伐，則於韵求之又不合矣。是不可不正也。

以無爲之謂道。

樾謹按：以，衍字。尹注曰「無爲自然者道也」，是無以字。

法者所以同出。

樾謹按：尹注曰「有禮則有法，故曰同出也」。如其説，當曰「與禮同出」，乃曰「所以同出」，義不可通矣。出，疑世字之誤。世，隸書或作卋，故與出相似而誤也。「所以同世」，謂所以齊同一世之人。下文曰「故殺僇禁誅以一之也」，即「所以同世」之義。

莫人，言至也。

樾謹按：此云「莫人，句。言至也」。下云「不宜，句。言應也」，又云「不顧，句。言因也」，皆釋上文「直人之言，不義不顧」之義。「不宜」即不義也。然則「莫人」，乃「直人」之誤，疑《管子》原文本作「直人，言正也」，蓋以正釋直。《禮記·曲禮篇》「直而勿有」，《郊特牲篇》「直祭祝於主」，鄭注并曰「直，正也」。以正釋直，乃古義也。直與莫，正與至，皆以形近而誤。

因也者，非吾所顧，故無顧也。

樾謹按：「非吾所顧」，當作「非吾所取」，此與上文「應也者，非吾所設」相對成文。據下文云「其應，非所設也；其動，非所取也」，又云「感而後應，非所設也；緣理而動，非所取也」，并以「所設」「所取」對言，故知此文亦當作「所取」也。《廣雅·釋詁》「取，爲也」。尹氏作注時，文尚未誤，故釋其義曰「非吾所爲，故無顧」，以爲訓取，正本《廣雅》義。或據尹注，謂正文亦當作爲，則是尹氏空舉正文，無所訓詁，無爲貴注矣。

闕其門。

樾謹按：據上文是「開其門」，此誤開爲闕。

變化則爲生，爲生則亂矣。

樾謹按：古爲、僞字通。《禮記·月令篇》「毋或作爲淫巧」，鄭注曰「今《月令》作『爲』。爲，詐僞」。成九年《左傳》「爲將改立君者」，定十二年《傳》「子爲不知」，《釋文》并云「爲，本作僞」，是其證也。此言「變化則僞生，僞生則亂」，而尹氏以本字讀之曰「謂有爲於營生」，失之。

慕選者所以等事也。（《心術下》）

樾謹按：慕，乃纂字之誤。《詩·猗嗟篇》「舞則選兮」，毛傳訓選爲齊，《仲尼弟子傳》「任不齊，字子選」，是選有齊義。《韓詩》作「舞則纂兮」，蓋選與纂，聲近而義通。此云「纂選者所以等事也」，正以纂選之義并爲齊也。《賈子·等齊篇》曰「撰然齊等」，是其義也。纂與慕，字形相似，因而致誤。尹注曰「或占慕之，或選擇之」，失其義矣。

金心在中，不可匿。

樾謹按：尹注曰「金之爲物彌精，心之爲用彌明，故比心於金」。此説迂曲，誠不可從。劉氏績謂「當依《内業篇》作全」。今按，《内業篇》「全心在中，不可蔽匿」，此劉所據也。又曰「心全於中，形全於外」，則所謂全心者，或即心全之説。然「心全於中」，文義俱安，「全心在中」，則有未安矣。《内業篇》又曰「正心在中，萬物得度」。疑「金心」「全心」皆「正心」之誤。正誤爲全，全又誤爲金耳。正心者，誠心也。《論語·述而篇》「正唯弟子不能學也」，鄭注曰「《魯》讀正爲誠」，是正與誠古得通用。誠心在中，則自不可得匿矣，所謂「有諸内必形諸外」也。下文「金心之形，明於日月，察於父母」，義亦同此。

昔者明王之愛天下，故天下可附。暴王之惡天下，故天下可離。

樾謹按：兩之字皆心字之誤。此承上文「正心之形，明於日月，察於父母」而言。正心者誠心也，言明王誠心以愛天下，故天下可附；暴王誠心以惡天下，故天下可離也。下云「故貨之不足以爲愛，刑之不足以爲惡，貨者愛之末也，刑者惡之末也」，正見愛惡之在於心耳。若但云「明王之愛天下」「暴王之惡天下」，安見其愛不以貨，惡不以刑乎？又按，貨字乃賞字之誤。賞與刑相對爲文，今作貨則不倫矣。《内業篇》云「賞不足以勸善，刑不足以懲過」，彼篇文義多與此同，可據以訂正。

出者而不傷人，入者自傷也。（《白心》）

樾謹按：此本作「出者而不傷人，傷人者自傷也」，今本奪傷字，入即人字之誤。尹注曰「出者既主生，則不當傷人，違而傷人，是還自傷也」。注中有兩「傷人」字，知正文必有兩「傷人」字，注中無入字，知正文亦無入字矣。

故曰，有中有中。

樾謹按：此本作「不中有中」，故尹注曰「舉事雖得其中，而不爲中，乃是有中也」。今誤作「有中有中」，義不可通。

孰能己無己乎？

樾謹按：「己無己」猶云「我喪我」也。尹注曰「能效天地者，其唯忘己乎」？此乃説其義如此。王氏念孫謂「己無己」當作「忘己」，非是。

事有適而無適，若有適；，觿解不可解，而後解。

樾謹按：王氏《讀書雜志》曰「此當作『事有適，句。無適而後適，句。觿有解，句。不可解而後解句。』」，言事之有適也，必無適而後適，觿之有解也，必不可解而後解」，其説誠是。然必改參差之文法以爲整齊，轉非古書之舊矣。《小爾雅・廣言》曰「若，乃也」。《管子書・君臣上篇》「若任之以事」，「若量能而授官」，《下篇》「若稽之以衆風」，「若任以社稷之臣〔一〕」，諸若字并猶乃也。此文「若有適」，亦當訓爲「乃有適」，言事有適而無適，乃爲有適；觿必解其不可解，而後能解也。如此，則從舊讀義自可通，無庸增改。

爲善乎，毋提提。

樾謹按：提，當讀爲湜。《説文・水部》「湜，水清底見也，從水是聲。《詩》曰『湜湜其止』」。「爲善毋湜湜」者，即《老子》「知其白，守其黑」之意。水至清則無魚，人至察則無徒，故以湜湜爲戒。湜與提并從是聲，古音相同，得相通用。尹注曰「提提，謂有所揚舉也」，是誤以本字讀之。《淮南子・説林篇》「的的者獲，提提者射」，提提與的的并言，其義可見。高注曰「提提，安也」，亦失之矣。

愕愕者不以天下爲憂，剌剌者不以萬物爲筴。

樾謹按：筴字義不可通，當讀爲悘。《説文・心部》「悘，快也」。《廣雅・釋詁》「悘，可

〔一〕臣，《管子・君臣下篇》原文及俞氏引以説解均作「任」，疑爲「任」之誤。

也」。「不以萬物爲慼」，正與「不以天下爲憂」相對，言萬物不足以快其心也。篋、慼并從夾得聲，故假用之耳。

知苟適，可爲天下周。

樾謹按：周字無義，疑君字之誤。「可爲天下君」，猶下文言「可以爲天下王」也。君，古文與周相似而誤。〔一〕

君親六合，以考内身。

樾謹按：此君字乃周字之誤，與上文可互證。尹注曰「遍六合之種，一一考之於身」，蓋以遍釋周，是其所據本未誤也。惟親字無義，尹亦無注，或視字之誤。「周視六合」，其義甚明，故尹注不及耳。

無遷無衍。

樾謹按：尹注曰「無遷移，無寬衍」，然「遷移」與「寬衍」兩意不倫，恐非也。衍，當讀爲延。

〔一〕 王其和據尹知章注「周慎」之語，參《説文·口部》「周，密也」等等，認爲「周」字當不誤（第八六頁）。

《周官·大祝》「二曰衍祭」，鄭注曰「衍字當爲延」。又《男巫》「掌望祀、望衍、授號」，注曰「衍，讀爲延」。《詩·椒聊篇》「蕃衍盈升」，《一切經音義》十九引作「蕃延盈升」，是衍、延古通用也。遷延乃叠韻字，古有此語。襄十四年《左傳》「晋人謂之遷延之役」，是也。「無遷無延」，猶曰無遷延耳，不當分爲二義。

是以水者萬物之準也，諸生之淡也。（《水地》）

樾謹按：淡字義不可通。尹注曰「能濟諸生以適中，故曰淡」，亦未知淡字作何解也。淡，疑本作澹。《淮南子·原道篇》「富澹天下而不既」，《齊俗篇》「智伯有三晋而欲不澹」，高注并曰「澹，足也」。又《主術篇》「求寡而易澹」，注曰「澹，給也」。蓋贍足之贍，《説文》無之，古人書贍字每作澹，《漢書·食貨志》《司馬遷傳》《東方朔傳》《趙充國傳》字皆作澹，師古注并云「澹，古贍字」，是其證也。水兼利萬物，諸有生之物皆於水取給，故云「諸生之澹」，正合古人澹字從水之義。而後人又以澹、淡爲一字。《文選·潘安仁〈金谷集詩〉》「绿池泛淡淡」，注引《東京賦》「渌水澹澹」，云澹與淡同。於是「諸生之澹」，改爲「諸生之淡」，而其義始晦矣。

違非得失之質也。

樾謹按：違，當讀作韙。隱十一年《左傳》「犯五不韙」，杜注曰「韙，是也」。「韙非」猶曰

「是非」，正與「得失」一律。

萬物莫不盡其幾。

樾謹按：《詩·楚茨篇》「如幾如式」，毛傳曰「幾，期也」。「萬物莫不盡其幾」，言無不盡其期也，猶云終其天年耳。尹注非。

耳之所聽，非特雷鼓之聞也，察於淑湫。

樾謹按：淑當作啾，湫當作啾，并以聲言。《説文·口部》「啾，嘆也」，「啾，小兒聲也」。

或世見或世不見者生蟡與慶忌。

樾謹按：生字衍文也。據下文云「或世見或不見者蟡與慶忌」，無生字，可證。

涸川之精者生於蟡。

樾謹按：於字衍文，王氏《讀書雜志》已訂正矣。惟此文尚有可疑。上文云「涸澤數百歲，谷之不徙、水之不絶者生慶忌」，是則當有生字者也。若此文言「涸川之精者」，則即是蟡矣，何得更言生乎？據《太平御覽·妖异部》《法苑珠林·六道篇》引此文，川下并有水字，疑《管子》原文本作「涸川之水生蟡」，因涉上文「此涸澤之精也」而誤。若此文已云「涸川之精者生蟡」，而下文又云「此涸川水之精也」，則於文義複矣。知非《管子》原文也。

秦之水泔冣而稽，淤滯而雜。

樾謹按：尹注曰「最〔一〕，絶也。稽，停留也。謂秦之水絶甘而味停留」，蓋尹所據本作「甘最而稽」，故其説如此。然義實未安，當以今本爲長。《説文·水部》「周謂潘曰泔」。「潘，淅米汁也」。《冖部》「冣，積也」，徐鍇曰「古以聚物之聚爲冣」。此二句之義，蓋謂泔汁會聚而停留，淤泥沉滯而混雜也。尹據誤本爲説，非是。宋本冣作最，則依尹注爲文耳，未足據也。

齊晉之水枯旱而運。

樾謹按：齊與晉聲相近。《周易》《釋文》曰「晉，孟本作齊」，是也。《管子》原文本作「晉之水」，聲誤爲齊，校者旁注晉字，傳寫并入正文，遂作「齊晉之水」矣。尹注謂是「齊之西而晉之東」，此曲説也。王氏《雜志》謂涉上文而誤。夫上文有「齊之水」「楚之水」「越之水」「秦之水」，何獨誤作齊乎？是猶未明其致誤之由也。又按，運字無義，乃渾之假字，惟其「枯旱」，是以渾濁，故曰「枯旱而渾」也。

〔一〕最，中華本改爲「冣」，疑非。依俞氏引尹注原意，似當以「最」字爲宜。

使不能爲惛，惛而忘也者，皆受天禍。（《四時》）

樾謹按：「使不能爲惛」，下有闕文。據上文「使能之謂明，聽信之爲聖」，則此文當有「聽不信爲忘」五[一]字。忘，讀爲芒。《莊子·齊物論篇》「人之生也固若是芒乎」？《釋文》曰「芒，昧也」，蓋與惛同義。《七臣七主篇》有「芒主」。

上見功而賤，則爲人下者直，爲人上者驕。

樾謹按：直，當爲悳，乃壞字也。悳，古德字，言爲下者自以爲德也。《九變篇》曰「凡民之所以守戰至死而不德其上者，蓋有數焉」，注曰「雖復至死，不敢恃之以德於上」。此文悳字，義與彼同。因字誤爲直，尹氏即以「肆直」釋之，誤矣。

星者掌發爲風。

樾謹按：此本作「星掌發，發爲風」，與下文「日掌賞，賞爲暑；歲掌和，和爲雨」「辰掌收，收爲陰」「月掌罰，罰爲寒」，文法一律。今衍者字，奪發字。

[一] 五，原作「六」，原文實僅五字，中華本已作「五」，據改。

除急漏田廬。

樾謹按：「除急」二字，衍文也。尹注曰「田中之廬欲漏之，不欲人惡盛陽之氣也」，不及「除急」之義，是尹所據本無此二字。

所惡其察，所欲必得。

樾謹按：當作「所惡必察」，兩句一律。下文云「所求必得，所惡必伏」，亦兩句一律，是其證。

鬥譯跽。

樾謹按：此三字之義爲不可曉。據尹注曰「譯傳言語相疾忌爲鬥訟者」，是其所據本作「譯忌鬥」，因傳寫奪鬥字，誤補之譯字之上，而忌字又從足作跽，此是所傳之异，非尹本之舊也。然尹説亦不可通。上文曰「禁博塞，圉小辯」，上一字皆禁止之意，下二字皆實指其事，此文疑亦當同。「忌鬥」連文，雖未詳其義，然譯必睪之假字。《説文・夲部》「睪，司視也，從横目，從夲，令吏將目捕罪人也」。然則睪有捕治之義，禁圉之不止，從而捕治之，亦事之相因者矣。

是故人有六多，六多所以街天地也。（《五行》）

樾謹按：「六多」之義未詳，尹氏曲爲之説，殆非也。街字義亦難明，劉氏績[一]曰「街，猶通也」。然則街當作衘，字之誤也。《説文·行部》「衘，通街也」。衘之訓通，正得其義。而其誤爲街，亦有由矣。字亦作迵。《玉篇》「迵，通達也」，《淮南子·要略篇》「通迵造化之母」，《上德篇》「德迵乎天地」，王氏念孫《讀書雜志》謂迵字并迵字之誤，是也。即可以説「衘天地」之義矣。

修概水上，以待乎天堇。

樾謹按：王氏念孫謂「上，當作土」，然此與下文「治祀之下以觀地位」相對爲文，則上字不誤也。其義未詳。

奢龍辨乎東方，故使爲土師。

樾謹按：「土師」當作「工師」，此官在唐虞爲共工，在《周官》爲司空。司空即司工，空者，工之假字也。故《小宰》職曰「冬官掌邦事」，不曰「冬官掌邦土」。漢世説《經》者，有司空主空土之説，僞古文遂曰「司空掌邦土」矣。説詳《群經平議》。此文「工師」作「土師」，蓋以形近而

〔一〕劉氏績，《管子集校》疑爲「趙用賢」之誤。

誤，然與《經》義違矣，故不可不辨。

睹甲子木行御。

樾謹按：睹字義不可通，疑當爲都。都，古字作䰰，因誤爲覩，後人遂書作睹耳。《爾雅·釋詁》曰「都，於也」。「都甲子木行御」，言於甲子之日木行御也。下文「睹丙子火行御」，「睹戊子土行御」，「睹庚子金行御」，「睹壬子水行御」，諸睹字并當作都。

不誅不貞。

樾謹按：貞，乃賞字之誤。上文於春曰「賦秘賜賞於四境之内」，於夏曰「發臧任君賜賞」，是皆有賞也。下文於秋曰「命左右司馬衍組甲厲兵，合什爲伍，以修於四境之内，諛然告民有事，所以待天地之殺斂也」，於冬曰「令民出獵禽獸，不釋巨少而殺之，所以貴天地之所閉藏也」，是皆有誅也。蓋賞以春夏，刑以秋冬，古制如此。至戊子土行御，則不誅不賞，但務農事而已。故「不誅不賞，農事爲敬」，賞字闕壞，遂誤爲貞。尹注從而爲之辭，斯曲説矣。〔一〕

〔一〕王其和認爲：「尹注訓『貞』爲『正』，亦即『問』義，『無所責正』即『無所責問』，原文可通，不煩改字。」（第八七頁）

其氣不足，則發攟瀆盜賊。

樾謹按：發字涉上句而衍，據尹注無。

不釋巨少而殺之。

樾謹按：釋，乃擇字之誤。

君危，不殺，太子危。

樾謹按：殺，當爲發，聲之誤也。《釋名・釋用器》曰「鏺，殺也」。《釋名》一書，皆以聲取義，鏺從發聲，而訓爲殺，是殺與發聲近。《詩・噫嘻篇》「駿發爾私」，毛傳曰「發，伐也」。《廣雅・釋詁》曰「伐，殺也」。發訓伐，而伐訓殺，然則殺之與發，義亦得通矣。「君危」自爲句。「不發」又自爲句。上文曰「睹甲子木行御，天子出令，命左右士師内御，總别列爵，論賢不肖士吏，賦秘賜賞於四境之内，發故粟以田數，出國衡，順山林，禁民斬木，所以順草木也」，此文承上而言，故曰「天子不賦不賜賞，而大斬伐傷，君危，不發，太子危，家人夫人死」。所云「不賦不賜賞，而大斬伐傷」，與上文「賦秘賜賞於四境之内」及「禁民斬木」相應。所云「不發」，與上文「發故粟」相應。蓋當發故粟而不發，故其灾禍如此也。「不發」，正與「不賦不賜賞」一律。因字誤作殺，尹注遂誤以「君危不殺」四字爲句，解曰「若君雖危而不見殺，則又太子危，而家人夫人有死禍也」。此曲説不可從。下文曰「睹戊子土行御，天子修宫室，筑臺榭，君危。外筑城郭，臣死」。「君危」爲一事，「臣死」爲一事，然則此文亦當以「君危」爲一事，「太子危」爲一事，非君危不見殺，而後太子乃危也。

動静者比於死，動作者比於醜，動信者比於距，動詘者比於避。（《勢》）

樾謹按：四動字，皆當作重，與《任法篇》「重愛曰失德，重惡曰失威」兩重字義同。蓋静、作、信、詘，各有所宜，偏重之則非矣。尹注皆迂曲未合。

未得天極，則隱於德。

樾謹按：古依、隱同聲，故《釋名·釋衣服》曰「衣，依也」，《廣雅·釋器》曰「衣，隱也」，是依、隱義同也。此云「隱於德」，猶云「依於德」。《禮記·少儀篇》曰「士依於德」，是其義矣。尹注謂「隱而修德」，失之。

形於女色。

樾謹按：此女字讀如「爾女」之女。「形於女色」，猶言形於其色耳。蓋既「裕德無求」，則其安徐正静必有見於顔色者，故云然。尹注讀如本字，以爲女之容色，失之。

秉時養人。

樾謹按：《周書·謚法篇》曰「秉，順也」。「秉時養人」者，順時養人也。尹注曰「持四時之政，以順養其人」，訓秉爲持，未得其義。

萬物崇一。（《正》）

樾謹按：崇，讀爲宗。《尚書·牧誓篇》「是崇是長」，《漢書·谷永傳》崇作宗，是古字通也。《廣雅·釋詁》「宗，本也」。「萬物宗一」，言萬物本乎一也。《老子》曰「一生二，二生三，三生萬物」。

刑以弊之，毋失民命。

樾謹按：「刑以弊之」，當作「弊之以□其□」，方與下文「令之以終其欲」「遏之以絶其志意」「養之以化其惡」「明之以察其生」文法一律。因「弊之」下奪四字，遂據上文於「弊之」上加「刑以」二字，非其舊矣。

致刑，其民庸心以蔽。致政，其民服信以聽。致德，其民和平以静。致道，其民付而不争。

樾謹按：「致刑」「致政」「致德」「致道」，皆二字爲句。「其民」屬下讀，言上能致其刑、政、德、道，故其民如此也。蔽字與聽、静、争不協韵，蔽蓋敬字之誤。《爾雅・釋詁》「庸，勞也」，《釋訓》「庸庸，勞也」，是庸之義爲勞。上能致其刑，則其民勞心而敬矣。尹據誤本作注，又誤讀「致刑其民」爲句，遂以「庸心以蔽」爲就上之人言，解曰「不用心以斷，則濫及不辜」。乃其解下文「和平以静」「付而不争」又就民言，何也？夫四句一律，下二句既以民言，則上二句亦以民言，故知「其民」二字必屬下讀，不屬上讀也。「付而不争」，當作「附而不争」，古字通用。《尚書・梓材篇》「皇天既付中國民」，《釋文》曰「付，馬本作附」。《周官・小司寇》職「附刑罰」，鄭注曰「故書附作付」，并其證也。「附而不争」，謂民親附而不争。尹注曰「人被道則相付任而不争」，未達假借之旨。

出令時當曰政。

樾謹按：尹注曰「令當於正，時之謂也」。疑正文及注均有誤，正文當曰「出令當時曰政」，注文當曰「令當於時，政之謂也」，并傳寫者到〔一〕之，正之與政，則古通用字耳。

〔一〕到，通倒，全書多見。

正衡一静，能守慎乎？

樾謹按：尹注曰「衡，平也，言但能守慎，則政平而静一」，是尹所據本作「正衡静一」，今作「一静」，誤。

能服信政，此謂正紀。能服日新，此謂行理。

樾謹按：上云「立常行政，能服信乎？中和慎敬，能日新乎」，此承上文而言，當作「能服信，此謂正紀。能日新，此謂行理」。上句政字，涉上文「臨政官民」而衍，下句服字，即涉上句「能服信」而衍。

不事心，不勞意，不動力。（《任法》）

樾謹按：《爾雅·釋詁》「事，勤也」，「勤，勞也」，是事與勞義通。《禮記·儒行篇》「先勞而後獲」，鄭注曰「勞，猶事也」，然則事亦猶勞也。「不事心」者，不勞心也。至動字，亦無意，疑勤字之誤。「不事心」「不勞意」「不勤力」，三句一意。

奇術技藝之人，莫敢高言孟行，以過其情，以遇其主矣。

樾謹按：遇，讀爲愚。《詩·巧言篇》「遇犬獲之」，《釋文》曰「遇，世讀作愚」。《莊子·則陽篇》「匿爲物而愚不識」，《釋文》曰「愚，本作遇」，是遇與愚通。「愚其主」者，自以爲知，而以其主爲愚也。尹注訓遇爲待，則失其義。

國法，法不一，則有國者不祥。

樾謹按：此本作「有國者，國法不一則不祥」。「有國者」三字，總冒下五句。「國法不一則不祥」與「下民不道法則不祥」一律，因寫者奪「有國者」三字，而誤補之則字之下，則與下文句法不一律矣。「國法不一」句，又誤叠法字，尹注遂斷「國法」二字爲句，解曰「有國者有法也」，增益以成其義，足知其非。

國更立法以典民則祥。

樾謹按：上下文凡四言「不祥」，則此亦當作「不祥」，傳寫奪不字耳。立法固所以典民，然成法具在，必更易之，則不祥矣。尹所據本奪不字，故失其解。

故曰，法者不可恒也。

樾謹按：尹注曰「法敝則當變，故不恒」。此説雖若有理，然以上下文求之，殊不可通。上文曰「故黄帝之治也，置法而不變，使民安其法者也」，此乃云「法不可恒」，則非「置法不變」之謂矣，其不可通一也。既云「法不可恒」，而下文乃曰「故明王之所恒者二：一曰明法而固守之，二曰禁民私而收使之。此二者主之所恒也」，則又非「法不可恒」之謂矣，其不可通二也。反覆推求，三恒字皆慎字之誤。「法者不可恒也」，本作「法者不可不慎也」，故其下即曰「存亡治亂之所從出，聖君所以爲天下大儀也，君臣上下貴賤皆發焉」，乃申明「不可不慎」之意。《禁藏篇》曰「法者天下之儀也，所以決疑而明是非也，百姓所縣命也，故明主慎之」，正與此文同義。自慎誤爲恒，而又奪不字，遂失其義矣。「明王之所恒者二」，當作「明王之所慎者二」。「此二者主之所恒也」，當作「此二者主之所慎也」。慎字右旁之真隸書作真，闕壞而爲亘，故慎誤爲恒矣。夫兩言「所慎」，文義甚明，若作「所恒」，便爲無義，其誤顯然，所宜訂正。

然故諶杵習士，聞識博學之人不可亂也。

樾謹按：尹解「諶杵」曰「杵，所以毁碎於物者也，謂奸詐之人僞托於諶以毁君法」，此説殊爲迂曲，殆非也。「諶杵」疑當作「諶斟」，乃叠韵字。《後漢書・馮衍傳》「意斟愖而不憺兮」，李賢注曰「斟愖，猶遲疑也」。此作「諶斟」者，諶與愖同，杵乃斟字之誤。古書斟字，或作卄，故「斟鄩」亦作「卄鄩」，見《玉篇・土部》。又或作枓，見《漢書・地理志》應劭注。《管子》原文疑本作枓，因誤爲杵也。「習士」者，俗士也。《説文・人部》「俗，習也」。習與俗雙聲，故義亦得通。「諶斟習士」，謂流俗之士，意識遲疑者也。此指愚不肖者而言。下云「聞識博學之人」，則指賢知者而言。此兩等人，皆能出其私議以亂國法者也。

卿相不得翦其私。

樾謹按：上云「翦公財以禄私士」，此乃云「翦其私」，義不可通。此翦字當讀爲濟，聲之誤也。《爾雅·釋言》「翦，齊也」，郭注曰「南方人呼翦刀爲劑刀」。是齊與翦聲相近，又涉上文「翦公財」而誤耳。〔一〕

夫日侵而産怨，此失君之所慎也。

樾謹按：「失君」當作「人君」，涉上文「失君則不然」而誤。

令求不出謂之滅，出而道留謂之擁，下情求不上通謂之塞，下情上而道止謂之侵。（《明法》）

樾謹按：「令求不出」，據後解作「令本不出」。然則「下情求不上通」，亦當作「下情本不上通」。後解奪本字，遂并此文而無從是正矣。尹注曰「求不出令，則下無所稟，故滅；求不上通」。

〔一〕 翦，王其和認爲「字不誤，當讀爲『踐』」；二字通用，訓爲「行」（第八七頁）。

通，則與君隔絶，故曰塞也」。兩求字，亦本字之誤。

比周以相爲匿，是忘主死交以進其譽。

樾謹按：是下奪故字，後解作「比周以相爲慝，是故忘主死[一]佼以進其譽」，可證也。尹注誤讀是字絶句，劉氏已訂正矣。惟匿字亦當從後解作慝，言比周而爲奸慝也。匿、慝古字通。《洪範·五行傳》「朔而月見東方謂之側匿」，《漢書·孔光傳》作「側慝」。

不一圖國。

樾謹按：當從後解作「不一圖其國」。

力罷，則不能毋墮倪。（《正世》）

樾謹按：尹注曰「倪，傲也」，則墮當讀爲惰，惰與傲義相近。《輕重戊篇》「歸市亦惰倪」，是其證。

不繁匿。

樾謹按：匿，亦當爲慝，説見上篇。下文曰「法禁不立則奸邪繁」。「繁慝」即「奸邪繁」也。

[一] 死，戴望《管子校正》出校曰：宋本「死」作「私」。

有愛人之心，而實合於傷民。

樾謹按：「合於傷民」者，足於傷民也。合與給通。給，足也，故合亦有足義。《論語・子路篇》「始有曰苟合矣」，言苟足也。《孟子・梁惠王篇》「此心之所以合於王者，何也」，言足於王也。説詳《群經平議》。

治莫貴於得齊。

樾謹按：《水經・濟水注》引《春秋説題辭》曰「齊，度也」。《周官・亨人》「以給水火之齊」，鄭注曰「齊，多少之量」。又《酒正》「辨五齊之名」，注曰「齊者，每有祭祀以度量節作之」。是齊有度量之義。「治莫貴於得齊」，謂得其度量也。《史記・孝武紀》「事化丹砂諸藥齊爲黄金矣」，《索隱》曰「齊，音分劑之劑」。此齊字，讀當與彼同。尹注非是。

諸子平議卷五

管子五

謀乎莫聞其音。（《内業》）

樾謹按：「謀乎」乃形況之辭，與下文「卒乎」「冥冥乎」「淫淫乎」一律。尹注曰「今謀欲尋於道，則不聞其音」，此大誤也。謀即《禮記・玉藻篇》「瞿瞿梅梅」之梅，《正義》曰「梅梅，猶微微，謂微昧也」，正與「莫聞其音」之義合。梅或體作楳，與謀并從某聲，故得通用。《莊子・知北游篇》「媒媒晦晦」，《釋文》引李注曰「媒媒，晦貌」。謀與媒亦同。

飢不廣思，飽而不廢。

樾謹按：下飽字疑飢字之誤。上文曰「飢則廣思」，尹注曰「飢而廣思，則忘其飢」。然則

「飢不廣思」，其飢益甚矣，故曰「飢而不廢」，言飢不止也。尹注曰「廢，止也」，是其義也。今作「飽而不廢」，義不可通，蓋後人不達其旨而臆改耳。

是謂雲氣。

樾謹按：下文云「靈氣在心，一來一逝」，疑此文「雲氣」亦「靈氣」之誤。隸書靈字或作霊，見《王稚子闕》，與雲相似，故誤爲雲耳。尹注曰「能調其氣，故比於雲」，此其所據本已誤，故曲爲之説。

不可爲數。（《小問》）〔一〕

樾謹按：「不可爲數」，猶言不可勝數，言天下之精材皆聚於我，不可爲之計數也。尹注非。

守戰遠見有患。

樾謹按：尹注曰「爲國者必入守出戰，今吾於此二者預見其患矣」。尹氏蓋以「遠見有患」

〔一〕按，此句下原無篇名《小問》，據《管子》與中華本補。

連讀，而解爲「預見其患」，甚爲不辭。「遠見」，即「外知」也。下文曰「夫民不必死，則不可與出乎守戰之難。不必信，則不可恃而外知。夫恃不死之民而求以守戰，恃不信之人而求以外知，此兵之三闇也」，即承此文而言。故知「遠見」即「外知」也。《儀禮・特牲饋食禮》「若不吉，則筮遠日」，鄭注曰「遠日，旬之外日」。《吕氏春秋・有始覽》「冬至日行遠道」，高注曰「遠道，外道也」。是遠即外也。《吕氏春秋・自知篇》「文侯不説，知於顔色」，高注曰「知，猶見也」。是見即知也。

而憂之以德。

樾謹按：《説文・夊部》「憂，行之和也」。凡經傳憂字，皆𢝊之假字，此則其本字。「憂之以德」，謂和之以德也。

除君苛疾，與若之多虚而少實。

樾謹按：若，乃君字之誤，王氏引之已訂正矣。至尹氏謂此句蒙除字爲文，解曰「謂君之材能，多似有而非實，如此者亦祝去之也」。果如此，則祝鳧〔一〕已疪之言，未始不善，公何爲不

〔一〕 鳧，原作「鳬」，據中華本改。

説乎？蓋一除一與自是兩事，除者祝去之，與者求與之也。「多虚而少實」，謂致力者少而收功者多。下文曰「又與君之若賢」，亦是此意。祝之意以爲不賢固不可，然必實賢則勞矣，故以「若賢」爲祝也。此二句正所謂婦寺之忠。桓公怒而將誅之，是可以責難矣。管仲是以知其可霸也。

中有卷城。

樾謹按：卷，當讀爲圈。《太玄・交》「次六，大圈閎閎，小圈交之」，范望注曰「圈，國也」，是圈有國邑之義，故與城并言。

今者，寡人見人長尺而人物具焉冠。

樾謹按：冠下本有冕字。《説苑・辨物篇》作「有人長尺冠冕」，是其證也。今本奪冕字，而《藝文類聚》《太平御覽》《開元占經》諸書所引并作「冠冠」，則又因奪冕字而誤補冠字。

右袪衣。

樾謹按：《説苑》作「左袪衣」，是也。説詳後。

從左方涉，其深及冠。從右方涉，其深至膝。

樾謹按：水而及冠，是滅頂矣，又何涉乎？《説苑》作「從左方渡至踝，從右方渡至膝」。

疑此文冠字亦當作踝，以聲近而誤也。左至踝，右至膝，是左淺而右深也。自踝誤作冠，則爲左深而右淺，遂改上文之「左袪衣」爲「右袪衣」，「左方涉」爲「右方涉」，皆非《管子》之原文矣。

昔者吴干戰，未齔不得入軍門，國子擿其齒，遂入，爲干國多。

樾謹按：尹注曰「干，江邊地」，「齔，毁齒也」，「戰功曰多，言於干戰，國子功多也」，此注於干字未得其義。干當作邗。《説文·邑部》「邗，國也，今屬臨淮。從邑，干聲。一曰，邗本屬吴」。蓋邗，古國名，後爲吴邑。哀九年《左傳》「吴城邗」，即其地矣。此文「吴干戰」，吴、干乃兩國也。國子，乃干國之人，故曰「爲干國多」。言此役也「國子」在干國中戰功爲最也。尹氏不知干爲國名，誤解爲江邊地，則吴與戰者何國也？且其解「爲干國多」句，更文不成義矣。

皆要審則法令固。（《七臣七主》）

樾謹按：尹解「皆要」爲「事皆得要」，殆非也。下句曰「賞罰必則下服度」，「皆要」與「賞罰」相對爲文，若從尹解，則不倫矣。皆，當作比。《大戴記·保傅篇》「於是比選天下端士」，《漢書·賈誼傳》比作皆。《戰國·秦策》「斷死於前者比是也」，《韓子·初見秦篇》比作皆，并其例矣。《周官·小司徒》職「及三年則大比，大比則受邦國之比要」，鄭司農云「五家爲比，故以比爲名。今時八月案比是也。要，謂其簿」。然則「比要」者，大比之簿籍。大比之簿籍審，則法令固矣。《管子》多本周制，於此可見。

不訐則國失勢。

樾謹按：訐乃悟之假字，言不覺悟則國勢必失也。上文曰「得六過一是，以還自鏡，以知得失」。然則過主能早自覺悟，或尚可爲，不悟則已矣。下文凡言「不訐」者，其義并同。尹注謂「訐，古伍字，謂偶合也」，非是。

四鄰不計。

樾謹按：此本作「四隟不計」，故尹注曰「四鄰與已爲隟不計度而知之」。「四鄰與已爲隟」，正解「四隟」之義。今作「四鄰不計」者，即涉注文而誤。下文曰「故上惛則隟不計」，文與此同。彼奪「四」字耳。

瑶臺玉餔不足處。

樾謹按：尹注曰「玉餔，猶玉食」，然云「不足處」，則當是居處之事。餔，疑圃之假字，餔與圃并從甫聲，故得通耳。「玉圃」猶瑶圃也。《楚辭・涉江篇》曰「吾與重華游於〔一〕瑶之圃。」

夫亡國踣家者，非無壤土也。

樾謹按：者字，衍文也。此以國家言，故曰「非無壤土」。若有者字，則以人言，不當云「壤土」矣。下文「夫凶歲雷旱，非無雨露也」「亂世煩政，非無法令也」「暴主迷君，非無心腹也」，并無者字，故知此者字誤衍。

苴多螣蟇。

樾謹按：苴與菹同。《孟子・滕文公篇》「驅蛇龍而放之菹」，趙注曰「菹，澤生草者也」，今青州謂澤有草爲菹。

斷名决。

樾謹按：尹注曰「依名而斷决」，則其所據本當作「名斷决」，故下文曰「名斷言澤」。

〔一〕於，《楚辭・涉江》原文作「兮」，疑「於」爲「兮」之誤。

吏不敢以長官威嚴危其命。（《禁藏》）

樾謹按：危，當讀爲詭，古字通用，説見《大匡篇》。曹大家注《幽通賦》曰「詭，反也」。「詭其命」者，反其命也，謂反易其命也，與上句「不爲親戚，故貴易其法」一律。[一]

民之承教，重於神寶。

樾謹按：《爾雅·釋詁》「神，重也」。此言「神寶」，即上言「重寶」。因句有重字，故變重言神耳。尹注曰「夫寶有靈，故曰神寶」，失之。[二]

能節宫室，適車輿，以實藏。

樾謹按：適，猶節也。《吕氏春秋·重己篇》「故聖人必先適欲」，高注曰「適，猶節也」。《情欲篇》「情有節」，《古樂篇》「有節有侈」，注并曰「節，適也」，是適、節義通。「適車輿」，猶「節車輿」也，與「節宫室」一律。

[一] 危，尹知章訓爲「毁敗」，王其和以爲是，俞氏濫言通假而誤訓（第二一四頁）。
[二] 神寶，王其和據《詩經》《尹文子》等認爲即「神保」，爲古語，指對祖先神靈的美稱。古寶、保通用（第二三六頁）。

氣情不營，則耳目穀。

樾謹按：穀，讀爲慤。《禮記・祭義篇》「其親也慤」，《正義》曰「慤，謂質慤」，氣情不營，則耳目質慤矣。尹讀如本字，非。

菹笠以當盾櫓。

樾謹按：尹注曰「取菹澤草以爲笠」，然則當云「草笠」，不當云「菹笠」，且與上文「被蓑以當鎧鑐」文義不倫，殆非也。菹者，組之假字。《説文・糸部》「組，綬屬，其小者以爲冕纓」。然則「組笠」猶言纓冠，正與「被蓑」相對成文。

農事習則功戰巧矣。

樾謹按：功，當作攻。上文云「耕農當攻戰」，此承上文而言，故曰「農事習則攻戰巧矣」。尹注曰「習農則當功戰」，即依上文爲説。功，亦應作攻。《荀子・議兵篇》「械用兵革攻完便利者强」，楊注曰「攻，當爲功」，是攻、功古通用。然觀尹注，則其所據本似本作攻，今作功者，聲近而誤。

順天之時，約地之宜，忠人之和。

樾謹按：王氏念孫謂「約，當爲得，草書相似而誤」，而未及忠字之義。忠，當讀爲中。枚氏《古文尚書·仲虺之誥》「建中于民」，《釋文》曰「中，本或作忠」，是中、忠通用也。「中人之和」，猶言得人之和。《周官·師氏》職曰「掌國中失之事」，鄭注曰「故書中爲得」，《吕氏春秋·行論篇》「以中帝心」，高注曰「中，猶得」，《戰國策·齊策》「是秦之計中」，高注曰「中，得也」，并古人謂得爲中之證。「得人之和」正與「得地之宜」一律。《荀子·富國篇》「上得天時，下得地利，中得人和」，文義與此相近，可以證成王説。

夫叙鈞者所以多寡也。

樾謹按：「所以」下有奪字。下文云「權衡者，所以視重輕也；户籍田結者，所以知貧富之不訾也」，可證。

而謀有功者五。

樾謹按：當作「謀而有功者五」。

外内蔽塞，可以成敗。

樾謹按：此欲其敗，非欲其成，而曰「可以成敗」，乃因敗而連言成，古語往往如此。説見《日知録》卷二十七。《漢書・何進傳》〔一〕「先帝嘗與太后不快，幾至成敗」，亦因敗而連言成，正與此同。王氏引之謂「成」當爲「或」，非是。

謹其忠臣。

樾謹按：謹，當讀爲結，言與其忠臣相結也。結與謹一聲之轉，故古或通用。桓三年《穀梁傳》「謹言而退」，《公羊傳》作「結言而退」，是其證。

上收而養之疾官，而衣食之。（《入國》）

樾謹按：「疾官」二字連文。官，古館字，説詳余所著《字義載疑》。「疾官」，乃有疾者所居之館舍。當時蓋特設之以居有疾之人，故曰「上收而養之疾官，而衣食之」。尹注誤於疾字斷句，則兩句皆不可通矣。

〔一〕《何進傳》見《後漢書》，此處脱「後」字，中華本已補，當從之。

虛心平意以待須。（《九守》）

樾謹按：須，本作傾，與上文静、定爲韵。待，訓爲備，《國語·周語》「其何以待之」，韋注曰「待，猶備也」。「以待傾」者，以備傾也，言虛心平意以備其傾覆也。今誤作須，則不特失其韵，且須即待也，於義複矣。《鬼谷子·符言篇》作「虛心平意以待傾損」，是其確證。

誠暢乎天地，通於神明，見奸僞也。

樾謹按：見，乃兄字之誤。《管子書》每以兄爲况字。《大匡篇》「兄與我齊國之政也」，是其證也。此言精誠可以暢天地，通神明，况奸僞乎！言必爲其所化也。古字也與邪通，故陸德明《經典釋文》曰「邪也弗殊」。然則「况奸僞也」，猶云「况奸僞邪」。因假兄爲况，又誤兄爲見，而其義全失。《鬼谷子·符言篇》作「誠暢於天下神明，而况奸者干君」，其文雖不同，然况字正不誤。可據以訂正。

因之修理，故能長久。

樾謹按：修，乃循字之誤。《鬼谷子》正作「循理」。下文「修名而督實」，修亦當爲循。《鬼谷子》作「循名而爲實」，其文雖不同，而循字不誤，可據訂。

明知千里之外，隱微之中，曰動奸。

樾謹按：動，當作洞，聲之誤也。《鬼谷子》作「是謂洞天下奸」。

上相稽著者，所以爲固也。（《度地》）

樾謹按：《方言》「嗇，合也」。《廣雅·釋詁》「繬，合也」。稽與嗇、繬并通。「稽著」猶合著也。《文選·七發》「中若結轖」，李善注引《説文》曰「轖，車籍交革也」，義亦相近。

大夫佐各一人，率部校長官佐各財足。

樾謹按：「財足」猶纔足也。《史記·孝文本紀》「見馬遺財足」，《索隱》曰「財字與纔同」，《漢書·楊雄傳》「財足以奉郊廟」，師古注曰「財，讀與纔同」，《漢書》以財爲纔，不可枚舉。此文「財足」正與彼同，言人數不必過多，取其纔足任事而已。尹注曰「財，謂其禄廩」，非是。下文云「給卒財足」，亦言給之以卒，使纔足任事，不必過多也。注云「財，其糧用也」，亦非是。

可省作者半事之。

樾謹按：省與少一聲之轉，故義得相通。《禮記·喪服小記篇》「多陳之而省納之」，《荀子·仲尼篇》「省求多功」，并以省與多對。省即讀如少矣。此言雖有疾病，不能多作，猶可少作，故半事之也。尹注謂「可以省視作者取其半功」，未得其義。

補弊久，去苦惡。

樾謹按：尹注曰「其器既補弊而久，有苦惡者除去之」，此未得其義。「補弊久」與「去苦惡」相對，久讀爲舊。《尚書·無逸篇》「舊勞于外，舊爲小人」，《史記·魯周公世家》舊皆作久，是舊、久古通用。《詩·抑篇》「告爾舊止」，鄭箋曰「舊，久也」，《文選·答賓戲》「時暗而久章者」，注曰「久，舊也」，并其證也。此文言弊舊者補之，苦惡者去之，兩句文義一律。若云補弊而久，則不辭甚矣。

不利作土功之事放農焉。

樾謹按：放，讀爲妨。《禮記·月令篇》「毋發令而待，以妨神農之事也」，即其義。

寡人悖，不知四害之服，奈何？

樾謹按：服，讀爲備，謂不知四害之備也。《戰國策·趙策》「騎射之服」，《史記·趙世家》作「騎射之備」，是服與備，古字通。

五種無不宜，其立后而手實。（《地員》）

樾謹按：兩句傳寫誤倒。其「立后而手實」本在「五種」句前，總冒本篇。「五種無不宜」，自與「其木宜蚖菕」云云相屬，乃專説五施之土，證以下文，其誤自見矣。

先主一而三之，四開以合九九。

樾謹按：一而三之爲三，三而三之爲九，九而三之爲二十七，二十七而三之爲八十一，是謂四開以合九九。尹注誤。

陝之芳。

樾謹按：芳，當作旁，字之誤也。[一]「陝之旁」，與下文「山之上」「山之側」一律。

七八五十六尺而至於泉。

樾謹按：宋本作「八七五十六尺」，與上文「六七四十二尺」「七七四十九尺」一律，當從之。下文「七九六十三尺」，亦當作「九七」。

[一] 王其和認爲：「俞説文意是也，然以『芳』爲『旁』字之誤，疑非是。『芳』與『方』古通用。」（第八八頁）

其草如茅與走。

樾謹按：「如茅」疑即《爾雅・釋草》所謂「茹藘，茅蒐」，非必二草也。走，未詳。

山之材。

樾謹按：材字無義，疑手字之誤。手，誤作才，因誤作材矣。手者，垂之古文。見《説文・我部》。「山之手」，即山之垂。《説文・土部》「垂，遠邊也」，是垂有邊側之義。尹注曰「材，猶旁也」，正得其義，但未得其字耳。

其木乃格。

樾謹按：木無名格者，格乃椵之借字。《爾雅・釋木》「櫠，椵」，郭注以爲柚屬。《説文・木部》「椵，木可作床几」，徐鍇《繫傳》以爲梓屬，二者未詳孰是。此文以格爲椵，猶《儀禮》古文以格爲嘏，蓋古音相近，故得通用。

有龍與斥。

樾謹按：尹注曰「龍、斥，并古草名」。此「古」字殊爲無義。疑正文本作「有蘢古與斥」，注文本作「蘢古與斥，并草名」，傳寫奪誤耳。《爾雅・釋草》「紅蘢古」，即此草也。

右執挾匕〔一〕。（《弟子職》）

樾謹按：尹注曰「匕者，所以載鼎實，故曰挾匕」，此説非也。古時匕有二：《儀禮・士昏禮》「匕俎從設」，鄭注曰「匕，所以别出牲體也」，此一匕也。《少牢饋食禮》「廩人摡甑甗匕與敦于廩爨」，注曰「匕，所以匕黍稷者也」，此又一匕也。《説文・匕部》「匕，相與比敘也。從反人。匕亦所以用比取飯。一名柶」。《木部》「柶，匕也，所以取飯」。是匕之本義爲取飯之匕，因别出牲體之具，爲用略同，故亦以匕名之。取飯之匕小，而别出牲體之匕大。《易・震》「彖辭〔二〕，不喪匕鬯」注，《詩・大東篇》「有捄棘匕」傳，并云「匕，所以載鼎實」。蓋皆别出牲體之匕也。尹氏因亦襲用其説。然《管子》此文言弟子爲先生設食之禮，豈必列鼎而食？則所謂匕者，自是取飯之匕。挾、匕，蓋二物也。挾讀爲梜。《禮記・曲禮篇》「羹之有菜者用梜」，鄭注曰「梜，猶箸也」。然則梜也、匕也，正食時所必用者，雖疏食菜羹，不可無此二物。弟子執之，正其宜矣。

〔一〕匕，原誤作「七」，據蔡啓盛《校勘記》改。下同。
〔二〕彖辭，所引「不喪匕鬯」在今本《易・震》卦辭中，疑「彖辭」字有誤。

周還而貳，唯嗛之視，同嗛以齒。

樾謹按：尹注曰「貳，謂再益。食盡曰嗛。齒，類也。謂食者則以其所盡之類而進」。尹氏此説於「同嗛以齒」未得其義。齒者，年也，長幼之次也。「同嗛以齒」，以先生之齒言，猶下文「弟子乃食，以齒相邀」，以弟子之齒言也。蓋食盡則更益之，有同盡者，則以齒爲序。先生亦或非一人，自有長幼也。

各徹其餽如於賓客。

樾謹按：於，猶爲也，見王氏《經傳釋詞》。「如於賓客」者，如爲賓客也。尹注曰「賓客食畢亦自撤也」，正見各徹其饋，與賓客同。

既徹并器。

樾謹按：并，當爲屏。《尚書·金縢篇》「我乃屏璧與珪」，枚傳曰「屏，藏也」。「既徹屏器」，謂既徹之後，則藏其器，故尹注曰「并，謂藏去也」。

先生若作，乃興而辭。

樾謹按：「先生若作」者，先生謙，故爲之起也。弟子不敢當，故必辭。尹注謂「以拚未畢，故辭之令止」，此未達其旨。爲弟子者，豈宜以己拚未畢而止先生之作乎？

有隳代燭。

樾謹按：尹注曰「燒燭者有隳，即令其次代之也」，然則正文及注文隳字，并當作惰。《大戴記・盛德篇》「無度量則小者偷墮」，是墮與惰古字通。

治安百姓。（《形勢解》）

樾謹按：「治安」上當有主字。「主治安百姓」，與「地生養萬物」相對，猶上文「主牧萬民」與「天覆萬物」相對也。

人主去其門，而迫於民。

樾謹按：門字無義，疑明字之誤。《禮記・禮運篇》「故君者所明也」，鄭注曰「明，猶尊也」。「去其明」，即去其尊。上云「虎豹去其幽」，此云「人主去其明」，兩文正相對。虎豹必居以幽僻之地，故以幽言。人主必居於高明之地，故以明言。一幽一明，正《管子》取譬之指也。〔一〕

〔一〕　王其和認爲，「門」字當不誤，「門」指「國門」，舊注可徵，俞氏不明文意而誤校（第一一二〇頁）。

濟濟者，誠莊事斷也。

樾謹按：《詩·泮水篇》「實始翦商[一]」，毛傳云「翦，齊也」，鄭箋云「斷也」，《正義》謂「齊，即斬斷之義」。此文以「誠莊事斷」釋「濟濟」，即此意也。可證古《詩》説，故特表出之。

度量馬力。

樾謹按：此本作「度量其力」，承上文「善視其馬」而言，不必言馬也。下文説明主善治其民，亦云「度量其力」，不言民力，可證此文「馬力」之誤。

奚仲之爲車器也。

樾謹按：「車器」二字不詞。據下文云「巧者奚仲之所以爲器也」，則此文亦當作「奚仲之爲器也」，車字蓋後人妄加耳。《藝文類聚》及《御覽》引此文并作「奚仲之爲車」，蓋反以器字爲衍而删之。《考工記》曰「一器而工聚也[二]者車爲多」，車亦器也。此文以作器爲長。

[一] 實始翦商，此四字見《閟宫》，俞氏誤引。

[二] 也，《考工記》原作「焉」。

備利而偷得。

樾謹按：備字無義，疑苟字之誤。苟誤作葡，因誤爲備矣。《禮記・表記篇》「安肆日偷」，鄭注曰「偷，苟且也」，是偷與苟同義。「苟利」，即偷得也。

爲人君而不明君臣之義以正其臣，則臣不知於爲臣之理以事其主矣。

樾謹按：「不知」下不當有於字，乃衍文也。下文云「爲人父而不明父子之義以教其子而整齊之，則子不知爲人子之道以事其父矣」，「不知」下亦無於字，可證。

禹身决瀆，斬高橋下，以致民利。

樾謹按：斬，當讀爲鏨。《説文・金部》「鏨，小鑿也」。字亦作嶄。《文選・海賦》「嬰陵巒而嶄鑿」，注「鏨與嶄古字通」。禹鑿龍門，即此所謂「斬高」矣。橋讀爲「撟引」之撟，蓋引而上行之意。「斬高」「橋下」，義正相當，猶言高者下之，下者高之耳。

然能戰勝攻取，立爲天子。

樾謹按：能與而古字通。「然能戰勝攻取」，即然而戰勝攻取也。下文「桀紂貴爲天子，富有海内，地方甚大，戰卒甚衆，而身死國亡，爲天下僇者」。《群書治要》作「然而身死國亡」，此文正與彼對，一作「然能」，一作「然而」，文异而義同。《韓詩外傳》「貴而下賤，則衆弗惡也。富能分貧，則窮士弗惡也」。崔駰《大理箴》「或有忠能被害，或有孝而見殘」，能、而互用，古書往往有此。

如是則朋黨者處前，寡黨者處後。夫朋黨者處前，賢不肖不分，則争奪之亂起，而君在危殆之中矣。（《立政九敗解》）

樾謹按：王氏念孫謂「朋黨」當作「多黨」，是也。惟此數句尚有闕文，當云「夫多黨者處前，寡黨者處後，則賢不肖不分，賢不肖不分，則争奪之亂起，而君在危殆之中矣」。今本奪二句，則文義不備。

凡觀樂者，宫室臺池，珠玉聲樂也。

樾謹按：此釋上文「觀樂玩好」，不當專舉「觀樂」而釋之。疑本作「凡觀樂者，宫室臺池，玩好者，珠玉聲樂也」。傳寫奪三字。

疏遠微賤者，無所告讜則下饒。（《版法解》）

樾謹按：饒，當爲譊。《説文・言部》「譊，恚呼也」。

凡人君者，欲衆之親上鄉意也，欲其從事之勝任也，而衆者不愛則不親，不親則不明，不教順則不鄉意。

樾謹按：「不親則不明」句當爲衍文，上下文均無此意。且下文曰「明教順以道之」，是明屬君不屬民，故知此句衍文也。「不教順則不鄉意」，下尚有闕文，據下文當曰「不利則不勝任」。

故莫不得其職姓。

樾謹按：得職，猶得所也。《漢書・趙廣漢傳》「小民得職」，注曰「得職，各得其常所也」。此文以「職姓」連文，甚爲不詞。疑《管子》原文止作「莫不得其職」，而它本或有作「得其姓」者，姓乃性之假字，言得其性也，亦與「得職」同義。而後人誤合之，遂作「得其職姓」耳。《明法解篇》「孤寡老弱，不失其所職」。「所職」二字，亦爲不詞，蓋亦一本作所，一本作職，而誤合之。

夫學者所以自化，所以自撫。

樾謹按：撫，當作橅，橅即模字。《漢書・蕭望之傳》注曰「橅，讀曰模」，是也。《說文・木部》「模，法也」。「所以自橅」，言以學自爲模範。

明主者，有術數而不可欺也。（《明法解》）

樾謹按：有字乃明字之誤。明字之下，又奪於字。當云「明主者，明於術數而不可欺也」，與下文「審於法禁而不可犯也，察於分職而不可亂也」文誼一律。

明主之治國也，案其當宜，行其正理。

樾謹按：《群書治要》作「案賞罰行其正理」，此非原文也。「案其當宜，行其正理」，兩句相對成文。當，猶正也。《廣韵》「正，正當也」。正可謂之當，當亦可謂之正。《漢書·李尋傳》「當賀良等執左道，亂朝政」，注曰「當，謂處正其罪名」。《素問·六節藏象論》「當其時則甚也」，注曰「當，謂正直之年也」，是當與正同也。宜通作誼。《周官·肆師》職注引鄭司農曰「古者書儀但爲義，今書〔一〕所謂義爲誼」，是誼者，古義字，宜乃誼之省耳。故曰「仁者人也，義者宜也」，仁、人古通用，則義、宜亦通用。「案其當宜」，猶案其正義，與下句「行其正理」一律。王氏念孫反謂當從《治要》本，誤也。

〔一〕今書，《十三經注疏》本《周禮注疏》作「今時」。

人主不參驗其罪過，以無實之言誅之，則奸臣不能無事貴重而求推譽，以避刑罰而受禄賞焉。

樾謹按：「奸臣」當作「人臣」。蓋人主以無實之言誅人，則人臣皆事貴重以求免，非必奸臣也。涉上文兩云「奸臣」而誤。

諸子平議卷六

管子六

日至六十日而陽凍釋，七十日而陰凍釋，陰凍釋而秇稷，百日不秇稷，故春事二十五日之内耳也。（《臣乘馬》）

樾謹按：七十日陰凍釋而秇稷，至百日而止，則尚有三十日，乃云「春事二十五日之内」，義不可通。疑《管子》原文本作「七十五日而陰凍釋」，後人但取「六十日」、「七十日」兩文相對，而不顧其數之不合，遂妄删「五」字耳。《易乾鑿度》曰「天氣三微而成一箸」，鄭注曰「五日爲一微，十五日爲一箸，故五日成一候，十五日成一氣」。然則日至六十日得三微一至者二，七十五日又得三微一至者一。以《周書〔一〕·時訓篇》言之，日至六十日而陽凍釋，是爲驚蟄；七十五日而陰凍釋，是爲雨水。若作七十日，則不相當矣。故知其誤也。

王國守始。（《乘馬數》）

樾謹按：下文「國用一不足則加一焉，國用二不足則加二焉」云云，是乃無策之甚者，何以謂之王國？疑「王國」乃「亡國」之誤。上文云「出準之令，守地用人筴。故開闔皆在上，無求於民。霸國守分上分下，游於分之間而用足」。夫無求於民者上也，游於分之間而用足者次也，然則此爲最下矣。「王國」之誤，無疑也。

民無饘賣子數矣。

樾謹按：「數矣」二字衍文，涉上文「又失諸夏秋之筴數也」而衍。宋本作「數也」，此其初衍之本。今作「數矣」，則又誤也字爲矣字。

〔一〕周書，指《逸周書》。

故以上壤之滿，補下壤之衆。

樾謹按：衆字義不可通。疑本作「補下壤之虚」，虚與滿相對。《國蓄篇》曰「萬物之滿虚」，又曰「守歲之滿虚」，并其證也。隸書虚字或作虗，故誤爲衆耳。

齊諸侯，方百里。（《事語》）

樾謹按：《内業篇》「節適之齊」，尹注曰「齊，中也」。「齊諸侯」者，中諸侯也，謂中國之諸侯也。與下文「負海子」相對，負海則非中國矣。《輕重乙篇》作「佌諸侯」，齊、佌一聲之轉，猶「鰿魚」之爲「鮆魚」也。

彼壤狹而欲舉與大國争者。

樾謹按：舉，衍文，蓋即與字之誤而衍者。

吾子食鹽二升少半。（《海王》）

樾謹按：尹注曰「吾子，謂小男小女也」，然則吾當讀爲牙。《後漢書·崔駰傳》注曰「童牙，謂幼小也」。「吾子」即牙子，其作吾者，牙、吾古同聲，猶「騶吾」之或爲「騶牙」矣。《太玄·勤》「次三，曰，羈角之吾，其泣呱呱」，義與此同。《集韵》有玡字，音牙，云「吴人謂赤子曰玡玡」，蓋即牙字而加子旁耳。

萬乘之國正九百萬也。

樾謹按：九，乃人字之誤。隸書人字或作𠆢。張休《崖涘銘》「行𠆢過兹」，《隸續》云「𠆢即人字」，是也。其形與九相似，又因上下文多言數，故誤爲九耳。「正人」二字連文。《國蓄篇》云「以正人籍謂之離情，以正户籍謂之養羸」，是「正人」「正户」當時有此名目。尹彼注曰「正數之人，若丁壯也」，此「正人」之義亦當與彼同。《揆度篇》曰「萬乘之國爲户百萬户，爲開口千萬人，爲當分者百萬人」，是萬乘之國「正人」止百萬而已，故曰「正人百萬也」。王氏引之説與余同，而誤以正字絶句，讀爲征，則猶未得。

今夫給之鹽筴，則百倍歸於上。

樾謹按：百字衍文。上云「月人三千〔一〕錢之籍，爲錢三千萬，今吾非籍之諸君吾子也，而有二國之籍者六千萬」，是國之常征，止三十萬，鹽筴之利，得六十萬，適加一倍，故曰「倍歸於

〔一〕三千，戴望《管子校正》作「三十」，似可據正。

上」。若作百倍，則太多矣。蓋後人不察文義而妄加〔一〕。又按上文三十萬、六千萬之數，王氏引之説最塙，尹注皆非也。説具《讀書雜志》，今不録。

歲適美，則市糶無予。（《國蓄》）

樾謹按：《方言》「予，讎也」。此予字當訓爲讎，讎即售字。《説文新附》「售，賣去手也」。《詩·抑篇》箋云「物善則其售賈貴」。《釋文》云「售，本作讎」，蓋古無售字，即以讎爲之。此文言「無予」，即無售也，猶《詩》云「賈用不售」矣。下文云「穀賤則以幣予食，布帛賤則以幣予衣」，言穀賤則以幣售食，布帛賤則以幣售衣也。兩予字亦當訓讎。

物適賤，則半力而無予。

樾謹按：「無予」之義已見上矣，「半力」二字，義不可通，疑「半分」之誤。下文云「物適貴，則什倍而不可得」，「半分」與「什倍」正相對。《輕重乙篇》「十倍而不足，或五分而有餘」。以「五分」與「十倍」相對，義與此近。

〔一〕加，原誤作「如」，今改。

鍾鑲糧食，畢取贍於君。

樾謹按：鑲，宋本作鑲，當從之，傳寫誤從金耳。鍾，本作種，今從金旁，亦誤。《山國軌篇》尹注引此文正作「種鑲糧食」，可證。

夫國之君不相中，舉兵而相攻。

樾謹按：「夫國」者，彼國也。《漢書·賈誼傳》「夫將爲我危」，師古注曰「夫，夫人也，亦猶彼人耳」，此夫字義亦與同。以百乘之國視千乘萬乘之國，則皆彼國耳，故曰「夫國之君」。王氏念孫謂當作「大國」，非是。

人衆田不度食若干。（《山國軌》）

樾謹按：「不度食」，當作「不足食」，涉上文「終歲度人食若干」而誤也。下文云「終歲其食不足於人〔一〕若干」，可證。

〔一〕 不足於人，戴望《管子校正》本等「人」上有「其」字。

萬物重十倍，府官以市櫎出萬物，隆而止。

樾謹按：隆，當作降，古字通用。《書大傳》「隆谷」，鄭注曰「隆，讀如庬降之降」，是其證也。此言物重則出之，及降殺而後止，故曰降而止。《廣雅·釋詁》「屛，減也」，降與屛同。

故王者歲守十分之參，三年與少半成歲，三十一年而藏十一年與少半。（《山權數》）

樾謹按：王氏引之曰：「三年」二字，因下文而衍，當作「歲守十分之參與少半」，言一歲之穀分爲十分，守其三分與一分之少半，是所守者爲十分中三分之一也；「成歲」者，順成之歲也，「藏十一年」衍「一」字，當作「藏十年」，言順成之歲三十一年而藏其十年與一年之少半，是所藏者爲三十一年中三分之一也。今按，王氏此說，殊不可通。所守者既爲三分之一，則但曰王者歲守三之一，豈不簡而易明，乃必設爲十分，然後以十分之參及一分之小半迂回取數，何也？且果三之分一，則是三十年而藏十年也，乃不曰三十年而藏十年，而曰三十一年而藏十年與少半，必多此一年使成奇零之數，又何也？且前之少半，爲十分中一分之少半，後之少半，爲一年之少半，則多寡迥殊矣。而同以少半言之，使人疑誤難曉，又何也？是故王氏說此文，未得其理。此文初無衍字，但「三十一年」當作「三十七年」，七誤爲一，所闕止一筆耳。「王者歲守十分之參」者，一歲之穀分爲十分，用其七，藏其三，是謂「歲守十分之參」。於是三年得九分，又加一年之少半，則又得一分，合而爲十分，是與一歲之數相當矣，故曰「三年與少半成歲」也。三十七年之中每年三分，共得一百一十一分。夫一百一十分是十一年也，尚餘一分是一年之少半也。故曰「三十七年而藏十一年與少半」。所以必如此計算者，正以三十三年以前尚不足十年之數，至三十四年則十年而餘二分，三十五年則十年而餘五分，三十六年則十年而餘八分，其所餘之數皆不能適與上文少半之數合，故必三十七年方可計算也，古人屬辭之密如此。至歲守十分之三，雖非三之一，然所少亦無幾，故下文曰「藏參之一」也。王氏泥「參之一」以爲說，宜所解之皆誤矣。

桓公曰：「陒者所以益也」。

樾謹按：此本作「陒者所以隘也」，故管子對曰「隘則易益也」，正承桓公此語而言。今作「所以益也」，即涉下句「益也」二字而誤耳。《禮記・禮器篇》「君子以爲隘矣」，《釋文》曰「隘，本作陒」，是陒、隘義得相通，故曰「陒者所以隘也」。隘誤作益，於義難通，且管子「隘則易益」之言爲贅設矣。

古者輕賦税而肥籍斂。（《山至數》）

樾謹按：肥，當爲肥，乃薄之假字也。魏孝武《吊比干墓文》[一]「被芰荷之輕衣，曳[二]扶容之葩裳」，顧氏炎武《金石文字記》謂葩即葩字。然「葩裳」之文殊不成義，蓋假葩爲薄，故與「輕衣」相對。《管子》此文假肥爲薄，以「輕賦税」「薄籍斂」相對，正與彼同。字誤作肥，遂不可解矣。下文「禄肥則士不死，幣輕則士簡賞」，肥亦當作肥，而讀爲薄。「禄薄」「幣輕」，亦相對也。

内則大夫自還，而不盡忠。

樾謹按：還，當讀爲環。《韓子・五蠹篇》曰「自環者謂之私」。

特命我曰。

樾謹按：「特」者人名也，「命」猶告也。《禮記・緇衣篇》鄭注曰「傅説作書以命高宗」，是古者上下不嫌同詞，以君告臣謂之命，以臣告君亦謂之命也。《事語篇》「秦奢教我曰」「佚田謂

〔一〕《吊比干墓文》，又稱《北魏吊比干墓文》或《北魏孝文帝吊比干墓文》，《魏書・高祖紀》有記載。俞氏稱「魏孝武」，非是，當作「魏孝文」。

〔二〕曳，原作「电」，據《吊比干墓文》改。

寡人曰」及此篇「梁聚謂寡人曰」「有人教我謂之請士曰」，《輕重乙篇》「衡謂寡人曰」，并舉人言以問管子，則「特命我曰」，義亦同也。

上有鉛者，其下有鉒銀；上有丹沙者，其下有鉒金。（《地數》）

樾謹按：《玉篇・金部》「鉒，送死人具也」，然則「鉒金」「鉒銀」殊不可通。疑鈺字之誤。《五音集韵》曰「鈺，堅金也」。

故先王各用於其重。

樾謹按：各，當爲托，聲之誤也。《國蓄篇》作「先王爲其途之遠，其至之難，故托用於其重」，可證。《揆度篇》作「故先王度用其重」。度，亦當爲托。

修河濟之流。

樾謹按：修，乃循字之誤，言循流而下也。循，誤作脩，因誤作修，本書類此者不可勝舉。

巨錢而天下貴。

樾謹按：此本作「吾賤而天下貴」，言五穀興豐，則吾國之穀價賤，而天下貴矣。故曰「五穀興豐，吾賤而天下貴，則税於天下，然則吾民常爲天下虜矣」。今作「巨錢」者，吾字闕壞，止存上半之五，遂誤爲巨。至賤之與錢，字形相似，音又相同，致誤尤易矣。

故相任寅爲官都。（《揆度》）

樾謹按：寅字無義，疑更字之誤。隸書寅作寅，其下與更相似，故更誤爲寅矣。「相任更爲官都」者，言使之相保任而更迭爲官都也。官都，見《問篇》。按《問篇》曰「問五官有度制，官都其有常斷，今事之稽也何待」，然則官都者，五官之總司也。《淮南子·天文篇》曰「何謂五官？東方爲田，南方爲司馬，西方爲理，北方爲司空，中央爲都」。都即此所謂官都也。上文云「自言能爲司馬，不能爲司馬者，殺其身以釁其鼓；自言能治田土，不能治田土者，殺其身以釁其社」，司馬也，田也，五官中之二也，然則「相任更爲官都」，殆謂使四官相保任，而更迭爲官都乎？

二五者，童山竭澤，人君以數制之人，味者所以守民口也，聲者所以守民耳也，色者所以守民目也。人君失二五者亡其國，大夫失二五者亡其勢，民失二五者亡其家。

樾謹按：「童山竭澤」四字當在上文「至於黄帝之王」句下。《輕重戊篇》云「黄帝之王，童山竭澤」，是其明證。傳寫誤入此，不可通矣。「人君以數制之人」句，亦不可通。疑下人字，衍文也。此文本云「二五者，人君以數制之，人君失二五者亡其國，大夫失二五者亡其勢，民失二五者亡其身」。至「味者所以守口也」三句，當在「二五者人君以數制之」之上。試連上文讀之曰「其在色者青黄白黑赤也，其在聲者宫商羽徵角也，其在味者酸辛鹹苦甘也。味者所以守民口也，聲者所以守民耳也，色者所以守民目也」。如此，則文義俱順矣。「二五者人君以數制之」，又遠蒙「事名五〔一〕正名五」而言，下接「人君失二五者亡其國」，今於中間又錯入「味者所以守民口也」三句，則文不貫矣。幸其衍一人字，知「以數制之」下本與「人君」相連，其迹未泯，尚可訂正。

重門擊柝不能去，亦隨之以法。

樾謹按：去字乃者字之誤。上文云「自言能爲司馬，不能爲司馬者，殺其身以衅其鼓；自言能治田土，不能治田土者，殺其身以衅其社；自言能爲官，不能爲官者，劓以爲門父」，故此言「重門擊柝，不能者，亦隨之以法」，不以其職微而寬之也。「重門擊柝」，猶言抱關擊柝。

臣之能謀厲國定名者。

樾謹按：厲，讀爲利，「厲國」即利國也。《史記·陳杞世家》「是爲厲公」，《索隱》曰「厲、利聲相近」。《國策·秦策》曰「綴甲厲兵」，高注曰「厲，利也」。

〔一〕五，參《揆度篇》原文，當爲「二」之誤。

百乘之國，中而立市，東西南北度五十里。

樾謹按：度，當爲各，聲之誤也。謂東西南北各五十里也。上文「故先王度用其重而因之」，《地數篇》作「故先王各用於其重」。度、各聲近而誤，在本篇即可證矣。又按此文當作「東西南北各百五十里」，故其下云「三日出境」，明每日行五十里也。《荀子·大略篇》所謂「吉行五十」是也。下文「千乘之國，中而立市，東西南北度百五十餘里」，當作「度二百五十里」。故其下云「五日出境」，亦是每日行五十里也。何以明之？據下文曰「萬乘之國，中而立市，東西南北度五百里」，其下即云「十日出境」。夫五百里而十日出境，則日行五十里可知。前後必當一例，故知此文有奪誤也。詳《管子》之意，萬乘之國方千里，是古王畿之制，千乘之國方五百里，是《周禮》諸公之國之制，百乘之國方三百里，是《周禮》諸伯之國之制，蓋《管子》多與《周禮》合也。古者公侯爲一等，伯子男爲一等，故《左傳》曰「在禮，卿不會公侯，會伯子男可也」。此文言公以該侯，言伯以該子男耳。若如今本，則百乘之國方百里，千乘之國方三百餘里，萬乘之國方千里，參差不齊矣。又五十、五百，均無餘數，獨於百五十言餘，亦不可通也。

三日出境，五日而反。

樾謹按：此本作「六日而反」。據下文「五日出境，十日而反」，「十日出境，二十日而反」，

是反之日必倍其出境之日。此云「三日出境」則必「六日而反」可知，傳寫誤也。〔一〕

上農挾五，中農挾四，下農挾三。

樾謹按：挾，猶給也。挾讀爲浹，古無浹字，故以挾爲之。浹之言周也，遍也，故有給足之誼。《荀子·解蔽篇》「雖億萬已不足浹萬物之變」，注曰「浹，周也」，《文選·東京賦》「饔餼浹乎家陪」，注曰「浹，遍也」，并與給足義相近。此言上農足以給五人，中農足以給四人，下農足以給三人，與下文「上女衣五，中女衣四，下女衣三」同義。《輕重丁篇》「此何以洽？」洽即給也，猶言此何以給也。洽、浹誼同，故并有給義矣。王氏念孫以洽爲給之誤，非也。

天酸然雨。（《輕重甲》）

樾謹按：酸，當爲霰。《説文·雨部》「霰，小雨也。從雨，酸聲」。

三月解匋，弓弩無匡軩者。

樾謹按：字書無匋字，疑医字之誤。《説文·匚部》「医，盛弓弩矢器也。從匚，從矢」。

〔一〕王其和認爲，原文當不誤，俞氏强同一律，所校非是（第一三七頁）。

《國語》曰「兵不解医」。

王者乘勢，聖人乘幼。

樾謹按：幼，當讀爲幽。《大戴記·誥志篇》曰「幽，幼也」，《史記·曆書》亦曰「幽者，幼也」，是幽與幼，聲近義通。《禮記·玉藻篇》「再命赤韍幽衡」，鄭注曰「幽，讀爲黝」，然則幼之讀爲幽，猶幽之讀爲黝矣。「聖人乘幽」，即上文所謂「君請籍於鬼神」者。

令以矩游爲樂。

樾謹按：矩，當爲渠。《說文·水部》「渠，水所居。從水，榘省聲」，故得假矩爲之。「以渠游爲樂」，謂以游於渠爲樂。

北郭者盡屨縷之甿也。

樾謹按：「屨縷」二字無義，乃「寠數」之假字。《釋名·釋姿容》曰「寠數，猶局縮，皆小意也」。然則「寠數之甿」，謂小民也。寠數二字，并從婁聲，屨縷二字，亦并從婁聲，故得通用矣。

北海之衆，無得聚庸而煮鹽。

樾謹按：尹注曰「庸，功也」，其說未合。庸當爲傭。《史記·陳涉世家》「嘗與人傭耕」，

《索隱》引《廣雅》曰「傭，役也」。《漢書》每以庸爲之。《周勃傳》「取庸苦之，不與錢」，《司馬相如傳》「與庸保雜作」，并假庸爲傭，是其證也。「無得聚庸而煮鹽」，此所謂庸正是賃作者。尹訓爲功，失其義矣。《地數篇》「毋得聚庸而煮鹽」，義同。

是君朝令一怒，布帛流越而之天下。

樾謹按：怒，讀爲努。《方言》「凡人語而過，東齊謂之劍，或謂之努」。是齊人謂語而過者爲努。「朝令一怒」，正謂其語之過也。怒者努之假字，管子齊人，故齊言耳。

誰能聽旌旗之所指，而得執將首者。（《輕重乙》）

樾謹按：「執將」即主將也。《淮南·説山篇》「執獄牢者無病」，高注曰「執，主也」。

桓公問於管子曰：「崇弟蔣弟丁惠之功世，吾歲罔，寡人不得籍斗升焉。去菹菜鹹鹵斥澤山間堁�不爲用之壤，寡人不得籍斗升焉。去一削稼緣封十五里之原强耕，而自以爲落其民，寡人不得籍斗升焉。則是寡人之國，五分而不能操其二。」

樾謹按：此文凡三云「寡人不得籍斗升焉」，句下并有「去一」兩字，言如此則是去其一分也。今第一句下有去字，而奪一字。第二句下「去一」兩字俱存，而誤屬下讀。第三句下

「去一」兩字俱奪矣。「不能操其二」當作「不能操其三」。蓋上文三言「去一」，則是去其三分，故桓公言「五分不能操其三」也。如今本，則皆不得其指矣。又按「吾歲罔」者，即吾歲無也。罔、無一聲之轉。《尚書·湯誓》「罔有攸赦」，《西伯戡黎》「罔敢知吉」，《微子》「乃罔恒獲」，《金縢》「王其罔害」，《史記》并易以無字，是其證也。「歲無」即「歲凶」。或疑罔字爲凶字之誤，非是。

非歲凶而民飢也，辟之以號令，引之以徐疾，施平其歸我若流水。

樾謹按：施乃也字之誤。平乃乎字之誤，宋本正作乎，可證也。乎上當有粟字。《管子》原文本云「非歲凶而民飢也，辟之以號令，引之以徐疾也，粟乎其歸我若流水」。《輕重甲篇》曰「故申之以號令，抗之以徐疾也，民乎其歸我若流水」，文法與此同。知此文是「粟乎」非「民乎」者，以本文是言粟事耳。

則請重粟之價金三百。

樾謹按：此言粟價而云「金三百」，義不可通。金乃釜字之誤，釜字壞其上半，故成金字矣。據《輕重甲篇》云「故善者重粟之賈釜四百，則是鍾四千也，十鍾四萬，二十鍾者八萬」，然則此文亦必與彼同，三百當作四百。古書四字或作三，因誤爲三耳。

使卿諸侯藏千鍾。

樾謹按：此「卿諸侯」即《儀禮》所謂「諸公」。鄭注《燕禮》曰「諸公，謂大國之孤也，孤一人，言諸者，容牧有三監」。《管子》此文有「卿諸侯」之名，且列於大夫之上，其爲孤無疑矣。

江淮之間，有一茅而三脊，母至其本，名之曰菁茅。（《輕重丁》）

樾謹按：母，當作毋，古貫字。

齊東豐庸而糶賤。

樾謹按：庸，乃康字之誤。《淮南子·天文篇》「十二歲一康」，高注曰「康，盛也」。然則豐康者，豐盛也。尹注曰「庸，用也，謂豐稔而足用」，非是。

然則釜十之粟皆實於倉廩。

樾謹按：上云「齊西之粟釜百泉，齊東之粟釜十泉」，然則所謂「釜十之粟」者，乃一釜十泉之粟，指齊東而言也。蓋齊西粟貴、齊東粟賤，故雖均是籍人三十泉，而齊西止以粟三斗當泉三十，齊東必以粟三釜當泉三十，於是齊西之粟所入無多，而齊東之粟皆實於倉廩矣。其下曰「西之民飢者得食，寒者得衣，以此故也」。管子因桓公欲以東之賤被西之貴，故爲此法，則其所注意者本在齊東一釜十泉之粟，故曰「然則釜十之粟皆實於倉廪」。王氏念孫謂十當爲斗，「釜斗之粟」，承上「三斗三釜」而言，則全失其義矣。

此謂乘天嗇而求民鄰財之道也。

樾謹按：「天嗇」無義，當爲「天甾」。甾者，災之假字也。隸書甾字或作畠，嗇字或作啬，兩形相似而誤。

峥丘之戰。

樾謹按：尹注曰「峥丘，地名。未聞，説即葵丘」。此説殊不可解。經傳多言「葵丘之會」，無言「葵丘之戰」者，安得謂峥丘即葵丘乎？葵，疑乘字之誤。《春秋》莊十年「夏六月，齊師宋師次于郎，公敗宋師于乘丘」。或説殆以峥丘之戰爲指此役，故云「即乘丘」耳。乘古字作椉，與葵字相似，因而致誤。

然則吾非托食之主邪？

樾謹按：吾字乃君字之誤。管仲謂桓公爲托食之主，故桓公遽然起曰：「然則爲之奈何？」

道四涇之水，以商九州之高。（《輕重戊》）

樾謹按：商，當爲障。古音商與章近。《尚書・柴誓篇》「我商賚女」，《釋文》曰「商，徐邈音章」，是也。障從章聲，故得以商爲之。《呂氏春秋・勿躬篇》「臣不如弦章」，《韓子・外儲說篇》作「弦商」，然則以商爲障，猶以商爲章矣。

魯梁之於齊也，千穀也，蜂螫也。

樾謹按：千，一本作子，當從之。「子穀」蓋穀之不成者，猶言「童蓈」矣。《說文・艸部》蓈篆下云「禾粟之采生而不成者，謂之童蓈」。「子穀」「童蓈」，其義一也。

令謂左右伯沐涂樹之枝，左右伯受沐涂樹之枝，闊其年，民被白布，清中而濁。

樾謹按：闊字無義，乃閱字之誤。其讀爲期，古字通也。此當以「閱期年」三字爲句。尹氏以闊字屬上讀，注云「闊，涂也」，非是。

一樹而百乘息其下者，以其不埍〔一〕也。

樾謹按：埍，當從宋本作捎。《考工記・輪人》「以其圍之防捎其藪」，鄭注曰「捎，除也」。此言一樹而百乘息其下者，以其不捎除之，故下文曰「今吾沐涂樹之枝，日中無尺寸之陰」，正是捎除之也。

二十八月，萊莒之君請服。

樾謹按：「二十八月」，當作「二十四月」。上文曰「二十四月，魯梁之民歸齊者十分之六」，此文亦必與彼同。蓋「二十四月」者，質言之，則二年也。若作二十八月，於義無取，故知其非。

楚生鹿當一而八萬。

樾謹按：此本作「楚生鹿一而當八萬」，言一鹿直八萬泉也。傳寫者誤移「當」字於「一而」之上，義不可通。又按，下文曰「子爲我致生鹿二十，賜子金百斤」，是一鹿直金五斤也，而當八萬泉，則金一斤直泉一萬六千，蓋金一兩而泉一千也。《漢書・食貨志》曰「黄金重一斤，直錢

〔一〕 埍，原作「琄」，據《管子》原文及下文改。

萬」，是春秋時金價貴於漢也。

代民必去其本，而居山林之中。

樾謹按：《藝文類聚》及《御覽》引作「必去其農」，下文「代人果去其本，處山林之中」亦然。此後人不曉古語，而臆改之也。本者，根本也。凡有根本之義者，皆可以本言之，故古人言本者初無定名。《禮記・大學篇》「此謂知本」，《正義》曰「本，謂身也」。《禮器篇》「反本修古」，《正義》曰「本，謂心也」。《周易・大過》彖傳「本末弱也」，侯果曰「本，君也」。是知本無定名，對天下國家而言則身爲本矣，對四體而言則心爲本矣，對臣民而言則君爲本矣。《管子・地數篇》「守圉之本，其用鹽獨重」。又云「夫齊衢處之本，通達所出也，游子勝商之所道。人求本者，食吾本粟，因吾本幣」。《輕重甲篇》曰「守圉之國，用鹽獨重」。《輕重乙篇》曰「吾國者，衢處之國也，遠秸之所通，游客蓄商之所道，財物之所遵，故苟入吾國之粟，因吾國之幣」。前後文小异大同，或言本，或言國者，國亦可謂之本也。《淮南子・氾論篇》「立之于本朝之上」，注曰「本朝，國朝也」。此古人謂國爲本之證。是故「守圉之本」，言「守圉之國」也。「衢處之本」，言「衢處之國也」。「人求本者」，求乃來字之誤，言「人來吾國」也。「食吾本粟，因吾本幣」，言「食吾國粟，因吾國幣」也。此篇「代民必去其本，而居山林之中」，言去其國而居山林之中也。

若易本爲農，則失其義矣。

此三人者，皆就官而稟。（《輕重己》）

樾謹按：稟，當作禀。《漢書·文帝紀》「吏禀當受鬻者」，師古注曰「禀，給也」。「就官而禀」，謂就官而給也。作稟者，形近而誤。

苟不樹藝者，謂之賊人。下作之地，上作之天，謂之不服之民。

樾謹按：兩作字，皆讀爲詛，古字通用。《詩·蕩篇》「侯作侯祝」，《釋文》曰「作，本作詛」，是其證也。此言有不樹藝者，必下詛之於地，上詛之於天，明其爲不服之民。蓋以神道設教之意。若依本字讀之，則不可通矣。

毋聚大衆，毋行大火，毋斷大木，誅大臣，毋斬大山，毋戮大衍，滅三大而國有害也。

樾謹按：「誅大臣」三字衍文也。此蓋以「斷大木」「斬大山」「戮大衍」爲「滅三大」。其上文「聚大衆」「行大火」，非滅之也，故不數也。若加「誅大臣」，則爲滅四大矣。又按「斬大山」之斬，當讀爲蹔。與《形勢解篇》「斬高」同。

西出其國百三十八里而壇。

樾謹按：上文「以冬日至始數四十六日，冬盡而春始，天子東出其國四十六里而壇。以冬日至始數九十二日，謂之春至，天子東出其國九十二里而壇」，下文「以秋日至始數九十二日，天子北出九十二里而壇」，里數皆與日數相符。此云「以夏日至始數九十二日，謂之秋至」，則亦宜出國九十二里，乃出國百三十八里者，蓋自夏日至，上溯春盡夏始之四十六日而并計之也。然所云「四十六日」，乃舉成數而言，實止四十五日有奇。故歲實三百六十五日有奇，而四時出國則爲三百六十八里也。

諸子平議卷七

晏子春秋

公湎而不聽。（《諫上》）

樾謹按：此但言公之不聽耳，非必言其沈湎也。湎，疑偭字之誤。《離騷》「偭規矩而改錯」，王逸注曰「偭，背也」。公聞晏子言而不樂，故背之而不聽耳。偭、湎同聲，又因本篇言飲酒事，遂誤爲湎矣。

寡人出入不起，交舉則先飲，禮也。

樾謹按：也，當作邪，乃詰問之詞。古也、邪字通用，故陸德明《經典釋文》曰「邪、也弗殊」。《顔氏家訓・音辭篇》曰「邪者未定之詞，北人即呼爲也」，并其證矣。《荀子・正名篇》

「其求物也，養生也，粥壽也」，楊倞注曰「也，皆當爲邪。問之詞」，正與此同。

男女群樂者，周觴五獻，過之者誅。

檝謹按：《小爾雅·廣言》「周，匝也」。蓋觴各五獻，一匝而止，故曰「周觴五獻」。

故里窮而無告，無樂有上矣。飢餓而無告，無樂有君矣。

檝謹按：「里窮而無告」，義不可通。據下文云「民飢餓窮約而無告」，即承此文言之，則此文亦當作「窮約而無告」矣。里字上，疑當有鄉字。據上文云「懷寶鄉有數十，飢氓里有數家」，以鄉里并言，是其證也。《晏子》原文蓋云「故鄉里窮約而無告，無樂有上矣。飢餓而無告，無樂有君矣」。因奪鄉字、約字，遂不可通耳。上文「懷寶」乃「壞室」之誤，説本王氏念孫《讀書雜志》。此所謂「窮約」者，即承「壞室鄉有數十」而言，所謂「飢餓」者，即承「飢氓里有數家」而言。

命禀巡氓，家有布縷之本而絶食者，使有終月之委。絶本之家，使有期年之食，無委積之氓，與之薪橑，使足以畢霖雨。

檝謹按：孫氏星衍《音義》曰「命禀，言給之禀也」，此説與文義未合。又云「下云柏，則此或臣名」，説稍近之，然亦非也。禀乃官名，即《周官》廩人也。禀、廩古字通耳。使之巡行氓間，有乏食者周給之，正廩人之事。

令柏巡氓，家室不能禦者，予之金。

樾謹按：柏，亦官名也。與上文「命稟」一律。古柏與伯通，故《漢書·古今人表》「伯與」作「柏譽」，「伯益」作「柏益」，「伯封」作「柏封」，「逢伯陵」作「逢柏陵」，是其證也。此柏字，亦當作伯。《管子·輕重丁篇》「令謂左右伯沐涂樹之枝」，然則此所謂伯，即左右伯也。其職即古之常伯。《周書·立政篇》曰「王左右常伯、常任」，《文選·藉田〔一〕賦》注引應劭《漢官儀》曰「侍中周成王常伯任」，是古之常伯，猶漢之侍中，乃近臣也。《説文·攴部》「敀，迮也」，引《周書》「常敀常任」。敀訓迮，有迫近之意。是此官名本當作敀，伯、柏并假字也。發金予民，出自内府之藏，故使近臣將命焉。

巡求氓寡用財乏者，夂三日而畢，後者若不用令之罪。

樾謹按：「夂三日而畢」五字爲句。夂，當作終，字之誤也。古文終字或作夂。《廣雅·釋詁》曰「夂，竟也」。夂與夂相似，因致誤耳。巡求氓寡用財乏者，終三日而畢，若過三日，是不

〔一〕 藉田，又作「籍田」。

用令，將治以罪。故曰「後者若不用令之罪」。下文云「三日，吏告畢上」，是適如其期，無敢後也。

人待三，士待四，出之關外也。

樾謹按：三謂三日，四謂四日，人則以三日爲期，士則稍優容之以四日爲期，皆使得辦裝也。

景公燕賞于國内，萬鍾者三，千鍾者五，令三出，而職計莫之從。公怒，令免職計，令三出，而士師莫之從。

王氏念孫《讀書雜志》曰：元人刻本云「職計莫之從」「士師莫之從」，一作「職計算之」「士師算之」。明沈啓南本與此同。《群書治要》作「職計筴之」「士師筴之」。念孫按：《群書治要》是也。筴，隸書策字也。據下文云「請從士師之策」，則本作「策之」明矣。「策之」，蓋謂以策書諫也。

樾謹按：王氏説非也。「職計莫之從」「士師莫之從」，文義甚明，若作「筴之」，則義轉晦矣。王氏謂「以策書諫」，無論「以策書諫」不可僅謂之策，且亦豈待令三出而始諫乎？令三出而莫之從，正見其持之堅。若令三出而始諫，轉病其諫之晚矣。蓋《晏子》原文正作「莫之從」，傳寫奪從字，則「莫之」二字於義未足，後人因下文有「請從士師之策」句，以意妄改之，或爲筴，或爲算。《禮記·仲尼燕居篇》注曰「策，謀也」。《文選·運命論》注引《倉頡》曰「算，計也」。是策、算義相近。疑下文「請從士師之策」，或作「請從士師之算」，後人各據所見本改之耳。不作策而作筴者，因策字之形與莫字不類也。即此可知原文之作「莫」矣。晏子曰〔一〕：「今君賞讒諛之民，而令吏必從」，正指兩「莫之從」者而言。凡古書之義，必求其安，未可喜新而厭故也。

先王之立愛，以勸善也，其立惡，以禁暴也。

王氏《讀書雜志》曰「『立惡』，本作『去惡』；去惡，斯可以禁暴。今作『立惡』，則文義反矣。《群書治要》正作『去惡』」。

樾謹按：王氏説非也。此惡字乃愛惡之惡，非善惡之惡。若改「立惡」爲「去惡」，則上句「立愛」之文又不可通，必改爲「立善」始得矣。《禮記·祭義篇》「立愛自親始，教民睦也；立敬自長始，教民順也」。此云「立愛」「立惡」，義與彼同，不當改立爲去。《群書治要》作「去惡」，乃

〔一〕 曰，原誤作「日」，據蔡啓盛《校勘記》改。

後人不知立字之義而妄改之耳。

今有之家，此一國之權臣也。

樾謹按：「今有之家」文義未明。上文云「景公有男子五人。所使傅之者，皆有車百乘者也」，疑此當云「今有車百乘之家」，傳寫奪之耳。

置大立少，亂之本也。

樾謹按：王氏念孫從《群書治要》作「置子立少」，非也。下文云「廢長立少，不可以教下」，又云「今君用讒人之謀，聽亂夫之言也，廢長立少；臣恐後人之有因君之過以資其邪，廢少而立長以成其利者」，并以長、少對言，則此文亦當作「置大立少」。《國語・周語》曰「是以小怨置大德也」，韋注曰「置，猶廢也」，然則「置大立少」，猶云廢大立少，正與「廢長立少」同義。《晏子》原文，疑本作「置大立小，亂之本也」。大與小對，猶長與少對也。後人因下文「立少」字兩見，因亦改爲「立少」耳。少、小音義并相近，故易淆亂。《儀禮・鄉飲酒禮》「主人少退」，注云「少退，少避」，《釋文》作「小避」，《特牲饋食禮》「挂於季指」，注云「季，小也」，《釋文》作「季，少」，并其證也。王氏不知少爲小字之誤，而反以「置大」爲「置子」，失之矣。

使史固與祝佗。

樾謹按：衛祝鮀，《漢書·古今人表》作「祝佗」，是祝佗衛人，未聞齊亦有祝佗也。佗，疑侫字之誤。昭二十年《左傳》「君盍誅於祝固、史嚚」，此云「史固、祝侫」，即彼「祝固、史嚚」也。祝、史互錯，嚚與侫聲近而誤耳。

使君之年長于胡。

樾謹按：胡者，蓋謂齊之先君胡公静也。《詩·齊譜》正義言胡公歷懿王、孝王、夷王，是其享國久矣。《謚法》「保民耆艾曰胡」，則胡公壽考令終可知。故封人以爲祝詞，而《史記》乃有見殺之説，或傳聞之异，不足據也。

今君若設文而受諫。

樾謹按：設，疑説字之誤。説讀爲悦。下文云「惡文而疏聖賢人」，「惡文」與「説文」正相對成義。

乃令出裘，發粟與飢寒。

樾謹按：國中之寒者何限？必人人衣之以裘，勢必無以給之，且文王之民，老者衣帛而已，未聞其衣裘也。「出裘」當作「去裘」。《意林》作「公乃去裘」，是也。公本被狐白之裘，聞晏子之言，不安於心，令左右之人爲之去裘，故曰「乃令去裘」也。「發粟與飢寒」，本作「發粟與飢人」，因「去裘」誤作「出裘」，遂改「飢人」爲「飢寒」。《藝文類聚》《太平御覽》諸書引此文，又因「飢寒」二字於文未安，於「飢寒」下增者字，皆非《晏子》原文也。《文選・雪賦》注引作「以與飢人」，可據以訂正。〔一〕

爲田野之不辟，倉庫之不實，則申田存焉。

樾謹按：孫氏《音義》曰「申田，疑人名」，此不然也。申田，官名也。申當爲司。《史記・留侯世家》「以良爲韓申徒」，徐廣曰「申徒即司徒耳，但語音訛轉，故字亦隨改」。《莊子・大宗師篇》「申徒狄」，《釋文》曰「崔本作司徒狄」，是申與司古通用，「申田」即「司田」也。《管子・小匡篇》「墾草入邑，辟土聚粟，多衆盡地之利，臣不如甯戚，請立爲大司田」，此齊有司田之證。

晏子止而問于公曰：「堯舜支解人，從何軀始？」公瞿然曰：「從寡人始。」

樾謹按：晏子問支解人從何軀始，而公遽云「從寡人始」，語殊不倫。據《韓詩外傳》作「景

〔一〕出裘，徐仁甫《諸子辨正》認爲原作「出衣」，「裘」乃「衣」字之增體，涉上文而誤（第一一一頁）。

公離席曰：『縱之，罪在寡人。』」疑晏子本作「公矍然曰：『從之。』」從即縱也。「寡人始」三字，必有奪誤，或亦如《外傳》文，或文不必同，而意則必相近也。

則嬰有壹妄能書，足以治之矣。（《諫下》）

樾謹按：孫氏《音義》曰「言一妄男子能書記者即成讞矣」，此説非也。一妄男子，不可止曰「一妄」。妄，疑妾字之誤。「嬰有壹妾能書，足以治之」，極言治之之易，雖婦女可也。下文曰「則君使吏比而焚之而已矣」。蓋兩語皆滑稽之詞，故景公不説也。

今束鷄豚妄投之，其折骨决皮，可立得也。

樾謹按：得字義不可通，乃見字之誤。《史記·趙世家》「未得一城」，《趙策》「得」作「見」；《留侯世家》「果見穀城山下黄石」，《漢書》「見」作「得」。蓋得字，古作㝵，其上從見，故見、得二字往往相混。

吾細人也，皆有盍廬以避燥濕。

樾謹按：盍乃盇字之誤。盇讀爲闔。襄十七年《左傳》「吾儕小人，皆有闔廬，以避燥濕寒暑」，語意與此同。

未幾，朝韋囧解役而歸。

樾謹按：孫氏《音義》曰「朝韋囧，未詳，或人名」。令按韋囧，人名。朝者，召也。劉向《九嘆・遠逝篇》曰「朝四靈于九濱」，王逸注曰「朝，召也」。《左傳》「蔡朝吴」，《公羊傳》作「昭吴」。是朝與昭通，故亦與召通。上文景公曰：「唯唯，將弛罷之。」故「未幾，召韋囧解役而歸」也。後人不知古書之假朝爲召，故不得其解。若從孫氏以「朝韋囧」三字爲人名，則彼自解役而歸與，景公無與，即不足見晏子匡諫之功矣。

帶球玉而冠且。

樾謹按：且，當作組。《説文・糸部》「組，綬屬，其小者以爲冕纓」。

聾喑，非害國家而如何也。

樾謹按：害下奪治字，家下衍而字。《晏子》原文本作「非害治國家如何也」，古而、如通用，「如何」即「而何」。上文「公曰：則曷害於治國家哉？」」故晏子言「非害治國家如何也」，明其與治國家有害也。今奪治字，則與上語不應。又衍而字，則文義複矣。皆由後人臆改。《説苑・正諫篇》作「聾喑，則非害治國家如何也」，當據以訂正。

嬰恐國之流失，而公不得享也。

樾謹按：「流失」，義不可通。《問上篇》曰「臣恐國之危失而公不得享也」。疑此文「流」字亦「危」字之誤。

景公與晏子登寢而望國。

樾謹按：寢，非可登之地。此本作「景公與晏子登路寢之臺而望國」，傳寫奪之耳。上章「景公登路寢之臺」，下章「景公成路寢之臺」，三章皆一時之事。

服牛死，夫婦笑，非有骨肉之親也，爲其利之大也。

樾謹按：笑，當爲哭字之誤也。言服牛於人，非有骨肉之親，然死而哭之者，爲其有利於己也。《左傳》載晏子之言曰「陳氏之德，民歌舞之矣」，即此意也。〔一〕

是以諂諛繁於閒，邪行交於國也。

樾謹按：王氏念孫謂閒字不可通，疑閭字之誤。然閭，里門也，諂諛之言豈在里門乎？此

〔一〕　按，夫婦笑，《太平御覽》卷四九二引作「夫婦共哭」，與俞氏説同，可以參證。

閒字本不誤，王氏特以閒字與國字虛實不倫，故疑其誤耳。《問上篇》曰「嗜欲備於側，毀非滿於國」，彼以側與國對文，則此以閒與國對文，亦何不可，而必改其字乎？

津人皆曰，河伯也。若冶視之，則大黿之首。

樾謹按：「若冶」二字，衍文也。「津人皆曰河伯也，視之則大黿之首」，蓋津人始皆驚疑，以爲河伯，及審視之，則大黿之首耳。視之者津人，非古冶子也。古冶子親殺黿挈其頭而出，復何視乎？因涉下文「若冶之功」而衍「若冶」二字耳。《爾雅·釋水》疏引此文無「若」字，疑原文并無「冶」字，後人據誤本《晏子》增入之，而省「若」字也。

二子同桃而節，冶專其桃而宜。

樾謹按：二語不可曉。孫氏解上句曰「同争一桃而節」，解下句曰「宜言不宜」。夫同争一桃，何節之有？且宜言不宜，則節亦言不節，兩句豈容异義乎？孫説非也。古冶子之意，蓋以二子之勇相等，二子同食一桃，則得其節矣。冶專食一桃，則得其宜矣。使二子不死，即以此言處置二桃可也。上文「二子死之，冶獨生之」云云，已自明不得不死之故，此二言又處置二桃，即以定己與二子之分量，故用「雖然」二字作轉也。

君得合而欲多。（《問上》）

樾謹按：合，與給通。《説文·糸部》「給，相足也」。《孟子·梁惠王篇》「是心足以王矣」，下文曰「此心之所以合於王者何也」。上言「足以〔一〕王」，下言「合於王」，合即給也。「君得合而欲多」，謂所得者既給，而所求者彌多也。

佞不吐愚。

樾謹按：吐，當作咄。從土從出之字，隸書易混，若賫之爲賣，敱之爲敖，是也。咄者，詘之假字。從口從言之字，古得相通，若詠之爲咏，譜之爲啫，是也。「佞不詘愚」，言不以佞而詘愚也。佞者，有才辯之稱，故與愚相對，正與上文「貴不凌賤」「富不傲貧」「功不遺罷」一律。〔二〕

彼鄒、滕雉奔而出其地，猶稱公侯。

樾謹按：「雉奔而出其地」，乃極言其地之小，謂一雉奔竄，即出其邦域之外也。孫氏《音

〔一〕以，原作「於」，據《孟子》及上文改。
〔二〕吐，玄應《一切經音義》卷十一引《蒼頡篇》云：「吐，棄也。」與上文「功不遺罷」之「遺」互文見義，則義自可通，不煩改字。參劉如瑛説（第一二九頁）。

義》曰「雉奔，言捷也」，未達其旨。又所謂「公侯」者，有國之君之通稱。故五等之封，皆曰諸侯。而《春秋》書諸君之葬，皆稱公也。孫氏必以其爵爲疑，泥矣。

大之事小，弱之事强，久矣。彼周者，殷之樹國也。

檝謹按：「大之事小」，義不可通。王氏念孫謂「當作小之事大」，其説是也。「彼周者，殷之樹國也」，乃證小事大、弱事强之誼。言周之初，乃殷之樹國耳，及周日强大而爲天子，則殷且事之矣，微子是也。正見魯以弱小而不能事强大之失。

魯近齊而親殷，以變小國而不服於鄰，以遠望魯，滅國之道也。

檝謹按：此所謂殷，即宋也。宋得稱商，則亦得稱殷矣。「變小」，孫氏星衍謂「疑即褊小」，是也。變、褊音近，故假用耳。「以遠望魯」，當作「以遠望晋」。《左氏傳》所謂「魯有佗竟走望在晋」也。因晋與魯形相似，此章又論魯事，晋字止此一見，淺人不察文義，妄改爲魯耳。晏子之意，蓋謂魯與齊爲鄰，而不知事齊，所親者宋，所望者晋，宋既小弱，不足爲援，晋相去又遠，緩急不足恃，故曰此「滅國之道也」。

廢罪順於民。

樾謹按："廢罪"當作"廢置"，字之誤也。舉直錯諸枉則民服，是謂"廢置順於民"。

不爲行以揚聲。

樾謹按：古爲、僞字通用。成九年《左傳》"爲將改立君者"，定十二年《傳》"子爲不知"，《釋文》并云"爲，本作僞"，是也。"不僞行以揚聲"，言不僞托高行以揚聲譽。

中聽以禁邪。

樾謹按：聽，謂聽訟也。古謂聽訟爲聽。《書大傳》"諸侯不同聽"，注曰"聽，議獄也"。"中聽以禁邪"，言聽訟得中則足以禁邪也。《尚書·吕刑篇》曰"罔不中聽獄之兩辭"，然則"中聽"二字，蓋本於《尚書》矣。《問下篇》曰"中聽則民安"。夫刑罰不中，民無所措手足，故中聽則民安也。又曰"慢聽厚斂則民散"，聽與斂并言，亦《孟子》"省刑罰，薄税斂"之意。

不權居以爲行，不稱位以爲忠。

樾謹按：王氏念孫據《群書治要》以居字爲君字之誤，非也。"權居"與"稱位"相對，權猶稱也，居猶位也。若作"權君"，則義不倫矣。古之君子，所居雖卑，所行則高，所居雖污，所行則潔，是謂「不權居以爲行」。

積豐義之養。

樾謹按：「豐義」二字誼不可通。義當作羡，字之誤也。羡，饒也。「豐羡」猶「豐饒」矣。

地不同生。

樾謹按：古生、性字通用。《周官·大司徒》職曰「辨五地之物生」，杜子春讀生爲性。然則此文生字，亦當讀爲性。「地不同性」，即所謂「辨五地之物性」也。《群書治要》作宜，蓋不知生爲性之假字而改之，未足爲據。

吾欲和民親下，奈何？

樾謹按：「和民」當作「和臣」。下文「晏子對曰：君得臣而任使焉」云云，則臣和矣，可證此文「民」字之誤。

聞甯戚歌，止車而聽之，則賢人之風也。（《問下》）

樾謹按：風者，聲也。風之所至必有聲，故文六年《左傳》曰「樹之風聲」，因而古人即謂聲爲風。《管子·宙合篇》「君失音則風律必流」，「風律」即「聲律」也。《輕重己篇》「吹壎篪之風」，猶言「壎篪之聲」也。《淮南·原道篇》「結激楚之遺風」，高注曰「遺風，猶遺聲」，得其義矣。此云「賢人之風」，猶「賢人之聲」也。孫氏曰「讀如諷」，非。

景公問晏子，廉政而長久，其行何也。

樾謹按：「廉」字義不可通，疑當作秉。《説文·秝部》「兼，持二禾。秉，持一禾」。秉與兼形相似，秉誤爲兼，又誤爲廉耳。《爾雅·釋詁》曰「秉，執也」。「秉政」猶言「執政」。景公問晏子，人臣執政而能長久，其所行何若。秉誤爲廉，則義不可通矣。下文曰「廉政而遬亡，其行何也」，誤同。

不以威强退人之君。

樾謹按：「退人之君」，義不可通。退，疑迫字之誤。若吴人藩衛侯之舍，是以威强迫人之君矣，故晏子以爲諷也。

鍖然不滿。

樾謹按：鍖，當爲歁。《説文·欠部》「歁，食不滿。從欠，甚聲」。是歁之本義爲食不滿，引申之，凡不滿者皆得言歁，故曰「歁然不滿」。

犒魯國化而爲一心。

檝謹按：犒，當爲撟，字之誤也。《説文·手部》「撟，舉手也」，故引申之有舉義。《史記·扁鵲倉公列傳》「舌撟然而不下」，《索隱》云「撟，舉也」。「撟魯國化而爲一心」，猶云「舉魯國化而爲一心」。《韓非子·内儲説》作「舉魯國盡化爲一」。此作撟，彼作舉，文异而義同。若作犒，則不可通矣。

夫逼邇于君〔一〕**者，距本朝之勢，國之所以治也。**

檝謹按：此言近臣專權也，乃云國之所以治，於義難通。治，蓋殆字之誤。「國之所以殆也」，與下文「行之所以衰也」「身之所以危也」一律。〔二〕

謹聽節儉，衆民之術也。

檝謹按：儉，乃歛字之誤。上云「慢聽厚歛則民散」，此云「謹聽節歛，衆民之術也」，兩文正相應。

〔一〕 君，張純一《晏子春秋校注》等下有「之側」二字。

〔二〕 治，劉如瑛認爲：「當爲『亂』，義反而致誤。」（第一三三頁）

晏子使晋，晋平公饗之文室，既静矣晏以，平公問焉。

樾謹按：「既静矣晏以」五字，文不可通。孫云「疑有脱誤」，是也。静字疑當作請，聲近而誤。晏當作宴，聲近形似，且本書多晏字，少宴字，故誤也。矣，衍字。以字，當在宴字之上。其原文云「晏子使晋，晋平公饗之文室，句。既，句。請以宴，句。平公問焉」。蓋饗禮畢後，又行宴禮，若昭二十五年《左傳》「宋公享昭子，明日宴」，是也。

考菲履。

樾謹按：《詩・山有樞篇》毛傳曰「考，擊也」。《廣雅・釋詁》文同。此考字，亦當訓擊。《孟子・滕文公篇》「梱屨」，趙注曰「梱，猶叩椓也」，然則「考屨」與「梱屨」同義。孫氏訓考爲成，猶未得也。

蠶桑豢收之處不足。（《雜上》）

樾謹按：收，乃牧字之誤。「蠶桑豢牧之處不足」，故下云「絲蠶於燕，牧馬於魯也」。孫氏不知收爲牧之誤，反讀豢爲豢，失之矣。

若使不可得，則依物而偶於政。

樾謹按：依猶因也。偶讀爲寓，古字通用。寓猶寄也。「依物而偶於政」者，因物而寄於政也，若晏子因築臺之事而寄發粟之政是也。孫曰「言據事而不違於政」，未得其義。

蚤歲，溜水至。

樾謹按：孫氏《音義》曰，《説文》「霤，屋水流也」，溜，同霤。此説非是。下文曰「鄉者防下六尺，則無齊矣」，是水之大如此，豈屋霤水乎？溜，疑淄字之誤。齊都營丘，淄水過其南及東，故有時淄水大至而爲害也。

醉而不出，是謂伐德，賓之罪也。

樾謹按：《説苑·反質篇》作「賓主之罪也」，當從之。上云「既醉而出，并受其福，賓主之禮也」，此云「醉而不出，是謂伐德，賓主之罪也」，兩文相應，不得無主字。後人因「醉而不出」，以賓言不以主言，故删主字。然不出者賓也，留賓不出者主也，是時晏子爲主人，則固不應專

罪客矣，當從《説苑》補主字。〔一〕

豈過我哉，吾托國于晏子也。

樾謹按：「豈過我哉」，當作「我豈過哉」。公自喜托國之得人，故曰「我豈過哉，吾托國于晏子也」。如今本，則語不可通矣。

公曰：「善哉！知苦言。」

樾謹按：知當作如，苦當作若，皆形似而誤也。「善哉！如若言」，猶云「善哉！如若所言」。

夫愚者多悔，不肖者自賢。

樾謹按：「愚者多悔」與「不肖者自賢」兩意不倫。《説苑・雜言篇》載「越石父曰，不肖人自賢也，愚者自多也」，即本晏子之言。疑此文本作「愚者自多」，傳寫奪「自」字，淺人妄補「悔」字耳。〔二〕

〔一〕 賓，俞氏據《説苑》下補「主」字，而孫星衍《補釋》、吴則虞《集釋》均以爲非。可參。

〔二〕 愚者多悔，王其和認爲文意甚明，不必改（第一三二一—一三二二頁）。

噎而遽掘井。

樾謹按：「掘井」與「噎」無涉。《説苑・雜言篇》作「譬之猶渴而穿井」。〔一〕

方見國之必侵，不若死。

樾謹按：方，乃與字之誤。與本作与，隸書方字作㝀，相似故誤也。「與見國之必侵，不若死」，曰「與」，曰「不若」，正相應。今誤作方，則不可通矣。

臣請襪而去。（《雜下》）〔二〕

樾謹按：句末當有之字。《説苑・辨物篇》正作「臣請襪而去之」。

爲襪君鴞而殺之。

樾謹按：《説苑》作「爲君襪鴞而殺之」，此文「君」「襪」字誤倒。

〔一〕王其和據《墨子・公孟》有「噎而穿井」語，證「噎而遽掘井」文意甚明，不必與《説苑》一律（第一二一頁）。

〔二〕「臣請襪而去」下脱篇名《雜下》，據《晏子春秋》補。

且無令君知之。

樾謹按：柏常騫知地之將動，而借此以欺景公，自必不令君知，何必晏子戒之乎？當從《説苑》作「且令君知之」。蓋此與《外篇》所載太卜事相類，彼必使太卜自言「臣非能動地，地固將動」，即「令君知之」之意，所謂恐君之惶也。後人不達，臆加「無」字，則晏子與騫比周以欺其君矣，有是理乎？

賴君之賜，得以壽三族。

樾謹按：《國語・楚語》「臣能自壽也」，韋注曰「壽，保也」，然則「以壽三族」者，以保三族也。《管子・霸言篇》「國在危亡而能壽者，明聖也」，「能壽」亦即「能保」也。《説文・土部》「壔，保也」。壽字，古作𠷎，與壔并從𠷎聲，故義亦得通矣。

免粟之食飽。

樾謹按：上云「食脱粟之食」，此云「免粟之食飽」，免即脱也。《廣雅・釋詁》「免，脱也」。錢氏大昕《養新録》曰「免與脱同義」，引《論衡・道虚篇》「免去皮膚」爲證，謂「免去」即「脱去」也，而未引《晏子》此文，失之。

士之一乞也。

樾謹按：乞，當作既。《説文・皀部》「既，小食也」。《論語》曰「不使勝食既」。今《論語》作氣，此省作乞，古字并通。「士之一既」，猶云「士之一食」，下文「二乞」「三乞」并同。故曰「嬰無倍人之行，而有參士之食」也。

國不可窮，窮不可竊也。

樾謹按：《荀子・哀公篇》「竊其有益，與其無益」，楊倞注曰「竊，宜爲察」。《莊子・庚桑楚篇》「竊竊乎又何足以濟世哉」，《釋文》曰「竊竊，崔本作察察」。蓋竊與察，一聲之轉。《廣雅・釋詁》曰「竊，著也」，《釋訓》曰「察察，著也」，是其聲近義通之證。「窮不可竊」，當作「窮不可察」，言窮極之則反無以察矣，故國不可窮也。

召衣冠以迎晏子。（《外篇・重而异者》）

樾謹按：此本作「召晏子，衣冠以迎」。上文「景公曰『請易衣革冠，更受命』」，故此云「衣冠以迎」。王氏念孫謂「易衣革冠，已見上文，不當重出」，非也。下云「公下拜，送之門」，有迎乃有送，可知此四字之非衍。特傳寫奪去，而補者誤著之「召」字之下，則文不成義，《群書治要》因删此四字矣。

若使古之王者毋知有死。

樾謹按：「毋知有死」，本作「如毋有死」。「如」與「而」通。「如毋有死」者，而毋有死也。《諫上篇》云「若使古而無死」，此云「若使古之王者如毋有死」，文异而義同。因「如」誤作「知」，寫者遂移至「毋」字之下，義不可通矣。

是以鬼神不饗，其國以禍，之祝史與焉。

樾謹按：之字衍文。「其國以禍」四字爲句，言國以之而受禍也。與上文「國受其福」相對爲文。説詳《群經平議・左傳》。

田無宇爲垾矣。

樾謹按：垾字，義不可通，疑圻字之誤。圻誤爲圩，又誤爲垾耳。圻者，幾之假字。隱元年《穀梁傳》注「天子畿内」，《釋文》曰「畿，本作圻」，然則圻之通作幾，猶圻之通作畿也。「田無

宇爲圻矣」，猶曰「田無宇爲幾矣」。《問上篇》曰「田無宇之後爲幾」，是其證。〔一〕

子胥忠其君，故天下皆願得以爲子。今爲人子臣，而離散其親戚，孝乎哉？足以爲臣乎？

樾謹按：「今爲人子」下不當有「臣」字，蓋衍文也。盆成适之意，蓋謂忠、孝一也，故子胥自忠其君耳，而天下之父母皆願得以爲子矣。今爲人子，而父母不得合葬，是離散其親戚也。親戚，謂父母也。《韓詩外傳》「親戚既没，雖欲孝，誰爲孝」，是其證也。爲人子而離散其親戚，非孝矣，非孝即非忠矣。故曰「足以爲臣乎」？王氏念孫不達此意，謂有闕文，非是。

臣何敢槁也！

樾謹按：此槁字，與《問下篇》「犒魯國」之犒，同爲撟之誤字。《荀子·臣道篇》曰「率群臣百吏而相與彊君撟君」。又曰「事暴君者，有補削，無撟拂」。晏子言「臣何敢撟」，言臣何敢有所撟拂乎。蓋因公忿然作色，故云然。

〔一〕 垾，劉如瑛説：「『垾』，字不誤，不必改字。《玉篇·土部》：『垾，小隄也。』小堤所以蓄水，以喻田氏厚施恩澤，正所以招徠齊民。」（第一三八頁）

讒佞之人，隱君之威以自守也。

樾謹按：古依、隱同聲。《廣雅·釋器》曰「衣，隱也」，《釋名·釋衣服》曰「衣，依也」，是隱與依，聲近誼通。此「隱」字當讀爲依。「依君之威以自守」，正與上社鼠之喻相應。

由是觀之，其無宇之後無幾。

樾謹按：「無幾」當作「爲幾」，字之誤也。《問上篇》正作「田無宇之後爲幾」，可據以訂正。

今日吾譏晏子，訾猶倮而高橛者也。

樾謹按：訾乃譬字之誤，橛乃撅字之誤。高讀爲咎，以高爲咎，猶以咎爲皋。《尚書·皋陶謨》《釋文》曰「皋，本作咎」，是其例也。《墨子·公孟篇》「是猶果謂撅者不恭也」。此即「倮而咎撅」之義。倮爲倮體，撅者揭衣也。《禮記·内則篇》「不涉不撅」，鄭注「撅，揭衣也」。撅誠不恭，倮則更甚，故曰「譬猶倮而咎撅者也」。

當此之時民無飢。

樾謹按：飢下當有者字，如今本則文義不足。《説苑·政理篇》正作「民無飢者」。

廢置不周於君前，謂之專。

樾謹按：「不周」當爲「不由」。「廢置不由於君前」，故爲專也。疑古本假「甹櫱」之甹爲由，其形與古文周字作𠷓者相近，因誤爲周耳。〔一〕

敬見不問其道。（《外篇·不合經術者》）

樾謹按：敬字，當作苟。《爾雅·釋詁》「亟，疾也」。《釋文》曰「字又作苟」。是苟與亟通。「苟見」猶云「亟見」，《孟子·萬章篇》「穆公亟見於子思」，與此同義。亟見而不問其道，仲尼所以行也。苟字，經傳罕見，淺人遂加攴作敬耳。

此三者，路世之政，道事之教也。

孫氏星衍《音義》曰「一本道作單，非」。王氏引之曰「作單者是也。單，讀爲癉。《爾雅》『癉，病也』，字或作癉。《大雅·板篇》毛傳曰『癉，病也』。路與單義相近。《方言》『露，敗也』。路、露古字通。言此三者，以之爲政，則世必敗，以之爲教，則事必病也」。

〔一〕 周，于鬯讀爲「調」，張純一以爲「問」之形誤，劉如瑛《諸子箋校商補》認爲「聞」字之誤，上聞之義（第一四〇頁）。

樾謹按：王説是矣。惟從別本作單，而訓爲「病事之教」，似近不詞。道乃退字之誤。《説文・辵部》「退，數也」。《周書》曰「我興受其退」，退事者，數事也。今《微子篇》作「我興受其敗」。經傳遂無退字，淺人不知其義，見上句有路字，因妄改爲道字耳。

公曰：「合色寡人也？」

樾謹按：「合色」無義。下文公曰「色寡人，故將殺之」，晏子曰「雖使色君，於法不宜殺也」，色上并無合字。合，疑杏字之誤。杏字自爲一句。《説文・、部》「杏，相與語，唾而不受也，從、，否聲」。公曰杏者，深怪其語，故先唾而不受耳。

昔者秦繆公乘龍舟而理天下，以黃布裹烝棗，至東海而捐其布。彼黃布，故水赤；烝棗，故華而不實。

樾謹按：孫刻本據《文選》注、《藝文類聚》改彼爲破，其實非也。「彼黃布」者，言彼其所捐之布，乃黃布也。若作破字，則「破黃布」三字文不成義矣。「烝棗」上亦當有「彼」字，蒙上而省。

晏子没十有七年，景公飲諸大夫酒。公射出質，堂上唱善若出一口。公作色大息，播弓矢。弦章入，公曰章。

樾謹按：此下各本均闕。孫刻本據《太平御覽》增，而王氏《讀書雜志》謂雜取諸書補入，不足爲據，因詳録元刻，又以《群書治要》及《御覽·人事部》所引補之，洵較孫刻爲備矣。惟此文實見於《説苑·君道篇》，《治要》及《御覽》所引均非其全者。王氏不録《説苑》，何也？故備録於左，補王氏徵引所未及。

晏子没十有七年，景公飲諸大夫酒，公射出質，堂上唱善若出一口。公作色太息，播弓矢。弦章入，公曰：「章，自吾失晏子，於今十有七年，未嘗聞吾過不善，今射出質，而唱善者若出一口。」弦章對曰：「此諸臣之不肖也。知不足以知君之不善，勇不足以犯君之顔色，然而有一焉。臣聞之，君好之，則臣服之；君嗜之，則臣食之。夫尺蠖食黄則其身黄，食蒼則其身蒼，君其猶有諂人言乎？」公曰：「善。今日之言，章爲君，我爲臣。」是時，海人入魚，公以五十乘賜弦章。歸，魚乘塞途，撫其御之手曰：「曩之唱善者，皆欲若魚者也。昔者晏子辭賞以正君，故過失不掩；今諸臣諂諛以干利，故出質而唱善如出一口。今所輔於君未見於衆，而受若魚，是反晏子之義而順諂諛之欲也。」固辭魚不受。君子曰：「弦章之廉，乃晏子之遺行也。」

諸子平議卷八

老子

道可道，非常道。名可名，非常名。（《一章》）

樾謹按：常，與尚古通。《史記·衛綰傳》「劍尚盛」，《漢書》尚作常；《漢書·賈誼傳》「尚憚以危爲安」，《賈子·宗首篇》尚作常，并其證也。尚者，上也，言道可道不足爲上道，名可名不足爲上名，即「上德不德」之旨也。河上公以上篇爲《道經》，下篇爲《德經》。《道經》首云「道可道，非尚道」，《德經》首云「上德不德」，其旨一也。

故常無，欲以觀其妙。常有，欲以觀其徼。

樾謹按：易州唐景龍二年所刻《道德經碑》，與今本异者數百事。此文作「常無，欲觀其妙；常有，欲觀其徼」，無兩「以」字，當從之。司馬温公、王荆公并於「無」字「有」字絶句，亦當從之。常字，依上文讀作尚。言尚無者，欲觀其微也；尚有者，欲觀其歸也。下云「此兩者同出而异名，同謂之玄」，正承有無二義而言。若以「無欲」「有欲」連讀，既有欲矣，豈得謂之玄乎？

萬物作焉而不辭。（《二章》）

樾謹按：「不辭」，當就聖人説，不當就萬物説，方與「生而不有，爲而不恃」一律。河上公注謂「不辭謝而逆上」，非也。「不辭」，猶不言，即上文所謂「行不言之教」者。唐傅奕本作「萬物作而不爲始」，畢氏沅謂「辭、始同聲，以此致异，奕義爲長」。然《三十四章》云「萬物恃之而生而不辭」，與此章文義相近，恐未可舍古本而從傅本也。

道冲而用之，或不盈。（《四章》）

樾謹按：《説文・皿部》「盅，器虛也」。老子曰「道盅而用之」，盅，訓虛，與盈正相對，作冲者假字也。河上公訓冲爲中，失之。《第四十五章》「大盈若冲」，冲亦當作盅。又按「或不盈」，唐景龍碑作「久不盈」。久而不盈，所以爲盅，殊勝今本。河上公注曰「或，常也」，訓或爲常，古無此義，疑河上本正作久也。

解其紛。

樾謹按：《釋文》「河上公本紛作芬」，然芬字無義。此句亦見《五十六章》，河上公於此注云「紛，結恨也，當念道無爲以解釋」。於彼注云「紛，結恨不休，當念道無爲以解釋之」，注義大略相同。則河上本芬字當讀爲忿。若以本字讀之，則注中「結恨」之義不可解。此章「紛，結恨也」，俗刻又譌爲「結根」，而義益晦。賴此文兩見，注又相同，尚可訂正耳。王弼本《五十六章》作「解其分」，注云「除争原也」，則亦讀爲忿矣。顧歡本正作忿，乃其本字，芬、紛并假字耳。

谷神不死。（《六章》）

樾謹按：《釋文》「河上本谷作浴，云『浴，養也』」。然浴字，實無養義。河上本浴字，當讀爲穀。《詩・小弁篇》《蓼莪篇》《四月篇》并云「民莫不穀」，毛傳并云「穀，養也」。穀亦通作谷。《爾雅・釋天》「東風謂之谷風」。《詩正義》引孫炎曰「谷之言穀。穀，生也」，生亦養也。王弼所據本作谷者，穀之假字。河上古本作浴者，谷之异文。王弼不達古文假借之義，而有「中央無」之説，斯魏晉之清談，非老氏之本旨。

抱一能無離乎？（《十章》）

樾謹按：河上公本無乎字，唐景龍碑亦無乎字，然《淮南子・道應篇》引《老子》曰「載營魄抱一，能無離乎？專氣至柔，能如嬰兒乎」，則古本固有乎字。又按「能如嬰兒」句，河上公及王弼本均無如字，於文義未足，惟傅奕有如字，與古本合。

愛民治國能無知乎？天門開闔能無雌乎？明白四達能無爲乎？

樾謹按：唐景龍碑作「愛民治國能無爲？天門開闔能爲雌？明白四達能無知？」其義并勝，當從之。「愛民治國能無爲」，即老子〔一〕「無爲而治」之旨。「明白四達能無知」，即「知白守黑」之義也。王弼本誤倒之，河上公本兩句并作「無知」，則詞複矣。〔二〕「天門開闔能無雌」，義不可通，蓋涉上下文諸句而誤。王弼注云「言天門開闔，能爲雌乎？則物自賓而處自安矣」，是王弼本正作「能爲雌」也。河上公注云「治身當如雌牝安静柔弱」，是亦不作「無雌」，故知「無」字乃傳寫之誤，當據景龍本訂正。

〔一〕老子，原誤作「孔子」，據文義改。
〔二〕帛書《老子》甲、乙本均作「明白四達能毋以知乎」，可以參證。

五色令人目盲，五音令人耳聾，五味令人口爽。（《十二章》）

樾謹按：河上公注云「爽，亡也」，王弼注云「爽，差失也」，并未得「爽」字之義。《吕氏春秋・尊師篇》曰「且天生人也，而使其耳可以聞，不學，其聞不若聾。使其目可以見，不學，其見不若盲。使其口可以言，不學，其言不若爽」。以「口爽」與「耳聾」「目盲」并舉，正與《老子》此章同。《列子・仲尼篇》曰「目將眇者，先睹秋豪。耳將聾者，先聞蚋飛。口將爽者，先辨淄澠。鼻將窒者，先覺焦朽。體將僵者，先亟奔佚。心將迷者，先識是非」。然則爽者，口病之名，故《莊子・天地篇》云「五味濁口，使口厲爽」，《淮南子・精神篇》云「五味亂口，使口爽傷」，疑古語然也。《新序・雜事篇》引《吕子》爽作喑，可知「口爽」猶「口喑」，正與聾、盲一律矣。

何謂寵辱若驚？寵爲下。（《十三章》）

樾謹按：河上公本作「何謂寵辱？辱爲下」，注曰「辱爲下賤」，疑兩本均有奪誤，當云「何謂寵辱若驚？寵爲上，辱爲下」。河上公作注時，上句未奪，亦必有注，當與「辱爲下賤」對文成義，傳寫者失上句，遂并注失之。陳景元、李道純本均作「何謂寵辱若驚？寵爲上，辱爲下」，可

據以訂諸本之誤。[一]

古之善爲士者。（《十五章》）

樾謹按：河上公注曰「謂得道之君也」，則「善爲士者」當作「善爲上者」，故以「得道之君」釋之。上與士，形似而誤耳。

夫唯不盈，故能蔽不新成。

樾謹按：蔽，乃敝之假字。《唐景龍碑》作弊，亦敝之假字。《永樂大典》正作敝。「不新成」三字，《景龍碑》作「復成」二字。然《淮南子·道應篇》引《老子》曰「服此道者，不欲盈，故能弊而不新成」，則古本如此。但今本無而字，於文義似未足耳。

如春登臺。（《二十章》）

樾謹按：「如春登臺」，與《十五章》「若冬涉川」一律，河上公本作「如登春臺」，非是。然其注曰「春，陰陽交通，萬物感動，登臺觀之，意志淫淫然」，是亦未嘗以「春臺」連文，其所據本亦

[一] 按，清畢沅《道德經考異》駁正陳、李本，陶鴻慶《讀諸子札記·老子》從之，「寵」字爲句，「下」謂下民，與俞氏說异，可參。

必作「春登臺」，今傳寫誤倒耳。《文選·閑居賦》注引此已誤。

衆人皆有以，而我獨頑似鄙。

樾謹按：似，當讀爲以，古以、似通用。《易·明夷》彖傳，「文王以之」，《釋文》曰「以，荀、向本作似」，《詩·旄丘篇》「必有以也」，《儀禮·特牲饋食禮篇》注引作「必有似也」，并其證也。「而我獨頑以鄙」六字爲句。「頑以鄙」，猶言頑而鄙也，故傳、弼本作「我獨頑且啚」，可證河上公於「頑」字絶句之非。王注曰「悶悶昏昏，若無所識，故曰頑且〔一〕鄙」。疑王本亦與傳本同矣。

道之爲物，惟恍惟惚。惚兮恍兮，其中有象，恍兮惚兮，其中有物。（《二十一章》）

樾謹按：「惚兮恍兮」二句，當在「恍兮惚兮」二句之下。蓋承上「惟恍惟惚」之文，故先言「恍兮惚兮，其中有物」，與上「道之爲物，惟恍惟惚」四句爲韻。下文「惚兮恍兮，其中有象」，乃始變韻也。王弼注曰「萬物以始以成，而不知其所以然，故曰『恍兮惚兮，惚兮恍兮，其中有象』也」。注文當是全舉經文而奪「其中有物」四字，然據此可知王氏所見本，經文猶未倒也。〔二〕

〔一〕 且，疑作「目」，古「以」字。

〔二〕 按，今道藏本、河上公本《老子》作「恍兮忽兮，其中有物，忽兮恍兮，其中有象」，可證俞氏之説不虛。

以閲衆甫。

樾謹按：甫與父通。衆甫者，衆父也。《四十二章》「我將以爲教父」，河上公注曰「父，始也」，而此注亦曰「甫，始也」，然則「衆甫」即「衆父」矣。《一章》曰「有名萬物之母」，《二十五章》曰「可以爲天下母」。衆父者，猶云萬物母、天下母也。《莊子·天地篇》「可以爲衆父，而不可以爲衆父父」。

故從事於道者，道者同於道，德者同於德，失者同於失。（《二十三章》）

樾謹按：下「道者」二字，衍文也。本作「從事於道者同於道」，其下「德者」「失者」蒙上「從事」之文而省，猶云「從事於道者，同於道。從事於德者，同於德。從事於失者，同於失也」。《淮南子·道應篇》引《老子》曰「從事於道者，同於道」，可證古本不叠「道者」二字。王弼注曰「故從事於道者，以無爲爲君，不言爲教，綿綿若存，而物得其真，於道同體，故曰同於道」，是王氏所據本，正作「故從事於道者，同於道」。然以河上公注觀之，則二字之衍久矣。

其在道也，曰「餘食贅行」。（《二十四章》）

樾謹按：此河上公本也。河上注曰「使此自矜伐之人，在治國之道」，是河上本作「在道」。

王弼注曰「其唯於道而論之，若却至之行，盛饌之餘也」，則當作「其於道也」方與注合。今弼本作「在道」，河上本作「於道」，由傳寫互誤，兩失其真矣。〔一〕

輕則失本，躁則失君。（《二十六章》）

樾謹按：河上公本作「輕則失臣」，注云「王者輕淫，則失其臣」。竊謂兩本均誤。《永樂大典》作「輕則失根」，當從之。蓋此章首云「重爲輕根，静爲躁君」，故終之曰「輕則失根，重則失君」，言不重則無根，不静則無君也。王弼所據作「失本」者，本與根一義耳。而弼不曉其義，以「失本」爲「喪身」，則曲爲之説矣。至河上公作「失臣」，殆因下句「失君」之文而臆改耳。

聖人用之，則爲官長。（《二十八章》）

樾謹按：此河上公本也。河上注曰「聖人升用則爲百官之元長也」，是其本作「聖人用之」。至王弼注曰「聖人因其分散，故爲之立官長」，則當作「聖人因之」方與注合。今作「用」者，後人據河上本改之耳。

〔一〕陶鴻慶《讀諸子札記》認爲：「俞氏據誤注以改不誤之經文，疏矣。」（第五頁）

或挫或隳。《二十九章》[一]

樾謹按：挫，河上本作載，注曰「載，安也。隳，危也」，是載與隳相對爲文，與上句「或强或羸[二]」一律。而王弼本乃作挫，則與隳不分二義矣。疑挫乃在字之誤。在，篆文作扗，故誤爲挫也。「或在或隳」，即或載或隳。載從𢦏聲，在從才聲，而或亦從𢦏聲。《州輔碑》「我貴不濡」，是也。其聲既同，故得通用矣。

以道佐人主者。（《三十章》）

樾謹按：《唐景龍碑》作「以道作人主者」，乃古本也。河上公注曰「謂人主能以道自輔佐也」，則河上公本亦是作字。若曰「以道佐人主」，則是人臣以道輔佐其主，何言人主以道自輔佐乎？因作、佐二字相似，又涉注文輔佐字而誤耳。王弼所據本已爲佐字，故注曰「以道佐人主，尚不可以兵强於天下，况人主躬於道者乎」。後人以王本改河上公本，而河上注義晦矣。

[一] 按，此句下原無《二十九章》，據補。
[二] 羸，《老子》作「羸」，與「强」反義爲對。

善有果而已。

樾謹按：河上公本作「善者果而已」，當從之。王注曰「果，猶濟也，言善用師者趣以濟難而已矣」，是其所據本亦作「善者」，故以「善用師者」釋之。今作「善有」，以形近而誤。

不敢以取强。

樾謹按：敢字衍文。河上公注曰「不以果敢取强大之名也」。注中「不以」二字，即本經文。其「果敢」字，乃釋上文果字之義，非此文有果字也。今作「不敢以取强」，即涉河上注而衍。王注曰「不以兵力取强於天下也」，亦「不以」二字連文，可證經文敢字之衍。《唐景龍碑》正作「不以取强」，當據以訂正。

果而勿强。

樾謹按：傅奕本作「是果而勿强」，當從之。上文云「善者果而已，不以取强」，又云「果而勿矜，果而勿伐，果而勿驕，果而不得已」，皆言其果，不言其强，故總之曰「是果而不强」，正與上文「果而已，不以取强」相應。讀者誤謂此句與「果而勿矜」諸句一律，遂妄删是字耳。《唐景龍碑》亦有「是」字，當據增。

道常無名。（《三十二章》）

樾謹按：常，與尚通，説見首章。「道尚無名」者，言以無名爲貴也。河上注、王注并非。《三十七章》「道常無爲」，義同。

知止可以不殆。

樾謹按：《唐景龍碑》無「可以」二字，是也。王注曰「知止所以不殆也」，蓋加「所以」字以足句，而寫者誤入正文，故今河上公本作「知之所以不殆」。此作「可以」者，又「所以」之誤矣。

衣養萬物而不爲主。（《三十四章》）

樾謹按：河上公本作「愛養」，此作「衣養」者，古字通也。蓋衣字，古音與隱同。故《白虎通・衣裳篇》曰「衣者，隱也」，以聲爲訓也。而愛，古音亦與隱同。故《詩・烝民篇》毛傳訓愛爲隱。《孝經》疏引劉炫曰「愛者隱惜而結於内」，不直訓惜而必訓「隱惜」者，亦以聲爲訓也。兩字之音本同，故「愛養」或爲「衣養」。傅奕本作「衣被」，則由後人不通古音，不達古義，率臆妄改耳。

是以上德無爲而無以爲。（《三十八章》）

樾謹按：「無爲」與「無以爲」似無所區别。下文云「上仁爲之而無以爲」，夫「無爲」與「爲之」其義迥异，而同言「無以爲」，其不可通明矣。《韓非子·解老篇》作「上德無爲而無不爲也」，蓋古本《老子》如此。今作「無以爲」者，涉下「上仁」句而誤耳。傅奕本正作不。

下士聞道，大笑之。（《四十一章》）

樾謹按：王氏念孫《讀書雜志》曰「大笑之，本作『大而笑之』」，「猶言迂而笑之也」，《牟子》引《老子》正作「大而笑之」，《抱朴子·微旨篇》亦云「大而笑之」，其來久矣，是牟、葛所見本皆作「大而笑之」。今按王説是也。「下士聞道，大而笑之」，與上文「上士聞道，勤而行之」，兩句相對。傅奕本作「上士聞道，而勤行之，下士聞道，而大笑之」，蓋誤移兩「而」字於句首，然下句之有「而」字，則尚可籍以考見也。「而勤行之」，是「勤而行之」之誤，然則「而大笑之」是「大而笑之」之誤，可以隅反矣。

建德若偷。（《四十一章》）

樾謹按：河上公注曰「建設道德之人，若可偷引，使空虚也」，王弼注曰「偷，匹也，建德者因物自然，不立不施，故若偷匹」。然「偷匹」之訓，於古無徵，義亦難曉，豈王氏所據本偷或作倫邪？以韵求之，固不然矣。河上公蓋讀偷爲揄。《説文・手部》「揄，引也」，故解爲「若可偷引」。又因其義未足，加「使空虚」三字以足成之，非經旨矣。今按建當讀爲健。《釋名・釋言語》曰「健，建也，能有所建爲也」。是建、健音同，而義亦得通。「健德若偷」，言剛健之德，反若偷惰也，正與上句「廣德若不足」一律。

禍莫大於不知足。（《四十六章》）

樾謹按：河上公本此句之上有「罪莫大於可欲」一句。據《韓非子・解老篇》，則此句當有，惟《韓子》作「禍莫大於可欲」，誤也。其上文曰「夫上侵弱君而下傷人民者，大罪也」，則本是「罪」字明矣。

取天下常以無事。（《四十八章》）

樾謹按：常，乃當字之誤。河上公注曰「取，治也。治天下常當以無事」。疑河上原注作「治天下當以無事」，後人因經文譌作常，因於注文增入常字耳。〔一〕

〔一〕常，古與「當」字義通。俞氏之説專輒。劉如瑛、王其和以爲不通訓詁而誤校。

爲天下渾其心，聖人皆孩之。（《四十九章》）

樾謹按：「爲天下渾其心」下，河上公本有「百姓皆注其耳目」七字，王弼本當亦有之。故注云「如此則言者言其所知，行者行其所能，百姓各皆注其耳目焉，吾皆孩之而已」，是可證其有此句也。注有「各用聰明」四字在「爲天下渾其心」句下，正解「百姓皆注其耳目」之誼，而經文奪此句，當據河上公本補之。

入軍不被甲兵。（《五十章》）

樾謹按：被，河上公本作避。據《韓非子・解老篇》云「入山不恃備以救害，故曰入軍不備甲兵」，則「甲兵」以在己者言，自當以作「被」爲長。

兵無所容其刃。

樾謹按：《釋名・釋姿容》曰「容，用也，合事宜之用也」。「兵無所容其刃」，言兵無所用其刃。《莊子・胠篋篇》「容成氏」，《六韜・大明篇》作「庸成氏」，是容與庸通。庸爲用，故容亦用也。

塞其兑。（《五十二章》）

樾謹按：兑，當讀爲穴。《文選·風賦》「空穴來風」，注引《莊子》「空閱來風」，閱從兑聲，閱可假作穴，兑亦可假作穴也。「塞其穴」，正與「閉其門」文義一律。

是謂盗夸。（《五十三章》）

樾謹按：夸字無義。《韓非子·解老篇》作「盗竽」，其解曰「竽也者，五聲之長者也。故竽先，則鐘瑟皆隨。竽唱，則諸樂皆和。今大奸作則俗之民唱，俗之民唱則小盗必和。故服文采，帶利劍，厭飲食，而貨盗有餘者，是之謂盗竽矣」。蓋古本如此，當從之。

蜂蠆虺蛇不螫。（《五十五章》）

樾謹按：河上公本作「毒蟲不螫」，注云「蜂蠆蛇虺不螫」。是此六字乃河上公注也。王弼本亦當作「毒蟲不螫」，後人誤以河上注羼入之。

猛獸不據。

樾謹按：據，當作豦。《説文·豕部》「豦，鬥相丮不解也。從豕虍，豕虎之鬥不相捨。一曰，虎兩足舉」。然則於猛獸言「不豦」，正與於毒蟲言「不螫」同，今作「據」者假字耳。

未知牝牡之合而全作。（《五十五章》）

樾謹按：全字之義未詳。王注曰「作，長也。無物以損其身，故能全長也」，説殊未安。河上公本「全」作「峻」，而其注曰「赤子未知男女之合會而陰作怒者，由精氣多之所致也」，是以陰字釋峻字。《玉篇・肉部》「朘，赤子陰也」，峻即朘也。疑王氏所據本作「全」者，乃侌字之誤。侌者，陰之本字。蓋「陰陽」字本作「侌昜」，其從𨸏者，陽則山南水北，陰則山北水南，并以地言，非侌昜之本義也。《老子》古本，蓋從古文作侌，而隸書或作侌，武梁祠堂畫象，陰字左旁作侌，是也。侌字闕壞，止存上半，則與全字相似，因誤爲全矣。是故作侌者，《老子》之原文；作全者，侌之誤字；作峻者，其别本也。王氏據誤本作注，不能訂正，遂使《老子》原文不可復見，惜之。

知和曰常，知常曰明，益生曰祥，心使氣曰强。

樾謹按：此下本有「是故用其光，復歸其明」二句，後人因已見於《五十二章》而删去之耳。《淮南子・道應篇》引《老子》曰「知和曰常，知常曰明，益生曰祥，心使氣曰强，是故用其光，復歸其明也」，是古本有此二句之明證。且「用其光，復歸其明」，正見「物不可終壯」之意。故下文曰「物壯則老，謂之不道，不道早已」。今脱此二句，則與下文之意不屬矣。《文子・下德篇》

曰「知和曰常，知常曰明，益生曰祥，心使氣曰强，是謂玄同。用其光，復歸其明」，亦有下二句。

以正治國，以奇用兵，以無事取天下，吾何以知其然哉？以此。（《五十七章》）

樾謹按：此數句當屬上章，如《二十二章》〔一〕曰「吾何以知衆甫之然哉？以此」。《五十四章》曰「吾何以知天下之然哉？以此」，并用「以此」二字爲章末結句，是其例矣。〔二〕下文「天下多忌諱，而民彌貧」，乃别爲一章，今誤合之。

夫唯嗇，是謂早服。早服謂之重積德。（《五十九章》）

樾謹按：《困學紀聞》卷十引此文，兩「服」字皆作「復」，且引司馬公、朱文公説，并云「不遠而復」。又曰「王弼本作早服，而注云『早服，常也』，亦當爲復」。今按《韓非子・解老篇》曰「夫能嗇也，是從於道而服於理者也，衆人離於患，陷於禍，猶未知退而不服從道理。聖人雖未見禍患之形，虛無服從於道理，以稱蚤服」，然則古本自是「服」字，王説非。

〔一〕「二十二章」句，今人分章多列入二十一，俞氏出「二十二章」，而上句謂「此數句當屬上章」，與今人分章之意正同。

〔二〕以此，徐仁甫《諸子辨正》據焦竑本等，認爲「以此」二字當爲衍文（第五四頁）。

故大國以下小國，則取小國。小國以下大國，則取大國。故或下以取，或下而取。

（《六十一章》）

樾謹按：古「以」字與「而」字通。《周易·同人》彖傳曰「文明以健，中正而應」，《繫辭傳》曰「蓍之德圓而神，卦之德方以知」，昭十一年《左傳》曰「桀克有緡以喪其國，紂克東夷而隕其身」，《孟子·告子篇》曰「秦、楚之王悦於利，以罷三軍之師；秦、楚之王悦於仁義，而罷三軍之師」，并以、而互用，是其義同也。「大國以下小國，則取小國。小國以下大國，則取大國」，猶曰「大國而下小國，則取小國。小國而下大國，則取大國」也。故「或下以取」「或下而取」，兩句文義無別，疑有奪誤。當云「故或下以取小國，或下而取大國」，蓋即承上文而申言之。一句作以，一句作而，以、而互用，正與前所引諸文一律。因下文有「大國不過欲兼畜人」句，兩「大國」字適相連屬，古人遇重文每省不書，止於字下作二畫識之。此文云「故或下以取小國，或下而取大國，大國不過欲兼畜人，小國不過欲入事人」，古本兩「大國」字不重書，止作「大=國=」，後人傳寫奪之，因以「大國」字屬下句，而以「或下而取」四字爲句，并上句「小國」字亦删去之，使兩句一律，而其誼不可曉矣。

美言可以市尊，行可以加人。（《六十二章》）

樾謹按：《淮南子·道應篇》《人間篇》引此文并作「美言可以市尊，美行可以加人」，是今本脱下「美」字。

古之所以貴此道者何？不曰以求得，有罪以免邪？故爲天下貴。

樾謹按：《唐景龍碑》及傅奕本，并作「求以得」，正與「有罪以免」相對成文，當從之。「古之所以貴此道者何」九字爲句，乃設爲問辭以曉人也。「不曰求以得，有罪以免邪？」言人能修道則所求者可以得，有罪者可以免也。「不曰」字、「邪」字相應，猶言豈不以此邪，謙不敢質言也。下云「故爲天下貴」，則自問還自答也。河上公本「不曰」誤作「不日」，因曲爲之説曰「不日日遠行求索，近得之於身」，失其義矣。

報怨以德。（《六十三章》）

樾謹按：《論語·子路篇》〔一〕「以德報怨」，朱文公集注曰「或人所稱，今見《老氏書》」，然老

〔一〕《子路篇》，按「以德報怨」見於《憲問篇》，俞氏誤記，當正。

氏之意實不如此。第三十六章云『將欲翕之，必故張之；將欲弱之，必故殭[一]之；將欲廢之，必故興之』。第四十二章云『故物或損之而益，或益之而損』，此云『報怨以德』，其旨一也。下文言『圖難於易，爲大於細』。夫『圖難於易』，善於圖難者也。『爲大於細』，善於爲大者也。然則『報怨以德』，正深於報怨矣。第七十三章云『天之道，不争而善勝』，老子之説大抵如此」。朱文公引以證《論語》「或人所稱」，失老子本旨矣。

不敢爲天下先，故能成器長。（《六十七章》）

樾謹按：《韓子·解老篇》作「不敢爲天下先，故能爲成事長」。事、器异文，或相傳之本异，或彼涉上文「事無不事」句而誤，皆不可知。至「故能」下有「爲」字，則當從之。蓋「成器」二字相連爲文。襄十四年《左傳》「成國不過半天子之軍」，杜注曰「成國，大國」。昭五年《傳》「皆成縣也」。成縣，亦謂大縣。然則成器者，大器也。《二十九章》「天下神器，不可爲也」，《爾雅·釋詁》「神，重也」，「神器」爲重器，「成器」爲大器，二者并以天下言。質言之，則止是不敢爲天下先，故能爲天下長耳。乃上言「天下」，而下變文言「成器」，古人自有此例。《史記·伯

[一] 殭，通「彊」，中華本作「彊」。

夷傳》「伯夷、叔齊雖賢，得夫子而名益彰，顔淵雖篤學，附驥尾而行益顯」。顔淵所附，本是夫子，因上句言「夫子」，故下句變文言「驥尾」。顧氏炎武謂是回避假借之法，是也。自宋以來，儒者不以修辭爲事，莫窺斯秘矣。

是謂配天古之極。（《六十八章》）

樾謹按：此文王弼無注。河上公以「是謂配天」四字爲句，注云「能行此者，德配天也」。「古之極」三字爲句，注云「是乃古之極要道也」。然此章每句有韵。前四句以武、怒、與、下爲韵，後三句以德、力、極爲韵。若以「是謂配天」爲句，則不韵矣。疑「古」字衍文也。「是謂配天之極」六字爲句，與上文「是謂不争之『德』是謂用人之力」文法一律〔一〕。其衍「古」字者，古即天也。《周書・周祝篇》曰「天爲古」，《尚書・堯典篇》「曰若稽古帝堯」，鄭注曰「古，天也」，是古與天同義。此經「配天之極」，它本或有作「配古之極」者，後人傳寫誤合之耳。

故抗兵相加，哀者勝矣。（《六十九章》）

樾謹按：哀字無義，疑襄字之誤。《史記》「梁惠王卒，襄王立，襄王卒，哀王立」，據《竹書

〔一〕律，原作「力」，據文義與中華本改。

紀年》無哀王。顧氏《日知録》謂「哀、襄字近，《史記》誤分爲二人」。又按秦哀公、陳哀公，《史記・十二諸侯年表》皆作襄公，是二字之相混久矣。襄者，讓之假字。《周官・保氏》職鄭注「襄尺」，《釋文》曰「襄，音讓，本作讓」，是古襄、讓通用。上文曰「吾不敢爲主而爲客，吾不敢進寸而退尺」，即所謂讓也。故曰「抗兵相加，讓者勝矣」。亦即《七十三章》「不争而善勝」之意。因假襄爲讓，又誤襄爲哀，故學者失其解耳。

聖人不病，以其病病，是以不病。（《七十一章》）

樾謹按：上文已言「夫唯病病，是以不病」，此又言「以其病病，是以不病」，則文複矣。《韓非子・喻老篇》作「聖人之不病也，以其不病，是以無病」，當從之。蓋上言「病病」故「不病」，此言「不病」故「無病」，兩意相承。不病者，不以爲病也。《韓非》所謂「越王之霸也，不病宧。武王之王也，不病詈」，是也。無病，則莫之能病矣。此越王所以霸，武王所以王也。

常有司殺者殺。（《第七十四章》）

樾謹按：常，當作尚，與第一章「非常道」「非常名」諸「常」字同。尚者，上也。「上有司殺者」，謂天也。河上公注曰「司殺者天，居高臨下，司察人過」，是正作上字解。

木强則兵。（《七十六章》）

樾謹按：「木强則兵」，於義難通。河上公本作「本强則共」，更無義矣。《老子》原文本作「木强則折」，因「折」字闕壞止存右旁之斤，又涉上句「兵强則不勝」而誤爲「兵」耳。共字，則又兵字之誤也。《列子・黄帝篇》引老聃曰「兵强則滅，木强則折」，即此章之文，可據以訂正。

是以聖人爲而不恃，功成而不處，其不欲見賢。（《七十七章》）

樾謹按：賢下當有乎字。「其不欲見賢乎」，文義方足。乎者，語之餘。古人多不著於文字，而使讀者自得之。《尚書・西伯戡黎篇》「我生不有命在天」，據《史記》則句末亦有「乎」字，而經文無有，即其例矣。〔一〕

無德司徹。

樾謹按：古字徹與轍通。《二十七章》「善行無轍迹」，《釋文》作徹，引梁注曰「徹應車邊，今作彳者，古字少也」。然則此文徹字，亦與彼同矣。「有德司契，無德司轍」，言有德之君，但

〔一〕賢，王其和參羅振玉説，參韵例，認爲下文當以「邪」字爲是（第一二六頁）。

執左契合符信而已；無德之君，則皇皇然司察其轍迹也。河上公解「善行無轍迹」，曰「善行道者求之於身，不下堂，不出門，故無轍迹」，此即可説「無德司徹」之義。

使有什伯之器而不用。（《八十章》）

樾謹按：「什伯之器」，乃兵器也。《後漢書·宣秉傳》注曰「軍法，五人爲伍，二五爲什，則共其器物，故通謂生生之具爲什物」。然則「什伯之器」，猶言什物矣。其兼言伯者，古軍法以百人爲伯。《周書·武順篇》「五五二十五曰元卒，四卒成衛曰伯」，是其證也。什、伯皆士卒部曲之名。《禮記·祭義篇》曰「軍旅什伍」，彼言「什伍」，此言「什伯」，所稱有大小，而無异義。徐鍇《説文繫傳》於《人部》伯下引《老子》曰「有什伯之器，每什佰共用，器謂兵革之屬」，得其解矣。「使有什伯之器而不用」「使民重死而不遠徙」，兩句一律。下文云「雖有舟輿，無所乘之，雖有甲兵，無所陳之」，「舟輿」句蒙「重死不遠徙」而言，「甲兵」句蒙「什伯之器不用」而言，文義甚明。河上公本「什伯」下誤衍「人」字，遂以「使有什伯」四字爲句，失之矣。

信言不美，美言不信。（《第八十一章》）

樾謹按：此當作「信者不美，美者不信」，與下文「善者不辯，辯者不善。知者不博，博者不知」文法一律。河上公於「信者不美」，注云「信者如其實，不美者樸且質也」，是可證古本正作

「信者不美」，無言字也。於「美言不信」注云「滋美之言者，孳孳華詞，不信者，飾僞多空虛也」，疑此注爲後人增益。其原文云「美者孳孳華詞，不信者飾僞多空虛也」。自經文誤作「美言不信」，後人因改注文「美者」爲「滋美之言者」，不詞甚矣。〔一〕

〔一〕　王其和據朱謙之《老子校釋》駁俞之説，稱「俞樾强同句式一律而未深察文意，導致誤校」（第一三七頁）。

諸子平議卷九

墨子一

三子之能達名成功於天下也，皆於其國抑而大醜也。（《親士》）

樾謹按：抑之言屈抑也。「抑而大醜」與「達名成功」相對，言於其國則抑而大醜，於天下則達名成功，正見其由屈抑而達，下文所謂「敗而有以成」也。畢氏沅校注曰「抑，安也。猶曰安其大醜」，於文義未得。

君子進不敗其志，內究其情。

樾謹按：內，當作㑭，即退字也。進不敗其志，退究其情，正相對成文，所謂「大行不加，窮居不損」也。因退從或體作㑭，又闕壞而作內，畢氏遂據上句增入「不」字，説曰「疚、究同，猶云内省不疚」，殊失其旨。

分議者延延，而支苟者詻詻，焉可以長生保國。

樾謹按： 王氏念孫斷「焉」字下屬爲句，謂「焉，猶乃也」，其説是也。「支苟」二字，畢云疑誤。今按「支苟」乃「積稶」二字之假音。《説文·禾部》「稶，積稶也」。徐鍇曰「積稶，不伸之意」。然則「積稶者詻詻」，殆謂在下位者，或爲上所凌壓而不得伸，亦必詻詻然自伸其意而後已。上文所謂「上必有詻詻之下」，是也。

是以甘井近竭，招木近伐，靈龜近灼，神蛇近暴。

樾謹按： 四「近」字皆「先」字之誤。上文曰「今有五錐，此其銛，銛者必先挫。有五刀，此其錯，錯者必先靡」，然則「甘井」四喻，正承上文而言，亦必是「先」字明矣。先，篆書作𠂾。近字，古文作岓，篆書作𢓍。兩形相似而誤。《禮記·大學篇》「舉而不能先」，先乃近字之誤，與下「退而不能遠」相對成文。説詳《群經平議》，可以與此互證。

夫惡有同方取，不取同而已者乎？

樾謹按： 「取不」二字，傳寫誤倒，「而」字當在「取同」二字之上，已當爲人己之己。此文本云「夫惡有同方不取，而取同己者乎？」「同方」謂同道也，「同己」謂與己意同也。聖人但取其與道同，而不必其與己意同，故曰「夫惡有同方不取，而取同己者乎」。傳寫錯誤，遂不可讀。畢曲爲之說，非是。

是故溪陜者速涸，逝淺者速竭。

樾謹按：逝，當讀爲澨，古字通也。《詩·有杕之杜篇》「噬肯適我」，《釋文》曰「噬，《韓詩》作逝」，然則逝之通作澨，猶逝之通作噬也。成十五年《左傳》「則決睢澨」，《楚辭·湘夫人篇》「夕濟兮三澨」，杜預、王逸注并曰「澨，水涯」。「澨淺」與「溪陜」對文，因假逝爲澨，其義遂晦。王氏引之謂逝當作遊，亦未免不求之聲而泥其形矣。

君子戰雖有陳，而勇爲本焉。喪雖有禮，而哀爲本焉。士雖有學，而行爲本焉。（《修身》）

樾謹按：「君子」二字，衍文也。此蓋以「戰雖有陳」「喪雖有禮」二句起「士雖有學」一句。若冠以「君子」二字，則既言君子，不必又言士矣。馬總《意林》作「君子雖有學，行爲本焉。戰雖有陳，勇爲本焉。喪雖有禮，哀爲本焉」，與今本不同。然有「君子」字，即無士字，亦可知今本既言君子又言士之誤矣。「士雖有學」與「君子雖有學」文異而義同。或它本自有作「君子」者，而馬氏誤移作首句，傳寫者乙正之，仍從古本作「士雖有學」，而篇首「君子」二字失於删去耳。

是故置本不安者，無務豐末。

樾謹按：者，衍字也。下文「近者不親，無務來遠；親戚不附，無務外交；事無終始，無務多業；舉物而闇，無務博聞」，上句并無者字，是其證。

守道不篤，偏物不博，辯是非不察者，不足與游。

樾謹按：偏，亦辯也。《儀禮·鄉飲酒禮》「衆賓辯有脯醢」，《燕禮》「大夫辯受酬」，《少牢饋食禮》「辯擩于三豆」，今文辯皆作偏，是辯與偏通。用物言偏，是非言辯，文异而義同。

晋文染於舅犯、高偃。（《所染》）

樾謹按：畢云「《吕氏春秋》高，作郤。疑當爲郤，晋有郤氏」。然晋有郤氏，未聞有郤偃也。王氏念孫曰「高當作𩫏，即城郭之郭。《左傳》『晋大夫卜偃』，《晋語》作『郭偃』」。今按王説得之矣。然必謂高是𩫏之誤，則猶求之形而未求之聲也。高與郭一聲之轉耳。故從高得聲之字，《玉篇》「塙，音口角切」，「毃，音口卓切」，「翯，音胡角切」，然則高亦可讀如郭矣。《詩·綿篇》毛傳曰「王之郭門曰皋門」，郭偃之爲高偃，猶郭門之爲皋門也。

無巧工、不巧工，皆以此五者爲法。（《法儀》）

樾謹按：五，當作四。上文「百工爲方以矩，爲圓以規，直以繩，正以縣」，并無五者。

賊其人多，故天禍之。

樾謹按：當作「其賊人多」，與上文「其利人多，故天福之」相對。

仕者待禄，游者憂反。（《七患》）

樾謹按：王氏念孫謂「『待』當爲『持』，『憂反』當爲『愛交』。《管子・明法篇》『小臣持禄養交』。《晏子春秋・問篇》『士者持禄，游者養交』。『養交』與『愛交』同意」。今按王説是矣，然以憂爲愛字之誤，恐未必然。古書多言「持禄養交」，尟言「持禄愛交」者。且「持」「養」二字同義。《荀子・勸學篇》「除其害者以持養之」，《榮辱篇》「以相群居，以相持養」，《議兵篇》「高爵豐禄以持養之」，《吕氏春秋・長見篇》「申侯伯善持養吾意」，并以「持養」連文。《墨子・天志篇》亦云「持養其萬民」，然則此文既云「持禄」，必云「養交」，不當云「愛交」也。《墨子》原文蓋本作「恙交」。恙即養之假字，古同聲而通用。《莊子・至樂篇》「若果養乎？予果歡乎」，養當讀爲恙。《爾雅・釋詁》「恙，憂也」，故與歡爲對文也。此云「仕者持禄，游者恙交」，恙當讀爲養，後人不達假借之旨，引《爾雅》「恙，憂也」之訓以釋之，遂有改其字作「憂」者，而《墨子》原文不可復見矣。

所言不忠，所忠不信。

樾謹按：言，乃信字之誤。

二穀不收謂之旱。

樾謹按：旱者，不雨也，不得爲「二穀不收」之名，疑旱乃罕字之誤。「一穀不收謂之饉，二穀不收謂之罕。」饉也，罕也，皆稀少之謂。饉猶僅也，故襄二十四年《穀梁傳》作「一穀不升謂之嗛」，嗛猶歉也，然則「二穀不收謂之罕」，其義正一律矣。

爲者疾，食者衆，則歲無豐。

樾謹按：疾，當爲寡。爲之者寡，食之者衆，則雖有豐年不足以供之，故歲無豐也。今作「爲者疾」，則不可通矣。蓋後人據《大學》以改之，而不知其非也。

故食無備粟，不可以待凶饑。

樾謹按：食，乃倉字之誤。「倉無備粟」，與下句「庫無備兵」文正相對。若作食字，失其旨矣。下文云「食者國之寶也，兵者國之爪也」，食字，即此文粟字，不得據彼而疑此文當作食也。

以爲錦繡文采靡曼衣之。（《辭過》）

樾謹按：「衣之」當作「之衣」，此十字一句讀。

此非云益煗之情也。

樾謹按：情，猶實也。「煗之情」，猶言「暖之實」。「云益」者，有益也。《廣雅・釋詁》曰「云，有也」。「此非云益煗之情」，猶曰「此非有益煗之實」。上文曰「冬則輕煗，夏則輕清」，而此獨言煗者，衣固以煗爲主耳。

冬則凍冰，夏則飾饐。

樾謹按：畢解「飾」字曰「若覆食之幕」。然「凍冰」二字一義，「飾饐」二字亦必一義，不當如畢氏説也。飾，疑餲字之誤。《論語》曰「食饐而餲」。「冬則凍冰，夏則餲饐」兩句，文義正一律。餲字右旁之曷，隸書或止作㫘，而飾字隸書或以飭爲之，兩形相近，故誤耳。

無乃非有血氣者之所不能至邪。（《三辯》）

樾謹按：「非」字衍文。

昔者堯舜有第期者，且以爲禮，且以爲樂。

樾謹按：畢據《太平御覽》改「第期」爲「茅茨」。然「茅茨土階」是言古明堂之儉，不得云「且以爲禮，且以爲樂」也。下文曰「周成王之治天下也，不若武王，武王之治天下也，不若成湯，成湯之治天下也，不若堯舜，故其樂逾繁者，其治逾寡」。然則其説堯舜，亦當以樂言，不當以宫室言也。下文「程繁曰：子曰聖王無樂，此亦樂已，若之何其謂聖王無樂也」，今作「茅茨」，則真無樂矣。疑後人不達「第期」之義而臆改之，未可爲據，仍當從原文而闕其疑。

以勞殿賞。（《尚賢上》）〔一〕

樾謹按：畢云「殿讀如奔而殿」，此殆非也。論功行賞，勞者當在前，安得反云殿乎？殿者，定也，殿與定一聲之轉。《文選·江賦》注曰「澱與淀，古字通」，殿之與定，猶澱之與淀也。《詩·采菽篇》「殿天下之邦」，毛傳曰「殿，鎮也」，鎮即有定義。《小爾雅·廣言》「殿，填也」，填與奠通。《禮記·檀弓篇》「主人既祖填池」，鄭注「填池，當爲奠徹」是也。奠，亦定也。《周官·司士》職曰「以久奠食」，此云「以勞殿賞」，句法一律。殿、奠文异而義同。

〔一〕　按，此句下原無篇名《尚賢上》，據《墨子》原文與中華本補。

舉公義，辟私怨。

樾謹按：畢云「辟，讀如辟舉之辟」，此説非也。豈有私怨者，不問其賢否而概辟舉之乎？《小爾雅·廣言》「辟，除也」。「辟私怨」，謂惟公義是舉，而私怨在所不問，故除去之也。又《禮記·郊特牲篇》「有由辟焉」，鄭注曰「辟，讀爲弭」。此辟字，或從鄭讀，亦通。

雖在於厚禄尊位之臣，莫不敬懼而施。

樾謹按：畢云「下疑脱一字」，非也。施，當讀爲惕。《尚書·盤庚篇》「不惕予一人」，《白虎通·號篇》引作「不施予一人」，是也。「敬懼而施」，即敬懼而惕，文義已足，非有闕文。

是以民皆勸其賞，畏其罰，相率而爲賢者，以賢者衆而不肖者寡。（《尚賢中》）

樾謹按：「相率而爲賢」絶句，「者」字乃「是」字之誤，屬下讀。惟其「相率而爲賢，是以賢者衆而不肖者寡」也，兩句皆用「是以」字，古人行文不避重複。今誤作「相率而爲賢者」，則是民之相率爲賢，以賢者衆而不肖者寡之故，於義不可通矣。

内有以食饑息勞，將養其萬民。

樾謹按：將，當作持，「持養」乃古人恒言，詳見《七患篇》。此作「將養」，形似而誤。《天志中篇》正作「内有以食飢息勞，持養其萬民」，可據以訂正。《非命上篇》「將養老弱」，亦「持養」之誤。

既曰若法，未知所以行之術，則事猶若未成。

樾謹按：王氏念孫以「曰」字爲「有」字之誤，非也。曰字乃云字之誤。云者，有也，説見《辭過篇》。「既云若法」，即「既有此法」，淺人不達云字之義，謂是「云曰」之云，疑本書皆用曰字，此不當用云字，故改云作曰耳。

親戚則使之，無故富貴、面目佼好則使之。夫無故富貴、面目佼好則使之，豈必智且有慧哉？

樾謹按：「無故富貴」，義不可通，「無」乃衍字。「故富貴」，謂本來富貴者也。不問其賢否，而惟故富貴者是使，則非「尚賢」之謂矣。上文曰「故古者聖王，甚尊尚賢而任使能，不黨父兄，不偏富貴，不嬖顔色」，此云「親戚則使之」，是黨父兄矣。「故富貴面目佼好則使之」，是偏富貴而嬖顔色矣。後人不達「故富貴」之義，而妄加「無」字，殊失其旨。下篇同。

《周頌》道之曰「聖人之德，若天之高，若地之普。其有昭於天下也，若地之固，若山之承，不坼不崩。若日之光，若月之明，與天地同常」。

樾謹按：此文疑有錯誤。當云「聖人之德，昭於天下，若天之高，若地之普，若山之承，不坼不崩。若日之光，若月之明，與天地同常」。蓋首四句，下、普隔句爲韵。中二句承、崩，末三句光、明、常，皆每句協韵。「昭於天下」句，傳寫脱去，而誤補於「若地之普」下，則首二句無韵矣。又增其、有、也三虚字，則非頌體矣。既云「若地之普」，又云「若地之固」，重複無義，故知其錯誤也。

是故昔者舜耕於歷山，陶於河瀕，漁於雷澤，灰於常陽。（《尚賢下》）

樾謹按：灰字之義不可曉，疑反字之誤。反者，販之假字，販從反聲，古文以聲爲主，故止作反也。《尚書大傳》曰「販於頓丘」。

昔者伊尹爲莘氏女師僕。

樾謹按：師，當爲私，聲之誤。僕，猶臣也。《禮記·禮運篇》「仕於公曰臣，仕於家曰僕」，是臣、僕一也。私僕，猶曰私臣。《中篇》曰「伊摯，有莘氏女之私臣」。

古者民始生未有刑政之時，蓋其語人异義。（《尚同上》）

樾謹按：此本作「古者民始生未有政長之時，蓋其語曰，天下之人异義」，《中篇》文同，可據訂。

天下之百姓皆上同於天，一而不上同於天，則菑猶未去也。

樾謹按：而字乃夫字之誤。夫字，篆書作[illegible]，與而相似，故誤。「一夫不上同於天」，謂有一夫不與天同也。《尚同下篇》「使天下之民，若使一夫」，以「一夫」對「天下之民」言，與此一律，可證。

古者聖王爲五刑請以治其民，譬若絲縷之有紀，罔罟之有綱，所連收天下之百姓，不尚同其上者也。

樾謹按：請字衍文。「古者聖王爲五刑以治其民」十一字爲一句。《中篇》曰「昔者聖王制爲五刑以治天下」，是其證也。所下奪以字，「所以連收天下之百姓，不尚同其上者也」，若無以字，則不成義。《中篇》曰「將以運役天下淫暴而一同其義也」。彼云「將以」，此云「所以」，文法雖异而實同。「運役」即「連收」之誤，王氏念孫已訂正矣。

是故靡分天下，設以爲萬諸侯國君。（《尚同中》）

樾謹按：靡，當爲歷字之誤也。《大戴記・五帝德篇》「歷離日月星辰」，是歷與離同義。此云「歷分天下」，與彼云「歷離日月星辰」，文義正同。若作靡字，則無義矣。《非攻下篇》「禹既已克有三苗焉，磨爲山川，別物上下」，《天志中篇》「磨爲日月星辰以昭道之」，兩「磨」字皆磿字之誤。磿即歷之假字也，説本王氏念孫。此歷字誤作靡，彼〔一〕磿字誤作磨，古書之晦久矣。

故古者聖王，明天鬼之所欲，不避天鬼之所憎，以求興天下之利。

樾謹按：此本作「明天鬼之所欲，而避天鬼之所憎」，今作「不避」者，篆文相似而誤。《天志中篇》正作「而辟天鬼之所憎」。

春秋祭祀，不敢失時幾。

樾謹按：畢以幾字屬下「聽獄不敢不中」讀，解曰「幾，讀如關市譏」。然「關市」與「獄訟」不當并爲一事，殆失之矣。幾字，仍當屬上讀。幾者，期也。《詩・楚茨篇》「如幾如式」，毛傳

〔一〕彼，原作「被」，據蔡啓盛《校勘記》改。

訓幾爲期，是也。「不敢失時幾」者，不敢失時期也。《國語·周語》注曰「期，將事之日也」，是期以日言，不敢失時，并不敢失日，故曰「不敢失時幾」。

昔者聖王制爲五刑，以治天下，逮至有苗之制五刑，以亂天下。

樾謹按：之，衍字。

故古者聖王唯而以尚同，以爲正長，是上下情請爲通。

樾謹按：畢云「而，讀與能同」。又據《文選·東京賦》注引此文作「古者聖王惟能審以尚同，是故上下通情」，因增入審字、故字。王氏念孫謂「此本作『是故上下請通』。請即情字。《墨子》書多以請爲情。今作『情請爲通』者，後人旁記情字而誤入正文，又衍爲字耳。《文選》注作『通情』者，涉賦文『上下通情』而誤」。今按，其説皆是也。惟「以爲正長」句，亦有衍字。下文曰「故古者聖人之所以濟事成功垂名於後世者，無它故异物焉，曰唯能以尚同爲政者也」，然則此文當云「唯而審以尚同爲政」，上下文義始相應。因涉上文屢言「正長」，遂誤作「以爲正長」，上下不應矣。且既云「審以尚同」，又云「以爲正長」，一句中兩用以字，義亦未安。上文曰「其爲正長若此，是故出誅勝者，何故之以也。曰唯以尚同爲政者也」。然則「爲正長」以人言，「爲政」以事言，明爲正長者當以尚同爲政也。若作「尚同以爲正長」，即失其義矣。下篇云「聖王皆以尚同爲政，故天下治」，亦其證也。《選》注删此句，畢氏、王氏説亦未及，故具説之。

助之動作者衆，即舉其事速成矣。

樾謹按：此本作「即其舉事速成矣」。上文三言「則其」，此言「即其」，即、則古通用也。今作「即舉其事」，誤。

今天下之王公大人士君子，請將欲富其國家。

樾謹按：「請」上奪「中」字。《墨子》書多以請爲情。中請，即中情也。下篇曰「今天下王公大人士君子，中情將欲爲仁義」，是其證也。後人不知請之當讀爲情，故誤删中字耳。《尚賢篇》曰「且今天下之王公大人士君子，中實將欲爲仁義」，中實，亦即中情也。

當若尚同之，不可不察，此之本也。

樾謹按：「若」字衍文。「不可不察」上奪「説」字，此下奪「爲政」二字，當據《下篇》補。

故賞不得下之情，而不可不察者也。（《尚同下》）

樾謹按：「賞」下當有「罰」字，義見上文。「而不可」，當作「不可言」，猶言不可以也。説見王氏引之《經傳釋詞》。

然胡不審稽古之治爲政之説乎？

樾謹按：治字乃始字之誤。下文曰「古者天之始生民未有正長也」云云，是從「古之始爲政」者説，故此云「胡不審稽古之始爲政之説乎」。

故又使國君選其國之義，以義尚同於天子。

樾謹按：下「義」字衍文。上文云「故又使家君總其家之義，以尚同於國君」，下文云「天子又總天下之義，以尚同於天」，并無下「義」字，是其證也，畢校已及之矣。上下文并言總，而此言選，選亦總也。《詩·猗嗟篇》「舞則選兮」，毛傳訓選爲齊。「選其國之義」，猶齊其國之義。曰總，曰選，文异而義同也。《史記·仲尼弟子列傳》「任不齊字選」，是選有齊義。《賈子·等齊篇》曰「撰然齊等」，撰與選通。

天子又總天子之義以尚同於天。

樾謹按：當作「天子又總天下之義以尚同於天」，義見上下文。

先之譽令聞，先人發之。

樾謹按：畢校云「『先之』二字，一本作光」，當從之。光、廣古通用。「光譽」，即廣譽。《孟子》曰「令聞廣譽施於身」。

臣自愛不自愛君。（《兼愛上》）

樾謹按：下「自」字衍文也。上文「子自愛不愛父，弟自愛不愛兄」，皆無下「自」字。

賊愛其身不愛人，故賊人以利其身。

樾謹按：兩「人」字下并奪「身」字。本作「賊愛其身不愛人身，故賊人身以利其身」，方與上句一律。下文云「視人身若其身，誰賊」，亦以「人身」「其身」對言。《中篇》云「今人獨知愛其身，不愛人之身，是以不憚舉其身以賊人之身」，并可證「人」下當有「身」字也。

然則崇此害亦何用生哉。（《兼愛中》）

樾謹按：崇字無義，乃察字之誤。「何用生」者，何以生也。《一切經音義》卷七引《蒼頡篇》曰「用，以也」。《詩・桑柔篇》「逝不以濯」，《尚賢篇》引作「鮮不用濯」，即其證也。言國與國相攻，家與家相篡，人與人相賊，以及君臣、父子、兄弟之不惠忠，不慈孝，不和調，當察其害之何以生。故曰「然則察此害亦何用生哉」。上篇曰「當察亂何自起」，與此同義。

以不相愛生邪，子墨子言以不相愛生。

樾謹按：「以不相愛生邪」，當作「以相愛生邪」，乃反言以問之，起子墨子之正對也。《下篇》云「姑嘗本原，若衆害之所自。此胡自生？此自愛人利人生與！即必曰，非然也，必曰，從惡人賊人生」。又云「姑嘗本原，若衆利之所自生。此胡自生？此自惡人賊人生與！即必曰，非然也，必曰，從愛人利人生」。皆以反言發問而起正對，正與此同。若如今本，則文義複沓矣。

然而今天下之士，君臣相愛則惠忠，父子相愛則慈孝，兄弟相愛則和調，天下之人皆相愛，强不執弱，衆不劫寡，富不侮貧。子墨子言曰：「然。乃若兼則善矣，雖然，天下之難物於故也。」

樾謹按：「君臣相愛」至「富不侮貧」四十字，本在上文「人與人相愛則不相賊」之下，「然而今天下之士」「子墨子言曰」十二字，當作「然而今天下之君子曰」。王氏念孫已訂正矣。惟「天下之難物於故也」句，亦難解。「於故」二字，當爲衍文。下文云「然而今天下之士君子曰，然，乃若兼則善矣，雖然，不可行之物也」，正與此文一律。惟其爲「難物」，故爲「不可行之物」也。今衍「於故」二字，則無義矣。

子墨子言曰，天下之士君子，特不識其利辯其故也。

樾謹按：「辯其」下脱害字。下文「愛人者人必從而愛之，利人者人必從而利之」，是其利也。「惡人者人必從而惡之，害人者人必從而害之」，是其害也。

連獨無兄弟者。

樾謹按：畢云「連，同鰥，音相近，字之异也。經典或作煢，或作惸，皆假音」。然鰥、煢、惸三字，聲皆不與連相近，畢説非也。連，當讀爲離，連與離一聲之轉。《淮南子・原道篇》「終身運枯形于連嶁列埒之門」，高注曰「連嶁，猶離嶁也」，是其證也。又《本經篇》「愚夫惷婦皆有流連之心」，注曰「流連，猶爛漫，失其職業〔一〕也」，然則「流連」即「流離」也，亦其證也。

是故别非也，子墨子曰。（《兼愛下》）

樾謹按：此本作「是故子墨子曰，别非也」，下文「是故子墨子曰，兼是也」，與此爲對文，可證。

〔一〕 職業，原作「識業」，字形相近而訛，據《淮南子》高誘注與中華本改。

非人者必有以易之，若非人而無以易之，譬之猶以水救火也，其説必將無可焉。

樾謹按：「以水救火」，何不可之有？畢校云「一本作『火救水』」，然墨子此譬本明「無以易之」之不可，若水火是相反之物，無論「以水救火」「以火救水」，皆是「有以易之」，與設喻之旨不合。疑《墨子》原文本作「猶以水救水，以火救火也」，故曰「其説必將無可」。今本作「水救火」，別本作「火救水」，皆有脱文。

疾病不侍養。

樾謹按：侍，當爲持。古書多言「持養」，淺人不達，而改爲侍，非是。《非命下篇》「下以待養百姓」，待亦當作持。

然即敢問不識將惡也。

樾謹按：惡下脱從字。「將惡從也」，猶云將何從也。下文曰「不識將擇之二君者將何從也」，是其證。

吾惡能爲吾萬民之身爲吾身。

樾謹按：「爲吾身」上當有「若」字。上文曰「吾豈能爲吾友之身若爲吾身」，是其證。

意我先從事乎惡人之親，然後人報我以愛利吾親乎？

樾謹按：惡下脱賊字，當據上文補。

故約食爲其難爲也。

樾謹按：其，當作甚。下二句并同。「甚難爲」，即至難爲也。下文曰「是故約食焚舟苴服，此天下之至難爲也」，是其證。

以攻戰之故，土地之博，至有數千里也。人徒之衆，至有數百萬人，故當攻戰而不可爲也。（《非攻中》）

樾謹按：「不可爲也」，當作「不可不爲也」，方與上文語意相屬。此是飾攻戰者之言，非子墨子之言也。今脱不字，義不可通。

古者吴闔閭教七年，奉甲執兵，奔三百里而舍焉。

樾謹按：教下疑脱士字〔一〕，「奉甲執兵奔三百里而舍」，即教士之法，乃古所謂武卒者。

〔一〕字，原作「子」，據上下文意與中華本改。

《荀子·議兵篇》「魏氏之武卒，以度取之，衣三屬之甲，操十二石之弩，負矢五十箇〔一〕，置戈其上，冠軸帶劍，贏三日之糧，日中而趨百里。中試，則復其户，利其田宅」。今據墨子之言，則闔閭先有此法矣。

今天下之諸侯，將猶多皆免攻伐并兼。（《非攻下》）

樾謹按：免字衍文。《天志篇》云「今天下之諸侯，將猶皆侵凌攻伐兼并」，無免字，可證。

夫殺之人爲利人也博矣。

樾謹按：博，疑當作薄，言殺人以利人，其利亦薄也。若作博字，則不可通。

率不利和。

樾謹按：率，讀爲將率之率，利即和字之誤而衍者。

糧食不繼傺食飲之時。

樾謹按：「之時」當作「不時」，王氏念孫已訂正矣。傺字，王云未詳。今按，傺即際字。

〔一〕矢，《荀子》前有「服」字。

《張遷碑》「臈正之傺」，是也。昭四年《左傳》「爾未際」，《孟子・萬章篇》「敢問交際何心也」，杜預、趙岐注并曰「際，接也」。疑《墨子》原文本作「糧食不傺」。不傺，即不接也，與《中篇》所云「糧食輟絶而不繼」文异義同。後人不達傺字之義，據《中篇》改爲「不繼」，而寫者兩存之，遂作「不繼傺」耳。

然則是虧不足而動有餘也。

樾謹按：動，乃重字之誤。《中篇》曰「則是棄所不足而重所有餘也」，是其證。

天不序其德。

樾謹按：序，乃享字之誤。《莊子・則陽篇》「隨序之相理」，《釋文》曰「序，一本作享」，是其例也。「天不享其德」，文義甚明，字誤作序，不可通矣。下文曰「量我師舉之費，以諍諸侯之斃，則必可得而序利焉」，序亦享字之誤。

諸子平議卷十

墨子二

芊䰈不加者去之。（《節用上》）

樾謹按：「芊䰈」二字凡四見，疑當作「鮮且」。蓋鮮字左旁之魚誤移在且字左旁耳，且讀爲黼。「鮮且」者，鮮黼也。《説文·黹部》「黼，合五采鮮色。從黹，虘聲。《詩》曰『衣裳黼黼』」。鮮色謂之黼，故合而言之曰鮮黼。今《詩》作「楚楚」，毛傳曰「楚楚，鮮明貌」。然則「鮮黼」連言，正古義也。「鮮且不加」，謂徒爲華美而無益於用。畢云「不加，猶言無益」，是也。黼從虘聲，虘從且聲，故黼得以且爲之。如籀文𧾳，小篆作退，或作徂。而《詩·溱洧篇》「士曰既且」，《釋文》曰「且，往也」，則即以且爲之，是其例矣。

凡其爲此物也，無加用而爲者。

樾謹按：上文云「無不加用而爲者」，此脱不字。

於是利爲舟楫，足以將之則上，雖止者三公諸侯至，舟楫不易，津人不飾。（《節用中》）〔一〕

樾謹按：利，當作制，王氏念孫已訂正矣。上當作止，止當作上。「足以將之則止，雖上者三公諸侯至」，文義甚明，兩字互易，不可通矣。畢氏但訂正止字，未訂正上字，故爲補訂之。

仁者將興之天下，誰賈而使民譽之，終勿廢也。（《節葬下》）

樾謹按：此上舊有「仁者將求興天下，誰霸而使民譽之」云云，共六十四字，畢氏謂與下文複，故删之。今按畢説是也，惟「將」下當有「求」字。下文云「仁者將求除天下之相廢，而使人非之，終身勿爲」，與此爲對文，可證也。然兩文均有錯誤。此當云「仁者將求興天下之利，而使民譽之，終身勿廢也」，下當云「仁者將求除天下之害，而使人非之，終身勿爲也」，文義方明。其下云「且故興天下之利，除天下之害，令國家百姓之不治也，自古及今未嘗之有也」，正承此

〔一〕 津人不飾，下脱篇名《節用中》，據《墨子》原書補。

兩文而言。又按「且故」二字，文義不順，蓋「終身勿爲」下舊有「也」字，「且」即「也」字之誤。

虛車府，然後金玉珠璣北乎身。

樾謹按：車乃庫字之誤，北乃比字之誤。《漢書·王尊傳》師古注曰「比，周也」。「比乎身」，猶言周乎身。

使王公大人行此，則必不能蚤朝。

樾謹按：「蚤朝」下脱「宴退」二字。「蚤朝晏退」與下「蚤出夜入」「夙興夜寐」對文，若無「宴退」二字，文義未完。《尚賢中篇》《非樂上篇》《非命下篇》并有「蚤朝晏退」之文。《尚賢篇》與「夜寢夙興」「蚤出莫入」相對，《非樂篇》《非命篇》與「蚤出暮入」「夙興夜寐」相對，是其證也。

細計厚葬，爲多埋賦之財者也。

樾謹按：細字無義，蓋即上句紝字之誤而衍者。紝，本作紝，因誤爲細矣。「埋賦」二字亦不可通，賦當作臧。《玉篇·貝部》「臧，作郎切，藏也」，是「埋臧」即埋藏也。臧、賦相似，因而致誤耳。臧字雖《説文》所無，然藏字亦《説文》所無，且從艸無義，不如從貝之爲勝。《玉篇》收臧字，而訓爲藏，或轉爲古字古義乎。

財以成者扶而埋之。

樾謹按：扶字義不可通，扶乃抉字之誤。《廣雅・釋詁》「抉，穿也」。「抉而埋之」，謂穿地而埋之也。《説文・穴部》「穾，穿也」，又曰「窔，深抉也」，義并與抉相近。

君死喪之三年，父母死喪之三年，妻與後子死者五皆喪之三年。

樾謹按：王氏念孫曰「『者五』當爲『五者』，謂君、父、母、妻與後子也」。然上文「君死、父母死」，既已别而言之，此不當總數爲五，五疑二字之誤。

内續奚吾，并爲淫暴，而不可勝禁也。

樾謹按：「内續奚吾」四字不可解，疑當爲「内積奚后」，皆字之誤也。「奚后」，即謑詬之假音。《説文・言部》「謑，耻也」。重文謨曰「謑，或從奊」。又曰「詬，謑詬，耻也」。重文詢曰「詬，或從句」。《荀子・非十二子篇》作「謑詢」，是其本字。《漢書・賈誼傳》作「奊詬」。奊即謨之省。《墨子》作「奚后」，奚即謑之省，后即詬之省。古文以聲爲主，故省不從言耳。「内積謑詬」者，内積耻辱也。蓋出則無衣，入則無食，不勝其耻辱，故「并爲淫暴，而不可勝禁也」。

無封。

樾謹按：畢注云「《後漢書》注引作窆。封、窆聲相近」。然上云「既泚」，畢云「泚當爲犯，窆字之假音也」，則此不當云無窆矣。且窆者葬下棺也，葬雖至薄，亦必下棺。而云無窆，理不可通。封仍當讀如本字。《禮記・王制篇》「不封不樹」，鄭注曰「封，謂聚土爲墳」。「無封」，言不爲墳也。《檀弓》曰「古也墓而不墳」。

此所謂便其習，而義其俗者也。

樾謹按：義，猶善也，謂善其俗也。《禮記・緇衣篇》「章義癉惡」，《釋文》曰「《尚書》作善。皇云『義，善也』」，是「義」與善同意。

秦之西有儀渠之國者。

樾謹按：渠，舊作秉，畢據《列子》改。今按《史記・秦本紀》「厲共公三十三年，伐義渠，虜其王」，即此國也。

且語言有之曰，焉而晏曰焉而得罪，將惡逃避之。（《天志上》）

樾謹按：畢改兩曰字皆作日。然上曰字實不誤，「且語有之曰」，蓋述古語也。言字即語字之誤而衍者。下曰字，當從畢改作日。「焉而」字疊出，文義難通。疑上「焉而」字，亦爲衍文。《墨子》本作「且語有之曰，晏日焉而得罪，將惡逃避之」。晏者，清也，明也。《説文·日部》「晏，天清也」，《小爾雅·廣言》「晏，明也」，《文選·羽獵賦》「于是天清日晏」，《淮南子·繆稱篇》「暉目知晏，陰蝔知雨」，并其證也。此謂人苟於昏暮得罪，猶有可以逃避之處，若晏日則人所共睹，無所逃避矣。下文曰「夫天不可爲，林谷幽門無人，明必見之」。然則《墨子》正以「晏日之不可逃避」起下文「明必見之」之意，「晏」之當訓明，無疑矣。畢注謂「猶云日暮途遠」，是但知晏晚之義，而忘天清之本訓，宜於《墨子》之意不得矣。

天之爲政於天子，天下百姓未得之明知也。

樾謹按：下「之」字，當在「知」字下，畢校已及。上「之」字，當在「天」字上，屬上爲句。本云「天子爲政於三君〔一〕諸侯士庶人，天下之士君子固明知之」。今「之」字誤在「天」字下，則「固明知」句文氣未足，且「天爲政」與「天子爲政」相對，不當作「天之爲政」也，畢校未及，故具説之。

〔一〕 三君，《墨子間詁》作「三公」。

義者，善政也。何以知義之善政也？曰天下有義則治，無義則亂，是以知義之善政也。（《天志中》）

樾謹按：三善字，皆言字之誤。隸書善字，或作善。《張遷碑》有「張良善用籌策」，《靈臺碑》「君子善之」，《孫叔敖碑》「去不善如絶紖」，與言字相似，故言誤爲善。「義者，言政也。何以知義之言政也？曰天下有義則治，無義則亂，是以知義之言政也」，語意甚明，若作善政，則「義之善政」不可通矣。《下篇》曰「義者，正也。何以知義之爲正也？天下有義則治，無義則亂，我以此知義之爲政也」，并無善字，可知此文「善」字之誤。「義之言政」，猶義之爲正也。

今國君諸侯之有四境之内也，夫豈欲其臣國萬民之相爲不利哉？

樾謹按：「臣國」當爲「國臣」，正對「國君」而言。君曰「國君」，故臣曰「國臣」也。今倒作「臣國」，義不可通。

今夫天兼天下而愛之，撽遂萬物以利之。

樾謹按：「撽遂」二字義不可通，撽當爲邀。疑本作邀，或作撽，傳寫誤合之爲撽邀，而邀又誤爲遂耳。邀與交通。《莊子・庚桑楚篇》「夫至人者，相與交食乎地，而交樂乎天」，《徐無鬼篇》作「吾與之邀樂於天，吾與之邀食於地」，是交、邀古通用也。「邀萬物以利之」，即交萬物以利之，與「兼天下而愛之」同義。交猶兼也。《兼愛中篇》曰「以兼相愛交相利之法易之」。又曰「況兼相愛交相利，與此异矣」。又曰「欲天下之治，而惡其亂，當兼相愛交相利」。《下篇》曰「今若夫兼相愛交相利，此自先聖六王者親行之」。《非命上篇》曰「與其百姓兼相愛交相利」。然則愛言兼，利言交，固本書之通義矣。

若豪之末，非天之所謂也。

樾謹按：非上脱無字，下文同。言雖至秋豪之末，無非天之所爲也。謂當作爲，古字通用。下文正作爲。

而民得而利之，則可謂否矣。

樾謹按：否字，義不可通，乃后字之誤。后讀爲厚。《禮記·檀弓篇》「后木」，《正義》曰「《世本》云厚，此云后，其字异耳」。是后、厚古通用。《説文》「后，古文作垕」，本從后聲，故聲近而義通也。此云「若豪之末，無非天之所爲也，而民得而利之，則可謂厚矣」，言天愛民之厚也。下文「且吾所以知天之愛民之厚者有矣」，又曰「此吾以知天之愛民之厚也」，并可爲證。

然而莫知以相極戒也。（《天志下》）

樾謹按：「極戒」，即儆戒也。極，通作亟。《荀子・賦篇》「出入甚極」，又曰「反覆甚極」，楊倞注并曰「極，讀爲亟」，是也。《廣雅・釋詁》「亟，敬也」，亟爲敬，故亦爲儆矣。亟，又與茍通，見《爾雅・釋詁篇》《釋文》，而敬字即從茍，是可知其義之通。《説文・心部》「悈，疾也。從心，亟聲。一曰，謹重貌」。謹重之義，亦與儆相近。

誰爲知，天爲知。然則義果自天出也。

樾謹按：此上脱「誰爲貴，天爲貴」六字，《中篇》曰「然則孰爲貴，孰爲知？曰天爲貴，天爲知而已矣」，是其證。

三不利而無所利，是謂之賊。

樾謹按：之，當作天。「是謂天賊」與「是謂天德」對文。《中篇》正作「天賊」。

今知氏大國之君寬者。

樾謹按：知字衍文。蓋涉上句「吾以知天下之士君子」「何以知天下之士君子」兩句并有知字而衍。氏當讀爲是。《禮記・曲禮篇》「是職方」，鄭注曰「是，或爲氏」。《儀禮・覲禮篇》

「大史是右」，注曰「古文是爲氏也」。《周官·射人》注引作「大史氏右」。然則是、氏古通用。「今氏」即今是也，「今是」即今夫也。《禮記·三年問篇》「今是大鳥獸」，《荀子·禮論篇》「今是」作「今夫」。《荀子·宥坐篇》「今夫世之陵遲亦久矣」，《韓詩外傳》「今夫」作「今是」，并其證也。上文曰「今是楚王食於楚之四境之内」，此云「今氏大國之君」，文法正同。上文作是，此文作氏，則字之异耳。「寬者」下當有闕文，蓋言其土地之廣大也，故下文以「然」字作轉語，今無他據，不敢臆補。

比列其舟車之卒。

樾謹按：卒下脱伍字。《非攻下篇》作「皆列其舟車之卒伍」，是其證也。皆列，即比列，王氏念孫説。

而况有逾人之墻垣，担〔一〕格人之子女者乎！

樾謹按：担字無義，當爲衍文，蓋即垣字之誤而複者。「格人之子女」，與下「竊人之金玉蚤絫」「竊人之牛馬」一律。曰格曰竊，皆以一字爲文也。下文「逾人之墻垣，担格人之子女者」

〔一〕 担，原誤作「担」，據蔡啓盛《校勘記》等改。

亦衍扭字。又下文「此爲逾人之墻垣，格人之子女者」，正無「扭」字，可證上兩處之衍矣。畢反謂其脱「扭」字，非也。「格人之子女」，謂拘執人之子女。《後漢書・鍾離意傳》注曰「格，拘執也」，是其義。

與角人之府車。

樾謹按：角字無義，乃穴字之誤。穴，隸書作宂。角，隸書作甪，兩形相似而誤。

於先生〔一〕之書《大夏》之道之然。

樾謹按：「大夏」，即《大雅》也。雅、夏古字通。《荀子・榮辱篇》曰「越人安越，楚人安楚，君子安雅」，《儒效篇》曰「居楚而楚，居越而越，居夏而夏」，是夏與雅通也。下文所引「帝謂文王」六句，正《大雅・皇矣篇》文。

退無罪人乎，道路率徑。（《明鬼下》）

樾謹按：退字無義，疑迫字之誤。謂迫而奪其車馬、衣裘也。〔二〕「率徑」二字，亦無義。據

〔一〕先生，《墨子閒詁》作「先王」，可從改。

〔二〕退，王其和以爲不誤，當與《晏子春秋》同爲「敦」之假借，此俞氏不通訓詁而誤校（第八九頁）。

下文此語兩見，而皆無「率徑」二字，疑爲衍文。

故當鬼神之有與無之别，以爲將不可以明察此者也。

樾謹按：此本作「故當鬼神之有與無之别，不可以不察者也」，下文曰「既以鬼神有無之别，以爲不可不察已，然則吾爲明察此」，此文「以爲」字，即涉下文而衍。「明察此」字，即涉下文而誤。下云「不可不察」，正承此而言，故知此文無明字也。

若死而有知，不出三年，必使吾君知之。其三年，周宣王合諸侯而田於圃田，車數百乘，從數千人，滿野。

樾謹按：「必使吾君知之」絶句。「其」下脱後字，本作「其後三年」，《太平御覽》引此文正作「後三年」，但删其字耳。韋昭注《周語》引作「後二年」，雖誤三爲二，而後字固在，皆可爲證。《文選·劉孝標〈重答劉秣陵書〉》注引作「必死吾君之期」，則誤其爲期，而屬上讀，且誤使爲死，又脱知字，文不成義，不足據也。「田於圃田」者，「圃田」地名。《詩·車攻篇》「東有甫草，駕言行狩」，鄭箋以「鄭有甫田」説之。《爾雅·釋地》作「鄭有圃田」，即其地也。畢讀圃字絶句，非是。從乃徒字之誤。「車數百乘，徒數千人」，徒與車爲對文。《御覽》引作「車徒滿野」，是其證。

祩子杖楫〔一〕出。

樾謹按：下文「祩子舉揖而槁之」。揖，未知何物，疑此文本作「祩子揖杖出」，下文本作「祩子舉杖而槁之」。《尚書大傳》「八十者杖於朝，見君揖杖」，鄭注曰「揖，挾也」。此「揖杖」之義也，因「揖杖」誤倒爲「杖揖」，後人遂改下文之「舉杖」爲「舉揖」以合之耳。「舉杖而槁之」，猶定二年《左傳》云「奪之杖以敲之」。槁，即敲之假音。

請品先不以其請者，鬼神之誅，至若此其憯速也。

樾謹按：畢云「品當爲盟，下請字當爲情」。王氏引之云「上請字當爲諸，下請字即情字，《墨子》書通以請爲情，不煩改字」。今按，二説皆是也。惟先字之義，尚不可曉。王氏改爲共字，而移在盟字之上，似亦未安。先，疑矢字之誤。矢、誓古通用。盟矢，即盟誓也。矢字，隸書或作夫，見《孔宙碑》。先字，隸書或作先，見《北海相景君碑》。兩形相似而誤。

〔一〕楫，諸本同。然《墨子》原文及俞氏以下所引均作「揖」，疑「楫」爲「揖」之誤。

雖有深溪博林幽澗，毋人之所施行，不可以不董。

樾謹按：董字無義，疑堇字之誤。堇借爲謹，言「不可以不謹」也。《管子·五行篇》「修暨水土以待乎天堇」，尹知章注曰「堇，誠也」。訓堇爲誠，即讀堇爲謹也。《説文》「堇，古文作𡎸」，形與董相似，故誤。

予非爾田野葆士之欲也。

樾謹按：「葆士」無義，士疑玉字之誤。「葆玉」即寶玉也。《史記·周本紀》「展九鼎葆玉」，徐廣曰「保，一作寶」，即其例也。古之伐國者，或取其田野，或俘其寶玉，故禹自言「予非爾田野、寶玉之欲也」。

湯乘大贊。

樾謹按：畢云「贊，疑鞏字」，實非也。「湯乘大贊」，即《書序》所謂「升自陑者」，枚傳云「湯升道從陑出其不意」，是也。《呂氏春秋·簡選篇》亦云「登自鳴條」，蓋湯之伐桀，必由間道從高而下，故《書序》言升，《呂覽》言登，《墨子》言乘。乘即升也、登也。《詩·七月篇》毛傳曰「乘，升也」。襄二十三年《左傳》杜注曰「乘，登也」。升陑、登鳴條，皆以地言，則「乘大贊」亦必以地言，但不能知其所在耳。

自夫費之，特注之污壑而棄之也。

樾謹按：畢云「一本作非直注之」，是也。直、特固得通用，而非字則必當有。《墨子》蓋謂非空棄之而已，且可以合歡聚衆也。今脱非字，則義不可通。下文正作「非直注之污壑而棄之也」，當據補。

則是得吾父母弟兄而食之也。

樾謹按：「弟兄」當作「兄姒」，義見上文。

仁之事者，必務求興天下之利，除天下之害。（《非樂上》）

樾謹按：「仁之事者」，當作「仁人之所以爲事者」，見《兼愛中篇》。

非直掊潦水、拆壤坦而爲之也。

樾謹按：畢氏改坦爲垣，是也。壤，疑壞字之誤。掊者，《説文・手部》云「杷也，今鹽官入水取鹽爲掊」。拆者，《説文・广部》云「厈，却屋也」，《一切經音義》引《説文》作「卸屋也」，隸變作斥，俗又加手耳。行潦之水而掊取之，毀壞之垣而拆卸之，不足爲損益。若王公大人造爲樂器，豈直如此哉。故曰「非直掊潦水，拆壞垣而爲之也」。王氏念孫以此二語爲未詳，故具説之。

意舍此。

樾謹按：此三字乃承上文而作轉語也。意，通作抑。《論語·學而篇》「抑與之與」，《漢石經》抑作意，是其證也。「抑舍此」者，言姑舍此弗論而更論它事也。上文言樂之無益於飢者寒者勞者，下文言樂之無益於大國攻小國、大家伐小家，而以此三字作轉語，正《墨子》文法之妙，王氏念孫謂此下有脱文，非也。

即我未必然也。

樾謹按：我下脱「以爲」二字，當據上文補。

明不轉朴。

樾謹按：此句義不可曉。下文作「眉之轉朴」，更爲無義。疑眉字乃音字之誤，此句作「明」，則涉上文「耳目不聰明」而誤也。朴當作抃，亦以形似故誤。抃者，變之假字。《尚書·堯典篇》「於變時雍」，《孔宙碑》作「於卞時雍」，即其例也。上句云「聲不和調」，此云「音不轉變」，正以類相從矣。

昔者齊康公興樂萬。

樾謹按：興，猶喜也。《禮記·學記篇》「不興其藝」，鄭注曰「興之言喜也、歆也」。《尚書·堯典》「庶績咸熙」，《史記·五帝紀》作「衆功皆興」，揚雄《劇秦美新》引作「庶績咸喜」，是興與喜一聲之轉，其義得通。「興樂萬」者，喜樂萬也。樂即本篇《非樂》之樂，萬謂萬舞也。

孰爲大人之聽治，而廢國家之從事，曰樂也。

樾謹按：「而廢」二字當在「大人」之上，「國家」二字當作「賤人」，後人不達文義而誤改也。此本云「孰爲而廢大人之聽治，賤人之從事，曰樂也」，言大人聽樂則廢聽治，賤人聽樂則廢從事也。上文曰「與君子聽之，廢君子聽治；與賤人聽之，廢賤人之從事」，是其證也。

啓乃淫溢康樂，野于飲食，將將銘莧磬以力。

樾謹按：畢云「野于」疑作「于野」，實非也。此本以「啓乃淫溢康樂」爲句，「野于飲食」爲句。「野于飲食」，即下文所謂「渝食于野」也，與《左傳》「室於怒，市於色」，文法正同。「將將銘莧磬以力」，疑有脱文，蓋亦八字作二句也。力字與食字爲韵，畢失其讀，故但知下文翼、式是韵也。

百姓之誶也。（《非命上》）

樾謹按：誶，讀爲悴。《説文·心部》「悴，憂也」。猶曰百姓之憂也。故下文曰「説百姓之誶者，是滅天下之人也」。畢引《爾雅》「誶，告也」釋之，非是。

與其百姓兼相愛交相利，則。

樾謹按：則上脱移字，下脱分字。上文曰「與其百姓兼相害〔一〕，交相利，移則分」，是其證也。王氏念孫謂「則，即利字之誤而衍者」，非。

奈何乎使文王之地及我，吾則吾利，豈不亦猶文王之民也哉？

樾謹按：「則」上「吾」字，「豈」上「利」字，并衍文。

此上之所賞，而百姓之所譽也。執有命者之言曰，上之所賞，命固且賞，非賢故賞也。上之所罰，命固且罰，不暴故罰也。

樾謹按：「上之所罰，命固且罰，不暴故罰也」十三字，當爲衍文，説詳下。

〔一〕害，諸本同。《墨子》原文各本作「愛」，「害」當爲「愛」之誤。

此上之所罰，百姓之所非毁也。執有命者言曰，上之所罰，命固且罰，不暴故罰也。上之所賞，命固且賞，非賢故賞也。

檝謹按：「上之所賞，命固且賞，非賢故賞也」十三字，當爲衍文。蓋上文説賞事，故述執有命者之言曰「上之所賞，命固且賞，非賢故賞也」。此文是説罰事，故述執有命者之言曰「上之所罰，命固且罰，不暴故罰也」。今上文衍「上之所罰」云云，此文衍「上之所賞」云云，皆於文義未合，即此文之「罰」「賞」倒置，而其傳寫誤衍之迹，居然可見矣。

今故先生對之曰。（《非命中》）

檝謹按：此子墨子托爲先生之言，以折執有命者之説。畢謂「生當爲王」，非是。

是故國爲虚厲，身在刑僇之中，必不能曰我見命焉。

檝謹按：「必不能曰」下有闕文。下文「必不能曰，我罷不肖，我從事不疾，必曰我命固且窮」，是其證也。

凡出言談，則必可而不先立儀而言。（《非命下》）

檝謹按：「則必可」當作「則不可」。《中篇》曰「則不可而不先立義法」，是其證也。「不可而」者，不可以也，王氏念孫説。

《大誓》之言也，於去發曰。

樾謹按：下文又云「武王爲《大誓》去發以非之」。「去發」二字，畢云「未詳」，竊疑是太子發之誤。古人作書，或合二字爲一。如《石鼓文》小魚作𩵋，《散氏銅盤銘》小子作𡥈，是也。此文「大子」字或合書作𡥈，其下闕壞，則似𠫓字，因誤爲去耳。《詩·思文篇》《正義》引《大誓》曰「惟四月，太子發上祭於畢，下至於孟津之上」。又云「太子發升舟，中流，白魚入於王舟，王跪取，出涘以燎之」。注曰「得白魚之瑞，即變稱王應天命定號也」。疑古《大誓》三篇，其上篇以太子發上祭於畢發端，至中、下兩篇，則作於得魚瑞之後，無不稱王矣。故學者相承稱《大誓》上篇爲太子發，以别於中、下兩篇，亦猶古詩以篇首字命名之例也。

從十簡之篇以尚皆無之。

樾謹按：尚，當讀爲上。

今雖毋在乎王公大人，蕢若信有命而致行之。

樾謹按：蕢字乃藉字之誤。「藉若」，猶言假如也，本書屢見。

若以尊卑爲歲月數，則是尊其妻子與父母同，而親伯父宗兄而卑子也。（《非儒下》）

樾謹按：「親伯父宗兄」句，文義未明。王氏念孫謂「親伯父宗兄，親當爲視」，其説是也。王氏引之謂「而，讀爲如」，亦當從之。惟謂「當作卑如庶子」，則以意增益，未爲可據。今按「視伯父宗兄如卑子」者，卑子即庶子，乃取卑小之義。僖二十二年《左傳》「公卑邾」，杜注曰「卑，小也」。故凡從卑得聲者并有小義。《廣雅·釋詁》「稗，小也」。《方言》曰「簟小者謂之箄」。《史記·孟子荀卿列傳》「於是有裨海環之」，《索隱》曰「裨海，小海也」。《漢書·衛青傳》「得右賢裨王十餘人」，師古曰「裨王，小王也，若言裨將也」。然則「卑子」之稱，正與「裨王」「裨將」一律矣。

秉纏授綏，如抑嚴親。

樾謹按：抑，當作御，字之誤也。《天志下篇》「以御其溝池」，王氏引之謂「御，當爲抑」。隸書抑字，或作抑，見《漢校官碑》。御字或作御，見《帝堯碑》。兩形相似而誤，正可與此互證。

君子必服古言然後仁。

樾謹按：此本作「君子必古服古言然後仁」，脱上「古」字。《公孟篇》作「必古言服然後仁」，亦當作「必古言古服」，脱下「古」字。

巧垂作舟。

樾謹按：「巧垂」，當作「功垂」，字之誤也。《周官・肆師》職注曰「古者，工與功同字」，然則功垂，即工垂也。《莊子・胠篋篇》「儷工倕之指」，《釋文》曰「倕，音垂。堯時巧者也」。《堯典》「咨垂女共工」。是稱工垂者，工其官，垂其名。

夫仁人事上竭忠，事親得孝，務善則美，有過則諫。

樾謹按：得字、務字，傳寫互易。「事親務孝」，言事親者務爲孝也，與「事上竭忠」相對。「得善則美」，言有善則美之也，與「有過則諫」相對。

隱知豫力，恬漠待問而後對。

樾謹按：豫猶儲也。《荀子・儒效篇》「仲尼將爲司寇，魯之鬻牛馬者不豫賈」。《家語・相魯篇》「孔子爲政三月，則鬻牛馬者不儲賈」。是豫與儲義通。「隱知」「豫力」，兩文相對，言隱藏其知，儲蓄其力也。畢云「言隱其先知豫事之識」，失其義，并失其讀。

雖恐後言。

樾謹按：雖，當作唯，古字通也。上文有「見利」二字，蓋言利之所在，唯恐後言也。下文云「君若言而未有利焉，則高拱下視，會噎爲深，曰惟其未之學也」，正與此文反復相明，言苟無利，則君雖言之，而已亦以未學謝也。正所以破儒者「擊之則鳴，弗擊不鳴」之説。

務興天下之利，曲直周旋，利則止。

樾謹按：「利則止」，當作「不利則止」，傳寫脱不字也。《非樂上篇》曰「必務求興天下之利，除天下之害，將以爲法乎天下，利人乎即爲，不利人乎即止」，與此文有詳略，而義正同。

教行下必於上。

樾謹按：此本作「教行於下必利上」，與上句「言聽於君必利人」相對爲文。「教行」下脱於字，而利字又誤作於，義不可通矣。

深慮同謀以奉賊。

樾謹按：同，乃周字之誤。「深慮」「周謀」，相對爲文，言其慮深沈，其謀周密也。

其道不可以期世。

樾謹按：《晏子春秋・雜篇》作「其道也不可以示世」。此文期字，亦示字之誤。古文其字作亓，見《集韵》。示誤爲亓，因誤爲期矣。

曩與女爲苟生，今與女爲苟義。

樾謹按：王氏念孫以苟爲《説文》「自急敕」之苟，而非「苟且」之苟。謂「曩以生爲急，今以義爲急也」。然求之文義，亦似未合。本文言「爲苟生」「爲苟義」，不言「以生爲急」「以義爲急」也，此字仍當爲苟且之苟。苟生者，苟可以得生而止也。苟義者，苟可以得義而止也。《儀禮・燕禮》《聘禮記》并有「賓爲苟敬」之文。鄭注《聘禮》曰「燕，私樂之禮，崇恩殺敬也」，又曰「苟敬者，主人所以小敬也」。然則苟敬之義，亦謂苟可以致敬而止。此言「爲苟生」「爲苟義」，正與「爲苟敬」一律。蓋古語有然，未可臆改也。《淮南子・繆稱篇》云「小人之從事也曰苟得，君子之從事也曰苟義」，文義正與此相近。

諸子平議卷十一

墨子三

知，材也。（《經上》）

樾謹按：知，讀爲智，故《經説上》曰「知也者，所以知也」。所以知者，即智也。《淮南子·主術篇》「任人之才，難以至治」，高誘注曰「才，智也」。才與材通，才訓智，故智亦訓材。

同長以缶。

樾謹按：畢謂「缶即正字」，是也。惟此句疑當在下文「中，同長也」之下。《爾雅·釋言》「齊，中也」，是中與齊同義，故以「同長」釋之。而中之義又爲正，下文曰「日中，缶南也」，是也，故又申之曰「同長以正」。

佴，自作也。

樾謹按：作，疑佐字之誤。《爾雅·釋言》「佴，貳也」，佐與貳義相近。《老子》「以道佐人主者」，唐景龍二年石刻作「以道作人主者」。作、佐形似，本易相混，而此又涉下文有三「作」字，故誤耳。

勇，志之所以敢也。次無間而不攖攖也。力，刑之所以奮也。

樾謹按：「次無間而不攖攖也」，當在上文「似，有以相攖，有不相攖也」之上，文義方以類相從。此文「勇，志之所以敢也」，「力，刑之所以奮也」，兩語本相儷，中間闌入此句，則儷句隔絶矣。下文「利，所得而喜也」，「害，所得而惡也」；「譽，明美也」，「誹，明惡也」；「功，利民也」，「罪，犯禁也」；「賞，上報下之功也」，「罰，上報下之罪也」；「聞，耳之聰也」，「言，口之利也」；「法同，則觀其同」，「法异，則觀其宜」，并是儷句。今皆以它文隔絶，由《墨子》寫此篇本旁行，故易以錯亂，今亦未敢一一訂正也。

廣與循。《經下》

樾謹按：循，乃脩字之誤，蓋以「廣」「脩」相對爲文，隸書脩與循相似。古書二字互誤者，不可枚舉。《經説下篇》「廣循堅白」，循亦脩之誤。「廣脩」與「堅白」，皆二字平列。

鑒位量，一小而易，一大而缶。

樾謹按：鑒上脱臨字，位當讀爲立，量乃景字之誤，畢氏、王氏均訂正矣，惟未及易字之義。易讀爲施。《詩·何人斯篇》「我心易也」，《釋文》曰「易，《韓詩》作施」，《戰國·韓策》「易三川而歸」，《史記·韓世家》作「施三川」，是易與施古字通。施者，邪也。《淮南子·要略篇》「接徑直施」，高注曰「施，邪也」。《孟子·離婁篇》「施從良人之所之」，趙注曰「施者，邪施而行」，丁公著音迆。《説文·走部》〔一〕「迆，邪行也」。是迆正字，施假字。此作易者，又其假字也。「一小而易」，猶言一小而邪，與「一大而缶」相對爲文。缶即正字。《經説下篇》「木梔景短大，木正景長小」，以梔與正對，即其例也。

一少於二，而多於五。

樾謹按：數至於十則復爲一，故多於五。《經説下篇》曰「一，句。五有一焉，一有五焉」。五有一者，一二三四之一也。一有五者，一十、一百之一也。

〔一〕《説文·走部》，所引「迆」字，在《説文·辵部》，「走」當爲「辵」之誤。蔡啓盛《校勘記》已正之。

知狗而自謂不知犬，過也。說在重，物箕不甚，說在若是。

樾謹按：畢讀「說在重物」爲句，非也。上文云「狗，犬也。而殺狗非殺犬也可，說在重」，文義與此相近，然則此文亦當以「說在重」斷句矣。「物箕不甚」，疑當作「物甚不甚」，言有甚有不甚也。甚，誤作其，又誤爲箕耳。

知材，知也者，所以知也，而必知若明慮。（《經說上》）

樾謹按：《經上篇》有「知，材也」，又有「知，接也」。「知接」之知是本字，「知材」之知則是智字。故此先著「知材」二字，然後以「知也者」釋之，所以别於下文之「知也者」，古人文字之密也。「若明慮」句慮字，涉下「慮也者」而衍。下文「若睨知」句知字，涉下「知也者」而衍。「若見恕」句恕字，涉下「恕也者」而衍，并當删去。

義志以天下爲芬，而能能利之，不必用。

樾謹按：志，當作者，草書相似而誤。能能疊用無義，當作「而能利之，不能必用」。下文「孝以親爲芬，而能能利親，不必得」，亦當作「而能利親，不能必得」，誤與此同。

且，自前曰且，自後曰已，方然亦且，若石者也。

樾謹按：「若石者也」涉下句「君以若名者也」而衍，又誤名爲石耳。此當讀云「且，句。自前曰且，句。自後曰已，句。方然亦且」。蓋凡事從事前言之，或臨事言之，皆可曰且。如「歲且更始」之且，事前之且也。如「匪且有且」之且，毛傳曰「此也」，此方然之且也。惟從事後言之，則爲已然之事，不得言且，故云「自後曰已」。

廧外之利害，未可知也，趨之而得，力則弗趨也，是以所疑止所欲也。

樾謹按：力字無義，疑人字之誤，篆書人字作𠚤，故誤爲力耳。「趨之而得」爲句，「人則弗趨也」爲句。蓋趨之則得利，而人以爲利害未可知，止而弗趨，是以所疑止所欲也。

鼀、買，化也。

樾謹按：「鼀買」之義難曉。上文雖有「化若鼀爲鶉」之文，然買與鶉音義俱遠，形又不相似，未可與彼并爲一談也。鼀，疑賫字之誤。《説文・貝部》「賫，衙也，讀若育」。今經典通以鬻爲之。上云「買、鬻，易也」，此云「賫、買，化也」，文异而義同。易有交易之義，故以買鬻言。化亦易也，《尚書・臯陶謨篇》「懋遷有無化居」，枚傳曰「化，易也，交易其所居積」。是化、易同義，故亦以買鬻言也。

非力之任也，爲握者之觵倍。（《經說下》）

樾謹按：字書無觵字，疑觲字之誤。《玉篇·角部》「觲，女卓切，握也」。

惟是當牛馬，數牛數馬，則牛馬二，數牛馬，則牛馬一。

樾謹按：「惟是當牛馬」絶句。「數牛數馬，則牛馬二」，謂分牛馬而數之也。「數牛馬，則牛馬一」，謂合牛馬而數之也。畢讀「惟是當牛馬數」爲句，失之。

景。光至景亡，若在盡古息。

樾謹按：此當讀云「景。句。光至景亡，句。若在盡古息」。蓋句首景字舉經文而說之。「光至景亡」者，謂所以有景由無光也。下文曰「足敝下光，故成景於上，首敝上光，故成景於下」是也。光之所至，則景亡矣。「若在盡古息」，又與上句反復相明，言景若在，則光盡古息也。「盡古」，猶終古也。《考工記》「則於馬終古登阤也」，《莊子·大宗師篇》「終古不忒」，是「終古」爲古人恒言。《釋名·釋喪制》曰「終，盡也」，故「終古」亦曰「盡古」也。畢讀皆誤。

遠修近修也，先後久也。

樾謹按：上修字衍文。「遠近修也，先後久也」，相對爲文。以地之相去言曰修，以時之相去言曰久。

牛狂與馬惟异，以牛有齒、馬有尾，說牛之非馬也，不可。

樾謹按：狂與惟，皆性字之誤。此言牛性與馬性异，非徒以牛有齒、馬有尾爲別也。〔一〕

權非爲是也，非非爲非也。（《大取》）

樾謹按：下句當作「非爲非也」，衍一非字。

意獲也，乃意禽也。

樾謹按：「乃意禽也」，當作「非意禽也」，與上文「非意木也」「非意人也」一律。

〔一〕孫詒讓《墨子間詁》稱「俞謂『惟』亦爲『性』，則非」，是也。「惟」通「雖」，《古書疑義舉例》卷四有「雖、唯通用例」，可參。

智是之世之有盜也，盡愛是世。

樾謹按：當作「智是世之有盜也，不盡是世」。下文「智是室之有盜也，不盡是室也」，可證。

益其益，尊其尊。

樾謹按：尊，當讀爲剸。《説文·刀部》「剸，減也」，剸有減損之義，故與「益其益」對文成義。

昔之知牆，非今日之知牆也。

樾謹按：牆字不可通，乃嗇字之誤。《吕氏春秋·情欲篇》「論早定則早知嗇」，《先己篇》「嗇其大寶」，高注并曰「嗇，愛也」。「昔之知嗇，非今日之知嗇」，猶上文云「昔者之愛人也，非今之愛人也」。

貴爲天子，其利人不厚於正夫。

樾謹按：「正夫」當爲「匹夫」。《禮記·禮器篇》「匹士大牢而祭謂之攘」，《釋文》曰「匹，本或作正」，是其例也。《節葬下篇》「存乎匹夫賤人死者」，今亦誤作「正夫」，王氏念孫已訂正。

長人之异，短人之同，其貌同者也，故同。

樾謹按：「長人之异，短人之同」，當作「長人之與短人也同」。下二句正釋長人短人所以同之故也。下文曰「指之人也與首之人也异，人之體非一貌者也，故异。將劍與挺劍异，劍以形貌命者也，其形不一，故异」，并與此文一律，可證。

摹略萬物之然。（《小取》）

樾謹按：然字無義，疑當作狀。狀誤爲肰，因誤爲然。

行而异，轉而危。

樾謹按：危，讀爲詭。《漢書·天文志》「司詭星出正西」，《史記·天官書》「詭」作「危」，是危、詭古字通。「行而异，轉而詭」，詭亦异也。

不愛人，不待周不愛人。不失周愛，因爲不愛人矣。

樾謹按：周，猶偏也，失字衍文。此言不愛人者，不待偏不愛人，而後謂之不愛人也。有不偏愛，因爲不愛人矣。今衍失字，義不可通，乃淺人不達文義而加之。

子兼愛天下，未云利也。我不愛天下，未云賊也。（《耕柱》）

樾謹按：《廣雅・釋詁》「云，有也」。此兩云字，均當訓有。說詳王氏《經傳釋詞》。

毋幾何而遺十金於子墨子。

樾謹按：《戰國・齊策》注「二十兩爲一金」，然則十金爲二百兩矣。墨氏崇儉，其徒以十金饋遺，不爲不豐。畢云「十金當爲千金之誤」，率意增益，厚誣古人，殊爲無謂。

古之善者不誅。

樾謹按：誅，當爲訹字之誤也。上文「君子不作術而已」，此云「古之善者不訹」，「術」與「訹」并述之假字，其字并從朮聲，故得相假借也。若作誅，則與述聲絶遠矣。

故有我有殺彼以我，無殺我以利。

樾謹按：此當作「故我有殺彼以利我，無殺我以利彼」。

是猶弇其目而祝於禁社也，苟使我皆視。

樾謹按：「祝於禁社也」，當作「祝於禁社曰」。其下句即祝詞也，上文「而祝於禁社曰，苟使我和」，是其證。又按「禁社」，乃「蘱社」之誤，王氏念孫已訂正。

嘿則思，言則誨，動則事，使者三代御，必爲聖人。（《貴義》）

樾謹按：「使者三代御」，當作「使三者代御」。三者即嘿、言、動三事也。御，用也。《荀子·禮論篇》「時舉而代御」，楊注曰「御，進用也」。此云「代御」，義與彼同。言更迭用此三者，則必爲聖人也。因「三者」二字傳寫誤倒，畢遂曲爲之説，謬矣。

必去喜去怒去樂去悲去愛而用仁義。

樾謹按：「去愛」下當有「去惡」二字，傳寫脱之。喜、怒、樂、悲、愛、惡共六者，皆宜去之，即上文所謂「去六辟」也。

鉅者白也。

樾謹按：鉅無白義，字當作豈。豈者，皚之假字。《廣雅·釋器》「皚，白也」。皚省作豈，又誤作巨，因爲鉅矣。《吕氏春秋·有始覽》「南方曰巨風」，李善注《文選·木玄虚〈海賦〉》《王子淵〈洞簫賦〉》《潘安仁〈河陽縣作詩〉》，并引作「凱風」，蓋亦省凱爲豈，而誤爲巨也，可以爲證。

吾取飾車食馬之費，與綉衣之財，以畜士。

樾謹按：吾，當爲若，字之誤也。

是數人之齒，而以爲富。（《公孟》）

樾謹按：畢云「齒，年也」，然數人之年，安得以爲富？畢説非也。齒者，契之齒也。古者刻竹木以記數，其刻處如齒，故謂之齒。《易林》所謂「符左契右，相與合齒」是也。《列子·説符篇》「宋人有游於道得人遺契者，歸而藏之，密數其齒曰，吾富可待矣」，此正數人之齒以爲富者，蓋古有此喻。

是譬猶噎而穿井也。

樾謹按：《晏子春秋·雜上篇》「噎而遽掘井」，《説苑·雜言篇》作「譬之猶渴而穿井」，渴字較噎爲勝，疑此文亦當作渴。因噎字古作𩜁，《漢書·賈山傳》「祝𩜁在前」師古曰「𩜁，古噎字」是也，形與渴微似，故渴誤爲噎。

是猶果謂撅者不恭也。

樾謹按：畢謂「果當爲祼」，是也。謂「撅當爲蹶」，引《説文》云「僵也，一曰跳也」，則失之矣。蹶與裸，兩意不倫，不當取以爲喻。《禮記·内則篇》「不涉不撅」，鄭注「撅，揭衣也」。撅衣雖不恭，然裸則更甚，故曰「是猶果爲撅者不恭也」。

三年之喪，學吾之慕父母。

樾謹按：吾下脱子字。《管子·海王篇》「吾子食鹽二升少半」，尹知章注曰「吾子，謂小男小女也」。此文「公孟子曰『三年之喪，學吾子之慕父母』」，故下「子墨子曰『夫嬰兒子之知，獨慕父母而已』」，嬰兒子，即吾子也。

今我問曰「何故爲室」？曰「冬避寒焉，夏避暑焉，室以爲『男女之别』也」。

樾謹按：「避寒」「避暑」「爲男女之别」三句，皆以室言，不當於「男女之别」句獨著室字。室乃且字之誤。古書且字或誤爲宜。《詩·假樂篇》《釋文》曰「且君且王。一本且并作宜」，是也。且誤爲宜，因誤爲室矣。

是亦當而不可易者也。

樾謹按：亦，當爲六，古文其字也。言我所稱於孔子者，是其當而不可易者也。其字，即以孔子言。本篇其字多誤爲亦，畢氏已訂正而未及此。

子亦聞乎匿徒之刑之有刑乎？

樾謹按：「之刑」二字衍文。「子亦聞乎匿徒之有刑乎」，徒謂胥徒，給徭役者；「匿徒」，謂避役。

魯君謂子墨子曰：「吾恐齊之攻我也，可救乎？」（《魯問》）

樾謹按：此「魯君」自是魯國之君，故恐齊攻而求救。畢謂是「魯陽文君，楚縣之君」，非也。魯陽文君，《耕柱篇》再見，此篇亦屢見，子墨子之意皆勸以無攻小國，與此不同，且此篇有魯君，又有魯陽文君，別而書之，其非一人明甚。

讎怨行暴失天下。

樾謹按：怨字乃忠字之誤，言與忠臣爲讎也。上文說禹湯文武曰「說忠行義取天下」，與此相對，可證。

子墨子見齊大王曰。

樾謹按：齊大王，即田齊之大公和也。大公者，始有國之尊稱，故周追王自亶父始，而稱大王。齊有國自尚父始，而稱大公。以及吴之大伯、晋之大叔，皆是也。説詳《群經平議》。田齊始有國者和也，故稱大公，猶尚父稱大公也。至其後子孫稱王，則亦應稱大王矣，猶亶父稱大王也。因齊大王之稱，它書罕見，故學者不得其説。《太平御覽》引此文遂删大字矣。

子墨子曰，出曹公子而於宋。

樾謹按：王氏念孫謂，「此本作『子墨子出曹公子於宋』，曰字、而字，皆衍文」。其説是也。然出字義不可通，出當爲士字之誤。《史記·夏本紀》「稱以出」，徐廣曰「一作士」，是其例也。士與仕通。「子墨子士曹公子於宋」，即仕曹公子於宋也。《貴義篇》曰「子墨子仕人於衛」。

而以夫子之政，家厚於始也。

樾謹按：政，乃故字之誤。蓋子墨子仕曹公子於宋，則宋必致禄，故曰「以夫子之故，家厚於始也」。《耕柱篇》曰「君以夫子之故，致禄甚厚」。

若以白公爲不義，何故不受王？誅白公然而反王。

樾謹按：畢讀「誅白公」爲句，則「然而反王」文不成義矣。《禮記·檀弓篇》「穆公召縣子而問然」，鄭注曰「然之言焉也」，「誅白公然而反王」，猶云「誅白公焉而反王」，七字爲一句。

北方有侮臣，願藉子殺之。（《公輸》）

樾謹按：「有侮臣」下脱「者」字。

子墨子解帶爲城，以牒爲械。

樾謹按：畢據《太平御覽》改作褋，王氏念孫又以作牒爲是。其實，牒、褋皆假字也。其本字當作梜，梜與牒疊韵字。《玉篇·仌部》「渫，浹渫也」，《虫部》「蛺，蛺蝶也」，梜之與牒，亦猶浹之與渫、蛺之與蝶，聲近而義通矣。《禮記·曲禮篇》「羹之有菜者用梜」，鄭曰「梜，猶箸也」。「以梜爲械」者，以箸爲械也。《文選·陳孔璋〈爲曹洪與文帝書〉》曰「墨子之守，縈帶爲垣，折箸爲械」。

然則守者必善，而君尊用之，然後可以守也。（《備城門》）

樾謹按：尊，當爲遵，古字通也。此下有脱簡在下文，説詳後。

塹長以力。

樾謹按：力字無義，疑方字之誤。

廣三尺，廣四尺。

樾謹按：兩言廣，義不可通。下廣字，疑當作長，蓋言爲坐候樓之法，廣三尺，長四尺也。下文言陛之制曰「廣長各三尺」，彼廣、長同制，故合言之，此廣、長異制，故别言之也。

五十步一方。

樾謹按：方者房之假字。五十步置一房，爲守者入息之所，故必爲關籥守之也。《尚書序》「乃遇汝鳩汝方」，《史記・殷本紀》作「女房」，是方、房古字通。

百步爲幽贕。

樾謹按：贕即竇字之誤。其上本從穴，篆文穴字與隸書肉字相似，傳寫誤從肉，後人以從肉之字皆在左旁作月，因變而爲贕矣。《管子・侈靡篇》有鵩字，即窵字之誤，正與此同。説詳《管子》，可以爲證。

夫長丈二尺。

樾謹按：畢云「夫疑即扶字，所以著手」，王氏念孫據《雜守篇》改夫爲矢，今按二説皆非也。下文云「爲頡皋必以堅杖爲夫」，畢云「夫，同趺，如足兩分也」，此説得之。下云「臂長六尺」，是趺也臂也，皆取象於人身，畢得之後而失之前，偶不照耳。《雜守篇》作矢，乃字之誤，不當反據以改不誤者。後文夫字應讀趺者，視此。

五十二者十步而二。

樾謹按：上「二」字衍文，下「二」字當爲四。古人書四字作亖，傳寫誤分爲兩二字，遂移其一於上耳。上「十」字，當爲升。上文云「容十升以上者，五十步而十」，此云「五升者十步而四」，蓋言盛水之罌，大者容十升，小者半之，容五升。其大者則五步而一，故五十步而十。其小者則五步而二，故十步而四也。下文「五十步丈夫十人，丁女二十人」，又曰「廣五百步之隊，丈夫千人，丁女子二千人」，是丈夫五十步而十，丁女十步而四，與此數一律。

城四面四隅，皆爲高磿𢶍。

樾謹按：王氏引之謂「磿當爲磿」，「𢶍當爲𢶍」，即《説文》「櫪𢶍押指」之异文。其説是也。惟以爲樓名，則無據。疑高下脱樓字，本云「皆爲高樓磿𢶍」。《號令篇》曰「它門之上必夾爲高樓」，與此同義。「爲高樓磿𢶍」，猶云夾爲高樓也，「磿𢶍」即夾也。

時換吏卒署，而毋換其養，養毋得上城。

樾謹按：畢云「養，糧也」，此說非是。養即廝養之養。宣十二年《公羊傳》「廝役扈養，死者數百人」，何休注曰「炊亨者曰養」。

此十四者具，則民亦不宜上矣，然後城可守，十四者無一，則雖善者不能守矣。

樾謹按：上云「備穴者，城内爲高樓以謹」，下云「守法，五十步丈夫十人，丁女二十人，老小十人」，文氣正相聯貫入，此三十字則隔斷矣。此三十字，當在上文「罰嚴足畏也」之下，又按上文自「凡守圍城者」至「罰嚴足畏也」，凡一百十二字，亦與前後文義不倫，當在篇首「然則守者必善而君尊用之，然後可以守也」之下。蓋自「子墨子曰，我城池修，守器具」，至「十四者無一，則雖善者不能守矣」，皆是先論守城之本，其下云「故凡守城之法，備城門爲縣門」云云，乃始詳言其法也。今考正之如左：

子墨子曰：「我城池修，守器具，推粟足，上下相親，又得四鄰諸侯之救，此所以持也。且守者雖善，而君不用之，則猶若不可以守也。若君用之，守者又必能守，守者不能而君用之，則猶若不可以守也。然則守者必善而君尊用之，然後可以守也。凡守圍城之法：□□厚以高，壕池深以廣，樓撕揗，守備繕利，薪食足以支三月以上，人衆以選，吏民和，大臣有功勞於上者多主信以義，萬民樂之無窮。不然，父母墳墓在焉。不然，山林草澤之饒足利。不然，地形之難攻而易守也。不然，則有深怨於適，而有大功於上。不然，則賞明可信，而罰嚴足畏也。此十四者具，則民亦不宜上矣，然後城可守也。十四者無一，則雖善者不能守矣。」

右文字訛脱之處，皆據畢氏、王氏之説訂正。惟弟一句「則猶若不可以守也」，舊脱猶字，今據下句補。「守者又必能守」，舊作「守者又必能乎」，今以意改。「君尊用之」，尊讀爲遵，古字通也。「凡守圍城之法」以下所説，凡十四事，其文自明。「大臣有功勞」至「萬民樂之無窮」共爲一事，蓋大臣素有功勞，則主信而義之，萬民樂之，然後可以有爲也。「此十四者具，則民亦不宜上矣」，總上十四事而言，當作「則民亦宜其上矣」。《墨子》書其字多作亓，因誤作不，寫者遂移至宜字之上耳。

鑿井城上。〔一〕

樾謹按：城上無鑿井之理，「城上」當作「城内」，即上文穿井城内之事。

〔一〕　鑿井城上，原刻無出處，而接《備城門》後，似俞氏有意爲之。本條與下條，《墨子間詁》本均見於《備穴》。孫詒讓在《備穴》篇題下出校曰：「《備城門篇》説攻具十二，穴在突前，此次與彼不同，疑亦傳寫移易，非其舊也。」可參。

必以堅杖爲夫。

樾謹按：夫，當從畢讀爲趺。杖，乃材字之誤。言必以材之堅者爲頡皋之趺也。《備高臨篇》「杖大方一方一尺」，《備穴篇》「兩杖合而爲之輼」[一]，杖并當作材。

兩軸三輪。（《備高臨》）

樾謹按：既爲兩軸，不得三輪。三當爲四，古亖四字皆積畫，因而致誤。

煙資吾池。（《備梯》）

樾謹按：王氏念孫讀煙爲堙，是也。惟資字尚未得其義。資，當讀爲茨。《淮南子·泰族篇》「茨其所决而高之」高注曰「茨，積土填滿之也」，是茨與堙同義。古茨字或作薋。《爾雅·釋草篇》「茨，蒺藜」，《釋文》「茨，本作薋」，是也。《墨子》書作資者，即薋字而省艸耳。《説文·土部》「垐，以土增大道上」，茨與垐通。

[一] 兩杖合而爲之輼，此句見於《備城門》。

高廣如行城之法。

樾謹按：上文皆言「行城」，而此即云「高廣如行城之法」，義不可通。疑「高廣」上脱「雜樓」兩字。上文云「守爲行城雜樓相見，以環其中，以適廣狹爲度」，然則「行城」也、「雜樓」也，本有二事，故云相見，相見即相間也。《備城門篇》「見一寸」，畢云「見，疑間字」，是其例也。上文既言「行城之法」，此繼言「雜樓」，故省其文曰「雜樓高廣如行城之法」。

中鑿夫之爲道臂，臂長至桓。（《備穴》）〔一〕

樾謹按：此當作「中鑿之爲道，夫長若干尺，臂長至桓」。夫字誤移在上，遂脱其尺數，臂字又誤叠，皆不可通。下文曰「夫長丈，臂長六尺」。《備城門篇》《雜守篇》并云「夫長丈二尺，臂長六尺」，故知此文亦并言夫長、臂長，而傳寫脱去也。桓，疑垣字之誤。

什大容二什以上到三十。

樾謹按：什、十并斗字之誤。「斗大容二斗以上到三斗」，猶下文云「大容一斗以上至二

〔一〕 按，此條今見《墨子間詁・備城門》，孫詒讓曰：「俞校增乙太多，不可從。」下條亦見《備城門》。

斗」也。凡斗字誤作什者，王氏已訂正。此又誤作十，則未及。

以盆盛醞置穴中。

樾謹按：醞，疑醯之壞字。下文又曰「及以洫」，洫疑油之壞字。

令有力四人下上之，勿離。（《備蛾傅》）

樾謹按：離，乃離字之誤。《備城門篇》「突一旁，以二橐守之，勿離」，《備穴篇》「令一善射之者佐一人，皆勿離」，并其證。

敵引哭而去。

樾謹按：哭，當作師。《説文·帀部》「師，古文作𠦏」。形與哭相似，故師誤爲哭也。王氏念孫謂《墨子》多古字，然所引如《所染篇》之高，《尚賢篇》之佚，《非儒篇》之苟，皆未甚確。若此𠦏字，則真古文也，故爲表出之。

壇高八尺，堂密八。（《迎敵祠》）

樾謹按：密字無義，疑當作突。《説文·穴部》「突，深也」，謂堂深八尺也。不言尺者，蒙上而省。突、密相似，因誤爲密矣。下密字并同。它書深字無作突者，亦古字也。

設守門，三人掌右閹，二人掌左閹，四人掌閉，百甲坐之。

樾謹按：左右人數不應有异，疑三人是二人之誤。蓋門之啓閉，皆四人守之，啓則有左右之分，故曰「二人掌右閹，二人掌左閹」。及閉，則無左右之分，故止曰「四人掌閉」也。「百甲坐之」，百乃皆字之誤，言守門者皆甲而坐也。

移中中處，澤急而奏之。

樾謹按：畢云「澤當爲擇」，是也，惟未解奏字之義。《史記·蕭相國世家》《索隱》曰「奏者，趨向之也」。「擇急而奏之」，謂有急則趨向也。

死士爲倉英之旗。（《旗幟》）

樾謹按：「倉英之旗」，乃青色旗。倉英，即滄浪也。在水爲滄浪，在竹爲蒼筤，并是一義。此又作倉英者，英音古音如央，故與浪同聲。

城上舉旗，備具之官致財物，之足而下旗。

樾謹按：下「之」字衍文，本作「足而下旗」。蓋城上舉旗，則備具之官各致其財物，既足而後下旗也。之字，即足字之誤而複者，當删。

牲格内廣二十五步，外廣十步，表以地形爲度。

樾謹按：表，乃衺字之誤。《備穴篇》「鑿廣三尺，表二尺」，王氏念孫訂表爲衺之誤，正與此同。

謹令信人守衛之，謹密爲故。（《號令》）

樾謹按：故，猶事也，言務以謹密爲事也。《備梯篇》「以静爲故」，《備穴篇》「以急爲故」，義與此同，畢屬下讀，失之。

乃傳城。

樾謹按：「乃傳」當作「及傳」，字之誤也。上云「敵去邑百里以上」，此云「及傳城」，其事正相次。傳即蛾傳之傳。《備蛾傳篇》曰「遂以傳城」，是也。畢不能訂正，而屬上「謹密爲故」讀之，解曰「必有故乃傳用也」，殊不可通。

及窮巷間無人之處。

樾謹按：間上脱幽字，「幽間」二字連文。《明鬼篇》作「幽澗毋人」，澗即間之假字。《天志篇》作「幽門無人」，門即間之壞字，王氏念孫已訂正。

縣各上其縣中豪傑，若謀士，居大夫。

樾謹按：居，乃若字之誤。「若謀士，若大夫」，猶言或謀士，或大夫也。秦爵有大夫，有官大夫，有公大夫，有五大夫。是民間賜爵，至大夫者多矣，上不能悉知，故使縣各上其名也。上文「關内侯」「五大夫」「公乘」之名，悉如秦制，則此所謂大夫者，非必如周官之大夫也。

客射以書無得譽。

樾謹按：譽，當作舉，字之誤也。下文曰「禁無得舉矢書」。

望舉一垂，入境舉二垂，狎郭舉三垂，入舉四垂，狎城舉五垂。

樾謹按：王氏引之於「舉一垂」上補「見寇」二字，於「舉四垂」上補「郭」字，均當從之。惟以垂字爲表字之誤，非也。垂者，郵之壞字，郵即表也。《禮記·效特牲篇》有「郵表畷」，鄭君說此未明，阮氏元《揅經室集》有釋一篇，稍近之，然亦有未盡者。「郵表畷」蓋一物也。古者於疆界之地，立木爲表，綴物於上，若旌旗之旒，謂之郵表畷。郵與旒通，畷與綴通。鄭君引《詩》「爲下國畷郵」，今《長發篇》作「綴旒」，是知「郵畷」即「綴旒」也。以其用而言，所以表識也；以其制而言，若綴旒然。此「郵表畷」所以名也。凡置「郵表畷」之處，必在邊境，因於其地置舍，使傳送文書者居焉。其始亦名之曰「郵表畷」，後從省而止曰郵。《説文・邑部》「郵，境上行書舍」是也。凡置「郵表畷」，必於兩道歧出之處，因而凡兩道歧出之處，即以爲名。其始亦曰「郵表畷」，後從省而止曰畷。《説文・田部》「畷，兩陌間道也」是也。「郵畷」之名，既有專歸，於是從省止稱表，而「郵表畷」之名湮，其義晦矣。《墨子》書多古言。《雜守篇》「守表者三人，更立捶表而望」，「捶表」，即郵表也。郵誤爲垂，後人妄加手旁耳。重言之曰「郵表」，單言之則或曰「表」，或曰「郵」，皆古人之常語也。王氏竟改爲表，雖於義未失，而古語亡矣。又按「狎郭」「狎城」兩狎字，并當作甲，後人不達而加犬旁也。甲者，會也。《詩・大明篇》「會朝清明」，毛傳曰「會，甲也」，是甲與會聲近而義通。「甲郭」者，會於郭外也。「甲城」者，會於城外也。此言「甲郭」「甲城」，《雜守篇》言「郭會」「城會」，文异而義同。

其罪射。

樾謹按：射，疑刖字之誤。畢云「射謂貫耳」，然古不名貫耳爲射，殆非也。〔一〕

〔一〕王其和參本書《韓非子・難言》「田明辜射」條「辜射即辜磔」，疑此文「射」當與《韓非子》同，讀爲「磔」，亦死刑之一（第九〇頁）。

凡有司不使去卒、吏民聞誓令。

樾謹按：去，乃士字之誤。

升食，終歲三十六石。參食，終歲二十四石。食[一]**，終歲十八石。五食，終歲十四石，升。六食，終歲十二石。升食，食五升。參食，食參升。四食，食二升半。五食，食二升。六食，食一升大半。**（《雜守》）[二]

樾謹按：「升食」，當爲「斗食」，畢已疑及之而未敢決。今以下文推之，則升爲斗字之誤無疑也。日食一斗，則終歲三十六石矣。下云「升食，食五升」，則終歲十八石，兩數不同者，上所說是常數，下所說是圍城之中民食不足，減去其半之數也。「參食」者，參分斗而日食其二也，故終歲二十四石也。句下脱「四」字，當據下文補。「四食」者，四分斗而日食其二也，故終歲十八石也。「五食」者，五分斗而食其二，則每日食四升，終歲當食十四石四斗。今作「終歲十四石升」，蓋誤斗爲升，又脱「四」字耳。盧疑是「十四石五升」，於數不合，非也。「六食」者，六分

[一] 食，《墨子閒詁》原文前有「四」字，疑涉上「四石」而脱。俞氏亦云「當據下文補」。

[二] 按，此句下原無篇名《雜守》，據《墨子》原文與中華本補。

斗而食其二也，故終歲十二石也。其下依前數而各減其半。斗食者，每日一斗，今則爲五升矣。「參食」者，每日六升大半，今爲參升小半矣。不言小半者，傳寫脱去也。下文言「六食，食一升大半」，則此必言「食參升小半」可知。蓋「參食」本食六升大半，而減之爲三升小半。猶「六食」本食三升小半，而減之爲一升大半也。無「小半」二字，即於數不足矣。「四食」本食五升，故減爲二升半。「五食」本食四升，故減爲二升，其數甚明。畢氏、王氏皆未見及，故具説之。

必爲疑人，令往來行夜者射之，謀其疏者。

樾謹按：疑人，蓋束草爲人形，望之如人，故曰疑人。「謀其疏者」，謀乃誅字之誤。

諸子平議卷十二

荀子一

君子博學而日參省乎己。（《勸學》）

樾謹按：「省乎」二字，後人所加也。《荀子》原文蓋作「君子博學而日參己」。參者，驗也。《史記·禮書》曰「參是豈無堅革利兵哉」，《索隱》曰「參者，驗也」。《管子·君臣篇》曰「若望參表」，尹注曰「參表，謂立表所以參驗曲直」。是參有參驗之義。君子博學而日參驗之於己，故知明而行無過也。後人不得參字之義，妄據《論語》「三省吾身」之文增「省乎」二字，陋矣。《大戴記·勸學篇》作「君子博學如日參己焉」，如、而古通用，無「省乎」二字，可據以訂正。

干、越、夷、貉之子。

樾謹按：楊倞注曰「干越，猶言吴越」，盧氏文弨本從元刻，改正文「干越」爲「于越」，注文「吴越」爲「於越」。劉氏台拱《補注》、王氏念孫《讀書雜志》并糾盧本之誤。今按盧刻誠非，而楊注原文謂「猶言吴越」，亦恐不然。干與越并言，則干亦國名。《管子·内業篇》〔一〕「昔者吴干戰，未齔不得入軍門，國子擿其齒，遂入，爲干國多」，則干與吴且爲敵國，非即吴明矣。尹知章注《管子》以干爲江邊地，非是，辨見《管子》。字本作邗。《説文·邑部》「邗，國也。今屬臨淮。從邑，干聲。一曰，邗本屬吴」。蓋邗古國名，後爲吴邑。哀九年《左傳》「吴城邗」是也。古書言干越者，則當從國名之本訓，不得因其後爲吴邑，而即訓爲吴也。

神莫大於化道，福莫長於無禍。

樾謹按：上引《詩》云「神之聽之，介爾景福」。此文神字、福字，即本《詩》文也。今本此二句提行屬下節，非是。

〔一〕《管子·内業篇》，按，此段引文，見今《管子·小問篇》，可據正。

假舟楫者，非能水也。

樾謹按：能，當讀爲耐。《漢書・食貨志》「能風與旱」，《鼂錯傳》「其性能寒」，《趙充國傳》「漢馬不能冬」，師古注并曰「能，讀曰耐」，此文能字，正與彼同。〔一〕

故不問而告謂之傲。

樾謹按：《論語・季氏篇》「言未及之而言謂之躁」，《釋文》曰「《魯》讀躁爲傲」。《荀子》此文蓋本《魯論》。下文曰「故未可與言而言謂之傲，可與言而不言謂之隱，不觀氣色而言謂之瞽」，皆與《論語》同，惟變躁爲傲，可證也。傲即躁之假字。不問而告，未可與言而言，皆失之躁，非失之傲也。《魯論》之説，今不可得而詳，以意度之，殆亦假傲爲躁。自古文《論語》出，得其本字，遂謂《魯論》「讀躁爲傲」，實不然也。躁字義長，傲字義短，魯之經師豈不知此而改躁爲傲乎？

故誦數以貫之。

樾謹按：「誦數」，猶誦説也。《詩・擊鼓篇》「與子成説」，毛傳曰「説，數也」。説爲數，故

〔一〕王其和認爲：「古無『耐水』連文者，俞説迂曲。『水』當用爲動詞，爲『游泳』之義。」（第二三九頁）

數亦爲説。《禮記·儒行篇》「遽數之不能終其物」，《正義》曰「數，説也」。《荀子·王霸篇》曰「不足數於大君子之前」，《仲尼篇》曰「固曷足稱乎大君子之門哉」，稱與數，文异而義同。凡稱説必一一數之，故即謂之數。「誦數以貫之」，猶云誦説以貫之，與下句「思索以通之」一律。「誦數」「思索」皆兩字平列〔一〕。楊注云「使習禮、樂、詩、書之數以貫穿之」，非是。隱十一年《穀梁傳》「犆言同時也，累數皆至也」，范注曰「累數，總言之也」，言即説也。

及至其致好之也，目好之五色，耳好之五聲，口好之五味，心利之有天下。

樾謹按：楊注曰「致，極也。謂不學極恣其性，欲不可禁也」，又云「或曰學成之後，必受榮貴，故能盡其欲也」，二説并非是。上文云「使目非是無欲見也，使耳非是無欲聞也，使口非是無欲言也，使心非是無欲慮也」，皆言君子爲學之道。「及至其」三字，直接上文，安得云謂不學者乎？若云學成榮貴，義更粗矣。古之字、于字通用。《大戴禮·事父母篇》曰「養之内不養于外，則是越之也。養之外不養于内，則是疏之也」。之内、之外，即于内、于外也。《廣雅·釋言》曰「諸，之也」，又曰「諸，于也」，則之與于義固得通矣。此文四「之」字，并猶于也。目好于

〔一〕列，原誤作「别」，據蔡啓盛《校勘記》改。

五色，耳好于五聲，口好于五味，心利于有天下，言所得于學者深，它物不足以尚之也。下文曰「是故權利不能傾也，群衆不能移也，天下不能蕩也，生乎由是，死乎由是」，正申明此數句之誼，足徵楊注之非矣。

天見其明，地見其光，君子貴其全也。

樾謹按：兩見字，并當作貴。蓋貴字漫漶，止存其下半之貝，因誤爲見耳。光與廣通，説見王氏《讀書雜志》。言天貴其明，地貴其廣，君子貴其全。貴誤作見，則與君子句不一律，失《荀子》語意矣。

勇膽猛戾，則輔之以道順。（《修身》）

樾謹按：「道順」二字不可通，順當讀爲訓，古順、訓字通用。《國語·周語》「能導訓諸侯者」，《史記·魯世家》訓作順。此文道順正與彼同。「道順」即導訓也。楊注曰「此性多不順，故以道順輔之」，非是。

愚款端愨，則合之以禮樂，通之以思索。

樾謹按：自「血氣剛强，則柔之以調和」以下八句，文法皆同。此獨多「通之以思索」五字，與上文不一律。據《韓詩外傳》無此五字，當爲衍文。楊注曰「愚款端慤，多無潤色，故合之以禮樂」，不及「思索」之説，是其所見本未衍也。

事亂君而通，不如事窮君而順焉。

樾謹按：顧氏千里曰「『窮』『順』二字互錯，此不然也。《荀子》之意，以爲事亂君則不順矣，事窮君則不通矣。然與其『事亂君而通，不如事窮君而順』，正上文『身勞而心安爲之，利少而義多爲之』之意。若從顧校，則全失其旨矣。王氏采其説入《雜志補》，誤也。

饒樂之事，則佞兑而不曲。

樾謹按：不字，衍文，涉下「不慤不録」而衍。曲者，委曲也。言遇饒樂之事，必委曲以取之也。因衍不字，楊注曰「不曲，謂直取之」，誤矣。

行而俯項，非擊戾也。

樾謹按：楊注曰「擊戾，謂項曲戾不能仰者也。擊戾，猶言了戾也」，此説「擊戾」之義未明。擊戾者，拂戾也。《考工記·弓人》「和弓轂摩」，鄭注曰「轂，拂也」。擊與轂通。《郭仲奇碑》「鷹偫電轂」，轂，即擊字也。

則有鈞無上，可以爲君子者矣。

樾謹按：「有鈞無上」，謂但有與之齊等、無更在其上者也，故謂之君子。楊注非。

不窮窮而通者積焉。

樾謹按：楊注以「不窮窮」謂惠恤鰥寡，非也。窮通，以賢不肖言。孔晁注《周書・常訓篇》曰「窮，謂不肖之人」，是也。不窮窮者，不强人以所不知不能。《中庸》所謂「矜不能」也。若以窮爲鰥寡，則通者豈不鰥寡之謂乎？《非十二子篇》曰「聰明聖知，不以窮人」，即可説此文「不窮窮」之義。

人有此三行，雖有大過，天其不遂乎。

樾謹按：人有此三行，則君子矣，小過或有之，安有大過乎？過，當爲禍。《漢書・公孫弘傳》「雖陽與善，後竟報其過」，《史記》過作禍，是過與禍通。遂，成也，言雖有大禍，天必不成之也。楊注曰「若不幸而有過，天亦祐之矣。此固不宜有大灾也」，「大灾」二字，正可以釋正文之「大過」。楊不知過爲禍之假字，故不得其解耳。

鉤有須。（《不苟》）

樾謹按：楊注云「未詳，或曰即丁子有尾也。丁之曲者爲鉤，須與尾皆毛類」，此亦曲説，不可從。鉤，疑姁之假字。《説文·女部》「姁，嫗也」，嫗無須，而謂之有須，故曰「説之難持者也」。惠氏棟校本引《太玄經》「婦人啑鉤」爲説，謂「鉤音拘，與須音相近。啑鉤者須出乎口也」。按《太玄·迎》「次四。裳有衣襦，男子目珠，婦人啑鉤」，范望及温公《集注》并無「婦人須出乎口」之説，且謂鉤與須音近，則啑鉤即啑須也，以説此文，是爲「須有須」矣，豈可通乎？今讀鉤爲姁，亦即惠氏之意，而説似較安。

盗跖吟口。

樾謹按：楊注曰「吟口，吟咏長在人口也」，此説殊爲迂曲。又曰「《説苑》作『盗跖凶貪』」。然《韓詩外傳》亦作「吟口」，則又似不誤也。吟蓋黔之假字。黔口，即黔喙。《周易·説卦傳》「爲黔喙之屬」，《釋文》引鄭注曰「謂虎豹之屬，貪冒之類」。然則「盗跖黔口」，乃以虎豹擬之，《正論篇》所謂「禽獸行，虎狼貪」也。〔一〕

〔一〕 王其和認爲俞説非是。吟通噤，《説文·口部》「噤，口閉也。」吟口，噤口不言也（第二〇七頁）。

君子易知而難狎。

樾謹按：《韓詩外傳》作「易和而難狎」，字之誤也。知者，接也。《墨子・經篇》曰「知，接也」。古謂相交接曰知。故《後漢書・宋弘傳》「貧賤之交不可忘」，《群書治要》作「貧賤之知」，是知有交接之義。「易知而難狎」，謂易接而難狎也。《詩・芄蘭篇》首章曰「能不我知」，次章曰「能不我甲」，毛傳訓甲爲狎，蓋首章言不與我交接，次章言不與我狎習也。説詳《群經平議》。《荀子》以知、狎對文，正本乎《詩》。韓嬰不達此旨，改知爲和，失之矣。王氏念孫謂當從《外傳》，非也。

以義變應。

樾謹按：變，讀爲辯。《周易・文言》曰「由辯之不早辯也」，《釋文》曰「辯，荀作變」。《禮記・禮運篇》「大夫死，宗廟謂之變」，鄭注曰「變當爲辯」，是變與辯古通。辯之言遍也。《儀禮・鄉飲酒禮》「衆賓辯有脯醢」，《燕禮》「大夫辯受酬」，鄭注并云「今文辯作遍」，是其證也。變與辯通，則亦可借爲遍。「以義變應」者，以義遍應也。下文引《詩》曰「左之左之，君子宜之；右之右之，君子有之」，此言君子之能以義屈伸變應也。左「宜」、右「有」，正「以義遍應」之謂，楊注曰「以義隨變而應」，增字以成其説，失其旨矣。《君道篇》曰「并遇變應而不窮」，變與并對文，可知變之爲徧也。《致士篇》「臨事接民而以義變應」，義與此同。

人污而修之者，非案污而修之之謂也。

樾謹按：修，當讀爲滌。《周官・司尊彝》職曰「凡酒修酌」，鄭注曰「修，讀如滌濯之滌」，是其證也。滌從條聲，條從攸聲，修亦從攸聲，聲同之字，故得通用。楊注曰「人有污穢之行將修爲善」，失之矣。《荀子》書每以修與污對文，并當讀爲滌。

不誠則不獨，不獨則不形。

樾謹按：上文云「致誠則無它事矣，唯仁之爲守，唯義之爲行」。所謂獨者，即無它事之謂。唯仁唯義，故無它事，無它事，是謂獨。故曰「不誠則不獨，不獨則不形」，言不能誠實，則不能專一於內，不能專一，則不能形見於外。楊氏未達獨字之旨，故所解均未得也。

唯利所在，無所不傾。

樾謹按：《文選・孫子荆詩》「傾城遠追送」，李善注「傾，猶盡也」。「無所不傾」，即無所不盡。楊注謂「傾意求之」，非是。

夫貧賤者則求柔之。

樾謹按：注不釋求字。《禮記・曲禮篇》曰「君子行禮，不求變俗」，鄭注曰「求，猶務也」。求柔之，猶言務柔之矣。

是非仁人之情也。

樾謹按：仁字，衍文也。上文云「夫富貴者則類傲之，夫貧賤者則求柔之」，蓋言遇富貴者，率傲慢之，遇貧賤者，務柔屈之。此「非人情也」正與上文「人之所惡者，吾亦惡之」相應。上文泛言人，則此文亦不當言仁人。後人因下云「是奸人將以盜名於晻世者也」，故於上句加仁字，以對下奸字，而不知其義之非耳。

巨涂則讓，小涂則殆。（《榮辱》）

樾謹按：楊注曰「殆，近也。凡行前遠而後近，故近者亦後之義。謂行於道涂，大道并行則讓之，小道可單行則後之」，此説於殆字之義甚爲迂曲，且與下文「雖欲不謹」，文氣亦不貫，楊注非也。讓，當讀爲攘攘之攘。《説文・女部》「孃，煩擾也」。經典無孃字，多以攘爲之。《禮記・曲禮篇》鄭注曰「攘，古讓字」。故此又以讓爲之也。《文選・舞賦》「擾攘就駕」，李善引《埤蒼》曰「攘，疾行貌」。巨涂人所共行，故擾攘而不止，小涂人所罕由，故危殆而不安。是涂無巨小，皆不可不謹。故下文曰「雖欲不謹，若云不使」也。

辯而不說者争也。

樾謹按：楊注曰「不說，不爲人所稱說。或讀爲悦」。二義皆非是。《淮南子・俶真篇》「辨者不能説也」，高誘注曰「説，釋也」，斯得之矣。「辯而不説」，謂辯而人不解説，由其好與人争，而不能委曲以曉人也。

重死持義而不撓。

樾謹按：此本作「重死而持義不撓」，故楊注曰「雖重愛其死而執節持義，不撓曲以苟生也」，是楊氏所據本而字在持義之上。

胠於沙而思水，則無逮矣。

樾謹按：楊注曰『胠與祛同。《方言》曰『祛，去也』，謂失水去在沙上也」。然失水在沙上，而曰「去於沙」，甚爲不詞，楊注非也。胠當作阹。《文選・吴都賦》曰「阹以九疑」，注曰「阹，闌也，因山谷以遮獸也」。「阹於沙」，義亦同。此言遮闌於沙而思水，則無及矣。下云「挂於患而欲謹，則無益矣」。「陆於沙」「挂於患」，文義一律。

成則必不得其所好，必遇其所惡焉。

樾謹按：楊注曰「雖使奸詐得成。亦必有禍無福」，其説非也。《尚書・臯陶謨篇》「簫韶九成」，鄭注曰「成，猶終也」。古謂終爲成，言終則必不得其所好，必遇其所惡焉。下文於君子曰「成則必得其所好，必不遇其所惡焉」，并以其終竟言之。《臣道篇》曰「成於尊君安國」，《强國篇》曰「道德之威，成乎安强；暴察之威，成乎危弱；狂妄之威，成乎滅亡」，諸成字并當訓終。

然而人力爲此，而寡爲彼，何也？

樾謹按：力，乃多字之誤，多與寡對文成義。下同。

堯禹者，非生而具者也。夫起於變故，成乎修，修之爲待盡而後備者也。

樾謹按：「修之」二字，衍文也。「起於變故」，「成乎修爲」，二語相對成文。下文曰「非孰修爲之君子，莫之能知也」，正以「修爲」二字連文，可證。

約者有筐篋之藏，然而行不敢有輿馬。

樾謹按： 楊注曰「約，儉嗇也」。 既云儉嗇，則「不敢有輿馬」固無足怪，不必更用「然而」字作轉矣，楊注非也。《淮南子·主術篇》「所守甚約」，高注曰「約，要也」。《漢書·禮樂志》「治本約」，師古曰「約，讀曰要」。 是約與要一聲之轉，古亦通用。「約者」猶云「要者」。《孝經》「先王有至德要道」，疏引殷仲文曰「以一管衆爲要」。 蓋物之藏於筐篋者，必是貴重之物，視上文所云「餘刀布有囷窌」爲尤要矣，故特以要者言之，非儉嗇之謂也。

然後使愨禄多少厚薄之稱。

樾謹按： 愨，當作縠。《孟子·滕文公篇》「縠禄不平」，趙注曰「縠，所以爲禄也」。 此文言「縠禄」，正與彼同。 作愨者，聲之誤也。 楊注曰「愨，實也」，以本字讀之，失其旨矣。《王霸篇》曰「心好利，而縠禄莫厚焉」，此「縠禄」二字見於本書者。

子弓短。（《非相》）

樾謹按： 楊注曰「子弓，蓋仲弓也」，此説是也。 又曰「言子者著其爲師也」，則恐不然。 仲弓稱子弓，猶季路稱子路耳。 子路也，子弓也，其字也曰季，曰仲，至五十而加以伯仲也。

仁義功名，善於後世。

樾謹按：善，乃蓋字之誤。隸書蓋字或作盖，見《北海相景君銘》。善字或作善，見《張遷碑》。兩形相似而誤。

今世俗之亂君，鄉曲之儇子。

樾謹按：下文云「中君羞以爲臣」，則此不應言君，且與「婦人莫不願得以爲夫，處士〔一〕莫不願得以爲士」及「束乎有司戮乎大市」諸語皆不合。疑本作「世俗之亂民」，傳寫誤耳。

今夫猩猩形笑，亦二足而毛也。

樾謹按：「形笑」二字，甚爲不詞。注云「形笑者，能言笑也」，望文生義，未足爲據。笑疑當作狀，傳寫者失爿旁但存犬字，而俗書笑字亦或從犬。後人以形犬二字難通，因猩猩能笑，遂改作笑字耳。毛上當有無字。上文云「然則人之所以爲人者，非特二足無毛也」，下文云「故人之所以爲人者，非特以其二足而無毛也」，則此文亦當作「無毛」明矣。

〔一〕處士，諸本同。然《荀子》原文各本均作「處女」，《荀子集解》引俞書亦同，疑「處士」爲「處女」之誤。

守法數之有司，極禮而褫。

樾謹按：「極禮而褫」，文不可通，疑禮字衍文也，「極而褫」三字爲句。上云「文久而息，節族久而絶」，此云「極而褫」，正與「久而息」「久而絶」一律。楊注曰「褫，解也。有司世世相承守禮之法數，至於極久亦下脱也」。是楊氏所見本尚未衍禮字，故云「至於極久亦下脱」，是極下無禮字也。所云「守禮之法數」者，此禮字乃楊氏增出，以解法數之誼，非正文有禮字也。今作「極禮而褫」，即因注文而衍。

欲觀聖王之迹，則於其粲然者矣，後王是也。

樾謹按：楊注曰「後王，近時之王也」。又引司馬遷曰「法後王者，以其近己而俗相類，議卑而易行也」。此自得《荀子》之意。劉氏台拱曰「後王謂文武也，楊注非」。汪氏中曰「《史記》引法後王，蓋如賦詩之斷章耳，此注承其誤，名爲解《荀子》，而實汨之」。王氏念孫曰「後王二字，本篇一見，《不苟篇》一見，《儒效篇》二見，《王制篇》一見，《正名篇》三見，《成相篇》一見，皆指文武而言，楊注皆誤」。此三君之説皆有意爲《荀子》補弊扶偏，而實非其雅意也。據下文云「彼後王者天下之君也，舍後王而道上古，譬之是猶舍己之君而事人之君也」。然則荀子生於周末，以文武爲後王可也，若漢人則必以漢高祖爲後王，唐人則必以唐太祖、太宗爲後王。設於漢唐之世，而言三代之制，是所謂「舍己之君而事人之君」矣，豈其必以文武爲後王乎？蓋孟子言法先王，而荀子言法後王，亦猶孟子言性善，而荀子言性惡，各成其是，初不相謀。比而同之，斯惑矣。《吕氏春秋・察今篇》曰「上胡不法先王之治，非不賢也，爲其不可得而法」。又曰「世易時移，變法宜矣，譬之若良醫，病萬變，藥亦萬變，病變而藥不變，鄉之壽民今爲殤子矣」。蓋當時之論，固多如此，其後李斯相秦，廢先王之法，一用秦制，後人遂以爲荀卿罪，不知此固時爲之也。後人不達此義，於數千年後欲胥先王之道而復之，而卒不可復，吾恐其適爲秦人笑矣。

妄人者，門庭之間猶可誣欺也，而况於千世之上乎？

樾謹按：可字，衍文，涉上文「猶可欺也」而衍。誣乃挾字之誤，挾字右旁之夾，與巫相似，故誤也。上言「衆人乃受欺者」，此言「妄人乃欺人者」。若云猶可誣欺，則與衆人之可欺者同矣。且「誣欺」二字連文，亦爲不倫。《韓詩外傳》作「彼詐人者，門庭之間猶挾欺，而况乎千歲之上乎」，可據以訂正。

傳者久則論略，近則論詳。

樾謹按：兩論字，皆俞字之誤。俞，讀爲愈。《榮辱篇》「清之而俞濁者口也，豢之而俞瘠者交也」，楊注曰「俞，讀爲愈」，是也。俞誤作侖，因誤作論矣。《韓詩外傳》正作「久則愈略，近則愈詳」，可據訂。

黨學者。

樾謹按：楊注曰「黨，親比也」，於義未合。《方言》曰「黨、曉、哲，知也。楚謂之黨，或曰曉。齊宋之間謂之哲」。郭注曰「黨，黨朗也，解寤貌」。然則「黨學者」，猶言曉學者，蓋法先王、順禮義以曉學者也。荀卿居楚久，故楚言耳。

遠舉則病繆，近世則病傭，善者於是閒也，亦必遠舉而不繆，近世而不傭。

樾謹按：世字，當作舉。「遠舉」「近舉」相對爲文。楊注曰「遠舉上世之事則患繆妄，下舉近世之事則患傭鄙」，蓋因正文有兩舉字，故注亦云然也。不曰「近舉下世」，而曰「下舉近世」者，避不詞耳。今作「近世」者，即涉注文而誤。

然而口舌之均，噡唯則節。

樾謹按：之，猶則也。僖九年《左傳》曰「東略之不知，西則否矣」，《晋語》曰「華則榮矣，實之不知」，之亦則也，互文耳。説本王氏《釋詞》。「口舌之均，噡唯則節」，相對成文。《詩・皇皇者華篇》毛傳曰「均，調也」。言雖上不足以順明主，下不足以和齊百姓，然而口舌則調均，噡唯則中節，故下文云「足以爲奇偉偃却之屬也」。噡字，疑諸字之誤。凡從言之字亦得從口，如詠之爲咏，讀之爲嘖是也。俗書諸字或作喏，因誤爲噡矣。

矞宇嵬瑣。（《非十二子》）

樾謹按：楊注曰「矞與譎同。宇未詳，或曰『宇，大也』」。今按讀矞爲譎，是矣。訓宇爲大，則與譎誼不倫。宇當讀爲訏。《説文·言部》「訏，詭譌也」，然則矞宇，猶言譎詭矣。

以爲仲尼、子游爲茲厚於後世。

樾謹按：楊注曰「仲尼、子游爲此言垂德厚於後世」，則「爲茲厚」三字於文未足，殆非也。厚，猶重也。《戰國策·秦策》曰「其於敝邑之王甚厚」，注曰「厚，重也」。「爲茲厚於後世」者，茲即指子思、孟子而言。蓋荀子之意，謂仲尼、子游之道，不待子思、孟子而重，而世俗不知，以爲仲尼、子游因此而後得重於後世，故曰「是則子思、孟軻之罪也」。

成名况乎諸侯，莫不願以爲臣。

樾謹按：楊注讀「諸侯莫不願以爲臣」作一句，則「成名况乎」四字，文不成義；又載或説，以「况乎」屬下句，則「成名」二字更不成義，皆非也。此當以「成名况乎諸侯」爲句。成與盛通。

《周易·繫辭傳》「成象之謂乾」，蜀才本成作盛。《史記·封禪書》「日主祠成山」，《漢書·郊祀志》成作盛。然則「成名」，猶盛名也。况者，賜也。言以盛名爲諸侯賜也。大賢所至，莫不以爲榮幸，若受其賜然。《漢書·灌夫傳》「將軍乃肯幸臨况魏其侯」，即此况字之義。

爲詐而巧。

樾謹按：爲，與僞通，「爲詐」即僞詐也。《管子·兵法篇》「不可數則僞詐不敢嚮」，《幼官篇》作「爲詐不敢鄉」，正與此同。楊注曰「巧於爲詐」，非是。

察辯而操僻，淫大而用之。

樾謹按：楊注讀「察辯而操僻淫」爲句，誤也。當以「察辯而操僻」五字爲句。《大略篇》亦云「察辯而操僻」，是其證。大讀爲汰，「淫汰」連文。《仲尼篇》曰「若是其險污淫汰也」，是其證。之者，「乏」之壞字。襄十四年《左傳》曰「匱神乏祀」，《釋文》曰「本或作之祀」。蓋之、乏形似，故易誤耳。「淫汰而用乏」與「察辯而操僻」相對成文。此文自「知而無法，勇而無憚」，至「利足而迷，負石而隊」，凡七句，語皆一律，而總之曰「是天下之所棄也」。楊以「大而用之」四字爲句，而釋之曰「以前數事爲大而用之」，則上下文氣隔矣。

樂富貴者也。

樾謹按：楊注曰「樂其道也」。夫樂富貴，豈得爲樂其道？正文樂字，疑涉注文而誤。下云「羞獨富者也」，以獨富爲羞，必不以富貴爲樂。今雖不知爲何字之誤，大要是不慕富貴之意，故注以樂道説之也。

其冠進。

樾謹按：楊注曰「進，謂冠在前也」，以冠在前爲進，不詞甚矣。進讀爲峻。峻，高也。言其冠高也。下云「其衣逢」，注曰「逢，大也」，於冠言高，於衣言大，義正相類。進、峻音近，故得通用。《禮記・祭統篇》「百官進徹之」，鄭注曰「進，當爲餕」，然則峻之爲進，猶餕之爲進矣。

恀然。

樾謹按：《漢書・叙傳》「姼姼公主」，師古曰「姼姼，好貌」。恀即姼之假字。嚴威儼恪，成人之道，非所以事親，故子弟之容必姼姼然好也。楊注曰「恀然，恃尊長之貌。《爾雅》曰『恀，恃也』」，失之迂曲。

盡盡然。

樾謹按：楊注曰「極視盡物之貌」，望文生訓，非其旨也。盡盡，猶津津也。《莊子・庚桑楚篇》曰「津津乎猶有忍也」。此作盡盡者，聲近故假用耳。《周官・大司徒》職曰「其民黑而津」，《釋文》云「津，本作濜」。然則津津之爲盡盡，猶津之爲濜矣。

倓然見管仲之能足以托國也。（《仲尼》）

樾謹按：《説文・見部》「覢，暫見也」，《目部》「睒，暫視貌」，二字音義俱近，倓即其假字也。倓然者，暫見之謂。暫見而即知其足以托國，是以謂之大知。楊注曰「倓，妥〔一〕也」，失〔二〕之。〔三〕

武王誅二。

樾謹按：楊注引《史記》「武王斬紂與妲己」，又引《尸子》「武王親射惡來之口，親斫殷紂之頸」，然皆不足以爲二。所謂「誅二」者，殆即《孟子》所稱「誅紂伐奄」與！

〔一〕妥，諸本同。然《荀子》楊注及《説文・人部》均作「安」，疑「妥」爲「安」字形近而訛。

〔二〕失，原誤作「夫」，據蔡啓盛《校勘記》改。

〔三〕劉如瑛《諸子箋校商補》認爲倓即剡的通假字，倓然，猶灼然（第一五頁）。

求善處大重，理任大事，擅寵於萬乘之國，必無後患之術，莫若好同之。

樾謹按：理字，衍文也。「處大重」「任大事」相對，皆蒙善字爲義。楊注曰「大重，謂大位也」，不釋理字之義，知楊氏作注時，尚無理字也。理字，蓋即重字之誤而衍者。

以事君則必通，以爲仁則必聖。

樾謹按：仁，當作人。言以事君則必通達，以爲人則必聖知也。楊注曰「仁，仁人」，失之矣。

是猶伏而咶天。

樾謹按：楊注曰「咶，與舐同。伏而舐天，愈益遠也」。然「舐天」二字，甚爲無誼，人豈有能舐天者乎？以此爲喻，近於戲矣。疑《荀子》原文作「伏而眂天」。眂，即古視字也。伏而視天，則不可見，故曰「説必不行」也。眂誤爲舐，傳寫者又改爲咶耳。〔一〕

〔一〕王其和考證，《荀子》多有「咶天」之喻，後人屢引，俞氏不明此義而誤校（第一二二一—一二二二頁）。

必蚤正以待之也。（《儒效》）

樾謹按：必字，衍文也。下文「孝弟以化之也」，與此句相對，下無必字，則此亦當無必字矣。蚤字無義，疑脩字之誤。脩字闕壞，止存右旁之𦙍，故誤爲蚤耳。《榮辱篇》曰「脩正治辨矣」。《非十二子篇》曰「脩正者也」，《富國篇》曰「必先脩正其在我者」，《王霸篇》曰「內不脩正其所以有」，皆以「脩正」二字連文，可以爲證。《新序》引此作「布正」。布，隸書或作𢁫，亦與脩字左旁相似。

圖回天下於掌上。

樾謹按：楊注曰「圖，謀也。回，轉也。言圖謀運轉天下之事，如在掌上也」。然「圖謀」「運轉」兩義不倫，恐非其旨。圖者，圓之誤字。《廣雅·釋詁》「圓，圓也」。圓回，猶圓轉也。《淮南·原道篇》曰「圓者常轉」，是其義也。圓回天下於掌上，言天下之大，可圓轉於掌上也。隸書圖字，或作啚，或作圖，皆與圓字相似，學者多見圖，少見圓，因誤爲圖耳。

分分兮其有終始也。

樾謹按：分，當讀爲份。《説文·人部》「份，文質備也。從人，分聲」。《論語》曰「文質份份」。分分，即份份也，省偏旁耳。楊注曰「事各當其分，即無雜亂，故能有終始。分，扶問反」。然各當其分，豈可謂之分分乎？不詞甚矣。《君子篇》「分然各以其誠通」，義亦同此。

欒欒兮其執道不殆也。

樾謹按：楊氏不釋欒欒之誼，蓋即以本字讀之。然「欒欒」字，經傳尠見。《王霸篇》曰「櫟然扶持心國」，楊注曰「櫟，讀爲落，石貌也」。此云「欒欒兮」，彼云「櫟然」，文异義同。《老子》曰「落落如石」。欒欒，猶落落也，以其執道不殆，故以石形容之。

遂選馬而進。

樾謹按：楊注曰「選，簡擇也」。然《荀子》之意，方言周公之不戒，若馬必簡擇，則非其義矣。《詩·猗嗟篇》曰「舞則選兮」，毛傳曰「選，齊也」，此選字亦當訓齊。《車攻篇》曰「我馬既同」，傳曰「同，齊也」。然則「選馬而進」，蓋「戎事齊力」之義，非簡擇之謂。下文曰「輿固馬選矣」，誼亦同此，猶言「我車既攻，我馬既同」也。若以選爲簡擇，則「選馬」可通，「馬選」不可通矣。

厭旦於牧之野。

樾謹按：楊注曰「厭，掩也。夜掩於旦，謂未明以前也」。然未明以前謂之「厭旦」，於古無徵。且以文義論之，上云「朝食於戚，莫宿於百泉」，則此文旦下亦當有一字。今止云「厭旦於牧之野」，文義殊未足也。厭旦，當作旦厭，厭讀爲壓。《强國篇》「如墻厭之」，注曰「厭，讀爲壓」。此文厭字，正與彼同。「旦壓於牧之野」，與上文「朝食」「莫宿」，文義一律。成十六年《左傳》「楚晨壓晉軍而陳」，此云「旦厭」，猶彼云「晨壓」矣。

弓調矢直矣，而不能以射遠中微，則非羿也。

樾謹按：此本作「及遠中微」，故楊注曰「善射者，既能及遠，又中微細之物也」，「及遠」二字，即本正文。又《王霸篇》曰「故人主欲得善射，射遠中微，則莫若羿蜂門矣」。楊注曰「射及遠中微細之物」，是其所據本亦作「及遠中微」，注文射字，包及遠、中微二意。讀者不察，謂注文作「射及遠」，則正文必是「射遠」，於是盡改爲「射遠中微」，非《荀子》之舊矣。《君道篇》曰「人主欲得善射，射遠中微者，縣貴爵重賞以招致之」，《韓詩外傳》四引作「及遠中微」，可據以訂正。而《外傳》五引《儒效篇》文亦作「射遠中微」，疑後人依誤本《荀子》改之。

隨其長子。

樾謹按：長子，猶鉅子也。《莊子・天下篇》《釋文》引向秀曰「墨家號其道理成者爲鉅子，若儒家之碩儒」。長與鉅義同。鉅子、長子，蓋當時有此稱。「隨其長子」，謂奉一先生以爲師，從而附和之也。楊注曰「長子，謂君之世子也」，殊非其義。

事其便辟，舉其上客。

樾謹按：王氏讀舉爲與，是也。解爲「交其上客」，則非是。此蒙事字爲文，猶言「事其便辟，及其上客」耳。

然而明不能齊法教之所不及，聞見之所未至，則知不能類也。

樾謹按：楊注斷「明不能齊」爲句，解曰「雖有大體，其所見之明，猶未能齊言行，使無纖介之差」，此失其讀也。齊，讀爲濟，然而以下十八字作一句讀，言法教所及，聞見所至，則明足以及之，而不能濟其法教所未及，聞見所未至也。所以然者，由其知不能類也。學者誤謂「明不能齊」「知不能類」，相對成文，遂以齊字斷句，失之矣。《韓詩外傳》正作「明不能濟法教之所不及，聞見之所未至，無知不能類」句。

用大儒則百里之地，久而後三年，天下爲一，諸侯爲臣。

樾謹按：楊注斷久字爲句，則「而後三年」句不成文義。此當以「久而後三年」五字爲句，言姑舉其久者言之，則以三年爲期，若速則或一年或二年，即可以一天下而臣諸侯矣。《韓詩外傳》作「久而三年」，無後字。

諸子平議卷十三

荀子二

若是則大事殆乎弛，小事殆乎遂。（《王制》）

樾謹按：《説文・辵部》「遂，亡也」。「小事殆乎遂」，謂近乎亡失也。《正論篇》「國雖不安，不至於廢易遂亡」，以「遂亡」連文，此古義之幸存者。楊曰「遂，因循也」，乃不得其義而曲爲之説。

成侯嗣公，聚斂計數之君也，未及取民也，子産取民者也，未及爲政也。

樾謹按：楊注以「取民」爲「得民心」，於義甚晦，殆非也。《老子》曰「故取天下者，常以無事」，河上公注曰「取，治也」。此取字亦當訓治，「取民」言治民也。

人之城守，人之出戰，而我以力勝之也。

樾謹按：出，當爲士，字之訛也。古書「士」「出」二字每每相混，《史記·五帝紀》「稱以出」，《集解》引徐廣曰「出，一作士」；《淮南子·繆稱篇》「其出之誠也」，《新序·雜事篇》出作士，并其證也。守必以城，戰必以士。「人之城守」，「人之士戰」，正相對成文，士訛爲出，義不可通矣。

是以大者之所以反削也。

樾謹按：上以字衍文。「是大者之所以反削也」，與上文「是强者之所以反弱也」正相對。

諸侯莫不懷交接怨，而不忘其敵。

樾謹按：楊注曰「諸侯皆欲相連結怨國，而不忘與之爲敵」，是於「怨」字絶句。又曰「本多作壞交接，言壞其與己交接之道也」，則又於「接」字絶句。二説皆未安。王氏念孫謂當從後説，非也。疑「怨」字當在「交接」二字之上，本作「諸侯莫不懷怨交接而不忘其敵」，「懷怨交接」，猶云匿怨而友其人也，故「不忘其敵」。傳寫奪「怨」字，而誤補之「接」字之下耳。

案謹募選閲材技之士。

樾謹按：募，乃纂字之訛。《毛詩·猗嗟篇》「舞則選兮」，《韓詩》作「舞則纂兮」，是纂與選聲近義同，故此以連文。纂、選皆具也。《説文·人部》「僎，具也」，《食部》「籑，具食也」。選與僎并從巽聲，纂與籑并從算聲，於義得通。閲亦具也。《説文·門部》「閲，具數於門中也」。《小爾雅·廣詁》「閲，具也」。是纂、選、閲三字同義，古書往往有之。襄三十一年《左傳》「繕完葺墻」，繕、完、葺一義也。《楚語》「蓄聚積實」，蓄、聚、積一義也。并其例也。「案謹纂選閲材技之士」，質言之，止是具材技之士耳。纂誤爲募，楊注曰「募，招也」，非古義矣。《管子·心術篇》「纂選者所以等事也」，今本皆作「慕選」，誤與此同，説詳《管子》。

宰爵知賓客祭祀饗食犧牲之牢數。

樾謹按：楊注曰「宰，膳宰。爵，主掌也。饗食，饗宴也。《周禮》膳夫之屬，有庖人、獸人，皆掌犧牲。一曰爵，官爵也，言膳宰之官爵，掌犧牲之事者也」，此二説皆未安。以爵爲主掌，則既言主掌，不必更言知矣。以爵爲官爵，則下文司徒、司馬何獨不言爵乎？今以下文例之，曰「司徒知百宗城郭立器之數，司馬知師旅甲兵乘白之數」，上二字皆官名，則「宰爵」二字亦官名也。《周官·天官·序官》鄭注曰「宰，主也」。然則宰爵者，主爵也。《漢書·百官公卿表》

「主爵中尉，秦官，掌列侯」。秦官之有主爵，殆本於古之宰爵乎！其所掌爲列侯，故賓客祭祀饗食犧牲之牢數無不與知。考主爵中尉所屬，有掌蓄令、丞，正合古制矣。學者徒以《周官》之膳宰説此文，遂失其解。

修采清。

樾謹按：采，乃埰字之誤。《方言》曰「埰，秦晉之間謂之埰」，是也。清者，《説文·广部》「廁，清也」，《急就篇》「屏廁清溷糞土壤」，字亦作圊。《玉篇·口部》「圊，圊圂也」，蓋墟墓之間，清溷之處，皆穢惡所積聚，故必以時修治之也。楊注非。

是非功名之所就也，非存亡安危之所墮也。

樾謹按：墮字義不可通，當作隨，字之誤也。隨，從也。言非存亡安危之所從也。

偃然案兵無動，以觀夫暴國之相卒也。

樾謹按：卒，當作捽。《國語·晋語》「戎夏交捽」，韋注曰「捽，交對也」。彼云「交捽」，此云「相捽」，義正同。

案然修仁義，伉隆高，正法則，選賢良，養百姓。

樾謹按：「然」衍字，「案」乃語詞。上文云「案平政教，審節奏，砥礪百姓」，與此文一律，可證。

非特以爲淫泰夸麗之聲。（《富國》）

樾謹按：聲字，衍文也。《荀子》原文蓋作「非特以爲淫泰夸麗也」。因「也」字誤作「之」，後人妄加「聲」字耳。下文云「非特所以爲〔一〕淫泰也」，句法與此同，是其證。

守時力民，進時長功，和齊百姓，使人不偷，是將率之事也。

樾謹按：此言足天下之道，前後皆言農事，而此云「是將率之事」。楊注曰「將率，猶主領也，若今宰守」，此曲爲之説，未爲得也。蓋古之爲將率者，其平時即州長、黨正之官。《周官·州長》職「若國作民而師田行役之事，則帥而致之，掌其戒令與其賞罰」，鄭注曰「掌其戒令賞罰，則是於軍因爲師帥」，賈疏曰「云因爲師帥者，若衆屬軍吏，別有軍吏掌之，何得還自掌之。

〔一〕所以爲，《荀子》原文無「所」字，疑衍。

故知因爲師帥也，但在鄉爲州長，已管其民，在軍還領己民爲師帥，即是因内政寄軍令也」。又《黨正》職注曰「亦於軍因爲旅帥」，《族師》職注曰「亦以軍因爲卒長」，以是推之，閭胥即爲兩司馬，比長即爲伍長。《夏官・序官》疏曰「閭胥以下，雖不言因爲，義可知」，是也。此云「將率」，即指州長、黨正之屬，從其在軍之名而稱之曰「將率」，正見内政軍令之可通，楊注未達斯旨。

垂事養民。

樾謹按：垂，猶委也。《説文・女部》「娷，諉也」，垂之爲委，猶娷之爲諉也。《爾雅・釋言》「諈諉，累也」。孫炎曰「楚人曰諈，秦人曰諉」。是諈、諉疊韵，二字義同，垂之與委，猶諈之與諉也。「垂事養民」者，委事養民也，言委置其事以養民也。下文曰「進事長功，輕非譽而恬失民」，正與此「垂事養民」相反。又曰「垂事養譽不可，句。以遂功而忘民亦不可」。垂事者，即所謂「垂事養民」也；遂功者，即所謂「進事長功，輕非譽而恬失民」也。然則垂事之義可見矣。楊注訓垂爲下，非是。〔一〕

〔一〕 陶鴻慶《讀諸子札記》認爲「『民』蓋『名』字之誤」（第二四八頁），可參。

則和調累解。

樾謹按：楊注曰「累解，嬰累解釋也」。然「累解」與「和調」皆二字平列，訓爲「嬰累解釋」，非其義矣。《儒效篇》曰「解果其冠」，楊注引《説苑》「蟹螺者宜禾」爲證。竊謂「累解」與「蟹螺」一也，彼從虫而此否者，書有繁簡耳。「蟹螺」到爲「累解」，猶「和調」亦可云「調和」也。《説苑》以「蟹螺」「污邪」對文，則「蟹螺」之義，殆猶平正矣。

凡主相臣下百吏之俗。

樾謹按：俗，當爲屬，聲近而訛也。下文又曰「凡主相臣下百吏之屬」，可證俗字之訛。楊氏不據以訂正，而曰「俗謂風俗」，失之。

須孰盡察。

樾謹按：須字無義，乃順字之誤。《禮論篇》曰「非順孰修爲之，君子莫之能知也」，亦以「順孰」連文，是其證。順與須形近而誤，楊注非。

境内之聚也，保固視可。

樾謹按：楊讀「保固視可」四字爲句，解爲「保其險固，視其可進」。王氏念孫非之，謂「可」字衍文，「視」字當屬下「午其軍，取其將，若撥麷」讀。然《强國篇》亦有「視可司間」之文，舊説恐未可改。

午其衆〔一〕取其將若撥麷〔二〕。

樾謹按：楊注曰「《周禮·籩人》職云『朝食之籩，其實麷蕡』。鄭云『麷，熬麥，今河間以北煮種麥〔三〕賣之名曰麷。』據鄭之説，麷，麥之牙蘖也，至脆弱，故以喻之『若撥麷』，如以手撥麷也。麷，音豐」。楊氏此注合先後鄭二説爲一，又臆造牙蘖之説，先後鄭均無此義，未知所據，不可從也。古義每存乎聲，麷既音豐，即可讀爲豐。《尚書·顧命篇》「敷坐〔四〕豐席」，枚氏傳曰「豐，莞」。正義曰「《釋草》云莞，苻蘺」。郭璞曰「今之西方人呼蒲爲莞，用之爲席也」。王肅亦云「豐，席莞」。然則豐者蒲也，蒲之爲物至脆弱，故以手撥之至易也。字本宜作豐，從麥旁作麷，乃古文假借字，楊泥本字爲説，故失之。

〔一〕衆，諸本同。然俞氏上條引此文及《荀子》原文均作「軍」，疑「衆」爲「軍」之誤。
〔二〕麷，原誤作「麰」，據蔡啓盛《校勘記》及上下文意改。下同。
〔三〕種麥，今《周禮注疏》鄭注作「穜麥」。
〔四〕坐，今《尚書》正文作「重」，可從。

彼得之，不足以藥傷補敗。

樾謹按：藥，當讀爲藥。《説文・疒部》「藥，治也。或作療」，古書每以藥爲之。《大雅・板篇》「不可救藥」，《韓詩外傳》作「不可救療」，毛用假字，韓用正字耳。「藥傷」，即療傷也。楊注曰「藥，猶醫也」，雖得其義，未得其字。

是猶好聲色而恬無耳目也。（《王霸》）

樾謹按：恬，當作姡，字之誤也。《爾雅・釋言》「靦，姡也」，《釋文》引李巡、孫炎注并曰「人面姡然也」，是「姡然」爲人面之貌。故《詩・何人斯篇》「有靦面目」，毛傳曰「靦，姡也」，鄭箋曰「姡然有面目」，是其義也。「姡無耳目」，猶言姡然無耳目。學者多見恬，少見姡，因誤姡爲恬。楊注即訓爲安然，失之矣。〔一〕

此夫過舉蹞步，而覺跌千里者夫。

樾謹按：楊注曰「言此歧路第過舉半步，則知差而哭，況跌千里者乎」。然如注義，則以

〔一〕　陶鴻慶認爲：「俞説未可從也。竊謂楊釋『恬』爲『安』，不誤。而説此文之義則非。『恬無耳目』者，言以無耳目爲安也。」（第二五〇頁）

「跌千里者夫」爲句，不詞甚矣。覺當爲畏。《玉篇》引《聲類》曰「畏，誤也」，《廣雅・釋詁》同。畏訓誤，正與楊注跌訓差，其義相近。言此歧路第過舉蹞步，而其畏跌乃至千里，故可悲也。自畏誤爲覺，而義不可明矣。

若夫貫日而治平。

樾謹按：上文云「若夫貫日而治詳」，《君道篇》云「并耳目之樂，而親自貫日而治詳」，兩文相同。此文「平」字，疑亦當作「詳」，蓋假羊爲詳，又誤羊爲平耳，楊注非。

以非所取於民而巧。

樾謹按：「非所」，猶非時也。文十三年《公羊傳》「往黨，衛侯會公于沓」，何休《解詁》曰「黨，所也」。所猶時也。「以非時取於民而巧」，言以非時取民而巧爲之名也。

佻其期日，而利其巧任。

樾謹按：「巧任」與「期日」對文。楊注曰「巧任，巧者之任」，非其義也。《莊子・秋水篇》曰「任士之所勞」，《釋文》引李注曰「任，能也」。然則「巧任」，猶巧能也。言佻緩其期日，而其巧能者則豐厚其氣稟以利之，百工乃忠信而不楛矣。

是狂生者也，狂生者不胥時而落。（《君道》）

樾謹按：狂即㞷之假字，《説文·土部〔一〕》「㞷，草木妄生也。從之在土上，讀若皇」。狂，《説文》作狴，本從㞷聲，故義得通。「狂生」，蓋以草木爲比，故云「不胥時而落」。落，亦以草木言也。《臣道篇》「迷亂狂生」，義同。楊彼注曰「迷亂其君使生狂也」，未得其義。《韓詩外傳》作「枉生」，枉亦㞷之假字。

善顯設人者也。

樾謹按：設者，大也。《考工記·桃氏》曰「中其莖，設其後」，鄭注曰「從中以郤稍大之也」，賈疏曰「後鄭意訓設爲大，故《易·繫辭》曰『益長裕而不設』，鄭注曰『設，大也』」。是設有大誼，「顯設」猶云顯大。

重味而成珍備。

樾謹按：「珍備」二字無義。此本作「重味而備珍怪」。《正論篇》「食飲則重太牢而備珍

〔一〕　土部，諸本同。然今本《説文·土部》無㞷字而《之部》有，疑「土」爲「之」之誤。

怪」，是其證也。因涉上句「重色而成文章」，誤衍「成」字，遂倒「備珍」爲「珍備」，而臆删怪字矣。《韓詩外傳》作「重色而成文，累味而備珍」，上句無章字，下句無怪字。然「成文」「備珍」正本《荀子》，可據以訂正。

今人主有六患。

樾謹按：下文「使賢者爲之，則與不肖者規之；使知者慮之，則與愚者論之；使脩士行之，則與污邪之人疑之」，止可云三患，不可云六患。六，疑「大」字之誤。學者誤以下文一句爲一患，故臆改爲六，不知合二句方成一患。若止是「使賢者爲之，知者慮之，脩士行之」，非患也。

循乎道之人，污邪之賊也。

樾謹按：《群書治要》無乎字，當從之。循乃脩字之誤。盧校云「元刻循作脩」是也。「脩道」與「污邪」相反，上文曰「使脩士行之，則與污邪之人疑之」，亦以脩與污邪對，是其證。

欲得善馭速致遠者，一日而千里。

樾謹按：盧校云「善馭下俗間本有及字」。王氏念孫據《王霸篇》「欲得善馭，及速致遠，則莫若王良、造父矣」，謂有及字者是，不知此與彼文不同，彼無「一日而千里」五字，故有「及速」二字，此云「一日而千里」，則「及速」不待言矣。《荀子》原文不獨無及字，并無速字。《儒效篇》曰「輿固馬選矣，而不能以致遠一日而千里，則非造父也」，亦言一日千里而無「及速」之文，可證也。俗本據《王霸篇》誤加「及速」二字，宋呂、錢本無及字，而有速字，則删之未盡者耳。

倜然乃舉太公於州人而用之。

樾謹按：「州人」，當從《韓詩外傳》作「舟人」。太公身爲漁父，而釣於渭濱，故言「舟人」也。舟、州古字通。

卿相輔佐，人主之基杖也。

樾謹按：「基杖」二字，義不可通。基當爲綦。《儀禮・士喪禮》「組綦繫于踵」，鄭注曰「綦，屨係也，所以拘止屨也」，《漢書・楊雄傳》「履欃槍以爲綦」，《外戚傳》「思君兮履綦」，綦也、杖也，皆人所以行者，故以爲喻。〔一〕

〔一〕 王其和認爲，「俞校非是」，「基」當讀爲几，聲近義通，皆爲「人所倚仗之物」，或有「几杖」連文者（第九一頁）。

然而應薄扞患，足以持社稷。

樾謹按：薄之言迫也。僖二十三年《左傳》「薄而觀之」，文十二年《傳》「薄之河」，杜注并曰「薄，迫也」。然則「應薄」猶「應迫」也，言有偪迫者，足以應之也。《臣道篇》曰「應卒遇變」，「卒」與「薄」義相近。

推類接譽。（《臣道》）

樾謹按：楊注曰「推其比類，接其聲譽」，此未得「接譽」二字之義也。下句曰「以應〔一〕無方」，「接其聲譽」豈遂足以「應無方」乎？譽當讀爲豫。昭二年《左傳》「宣子譽之」，《孟子・梁惠王篇》引作豫，《梁惠王篇》「一游一豫」，昭二年注引作譽，是古字譽與豫通也。《大略篇》曰「先事慮事謂之接，先患慮患謂之豫」，即此文「接譽」之義。

爪牙之士施，則仇讎不作。

樾謹按：《莊子・秋水篇》「是謂謝施」，《釋文》引司馬注曰「施，用也」。《淮南子・原道

〔一〕 應，今《荀子》正文作「待」。

篇》「施之無窮」，高誘注亦曰「施，用也」。「爪牙之士施」，猶曰爪牙之士用。楊注曰「施，謂展其材也」，訓施爲展，而以「展其材」足成之，迂矣。

曉然以至道，而無不調和也。

樾謹按：然字衍文，當作「曉以至道，而無不調和也」，言事暴君者，當以至道曉之也。楊注曰「曉然，明喻之貌」，「曉然以至道」，甚爲不詞，蓋楊氏所見已衍然字。

以德復君而化之，大忠也。

樾謹按：《韓詩外傳》復作覆，當從之。「以德覆君」，謂其德甚大，君德在其覆冒之中，故足以化之。下文曰「若周公之於成王也，可謂大忠矣」，是大忠之名，非周公不足當也。楊氏不知復與覆通，而訓復爲報，謂「以德行之事報白於君」，然則如「次忠」之「以德調君而補之」者，豈不以德行報白乎？且但報白而已，又何足以「化之」乎？

故君子安禮樂利，謹慎而無鬥怒。

樾謹按：「樂利」當爲「和樂」，「和樂」與「安禮」相對成文。安禮、和樂，承上禮樂而言；謹慎而無鬥怒，承上謹慎、鬥怒而言。因和字訛作利，又涉上文「謹慎，利也」，疑利字屬謹慎言，遂移置樂字之下，使「安禮樂」「利謹慎」兩句相對，而文義俱違矣。

衡聽顯幽，重明退奸，進良之術。（《致士》）

樾謹按：楊注曰「衡，平也，謂不偏聽也」。下文云「凡流言、流説、流事、流謀、流譽、流愬，不官而衡至者，君子慎之」，注曰「衡，讀爲横」。楊氏於前後兩衡字异訓，殆失之矣。衡聽之衡，亦當讀爲横。蓋彼以衡至，故亦以衡聽也。古横、衡同字。《詩·衡門篇》《釋文》曰「衡，古文横字」，是其證也。《漢書·王莽傳》「昔帝堯横被四表」，《魏志·文帝紀》引《獻帝傳》曰「廣被四表」，是横、廣音近義通。流言之屬一時而并至，故曰横至，猶曰大至矣。

莫不明通方起以尚盡矣。

樾謹按：楊注曰「尚與上同。上盡，謂盡忠於上也」，然盡忠於上而曰上盡，甚爲不詞。盡當讀爲進。《列子·天瑞篇》「終進乎不知也」，張湛注曰「進，當爲盡」，是其證也。《漢書·高帝紀》「主進」，顔師古注曰「進字本作賮，又作贐，音皆同耳。古字假借，故轉而爲進」，然則以盡爲進，猶以進爲贐矣。《爾雅·釋詁》「藎，進也」，藎從盡聲，則盡亦進也。「尚盡」猶言上進。忠言、忠説、忠事、忠謀、忠譽、忠愬，皆願進於上，故曰「莫不明通方起以上進矣」。楊氏知尚之爲上，而不知盡之爲進，於古人假借之道，未盡得也。

水深則回，葉落糞本，弟子通利則思師。

樾謹按：「葉落」下當有則字，此以上二句喻下一句，若無則字，句法不一律矣。盧校曰「宋本作『水深而回，樹落則糞本』，今從元刻」，其實宋本是也。古書每以「而」「則」互用，《孟子·告子篇》「人有鷄犬放則知求之，有放心而不知求」，《墨子·明鬼篇》「非父則母，非兄而姒」，《史記·欒布傳》「與楚則漢破，與漢而楚破」，皆其證也。宋本上句用「而」字，下二句用「則」字，必《荀子》之原文，乃反不之從，何歟？

延則若莫邪之長刃，嬰之者斷；兑則若莫邪之利鋒，當之者潰。（《議兵》）

樾謹按：楊注曰「兑，猶聚也，與隊同，謂聚之使短。《新序》作『鋭則若莫邪之利鋒』也」。盧校曰「延，《韓詩外傳》作『延居』；兑，作『鋭居』。延讀『延袤』之延，謂衡布。兑讀爲鋭，謂直擣。《外傳》兩居字，與下文『圜居』一例，可知注未是矣」。今按楊訓兑爲聚，不如盧説之長，惟依《外傳》「延居」「鋭居」爲説，則非也。「延則若莫邪之長刃」，「兑則若莫邪之利鋒」，與上文「聚則成卒，散則成列」，句法一律，不得有居字。下文云「圜居而方止」，此自以「圜居」「方止」相對成義。《外傳》因「圜居」之文改作「方居」以對之，遂於此文延下、鋭下各衍居字，盧氏據以説《荀子》，誤矣。延之言長也，故若長刃；鋭之言利也，故若利鋒。以文義論，亦不當有居字。

故仁人用國日明。

樾謹按：楊注曰「日益明察」，非也。明之言盛也，《淮南子·説林篇》曰「長而愈明」，高注曰「明，猶盛也」。《禮記·明堂位》《正義》曰「明堂，盛貌」。然則明之訓盛，蓋古誼也。「國日明」，猶言國日盛矣。

負服矢五十个。

樾謹按：盧校曰「元刻作負矢，無服字，與《漢書》同」。然「服」字實不可無。服者，箙之假字。《説文·竹部》「箙，弩矢箙也」。經傳通以服爲之，《詩·采薇篇》「象弭魚服」，《國語·齊語》「服無矢」，皆是也。「負服矢五十个」者，盛矢五十个於服而負之也。若但云「負矢」，則矢無服不可負，若云「負矢服」，則疑五十个以服計矣。故曰「負服矢五十个」，古人之辭所以簡而明也。《漢書》奪服字，元刻從之，非是。

置戈其上。

樾謹按：此承「負服矢五十个」而言，所謂「其上」者，矢服之上也。蓋「負矢服」於背，而荷戈於肩，戈之上半適在矢服之上，故曰「置戈其上」也。楊注不解服字之義，故於此句亦失其解，而曰「置戈於身之上」，不可通矣。

日中而趨百里。

樾謹按：「日中」者，自旦至於日中，蓋半日而趨百里也。楊注謂「一日之中」，則但云「日趨百里」足矣。

有遇之者，若以焦熬投石焉。

樾謹按：楊注曰「猶以焦熬之物投石也」。然以投石爲喻，不必言焦熬之物，注義未安。上文云「以桀詐堯，譬之若以卵投石，以指撓沸」，此文「以焦熬投石」，疑有奪誤。當云「以指焦熬，以卵投石」。焦讀爲撨，《廣雅・釋詁》曰「撨，拭也」，《説文・火部》「熬，乾煎也」，然則「以指撨熬」，其義猶「以指撓沸」也。

故招近募選。

樾謹按：楊注曰「近，當爲延」，是也。「招延」二字同義，則「募選」二字亦必同義。募乃纂字之誤，纂、選皆具也，説詳《王制篇》。楊注曰「募選，謂以財召之而選擇可者」，非是。

鞈如金石。

樾謹按：《史記·禮書》作「堅如金石」，故楊注訓鞈爲「堅貌」，即引《史記》爲證。然鞈之訓「堅貌」，諸書皆無明文，殆非也。《説文》鞈有二：其一見《革部》，爲正篆；其一見《鼓部》，爲鼛篆之古文。鼛，鼓聲也，故《文選·上林賦》「鏗鎗闛鞈」，李善注曰「鏗鎗，鐘聲也；闛鞈，鼓聲也」。此文「鞈如金石」當以聲言，不當以貌言，謂扣之而其聲鞈然如金石也。必以鼓聲相況者，鼓是革所爲，上云「鮫革犀兕以爲甲」，則亦革所爲也，正見其屬辭之密。《史記》作堅，自與《荀子》异，不得并爲一談也。

而順暴悍勇力之屬，爲之化而願。

樾謹按：楊注曰「順，從也。謂好從暴悍勇力之人，皆化而願慤也」，然此句與下二句本一律，多一順字則不詞矣。「而順」當作「順而」，順而，猶從而也。「順而暴悍勇力之屬，爲之化而願；旁辟曲私之屬，爲之化而公；矜糾收繚之屬，爲之化而調」，皆承上文「所存者神，所爲者化」而言。《性惡篇》曰「順是故争奪生而辭讓亡焉，順是故殘賊生而忠信亡焉，順是故淫亂生而禮義文理亡焉」，諸順字并與此同，猶言順是而暴悍勇力之屬皆爲之化焉。因「順而」誤爲「而順」，文義遂不可通，或乃疑其有闕文矣。

已朞三年，然後民可信也。

樾謹按：楊注曰「已，過也，過一朞之後，至於三年，然後新歸之民可信」，其義甚爲迂曲，疑非也。《荀子》書多用綦字作窮極之義，此朞字蓋亦綦字之誤。「已綦三年」，猶云已極三年也。《宥坐篇》「綦三年而百姓往矣」，可證此文之訛。《正論篇》「期臭味」，注曰「期，當爲綦」，得之矣。

敵中則奪。（《彊國》）

樾謹按：楊注曰「敵人得中道則奪其國。一曰：中，擊也」，然此以民情言，不以敵國言，楊注非是。敵當讀爲適，古字通用，《論語·里仁篇》「無適也」，《釋文》曰「鄭本作敵」。《禮記·玉藻篇》「敵者不在」，《釋文》曰「敵，本作適」，并其證也。上文言「劫則致畏，嬴則敖上，執拘則最，得間則散」，并就其一偏〔一〕者而言之。此云「敵中」，謂適乎其中也。既不用道德之威，而用暴察之威，適乎其中，則反失其所以爲暴察矣，故曰「適中則奪」。下文曰「非劫之以形勢，非振之以誅殺，則無以有其下」，正承此文而言，足見楊注之非。

〔一〕偏，原作「徧」，據蔡啓盛《校勘記》及文意改。

楚人則乃有襄賁、開陽以臨吾左。

樾謹按：乃，疑又字之誤，上已云「巨楚縣吾前」，故此云「楚人則又有襄賁、開陽以臨吾左」。

是一國作謀，則三國必起而乘我。

樾謹按：「三國」乃「二國」之誤，上文止有楚、燕、魏三國，若依此文，則是四國矣，故知其誤也。

如是則齊必斷而爲四，三國若假城耳。

樾謹按：楊注曰「三國分齊，則斷爲四，謂楚取其二，魏、燕各取其一也」，又曰「言齊如三國之寄城，不久當歸之也」，然楚雖當齊之二面，要是一國，不當分爲二，楊注非也。「四」字疑衍文，當云「齊必斷而爲三」。其下句則云「國若假城耳」，言齊之國若假人之城，不久當歸之也。古四字作亖，與三字混，疑三訛作亖，後人校正作三，傳寫者遂并存「四」「三」兩字，楊氏不能是正，以「四」字屬上讀，「三」字屬下讀，而兩句俱不可通矣。

乃能使説己者使耳。

樾謹按：下使字，當訓從，《爾雅・釋詁》「使，從也」。

所謂廣大乎舜禹也。

樾謹按：盧校曰，此句或疑當在「彊殆中國」句下。王氏念孫曰，此汪説也，汪直移此句於上文「彊殆中國」下，是也。今按上文「威彊乎湯武」「廣大乎舜禹」，相對爲文，是於湯武言威彊，舜禹言廣大，若「威動海内，彊殆中國」下接「此所謂廣大乎舜禹也」，則文義錯雜矣，汪説非也。「此所謂」句當移在「是地偏天下也」句下。試以上文例之，上文曰「是乃使讎人役也，此所謂威彊乎湯武也」，此文曰「是地偏天下也，此所謂廣大乎舜禹也」，文法正相準。「威動海内，彊殆中國」二句，又承「威彊乎湯武」句以起下文，言威彊不言廣大者，舉一以包其一耳。

霸者之善著焉，可以時託也。

樾謹按：託乃記字之訛，言霸者之善所以明著者，以其可以時記也。下文云「王者之功名，不可勝日志也」，正「王者敬日，霸者敬時」之意。記、志義同，記訛作託，則「時託」與「日志」不倫矣。又按「不可勝」下，據楊注當有「數」字，王氏《讀書雜志》已及之。「日志也」上亦當有

「可以」二字，與「可以時記也」一例，王氏未及。

夫義者，内節於人而外節於萬物者也。

樾謹按：節，猶適也。《吕氏春秋·重己篇》「故聖人必先適欲」，高注曰「適，猶節也」，然則節亦猶適矣。《管子·禁藏篇》「故聖人之制事也，能節宫室、適車輿以實藏」，是節與適同義。下文曰「上安於主而下調於民者也」，訓節爲適，則與調、安相近。楊注曰「節，謂限禁也」，非是。

諸子平議卷十四

荀子三

天行有常。（《天論》）

樾謹按：《爾雅・釋宫》「行，道也」。「天行有常」，即天道有常。楊注曰「天自有常行之道」，則「道」字反爲增出矣。

養略而動罕，則天不能使之全。

樾謹按：楊注曰「罕，希也。動罕，言怠惰也」，然上文云「養備而動時，則天不能病」，備與略義正相對，時與罕則不倫矣。罕疑屰字之誤，屰即今逆字。《説文・干部》「屰，不順也」。《辵部》「逆，迎也」，是逆爲送逆字。其順逆字本作屰也。「養略而動屰」，正與「養備而動時」相對成義。

所志於天者。

樾謹按：《禮記·緇衣篇》曰「爲上可望而知也，爲下可述而志也」，鄭注曰「志，猶知也」。「所志於天者」，即所知於天者。下文「志於地」「志於四時」「志於陰陽」，并同。此即承上文「知其所爲，知其所不爲」而言，楊訓志爲「記識」，非。

《詩》曰「何恤人之言兮」，此之謂也。

樾謹按：「何恤」上本有「禮義之不愆」五字，而今奪之。《文選·答客難篇》「傳曰，天不爲人之惡寒而輟其冬，地不爲人之惡險而輟其廣，君子不爲小人之匈匈而易其行。天有常度，地有常形，君子有常行。君子道其常，小人計其功。《詩》云『禮義之不愆，何恤人之言』」，李善注曰「皆《孫卿子》文」，是其證也。《正名篇》引此《詩》曰「禮義之不愆兮，何恤人之言兮」，亦其證也。

楚王後車千乘，非知也，君子啜菽飲水，非愚也，是節然也。

樾謹按：節，猶適也，説詳《强國篇》。「是節然也」，猶曰是其適然者也。劉氏台拱引《正名篇》「節遇謂之命」釋之。節遇之節，亦當訓適。適與之遇，所謂命也。楊注并非。又《大略篇》「湯旱而禱曰，政不節與」，節亦適也，謂不調適。

故君子敬其在己者。

樾謹按：敬，當爲茍。《説文·茍部》「茍，自急敕也」，經典通作亟。《爾雅·釋詁》「亟，疾也」，《釋文》曰「字又作茍」，是也。「君子茍其在己者」，猶云君子急其在己者。正與「小人錯其在己者」相對成義，學者罕見茍字，因誤爲敬耳。

星隊木鳴，國人皆恐。

樾謹按：木不能鳴，或因风而鳴，人亦不恐。而此云然者，蓋古有社鳴之説。《文選·運命論》「里社鳴，而聖人出」，李善注引《春秋潛潭巴》曰「里社明，此里有聖人出，其呴，百姓歸，天辟亡」，明與鳴古字通。所謂社鳴者，社必樹其土所宜木，故古文社從木作袿。社鳴，實即其木鳴也，古人蓋甚畏之，故《荀子》以「星隊」「木鳴」并言也。

水行者表深。

樾謹按：「水行」當作「行水」。「水行者表深」，與下文「治民者表道」一律。《孟子·離婁

篇》「如智者若禹之行水也」，此「行水」二字之證。〔一〕

故至賢疇四海，湯武是也。（《正論》）

樾謹按：楊注曰「疇四海，謂以四海爲疇域。或曰疇與籌同，計度也」，此二義皆非是。疇者保也。《國語・楚語》「臣能自壽也」，韋注曰「壽，保也」。《晏子・雜篇》「賴君之賜得以壽三族」，「壽三族」即保三族也。《管子・霸言篇》「國在危亡而能壽者明聖也」，「能壽」即能保也。此文作疇者，古字通耳。《說文・土部》「𠷎，保也」，凡作疇作壽，皆𠷎之假字。

譬之是猶傴巫跛匡，大自以爲有知也。

樾謹按：大字乃而字之訛，「而」「大」篆文相似，因而致誤。注云「猶巫尪大自以爲神异」，則曲爲之說矣。

溝中之瘠也，則未足與及王者之制也。

樾謹按：此文當在「東海之樂」下，《荀子》原文蓋云「語曰，淺不足與測深，愚不足以謀知，

〔一〕王其和認爲「水行」疑不誤，表「從水中行走」，俞氏强同一律而誤校（第一三八頁）。

坎井之蛙不可與語東海之樂，溝中之瘠未足與及王者之制。此之謂也」。「坎井之蛙」二句，所謂「淺不足與測深」也；「溝中之瘠」二句，所謂「愚不足以謀知」也。傳寫誤到在上，又衍兩「也」字、一「則」字。

天下有聖而在後者，則天下不離。

樾謹按：「後」下當有「子」字。下文云「聖不在後子，而在三公，則天下如歸」。楊注曰「後子，嗣子，謂丹朱、商均。三公，宰相，謂舜、禹」，此説是也。《荀子》之意，謂傳賢與傳子同，天下有聖而在後子，則傳之子可也。聖不在後子而在三公，則傳之賢可也。故兩言「天下厭然，與鄉無以异也。以堯繼堯，夫又何變之有矣」，正見傳賢傳子之不异也。乃自此文奪「子」字，而其義不顯，楊氏遂疑後三句爲重出矣。

持老養衰，猶有善於是者與，不老者休也。

樾謹按：此當作「猶有善與是者不與」。不，讀爲否，傳寫誤倒在「與」下，楊注曰「不老，老也。或曰衍不字」，并非。

故作者不祥，學者受其殃，非者有慶。

樾謹按：此謂作世俗之説者不祥，學者從而傳述之，必受其殃，能非而辟之，則有慶也。下文引《詩》曰「下民之孽，匪降自天。噂沓背憎，職競由人」，可見《荀子》之意，深疾世俗之説，故爲此言，楊注未得其旨。

故盗不竊，賊不刺。

樾謹按：楊注曰「盗賊，通名。分而言之，則私竊謂之盗，劫殺謂之賊」，此蓋以刺爲刺殺之刺，實非然也。《漢書・郊祀志》「刺《六經》中作《王制》」，師古注曰「刺，采取之也」。又《丙吉傳》「至公車刺取」，注曰「刺，謂探候之也」，然則刺者探取之義，「盗不竊，賊不刺」，變文以成句耳，非有異義也。

是何也，則求利之詭緩，而犯分之羞大也。

樾謹按：楊注曰「詭，詐也。求利詭詐之心緩也」，其義甚迂曲。詭，疑説字之誤。言古者民生富厚，求利之説在所緩也。詭、説形似致誤，楊注非。

金舌弊口，猶將無益也。

樾謹按：楊注曰「金舌，以金爲舌。金舌弊口，以喻不言也。金或讀爲噤」。然上文云「今子宋子不能解人之惡侮，而務説人以勿辱也，豈不過甚矣哉」，則「金舌弊口」謂説人，非謂「不言」。楊注非也。此文當作「金口弊舌」，金讀爲唫，《説文·口部》「唫，口急也」；弊讀爲敝，言雖説之至於口唫舌敝，猶無益也。《戰國策·秦策》「舌敝耳聾」，此可證「敝舌」之義。今作「金舌弊口」，義不可通。據楊注引《法言》「金口而木舌」，又似本作「金口」者，豈爲後人改竄故歟？

將恐得傷其體也。

樾謹按：得字無義，疑復字之誤。復者，反也。猶曰將恐反傷其體也。言子宋子之説非徒無益於人，或反以傷其體耳。

祭齊大羹而飽庶羞。（《禮論》）

樾謹按：楊注曰「齊，讀爲嚌」，此因《大戴記》而誤也。齊當爲躋，《禮記·樂記篇》鄭注曰「齊，讀爲躋」，是也。文二年《左傳》「躋僖公」，杜注曰「躋，升也」。然則「躋大羹」者，升大羹也，正與上文「尚玄尊」「先黍稷」一律。下文云「豆之先大羹也」，是其義也。《大戴記·禮三本篇》作嚌，疑即𪗋之壞字。《史記·禮書》嚌下有先字，疑史公原文作「先大羹」，後人因《大戴》之文妄增嚌字耳。

利爵之不醮也。

樾謹按：楊注曰「醮，盡也。謂祭祀畢告利成，利成之時，其爵不卒奠于筵前也」，此説殊未盡其義。利者，謂佐食也。「利爵不醮」，蓋據大夫儐尸之禮。《有司徹篇》「利洗爵獻于尸，尸酢獻祝，祝受祭酒，啐酒奠之」，是其事也。利既獻尸，尸卒爵酢利，利又獻祝，祝受奠之不卒，示祭事畢也，説詳《群經平議》。

大昏之未發齊也。

樾謹按：齊，當讀爲醮；發，猶致也。《昏禮》「父親醮子而命之迎」。「未發醮」者，未致醮也，亦詳《群經平議》。

大路之素未集也。

樾謹按：楊注曰「未集，不集丹漆也」，則但言素而其義已足矣，不必言「未集」，且「未集」

二字義亦未足，楊注非也。未字，當爲本末之末。「素末」是一事，「素集」是一事，蓋一本作末，一本作集，傳寫誤合之，而因改末爲未，以曲成其義，非《荀子》原文也。末者，辟之假字，上文「絲末」楊注曰「末，與辟同」。《禮記》曰「君羔辟虎犆」，鄭云「覆苓也」，然則「大路之素末」亦即素辟耳。《大戴記・禮三本篇》作「素幭」，幭與辟同，《荀子》作末之本與《大戴》合。集者，幬之假字，集音轉而爲就，《詩・小旻篇》「是用不集」，《韓詩》作「是用不就」是也，故得讀爲幬。《爾雅・釋訓》「幬謂之帳」，《釋文》曰「幬，本或作㡘」，是幬字或從周聲。《山海經・中山經》「暴山，其獸多麋鹿麢就」，郭注曰「就，雕也」，然則以就爲㡘，猶以就爲雕矣。《史記・禮書》正作「素幬」，《荀子》作就之本與《史記》合。

本末相順。

樾謹按：順，讀爲巡。《禮記・祭義篇》「終始相巡」，此云「本末相巡」，其義正同。順、巡并從川聲，故得假用。

文理情用，相爲內外表裏，并行而襍。

樾謹按：襍，讀爲帀，古襍與帀通。《呂氏春秋・圜道篇》「圜周復襍」，注曰「襍，猶帀也」，《淮南子・詮言篇》「以數襍之壽憂天下之亂」，注曰「襍，帀也。人生子，從子至亥爲一帀」。然則「并行而襍」，言并行而周帀也。楊注曰「情文代勝，并行相襍」，猶未達假借之恉。

紸纊聽息之時，則夫忠臣孝子，亦知其閔已。

樾謹按：楊注曰「言此時知其必至於憂閔也」，文義迂曲，殆非也。《爾雅·釋詁》「閔，病也」，《詩·柏舟篇》「覯閔既多」，《鴟鴞篇》「鬻子之閔斯」，毛傳并曰「閔，病也」。「亦知其閔已」，猶言亦知其病已。病，謂疾甚也，《儀禮·既夕記》注曰「疾甚曰病」。

一朝而喪其嚴親。

樾謹按：《禮記·大傳篇》「收族，故宗廟嚴」，鄭注曰「嚴，猶尊也」。「嚴親」，即尊親，嚴謂君，親謂父母。

芻豢稻粱，酒醴餰鬻，魚肉菽藿酒漿。

樾謹按：「酒漿」當爲水漿，王氏念孫謂涉上「酒醴」而誤，是也。「魚肉」二字，當在「餰鬻」二字之上，蓋芻豢、稻粱、酒醴、魚肉屬吉，餰鬻、菽藿、水漿屬凶，方與上下文一律，今魚肉字誤倒在餰鬻下，則吉凶不倫矣。楊注曰「餰鬻、菽藿，喪者之食」，疑楊氏所見本尚未倒，故以「餰鬻、菽藿」連文也，當據以訂正。

故如死如生，如存如亡，終始一也。

樾謹按：「如死如生，如存如亡」義不可通，當作「事死如生，事亡如存」，上兩「如」字誤也。篇末云「哀夫敬夫，事死如事生，事亡如事存」，可知此文之訛，當據以訂正。

棺椁其額象版蓋斯象拂也。

樾謹按：板者，車轓也。《漢書·景帝紀》「令長吏二千石車朱兩轓，千石至六百石朱左轓」，應劭曰「車耳反出，所以爲之藩屏翳塵泥也」。《廣雅·釋器》曰「轓謂之軓」，版與軓通。楊注説版字未了，又云「斯未詳，象衍字」，象既爲衍字，則「斯拂」連文，楊云「拂即茀也」，然則斯與拂必同類之物。《爾雅·釋器》云「輿革，前謂之䩑，後謂之茀」。䩑字從艮聲，與斤聲相近，故垠從艮聲，或體作圻，從斤聲，是其例也。斯，疑靳字之誤。靳之本義爲當膺，而古或借爲䩑。《廣雅·釋器》「靷韇謂之靳」，王氏《疏證》亦云未詳，不知靷韇之靳，即「輿革，前謂之䩑」也，惟其在前，故繫於韇也。此以版、蓋、靳、拂并言，版即軓也，在車旁；蓋者，車蓋也，在車上；靳在前，拂在後，其所説至爲詳備矣。靳字本當作䩑，而借用靳，亦猶齒本字本當作齗，而《太玄·密》「次八，琢齒依齦」，則借用齦。齦者，齧也，非齒本也，艮、斤聲近，故字得通耳。乃靳又誤作斯，則其義遂不可見矣。

其銘誄繫世，敬傳其名也。

樾謹按：《周官·小史》職曰「奠世繫〔一〕，辨昭穆」，鄭司農云「繫世，謂《帝繫》《世本》之屬」，是也。以《帝繫》解繫字，《世本》解世字，則繫也、世也自是二事，與銘誄相對，楊注未得。

彼君子者，固有爲民父母之説焉。

樾謹按：子字，衍文也。此本説君之喪所以三年之故，故引《詩》而釋之曰「彼君者固有爲民父母之説焉」。下文云「父能生之，不能養之，母能食之，不能教誨之，君者已能食之矣，又善教誨之者也」。下言「君者」，則此文亦當作「君者」，涉上「愷悌君子」之文而衍「子」字耳。

毋利舉爵。

樾謹按：《特牲饋食禮》，主人、主婦、賓長三獻之後，長兄弟、衆賓長又行加爵之禮，然後「利洗，散獻于尸」，鄭注謂「以利待尸，禮將終，宜一進酒」。然則利之獻尸，非祭之正，故以祭禮將終，始行之也。此云「毋利舉爵」，蓋以主人爲重，猶言不使利代舉爵耳，故下云「主人有

〔一〕 世繫，今《周禮》原作「繫世」，當據正。

尊，如或觴之」，楊注曰「當云無舉利爵，即上文云利爵之不醮也」，如此則與下意不貫矣。

帶甲嬰軸，歌於行伍，使人之心傷。（《樂論》）

樾謹按：歌於行伍，何以使人心傷？義不可通。傷當爲惕，《荀子》書多用惕字，《修身篇》曰「加惕悍而不順」，注引韓侍郎云「惕，與蕩同字，作心邊易，謂放蕩凶悍也」，又《榮辱篇》曰「惕悍憍暴」，注亦云「惕，與蕩同」。歌於行伍，則使人之心爲之動蕩，故曰「使人之心惕」。惕、傷形似，因致訛耳。〔一〕

君子明樂，乃其德也，亂世惡善，不此聽也。

樾謹按：自「窮本極變，樂之情也」至「弟子勉學，無所營也」，十八句皆有韵之文，獨「德」字不入韵，當必有誤。《荀子》原文疑作「乃斯聽也」，斯與此，文异義同。「乃斯聽也」與「不此聽也」反復相明。古人用韵不避重複，如《采薇》首章連用二「玁狁之故」句，《正月》一章連用二「自口」字，《十月之交》首章連用二「而微」字，《車舝》三章連用二「庶幾」字，《文王有聲》首章連用二「有聲」字，《召旻》卒章連用二「百里」字，并其例也。後人以兩句不得疊用「聽」字，因改上

〔一〕　傷，徐仁甫《荀子辨正》以「傷」借爲「揚」，古音近義通。使人之心傷，謂使人之心發揚也（第一五〇頁）。

句爲「乃其德也」，不特於韵不諧，而亦失其義矣。

塤篪翁博。

樾謹按：翁，當爲滃。《文選・江賦》云「氣滃渤以霧杳」，「翁博」猶「滃渤」也，博與渤亦一聲之轉。

琴婦好。

樾謹按：《賦篇・蠶賦》曰「此夫身女好而頭馬首者與」，注云「女好，柔婉也」。「婦好」當與「女好」同，亦柔婉之意。

兩疑則惑矣。（《解蔽》）

樾謹按：兩，讀如兩政之兩。桓十八年《左傳》「并后匹嫡，兩政耦國」，是兩與匹、耦義同。疑，讀如疑妻、疑適之疑。《管子・君臣篇》「内有疑妻之妾，此宫亂也；庶有疑適之子，此家亂也；朝有疑相之臣，此國亂也」。字亦作擬，《韓子・説疑篇》「孽有擬適之子，配有擬妻之妾，廷有擬相之臣，臣有擬主之寵，此四者國之所危也」，意與《管子》同。天下之道，一而已矣，有與之相敵者是爲兩，有與之相亂者是爲疑。兩焉疑焉，惑從此起，故曰「兩疑則惑矣」。楊注曰

「兩疑，謂不知一於正道，而疑蔽者爲是」，若然，則疑即惑也，於義複矣。又曰「一本作兩則疑惑矣」，此不得其解，而誤乙其文也。

心不使焉，則白黑在前而目不見，雷鼓在側而耳不聞，况於使者乎！

樾謹按：下「使」字乃「蔽」字之誤。白黑之形，雷鼓之聲，尚且不見不聞，况於蔽者乎！此承上文「蔽於一曲」而言。下文「欲爲蔽、惡爲蔽」諸句，又承此而極言也，故篇名「解蔽」也。因涉「心不使焉」句而誤作使，既云「心不使焉」，又云「况於使者乎」，文不可通。楊曲爲之説，非是。

故爲蔽。

樾謹按：宋吕夏卿、錢佃本并如是。故，猶胡也。《墨子·尚賢中篇》「故不察尚賢爲政之本也」，下文作「胡不察尚賢爲政之本也」，是故與胡同。《管子·侈靡篇》「公將有行故不送公」，亦以故爲胡。「故爲蔽」，猶云胡爲蔽。胡之言何也，乃設爲問辭，下文「欲爲蔽、惡爲蔽」云云，乃歷數以應之也。元刻涉注文而誤作「數爲蔽」，盧氏從之，非。

昔賓孟之蔽者，亂家是也。

樾謹按：楊注曰「賓孟，周景王之佞臣，欲立王子朝者。亂家，謂亂周之家事，使庶孽争位也」，此注殊誤。下文歷數墨子諸人之蔽，全與賓孟無涉。此二語，上無所承，下無所應，殊爲不倫。據上文云「昔人君之蔽者，夏桀、殷紂是也」，下乃極言桀、紂之蔽，而終以成湯、文王之不蔽者，明不蔽之福。又云「昔人臣之蔽者，唐鞅、奚齊是也」，下乃極言唐鞅、奚齊之蔽，而終以鮑叔、甯戚諸人之不蔽者，明不蔽之福。此文云「昔賓孟之蔽者，亂家是也」，下乃歷舉墨子諸人之蔽，而終以孔子之不蔽者，明不蔽之福。三段相對成文，則「賓孟之蔽」句，正與上文「人君之蔽」「人臣之蔽」相對，所云賓孟，殆非周之賓孟，且非人名也。孟當讀爲萌，孟與明古音相近，故孟可爲萌，猶孟猪之爲明都，孟津之爲盟津也。《吕氏春秋·高義篇》載墨子之言曰「若越王聽吾言，用吾道，翟度身而衣，量腹而食，比於賓萌，未敢求仕」，高注曰「賓，客也。萌，民也」。所謂賓萌者，蓋當時有此稱，戰國時游士，往來諸侯之國，謂之賓萌。若下文墨子、宋子、慎子、申子、惠子、莊子，皆其人矣。然則上言「人君之蔽」「人臣之蔽」，此言「賓萌之蔽」，文正相對。「人君之蔽」「人臣之蔽」，止舉兩人，故可曰夏桀、殷紂是也，唐鞅、奚齊是也。「賓萌之蔽」，則所舉人多，不可并列，故曰「亂家是也」。「亂家」，包下文諸子而言。上文云「亂國之君」，「亂家之人」，又曰「亂國之君非之上，亂家之人非之下」，此「亂家」二字之證也。賓萌之稱，它書罕見，而字又假孟爲萌，適與周賓孟之名同，其義益晦矣。

宋子蔽於欲而不知得。

樾謹按：古得、德字通用。《周易》「上九。君子得輿」〔一〕，《釋文》曰「得，京作德」。《論語·泰伯篇》「民無得而稱焉」，《季氏篇》「戒之在得」，《釋文》并云「得，本作德」，是其證也。「蔽於欲而不知德」，正與下句「慎子蔽於法而不知賢」一律。注謂「不知得欲之道」，失之。

以其不可道之心取人，則必合於不道人，而不知合於道人。

樾謹按：知字，衍文也。下文云「以其可道之心取人，則合於道人，而不合於不道人」，正與此文相對。彼云「不合」，而不云「不知合」，則此文亦無「知」字明矣。

夫何以知！

樾謹按：楊注曰「問何道以知道人也」，此注甚誤。「夫何以知」，與下文「何患不知」相對，

〔一〕 君子得輿，此文見《剥》卦。

蓋言心不知道，則將與不道人論道人，必至妒賢害善矣，夫何以知！心知道，則與道人論非道，必能懲奸去惡矣，何患不知！此兩「知」字，與知道之知不同，當讀爲智。夫何以知，猶言夫何能智也。楊注以爲問辭，失之甚矣。

曰心知道然後可道。

樾謹按：曰字，衍文也。「心知道然後可道」，與上文「心不知道，則不可道而可非道」相對成文，皆承「故心不可以不知道」而言。因上句「夫何以知」，楊注誤以爲問辭，後人遂以此數句爲答辭，妄加「曰」字矣。

有人也，不能此三技而可使治三官，曰精於道者也，精於物者也。

樾謹按：「精於物」上疑當有「非」字，言此人不能三技而可治三官者，精於道，非精於物也。精於物，若農精於田，賈精於市，工精於器，是也。精於道，則君子是也。精於物者，以物物，精於道者，兼物物，故君子一於道，而以贊稽物」，可證其義。今本奪「非」字，則「精於道者也，精於物者也」，兩語平列，而其義違矣。

其爲人也，善射以好思。

樾謹按：楊注曰「清静思其射之妙」，然凡射者，必心手相得方可求中，非徒思之而已。且其下文曰「耳目之欲接，則敗其思，蚊虻之聲聞，則挫其精」，無一字及射，然則楊注非也。此射字，乃射策、射覆之射。《漢書・藝文志》蓍龜家有《隨曲射匿》五十卷，射匿，疑即射覆，覆而匿之，人所不知，以意縣揣而期其中，此射之義也。《吕氏春秋・重言篇》載，成公賈説荆莊王曰「有鳥止于南方之阜，三年不動不飛不鳴，是何鳥也」？王射之曰「有鳥止於南方之阜，其三年不動，將以定志意也；其不飛，將以長羽翼也；其不鳴，將以覽民則也」。然則古人設爲廋辭隱語，而使人意度之，皆謂之射。此云「善射以好思」，即謂此也，非真援弓而射之也。

故濁明外景，清明内景。

樾謹按：《大戴記・曾子天圓篇》「參嘗聞之夫子曰，天道曰圓，地道曰方。方曰幽，而圓曰明。明者吐氣者也，是故外景；幽者含氣者也，是故内景。故火日外景，而金水内景」。《荀子》「濁明外景，清明内景」之説，即孔子之緒言也，楊注所説，未盡其旨。

見植林以爲後人也。

樾謹按：上文「見寢石以爲伏虎也」，伏與寢義相應。此云「後人」，則與「植林」不相應矣，「植林」豈必在後乎？疑《荀子》原文本作「立人」，「立」與「植」正相應。下文曰「俯見其影，以爲伏鬼也；印視其髮，以爲立魅也」，亦以伏、立對文，可證也。今作「後人」者，疑涉上文誤立爲伏，又誤伏爲後耳。

而無所疑止之。

樾謹按：《詩·桑柔篇》「靡所止疑」，傳曰「疑，定也」，疑訓定，故與止同義。此云「疑止」，猶《詩》云「止疑」，《荀子》傳《詩》，故用《詩》義耳。楊注云「疑或爲凝」，非是。

其所以貫理焉，雖億萬已不足以浹萬物之變。

樾謹按：已，猶終也。言終不足以浹萬物之變也。《詩·葛藟篇》「終遠兄弟」，傳曰「已相遠矣」，箋云「今已遠棄族親」，是傳箋并訓終爲已。僖二十四年《左傳》「婦怨無終」，杜注曰「終，猶已也」，故已亦猶終也。

案强鉗而利口。

樾謹按：《太玄·玄瑩篇》「箝知休咎」，范望注曰「箝，求也」，《鬼谷子》有《飛箝篇》，其文曰「以飛箝之辭，鉤其所好以箝求之」，此范望注所本。鉗猶箝也，「强鉗」，謂强求也。楊注以「鉗人口」釋之，非是。

憂戚之無益於幾也。

樾謹按：幾者，事之微也。「無益於幾」，即無益於事。憂戚之而仍於事無益，則爲君子所不取矣。楊注謂「憂戚亦不能近道」，是訓幾爲近，又增出道字，非其旨也。

正利而爲謂之事，正義而爲謂之行。（《正名》）

樾謹按：《廣韵》「正，正當也」。「正利而爲」「正義而爲」，猶文四年《左傳》曰「當官而行也」。楊注以「正道」釋之，非是。

聲音清濁，調竽奇聲，以耳异。

樾謹按：楊注曰「調竽，謂調和笙竽之聲也」，然笙竽之聲而獨言「竽」，義不可通。楊又引或説謂「竽，八音之首」，斯曲説也。「調竽」，疑當爲「調笑」，字之誤也。《孟子·告子篇》曰「則己談笑而道之」，「調笑」與「談笑」，文异而誼同。《玉篇》《廣韵》并曰「談，戲調也」。蓋談與調一聲之轉耳，笑、笄形似，因而致誤。楊注非也。

然而徵知必將待天官之當簿其類，然後可也。

樾謹按：楊注曰「天官，耳目也」，疑此文及注并有奪誤。上文云「然則何緣而以同异？曰，緣天官」，注曰「天官，耳、目、鼻、口、心、體也」，是天官本兼此六者而言，此何以獨言「耳目」乎？疑「天官」乃「五官」之誤。上云「心有徵知」，此當云「然而徵知必將待五官之當簿其類」，注當云「五官，耳、目、鼻、口、體也」，所以不數心者，徵知即心也。下文云「五官簿之而不知，心徵之而無説」，即承此文而言，可知「天官」爲「五官」之訛。因「五官」訛爲「天官」，而注又有闕文，遂不可讀。

有時而欲徧舉之，故謂之鳥獸。鳥獸也者，大别名也。

樾謹按：上文云「故萬物雖衆，有時而欲徧舉之，故謂之物。物也者，大共名也」，既有「大共」「大别」之不同，而上云「徧舉之」，此亦云「徧舉之」，不可通矣。疑此「徧」字，乃「偏」字之誤。上云「徧舉之」，乃普徧之義，故曰大共名也。此云「偏舉之」，乃一偏之義，故曰大别名也。

「偏」與「徧」形似，因而致誤。〔一〕

説不行，則白道而冥窮。

樾謹按：楊注曰「白道，明道也。冥，幽隱也。冥窮，謂退而窮處也」，其説冥窮之義，甚爲迂曲。窮當讀爲躬。「白道而冥躬」者，明白其道，而幽隱其身也。古窮與躬通用，《論語·鄉黨篇》「鞠躬如也」，《儀禮·聘禮》鄭注作「鞠窮」，是其證矣。

吐而不奪，利而不流。

樾謹按：楊注曰「吐而不奪，謂吐論而人不能奪」，此説非也。吐，當爲咄，形似而誤。從土從出之字，隸書每每相亂。若敳從出而今訛作敖，賣從出而今訛作賣，是也。咄者，詘之假字，從口從言之字，古或相通。若詠之爲咏，諎之爲唶，吟之爲訡，嘖之爲讀，是也。「詘而不奪」「利而不流」，二句相對，言雖困詘而不可劫奪，雖通利而不至流蕩也。上文於聖人之辨説曰「説行，則天下正，説不行，則白道而冥躬」，此於士君子之辨説曰「詘而不奪，利而不流」，詘謂説不行，利謂説行，其文正相配也。

〔一〕王其和認爲「俞説此文『偏舉之』，乃一偏之義，是也，但不必以爲誤字。『偏』與『徧』古通用」（第九一一頁）。

欲不待可得而求者從所可。

樾謹按：待字，衍文也，當作「欲不可得而求者從所可」。楊注曰「凡人之情欲，雖未可得以有欲之意，及至求之時，則從其所可得也」。注不釋「待」字，故知爲衍文矣。

欲不待可得，所受乎天也，求者從所可，受乎心也。

樾謹按：「待」字亦衍文也。「受乎心也」上當有「所」字，「所受乎心」與「所受乎天」正相對，下文亦以「所受乎天」「所受乎心」并言，則此文有「所」字明矣，當據補。

所受乎天之一欲，制於所受乎心之多，固難類所受乎天也。

樾謹按：楊注曰「此一節未詳。或曰，當爲『所受乎天之一欲，制於所受乎心之計』，其餘皆衍字也。一欲，大凡人之情欲也。言所受乎天之大欲，皆制節於所受心之計度」。今按，或説甚晦，義不可通。此文當云「所受乎天之一，所受乎心之多，固難類也」。「所受乎天」「所受乎心」，即承上文而言，「一」與「多」正相對。「所受乎天之一」，言天之與人有定也；「所受乎心之多」，言人之心無窮也。「固難類也」，猶言固不可同耳。

輕煖平簟。

樾謹按：平，乃席名，故與簟并言。《説文・艸部》「蒻蒲子可以爲平席」，《釋名・釋床帳》曰「蒲平，以蒲作之，其體平也」，并可爲證。〔一〕

乘軒戴絻，其與無足無以异。

樾謹按：無足，謂刖者也。乘軒戴絻而行，榮之至矣，然實與無足者之跨卓而行無以异也。「無足」與「乘軒」相應，盧曰「無足，當謂貧人之本不足者」，未得其義。

〔一〕平，王其和認爲「俞説非是。『平』當讀爲『枰』，『枰』從『平』聲，故與『平』相通」，義爲「榻」（第二〇八頁）。

諸子平議卷十五

荀子四

合於犯分亂理而歸於暴。（《性惡》）

樾謹按：「犯分」當作「犯文」，此本以「文」「理」相對，上文曰「順是故淫亂生，而禮義文理亡焉」，下文曰「合於文理而歸於治」，并其證也。「合於犯文亂理」與「合於文理」正相對成義，今作「犯分」，則與下文不合矣，當由後人習聞「犯分」罕聞「犯文」而誤改之耳。

今人飢見長而不敢先食者，將有所讓也。

樾謹按：注不釋「長」字，蓋以爲尊長也。然下文云「勞而不敢求息者，將有所代也」，無爲尊長任勞之文，則此句「長」字亦非謂尊長也。長讀爲粻。《爾雅·釋言》「粻，糧也」。《詩·崧高篇》「以峙其粻」，鄭箋曰「粻，糧也」。「見粻而不敢先食」，與下文「勞而不敢求息」意正相配，若作「見長」，則轉與下意不倫矣。

故聖人之所以同於衆、其不异於衆者，性也。

樾謹按：「同於衆」，即不异於衆也，於文複矣。據下文云「所以异而過衆者，僞也」，疑此文亦當作「所以同於衆而不過於衆者，性也」。「而」訛作「其」，「過」訛作「异」，而詞意俱不可通矣。

若是，則兄弟相拂奪矣。

樾謹按：楊注曰「拂，違戾也。或曰，拂字從木旁。弗，擊也」。違戾之訓，既得之矣，讀拂爲棉，義轉迂曲。《説文》「拂，過擊也」，拂自可訓擊，何必改爲棉乎？棉者，農器也，施之於此，非所安矣。又按《説文・色部》「艴，愠怒色也」，此拂字疑艴之假音，言兄弟必艴然争奪也。

衆者暴寡而譁之。

樾謹按：楊注曰「衆者陵暴於寡而諠譁之」，然上文云「强者害弱而奪之」，譁與奪義不倫矣。《禮記・曲禮篇》「爲國君華之」，鄭注曰「華，中裂之」，此文譁字，當讀爲華而從中裂之訓，陵暴於寡而分裂之，與「害弱而奪之」者無异也。

不然，今塗之人者，皆内可以知父子之義，外可以知君臣之正。

樾謹按：「不然」二字，當在「今」字之下，「今不然」三字爲句。上文云「今不然人之性惡」，是其例也。

若佚之以繩。

樾謹按：楊注曰「佚，猶引也」，然佚無引義，恐不可從。佚當讀爲秩，秩之言次也、序也。僖三十一年《公羊傳》「天子秩而祭之」，何休注曰「秩者，隨其大小尊卑高下所宜」。故字亦通作程。《尚書·堯典》「平秩東作」「平秩南訛」「平秩西成」，《史記·五帝本紀》秩皆作程，段氏玉裁以《説文》载𢧢字皆讀若《詩》「秩秩大猷」爲證。是程與秩，聲義俱相近。「秩之以繩」，猶「程之以繩」也。《致仕篇》曰「程者物之準也」，是其義也。

其舉事多悔。

樾謹按：「多悔」，義不可通，盧從元刻作悔，是也。《詩·生民篇》「庶無罪悔」，鄭箋曰「無有罪過」，是過謂之悔也。襄二十九年《公羊傳》「尚速有悔於予身」，何休《解詁》曰「悔，咎」，是咎謂之悔也。「多悔」，猶云多過、多咎耳。其本字當作痗，悔乃假借字。《詩・十月之交篇》「亦孔之痗」，《釋文》曰「痗，本作悔」。

上不循於亂世之君，下不俗於亂世之民。

樾謹按：楊注曰「循，順從也。俗，謂從其俗也」，然以「從其俗」爲俗，義不可通。俗乃鉛字之誤。《荀子》書屢用鉛字，《榮辱篇》曰「鉛之重之」，又曰「反鉛察之，而俞可好也」，《禮論篇》曰「則必反鉛過故鄉」，注并曰「鉛與沿同，循也」，是鉛、循同誼。「上不循於亂世之君，下不鉛於亂世之民」，兩句一律，鉛、俗字形相似，傳寫者因而致誤耳。

莫敢犯大上之禁。（《君子》）

樾謹按：楊注曰「大，讀爲太。太上，至尊之號」，其説非也。此當作「莫敢犯上之大禁」，傳寫到之耳。下文云「皆知夫犯上之禁，不可以爲安也」，不言「犯大上之禁」，可知此文之誤矣。

故莫不服罪而請。

樾謹按：楊注謂「自請刑戮」，非也。請，當讀爲情。《成相篇》「明其請」，注曰「請，當爲情」，《禮論篇》「情文俱盡」，《史記・禮書》情作請，徐廣曰「古情字，或假借作請」，是其證也。情，實也。「莫不服罪而情」，猶莫不服罪而實也，言服罪而不敢虛誕也，《論語》所謂「則民莫敢不用情」也。楊注以本字釋之，誤矣。《成相篇》曰「下不欺上，皆以情言明若日」，即此「情」字之義。

政令致明，而化易如神。

樾謹按：易，當讀爲施。《詩・皇矣篇》「施于孫子」，鄭箋曰「施，猶易也」，故施、易二字古通用，《何人斯篇》「我心易也」，《釋文》曰「易，《韓詩》作施」，是其證也。「化易如神」者，化施如神也，正與上句「威行如流」一律。

論知所貴，則知所養矣，事知所利，則動知所出矣。

樾謹按：四句相對成文，下句不應多「動」字，注亦不及「動」字之誼，則「動」字衍文也。

忠者敦慎此者也。

樾謹按：楊注曰「慎，讀爲順。人臣能厚順此五者，則爲忠也」，然厚與順，誼不倫，其說非是。「敦慎」當作「敦慕」。《儒效篇》曰「敦慕焉君子也」，王氏引之曰「敦、慕，皆勉也」，《爾雅》

曰「敦，勉也」，又曰「慔慔，勉也」，《釋文》「慔，亦作慕」，是敦、慕并爲勉。此文疑本作「忠者敦慔此者也」，敦慔與敦慕，文异而義同，言人臣能勉此則爲忠也。《説文·心部》「慔，勉也」，是慔其本字，慕其假字，此用本字作慔，因訛爲慎矣。

請成相。（《成相》）

樾謹按：楊解篇名引「或曰，成功在相，故作《成相》三章」，盧云「成相之義，非謂成功在相也。《禮記》『治亂以相』，相乃樂器，所謂春牘。又古者瞽必有相，審此篇章節〔一〕，即後世彈詞之祖。篇首稱『如瞽無相何倀倀』，義已明矣，首句『請成相』，言請奏此曲也。《漢·藝文志》《成相雜辭》十一篇，惜不傳，大約托於瞽矇諷誦之詞，亦古詩之流」。今按，盧説是也，惟引「治亂以相」及「瞽必有相」以釋相字，則皆失之。樂器多矣，何獨舉「春牘」爲言？既以爲樂器，又以爲「瞽必有相」，義又兩歧矣。此相字，即「舂不相」之相，《禮記·曲禮篇》「鄰有喪，舂不相」，鄭注曰「相，謂送杵聲」，蓋古人於勞役之事，必爲歌謳以相勸勉，亦舉大木者呼「邪許」之比，其樂曲即謂之相。「請成相」者，請成此曲也。《漢志》有《成相雜辭》，足徵古有此體，王氏引之必

〔一〕 章節，《荀子集解》引盧注作「音節」。

以盧説爲謬，何也？

請布基，慎聖人。

樾謹按：人字不入韵，疑有誤，當作「慎聽之」，聖與聽，音近而訛。《尚書・無逸篇》「此厥不聽」，《漢石經》作「不聖」，《秦泰山碑》「皇帝躬聽」，《史記》作「躬聖」，并其證也。聽訛作聖，則「聖之」二字不成義，後人因改爲聖人矣。「請布基，慎聽之」，欲人慎聽其言，下文云「請牧基，賢者思」，欲賢者思其言，義正同也。「慎聽之」三字，本《禮記・仲尼燕居篇》。

尊主安國尚賢義。

樾謹按：義讀爲儀，儀亦賢也。《尚書・大誥篇》「民獻有十夫」，枚傳訓獻爲賢，《大傳》作「民儀有十夫」，《廣雅・釋言》曰「儀，賢也」。「尚賢儀」，言崇尚賢者也。作義者，古字通用。

武王善之，封之於宋，立其祖。

樾謹按：楊注曰「立其祖，使祭祀不絶也」。《左傳》曰『宋祖帝乙』」，此説未得「祖」字之義。《説文・示部》「祖，始廟也」，蓋祖之本義爲廟，故《尚書・甘誓》曰「用命賞于祖，弗用命戮于社」。《考工記・匠人》曰「左祖右社」，并以祖、社對文，猶言廟社也。鄭康成注《考工記》曰

「祖，宗廟」，得其義矣。「封之於宋，立其祖」，言封之於宋而立其宗廟也。今人但知有《爾雅》「祖，王父也」之訓，而《説文》「祖，始廟也」之訓遂爲所奪，古誼之湮久矣。

讒人罔極，險陂傾側此之疑。

樾謹按：《爾雅·釋言》「疑，戾也」，郭注曰「戾，止也」，疑者亦止。《儀禮·鄉射禮》「賓升西階上，疑立」，鄭注曰「疑，止也」，是疑有止義。其字蓋𥏻之假借，《説文·匕部》「𥏻，定也」，定，故爲止，今《説文》訛作「未定」，而「疑」之訓「止」遂不可曉矣。「讒人罔極，險陂傾側此之疑」，承上文「堯在萬世如見之」而言，「此之疑」者，此之止也，言堯明見萬世，雖險陂傾側之徒，莫不由此而止也。楊注「言當疑此讒人陂險〔一〕」，則與上意不貫矣。

身讓卞隋舉牟光。

樾謹按：舉，當讀爲與，古舉、與字通。《周官·師氏》職曰「王舉則從」，鄭注曰「故書舉爲與」，《史記·吕后紀》「蒼天舉直」，徐廣曰「舉，一作與」，是其證也。此文本云「身讓卞隋與牟光」，作舉者，假字耳。

〔一〕陂險，《荀子集解》引楊注作「傾險」。

中不上達。

樾謹按：中，當讀爲忠。言忠誠之士不能上達也。古中、忠通用，《漢張遷碑》「中謇於朝」，《魏横海將軍吕君碑》「君以中勇」，并假中爲忠。《國語・周語》曰「考中度衷」爲「忠」，蓋中、衷、忠三字，義并通耳。

孰公長父之難，厲王流于彘。

樾謹按：楊注曰「孰，或爲郭」，盧曰「古郭、虢字通，郭公長父即《吕氏春秋・當染篇》之虢公長父，作郭爲是。『之難』二字，當屬下爲七字句」，王氏念孫曰「之，是也。言難厲王者是此人也」。今按「之難厲王流于彘」七字爲句，義終未安。此篇之例，雖以兩三字句、一七字句爲一節，然古人之文變動不居，如云「治之道，美不老，君子由之佼以好，下以教誨子弟，上以事祖考」，此節詞意明白，無奪文訛字，其弟四句六字，其弟七句〔一〕五字，豈能以「子弟」二字屬下爲七字句乎？然則此文以「郭公長父之難」六字爲句，「厲王流于彘」五字爲句，於義較安，不必拘泥字數，轉致不通也。

〔一〕弟七句，參文義，爲第五句，疑「七」爲「五」字之訛。

欲衷對，言不從。

樾謹按：此篇之例，首句必入韵，而此句「對」字，與下文從、凶、江不協，王氏念孫因改「欲衷對」爲「欲剖衷」，此臆説也。「對」字實不誤，但當在「衷」字上。對讀爲遂，《爾雅·釋言》「對，遂也」，《詩·皇矣篇》「以對於天下」，《江漢篇》「對揚王休」，《蕩篇》「流言以對」，毛傳并曰「對，遂也」，又《禮記·祭義篇》「對揚以辟之」，鄭注亦曰「對，遂也」，蓋對、遂音近，以聲相訓耳。「欲對衷」者，欲遂衷也，言欲遂其衷忱，而無如言之不從也。今本作「欲衷對」者，因淺人不知「對」之爲「遂」，而疑對衷二字無義，因到其文，楊氏即據以爲説曰「欲誠意以對」，失之矣。

君法儀，禁不爲。

樾謹按：楊注曰「爲君之法儀，在自禁止不爲惡」，然禁不爲惡而止曰「禁不爲」，則辭不達矣，注義非也。「君法儀」之儀，當讀爲俄。《説文·人部》「俄，行頃也」，《詩·賓之初筵篇》「側弁之俄」，鄭箋曰「俄，頃貌」，《廣雅·釋詁》曰「俄，邪也」，是俄有頃邪之義。《管子》書或假「義」爲之，《明法解》曰「雖有大義，主無從知之，故《明法》曰『佼衆譽多，外内朋黨，雖有大奸，其蔽主多矣』」，以「大奸」爲「大義」，是其證也。義、儀古通用，義可爲俄，故儀亦可爲俄。「君法儀」與上文「君法明」相對，上云「君法明，論有常」，此云「君法儀，禁不爲」，言君法明盛，則其論有常，君法傾邪，則當禁之使不爲也。蓋此皆蒙上文「臣下職」而言，所陳皆臣道也。楊注因上文「君論有五約以明」之句，妄舉「五節」以當之，而以「君法明」爲其一，所舉又不相連屬，更有它文以間之，殆不足據也。

請牧祺，明有基。

樾謹按：上文云「請牧基，賢者思」，此文亦當作「請牧基，明有祺」，傳寫者誤到基、祺兩字耳。楊注曰「請牧治吉祥之事，在明其所有之基業也」，則所見本已倒矣。

涽涽淑淑。（《賦》）

樾謹按：楊注曰「涽涽，思慮昏亂也。淑淑，未詳。或曰美也」，然淑淑訓美，則與涽涽不倫矣。淑，當讀爲踧。《文選·長笛賦》「蹜踧攢仄」，注曰「蹜踧，迫蹙貌」。《海賦》「葩華踧沑」，注曰「踧沑，蹙聚也」。踧踧之誼，亦猶是耳。

卬卬兮天下之咸蹇也。

樾謹按：楊注曰「雲高而不雨，則天下皆蹇難也」，此注非是。蹇，當讀爲攓。《方言》「攓，取也」。雲行雨施，澤被天下，天下皆有取也，故曰「卬卬兮天下之咸攓也」。下文「德厚而不捐」，即承此而言，若如楊注，則與下意不貫矣。

冬伏而夏游。

樾謹按：下文云「食桑而吐絲，前亂而後治」，此文「游」字獨不入韵，疑「滋」字之誤。《呂氏春秋·明理篇》曰「草木庳小不滋」，注曰「滋，亦長也」。「冬伏而夏滋」，言冬伏而夏長也。楊以「化而出」釋游字，誼亦迂曲，非獨於韵不協也。

喜濕而惡雨。

樾謹按：注曰「濕，謂浴其種，既生之後，則惡雨也」，其説甚得《荀子》之意。蓋此句與上文「夏生而惡暑」相對，生於夏，宜不惡暑矣，而蠶則惡暑；其種必浴，有似喜濕者，宜不惡雨矣，而蠶則惡雨。此兩「而」字，正明其性之异也。《太平御覽·資産部》引作「疾濕而惡雨」，蓋後人疑蠶性惡濕，不得言喜濕，故妄改之。言疾濕，又言惡雨，辭複而意淺，非《荀子》原文也。王氏念孫反據《御覽》以訂正《荀子》，誤矣。

簪以爲父。

樾謹按：簪，當爲鐕。《禮記·喪大記》「用雜金鐕」正義曰「鐕，釘也」。釘與箴形質皆同，磨之琢之而後成箴。方其未成箴之時，則箴亦一鐕而已矣，故曰「鐕以爲父」。作簪者，假字耳。若是首笄之簪，則與箴全不相涉。楊注謂「言此者，欲狀其形」，失之迂矣。盧氏謂「簪當爲鑽，所以琢箴之綫孔者也，箴賴以成形，故曰爲父」，此尤曲説。箴所賴以成形者，豈特一鑽之功乎？王氏載之《讀書雜志》，誤矣。

聖人共手，時幾將矣。

樾謹按：楊注曰「將，送也，去也。言戰國之時，世事已去，不可復治也」，如此，則與上意不貫。上文曰「千歲必反，古之常也，弟子勉學，天不忘也」。是《荀子》之意，謂亂極必反，非謂「世事已去，不可復治也」。此二句，乃望之之辭，言聖人於此亦拱手而待之耳，所謂「千歲必反」者，此時殆將然矣。楊注非。

念彼遠方，何其塞矣。

樾謹按：楊注曰「遠方，猶大道也」，然以遠方爲大道，其義未安。此章蓋亦遺春申君者。下文「仁人絀約，暴人衍矣」諸句，其意實譏楚也，不敢斥言楚國，故姑托「遠方」言之。若謂彼遠方之國有如此耳。此荀卿之危行言孫也。

不敬交。（《大略》）

樾謹按：上句「不時宜」，注曰「時謂得時，宜謂合宜」，是二字平列，下句「不驩欣」亦二字平列，則此文「不敬交」疑「不敬文」之誤。《勸學篇》曰「禮之敬文也」，注曰「禮有周旋揖讓之敬，車服等級之文也」，《禮論篇》曰「事生不忠厚不敬文謂之野，送死不忠厚不敬文謂之瘠」，注曰「敬文，恭敬有文飾」。是《荀子》書屢言「敬文」。《性惡篇》曰「不如齊魯之孝具敬父者何也」？注曰「敬父，當爲敬文」。此「敬文」誤爲「敬交」，猶彼「敬文」誤爲「敬父」。楊氏於此無注，其所據本必未誤，「敬文」二字本書屢見，故不説也。

舜曰，維予從欲而治。

樾謹按：此即所謂不思而得，不勉而中，從容中道，聖人也。孔子七十而從心所欲不逾矩，可釋此文「從欲」之義。故下文曰「禮之生，爲賢人以下至庶民也，非爲成聖也」。楊氏誤據古文《尚書》爲説，乃曰「引之以喻禮能成聖，亦猶舜賴臯陶也」，失之矣。

奉妒昧者謂之交譎。

樾謹按：交，讀爲狡。《禮記·樂記篇》「血氣狡憤」，《釋文》曰「狡，本作交」，是交、狡古通用，狡與譎同義，下文曰「交譎之人，妒昧之臣」，是「交譎」與「妒昧」皆兩字平列。楊注曰「交通於譎詐之人」，失之矣。

有法者以法行，無法者以類舉。

樾謹按：古所謂類，即今所謂例，《史記·屈原賈生傳》「吾將以爲類」，正義曰「類，例也」。

非目益明也，眸而見之也。

樾謹按：楊注曰「眸，謂以眸子審視之也」，此說未安。以眸子審視，豈可但謂之眸乎？眸，當讀爲瞐。《說文·目部》「瞐，低目視也，從目冒聲」，與牟聲相近。《釋名·釋首飾》曰「牟，冒也」，眸之與瞐，猶牟之與冒矣。《說文》又有瞀篆，曰「低目謹視也，從目敄聲」，亦與牟聲相近。《荀子·成相篇》「身讓卞隋舉牟光」，即《莊子·大宗師篇》之「務光」也，是其例矣。

冢卿不脩幣。

樾謹按：上云「士不通財貨」，楊注曰：「不得貿遷如商賈也」，此云「冢卿不脩幣」，注曰「謂不脩財幣販息之也」，然則與士之不通貨財何以异乎？據《韓詩外傳》作「冢卿不脩幣施」，疑此文奪「施」字，「幣」乃「敝」字之誤。施當爲杝，古同聲假借字也。杝，即今籬字，《一切經音義》十四云「籬、杝同，力支反」，引《通俗文》云「柴垣曰杝，木垣曰柵」，《説文·木部》「杝，落也」。「家卿不脩潡杝」，謂籬落潡壞，不脩葺之也。與下文「大夫不爲場園」，正同一意，皆不與民争利之義。

不知而問堯舜，無有而求天府。

樾謹按：楊注曰「好問則無不知，故可比堯舜；知無而求之，是有天府之富」，蓋楊讀「不知而問」「無有而求」絶句，故其解如此，實非《荀子》意也。不知而問之堯舜，無有而求之天府，語意本連屬，下文「先王之道，則堯舜已，六貳之博，則天府已」，乃自解「堯舜」「天府」之義也。使謂不知而問即是堯舜，無有而求即是天府，下文贅矣，故知楊注非也。六貳，當從盧説爲「六藝」之誤。何謂堯舜，先王之道是也，問者問此而已，非必真起堯舜而問之也。何謂天府，六藝之博是也，求者求此而已，非必真入天府而求之也。

臨患難而不忘細席之言。

樾謹按：郝氏懿行曰，細席，恐茵席之訛。蓋茵借爲絪，絪又訛爲細耳。王氏念孫載之《讀書雜志》，洵確見矣。楊注引《尸子》「臨大事不忘昔席之言」，昔亦茵之訛。《荀子》作細席者，其原文是絪席也，《尸子》作昔席者，其原文是茵席也，兩文雖异而實同，郝、王均未見及。

雨小漢故潛。

樾謹按：楊注曰「未詳」，又引「或曰，言漢者本因雨小水濫觴而成，至其盛也，乃溢爲潛矣」，其説迂曲不可從。漢字，疑衍文。「雨小故潛」者，《爾雅·釋言》曰「潛，深也」，言雨小故入地深也，下文云「夫盡小者大，積微者箸」，是其義矣。

國將興，必貴師而重傅。貴師而重傅，則法度存。

樾謹按：下文云「國將衰，必賤師而輕傅。賤師而輕傅則人有快，人有快則法度壞」，據此則「貴師而重傅」下，疑有闕文。

古者匹夫五十而士。

樾謹按：楊注曰「《禮》四十而士，五十而後爵，此云五十而士，恐誤。或曰，爲卿士」，是二説皆非也。下文云「天子諸侯子十九而冠」，注曰「先於臣下一年也」，然則四十而士，猶二十而冠，皆是論其常，五十而士，猶十九而冠，皆是言其异也。《禮》所謂「四十始仕，五十命爲大夫」者，蓋指卿大夫元士之適子而言，此明言匹夫，則殆謂鄉之俊士、選士矣。《禮記·王制篇》正義曰「鄉人既卑，節級升之，故爲選士、俊士至於造士，若王子與公卿之子，本位既尊，不須積漸，學業既成，即爲造士」，以是言之，古人於世族子弟及民間秀士，自有區别，故其始仕有十年之差也。《荀子》不直曰「古者五十而士」，必加「匹夫」二字，明與下文「天子諸侯子」相對，知「十九而冠」，爲天子諸侯子之制，則知「五十而士」，爲匹夫之制，不必疑其與《禮》經不合矣。

移而從所仕。

樾謹按：楊注曰「仕，與事同，事所能也」，義甚迂曲。仕，疑任字之誤。《莊子·秋水篇》「任士之所勞」，《釋文》引李注曰「任，能也」。然則「移而從所任」者，移而從所能也，於義較捷矣。

《詩》曰，瞻彼日月，悠悠我思，道之云遠，曷云能來。子曰，伊稽首，不其有來乎？

(《宥坐》)

樾謹按：楊注曰「有所不來者，爲上失其道而人散也，若施德化，使下人稽首歸向，雖道遠能無來乎」，如注義，則「伊稽首」三字甚爲不詞，殆非也。首，當讀爲道。《周書·芮良夫篇》「予小臣良夫稽道」，《群書治要》作「稽首」，是首、道古通用。彼文「稽道」當爲「稽首」，此文「稽首」當爲「稽道」，皆古文假借字也。《尚書·堯典》「曰若稽古」，正義引鄭注曰「稽，同也」，《禮記·儒行篇》「古人與稽」，鄭注曰「稽，猶合也」，合亦同也。稽道，猶同道也。伊者，語詞，猶維也。《詩》言「道之云遠，曷云能來」，孔子言「道苟同，則雖遠而亦來」。故曰「伊稽道，不其有來乎」，蓋借《詩》言而反之，若《唐棣》之詩矣。

吴子胥不磔姑蘇東門外乎？

樾謹按：楊注曰「磔，車裂也」，然子胥不被車裂之刑，楊注非是。《漢書·景帝紀》改「磔」曰「棄市」，師古注曰「磔，謂張其尸也」。當從此訓。

夫遇不遇者時也，賢不肖者材也，君子博學深謀，不遇時者多矣，由是觀之，不遇世者衆矣。

樾謹按：「由是觀之」四字，當在「君子博學深謀」句上。

從命則親危，不從命則親安，孝子不從命乃衷。（《子道》）

樾謹按：衷，與忠通。言孝子之不從命，乃其忠也。下文「從命則親辱，不從命則親榮，孝子不從命乃義；從命則禽獸，不從命則修飾，孝子不從命乃敬」，忠與義、敬正一律，作衷者假字耳。《國語·楚語》「又能齊肅衷正」，《周禮·春官·序官》鄭注引作「中正」，《孝經》「中心藏之」，《釋文》「中，本亦作忠」，蓋衷、中、忠三字同聲而通用。楊注曰「衷，善也」，未得假借之旨。

今女衣服既盛，顔色充盈，天下且孰肯諫女矣，由。

樾謹按：楊注曰「告之畢，又呼其名，丁寧之也」，此説非是。下文孔子曰「志之，吾語女」。此「由」字，當在「孔子曰」之下，「由志之」三字連文，上文孔子曰「由志之，吾語女，雖有國士之力，不能自舉其身」，亦以「由志之」三字連文，可證「孔子曰」下必當有「由」字也，《韓詩外傳》正作「孔子曰『由志之，吾語汝』」。

奮於言者華，奮於行者伐。

樾謹按：《韓詩外傳》作「慎於言者不譁，慎於行者不伐」，當從之。華即譁之省文，兩「奮」字皆「昚」字之誤，乃古文慎字也。昚誤爲奮，則奮於言行，不能謂之「不華」「不伐」矣，於是又删去兩「不」字耳。楊氏據誤本作注，非也。

夫魚鱉黿鼉，猶以淵爲淺而堀其中，鷹鳶猶以山爲卑而增巢其上。（《法行》）

樾謹按：堀下當有穴字，「堀穴其中」「增巢其上」相對爲文。《晏子春秋・諫篇》「古者嘗有處橧巢窟穴」，亦以「窟穴」對「橧巢」，是其證也。《大戴記・曾子疾病篇》作「鷹鶽以山爲卑，而曾巢其上，魚鱉黿鼉以淵爲淺，而蹷穴其中」，「蹷穴」，即堀穴也。《春秋》文十年「次於厥貉」，《公羊》作「屈貉」，然則以蹷爲堀，猶以厥爲屈也。《荀子》此文，本於曾子，彼作「蹷穴」，此作「堀穴」，乃古書以聲音假借之常例，若無「穴」字，則文爲不備矣。

交而不見敬者，吾必不長也。

樾謹按：楊注以「不長」爲「不長厚」，非也。以上下文例之，不仁故不見愛，不信故不見信，若「不長厚」與「不見敬」，則不倫矣。且「不長厚」而曰「不長」，亦近不詞。不長者，無所長也，《子道篇》「色知而有能者小人也」，《韓詩外傳》「能」作「長」。是「不長」猶「不能」也，吾無所能，宜其不見敬矣。

然則夫章甫、絇屨、紳而搢笏者此賢乎？（《哀公》）

樾謹按：此，當作比，《説文・白部》「皆，倶詞也，從比從白」，徐鍇《繫傳》曰「比，皆也」，是比有皆義。「比賢乎」，猶言皆賢乎。《大戴禮・保傅篇》「於是比選天下端士」，《漢書・賈誼傳》比作皆，是其證矣。此文亦見《大戴記・哀公問五義篇》，作「此皆賢乎」，蓋比誤爲此，後人又增「皆」字耳。

不知選賢人善士托其身焉以爲己憂。

樾謹按：此十五字爲一句。《廣雅·釋詁》「爲，瘉也」，爲有瘉義，故《左傳》有「疾不可爲」之文。「爲己憂」者，瘉己憂也。得賢人善士以托其身，則可瘉己之憂，而庸人不知也，故曰「不知選賢人善士托其身焉以爲己憂」。楊注曰「不知托賢，但自憂而已」，則失其義。

是故其事大，辨乎天地，明察乎日月。

樾謹按：大字絶句，「是故其事大」與上文「大道者」相應。「明」字衍文，「辨乎天地」「察乎日月」，二語相對，説詳《群經平議·大戴記》。

兩驂列，兩服入廐。

樾謹按：楊注曰「列與裂同，謂外馬擘裂，中馬牽引而入廐」，是以七字作一句，殆非也。「兩驂裂」者，兩驂斷鞅而去也。兩驂在外，故得自絶而去，於是止存兩服馬還入廐中矣，故曰「兩驂列，句。兩服入廐」。

聞之曰，無越逾不見士。（《堯問》）

樾謹按：楊注曰「周公聞之古也。越逾，謂過一日也」，然則《荀子》原文當作「聞之無越日不見士」，楊注原文當作「越日，謂過一日也」，今衍逾字者，涉下文楊注有越逾字而誤衍也。既衍逾字，則「越逾日」之文甚爲不辭，乃以日字爲曰字之誤，而移置「聞之」二字之下，遂成今本之誤。盧校云，宋本曰作日。此則其舊迹之猶未盡泯者也。

人人皆以我爲越逾好士，然故士至。

樾謹按：逾字，亦衍文也。「人人皆以我爲越好士」者，越之言過也，人人皆以我爲過於好士也。「然故士至」者，「然故」即「是故」也，説見王氏《經傳釋詞》。《大略篇》曰「然故民不困財」，亦以「然故」連文，是其證也。楊注曰「人不知則以爲越逾，然士亦以禮貌之故而至也」，此由不達「然故」之義，故爲抑揚其辭，至「越逾」連文，則以逾字釋越字，注家往往有此例，非以正文有逾字也，而正文逾字之衍即因此矣。

諸子平議卷十六

列子

謂之生化、形色、智力、消息者，非也。（《天瑞》）

樾謹按：謂，當作爲，古書謂、爲通用，説詳王氏引之《經傳釋詞》。上文云「自生自化，自形自色，自智自力，自消自息」，故此云「爲之生化、形色、智力、消息者，非也」。張湛注上文云「皆自爾耳，豈有尸而爲之者哉」，正得其義。

九變者究也，乃復變而爲一。

樾謹按：上變字衍文，本作「九者究也，乃復變而爲一」，因涉上文「一變」「七變」而誤爲九變，則於詞贅矣。

頤輅食醓，頤輅生乎食醓，黄軦食醓，黄軦生乎九猷。

樾謹按：「頤輅食醓」「黄軦食醓」八字皆衍文。《莊子·至樂篇》止作「頤輅生乎食醓，黄軦生乎九猷」，無此八字。

而欲恒其生，畫其終，惑於數也。

樾謹按：畫者，止也，《論語·雍也篇》「今女畫」，孔注曰「畫，止也」。「畫其終」者，止之使不終也。上文云「生者，理之必終者也」，然則生固不可得而常，終固不可得而止矣。「而欲恒其生，畫其終」，故曰惑也。張注曰「畫，亡也」，疑本作「畫，止也」，以形似而誤。《吕氏春秋·本味篇》「道者，亡彼在己」，今誤作「止彼在己」，與此正可互證。殷敬順《釋文》曰「畫，一作盡」，此乃字誤。盧氏文弨《群書拾補》謂「張本作盡，注云，盡，亡也」，非是。

故吾知其不相若矣。

樾謹按：「吾」下脱「安」字。上云「死之與生，一往一反」，故云「安知其不相若」，言死生一致也。下云「吾又安知營營而求生非惑乎」，正承此而言。若作「知其不相若」，則於語意大背矣。淺人見下兩言「安知」，句末并用乎字，而此是矣字，疑其不協，遂妄删安字，不知矣猶乎也，語有輕重耳。古書多以矣字代乎字，説詳王氏《經傳釋詞》。

食不知所以。

樾謹按：《莊子・知北游篇》作「食不知所味」。

没其先居之財。

樾謹按：居，猶畜也。謂其先所蓄積之財也。《論語・公冶長篇》「臧文仲居蔡」，皇侃義疏曰「居，猶畜也」，是其義。

盜陰陽之和，以成若生，載若形。

樾謹按：載，亦成也。《尚書・皋陶謨篇》「乃賡載歌曰」，枚傳「載，成也」，是其義。

養正命。（《黄帝》）

樾謹按：正，當爲生。古字生與性通，《周官・大司徒》職「辨五地之物生」，杜子春讀生爲性，是其例也。《列子》原文本作「養生命」，蓋假生爲性，因誤爲正耳。張注曰「正，當爲性」，雖得其字，而古字亡矣。

其國無帥長，自然而已。

樾謹按：《釋文》「帥，或作師」，當從之。《周官・太宰》職「以九兩繫邦國之民」，「二曰長，以貴得民，三曰師，以賢得民」，此「師」「長」二字之義。其國無師長，見其無貴賤、無賢愚也。若作「帥長」，則止是無貴賤耳，於義轉有所不盡矣。盧重玄〔一〕本正作「師長」。

至人潛行不空。

樾謹按：張注曰「不空者，實有也。至人動止不以實有爲閡者也」，其説甚爲迂曲。《釋文》曰「空，一本作窒」，當從之。《莊子・達生篇》正作「不窒」。

夫得是而窮之者，焉得爲正焉？

樾謹按：「爲正」當作「而止」，字之誤也。止與正字形相似。爲，古文作[illegible]，與而亦相似。襄十四年《左傳》「射爲禮乎」，《太平御覽・工藝部》引作「射而禮乎」，《孟子・滕文公篇》「方里而井」，《論語・顏淵篇》正義引作「方里爲井」，并其證也。《莊子・達生篇》述此文曰「夫得是

〔一〕 盧重玄，原作「盧仲元」。前人考證爲唐氏人，范陽盧氏之後，當作「盧重玄」。清人秦恩復校刻盧氏《列子注》，并有《盧注補》一卷。

而窮之者，物焉得而止焉」，可據以訂正。

其神無郤〔一〕。

樾謹按：《釋文》曰「郤，閑也」，閑乃閒字之誤，謂閒隙也。郤與隙通，《莊子・知北游篇》「若白駒之過郤」，《釋文》曰「郤，本作隙」，是也。故郤有閒隙之義。《禮記・曲禮篇》「相見於郤地曰會」，鄭注曰「郤，閒也」，《莊子・養生主篇》「批大郤」，《德充符篇》「使日夜無郤」，《釋文》引崔、李云「郤，閒也」，并可爲證。

口所偏肥，晉國黜之。

樾謹按：《釋文》曰「肥，皮美反。《說文》《字林》并作𡰪，又作圮，皆毀也。字從其省」。然《說文》無𡰪字。《屵部》「𡶇，崩也」，崩與毀義近。是𡰪爲𡶇字之誤。張注曰「音鄙，肥，薄也」，疑本作「肥音鄙薄也」，蓋謂讀如鄙薄之鄙耳。𡶇字，孫愐音符鄙切，與張讀正合。𡶇省作肥，故《釋文》曰「字從其省也」。秦氏恩復校刻盧重玄本以𡰪爲肔字之誤。夫肔字何得訓毀，於義難通，蓋誤讀張注作「肥，薄也」，故爲此說。今正其字爲𡶇，其義爲毀，其音爲鄙，則皆得之矣。

〔一〕 郤，原作「卻」，據《列子》改。下同。

秦説非也。

潛於牖北聽之。

樾謹按：牖北，即室中矣。禾生、子伯宿於田更商丘開之舍，必當在其室中，商丘開安得更於牖北聽之？牖北，疑當作北牖，所謂向也。《詩·七月篇》毛傳曰「向，北出牖也」，是也。二子在室中，商丘開於北牖外聽之，正合事理。古者士庶人之室皆有北牖，説詳《群經平議》。

衆昉同疑，子華昉令豫肉食衣帛之次。

樾謹按：張注曰「昉，始也」，《釋文》曰「昉，或作放」。古字放與方通。《尚書·堯典篇》「方命圮族」，《漢書·傅喜傳》《王商傳》并作「放命圮族」，是其證也。《廣雅·釋詁》「方，始也」，然則昉者俗字，放者假字，實即方始之方耳。

吾誠之無二心。

樾謹按：《爾雅·釋詁》「誠，信也」。「吾誠之」，即吾信之也。下文「唯恐誠之之不至」，即唯恐信之之不至也。《太平御覽》引此文改誠爲信，意雖是，而非古義矣。

用志不分，乃疑於神。

樾謹按：疑，《道藏》本作凝，盧重玄本亦作凝，《莊子》同。然此字實當作疑，即所謂驚猶鬼神也。上文孔子曰「吾以子爲鬼也，察子則人也」，亦可爲「乃疑於神」之證。《管子・形勢篇》「無廣者疑神」，《解篇》曰「以規矩爲方圜，則成。以尺寸量長短，則得。以法數治民，則安。故事不廣於理者，其成若神」。此正「用志不分，乃疑於神」之謂也。説互詳《莊子》。

丈人曰：「汝逢衣徒也，亦何知問是乎？修汝所以，而後載言其上。」

樾謹按：張注曰「修，治也。言治汝所用仁義之術，反於自然之道，然後可載此言於身上也」，殊於義未得。味丈人之言，其輕儒術甚矣，豈復使治其術乎？故必增出「反於自然」一語，則非本文所有矣。今按修者，修除也。《周官・典祀》職「帥其屬而修除」，鄭注曰「修除，芟埽之」，是其義也。又《司尊彝》職「修酌」，司農注曰「以水洗勺而酌也」，以水洗勺謂之修，亦修除之義。此文「修汝所以」，言汝故所以者宜修除之，然後可載吾言於其上也。

吾與汝無其文，未既其實，而固得道與？

樾謹按：無，當作毌，毌讀爲貫，蓋貫、毌本一字也。《爾雅・釋詁》「貫，習也」。「毌其文」，言習其文也。《黄帝篇》「吾與若玩其文也久矣，而未達其實」。《釋文》曰「玩，五貫反，習也」。然則此作毌，彼作玩，聲近而義同。因毌字誤作毋，後人遂以「無」字易之，而義不可通矣。盧重玄本作「既其文，未既其實」，則據《莊子》改之，非《列子》之舊。

列子入，涕泣沾衾。

樾謹按：衾，當作衿，即襟字也。《莊子・應帝王篇》正作「泣涕沾襟」。

罪乎不誫不止。

樾謹按：罪，當讀爲崔，《説文・山部》作𡵾，云「山貌」，是也。《釋文》云「罪，本作萌」，盧重玄本亦作萌，乃後人據《莊子》改之。萌乃罪之誤字，説詳《莊子》。

是殆見吾衡氣幾也。鯢旋之潘爲淵，止水之潘爲淵，流水之潘爲淵，濫水之潘爲淵，沃水之潘爲淵，氿水之潘爲淵，雍水之潘爲淵，汧水之潘爲淵，肥水之潘爲淵，是爲九淵焉。嘗又與來！

樾謹按：上文云「是殆見吾杜德幾也，嘗又與來」，又曰「是殆見吾善者幾也，嘗又與來」，然則此文「是殆見吾衡氣幾也」，下即當言「嘗又與來」，方與上文一律。乃於中間羅列九淵，殊爲無謂。疑此五十八字乃它處之錯簡。《莊子·應帝王篇》止列首三句，而總之曰「淵有九名，此處三焉」。正以其與本篇文義無關，故略之耳。然可證《莊子》所見本已與今同，蓋古書之錯誤久矣。

夫漿人特爲食羹之貨，無多餘之贏〔一〕**。**

樾謹按：「無」字衍文，《釋文》曰「一本無無字」，是也。張注曰「所貨者羹食，所利者盈餘而已」，則張本亦無「無」字，淺人妄加也。若云「無多餘之贏」，則下不必更言「其爲利也薄」矣。盧重玄本無「無」字，《莊子·列御寇篇》亦無「無」字，當據删。

舍者迎將家，公執席，妻執巾櫛。

樾謹按：「者」字衍文，盧重玄本無者字，是也。舍與「舍者」不同。下云「舍者避席」，又云「舍者與之争席矣」，皆謂同居逆旅者。此云舍，則謂逆旅主人也。主逆旅者即謂之舍，猶典市者即謂之市，主農者即謂之田。《禮記·王制篇》注曰「市，典市者」，《月令篇》注曰「田，主農之官」，是其例也。今涉下文而誤衍者字，則與下兩言「舍者」無别矣。《莊子·寓言篇》已誤，當

〔一〕 贏，原作「嬴」，據《列子》改。下同。

據盧本删。

王之嬪御膻惡而不可親。（《周穆王》）

樾謹按：膻，當作羶。言臭惡而不可親也。《廣雅·釋器》「羶，臭也」。

終身不著其術，故世莫傳焉。

樾謹按：故，盧重玄本作固，固與故通，此古本也。張湛本竟改作故，轉非古書之舊。

此者八徵，形所接也。

樾謹按：當作「此八者形所接也」，與下文「此六者神所交也」相對。

其陰陽之審度，故一寒一暑。

樾謹按：「審度」二字傳寫誤倒，本作「其陰陽之度審」，下句云「其昏明之分察，故一晝一夜」。度與分對，審與察對，以是明之。

吾今得之，彼直真夢者矣。

樾謹按：此本作「彼直真夢矣」，者字衍文，盧重玄本無者字。

常甘以爲苦。

樾謹按：常，《道藏》本作嘗。然常、嘗古通用，《禮記・少儀篇》「馬不常秣」，《釋文》曰「常，本亦作嘗」，《爾雅・釋詁》「嘗，祭也」，《釋文》曰「嘗，字又作常」，并其證也。《列子》原文借常爲嘗，《道藏》本易以本字，轉非古書之舊矣。

榮汝之糧，不若遄歸也。

樾謹按：張湛、盧重玄注并曰「榮，棄也」，訓榮爲棄，不知何據，殆非也。榮者對實而言，榮猶華也。《爾雅・釋草》曰「木謂之華，草謂之榮。不榮而實者謂之秀，榮而不實者謂之英」，是其義也。古人之詞，凡無實者謂之華。《後漢書・馬融傳》注曰「華譽，虚譽也」，訓華爲虚，則榮亦可爲虚矣。「榮汝之糧」，言其虚費而無實用也。《漢書・楊雄傳》「四皓采榮於南山」，師古曰「榮者，聲名也」。蓋榮與實對，故亦可訓名。以草木言之，則榮實也；以人事言之，則名實也，虚實也。其義固得通矣。

予昔給若。

樾謹按：昔，當爲皆，字之誤也。

不治而不亂。（《仲尼》）

樾謹按：此本作「不治而自亂」。亂，治也。謂不治而自治也。正與下文「不言而自信，不化而自行」，文義一律。後人不達亂字之義，改爲不亂，失之矣。張注曰「不以治治之，故不可亂也」，是其所據本已誤，盧本同。

夫回能仁而不能反。

樾謹按：反字無義，疑刃字之誤。俗書刃字作刄，故誤爲反耳。刃與忍通，《詩・將仲子篇》毛傳「彊忍之木」，《抑篇》鄭箋「柔忍之木」，《釋文》并云「忍，本作刃」，是其證也。「能仁而不能刃」，即能仁而不能忍，正與下文「賜能辨而不能訥，由能勇而不能怯，師能莊而不能同」一律。《淮南子・人間篇》亦載此事，曰「丘能仁且忍，辨且訥，勇且怯」，字正作忍，是其明證。張注曰「反，變也」，是其所據本已誤矣，盧本同。

雖然，子列子亦微焉。

樾謹按：微，猶昧也。《周易・屯》彖傳「天造草昧」，正義引董遇曰「昧，微物」，《繫辭傳》「知微知彰」，《文選・西京賦》注引舊注曰「知微，謂幽昧」，是微謂之昧，昧謂之微，二字義通。

「子列子亦微焉」，猶曰子列子亦昧焉。故張注曰「亦自不知其數」。

衎衎然若專直而在雄者。

樾謹按：《釋文》曰「在，一本作存」，當從之。《莊子·天下篇》「施存雄而無術」，亦有「存雄」之文，可以爲證。

無言與不言，無知與不知，亦言亦知。

樾謹按：與，猶爲也。上云「用無言爲言亦言，無知爲知亦知」，故此云「無言爲不言，無知爲不知，亦言亦知」，蓋承上文而更進一義也。上文用爲字，此文用與字，文异而義不异，古書多有此例。《管子·戒篇》「自妾之身之不爲人持接也」，尹知章注曰「爲，猶與也」，然則與亦猶爲也。説詳王氏《經傳釋詞》。

人之游也，觀其所見，我之游也，觀之所變。

樾謹按：「觀之所變」，盧重玄本作「觀其所變」。然「之」即「其」也。《呂氏春秋·音初篇》「之子是必大吉」，高誘訓之爲其，是也。《孟子·公孫丑篇》「皆悦而願爲之氓矣」，《周官·載師》注引作「皆悦而願爲其民矣」，是之、其同義。上言「觀其所見」，下言「觀之所變」，文异義同，古書多有此例。盧本作其，乃不達古書義例而改之。

群才備也而無相位者。

檝謹按：位，當作涖。涖，臨也。言無相臨者也。《周官・肆師》職「凡師甸用牲于社宗則爲位」，注曰「故書位爲涖」，是位與涖古字通。

臣之力能折春螽之股，堪秋蟬之翼。

檝謹按：堪，當讀爲戡。《説文・戈部》「戡，刺也」。春螽之股細，故言折，見能折而斷之也。秋蟬之翼薄，故言戡，見能刺而破之也。作堪者，假字耳。《尚書》「西伯既戡黎」，《爾雅・釋詁》注引作堪，此古字通用之證。張注曰「堪，猶勝也」，則螽股亦可言堪，不見古人文字之密矣。

孤犢未嘗有母，非孤犢也。

檝謹按：「有母」下當更叠「有母」二字，本云「孤犢未嘗有母。有母，非孤犢也」。《莊子・天下篇》《釋文》引李云「駒生有母，言孤則無母。孤稱立，則母名去也」，此可證「有母非孤犢」

之義。因古書遇重字多省不書，但於字下作二畫識之，故傳寫脱去耳。〔一〕

堯還宫，召舜，因禪以天下。舜不辭而受之。

樾謹按：辭，通作詞。《釋名·釋典藝》曰「詞，嗣也」，故辭亦通作嗣。《尚書·大誥篇》「辭其考我民」，辭即嗣也。《顧命篇》「恐不獲誓言嗣」，嗣即辭也。説詳《群經平議》。蓋辭籀文作嗣，本與嗣同聲，故得通用。《堯典篇》「舜讓于德弗嗣」，而此云「舜不辭而受之」，然則古本《堯典》作「弗辭」也。所謂「舜讓于德」者，讓當爲攘。《禮記·曲禮篇》注曰「攘，古讓字」，然則古本《堯典》必作「舜攘于德」也。攘者，取也。《尚書·微子篇》枚傳曰「自來而取曰攘」。舜無得天下之心，而天下自來，是其取天下也以德取之也。正所謂「自來而取曰攘」也。故曰「舜攘于德弗辭」。下文無「帝堯申命」之文，而即紀元日受終之事，然則舜之不辭審矣。賴《列子》此言可以見《尚書》之古義，余作《群經平議》未見及此，故具説之。

〔一〕此例又見於《古書疑義舉例》卷六之七十二「字以兩句相連而誤脱例」。王其和認爲，從致誤原因上分析，此例當名爲「因重文作二畫而誤脱例」更爲合適（第二九三頁）。

唯默而得之，而性成之者得之。

樾謹按：「而性成之」，當作「性而成之」，《湯問篇》曰「默而得之，性而成之」，是其證。

帝怒流於西極，失群聖之居。（《湯問》）

樾謹按：盧重玄本作「帝恐流於西極，失群仙聖之居」，當從之。五山之根，無所連著，其流於西極，勢使然耳，何怒之有？蓋涉下文「帝憑怒」而誤。又「仙聖」字上下文三見，可證此作「群聖」之非矣。至「西極」字亦疑有誤。五山隨波上下往還，安知其必流於西極也？下文云「岱輿、員嶠二山流於北極」，可證其不必西流矣。「西極」似當作「四極」。

終髮北之北有溟海者，天池也。

樾謹按：《釋文》曰「一本無髮字」，當從之。終北，國名。下文曰「禹之治水土也，迷而失塗，謬之一國，濱北海之北，其國名曰終北」是也。終北之北，謂在其國之北。今衍髮字者，蓋後人據《莊子・逍遥游篇》加之，不知彼自言「窮髮之北」，此自言「終北之北」，兩文不同。若據彼以增此，則既言「終髮北」，又言「之北」，文義複沓矣。

其民孳阜亡數，有喜樂，亡衰老哀苦。

樾謹按：「孳阜」二字，疑當在「喜樂」之上，「其民亡數，有孳阜喜樂，亡衰老哀苦」，蓋以「衰老」對「孳阜」，「哀苦」對「喜樂」。

臣恐彼國之不可知之也。

樾謹按：張注曰「此國自不可得往耳」，然則「不可知之」者，不可得往也。《呂氏春秋·審應篇》「其在於民而君弗知」，高注曰「知，猶得也」，是其義。下文云「伯牙所念，鍾〔一〕子期必得之」，得猶知也，知與得義相近。

一兒以日初出遠，而日中時近也。

樾謹按：兒下當有「曰我」二字，方與上句一律。

〔一〕鍾，原作「鐘」，據《列子》改。

同請扁鵲求治。

樾謹按：既言請，又言求，於義複矣。請乃詣字之誤。〔一〕詣，至也。言至扁鵲之所而求治也。故下文曰「二人辭歸」。

柱指鈎弦，三年不成章。

樾謹按：盧重玄本「鈎」作「鈞」，當從之。張注曰「按指調弦，三年不能成曲」，是其所據本亦作鈞，故以調弦釋之。《國語・周語》「細鈞有鍾無鎛」，韋注曰「鈞，調也」。

汝何蚩而三招予？

樾謹按：《説文・手部》「招，手呼也」。黑卵之子不見來丹之以劍擊己，但見其舉手，若相招然，故曰「汝何蚩而三招予」。《釋文》云「一本作拈」，此乃字誤，不當曲爲之説。

仲尼之德不出諸侯之下而同於陳蔡。（《力命》）

樾謹按：同，乃困字之誤。《楊朱篇》作「圍於陳蔡」，亦困字之誤。盧重玄本皆作困。

〔一〕請，王其和認爲「當不誤」，《説文・言部》「請，謁也」，《御覽》卷三七六引作「見」，此爲不通訓詁而誤校（第九二頁）。

北宮子之寐久矣，一言而能寤，易怛也哉！

樾謹按：怛，當讀爲旦。《詩·氓篇》「信誓旦旦」，《説文·心部》引作「信誓悬悬」，悬即怛之或體，是怛、旦古通用也。人之寐者，至平旦則寤矣。北宮子久寐而忽寤，故曰「易旦也哉」。《釋文》音當割反，未得其讀。或作悟，則後人不達而臆改之。

仲父之病疾矣。

樾謹按：疾，盧重玄本作病，當從之。《莊子·徐無鬼篇》同。

年兄弟也，言兄弟也，才兄弟也，貌兄弟也。

樾謹按：言字無義，當從《釋文》作訾。《管子·君臣上篇》「吏嗇夫盡有訾程事律」，即此訾字之義。官秩貴賤必視「訾程」爲準。訾兄弟也，正與下文「貴賤父子也」相應。殷敬順不達訾字之義，而以爲當作貲財字，則下當言貧富，不當言貴賤矣。

至人居若死，動若械。

樾謹按：械字無義。《釋文》曰「本又作戒」，實皆駭之假字也。《周官·大僕》「始崩戒鼓」，故書戒爲駭。《列子》原文蓋亦假戒爲駭，而寫者又從木作械耳。「居若死，動若駭」，即處女脱兔之意。

自全也，自亡也，自喪也。

樾謹按：「自亡也」三字，疑爲衍文。上文云「唯亡所量，亡所不量，則全而亡喪。亦非知全，亦非知喪」，皆以「全」「喪」對言，此云「自全也，自喪也」，文義已足。增出「自亡也」三字，則與上文不合矣。蓋涉上有三亡字而誤衍此句，不知上三亡字皆「有無」之無，非「喪亡」之亡也。

若實名貧，僞名富。（《楊朱》）

樾謹按：此下當有「實名賤，僞名貴」二句。上文曰「凡爲名者必廉，廉斯貧；爲名者必讓，讓斯賤」，故此引管仲、陳氏事證爲實名則貧賤，爲僞名則富貴也。

當身之娛非所去也。

樾謹按：「當身」乃「當生」之誤。下云「死後之名非所取也」，「當生」與「死後」正相對，下文云「且趣當生，奚遑死後」，是其證。

雖殊方偏國，非齊土之所産育者，無不必致之。

樾謹按：下文云「雖山川阻險，塗逕修遠，無不必之」，則此文當云「無不必致」，誤衍

「之」字。

賓客在庭者日百住。

樾謹按：住，當爲數，聲之誤也。《黄帝篇》「漚鳥之至者，百住而不止」，張注曰「住，當作數」，是其證矣。此篇盧重玄本作「往」，則是誤字。

一國之人受其施者，相與賦而藏之。

樾謹按：賦者，計口出錢也。《周官・大宰》職鄭注曰「賦，口率出泉也」，《漢書・食貨志》師古注曰「賦，謂計口發財」，是其義矣。藏，猶言葬也，《禮記・檀弓篇》「葬也者，藏也」，故葬與藏，義得相通。《周易・繫辭傳》「葬之中野」，《漢書・劉向傳》引作「臧之中野」，臧即藏字也。端木叔死無瘞埋之資，故受其施者相與賦錢而葬之也。

雖毁之不知，雖稱之弗知。

樾謹按：上文言舜、禹、周、孔曰「雖稱之弗知，雖賞之不知」，則此言桀、紂宜云「雖毁之不知，雖罰之弗知」。「毁之」對「稱之」言，「罰之」對「賞之」言，方與下文「彼四聖雖美之所歸」「彼二凶雖惡之所歸」文義相應。「稱之」「賞之」，是美之所歸也；「毁之」「罰之」，是惡之所歸也。

今涉上文而亦作「稱之」，義不可通矣。

物非我有也，既有，不得不去之。

樾謹按：「不得不去之」，當作「不得而去之」，故下文曰「雖不去物，不可有其物」也。今作「不得不去」，與下文不合矣。蓋涉上文「既生，不得不全之」，故誤「而」爲「不」。

彊食靡角。（《説符》）

樾謹按：靡，讀爲摩。《莊子·馬蹄篇》「喜則交頸相靡」，《釋文》引李云「摩也」，是靡與摩義通。「靡角」之靡，即「交頸相靡」之靡，謂以角相靡也。

故不班白語道失，而况行之乎？

樾謹按：上文曰「色盛者驕，力盛者奮，未可以語道也」。然則色力方盛之人不可以語道，必待班白之人方可語之，若不班白而語道，未有不失者矣，所謂「不班白，語道失」也。張注謂「色力既衰，方欲言道，悟之已晚，言之猶未能得，而况行之乎」。核之本文與上文，義皆不合。

忠信錯吾軀於波流，而吾不敢用私。

樾謹按：「忠信」字，涉上句而衍。

白公不得已，遂死於浴室。

樾謹按：「已」字乃「也」字之誤。《淮南子・道應篇》作「白公不得也」，《吕氏春秋・精諭篇》作「白公弗得也」，并其證也。張注曰「不知言之所謂，遂便作亂，故及於難」，正解「不得」之義。

今趙氏之德行無所施於積。

樾謹按：施，衍字，蓋即「於」字之誤而複者。《吕氏春秋・慎大篇》亦有此文，正無「施」字。

臣有所與共擔纆薪菜者。

樾謹按：張注曰「共，同也」，此説失之。共，乃供之假字。《釋文》曰「一作供」，是也。蓋擔纆薪菜皆此人供之耳。「擔纆」「薪菜」是兩事，擔纆者，負荷什物；薪菜者，以給炊也。纆乃縲字之誤。《周易・坎》「上六，係用徽纆」，馬融曰「徽纆，索也」，説本王氏念孫《淮南子雜志》。菜當爲采，古字通用。

爵高者，人妒之；官大者，主惡之；禄厚者，怨逮之。

樾謹按：《淮南子·道應篇》作「禄厚者，怨處之」，是也。「怨處之」，謂怨讎之所處也，猶曰爲怨府也。處與妒、惡爲韵。若作逮，則失其韵矣。蓋由淺人不達「處」字之義而臆改。

王亟封我矣，吾不受也。

樾謹按：張注訓亟爲急，非也。亟者，數也。言王數封我而吾不受也。下文「城市患其亟也」，注曰「亟，數也」，此亦當與同訓。

盡取其衣裝車牛步而去。

樾謹按：此當作「盡取其衣裝車馬，牛缺步而去」。《吕氏春秋·必己篇》作「求其車馬則與之，求其衣被則與之，牛缺出而去」，是其證也。出即步字之誤耳。此文脱「馬」字、「缺」字，遂以「車牛」連文，失之矣。

利出者實及，怨往者害來。

樾謹按：及，乃反字之誤。出與反，猶往與來，相對成文。《孟子》曰「出乎爾者，反乎爾者也」。

其鄰人遽而伐之。

樾謹按：鄰字，衍文也。上云「人有枯梧樹者」，此云「其人」，即「此人」也。上下文所云「鄰父」，謂此人之鄰也，豈得又就鄰人言之而謂此人爲鄰人乎？下文「其人乃不悦曰」，亦無鄰字，可證此鄰字之衍。

俞樾全集

汪少華 王華寶 — 主編

諸子平議

（清）俞樾 — 著
王華寶 — 整理

貳

鳳凰出版社

諸子平議卷十七

莊子一

蜩與學鳩笑之曰。（《逍遥游》）

樾謹按：《釋文》曰「學，本或作鷽，音預」，據《文選·江文通〈雜體詩〉》「鷽斯蒿下飛」，李善注即以《莊子》此文説之，又引司馬彪曰「鷽鳩，小鳥」，毛萇《詩傳》曰「鷽斯，鵯居。鵯居，鵶烏也，音豫」，然則李氏所據本固作「鷽」，不作「學」也。今《釋文》引司馬云「學鳩，小鳩也」，此經後人竄改，非其原文矣。

時則不至，而控於地而已矣。

樾謹按：王氏引之《經傳釋詞》曰「則，猶或也」，引《史記·陳丞相世家》「則恐後悔」爲證。

此文「則」字，亦當訓或，蓋其「決起而飛槍榆枋」也，有時能至，有時不能至，至則集於榆枋，不至則投於地，故曰「時或不至，而控於地」也。

奚以之九萬里而南爲。

樾謹按：「南」上本有「圖」字。上文曰「而後乃今將圖南」，故此即承上文言也。《文選》注正作「奚以之九萬里而圖南爲」。

之二蟲又何知。

樾謹按：郭象注曰「二蟲，謂鵬、蜩也」，此恐失之。二蟲，當謂蜩與鷽鳩。下文曰「奚以知其然也？朝菌不知晦朔，蟪蛄不知春秋」，是所謂不知者，謂小不足以知大也。然則此云「之二蟲又何知」，其謂蜩、鳩二蟲，明矣。

楚之南有冥靈者，以五百歲爲春，五百歲爲秋；上古有大椿者，以八千歲爲春，八千歲爲秋。而彭祖乃今以久特聞。

樾謹按：彭祖，人名也，然則冥靈、大椿亦人名也，猶上文「朝菌不知晦朔，蟪蛄不知春秋」，蟪蛄，蟲名也，而高誘注《淮南・道應篇》曰「朝菌，朝生暮死之蟲」，則亦蟲名也。蓋論大年、小年當以有血氣之屬言之。故論小者，則以蟲言，朝菌也，蟪蛄也，蟲之中尤爲小年者也；論大者，則以人言，冥靈也，大椿也，彭祖也，人之中尤爲大年者也。若雜以草木，則不倫矣。大椿，疑本作大春，以八千歲爲春，故以大春名之。漢有井大春，或即取之。此後人誤解爲木名，遂加木旁作椿耳。據《釋文》「冥靈之冥，亦或作榠」，即其例也。冥字不必從木，則春字亦何必從木乎？潘尼以木槿説朝菌，司馬彪又以木槿説大椿，幾乎無大小之辨，足知其不然矣。

湯之問棘也是已。

樾謹按：《釋文》「棘，李云湯時賢人」，此説得之矣。又引簡文云「一曰，湯，廣大也；棘，狹小也」，則以湯、棘爲寓名，是殆未讀《列子》者。湯之問棘，見《列子・湯問篇》，上文所説鯤鵬及冥靈、大椿，皆本是篇，故以此結之，明所言之有徵也。

吾將爲賓乎？

樾謹按：此本作「吾將爲實乎」，與上「吾將爲名乎」相對成文。「吾將爲名乎」，名者，實之賓也，其意已足。「吾將爲實乎」，當連下文讀之，其文曰「吾將爲實乎？鷦鷯巢於深林，不過一枝，偃鼠飲河，不過滿腹。歸休乎君，予無所用天下爲」，蓋無所用天下，則以實而言，又不足爲矣，故云「吾將爲實乎」？《吕氏春秋・求人篇》載許由之言曰「爲天下之不治與？而既已治矣，自爲與？啁噍巢於林，不過一枝，偃鼠飲於河，不過滿腹。歸已君乎，惡用天下」，其文與此大略相同。彼云「爲天下之不治與」，即此云「吾將爲名乎」；彼云「自爲與」，即此云「吾將爲實乎」。實與賓形似，又涉上句「實之賓也」而誤，不可以不正。若如今本，則爲賓即是爲名，兩文複矣。

非不呺然大也。

樾謹按：《釋文》「呺，本亦作号」，「崔作謼」，然《說文・号部》「号，痛聲也」，呺、謼《說文》所無，蓋皆号之俗體，施之於此，義不可通。《文選・謝靈運〈初發都詩〉》李善注引此文作枵，當從之。《爾雅・釋天》「玄枵，虚也」，虚則有大義，故曰「枵然大也」。《釋文》引李云「号然，虚大貌」，是固以「枵」字之義說之。

宋人有善爲不龜手之藥者。

樾謹按：《釋文》引司馬云「文拆如龜文也」，又云「如龜攣縮也」，義皆未安。向云「拘，坼也」，郭注亦云「能令手不拘坼」，然則龜字宜即讀如拘，蓋龜有丘音，《後漢・西域傳》「龜兹」，讀曰「丘慈」是也。古丘音與區同，故亦得讀如拘矣。拘之言拘攣也。不龜者，不拘攣也。「龜文」之說雖非，「攣縮」之說則是，但不必以「如龜」爲說耳。

嗒焉似喪其耦。（《齊物論》）

樾謹按：「喪其耦」，即下文所謂「吾喪我」也。郭注曰「若失其配匹」，未合「喪我」之義。司馬云「耦，身也」，此説得之，然云「身與神爲耦」，則非也。耦，當讀爲寓。寓，寄也，神寄於身，故謂身爲寓。

夫大塊噫氣，其名爲風。

樾謹按：大塊者，地也。塊乃凷之或體。《説文・土部》「凷，墣也」，蓋即《中庸》所謂「一撮土之多」者，積而至於廣大，則成地矣，故以地爲大塊也。司馬云「大朴之貌」，郭注曰「大塊者，無物也」，并失其義。此本説「地籟」，然則「大塊」非地而何？

小知閒閒。

樾謹按：《廣雅・釋詁》「閒，覗也」，「小知閒閒」當從此義，謂好覗察人也。《釋文》曰「有所閒別」，非是。

故爲是舉莛與楹，厲與西施，恢恑憰怪，道通爲一。

樾謹按：《釋文》引司馬彪説，以莛爲屋梁，楹爲屋柱，故郭注曰「莛横而楹縱」，然《説文・

艸部》「莛，莖也」，屋梁之説，初非本義。《漢書·東方朔傳》「以莛撞鐘」，《文選·答客難篇》莛作筳，李善注引《説苑》曰「建天下之鳴鐘，撞之以筳，豈能發其音聲哉」。筳與莛通，是古書言莛者謂其小也。莛與楹以大小言，厲與西施以好醜言，舊説非是。

而其子又以文之綸終。

樾謹按：《釋文》「綸，音倫，崔云，琴瑟絃也」，然以文之絃終，其義未安。郭注曰「昭文之子，又乃終文之緒」，則是訓綸爲緒。今以文義求之，上文曰「彼非所明而明之，故以堅白之昧終」，「之昧」與「之綸」必相對爲文。《周易·繫辭傳》「故能彌綸天地之道」，京房注曰「綸，知也」；《淮南子·説山篇》「以小明大，以近論遠」，高誘注曰「論，知也」。古字綸與論通，《淮南》與明對言，則綸亦明也。「以文之綸終」，謂以文之所知者終，即是以文之明終，蓋「彼非所明而明之，故以堅白之昧終」，而昭文之子又以文之明終，則仍是「非所明而明」矣，故下曰「終身無成」也，郭注尚未達其旨。

有倫有義。

樾謹按：《釋文》云「崔本作『有論有議』」，當從之。下文云「六合之外，聖人存而不論，六合之内，聖人論而不議」，又曰「故分也者，有不分也；辯也者，有不辯也」，彼所謂分辯，即此

「有分有辯」，然則彼所謂論議，即此「有論有議」矣。

瞿鵲子問乎長梧子曰，吾聞之夫子。

樾謹按：瞿鵲子，必七十子之後人。所稱「聞之夫子」，謂聞之孔子也。下文「長梧子曰，是黄帝之所聽熒也，而丘也何足以知之」，丘即是孔子名，因瞿鵲子述孔子之言，故曰「丘也何足以知之」也。而讀者不達其意，誤以「丘也」爲長梧子自稱其名，故《釋文》云「長梧子，崔云名丘」，此大不然。下文云「丘也與女皆夢也，予謂女夢亦夢也」，夫「予」者，長梧子自謂也，既云丘與女皆夢，又云予亦夢，則安得即以丘爲長梧子之名乎？

技經肯綮之未嘗。（《養生主》）

樾謹按：郭注曰「技之妙也，常游刃於空，未嘗經槩於微礙也」，是以「技經」爲技之所經，殊不成義。「技經肯綮」，四字必當平列。《釋文》曰「肯，《説文》作肎，《字林》同，著骨肉也。一曰骨無肉也。綮，司馬云猶結處也」。是「肯綮」并就牛身言，「技經」亦當同之。技疑枝字之誤。《素問·三部九候論》「治其經絡」，王注引《靈樞經》曰「經脉爲裏，支而横者爲絡」，古字枝與支通，枝謂枝脉，經謂經脉，枝經猶言經絡也。經絡相連之處，亦必有礙於游刃，庖丁惟因其固然，故未嘗礙也。

族庖月更刀，折也。

樾謹按：郭注曰「中骨而折刀也」，此於文義未合。上文云「良庖歲更刀，割也」，割以用刀言，則折亦以用刀言，折謂折骨，非謂刀折也。哀元年《左傳》曰「無折骨」。

指窮於爲薪，火傳也，不知其盡也。

樾謹按：郭注曰「爲薪，猶前薪也，前薪以指，指盡前薪之理，故火傳而不滅」，此説殊未明了，且「爲」之訓「前」亦未知何義，郭注非也。《廣雅·釋詁》「取，爲也」，然則爲亦猶取也。「指窮於爲薪」者，指窮於取薪也。以指取薪而然之，則有所不給矣。若聽火之自傳，則忽然而不知其薪之盡也，郭得其讀，未得其義。《釋文》引崔云「薪火，爝火也」，則并失其讀矣。

是以人惡有其美也。（《人間世》）

樾謹按：《釋文》「惡，音烏路反」，非也。美、惡相對爲文，當讀如本字。有者，育字之誤。《釋文》云「崔本作育，云賣也」，《説文·貝部》「賫，衒也，讀若育」，此育字，即賫之假字，經傳每以鬻爲之，鬻亦音育也。「以人惡育其美」，謂以人之惡鬻己之美也。

是皆修其身以下傴拊人之民。

樾謹按：「下」字衍文。「修其身以傴拊人之民」不當有「下」字，涉下文「以下拂其上者也」，因而誤衍耳。

大多政，法而不諜。

樾謹按：政字絶句。「大多政」者，郭注所謂「當理無二，而張三條以政之」也。「法而不諜」，四字爲句。《列禦寇篇》「形諜成光」，《釋文》曰「諜，便僻也」。此諜字義與彼同，謂有法度而不便僻也。李訓安，崔訓間諜，并失其義。

聽止於耳，心止於符。氣也者，虛而待物者也。

樾謹按：上文云「無聽之以耳，而聽之以心；無聽之以心，而聽之以氣」，此文「聽止於耳」，當作「耳止於聽」，傳寫誤倒也，乃申説「無聽之以耳」之義，言耳之爲用，止於聽而已，故「無聽之以耳」也。「心止於符」，乃申説「無聽之以心」之義，言心之用，止於符而已，故「無聽之以心」也。符之言合也，言與物合也，與物合則非虛而待物之謂矣。「氣也者，虛而待物者也」，乃申説氣字，明當聽以氣也，郭注曰「遺耳目，去心意，而符氣性之自得」。此「虛以待物者也」，誤以「符」「氣」二字連讀，不特失其義，且不成句矣。

瞻彼闋者，虚室生白，吉祥止止。

樾謹按：「止止」連文，於義無取。《淮南子・俶真篇》作「虚室生白，吉祥止也」，疑此文下「止」字亦「也」字之誤。唐盧重玄注《列子・天瑞篇》曰「虚室生白，吉祥止耳」，亦可證「止止」連文之誤。

妄則其信之也莫。

樾謹按：郭注曰「莫然疑之」，此説非也。莫然疑之，不可但謂之莫，且既云「信之」，又何云疑乎？莫者，無也，猶曰莫信之也。不曰妄則莫信之，而曰妄則其信之也莫，取與上下句法一律耳。

始乎諒，常卒乎鄙。

樾謹按：諒與鄙，文不相對。上文云「始乎陽，常卒乎陰」，「始乎治，常卒乎亂」，陰陽、治亂皆相對，而諒、鄙不相對。諒疑諸字之誤，諸讀爲都，《爾雅・釋地》「宋有孟諸」，《史記・夏本紀》作「明都」，是其例也。「始乎都，常卒乎鄙」，都、鄙正相對，因字通作諸，又誤作諒，遂失其旨矣。《淮南子·詮言篇》曰「故始於都者，常大於鄙」，即本《莊子》，可據以訂正。彼文「大」字，乃卒字之誤，説見王氏念孫《讀書雜志》。〔一〕

故忿設無由巧言偏辭。

樾謹按：由，用也。經傳由字訓用者，不可枚舉，此當以九字爲句。設，疑説字之誤。《大戴記·子張問入官篇》「且夫忿數者獄之所由生也」，「忿數」與「忿説」同，《禮記·儒行篇》「遽數之不能終其物」，正義曰「數，説也」，是其證也。忿怒之説，無所用其巧言偏辭，故曰「忿説無由巧言偏辭」。無由，即無用也。下文「獸死不擇音」，即申明此句之義。無用巧言偏辭，所謂不擇音也。郭氏不知由之訓用，乃曰「夫忿怒之作，無他由也，常由巧言過實，偏辭失當」，是讀「故忿設無由」五字爲句，「巧言偏辭」上必更有一「由」字於義方足，是可知其非矣。

過度益也。

樾謹按：益，當讀爲溢。言過其度則溢矣。上文曰「夫兩喜必多溢美之言，兩怒必多溢惡之言」，是其義。

〔一〕王其和考證，「諒」訓「信」，「鄙」訓「詐」，正相對成文，且承上文「妄、信」而言，文義正相應，俞説非是（第九二一頁）。

惡成不及改。

樾謹按：「不及改」，極言其速也，改且不及，速可知矣。上句曰「美成在久」，此云「惡成不及改」，文不一律而義相準，言美成之久，而惡成之速也，正見惡易而美難。郭注未達其旨。

其可以爲舟者旁十數。

樾謹按：旁，讀爲方，古字通用，《尚書・臯陶謨篇》「方施象刑惟明」，《新序・節士篇》方作旁，《甫刑篇》「方告無辜于上」，《論衡・變動篇》方作旁，并其證也。《在宥篇》「出入無旁」，即出入無方，此本書假旁爲方之證。《詩・正月篇》「民今方殆」，鄭箋云「方，且也」，「其可以爲舟者方十數」，言可以爲舟者且十數也。《釋文》引崔曰「旁，旁枝也」，蓋不知旁爲「方」假字，故語詞而誤以爲實義矣。〔一〕

大枝折，小枝泄。

樾謹按：《釋文》引崔云「泄、洩同」，然洩字之義，於此無取，殆非也。泄，當讀爲抴，《荀

〔一〕 董志翹《訓詁類稿・〈莊子〉解詁》訓「旁」爲「榜」，古通用（第二一—二三頁）。

子·非相篇》「接人則用抴」，楊注曰「抴，牽引也」。小枝抴，謂見牽引也。《詩·七月篇》「取彼斧斨，以伐遠揚」，即此所云「大枝折」也；又曰「猗彼女桑」，即此所云「小枝抴」也，鄭箋云「女桑少枝」，少枝，即小枝矣。猗，乃掎之假字，《説文·手部》「掎，偏引也」，是與抴同義，説詳《群經平議》。

故解之以牛之白顙者，與豚之亢鼻者，與人有痔病者，不可以適河。

樾謹按：郭注曰「巫祝解除，棄此三者，必妙選騂具，然後敢用」，此説於「故解之」三字，殊不可通。上云「宋有荆氏者，宜楸柏桑」，司馬云「荆氏，地名也」，疑此文「解」字亦是地名，蓋各舉其地所有之事爲説也。僖十五年《左傳》「賂秦伯以河外列城五，東盡號略，南及華山，内及解梁城」，杜預注「解梁城」曰「河東解縣」，此所云解，即其地矣。解地近河，故相傳以牛之白顙者，豚之亢鼻者，人有痔病者，爲不可以適河也。

鳳兮鳳兮，何如德之衰也。

樾謹按：如、而古通用，此如字當讀爲而，而即爾也，蓋指鳳而言。郭注以「何如」連讀，非是。

彼爲己，以其知得其心，以其心得其常心。（《德充符》）

樾謹按：「以其知得其心句。」，「以其心得其常心句。」，兩句相對，「彼爲己」三字，總冒此兩句。郭讀「彼爲己以其知」爲句，「得其心以其心」爲句，而以「得其常心」四字屬下讀，失之。

受命於地，唯松柏獨也在，冬夏青青。

樾謹按：在，疑正字之誤。「受命於地，唯松柏獨也正」，與下文「受命於天，唯舜獨也正」，兩文相對。舜爲大聖，其正之義易見，故不煩申説，松柏則二木耳，其正之義難見，故必著「冬夏青青」一句以明之。《莊子》行文錯綜變化，未可以後世之文法繩之也。學者不達而臆改爲在，失之矣。

彼何賓賓以學子爲？

樾謹按：賓賓之義，《釋文》引「司馬云，恭貌。張云，猶賢賢也。崔云，有所親疏也。簡文云，好名貌」，皆望文生義，未達古訓。賓賓，猶頻頻也，《漢書・司馬相如傳》「仁頻并閭」，顔注曰「頻，字或作賓」，是其例也。《詩・桑柔篇》「國步斯頻」，《説文・目部》作「國步斯矉」，《書・禹貢篇》「海濱廣斥」，《漢書・地理志》作「海瀕廣潟」，是皆賓聲頻聲相通之證。《廣雅・釋訓》

「頻頻，比也」，楊子《法言・學行篇》「頻頻之黨，甚於鸒斯」，皆可説此賓賓之義。

彼且蘄以淑詭幻怪之名聞。

樾謹按：淑與詭，語意不倫。淑詭當讀爲吊詭，《齊物論篇》「其名爲吊詭」，正與此同。吊作淑者，古字通用，哀十六年《左傳》「旻天不吊」，《周官・大祝》職先鄭注引作「閔天不淑」，是其證矣。〔一〕

適見狆子食於其死母者，少焉眴若皆棄之而走。

樾謹按：眴若，猶眴然也。《徐無鬼篇》「衆狙見之，恂然棄而走」，此云眴若，彼云恂然，文异義同。眴、恂并旬之假字，《説文・兮部》「旬，驚辭也，從兮旬聲」，眴、恂亦從旬聲，故得通用。《釋文》引司馬曰「驚貌」，得之矣。眴若皆棄之而走，言狆子皆驚而走也。蓋始焉不知其爲死母，就之而食，少焉覺其死，故皆驚走也。「眴若」二字以其子言，不以其母言。《釋文》又引崔云「目動也，謂死母目動」，然則其母不死，與下意不合矣。下文云「不見己焉爾，不得類焉爾」，郭注曰「夫生者以才德爲類，死而才德去矣，故生者以失類而走也」，若從崔説，死母之目

〔一〕 淑，王其和以爲當從明世德堂刊本《莊子》等作「諔」，「諔詭」同義連文，俞氏據誤文訓詁，不可從（第二二一七頁）。

尚動，是其才德未去，何爲以失類而走乎？

若然者過而弗悔，當而不自得也。（《大宗師》）

樾謹按：過者，謂於事有所過失也；當者，謂行之而當也。在衆人之情，於事有所過失則悔矣，行之而當則自以爲得矣。真人不然，故曰「過而弗悔，當而不自得也」。正文明言過，郭注謂「全當而無過」，失之。

是之謂不以心捐道，不以人助天。

樾謹按：捐字誤。《釋文》云「郭作揖。崔云，或作楫，所以行舟也」，其義彌不可通。疑皆偝字之誤。偝即背字，故郭注曰「真人知用心則背道，助天則傷生」，是郭所據本正作「偝」也。〔一〕

古之真人，其狀義而不朋。

樾謹按：郭注曰「與物同宜，而非朋黨」，是訓義爲宜，朋爲黨，望文生訓，殊爲失之。此言

〔一〕 捐，王其和據《説文・手部》「捐，棄也」指出，捐訓「棄」乃是常訓，俞氏誤校（第九三頁）。

其狀，豈言其德乎？義，當讀爲峨，峨與義并從我聲，故得通用。《天道篇》「而狀義然」，義然，即峨然也。朋，讀爲崩，《易·復》彖辭「朋來无咎」，《漢書·五行志》引作「崩來无咎」，是也。「其狀峨而不崩」者，言其狀峨然高大而不崩壞也。《廣雅·釋詁》「峨，高也」，《釋訓》「峨峨，高也」，高與大義相近，故《文選·西京賦》「神山峨峨」，薛綜注曰「峨峨，高大也」，《天道篇》「義然」即可以此説之。郭不知義爲峨之假字，於此文則訓爲「宜」，於彼文則曰「踶跂自持之貌」，皆就本字爲説，失之。

與乎其觚而不堅也。

樾謹按：郭注曰「常游於獨，而非固守」，是讀觚爲孤，然與不堅之義殊不相應。《釋文》引崔云「觚，棱也」，亦與不堅之義不應，殆皆非也。《養生主篇》「技經肯綮之未嘗，而况大軱乎」，《釋文》引崔云「槃結骨」，疑此觚字即彼軱字。骨之槃結，是至堅者也，軱而不堅，是謂真人。崔不知觚、軱之同字，故前後异訓耳。

厲乎其似世乎？

樾謹按：郭注曰「至人無厲，與世同行，故若厲也」，此注殊不可通。且如注意，當云「世乎其似厲」，不當反言「其似世」也。今按世乃泰之假字。《荀子·榮辱篇》「憍泄者，人之殃也」，劉氏台拱補注曰：「橋泄，即驕泰之异文。《荀子》他篇或作汏，或作忲，或作泰，皆同。漏泄之泄，古多與外、大、害、敗爲韵，亦讀如泰也。」又引《賈子》「簡泄不可以得士」爲證。然則以世爲泰，猶以泄爲泰也。猛厲與驕泰，其義相應。《釋文》曰「厲，崔本作廣」，廣大亦與泰義相應，泰亦大也。若以本字讀之，而曰「似世」，則皆不可通矣。

以德爲循。

樾謹按：《釋文》曰「循，本亦作修，兩得」，然下文曰「以德爲循者，言其與有足者至於丘也」，則自以作循爲是。《説文·彳部》「循，順行也」，故曰「與有足者至於丘」，若修字，則無義矣。蓋字相似而誤，陸氏以爲兩得，非。

夫藏舟於壑，藏山於澤，謂之固矣，然而夜半有力者負之而走，昧者不知也。

樾謹按：山非可藏於澤，且亦非有力者所能負之而走，其義難通。山，疑當讀爲汕。《爾雅·釋器》「罺謂之汕」，《詩·南有嘉魚篇》毛傳曰「汕汕，樔也」，箋云「今之撩罟也」。「藏舟」「藏汕」，疑皆以漁者言，恐爲人所竊，故藏之，乃世俗常有之事，故《莊子》以爲喻耳。

在太極之先，而不爲高。

樾謹按：下云「在六極之下，而不爲深」，則此當云「在太極之上」，方與高義相應，今作「在太極之先」，則不與高義相應，而轉與下文「先天地生而不爲久」其義相複矣。《周易·繫辭傳》曰「易有太極」，《釋文》曰「太極，天也」，然則《莊子》原文疑本作「在太極之上」，猶云在天之上也，後來説《周易》者，皆以太極謂天地未分之前，於是疑太極當以先後言，不當以上下言，乃改「太極之上」爲「太極之先」，而於義不可通矣。《淮南子·覽冥篇》曰「引類於太極之上」。

已外生矣，而後能朝徹。

樾謹按：《爾雅·釋詁》「朝，早也」，「朝徹」，猶早達也。郭注曰「豁然無滯，見機而作，斯朝徹也」，正得其義。《釋文》引李云「不崇朝而遠徹」，則當爲不朝徹矣。

俄而子輿有病，子祀往問之曰：「偉哉！夫造物者，將以予爲此拘拘也。」

樾謹按：此當作「子來有病」，下文曰「俄而子來有病」當作「子輿有病」，何以明之？《淮南子·精神篇》曰「子求行年五十有四，而病傴僂，脊管高于頂，䏶下迫頤，兩脾在上，燭營指天，匍匐自闚於井曰：『偉哉！造化者，其以我爲此拘拘邪』」，即本《莊子》之文而作「子求」，求者來字之誤。《尚書·吕刑篇》「惟貨惟來」，馬融本來作求，是其例也。《釋文》引崔譔云《淮南》作「子永行年五十四，而病傴僂」。《抱朴子·博喻篇》亦云「子永嘆天倫之偉」，永，亦求字之誤也。若是，子輿則與求、與永絶不相似，無緣致誤，故知此文本作「子來」，與下文傳寫互易矣。

予因以求時夜。

樾謹按：《釋文》云「一本無求字」，當從之。下云「浸假而化予之右臂以爲彈，予因以求鴞炙」，蓋以彈求鴞，乃可爲炙，故曰「因以求鴞炙」。若鷄則自能時夜，既化予之左臂以爲鷄，則因以時夜可矣，又何求焉？求字即涉下句而衍。

相造乎水者，穿池而養給；相造乎道者，無事而生定。

樾謹按：定，疑足字之誤，「穿池而養給」，「無事而生足」，兩句一律，給亦足也，足與定字形相似而誤。《管子·中匡篇》「功定以得天與失天，其人事一也」，今本定誤作足，與此正可互證。〔一〕

〔一〕　生定，王其和據王先謙《莊子集解》解爲「性定」，指出「俞氏未明文義，强同一律，非是」（第一三八頁）。

䪡萬物而不爲義。

樾謹按：䪡，即《説文》䪢字，其或體作韲，古或以齊爲之。《周官・醢人》職「五齊七醢七菹三臡」，是也。䪡與菹醢爲同類之物，「䪡萬物」猶云菹醢萬物，故《天道篇》云「䪡萬物而不爲戾」，郭於此無注。彼注云「變而相雜故曰䪡」，是訓䪡爲雜也。蓋䪡合衆味而成，《釋名・釋飲食》曰「齏，濟也，與諸味相濟成也」，故有相雜之義。《列禦寇篇》「使人輕乎貴老而䪡其所患」，《釋文》曰「䪡，亂也」，亂與雜義同，然云「雜萬物而不爲戾」，則義有未安矣。《知北游篇》「若儒墨者師，故以是非相䪡也」，此則當訓爲雜，蓋儒墨兩家，是非蜂起，故雜也。郭訓爲和，義雖相通，然言固各有當矣。

日中始何以語女？（《應帝王》）

樾謹按：《釋文》引李云「日中始，人姓名，賢者也」，此恐不然。中始，人名，日猶云日者也，謂日者中始何以語女也？文七年《左傳》「日衛不睦」，襄二十六年《傳》「日其過此也」，昭七年《傳》「日君以夫公孫段爲能任其事」，十六年《傳》「日起請夫環」，并與此日字同義。李以「日中始」三字爲人姓名，失之矣。崔本無日字。

何問之不豫也。

樾謹按：《爾雅・釋詁》「豫，厭也」，《楚辭・惜誦篇》「行婞直而不豫兮」，王逸注亦曰「豫，厭也」，是豫之訓厭，乃是古義。無名人深怪天根之多問，故曰「何問之不豫」，猶云何許子之不憚煩也。簡文云「豫，悦也」，殊失其義。

汝又何帠以治天下感予之心爲？

樾謹按：帠，未詳何字。《釋文》曰「徐音藝，又魚例反」。司馬云「法也，一本作寱」。以諸説參考之，疑帠乃臬字之誤，故有「魚例反」之音，而司馬訓法，亦即臬之義也。然字雖是臬，而義則非臬，當讀爲寱，寱本從臬聲，古文以聲爲主，故或止作臬也。「一本作寱」者，破假字而爲正字耳。《一切經音義》引《通俗文》曰「夢語謂之寱」。無名人蓋謂天根所問，皆夢語也，故曰「女又何寱以治天下感予之心爲」。

有人於此，嚮疾彊梁物徹，疏明學道不勸。

樾謹按：《釋文》引崔云「所在疾彊梁之人也」，則字當爲嚮疾，又引李云「敏疾如嚮也」，簡文云「如嚮應聲之疾」，則字當爲響疾。疑《莊子》原文本作鄉，故各以意讀之耳。《文選・羽獵賦》「鑾曶如神」，善注曰「鑾曶，疾也，鑾與轡同，曶與忽〔一〕同」，然則轡自有疾義，「轡疾」連文，轡亦疾也，自以作轡爲長矣。惟自來讀者皆以「轡疾彊梁」爲句，「物徹疏明」爲句，殊不可通。此當於徹字、勸字絶句，物讀爲勿，古字通用。《尚書・立政篇》「時則勿有間之」，《論衡・譴告篇》作「時則物有間之」，是也。《天道篇》「中心物愷」，《釋文》曰「物，本亦作勿」，此物、勿通用見於本書者。徹，去也。「轡疾彊梁物徹」者，言轡疾彊梁而勿去也，與「疏明學道不勸」，相對爲文，皆以六字爲一句。因學者不知物爲勿之假字，故失其讀矣。

萌乎不震不正。

樾謹按：《列子・黄帝篇》作「罪乎不誫不止」，當從之。罪，讀爲嵬，《説文・山部》作「辠」，云「山貌」，是也。誫即震之异文，「不誫不止」者，不動不止也，故以「嵬乎」形容之，言與山同也。今罪誤作萌，正誤作止〔二〕，失其義矣。據《釋文》，則崔本作「不誫不止」，與《列子》同，可據以訂正。

〔一〕忽，原刻作「曶」，文意不通，據《文選》李善注改。

〔二〕正誤作止，據俞樾考證文意，當爲「止誤作正」。

子之先生不齊。

樾謹按：下文郭注曰「無往不平，混然一之，以管闚天者，莫見其涯，故似不齊」。張湛注《列子・黄帝篇》引向秀注同，然則向、郭皆讀齊，如本字。《釋文》音側皆反，非是。

吾鄉示之以太冲莫勝。

樾謹按：勝，當讀爲朕，勝本從朕聲，故得通用。「莫朕」者，無朕也，言無朕兆也。郭注曰「居太冲之極，浩然泊心，而玄同萬方，故勝負莫得厝其間也」，此泥本字爲説，未達假借之旨。《列子・黄帝篇》正作「向吾示之以太冲莫朕」。張湛引向秀注曰「居太冲之極，皓然泊心，玄同〔一〕萬方，莫見其迹」，郭注正竊用向説，但以不達假借之旨，改其末四字耳。

鯢桓之審爲淵，止水之審爲淵，流水之審爲淵，淵有九名，此處三焉。

樾謹按：審，司馬云「當爲蟠。蟠，聚也」，崔本作潘，云「回流所鍾之域也」。今以字義求之，則實當爲瀋。《説文・水部》「瀋，大波也，從水旛聲」，作潘者，字之省。司馬彪讀爲蟠，誤

〔一〕 玄同，原作「元周」，據《列子》注改。

也。郭本作審，則失其字矣。又按《列子・黄帝篇》云「鯢旋之潘爲淵，止水之潘爲淵，流水之潘爲淵，濫水之潘爲淵，沃水之潘爲淵，氿水之潘爲淵，雍水之潘爲淵，汧水之潘爲淵，肥水之潘爲淵，是爲九淵焉」，九淵全列，然於上下文殊不相屬，疑爲它處之錯簡。《莊子》所見已然，雖不敢徑去，而實非本篇文義所繫，故聊舉其三耳。

諸子平議卷十八

莊子二

駢拇枝指，出乎性哉，而侈於德；附贅縣疣，出乎形哉，而侈於性。（《駢拇》）

樾謹按：性之言生也。「駢拇枝指」，生而已然者也，故曰出乎性。「附贅縣疣」，成形之後而始有者也，故曰出乎形。德者，所以生者也，《天地篇》曰「物得以生謂之德」，是也。「駢拇枝指出乎性」，而以德言之則侈矣；「附贅縣疣出乎形」，而以性言之則侈矣。崔云「德，猶容也」，司馬云「性，人之本體也」，混性與德、與形而一之，殊失其旨。

而離朱是已。

樾謹按：而、如古通用，「而離朱是已」，猶云如離朱是已。下文「而師曠」「而曾史」「而楊墨」并同。

彼正正者，不失其性命之情。

樾謹按：上「正」字乃「至」字之誤。上文云「故此皆多駢旁枝之道，非天下之至正也」，此云「彼至正者，不失其性命之情」，兩文相承。今誤作正正，義不可通，郭曲爲之説，非是。

今世之仁人，蒿目而憂世之患。

樾謹按：司馬云「蒿，亂也」，郭注曰「兼愛之迹可尚，則天下之目亂矣。以可尚之迹蒿令有患而遂憂之，此爲陷人於難，而後拯之也」，是以「蒿目」二字爲句，解爲亂天下之目，義殊未安。蒿乃眊之假字。《玉篇·目部》「眊，庾鞠切，目明。又望也」，是眊爲望視之貌。仁人之憂天下，必爲之眊然遠望，故曰「眊目而憂世之患」。眊與蒿古音相近，故得通用。《詩·靈臺篇》「白鳥翯翯」，《孟子·梁惠王篇》作「鶴鶴」，《文選·景福殿賦》作「皠皠」，然則蒿之通作眊，猶翯之通作鶴與皠矣。《周易·文言傳》「確乎其不可拔」，《説文·土部》曰「塙，堅不可拔也」，即本《易》義，是確與塙通，亦其例也。

自虞氏招仁義以撓天下也。

樾謹按：《國語・周語》「好盡言以招人過」，韋注曰「招，舉也」，舊音曰「招音翹」。《漢書・陳勝傳贊》「招八州而朝同列」，鄧展曰「招，舉也」，蘇林曰「招，音翹」。此文招字，亦當訓舉，而讀爲翹，言舉仁義以撓天下也。郭注曰「故當而無傷者，非仁義之招也，然而天下奔馳，棄我殉彼，以失其常然」，是讀如本字。然以仁義招人，不得反云招仁義，可知其非矣。

雖有義臺路寢。（《馬蹄》）

樾謹按：義，徐音儀，當從之。《周官・肆師》職鄭注曰「古者書儀但爲義」，是義即古儀字也。「儀臺」，猶言容臺，《淮南子・覽冥篇》「容臺振而掩覆」，高注曰「容臺，行禮容之臺」。儀與容，异名同實，蓋是行禮儀之臺，故曰儀臺也。

燒之剔之，刻之雒〔一〕之。

樾謹按：司馬彪解「雒之」曰「謂羈雒其頭也」，是以雒爲絡之假字。然下文「連之以羈

〔一〕雒，原誤作「雒」，據蔡啓盛《校勘記》改。下同。

畢」，乃始言羈絡之事，此恐非也。雒，疑當爲烙，《説文·火部》新附有烙字，曰「灼也」。今官馬以火烙其皮毛爲識，即其事矣。

夫赫胥氏之時。

樾謹按：《釋文》引司馬云「赫胥氏〔一〕，上古帝王也」，此爲允當。又曰「一云，有赫然之德，使民胥附，故曰赫胥，蓋炎帝也」，此望文生訓，殊不足據。炎帝即神農也。《胠篋篇》既云赫胥氏，又云神農氏，其非一人明矣。赫胥，疑即《列子》書所稱華胥氏，華與赫一聲之轉耳。《廣雅·釋器》「赫，赤也」，而古人名赤者，多字華，羊舌赤字伯華，公西赤字子華，是也。是華亦赤也，赤謂之赫，亦謂之華，可證赫胥之即華胥矣。

然則鄉之所謂知者，不乃爲大盗積者也。（《胠篋》）

樾謹按：「不」字衍文，此即上文而斷之，不當作疑詞。下文曰「故嘗試論之，世俗所謂知者，有不爲大盗積者乎？所謂聖者，有不爲大盗守者乎」，則因此文而推論之，用「者乎」作問詞，宜有「不」字矣。此文「不」字，即涉下文而衍。

〔一〕氏，原作「時」，據中華本及上下文意改。

故田成子有乎盜賊之名，而身處堯舜之安，小國不敢非，大國不敢誅，十二世有齊國。

樾謹按：《釋文》曰「自敬仲至莊子九世，知齊政，自太公和至威王三世，爲齊侯，故云十二世」，此説非也。本文是説田成子不當追從敬仲數起，疑《莊子》原文本作「世世有齊國」，言自田成子之後，世有齊國也。古書遇重字，止於字下作「二」字以識之，應作「世二有齊國」，傳寫者誤倒之，則爲「二世有齊國」，於是其文不可通，而從田成子追數至敬仲，適得十二世，遂臆加「十」字於其上耳。

脣竭則齒寒。

樾謹按：此竭字當讀爲「竭其尾」之竭，《説文》豕篆説解曰「竭其尾，故謂之豕」，是也。蓋竭之本義爲負舉，竭其尾，即舉其尾也。此云「脣竭」者，謂反舉其脣以向上。

故逐於大盜、揭諸侯、竊仁義、并斗斛權衡符璽之利者。

樾謹按：此二十一字作一句讀，蓋揭諸侯、竊仁義云云，皆大盜之利也，人苟逐於大盜之利，則必軒冕弗能勸，斧鉞弗能禁，如下文所云矣。郭注曰「重賞罰以禁盜，然大盜者又逐而竊之，則反爲盜用矣」，是誤以「逐」屬大盜言，失其旨，并失其讀。

人大喜邪毗於陽，大怒邪毗於陰。（《在宥》）

樾謹按：《釋文》「毗，如字。司馬云，助也。一云，并也」，然下文云「陰陽并毗，四時不至，寒暑之和不成」，則訓助，已不可通，訓并，更爲失之矣。此毗字當讀爲「毗劉暴樂」之毗，《爾雅·釋詁》「毗劉，暴樂也」。合言之則曰毗劉，分言之則或止曰劉。《詩·桑柔篇》「捋采其劉」，是也。或止曰毗，此言「毗於陽」「毗於陰」，是也。暴樂，毛傳作「爆爍」，鄭箋云「捋采之則爆爍」，而疏「然則爆爍猶剥落也」。喜屬陽，怒屬陰，故大喜則傷陽，大怒則傷陰，毗陰毗陽，言傷陰陽之和也，「故四時不至，寒暑之和不成」。若從司馬訓毗爲助，則下三句不貫矣。《淮南子·原道篇》「人大怒破陰，大喜墜陽」，與此同義。

其動也縣而天。

樾謹按：《釋文》曰「向本無而字」，當從之。郭注曰「動之則係天而踴躍也」，以係天釋縣天，疑其所據本亦無而字也。而與天，篆文相似，而即天字之誤而衍者。

故賢者伏處大山嵁巖之下。

樾謹按：《釋文》「大山，音泰，亦如字」，當以讀如字爲是。此泛言山之大者，不必東嶽泰山也。嵁，當爲湛，《文選·封禪文》「湛恩厖鴻」，李注曰「湛，深也」。「湛巖」，猶深巖，因其以山巖言，故變從水者而從山耳。山言其大，巖言其深，義正相應。學者不達其義，而音大爲泰，失之矣。《田子方篇》「其神經乎大山而無介，入乎淵泉而不濡」，《釋文》「大，音泰」，失與此同。《文選·風賦》「緣泰山之阿」，《古詩》「冉冉孤生竹，結根泰山阿」。夫風之所緣，竹之所生，非必泰山也。其原文應并作「大山」，泛言山之大者，後人誤讀爲泰，并改作泰耳。

吾未知聖知之不爲桁楊椄槢也，仁義之不爲桎梏鑿枘也，焉知曾、史之不爲盜〔一〕、跖嚆矢也！

樾謹按：「嚆矢」，未詳何物。向云「矢之鳴者」也，則因其字從口而爲之説。崔本作蒿，云「蕭蒿可以爲箭」，此更曲説，未聞矢以蒿爲之也。《釋文》稱「或作矯。矯，揉也」，疑古本如此。《説文·矢部》「矯，揉箭箝也」，《漢書·嚴安傳》有「矯箭控弦」之語，正可以説此文。蓋槢也、枘也、矢也，皆物也，椄之、鑿之、矯之，則皆人也。椄字見《説文·木部》云「續木也」，是凡接續字，本當作椄。槢者，桁楊之楔也；枘者，桎梏之孔也。言聖知爲桁楊接其槢，仁義爲桎梏鑿

〔一〕盜，《莊子》本作「桀」，本條下文以「桀跖」連稱，疑「盜」爲「桀」之誤。蔡啓盛《校勘記》改下文爲「盜跖」，疑非。

其枘，曾、史爲桀、跖矯其矢也。《淮南子》有「大者爲柱梁，小者爲椄槢」之説，鄭康成注《考工記》有「調其鑿枘」之説，則誤以「椄槢」「鑿枘」爲皆二字連文，自漢世已然。《釋文》所引諸説，宜其皆誤矣。

禍及止蟲。

樾謹按：止蟲，即豸蟲也，《爾雅·釋蟲》「有足謂之蟲，無足謂之豸」，是也。《史記·五帝紀》「鳥獸蟲蛾」，正義曰「蛾音豸，直起反」，「直起」之音與止相近，宣十七年《左傳》「庶有豸乎」，豸即止也，此云「禍及止蟲」，止即豸也。

吐爾聰明。

樾謹按：吐，當作杜。言杜塞其聰明也。〔一〕

有大物者，不可以物，物而不物，故能物物。

樾謹按：郭斷「不可以物物」五字爲句，失其讀矣。此當讀「不可以物」爲句，「物而不物」

〔一〕王其和據舊注「吐，棄也」，認爲「吐」字當不誤（第九三頁），似可從。

爲句。

挈汝適復之撓撓以游無端。

樾謹按：郭於「撓撓」下出注曰「撓撓，自動也。提挈萬物使復歸自動之性，即無爲之至也」，此未得其解。《爾雅・釋詁》「適，往也」，然則「適復」猶往復也。撓撓，亂也，《廣雅・釋詁》「撓，亂也」，重言之，則爲撓撓矣。「適復之撓撓」，此世俗之人所以不能獨往獨來也，惟大人則提挈其適復之撓撓者而與之共游於無端，故曰「挈汝適復之撓撓以游無端」。二句本止一句，郭失其解，并失其讀矣。

應於禮而不諱。

樾謹按：諱，讀爲違，違、諱并從韋聲，故《廣雅・釋詁》曰「諱，避也」，韋昭注《周語・晋語》并曰「違，避也」，是二字聲近義通。「應於禮而不諱」，即不違也。郭注曰「自然應禮，非由忌諱」，則失之迂曲矣。

夫子曰：「夫道，覆載萬物者也。」（《天地》）

樾謹按：此與下節并冠以「夫子曰」，《釋文》引司馬云「莊子也，一云老子也」，然下文有云

「夫子問於老聃曰」，則夫子非老子明矣。據下老子答辭曰「丘，予告若而所不能聞，與而所不能言」，則問老聃者自是孔子，故《釋文》曰「夫子，仲尼也」，以後例前，則此兩「夫子曰」，亦是孔子之言矣。

君子明於此十者，則韜乎其事心之大也。

樾謹按：郭注曰「心大，故事無不容也」，此未得事字之義。事心，猶立心也。言其立心之大也。《禮記·郊特牲篇》鄭注曰「事，猶立也」，《釋名·釋言語》曰「事，傳也」，「傳，立也」，并其證也。如郭注，則是心足以容事，而非事心矣。《吕氏春秋·論人篇》「事心乎自然之塗」，亦以事心連文，義與此同，足證郭注之誤。

方且爲緒使。

樾謹按：「緒使」，疑本作「使緒」，故郭注曰「將興後世事役之端」，以「事役」字釋使字，以端字釋緒字也。下句曰「方且爲物絃」，「使緒」「物絃」兩文相對，言爲事作端緒，爲物作絃束也。若作「緒使」，不特意不可通，且與下句不倫矣。

雖然，願先生之言其風也。

樾謹按：風，當讀爲凡。猶云言其大凡也。風，本從凡聲，故得通用。

汝將固驚邪？

樾謹按：固，讀爲胡，胡、固并從古聲，故得通用。「汝將胡驚邪」，言汝與真渾沌遇，則不驚也。郭注曰「故與世同波而不自失，則雖游於世俗而泯然無迹，豈必使汝驚哉」，正得其意。古書胡字，或以故字爲之，《管子・侈靡篇》「公將有行，故不送公」，《墨子・尚賢中篇》「故不察尚賢爲政之本也」，皆以故爲胡之證。《禮記・哀公問篇》鄭注曰「固，猶故也」，然則以固爲胡，猶以故爲胡矣。

而今也以天下惑，予雖有祈嚮，不可得也。

樾謹按：祈字無義。司馬云「祈，求也」，則但云「予雖祈嚮」足矣，郭注云「雖我有求嚮至道之情」，則又增出情字，殆皆非也。祈，疑所字之誤。言天下皆惑，予雖有所嚮往，不可得也。祈、所字形相似，故誤耳。下同。

以二缶鍾惑，而所適不得矣。

樾謹按：「二缶鍾」之文，未知何義。《釋文》云「缶應作垂，鍾應作踵。言垂脚空中，必不得有之適也」，此於《莊子》之意不合。「所適」，謂所之也。郭注曰「各自信據，故不知所之」，是也。如陸氏説，則以適爲適意之適，當云「不得其適」，不當云「所適不得」也。今按鍾當作踵，而「二」則「一」字之誤，缶則企字之誤，企下從止，缶字俗作缶，其下亦從止，兩形相似，因致誤耳。《文選·嘆逝賦》注引《字林》曰「企，舉踵也」，《一切經音義》十五引《通俗文》曰「舉踵曰企」，然則企踵，猶舉踵也。人一企踵，不過步武之間耳，然以一企踵惑，則已不得其所適矣。故下云「而今也以天下惑，予雖有所嚮，其庸可得邪」？以天下惑，極言其地之大；以一企踵惑，極言其地之小也。上文「二人惑，則勞而不至，惑者勝也，而今也以天下惑，予雖有所嚮，不可得也」，以天下對二人言，則以人之多寡言；此以天下對一企踵言，則以地之廣狹言。「一企踵」誤爲「二缶鍾」，則不得其義矣。

明於天，通於聖，六通四辟於帝王之德者。（《天道》）

樾謹按：上文「天道」「帝道」「聖道」并列，此云「明於天」，承天道而言；「通於聖」，承聖道而言；「六通四辟於帝王之德」，承帝道而言。曰六曰四，極言其無所不通、無所不辟也。《天下篇》「六通四辟，小大精粗，其運無乎不在」，是其義也。《釋文》以「六氣」「四方」説之，則非言帝王之德矣。

因任已明，而原省次之。

樾謹按：郭注曰「物各自任，則罪責除也」，此未得其義。下文云「原省已明，而是非次之，是非已明，而賞罰次之」，然則此時尚未有是非，未有賞罰，又何罪責之有乎？今按，省之言省察也，原與省同義。《晏子春秋・問下篇》「春省耕而補不足者謂之游」，《管子・戒篇》作「春出原農事之不本者謂之游」，是原、省義同也。蓋既因物而任之，又從而原省之，於是其是非可得，而賞罰可加矣。

賓禮樂。

樾謹按：賓，當讀爲擯。謂擯斥禮樂也，與上句「退仁義」一律。郭注曰「以性情爲主也」，則以本字讀之，其義轉迂。《達生篇》曰「賓於鄉里，逐於州部」，此即假賓爲擯之證。

世人以形色名聲爲足以得彼之情，夫形色名聲果不足以得彼之情，則知者不言，言者不知，而世豈識之哉！

樾謹按：「果不足以得彼之情」句，衍不字。《莊子》之意，謂形色名聲果足以得彼之情，則所恃乎得情者，莫如言矣，而知者不言，言者不知，世又何從識之哉！正見得彼之情，不在形色名聲也。此二十七字，本一氣相屬，妄增不字，則語意隔絶，果字、則字上下相應之妙全失矣。《達生篇》「世之人以爲養形足以存生，而養形果不足以存生，則世奚足爲哉」，亦衍不字。而、如古通用，「如養形果足以存生，則世奚足爲哉」兩句一氣，今衍不字，則亦隔絶矣。凡此，皆淺人拘泥字句者所妄加，不達《莊子》文法也。

孰隆施是？（《天運》）

樾謹按：此承上雲雨而言，隆當作降，謂降施此雲雨也。《書大傳》「隆谷」鄭注曰「隆，讀如庬降之降」，蓋隆從降聲，古音本同。《荀子·天論篇》「隆禮尊賢而王」，《韓詩外傳》隆作降，《齊策》「歲八月降雨下」，《風俗通義·祀典篇》降作隆，是古字通用之證。

天有六極五常。

樾謹按：「六極五常」，疑即《洪範》之「五福六極」也。常與祥，古字通。《儀禮・士虞禮記》「薦此常事」，鄭注曰「古文常爲祥」，是其證也。《説文・示部》「祥，福也」，然則五常，即五福也。下文曰「九洛之事治成德備」，其即謂禹所受之《洛書》九類乎。

一死一生，一僨一起，所常無窮，而一不可待。

樾謹按：「一不可待」者，皆不可待也。《大戴記・衛將軍文子篇》「則一諸侯之相也」，盧注曰「一，皆也」，《荀子・勸學篇》「一可以爲法則」，《君子篇》「一皆善也謂之聖」，楊注曰「一，皆也」，是一有皆義。郭注曰「不能待之以一」，與語意未合。

今而夫子亦取先王已陳芻狗，取弟子游居寢卧其下。

樾謹按：上取字，如字；下取字，當讀爲聚。《周易・萃》象〔一〕傳「聚以正也」，《釋文》曰「聚，荀作取」，《漢書・五行志》「内取茲」，師古曰「取，讀如《禮記》聚麀之聚」，是聚、取古通用。

〔一〕象，原作「象」，諸本同，據《周易》改。

故西施病心而矉其里，其里之醜人見而美之，歸亦捧心而矉其里，其里之富人見之，堅閉門而不出，貧人見之，挈妻子而去之走。

樾謹按：兩「其里」字，皆不當叠。「病心而矉」，「捧心而矉」，文義甚明，若作「矉其里」，則不可通矣，皆涉下句而衍。〔一〕

外無正而不行。

樾謹按：正，乃匹字之誤。《禮記·緇衣篇》「唯君子能好其正」，鄭注曰「正，當爲匹，字之誤也」，是其例矣。此云「中無主而不止，外無匹而不行」，與宣三年《公羊傳》「自内出者，無匹不行，自外至者，無主不止」，文義相似。「自外至者，無主不止」，故此言「中無主而不止」也，「自内出者，無匹不行」，故此言「外無匹而不行」也，因匹誤爲正，郭注遂以正己爲説，殊非其義。《則陽篇》「自外入者，有主而不執，由中出者，有正而不距」，正亦當爲匹，誤與此同。

〔一〕 王其和認爲：「俞説無文獻之證。『其里』當不衍。『矉其里』，即『矉於其里』之義，介詞『於』省略。」俞氏不明語法而誤校（第一〇九—一一〇頁）。

夫白鶂之相視，眸子不運而風化。蟲雄鳴於上風，雌應於下風而化。

樾謹按：「而化」，一本作「而風化」，當從之。郭注曰「鶂以眸子相視，蟲以鳴聲相應，俱不待合而便生子，故曰風化」，是郭所據本兩句皆作「風化」，故總釋之如此也。

故曰，夫恬淡寂寞虛無無爲，此天地之平，而道德之質也。（《刻意》）

樾謹按：質，當讀爲至。《史記·蘇秦傳》「趙得講於魏，至公子延」，《索隱》曰「至當爲質，謂以公子延爲質也」，是至、質古通用。至可爲質，質亦可爲至矣。道德之質，即道德之至也。《天道篇》曰「夫虛静恬淡寂漠無爲者，天地之平而道德之至」，文與此同，而字正作至，是其明證。

故曰，聖人休休焉，則平易矣。

樾謹按：「休焉」二字傳寫誤倒，此本作「故曰，聖人休焉，休則平易矣」，《天道篇》「故帝王聖人休焉，休則虛」，與此文法相似，可據訂正。

滑欲於俗思，以求致其明。（《繕性》）

樾謹按：《釋文》「滑，音骨，亂也。崔云，治也」，此當從崔説爲長。上文「繕性於俗學，以求復其初」，崔注「繕亦訓治」，蓋二句一義。繕也，滑也，皆治也，故曰「求復其初」「求致其明」。若訓滑爲亂，則與求字之義不貫矣。滑得訓治者，滑猶汩也，《説文·水部》「汩，治水也」，是其義也。《玉篇·手部》曰「扫，亦搰字」，然則滑之與汩，猶搰之與扫矣。

禮樂偏行，則天下亂矣。

樾謹按：郭注曰「以一體之所履，一志之所樂，行之天下，則一方得而萬方失也」。是偏爲一偏之偏，故郭以「一體」「一志」説之，《釋文》作偏而音遍，非是。

心與心識知，而不足以定天下。

樾謹按：「識知」二字連文，詩曰「不識不知」，是識、知同義，故連言之曰識知也。「心與心識知，而不足以定天下」，明必不識不知，而後可言定也。諸家皆斷識字爲句，非是。向本作職，尤非。

人卒九州穀食之所生，舟車之所通，人處一焉。（《秋水》）

樾謹按：「人卒」二字，未詳何義。司馬訓卒爲衆，崔訓卒爲盡，皆不可通，且下云「人處一焉」，則此不當以人言。「人卒」，疑「大率」二字之誤，《人間世篇》「率然拊之」，《釋文》曰「率，或作卒」，是𠂔、卒形似易誤之證。𠂔誤爲卒，因改大爲人以合之。據《至樂篇》「人卒聞之」，《盜跖篇》「人卒未有不興名就利者」，是人卒之文本書所有，然施之於此不可通矣。大𠂔者，總計之辭，上云「計四海之在天地之間也」，又云「計中國之在海內」，計與「大𠂔」其義正同。[一]

梁麗可以衝城。

樾謹按：司馬云「梁麗，小船也」，崔云「屋棟也」，然小船與屋棟，皆非所以衝城。《詩·皇矣篇》「與爾臨衝」，毛傳曰「臨，臨車也。衝，衝車也」，正義曰「兵書有作臨車、衝車之法，《墨子》有《備衝》之篇，知臨、衝俱是車也」，然則此云可以衝城，其爲是車明矣。《徐無鬼篇》「君亦必無陳鶴列於麗譙之間」，郭注曰「麗譙，高樓也」，司馬曰「麗譙，樓觀名也」，此所云梁麗，疑是車之有樓者，若《左傳》所稱樓車矣。《文選·辨亡論》「衝棚息於朔野」，李善注曰「《字略》作轒樓也」，可爲衝車有樓之證。

於是逡巡而却，告之海曰，夫千里之遠不足以舉其大，千仞之高不足以極其深。

樾謹按：海字當在「曰夫」二字之下。

[一] 人卒，王其和認爲不誤，卒通萃，人卒九州，即人聚集於九州(第九四頁)。

故曰忠諫不聽，蹲循勿争。（《至樂》）

樾謹按：郭注曰「唯中庸之德爲然」，此不知何義，殆不得其旨而妄説也。「蹲循」，當讀爲「逡巡」。古書「逡巡」字或作「逡遁」，《漢鄭固碑》「逡遁退讓」，是也。此又作「蹲循」者，據《外物篇》「帥弟子而踆於窾水」，《釋文》引《字林》云「踆，古蹲字」，然則「蹲循」者，踆循也。《漢碑》作「逡遁」，《莊子》書作「蹲循」，字异而音義同矣。「忠諫不聽，蹲循勿争」，謂人主不聽忠諫，則爲人臣者當逡巡而退，勿與之争也。下文曰「故夫子胥争之以殘其形」，言子胥事不聽忠諫之君，而必欲與之争，故殘其形也。學者不達「蹲循」之義，遂失其解，并《莊子》引古語以起下文，其意亦不顯矣。

若果養乎？予果歡乎？

樾謹按：養，當讀爲恙。《爾雅·釋詁》「恙，憂也」。「若果恙乎，予果歡乎」，恙與歡對，猶憂與樂對也。言若之死非憂，予之生非樂也。恙與養古字通，《詩·二子乘舟篇》「中心養養」，傳訓養爲憂，即本雅詁矣。司馬本養作暮，乃字之誤。

胡蝶胥也。

樾謹按：《釋文》曰「胡蝶胥也，一名胥也」，此失其義，當屬下句讀之。本云「胡蝶，胥也化而爲蟲」，與下文「鴝掇千日爲鳥」，兩文相對。千日爲鳥，言其久也；胥也化而爲蟲，言其速也。《列子·天瑞篇》《釋文》曰「胥，少也，謂少時也」，得其義矣。

人又反入於機。

樾謹按：又，當作久，字之誤也。久者，老也，上文「黄軦生乎九猷」，《釋文》引李注曰「九，宜爲久。久，老也」，是其義也。「人久反入於機」者，言人老復入於機也。《列子·天瑞篇》正作「人久入於機」。

用志不分，乃凝於神。（《達生》）

樾謹按：凝，當作疑。下文「梓慶削木爲鐻，鐻成，見者驚猶鬼神」，即此所謂「乃疑於神也」。《列子·黄帝篇》正作疑，張湛注曰「意專則與神相似者也」，可據以訂正。

覆却萬方，陳乎前而不得入其舍。

樾謹按：萬下脱物字，此本以「覆却萬物」爲句，「方陳乎前而不得入其舍」爲句。方者并也，方之本義爲兩舟相并，故方有并義。《荀子·致仕篇》「莫不明通方起以尚盡矣」，楊注曰「方起，并起」，《漢書·楊雄傳》「雖方征僑與偓佺兮」，師古注曰「方，謂并行也」，皆其證也。「方陳乎前」，謂萬物并陳乎前也。今上句脱物字，而以方字屬上讀，則所謂「陳前者」果何指歟？郭注曰「覆却雖多，而猶不以經懷」，是其所據本有物字。蓋正文是萬物，故以多言，若如今本作萬方，當以廣大言，不當以多言也。《列子·黄帝篇》正作「覆却萬物，方陳乎前而不得入其舍」，可據以訂正。

有張毅者，高門縣薄，無不走也。

樾謹按：「無不走也」，語意未明。司馬云「走，至也，言無不至門奉貴富也」，亦殊迂曲。走，乃趣之壞字。《文選·幽通賦》李善注引此文曰「有張毅者，高門縣薄，無不趣義也」，字正作趣，但衍義字耳。《吕氏春秋·必己篇》曰「張毅好恭，門閭帷薄聚居衆無不趨」，高誘注曰「過之必趨」。《淮南子·人間篇》曰「張毅好恭，過宫室廊廟必趨，見門閭聚衆必下，厮徒馬圉，皆與伉禮，然不終其壽，内熱而死」，其義更明。《莊子》文不備，故學者莫得其解耳。

沈有履，竈有髻。

樾謹按：司馬云「沈，水污泥也」，則當與「水有罔象」等句相次，不當與「竈有髻」相次也。

沈當爲煁，煁從甚聲，沈從冘聲，兩音相近。《詩·蕩篇》「其命匪諶」，《説文·心部》引作「天命匪忱」，《常棣篇》「和樂且湛」，《禮記·中庸篇》引作「和樂且耽」，并其證也。煁之通作沈，猶諶之通作忱，湛之通作耽矣。《白華篇》「卬烘於煁」，毛傳曰「煁，竈也」，是煁、竈同類，故以「煁有履，竈有髻」并言之耳。鄭裨諶字竈，諶即煁之假字，《漢書·古今人表》作裨湛。湛亦煁之假字。李善注《文選·鄒陽〈上吴王書〉》曰「湛，今沈字」，又注《答賓戲》曰「湛，古沈字」，然則以沈爲煁，即以湛爲煁也。

若夫以鳥養養鳥者，宜栖之深林，浮之江湖，食之以委蛇。

樾謹按：「委蛇」，未詳何物。李云「大鳥食蛇」，然未聞養鳥者必食之以蛇也。司馬云「委蛇，泥鰌」，此亦臆説。今按《至樂篇》云「夫以鳥養養鳥者，宜棲之深林，游之壇陸，浮之江湖，食之鰌鰷，隨行列而止，委蛇而處」，然則此文宜亦當云「食之以鰌鰷，委蛇而處」，傳寫有闕文耳。且云「委蛇而處」，方與下句「則平陸而已矣」文氣相屬，若無「而處」二字，下句便不貫矣。

一上一下，以和爲量。（《山木》）

檝謹按：此本作「一下一上，以和爲量」，上與量爲韵，今作「一上一下」，失其韵矣。〔一〕古書往往倒文以協韵，後人不知而誤改者甚多，《秋水篇》「無東無西，始於玄冥，反於大通」，亦後人所改，《莊子》原文本作「無西無東」，與通爲韵也，王氏念孫已訂正矣。

尊則議。

檝謹按：議，當讀爲俄。《詩・賓之初筵篇》「側弁之俄」，鄭箋云「俄，傾貌」。「尊則俄」，謂崇高必傾側也。古書俄字，或以義爲之，説見王氏《經義述聞・尚書・立政篇》。亦或以議爲之，《管子・法禁篇》「法制不議，則民不相私」，議亦俄也，謂法制不傾邪也。又或以儀爲之，《荀子・成相篇》「君法儀，禁不爲」，儀亦俄也，謂君法傾邪，則當禁使不爲也。

吾敬鬼尊賢，親而行之，無須臾離居，然不免於患。

檝謹按：崔譔本無離字，而以居字連上句讀，當從之。《吕氏春秋・慎人篇》「胼胝不居」，

〔一〕 俞氏《古書疑義舉例》「倒文協韵例」列舉本條。王其和認爲「俞説非是」，原文可通（第二八二頁）。

高誘訓居爲止。「無須臾居」者，無須臾止也，正與上句「行」字相對成義。學者不達居字之旨，而習於《中庸》「不可須臾離」之文，遂妄加離字，而居字屬下讀，失之矣。下文「居得行而不名處」，亦以居與行對言。郭注曰「居然自得此行」，非是。

王獨不見夫騰猿乎？其得柟梓豫章也，攬蔓其枝，而王長其間。

樾謹按：郭注曰「遭時得地，則申其長技」，是讀長爲長短之長，然於本文之義，殊爲未合。司馬云「兩枝相去長遠也」，則就樹木言，義更非矣。此當就猿而言，謂猿得柟梓豫章，則率其屬居其上，而自爲君長也，故曰「王長其間」。《釋文》「王，往況反。長，丁亮反」，頗得其讀。

人貌而天虛，緣而葆真，清而容物。（《田子方》）

樾謹按：郭注以「人貌而天」四字爲句，殆失其讀也。此當以「人貌而天虛」爲句，「人貌」「天虛」相對成義；「緣而葆真」爲句，與「清而容物」相對成義。虛者，孔竅也，《淮南子·氾論篇》「若循虛而出入」，高注曰「虛，孔竅也」。訓孔竅，故亦訓心，《俶真篇》「虛室生白」，注曰「虛，心也」。《太玄·斷》「初一曰，斷心滅斧」，《失》「初一曰，刺虛滅刃」，「滅刃」與「滅斧」同，「刺虛」與「斷心」同，故《毅》「初一曰，懷威滿虛」，猶言滿心也。說詳《太玄經》。此云「人貌而天虛」，即人貌而天心，言其貌則人，其心則天也。學者不達虛字之義，誤屬下讀，則「人貌而天」句文義不完，下兩句本相儷者，亦參差不齊矣。《養生主篇》「緣督以爲經」，《釋文》引李云「緣，順也」，「緣而葆真」者，順而葆真也，上綴虚字，亦爲無義。

諸大夫蹴然曰，先君王也。

樾謹按：「先君」下疑奪命字，此本作「先君命王也」，故下文曰「先君之命王，其無它」。

文王觀於國，則列士壞植散群。

樾謹按：司馬云「植，行列也。散群，言不養徒衆也。一云，植者疆界頭造屋以待諫者也」，此兩説并未得植字之義。宣二年《左傳》「華元爲植」，杜注曰「植，將主也」。列士必先有主，而後得有徒衆，故欲散其群，必先壞其植也。植之訓主，説詳《群經平議》。

楚王與凡君坐，少焉，楚王左右曰，凡亡者三。

樾謹按：楚王左右言，凡亡者三人也。郭注曰「言有三亡徵也」，非是。

若正汝形，一汝視，天和將至；攝汝知，一汝度，神將來舍。（《知北游》）

樾謹按：「一汝度」，當作「正汝度」。蓋此四句變文以成辭，其實一義也。「攝汝知」，即「一汝視」之意，所視者專一，故所知者收攝矣。「正汝度」，即「正汝形」之意，度猶形也，《淮南子・道應篇》《文子・道原篇》并作「正汝度」，可據以訂正。

是天地之委形也。

樾謹按：司馬云「委，積也」，於義未合。《國策・齊策》「願委之於子」，高注曰「委，付也」，成二年《左傳》「王使委于三吏」，杜注曰「委，屬也」。「天地之委形」，謂天地所付屬之形也，下三委字并同。

邀於此者。

樾謹按：《説文〔一〕》無邀字，《彳部》「徼，循也」，即今邀字也。又曰「循，行順也」。然則邀亦順也。「邀於此者」，猶言順於此者。郭注曰「人生而遇此道」，是以遇訓邀，義既迂曲，且於古訓無徵，殆失之矣。

神農隱几擁杖而起。

樾謹按：既言「擁杖而起」，不當言「隱几」，疑「隱几」字涉上文「神農隱几闔户晝瞑」而衍。

〔一〕 文，原作「字」，據蔡啓盛《校勘記》與上下文意改。

光曜問乎無有曰：「夫子有乎？其無有乎？」光曜不得問，而孰視其狀貌。

樾謹按：《淮南子·道應篇》「光曜不得問」上有「無有弗應也」五字，當從之。惟「無有弗應」，故光曜不得問也。此脱五字，則義不備。

諸子平議卷十九

莊子三

夫春氣發而百草生，正得秋而萬寶成。（《庚桑楚》）

樾謹按：得字，疑衍文。《莊子》原文蓋作「正秋而萬寶成」，《周易·説卦傳》「兑，正秋也，萬物之所説也」，正義曰「正秋而萬物皆説成也」，即本《莊子》之義，是其證也。得字，蓋涉下句「夫春與秋豈無得而然哉」因而誤衍。「春氣發而百草生，正秋而萬寶成」，文義已足，不必加此一字與上句相儷偶也。〔一〕

〔一〕陶鴻慶《讀諸子札記·莊子》認爲「得」字當在「秋」字下，「正秋得」謂得正秋之時。可備一説。

函車之獸，介而離山。

樾謹按：《方言》「獸無偶曰介」。一本作「分」，非。

抱汝生。

樾謹按：《釋名·釋姿容》曰「抱，保也，相親保也」，是抱與保義通。「抱汝生」，即保汝生，郭注曰「無攬乎其生之外也」，猶泥「抱」字爲説，未達假借之旨。

夫外韄者不可繁而捉，將内揵；内韄者不可繆而捉，將外揵。

樾謹按：郭於此無注，而注下文曰「雖繁手以執之，綢繆以持之，弗能止也」，則訓繁爲繁手，殆不可通矣。繁，疑縏字之誤，縏，俗作繳。《漢書·司馬相如傳》「名家苛察繳繞」，如淳曰「繳繞，猶纏繞也」。此以「縏而捉」「繆而捉」并言，縏謂縏繞，繆謂綢繆，《廣雅·釋詁》縏與綢繆并訓纏，是其義一也。縏、繁形似，因而致誤耳。

終日嗥而嗌不嗄。

樾謹按：《釋文》「嗄，本作嚘，徐音憂」，當從之。《老子》「終日號而不嗄」，傅奕本作歔，即嚘之异文也。楊子《太玄經·夷》次三曰「柔，嬰兒于號，三日不嚘」，二宋、陸、王本皆如是，蓋以嗄與柔爲韵，可知楊子所見《老》《莊》皆作嗄也。

終日握而手不掜。

樾謹按：《説文》無掜字，《角部》「觬，角觬曲也」，疑即此掜字。以角言則從角，以手言則從手，變觬爲掜，字之所以孳乳浸多也。「終日握而手不掜」，謂手不拳曲也。崔云「掜，寄也」，殊非其義。

夫至人者，相與交食乎地，而交樂乎天。

樾謹按：郭注曰「自其無心，皆與物共」，《釋文》引崔云「交，俱也」，李云「共也」，是皆未解交字之義。《徐無鬼篇》曰「吾與之邀樂於天，吾與之邀食於地」，與此文异義同。交即邀也，古字止作徼，文二年《左傳》「寡君願徼福於周公、魯公」，此云「邀食乎地」「邀樂乎天」，語意正相似，作邀者後出字，作交者假借字。《詩・桑扈篇》「彼交匪傲」，《漢書・五行志》作「匪徼匪傲」〔一〕，即其例矣。

〔一〕　徼，原作「傲」，據蔡啓盛《校勘記》與上下文意改。

不可内於靈臺。

樾謹按：「不可」上當有「萬惡」二字，上文云「若是而萬惡至者，皆天也，而非人也，不足以滑成」，其文已足。「萬惡不可内於靈臺」，則又起下意。下文云「靈臺者，有持而不知其所持，而不可持者也」，皆承此言之。讀者不詳文義，誤謂「不可内於靈臺」與「不足以滑成」兩句相屬，故删「萬惡」二字耳。《文選・廣絶交論》李善注引此文正作「萬惡不可内於靈臺」。

券外者志乎期費。

樾謹按：郭注曰「有益無益，期欲損己以爲物也」，則既言志又言期，於義複矣。《釋文》曰「期，卒也。費，秏也。卒有所費秏也」，然志乎卒秏，於義亦不可通。今按《荀子》書每用綦字爲窮極之義，《王霸篇》『目欲綦色，耳欲綦聲』，楊倞注曰「綦，極也」。亦或作期，《議兵篇》曰「已期三年，然後民可信也」，《宥坐篇》曰「綦三年而百姓往矣」，是期與綦通。「期費」者，極費也。費，謂財用也。《吕氏春秋・安死篇》「非愛其費也」，高注曰「費，財也」。「期費」之義，與綦色、綦聲相近，彼謂窮極其聲色，此謂窮極其財用也。故下文曰「志乎期費者，惟賈人也」。

與物且者，其身之不能容，焉能容人！

樾謹按：且，即苟且之且。《詩・東門之枌篇》「穀旦于差」，《韓詩》旦作且，云苟且也，是重言爲苟且，單言爲且也。上文「與物窮者」，郭注曰「窮，謂終始」，是窮爲窮極之義。苟且與窮極，義正相反也，《釋文》曰「且，始也」，非是。

孰知有無死生之一守者，吾與之爲友。

樾謹按：「一守」者，一道也。道字古讀若守，故與守通。《知北游篇》「大馬曰『子巧與！有道與』？曰『臣有守也』」，守即道字。《達生篇》「仲尼曰『子巧乎！有道邪』？曰『我有道也』」，是其明證。說本王氏念孫。

道者德之欽也。

樾謹按：《說文・广部》「廞，陳輿服于庭也」，《小爾雅・廣詁》「廞，陳也」，此欽字即廞之假字。蓋所以生者爲德，而陳列之即爲道，故曰「德之廞也」。《漢書・哀帝紀》注引李斐曰「陳，道也」，是其義矣。

介者拸畫，外非譽也。

樾謹按：郭注曰「畫，所以飾容貌也，刖者之貌既以虧殘，則不復以好醜在懷，故拸而棄之」，然云「外非譽」，似不當以容貌言。崔云「拸畫，不拘法度也」，當從之。《漢書·司馬相如傳》「𢓱以陸離」，師古注曰「𢓱，自放縱也」，即此拸字之義。桓六年《穀梁傳》「以其畫我」，《公羊傳》作「化我」，何休注曰「行過無禮謂之化」，即此畫字之義。蓋人既刖足，不自顧惜，非譽皆所不計，故不拘法度也。

下之質執飽而止，是貍德也。（《徐無鬼》）

樾謹按：《廣雅·釋獸》「貍，貓也」，貓之捕鼠，飽而止矣，故曰「是貍德也」。《秋水篇》曰「騏驥驊騮，一日而馳千里，捕鼠不如貍狌」，此本書以貍爲貓之證。《御覽》引《尸子》曰「使牛捕鼠不如貍狌之捷」，《莊子》言貍狌，《尸子》言貓狌，一也。《釋文》曰「貍德，謂貪如狐貍也」，未得其義。

察士無淩誶之事則不樂。

樾謹按：《禮記·鄉飲酒篇》「愁以時察」，鄭注曰「察，猶察察，嚴殺之貌也」，《老子》「俗人察察」，河上公注曰「察察，急且疾也」。然則察有嚴急之意，故以淩誶爲樂。李云「察，識也」，則與上文「知士」複矣。

枯槁之士宿名。

樾謹按：宿，讀爲縮。《國語·楚語》「縮於財用則匱」，《戰國·秦策》「縮劍將自誅」，韋昭、高誘注并曰「縮，取也」。「枯槁之士縮名」，猶言取名也。《釋文》曰「宿，積久也」，於義未安，又引王云「其所寢宿，唯名而已」，更爲迂曲，由不知宿爲縮之假字耳。

農夫無草萊之事則不比，商賈無市井之事則不比。

樾謹按：比，通作庀，《周官·遂師》疏云「《周禮》之内云比者先鄭皆爲庀」，是也。《國語·魯語》「子將庀季氏之政焉」，又曰「夜庀其家事」，韋注并曰「庀，治也」。農夫惟治草萊之事，故無草萊之事則不庀；商賈惟治市井之事，故無市井之事則不庀也。郭注曰「能同則事同，所以比」，是以本字讀之，非是。

其求唐子也，而未始出域，有遺類矣。

樾謹按：「有遺類矣」，當連下夫字爲句，「有遺類矣夫」與襄二十四年《左傳》「有令德也夫」「有令名也夫」句法相似。類，謂種類也。《詩·裳裳者華序》「棄賢者之類」，正義曰「類謂種類」，是也。求亡子而不出域，則其亡子不可得，必無遺類矣，故曰「有遺類矣夫」，反言以明之也。郭注失其讀，所説未得。

夫楚人寄而蹢閽者。

樾謹按：夫字當屬上「有遺類矣」爲句，蹢當讀讁。《方言》「讁，怒也」，《廣雅·釋詁》「讁，責也」。「楚人寄而讁閽者」，謂寄居人家而怒責其閽者也，與下文「夜半於無人之時而與舟人鬥」，均此楚人之事，皆喻其自以爲是也。郭注曰「俱寄止而不能自投於高地」，於義殊不可通。

王射之，敏給搏捷矢。

樾謹按：郭於「敏給」下出注曰「敏，疾也；給，續括也」，是以「敏給」屬王言，殆非也。「敏給」二字同義，《後漢書·酈炎傳》「言論給捷」李賢注曰「給，敏也」，是其證也。故《國語·晋語》曰「知羊舌職之聰敏肅給也，使佐之」，《荀子·性惡篇》曰「齊給便敏而無類」，并以敏、給對言，然則郭以給爲續括，非古義矣。「敏給」當以狙言，謂狙性「敏給」，能搏捷矢也。捷讀爲接，《爾雅·釋詁》「接，捷也」，是捷與接聲近義通。莊十二年《左氏》經文「宋萬弑其君捷」，僖三十二年「鄭伯捷卒」，文十六年「晋人納捷菑于邾」，《公羊》「捷」并作「接」。《人間世篇》「必將乘人而鬥其捷」，《釋文》曰「捷，本作接」，此捷、接通用見於本書者。「搏捷矢」，即搏接矢，謂以手搏而接其矢也。郭注曰「捷，速也」，夫矢自無不速，又何必言捷乎！

故足之於地也踐，雖踐，恃其所不蹍而後善博也。

樾謹按：兩踐字并當作淺，或字之誤，或古通用也。足之於地，止取容足而已，故曰「足之於地也淺」；然容足之外，雖皆無用之地，而不可廢也，故曰「雖淺，恃其所不蹍而後善博也」。《外物篇》曰「夫地非不廣且大也，人之所用容足耳，然則廁足而墊之致黃泉，人尚有用乎」？即此義也。下文曰「人之知也少，雖少，恃其所不知而後知天之所謂也」，「少」與「淺」文義相近，若作「踐」，則不可通矣。

（《則陽》）

舊國舊都，望之暢然，雖使丘陵草木之緡，入之者十九，猶之暢然，况見見聞聞者也。

樾謹按：緡字，司馬云「盛也」，郭云「合也」，於義俱通。「入之者十九」，《釋文》曰「謂見十識九也」，此未得其義。入者，謂入於丘陵草木所掩蔽之中也。「入之者十九」，則其出於外，而可望見者止十之一耳，而猶覺暢然喜悦，故繼之曰「况見見聞聞者也」。郭曰「見所嘗見，聞所嘗聞，而猶暢然」，則於「况見見聞聞」句，不復可通，遂增益之曰「况體其體，用其性也」，於《莊子》本義不合矣。

以十仞之臺，縣衆閒者也。

樾謹按：此承「見見聞聞」而言，以十仞之臺，而縣於衆人耳目之間，此人所共見共聞者，非猶夫「丘陵草木之緡，入之者十九」也，其爲暢然可知矣。郭注曰「衆之所習，雖危猶閒」，此誤讀閒爲閑，於義殊不可通，蓋由不解上文，故於此亦失其旨。

築十仞之城，城者既十仞矣，則又壞之。

樾謹按：下「十」字疑「七」字之誤。城者既七仞，則雖未十仞而去十仞不遠矣，故壞之爲可惜；若既十仞，則直謂之已成可耳，不當言「既十仞」也。下文曰「今兵不起七年矣，此王之基也」，明是以七仞喻七年，其爲字誤無疑。

故鹵莽其性者，欲惡之孽，爲性萑葦蒹葭，始萌以扶吾形，尋擢吾性。

樾謹按：「爲性萑葦蒹葭」六字爲句，郭於「萑葦」下出注云「萑葦，害禾稷，欲惡傷正性」，此失其讀也。「始萌以扶吾形，尋擢吾性」，尋與始相對爲義，尋之言寖尋也，《漢書・郊祀志》「寖尋於泰山矣」，晉灼曰「尋，遂往之意也」。「始萌以扶吾形」，言其始若足以扶助吾形也；

「尋擢吾性」，言寖尋既久，則拔擢吾性也。郭解「扶吾形」曰「形扶疎則神氣傷」，亦爲失之。

至齊見辜人焉。

樾謹按：《釋文》曰「辜，罪也」，李云「謂應死人也」，此失其義。辜，謂辜磔也，《周官・掌戮》「殺王之親者辜之」，鄭注曰「辜之言枯也，謂磔之」，是其義也。《漢書・景帝紀》改「磔」曰「棄市」，師古曰「磔，謂張其尸也」，是古之辜磔人者，必張其尸於市，故柏矩「推而强之，解朝服而幕之」也。

子乎子乎！

樾謹按：「子乎子乎」，乃嘆辭也。《詩・綢繆篇》「子兮子兮」，毛傳曰「子兮者嗟兹也」，《管子・小稱篇》「嗟兹乎聖人之言長乎哉」，《説苑・貴德篇》曰「嗟茲乎我窮必矣」，并以「嗟兹」爲嘆辭，説詳王氏引之《經義述聞》。此云「子乎子乎」，正與「子兮子兮」同義，子當讀爲嗞。《釋文》不爲子字作音，蓋失其義久矣。

匿爲物而愚不識。

樾謹按：下文「大爲難而罪不敢，重爲任而罰不勝，遠其塗而誅不至」，曰罪、曰罰、曰誅，皆謂加之以刑也。此曰愚，則與下文不一律矣。《釋文》曰「愚，一本作遇」，遇疑過字之誤。《廣雅・釋詁》曰「過，責也」。因其不識而責之，是謂過不識。《吕氏春秋・適威篇》曰「煩爲教而過不識，數爲令而非不從，巨爲危而罪不敢，重爲任而罰不勝」，與此文義相似，而正作「過不識」，高誘注訓過爲責，可據以訂此文之誤。過誤爲遇，又臆改爲愚耳。

是故丘山積卑而爲高，江河合水而爲大。

樾謹按：水，乃小字之誤。卑高、小大，相對爲文。

陰陽相照，相蓋相治。

樾謹按：蓋，當讀爲害，《爾雅・釋言》「蓋、割，裂也」，《釋文》曰「蓋，舍人本作害」，是蓋、害古字通。陰陽或相害，或相治，猶下句云「四時相代，相生相殺」也。

季真之莫爲，接子之或使。

樾謹按：《尚書・微子篇》「殷其勿或亂正四方」，《多士篇》「時予乃或言」，枚傳并曰「或，有也」；《禮記・祭義篇》「庶或饗之」，《孟子・公孫丑篇》「夫既或治之」，鄭、趙注并曰「或，有也」。此云「季真之莫爲，接子之或使」，或與莫爲對文，莫，無也，或，有也。《周易・益》「上九，莫益之，或擊之」，亦以莫、或相對。

木與木相摩則然。（《外物》）

樾謹按：《淮南子·原道篇》亦云「兩木相摩而然」，然兩木相摩，未見其然。下句云「金與火相守則流」，疑此句亦當作「木與火」。下文云「水中有火，乃焚大槐」，又云「利害相摩，生火甚多，衆人焚和，月固不勝火」，是此章多言火，益知此文之當爲「木與火」矣。蓋木、金二物皆畏火，故舉以爲言，見火之爲害大也。

相結以隱。

樾謹按：李云「隱，病患也」，然病患非所以相結。郭注曰「隱，括進之謂也」，然隱、括所以正曲木，亦非所以相結也。隱當訓爲私，《吕氏春秋·圜道篇》「分定則下不相隱」，高注曰「隱，私也」；《文選·赭白馬賦》「恩隱周渥」，李善引《國語》注曰「隱，私也」。「相結以隱」，謂相結以恩私，舊説皆非。

天之穿之，日夜無降。

樾謹按：降，當作癃，即癃之籀文。《素問·宣明五氣篇》「膀胱不利爲癃」，又《五常政大論篇》「其病癃闕，日夜無瘁」，謂不癃闕也。

官事果乎衆宜。

樾謹按：《論語·子路篇》「行必果」，皇侃義疏曰「果，成也」。衆有所宜，而後官事以成，故曰「官事果乎衆宜」。

彼視三釜三千鍾如鸛雀蚊虻相過乎前也。（《寓言》）

樾謹按：雀字，衍文也。《釋文》云「元嘉本作『如鸛蚊』，無虻字」，則陸氏所據本尚未衍雀字，故元嘉本作鸛蚊，陸氏但言其無虻字，不言其無雀字也。惟鸛與蚊虻，一鳥一蟲，取喻不倫。王云「謂取大小相縣以喻三釜三千鍾之多少」，此不然也。夫至人之視物，一吷而已，豈屑屑於三釜三千鍾之多寡，而必分別其爲鸛爲蚊乎？今按《釋文》云「鸛，本作觀」，疑是古本如此，其文蓋曰「彼視三釜三千鍾如觀蚊虻相過乎前也」，《淮南子·俶真篇》「毀譽之於己，猶蚊虻之一過也」，義與此同。因觀誤作鸛，則「鸛蚊虻」三字不倫，乃有删一虻字，使蚊與鸛兩文相稱者，元嘉本是也；又有增一雀字，使「鸛雀」與「蚊虻」兩文相稱者，今本是也。皆非《莊子》之舊矣。

越人三世弑其君，王子搜患之。（《讓王》）

樾謹按：《釋文》云「搜，《淮南子》作翳」，然翳之前無三世弑君之事。《史記·越世家》《索隱》以搜爲翳之子無顓。據《竹書紀年》翳爲其子所弑，越人殺其子立無余，又見弑，而立無顓。是無顓以前三君皆不善終，則王子搜是無顓之异名無疑矣。《淮南子》蓋傳聞之誤，當據《索隱》訂正。

顔闔對曰：「恐聽者謬而遺使者罪，不若審之。」

樾謹按：上者字衍文。「恐聽謬而遺使者罪」，恐其以誤聽得罪也。聽即使者聽之，非聽者一人、使者一人也。《吕氏春秋·貴生篇》正作「恐聽繆而遺使者罪」。

夫生者，豈特隨侯之重哉！

樾謹按：隨侯下當有珠字，若無珠字，文義不足。《吕氏春秋·貴生篇》作「夫生，豈特隨侯珠之重也哉」，當據補。〔一〕

〔一〕　徐仁甫《諸子辨正》之《莊子辨正》認爲，承上文省「珠」字，「且古人詞例，本有以人代物者，詳《廣古書疑義舉例》。此即以『隨侯』代『珠』，文義自足」，不必據補（第一〇〇頁）。

子綦爲我延之以三旌之位。

樾謹按：綦字衍文，此昭王自與司馬子綦言，當稱子，不當稱子綦。

不能自勝則從，神無惡乎？

樾謹按：《釋文》曰「不能自勝則從，絶句」，此讀是也。又曰「一讀至神字絶句」，則失之。《吕氏春秋・審爲篇》亦載此事，作「不能自勝則縱之，神無惡乎」，《文子・下德篇》《淮南子・道應篇》并叠「從之」二字，作「從之從之」，則「從神」之不當連讀，明矣。又按從，《吕氏春秋》作縱，則當讀子用反，而《釋文》無音，亦失之。

不能自勝而强不從者，此之謂重傷。

樾謹按：「重傷」，猶再傷也，不能自勝則已傷矣，又强制之而不使縱，是再傷也，故曰「此之謂重傷」。《吕氏春秋・審爲篇》高誘注曰「重，讀復重之重」，是也。《釋文》音直用反，非是。

天寒既至，霜雪既降，吾是以知松柏之茂也。

樾謹按：天，乃大字之誤。《國語・魯語》「大寒降」，韋昭注曰「謂季冬建丑之月，大寒之後也」。若作「天寒既至」，失其義矣。《吕氏春秋・慎人篇》亦載此事，正作「大寒」。

道德於此，則窮通，爲寒暑風雨之序矣。

樾謹按：德，當作得。《吕氏春秋・慎人篇》作「道得於此，則窮達一也，爲寒暑風雨之序矣」，疑此文「窮通」下亦當有「一也」二字，而今奪之。

時祀盡敬，而不祈喜。

樾謹按：喜，當作禧。《爾雅・釋詁》「禧，福也」。「不祈禧」者，不祈福也。《吕氏春秋・誠廉篇》作「時祀盡敬，而不祈福也」，與此字异義同。

樂與政爲正〔一〕，樂與治爲治。

樾謹按：《吕氏春秋・誠廉篇》作「樂正與爲正，樂治與爲治」，疑此文亦當同，傳寫誤倒。

子之罪大極重。（《盗跖》）

樾謹按：極，當作殛。《爾雅・釋言》「殛，誅也」。言罪大而誅重也。極、殛古字通，《書・洪範篇》「鯀則殛死」，《多士篇》「大罰殛之」，僖二十八年《左傳》「明神殛之」，昭七年《傳》「昔堯

〔一〕 正，《莊子》諸本均作「政」，當從。

殛鯀于羽山」，《釋文》并曰「殛，本作極」。

即將疏戚無倫，貴賤無義，長幼無序，五紀六位，將何以爲别乎？

樾謹按：「五紀」，司馬云「歲、月、日、星辰、曆數」，然與疏戚、貴賤、長幼之義不相應，殆非也。今按「五紀」，即五倫也；「六位」，即六紀也。《白虎通·三綱六紀篇》曰「六紀者，謂諸父、兄弟、族人、諸舅、師長、朋友也」。此皆所以爲疏戚、貴賤、長幼之别，不曰五倫而曰五紀，不曰六紀而曰六位，古人之語异耳。《家語·入官篇》「群僕之倫也」，王肅注曰「倫，紀也」，然則倫、紀得通稱矣。

孔子不見母。

樾謹按：孔子無不見母事，疑仲子之誤，即謂避兄離母之陳仲子也。下句「匡子不見父」，《釋文》云「案此事見《孟子》」，不知兩事并見《孟子》也。

十步一人，千里不留行。（《説劍》）

樾謹按：十步之内輒殺一人，則歷千里之遠，所殺多矣。而劍鋒不缺，所當無撓者，是謂「十步一人，千里不留行」，極言其劍之利也。行以劍言，非以人言，下文所謂「行以秋冬」是也。

司馬云「十步與一人相擊，輒殺之，故千里不留於行也」，未得其義。

今日試使士敦劍。

樾謹按：《詩·閟宮篇》「敦商之旅」，鄭箋云「敦，治也」。然則「敦劍」，猶治劍。司馬云「敦，斷也，試使用劍相擊斷截也」，失之迂曲。

曩者先生有緒言而去。（《漁父》）

樾謹按：《楚辭·九章》「款秋冬之緒風」，王注曰「緒，餘也」。《讓王篇》曰「其緒餘以爲國家」，是緒與餘同義。「緒言」者，餘言也。先生之言，未畢而去，是有不盡之言，故曰緒言。《釋文》曰「猶先言也」，非是。

今者丘得過也，若天幸然。

樾謹按：《釋文》曰「過，或作遇」，當從之。《讓王篇》「君過而遺先生食」，《釋文》「過，本亦作遇」，是二字形近易誤也。過字義不可通，《釋文》謂「得過失也」，則失之迂曲矣。

闔胡嘗視其良，既爲秋柏之實矣？（《列禦寇》）

樾謹按：《釋文》曰「良者良人，謂緩也」，此與下句之義不屬。又云「良，或作埌，冢也」，此説近之。埌猶壙也，壙、埌本疊韵字，《應帝王篇》「以處壙埌之野」，是也。故壙亦得謂之埌，《管子・度地篇》「郭外爲之土閬」，閬與埌同，《外物篇》「胞有重閬」郭注曰「閬，空曠也」，其義亦相近。

自是，有德者以不知也，而况有道者乎！

樾謹按：「自是」二字絶句。若緩之自美其儒，是自是也。有德者已不知有此，有道者更無論矣，故曰「有德者以不知也，而况有道者乎」！以讀爲已。郭注所説，殊未明了。

歸精神乎無始，而甘冥乎無何有之鄉。

樾謹按：《釋文》「冥，如字」，又云「本亦作瞑，又音眠」，當從之。瞑、眠古今字。《文選・養生論》「達旦不瞑」，李善注曰「瞑，古眠字」，是也。「甘瞑」即甘眠，《徐無鬼篇》「孫叔敖甘寢秉羽，而郢人投兵」，司馬云「言叔敖願安寢恬卧，以養德於廟堂之上，折衝於千里之外」。此云「甘瞑」，彼云「甘寢」，其義一也，并謂「安寢恬卧也」。《釋文》讀冥如字，失之。《淮南子・俶真篇》曰「甘瞑于溷澖之域」，即本之此。

槁項黄馘者。

樾謹按：馘者，俘馘也，非所施於此。馘疑㲋之假字，《説文・疒部》「㲋，頭痛也」。「黄㲋」，謂頭痛而色黄。

宵人之離外刑者。

樾謹按：郭注曰「不由明坦之塗者，謂之宵人」，《釋文》引王注云「非明正之徒，謂之宵夜之人也」，皆望文生義，未爲塙詁。宵人，猶小人也。《禮記・學記篇》「《宵雅》肄三」，鄭注曰「宵之言小也」。習《小雅》之三，謂《鹿鳴》《四牡》《皇皇者華》也」，然則宵人爲小人，猶《宵雅》爲《小雅》矣。字亦作肖，《方言》曰「肖〔一〕，小也」，《史記・太史公自序》「申吕肖矣」，徐廣曰「肖，音痟，痟猶衰微」，義亦相近。《文選・江文通〈雜體詩〉》「宵人重恩光」，李善注引《春秋演孔圖》曰「宵人之世多飢寒」，宋均曰「宵，猶小也」，此説得之。

〔一〕肖，原作「宵」，據蔡啓盛《校勘記》與《方言》改。

故有貌愿而益。

樾謹按：益，當作溢，溢之言驕溢也。《荀子·不苟篇》「以驕溢人」，是也。謹愿與驕溢，義正相反。

有堅而縵，有緩而釬。

樾謹按：縵者慢之假字，釬者悍之假字。堅强而又惰慢，紓緩而又桀悍，故爲情貌相反也。

醉之以酒而觀其側。

樾謹按：《釋文》曰「側，不正也。一云，謂醉者喜傾側冠也」。王云「側，謂凡爲不正也」，然上文「觀其忠，觀其敬」云云，所觀者，皆舉美德言之，此獨觀其不正，則不倫矣，諸説皆非也。其云側，或作則，當從之。則者，法則也。《國語·周語》曰「威儀有則」。既醉之後，威儀反反，威儀佖佖，是無則矣，故曰「醉之以酒而觀其則」。《周書·官人篇》作「醉之酒，以觀其恭」，與此文語意相近。《大戴記·文王官人篇》作「醉之以觀其不失也」，不失，即謂不失法則也。

賊莫大乎德有心而心有睫。

樾謹按：郭注曰「役心於眉睫之間，則僞已甚矣」，然正文言「心有睫」，非役心於眉睫之謂，郭注非也。「心有睫」，謂以心爲睫也。人於目之所不接而以意度之，謂其如是，是心有睫也。聖人不逆詐，不意不信，豈如是乎？故曰「賊莫大乎德有心而心有睫」。下文曰「及其有睫也而内視，内視而敗矣」，然則「心有睫」正内視之謂，内視者，非謂收視返聽也，謂不以目視而以心視也。後世儒者，執一理以斷天下事，近乎「心有睫」矣。

天下多得一察焉以自好。（《天下》）

樾謹按：郭注斷「天下多得一」爲句，《釋文》曰「得一，偏得一術」。王氏念孫謂「天下多得一察焉以自好」當作一句讀，「一察」謂察其一端而不知其全體。今按郭讀，文不成義，當從王讀，惟以「一察」爲「察其一端」，義亦未安。察當讀爲際，一際猶一邊也。《廣雅・釋詁》際、邊并訓方，是際與邊同義。「得其一際」，即得其一邊，正不知全體之謂。察、際并從祭聲，古音相同，故得通用耳。下文云「不該不徧，一曲之士也」，一際與一曲，其義相近。

爲之大過，已之大順。

樾謹按：已讀爲以，順讀爲馴，古字并通。以，用也。「以之大馴」，謂用之太習熟也。

名山三百，支川三千。

樾謹按：「名山」當作「名川」，字之誤也。「名川」「支川」，猶言大水小水，下文曰「禹親自操稾耜〔一〕而九雜天下之川」，可見此文專以川言，不當言山也。若但言支川，而不言名川，則是舉流而遺其原，於文爲不備矣。襄十一年《左傳》曰「名山名川」，是山川并得言名，學者多見名山，鮮見名川，故誤改之耳。《吕氏春秋・有始覽篇》《淮南子・地形篇》并曰「名川六百」。

雖然，墨子真天下之好也。

樾謹按：「真天下之好」，謂其真好天下也，即所謂墨子兼愛也。下文曰「將求之不得也，雖枯槁不舍也」，此求字即「心誠求之」之求，求之不得，雖枯槁不舍，即所謂「摩頂放踵，利天下爲之」也。郭注未得。

〔一〕稾耜，《莊子》作「橐耜」，可從。

龜長於蛇。

樾謹按：此即「莫大於秋豪之末，而大山爲小」之意。司馬云「蛇形雖長，而命不久，龜形雖短，而命甚長」，則不以形言，而以壽言，真爲龜長蛇短矣，殊非其旨。

惠施日以其知，與人之辯，特與天下之辯者爲怪，此其柢也。

樾謹按：「與人之辯」，義不可通，蓋涉下句「天下之辯者」而衍之字。柢與氐通。《史記・秦始皇紀》「大氐盡畔秦吏」，正義曰「氐，猶略也」。「此其柢也」，猶云此其略也，上文「卵有毛，鷄三足」以下皆是。

諸子平議卷二十

商子

無宿治，則邪官不及爲私利於民，而百官之情不相稽，則農有餘日。邪官不及爲私利於民，則農不敝，農不敝而有餘日，則草必墾矣。（《墾令》）

樾謹按：此當作「無宿治，則邪官不及爲私利於民，而百官之情不相稽。邪官不及爲私利於民，則農不敝。百官之情不相稽，則農有餘日。農不敝而有餘日，則草必墾矣」。傳寫有奪誤耳。

信則臣不敢爲邪。

樾謹按：臣，當作官，因官誤作宦，又誤作臣耳。下文申説此文曰「上信而官不敢爲邪」，可證臣字之誤。

民無所於食則必農。

樾謹按：民字，衍文也。上云「則辟淫游食之民無所於食」，此云「無所於食則必農」，兩文相承。若有民字，必并有「辟淫游食之」五字於文方足，今無此五字，故知亦無民字也。下文云「壹山澤，則惡農慢惰倍欲之民無所於食，無所於食，則必農」，文與此同，可證矣。施氏先秦諸子本正無民字，當據以訂正。〔一〕

愛子惰民不窳。

樾謹按：此承上文而言，亦當作「愛子不惰食，惰民不窳」，因有兩惰字，寫者於上「惰」字下即接寫「民不窳」，遂并誤删上「不」字耳。

農不能喜酣奭。

樾謹按：《詩·采芑篇》「路車有奭」，毛傳曰「奭，赤貌」。字亦作赩，《瞻彼洛矣篇》「韎韐有

〔一〕民，王其和以爲「不衍」，屬於承前省略，且有《四部叢刊》本等版本依據（第一一〇頁）。

奭」，《白虎通·爵篇》引作「韎韐有赩」，是也。奭爲赤貌，此以「酣奭」連文，蓋謂酒醉而面赤矣。

則誅愚亂農。

樾謹按：誅通作朱，《莊子·庚桑楚篇》「人謂我朱愚」，即此文「誅愚」矣。《太玄·童》「次七，修侏侏」范望注曰「侏侏，無所知也」，義與愚近，作誅、作朱，并侏之假字。《説文·金部》「錭，鈍也」，亦聲近而義通。

官屬少徵不煩。

樾謹按：徵上當補則字，方與通篇文法一律。

奸民無主，則爲奸不勉；爲奸不勉，則奸民無樸；本奸民爲樸，則農民不敗。

樾謹按：勉當爲免，言爲奸者不得免也。樸之言樸屬也。《考工記》鄭注曰「樸屬，猶附著，堅固貌也」。字通作僕，《詩·既醉篇》「景命有僕」，毛傳曰「僕，附也」，「奸民無樸」謂奸民無所附屬也。〔一〕「本」字衍文，因讀者誤以樸爲根株，故衍本字耳。鄭宷本於「奸民無樸」下有

〔一〕樸，俞氏前言「樸之言樸也」，又引鄭注「樸屬，猶附著，堅固貌」，未當；後言「字通作僕」，劉如瑛《諸子箋校商補》以爲二字互通，依附之意（第一七八頁）。

「樸，根株也」四字，此乃舊解之誤入正文者，本字之衍，職此之由。

皆作壹而得官爵。（《農戰》）

樾謹按：「皆作壹而得官爵」，當作「皆從壹孔而得官爵」。下云「民見上利之從壹空出也，則作壹」，「上利之從壹孔出」即承此文而言，下云「則作壹」乃始言其效。然則此文不得云「作壹」，明矣。

要靡事商賈爲技藝，皆以避農戰。具備國之危也。民以此爲教者，其國必削。

樾謹按：「具備國之危也」六字，乃衍文，下云「要靡事商賈爲技藝，皆以避農戰。民以此爲教，則粟焉得無少，而兵焉得無弱也」，兩文大略相同，而無此六字，故知此亦不當有矣。

技藝之足以距口也。

樾謹按：距字無義，乃鈷字之誤。《莊子・人間世篇》《釋文》引李云「餬，食也」，崔云「字或作互，或作鈷」，然則鈷即餬之俗字。「足以鈷口」，即足以餬口也。

國作一歲者十歲强，作一十歲者百歲强，修一百歲者千歲强。

樾謹按：「作」之一字，於文未明；第三句作「修」，又不一律；且「十歲强」「百歲强」，并無

「一」字，而云「作一十歲者」「修一百歲者」，此兩「一」字亦殊嫌贅設矣。反覆求之，乃知此文承上句「是以聖人作壹摶之也」而言。本云「國作壹一歲者十歲强，作壹十歲者百歲强，作壹百歲者千歲强」，乃極言「作壹」之效也。讀者誤謂壹一同字，而於「作壹一歲」句删去壹字，於下兩句又誤以「壹十歲」「壹百歲」連讀，改壹爲一，末句「作」字又誤爲「修」，於是其義全失矣。本篇「作壹」字屢見，此文四言「作壹」，乃一篇之大指也，傳寫錯誤，亟宜訂正。

煩言飾辭而章無用。

樾謹按：章，乃竟字之誤，竟猶終也，言終歸無用也。

興兵而伐，必取，必能有之。（《去强》）

樾謹按：取下當叠取字，蓋有取而不能有者矣，故曰「取必能有之」也。《靳令篇》作「兵出必取，取必能有之」，當據補。

國好力日以難攻，好言日以易攻。

樾謹按：兩日字乃曰字之誤。《説民篇》「國好力曰以難攻，國好言曰以易攻」，文與此同，可據以訂正。

治國能富者貧，令貧者富，則國多力。

樾謹按：此當作「治國能令貧者富，富者貧」，今本傳寫誤倒，則「能富者貧」句文義不足矣。且據上文云「貧者使以刑則富，富者使以賞則貧」，是貧者句宜在富者之前也。《説民篇》「治國之舉，貴令貧者富，富者貧」，與此正同，可據訂。

舉口數生者著，死民者削。

樾謹按：民字衍文。此蓋言舉户口之數，生者則著之，死者則削之也。襄二十七年《左傳》「仲尼使舉是禮也」，《釋文》引沈注曰「舉，謂紀録之也」，此舉字義與彼同。《境内篇》云「四境之内，丈夫、女子皆有名於上者著，死者削」，則又奪生字，當作「生者著，死者削」，可與此文互訂。

輕者不止，則重者無從至矣。（《説民》）

樾謹按：至，當作止。上文云「行刑重其輕者，輕者不生，則重者無從至矣」，蓋謂民且不敢犯輕罪，自不敢犯重罪，故重者不至。即《去强篇》所謂「輕者不生，重者不來」也。此云「行刑重其重者，輕其輕者，輕者不止，則重者無從止矣」，蓋謂民既敢於犯輕罪，亦必敢於犯重罪，故重者無從止也，乃涉上文而亦誤作至字，則與《商子》之意大謬矣。

國敵者必王。

樾謹按：國下當補無字，《去强篇》作「國無敵者强，强必王」，可證。

故王者刑於九而賞出一。

樾謹按：此當作「刑於九而賞於一」。《去强篇》曰「王者刑九賞一，强國刑七賞三，削國刑五賞五」，是「刑九賞一」，乃刑多賞少之意，非如《農戰篇》所云「利從壹孔出」也，不當作「出一」明矣。下云「民之所欲萬，而利之所出一」，與此義本不相蒙，今作「賞出一」，蓋涉下文而誤。

山林居什一，藪澤居什一，谿谷流水居什一，都邑蹊道居什四。（《算地》）

樾謹按：「都邑蹊道」下有闕文，今據《來民篇》補云「都邑蹊道居什一，惡田居什一，良田居什四」。

非生之常也，而爲之者名也。

樾謹按：生、性古通用，此生字當讀爲性。上文曰「求名失性之常」。

故民生則計利，死則慮名，利之所出，不可不審也。

樾謹按：名下當叠「名」字，蓋曰「名利之所出，不可不審也」，故下云「利出於地，則民盡力，名出於戰，則民致死」，正承此文而言。古書遇重文，止作二小畫識之，傳寫奪去耳。

故其農勉而戰戢也。

樾謹按：此戢非戢止之義，當讀爲捷。《詩·鴛鴦篇》「戢其左翼」，《釋文》引《韓詩》曰「戢，捷也」，蓋戢與捷聲近而義同。下云「戰戢則鄰危」，若以本字讀之，義不可通矣。

故天地設而民生，當此之時也。

樾謹按：此乃下《開塞篇》之起語。《開塞篇》曰「天地設而民生之，當此之時也，民知其父而不知其母」，首二語誤入此篇，於上下文皆不屬，當删。

親則別。（《開塞》）

樾謹按：當作「親親則別」，傳寫奪一親字。

親親者以私爲道也，而中正者使私無行也。

樾謹按：「中正」當作「立中」，因立與正形近而誤，遂倒其文爲「中正」耳。上文曰「故賢者立中，設無私，而民曰仁」，此文承彼而言，則當爲「立中」，不當爲「中正」矣。且「立中者使私無行」，與上文「立君者使賢無用」兩文相對，益知今本之非。

故以愛王天下者并刑，力征諸侯者退德。

樾謹按：并，當讀爲屏，謂屏除之也。以愛則屏刑，以力則退德，兩文相對，作并者假字。

故效於古者，先得而防，治於今者〔一〕**，前刑而法。**

樾謹按：得，當爲德，德、刑對文，作得者古字通。

二者名貿實易。

樾謹按：貿者，侔之假字。言其名相侔，其實則相易也。《漢高彪碑》「貿昔藿檀」，亦是假貿爲侔。《集韵》曰「貿，又音侔」。

此吾以殺刑之反於德，而義合於暴也。

樾謹按：殺，乃效字之誤。「此吾以效刑之反於德」，猶言此吾以明刑之反於德也。《荀

〔一〕 先得而防，治於今者，今本《商君書》作「先德而治，效於今者」。疑「效」誤爲「防」，又與「治」字倒乙。

子・正論篇》「故桀紂無天下，而湯武不弑君，由此效之也」，楊倞注曰「效，明也」。蓋古語如此。

事本不可不摶也。（《壹言》）

樾謹按：事，猶立也。言立本不可不摶也。《禮記・郊特牲篇》「信事人也」，鄭注曰「事，猶立也」，是其義矣。字亦作傳，《周官・大宰》職「以任百官」，鄭注曰「任，猶傳也」，《釋文》曰「傳，側吏反，猶立也」，賈疏曰「東齊人物立地中爲傳」。

故國者其摶力也，以富國强兵也。

樾謹按：國上有闕文，據上文云「夫聖人之治國也，能摶力，能殺力」，下文云「治國者貴民一」，則所闕者當是治字。

下修令而不時移。

樾謹按：令，乃今字之誤。「下修今」與「上法古」爲對文，下文曰「故聖人之爲國也，不法古，不修今」，是其證。

夫離朱見秋毫百步之外，而不能以明目易人，烏獲舉千鈞之重，而不能以多力易人，夫聖人之存體性，不可以易人。（《錯法》）[一]

樾謹按：易者，延也。《詩·皇矣篇》鄭箋曰「施，猶易也，延也」，是易與延同義也。離朱之明目，烏獲之多力，聖人之體性，皆不能延及於他人之身，故曰「不可易」也。[二]

四戰之國，好舉興兵以距四鄰者，國危。（《兵守》）

樾謹按：舉，衍字，蓋即興字之誤而衍者。

客不盡夷城，客無從入。

樾謹按：上客字衍文，城字當在不字之上。其文曰「城不盡夷，客無從入」，與下文「城盡夷，客若有從入」相對爲義，夷，平也。

[一] 按，此句下原無篇名《錯法》，據《商子》與本書體例補。

[二] 易，王其和認爲「當訓爲移」，「易人」即移於他人。《詩·皇矣》鄭箋「施」當爲「延續」之義，「非俞氏所説『延及』之義，俞氏犯了偷换概念的錯誤」（第二二一頁）。

給從從之，不洽而熯之，使客無得以助攻備。

樾謹按：上從字下有闕文，下從字當在「不洽」之下，洽亦當爲給。此文當云「給，從而□之；不給，從而熯之」，蓋承發梁撤屋而言，所發之梁，所撤之屋，其材尚可作它用，若其力有餘則取之而歸，若其力不足，則從而熯之，無使爲敵用也。給與不給，以力之有餘、不足言，或兼時之緩急、地之遠近也。給、洽古通用。《爾雅·釋天》「大歲在未曰協洽」，《童子逢盛碑》作「協給」是也。上作給，正字，下作洽，假字。上下文用字不同者，古書往往有之，至上句所闕字，則不可以意補矣。

行治曲斷，以五里斷者王，以十里斷者强，宿治者削。（《靳令》）

樾謹按：曲字無義，疑由字之誤。言行治由乎斷也。「宿治者削」上尚有「日治者王，夜治者强」八字，當據《去强》《説民》二篇補。

農宏奸勝，則國必削。

樾謹按：宏字義不可通，乃斘字之誤。《史記·司馬相如傳》「儆斘受詘」，《索隱》曰「斘，倦也」。「農斘奸勝」，謂農夫倦殆而奸邪者勝也。凡從谷之字，隸變作厺，故《文選·子虛賦》

𢏽作紈。紈字闕壞止存右旁厷字，因誤爲宏矣。《去强篇》「農而奸勸，其兵弱，國必削至亡」，亦以農、奸對文成義。「奸勸」，猶奸勝也。其而字乃耎之壞字。耎，弱也。〔一〕

授官予爵，出則禄不以功，是無當也。

樾謹按：此本云「授官予爵出禄，不以功，則是無當也」，傳寫者誤移則字於禄字之上，遂不可通。

國富而不戰，偷生於内，六蝨必弱。

樾謹按：此當作「國富而不戰，毒輸於内，六蝨生，必弱」。《去强篇》云「國强而不戰，毒輸於内，禮樂蝨官生，必削」，與此文略同，可證也。因奪毒字，而輸又誤作偷，遂移下句生字於上，非其本文矣。

〔一〕宏，王其和認爲當爲「弛」字之誤，訓爲「懈怠」。「蓋因『弛』誤爲『弘』，因而又誤爲『宏』矣。」（第一一三頁）可備一説。

六蝨：曰禮樂，曰詩書，曰修善，曰孝悌，曰誠信，曰貞廉，曰仁義，曰非兵，曰羞戰。國有十二者，上無使農戰，必貧至削。

樾謹按：上言六蝨，下言十二者，而中所列凡九事，於數皆不合，疑禮、樂、詩、書、孝、悌，當爲六事。本作曰禮，曰樂，曰詩，曰書，曰修善，曰孝，曰悌，曰誠信，曰貞廉，曰仁義，曰非兵，曰羞戰，故總之爲十二也，然則何以稱六蝨？曰「六蝨」二字，乃衍文也。六蝨之文，見《去强篇》，其文曰「農商官三者，國之常官也。三官者，生蝨官者六：曰歲，曰食，曰玩，曰好，曰志，曰行」，此説六蝨最得。蓋歲也，食也，農之蝨也；玩也，好也，商之蝨也；志也，行也，官之蝨也。《去强篇》又曰「國有禮、有樂、有詩、有書、有善、有修、有孝、有悌、有廉、有辯，國有十者，上無使戰，必削，至亡」，然則《商子》之意，不以此爲六蝨明矣，而《去强篇》又曰「國用詩、書、禮、樂、孝、弟、善、修治者，敵至必削國，不至必貧國。不用八者治，敵不敢至，雖至必却」，則又變十爲八。《農戰篇》曰「詩、書、禮、樂、善、修、仁、廉、辯、慧，國有十者，上無使戰」，是其數雖亦爲十，而所列十事又微有不同，疑傳寫或增或減，非必皆其本文所言之數，各就其事言之耳。實當從此文作十二者爲定。且此言「修善」，而彼分善、修爲二，於義亦未安也。今定爲十二事，而以「六蝨」二字爲衍文，似得之矣。

重刑少賞，上愛民，民死賞；重賞輕刑，上不愛民，民不死賞。

樾謹按：「死賞」皆當作「死上」，聲之誤也。《去强篇》曰「重罰、輕賞，則上愛民，民死上；重賞、輕罰，則上不愛民，民不死上」，可證此文之誤。

輕者不至，重者不來。

樾謹按：「不至」，乃「不生」之誤，當據《去强篇》訂。

罪重刑輕，刑至事生。

樾謹按：此本作「重重輕輕，刑至事生」，亦當據《去强篇》訂。

力生强，强生威，威生德，德生力。

樾謹按：此皆蒙「力生强」而言，乃又云「德生力」，於義難通。據《去强篇》云「刑生力，力生强，强生威，威生惠，惠生於力」，與此文略同，惠即德也。又據《説民篇》云「刑生力，力生强，强生威，威生德，德生於刑」，亦與此文略同。刑即力也，然則此文當作「德生於力」。

故不多惠言而剋其賞。（《修權》）

樾謹按：「不」字衍文也。「多惠言而剋其賞」，乃口惠而實不至之意，故與「數加嚴令而不致其刑」，相對爲文。

行賞賤禄，不稱其功，則戰士不用。

樾謹按：賤，當作賦，形近而誤。《漢書·哀帝紀》「皆以賦貧民」，師古注曰「賦，給與也」。

此其土之不足以生其民也，以有過秦民之不足以實其土也。（《來民》）

樾謹按：「有過」上不當有「以」字，衍文也。此蓋言韓、魏之土，不足生其民，秦民不足以實其土，二者相較，則韓、魏土之不足，殆有甚焉，故曰「有過秦民之不足以實其土也」。

意民之情，其所欲者田宅也，而晋之無有也信，秦之有餘也必，如此而民不西者，秦士戚而民苦也。

樾謹按：信字、必字絶句，承上言韓、魏之土不足生其民，則其田宅之無有也信矣，秦之民不足實其土，則其田宅之有餘也必矣，故曰「晋之無有也信，秦之有餘也必」。

今秦之以强强者。

樾謹按：上言三晋之所以弱者，此當言今秦之所以强者，奪所字，衍强字。

天下有不服之國，則王以此春闈其農，夏食其食，秋取其刈，冬陳其寶，以大武摇其本，以廣文安其嗣。

樾謹按：闈當作違，寶當作葆，皆同聲假借字；陳當作湅，形近而誤也。此數語見《周書·大武篇》，其文曰「四時：一、春違其農，二、夏食其穀，三、秋取其刈，四、冬湅其葆」，孔晁注曰「湅，謂發露其葆聚」，《商君》所説，即本《周書·大武》之文，故曰「以大武摇其本」也。又曰「以廣文安其嗣」，今《周書》無《廣文篇》，而《文傳篇》曰「文王受命之九年，時維暮春，在鄗，召太子發曰：嗚呼！我身老矣。吾語汝，我所保與我所守，傳之子孫」，然則所謂「以廣文安其嗣」者，豈即此篇乎？

而王何爲受爵而重復乎？

樾謹按：受乃愛字之誤，「愛爵而重復」，見上文。

有能用之費此之半。

樾謹按：上「之」字衍文，「費此」二字誤倒，當云「有能用此費之半」。〔一〕

萬乘之國，不敢蘇其兵中原。（《賞刑》）

樾謹按：《荀子・議兵篇》「蘇刃者死」，楊倞注曰「蘇，讀爲傃。傃，向也。謂相向格鬥者」，此蘇字讀與彼同。

昔湯封於贊茅。

樾謹按：隱十一年《左傳》「而與鄭人蘇忿生之田，温、原、絺、樊、隰城、欑茅」，杜注「欑茅，在修武縣北」。此言湯封贊茅，即其地也。《漢書・地里志〔二〕》「河南郡偃師尸鄉，殷湯所都」，臣瓚曰「湯居亳，今濟陰縣是也」，其地與修武不遠。皇甫謐《帝王世紀》乃有三亳之説，而謂湯都在南亳穀熟。穀熟故城在今商丘縣，則去修武絶遠，與湯封贊茅之説不可通矣。《商子》，先秦古書，足可依據，湯都偃師，即可以此爲證。

〔一〕王其和認爲：「『之』非衍文，原文當不誤。」「俞樾不明文意，誤讀而誤校。」（第一二二頁）

〔二〕地里志，《漢書》有《地理志》，當從改。

故曰，贊茅岐周之粟，以賞天下之人，不人得一勝。

樾謹按：勝，讀爲升，古字通用。《三輔黄圖》曰「御宿園出栗，十五枚一勝，大梨如五勝」，勝，皆升之假字。

周官之人，知而謂之上者，自免於罪。

樾謹按：周當爲同，謂當爲謁，皆字之誤。

晉國之士，稽焉皆懼曰。

樾謹按：稽，猶同也。《尚書·堯典》「曰若稽古」，正義引鄭注曰「稽，同也」。《禮記·儒行篇》「古人與稽」，鄭注曰「稽，猶合也」，合與同義亦相近。「稽焉皆懼」，猶云同然皆懼也。

聖人非能通知萬物之要也，故其治國舉要以致萬物。

樾謹按：「非能」當作「惟能」。惟能知要，故能「舉要」，若作「非能」，不可通矣。《靳令篇》曰「聖君知物之要，故其治民有至要」，足證此文「非」字之誤。

名尊地廣以至王者，何故？名卑地削以至於亡者，戰罷者也。（《畫策》）〔一〕

樾謹按：「何故」下奪「戰勝者也」四字，「亡者」下奪「何故」二字，當云「名尊地廣以至王者，何故？戰勝者也。名卑地削以至於亡者，何故？戰罷者也」，如此則文義方備。下文云「不勝而王、不敗而亡者，自古及今未嘗有也」，即承此而言。

故興國而責之於兵。

樾謹按：興，乃舉字之誤。言舉一國之人，皆責之於兵也。

入其國，觀其治，兵用者强。

樾謹按：兵，當作民。下云「奚以知民之見用者也？民之見戰也，如餓狼之見肉，則民用矣」，正承此文而言，故知當作「民用」。

非其法亂也，非法不用也。

樾謹按：下「非」字當作其。

〔一〕按，此句下原無篇名《畫策》，據《商子》與本書體例補。

國治或重。

樾謹按：「國」下奪「或重」二字，「重」下奪「亂」字，當作「國或重治，或重亂」。下云「是謂重治」，又云「是謂重亂」，即承此而言。下文云「兵或重强，或重弱」，正與此文一律，可據訂正。

四境之内，丈夫女子，皆有名於上者著，死者削。（《境内》）

樾謹按：此奪生字，當作「生者著，死者削」，説見《去强篇》。

國封尉短兵千人。

樾謹按：封字衍文，蓋即尉字之誤而衍者，下文兩言「國尉分地」可證。

吏自操及杖以上。

樾謹按：杖，乃校字之誤。上文曰「軍爵自一級已下至小夫，命曰校、徒、操、出」，即此所謂「自操及校」也。彼文出字，疑當作士，古書士、出字多互誤。

故爵上造，就爲簪裹，就爲不更，故爵爲大夫。

樾謹按：「就爲簪裹」下當補「故爲簪裹」四字，「故爵爲大夫」當作「故爵不更，就爲大夫」。

故爵大夫，就爲公大夫，就爲公乘，就爲五大夫。

樾謹按：「就爲公大夫」下當補「故爵公大夫」五字，「就爲公乘」下當補「故爵公乘」四字。

就爲大庶長，故大庶長就爲左更，故四更也就爲大良造。

樾謹按：此當在上文「故爵五大夫」之下，「大庶長」之「大」，并衍文也。《漢書・百官公卿表》「爵：一級曰公士，二上造，三簪裹，四不更，五大夫，六官大夫，七公大夫，八公乘，九五大夫，十左庶長，十一右庶長，十二左更，十三中更，十四右更，十五少上造，十六大上造，十七駟車庶長，十八大庶長，十九關内侯」，是大庶長之爵，尊於左更，乃云「故大庶長就爲左更」，不可通矣，故知「大」字衍文也。此庶長兼左、右庶長而言，謂故爵五大夫者，就爲左、右庶長也。左、右庶長之上即是左更，故曰「故庶長就爲左更」，於文正合。其云「故四更也就爲大良造」，此「四」字乃「三」字之誤。古書「三」字，每誤作「四」。《儀禮・覲禮篇》「四享」，鄭注曰「四當爲三，古書作三四，或皆積畫，字相似，由此誤也」。《周官・内宰》疏引鄭注曰「純四糿，四當爲三，古三四積畫，是以三誤爲四」，然則三更之爲四更，亦猶三享之爲四享，三糿之爲四糿矣。三更者，并左更、中更、右更而數之也，由左更、中更、右更而上之，即爲少上造、大上造，故曰「故三更也就爲大良造」。「大良造」即大上造也。不言少良造者，或文不備，或大少良造亦猶左右庶長，分之則爲二，合之則爲一耳。此書所言，與表皆合，足徵秦制之所自來，而傳寫訛奪，且多竄益，遂不可讀。

小夫死，以上至大夫。

樾謹按：「小夫」字各本皆同，而施氏先秦諸子本作「小失」，非也。上云「軍爵自一級已下至小夫」，則當時自有「小夫」名目，孫氏星衍校本反從施作失，誤矣。

故國富而貧治重强。（《弱民》）

樾謹按：此有闕文。《去强篇》云「國富而貧治曰重富，重富者强」，當據補。

農商官三者，國之常食官也。

樾謹按：食，衍字。

法明省，任力言息，治者國治，言息兵强。

樾謹按：「法明」下奪「治」字。「法明治省，任力言息」，四字爲句，承上文「治衆國亂，言多兵弱」而言，謂法明則治省，任力則言息也。「治者國治」，當作「治省國治」，省與者字形相似而誤耳。此又承「法明治省，任力言息」而言，謂治省則國治，言息則兵强也，正與上文「治衆國亂，言多兵弱」相對成義。

民之所樂民强，民强而强之，兵重弱，故民之所樂民强，民强而弱之，民重强。

樾謹按：此承上文「政作民之所惡民弱，政作民之所樂民强」而言。當云「政作民之所惡，民弱；民弱而强之，兵重弱；政作民之所樂，民强；民强而弱之，兵重强」，傳寫奪誤，遂不可讀，文中「故」字，即「政」字之形近而誤者。

爲辯志者不貴。（《外内》）

樾謹按：志，當讀爲智，上文云「爲辯智者貴」是也。《列子・湯問篇》「女志彊而氣弱〔一〕」，張湛注曰「志，謂心智」，是志與智，義亦得通。

民之内事，莫善於農。

樾謹按：善，當作苦。上云「民之外事莫難於戰，故輕法不可以使之」，此云「民之内事，莫苦於農，故輕治不可以使之」，蓋惟民以戰爲難，以農爲苦，故輕法輕治不可使之也。善與苦形

〔一〕 彊，原誤作「疆」，據《列子》及上下文意改。

近而誤耳。下云「故農之用力最苦」，可證此文之誤。

法制不明，而求明之行令也，不可得也。（《君臣》）

樾謹按：下「明」字當爲「民」。古每假萌爲甿，《史記·三王世家》「加以奸巧邊萌」，《索隱》曰「萌，一作甿」，《漢書·霍去病傳》「及厥衆萌」，《劉向傳》「民萌何以勸勉」，師古注并曰「萌，與甿同」，然則此文「明」字，或亦當作「萌」。〔一〕

深淵者知千仞之深。（《禁使》）

樾謹按：上「深」字當作「探」，言探淵而知其深也。今誤作「深淵者」，則於文義未足矣。

今夫騶虞以相監不可，事合而利異者也。若使馬焉能言，則騶虞無所逃其惡矣，利異也。

樾謹按：毛傳以騶虞爲義獸，而《周官·鍾師》疏曰「今《詩》韓、魯說：騶虞，天子掌鳥獸官」。以此書證之，則韓、魯說亦古義也。惟「事合而利異」當作「事合而利同」，《商君》之意，蓋

〔一〕 明，俞氏爲「民」爲「萌」兩説并存，王其和認爲「民」字爲是（第一二六頁）。可參。

以騶、虞兩職，事合利同，不可使之相監，恐其互相容隱也，故必馬能言始無所逃惡。下文云「吏之與吏，利合而惡同也」，是其明證也。「馬焉」之「焉」，當爲衍文，即馬字之誤而衍者，或疑是《説文》「焉鳥」之本義。然焉之與馬，既非一類，合稱馬焉，於古無徵，殆不可用。

此其執，正使污吏有資，而成其奸險，小人有資，而施其巧詐。（《慎法》）

樾謹按：執，當爲執，乃古勢字也。執字絶句，「正使」二字屬下讀。

夫以法相治、以數相舉者，不能相益，訾言者不能相損。

樾謹按：「以數相舉」下奪「譽」字，因譽、舉字形相似，故傳寫誤奪之耳。下文云「民見相譽無益」，又云「見訾言無損」，正承此而言，故知當有譽字也。

明書年月日時。（《定分》）

樾謹按：《日知録》謂「古無一日分十二時之説，自漢以下曆法漸密，於是以一日分爲十二時，不知始於何人，至今不廢」。然此書已言年月日時，則六國時已有此説矣。意所謂時者，尚是平旦、鷄鳴之屬，而非今之所謂十二時歟？《管子·立政篇》「乃發使者致令以布憲之日蚤宴之時」，亦言日兼言時。

諸子平議卷二十一

韓非子

今秦出號令而行賞罰，有功無功相事也。（《初見秦》）

樾謹按：事者，治也，高誘注《吕氏春秋》《淮南·内篇》屢見。《詩·卷耳篇》毛傳曰「采采，事采之也」，正義引《鄭志·答張逸》云「事，謂事事一一用意之事」，蓋事訓治，故一一用意謂之事也。此言有功無功相事，正一一用意之義，謂分别其有功無功，不混淆也。《秦策》作「不攻耳，無相攻事也」，與上下文義不屬，蓋後人不達事字之義而臆改。其功與攻，則古字通用。

令荆人得收亡國，聚散民，立社稷主，置宗廟令，率天下西面以與秦爲難，此固以失霸王之道一矣。

樾謹按：《秦策》無稷字，讀廟字絶句，是也。「收亡國」，「聚散民」，「立社主」，「置宗廟」，皆三字爲句，後人誤以「令」字上屬成四字句，遂於上句加「稷」字配之耳。「置宗廟令」，義不可通，此言荆人置宗廟，非言其置令也。古宗廟亦未聞有令，足知其非矣。下文曰「令魏氏反收亡國，聚散民，立社稷主，置宗廟令，此固以失霸王之道二矣」，「稷」字亦衍文，「令」下亦當有「率天下西面，以與秦爲難」十字，《秦策》闕此句，後人據以删《韓子》，而令字誤屬上讀，故得僅存耳。夫率天下以與秦爲難，故失霸王之道。若惟是收亡國、聚散民、立社主、置宗廟，則是魏之得猶未足以見秦之失也，然則此句不可闕。因一字之幸存，而全句轉可據補也。

趙危而荆狐疑。

樾謹按：《秦策》作「趙危而荆狐」，盧氏文弨《群書拾補》、顧氏廣圻《韓非子識誤》并謂當從之，然《存韓篇》云「趙氏破膽，荆人狐疑」，則「狐疑」字不誤，盧、顧説非。

下不能盡其民力。

樾謹按：下，當從《秦策》作上。惟以上言，故曰其民，若以下言，則但曰「不能盡其力」足矣。盧氏《拾補》反以《策》爲非，失之。上文曰「號令不治，賞罰不信」，此正上之所以不能盡民力，民力之不盡，其故在上不在下，當言「上不能」，不當言「下不能」也。

大王垂拱以須之。

樾謹按：《秦策》作「大王拱手以須」，吴師道補曰「《韓》作『須之』」，然則《韓非》异於《國策》者，但句末多之字，其「拱手」字必與《國策》同。若作「垂拱以須之」，則吴師道何以不及乎？此必後人所改，當依《國策》訂正。〔一〕

不能剋之也，又不能反，運罷而去。

樾謹按：運，乃軍字之誤，上云「大王又并軍而至」，此云「軍罷而去」，文義正相應。蓋不能勝則宜退，既不能剋，又不能反，故其軍至於罷病而後去也。軍誤作運，義不可通。顧氏《識

〔一〕 王其和認爲：「『垂拱』當不誤。……『垂拱以須之』即『垂衣拱手而待之也』，『垂拱』與『拱手』義相近。」（第一三二一頁）

誤》斷運字爲句，謂「反當作及，運讀曰餫」，失之迂曲矣。

外者天下皆比意甚固。

樾謹按：皆字，衍文，蓋即比字之誤而複者。《秦策》作「外者天下比志甚固」，無皆字。

使人使荆，重幣用事之臣，明趙之所以欺秦者，與魏質以安其心，從韓而伐趙，趙雖與齊爲一，不足患也。二國事畢，則轉可以移書定也。（《存韓》）

樾謹按：轉字無義，趙用賢本作韓，是也。此篇名《存韓》，本因秦貴臣之計舉兵將伐韓，故爲是説，勸之釋韓而伐趙。趙、齊事畢，而韓可移書定，正見韓之不必伐也。乃乾道本、道藏本皆作轉，則字之誤久矣。趙本固多臆改，然亦當以文義求之，未必趙本皆非，古本皆是也。盧氏《拾補》、顧氏《識誤》并以「則韓」爲非，蓋以上文已云「從韓而伐趙」，此不必更言定韓耳。今按韓未聞其將伐趙，秦何得從韓以伐趙？且秦之伐趙，亦何必從韓？疑韓字是衍文。蓋既使人使荆，又與魏質，則荆、魏不與我爲難矣，於是從而伐趙。「從而」者，繼事之詞，明其事次弟當如此，非從他國之謂也。後人不達其義，以爲既言從，必有所從之國，而妄補韓字以實之。盧氏、顧氏不知上韓字之衍，而疑下韓字之非，誤矣。又下文云「韓秦强弱在今年耳」，各本皆同，顧氏謂韓當作轉，尤誤。

詔以韓客之所上書，書言韓子之未可舉。

樾謹按：子字，衍文也。韓非因聞貴臣之計，舉兵將伐韓，故上此書言韓之未可舉也。誤衍子字，義不可通。乾道本、道藏本皆同，惟趙用賢本無子字，亦當從之。

秦之有韓，若人之有腹心之病也，虚處則痃然若居濕地，著而不去，以極走則發矣。

樾謹按：舊注讀「虚處則痃然」五字爲句，訓痃爲妨，謂「喻秦虚心待韓，韓終爲妨」，其説於文義未安。顧氏謂，「虚處」，平居也，「則痃然若居濕地著而不去」十一字爲句，痃，苦也。「以極走則發矣」，走，衍字，極，困也，視舊讀爲長。然平居不得謂之虚處，且走與處對文，則走字非衍也。今按此當以「虚處則痃然若居濕地」爲句，虚乃衍字也，蓋即處字之誤而複者。「著而不去」爲句，「以極走則發矣」爲句。極猶亟也，古字通用，《荀子·賦篇》「出入甚極」，又曰「反覆甚極」，楊倞注并曰「極讀爲亟」，是其證也。此言「腹心之病」「附著不去」，平居猶可，亟走則發矣。亟走，喻急也。舊注曰「卒然而走」，是正讀極爲亟也。下文「今若有卒報之事，韓不可信也」，報當讀爲赴疾之赴，《禮記·少儀篇》「毋報往」，《喪服小記篇》「報葬者」，報，虞、鄭注并曰「報讀爲赴疾之赴」，是也。若有卒報之事，與亟走之喻相應。顧氏訓極爲困，而删走字，未得其旨。

田明辜射。（《難言》）

樾謹按：舊注曰「非罪爲辜，射而殺之」，此曲説也。辜射即辜磔，磔從石聲，與射聲相近，故得通用。辜磔，本叠韵字，《荀子・正論篇》「斬斷枯磔」以枯爲辜，此云「辜射」又以射爲磔，古書每無定字，學者當以聲求之矣。《周禮・掌戮》「殺王之親者辜之」，注曰「謂磔之」。「田明辜射」，即此刑也。字又作矺，《史記・李斯傳》「十公主矺死於杜」，《索隱》曰「矺與磔同，古今字异耳」。

是故大臣之禄雖大，不得藉威城市。（《愛臣》）

樾謹按：威字衍文也，藉當讀爲籍。《詩・韓奕篇》「實畝實籍」，《唐石經》作「實畝實藉」，是其例矣。《漢書・武帝紀》「籍吏民馬」，師古注曰「籍者總入籍録而取之」，即此籍字之義。《管子・輕重甲篇》「桓公欲藉於室屋，欲藉於萬民，欲藉於六蓄，欲藉於樹木」，與此正同。言大臣之禄雖大，而城市之地不得藉而取之也。下云「黨與雖衆，不得臣士卒」，「臣士卒」與「藉城市」相對成文，今涉上文「是謂威淫」及「國家偏威」而誤衍威字，則文不成義矣。舊注云「市衆所聚，恐其乘衆而生心也」，不解威字，是舊本猶未衍也。

虛則知實之情，靜則知動者正。（《主道》）

樾謹按：下「知」字當作「爲」。「靜則爲動者正」，猶下文云「不智而爲智者正」也。涉上句而誤作「知」，於義不可通。

是以不言善應，不約而善增。言已應則執其契，事已增則操其符。

樾謹按：道藏本、趙用賢本「不言」下皆有「而」字，當從之。乾道本奪去，則與下句不一律矣。惟下句「增」字之義，殊不可通，兩「增」字疑皆「會」字之誤。「不言而善應」，語本《老子》「不約而善會」，亦即《老子》所謂「善結無繩，約而不可解」也，善會猶善結也。會誤作曾，因又誤爲增耳。

此數物者，險世之説也，而先王之法所簡也。（《有度》）

樾謹按：「險世之説」本作「險世所説」，説讀爲悦。舊注曰「險世所説邀取一時之利，先王所簡，必令百代常行」，是其所據本未誤。

遠在千里外，不敢易其辭，勢在郎中，不敢蔽善飾非。

樾謹按：勢，當作暬。《國語・楚語》曰「居寢有暬御之箴」，注曰「暬，近也」。「暬在郎中」

與「遠在千里外」正相對成義，朁、勢形近而誤，或古字通也。

法不信則君行危矣。

樾謹按：危，讀爲詭。《吕氏春秋・淫辭篇》「所言非所行也，所行非所言也，言行相詭，不祥莫大焉」，與此意相近。蓋法不信則君之所行前後違反，故曰詭也。作危者，古字通耳。《漢書・天文志》「司詭星出正西」，《史記・天官書》詭作危。《淮南子・説林篇》「尺寸雖齊必有詭」，《文子・上德篇》詭作危，并其證也。舊注曰「法不信則後不可行，故君危也」，此未〔一〕達假借之旨，危當以君位言，不當以君行言，足知舊説之非矣。

明主之所導制其臣者，二柄而已矣。（《二柄》）

樾謹按：舊注訓導爲引，此未達古語也。導當爲道，道者，由也。「明主所道制其臣者」，猶言明主所由制其臣者。古語每以道爲由：本書《孤憤〔二〕篇》曰「法術之士奚道得進」，猶言奚由得進也；《吕氏春秋・貴因篇》「孔子道彌子瑕見釐夫人」，猶言由彌子瑕見釐夫人也；《晏

〔一〕未，原誤作「末」，據蔡啓盛《校勘記》改。
〔二〕憤，原誤作「僨」，據《韓非子》與蔡啓盛《校勘記》改。

子春秋·諫上篇》曰「楚巫微導裔款以見景公」，亦言由裔款以見景公，而其字作導，可證此文「所導」之即「所由」矣。《八奸篇》云「凡人臣之所道成奸者有八術」，義與此同。

故劫殺擁蔽之主，非失刑德而使臣用之而不危亡者，則未嘗有也。

樾謹按：「失刑德而使臣用之」，不當有「非」字，「非」衍文。

人主欲見，則群臣之情態得其資矣。

樾謹按：「欲見」，當作「見欲」，與上文「見惡」「見好」一例。「見惡」「見好」，即自見其所欲矣。下文曰「豎刁、易牙因君之欲以侵其君者也」，正承此而言。《主道篇》曰「君無見其所欲」，可證此文「見欲」之義。

上有所長，事乃不方。《揚搉》

樾謹按：舊注曰「所長，謂任材用物皆得其宜，故事不一方而成」，此失其旨也。上文曰「使鷄司夜，令狸執鼠，皆用其能，上乃無事」，然則上固不必有所長矣。「上有所長」，是失其爲上之道，「事乃不方」，猶言無方也，謂不得其方也。下文曰「矜而好能，下之所欺；辯惠好生，下因其材；上下易用，國故不治」，皆承此而言。

聽言之道，溶若甚醉。

樾謹按：舊注曰「溶，閑漫之貌」，下文「動之溶之」注亦曰「凡所舉動溶然閑暇」，顧氏謂「不見所出」。今按「溶若甚醉」，此溶字當爲容，言其容有似乎醉也。下文「動之溶之」，此溶字當爲搈，《説文・手部》「搈，動搈也」，動之溶之，即動之搈之也。「動搈」亦作「動容」，《孟子・盡心篇》「動容周旋中禮者」，是也。疑古本兩溶字，皆止作容，一爲容貌之容，一爲動容之容，傳寫增水旁，因失其義矣。

若天若地，是謂累解。

樾謹按：「累解」乃疊韵字，古人常語也。《荀子・富國篇》「則和調累解」，「累解」與「和調」并言，可知其義，楊倞注以爲「嬰累解釋」，非也。《儒效篇》「解果其冠」，楊注引《説苑》「蟹螺者宜禾」爲證，然則「累解」猶「蟹螺」矣。古語雖不盡可通，而「累解」二字平列，則塙然無疑。舊注曰「君用意如天地，則上因下考之累可解也」，其失與楊倞注《荀子》同。

欲爲其地，必適其賜。

樾謹按：《吕氏春秋・重己篇》「故聖人必先適欲」，高注曰「適，猶節也」；《管子・禁藏篇》「故聖人之制事也，能節宮室、適車輿、以實藏」，是適與節同義。「必適其賜」者，必節其賜也，舊注謂「欲治其國必令賜與適宜」，失之。

下操度量，以割其下。

樾謹按：此當作「上操度量，以割其下」，舊注云「故上必當操度量以割斷其下也」，是其所據本未誤。

掘其根本，木乃不神，填其洶淵，毋使水清。

樾謹按：顧氏以「本」字爲衍文，是也。下句洶字，蓋亦衍文。舊注云「淵者水之停積，水清鑒之者衆」，不釋洶字，是舊本未衍也。上云「木數披，黨與乃離」，此云「掘其根，木乃不神，填其淵，毋使水清」，皆上句三字、下句四字，今衍本字、洶字，非其舊也。至趙本作「木枝數披」，則更失之矣。

凡此八者，人臣之所以道成奸，世主所以壅劫，失其所有也。（《八奸》）

樾謹按：道字，衍文也。「所以成奸」「所以壅劫」兩文相對。讀者見篇首云「凡人臣之所道成奸者有八術」，誤以「道成奸」三字連讀，故妄增入之，不知「所道成奸」，即所由成奸也，義與「所以」同，此既云「所以」，即不得復有「道」字矣。

荀息伐虢之，還反，處三年，興兵伐虞，又克之。（《十過》）

樾謹按：「伐虢」下脱克字，下云「又克之」，正承此而言。《吕氏春秋・權勳篇》「荀息伐虢，克之，還反伐虞，又克之」，是其證。

其修士不能以貨賂事人，恃其精潔，而更不能以枉法爲治。（《孤憤》）

樾謹按：「其修士」三字，衍文也。上文云「其修士且以精潔固身，其智士且以治辯進業」，此云「不能以貨賂事人」，則總蒙「修士」「智士」爲文，言其皆不能也。「恃其精潔」當作「恃其精潔治辯」，因衍「其修士」三字，則此文專屬修士，遂删去「治辯」二字耳。舊注云「智士不重説，似闕文也」，是其所據本已誤。

其意有下也，然而不能已，説者因爲之飾其美，而少其不爲也。其心有高也，而實不能及，説者爲之舉其過而見其惡，而多其不行也。（《説難》）

樾謹按：此兩文相對，言其意雖甚卑下，而有所不能已，則説者必爲之飾其美，反若以其不行而少之，如此乃見「不能已」之不足爲病矣；其意雖甚高尚，而有所不能及，則説者必爲之舉其過而見其惡，反若以其不行而多之，如此乃見「不能及」之不足爲恥矣。「不能已」者，若犬馬聲色之好是也；爲之飾其美，若《管子》「以是數者爲不害霸」是也；「不能及」者，若堯舜之道，仁義之説是也；爲之舉其過而見其惡，若陳賈謂「仁智，周公未能盡」是也。舊注所説，皆未了，且此與上文「彼有私急也，必以公義示而强之」本不相蒙，舊注必牽合爲説，宜其不可通矣。

此道所得親近不疑而得盡辭也。

樾謹按：上「得」字衍文也，「道所」當作「所道」，「此所道親近不疑」猶曰此所由親近不疑。古書每以道爲由，説已見前矣。《史記》作「此所以親近不疑」，「所道」即「所以」也。讀者不解道字，而誤倒之，又妄增入得字，遂至不可通矣。

夫有術者之爲人臣也，得效度數之言，上明主法，下困奸臣，以尊主安國者也。（《奸劫弑臣》）

樾謹按：得字，衍文。此論有術者之爲人臣，其道如此，非論得不得也，蓋涉下文「度數之言得效於前」而衍。

從是觀之，則聖人之治國也，固有使人不得不愛我之道，而不恃人之以愛爲我也。

樾謹按：「不得不愛我」，當作「不得不爲我」，涉下句而誤耳。下文曰「恃吾不可不爲者安矣」，「不可不爲」即不得不爲也。又曰「明主者，使天下不得不爲己視，天下不得不爲己聽」，此「使人不得不爲我」之義也，可據以訂正。

父之愛子也，猶可以而害也。

樾謹按：「以」字衍文也，「可而」即可以也。《墨子・尚賢篇》曰「使天下之爲善者，可而勸也，爲暴者可而沮也」，又曰「上可而利天，中可而利鬼，下可而利人」，《吕氏春秋・功名篇》曰「故當今之世，有仁人在焉，不可而不此務；有賢主，不可而不此事」，并其證也。此文本云「父之愛子也，猶可而害也」，淺人不達古語，於「而」上又增入「以」字，則不可通矣。

托於犀車良馬之上。

樾謹按：《漢書・馮奉世傳》注引晋灼曰「犀，堅也」，然則「犀車良馬」，即堅車良馬。《吴子・應變篇》曰「車堅馬良」，是其義也。顧云犀字未詳，偶失考耳。

民信其相，下不能其上，主愛信之而弗能廢者，可亡也。（《亡徵》）

樾謹按：民下脱不字。「民不信其相，下不能其上」，兩文相對，民所不信，下所不能，而人主弗能廢，故曰可亡也。〔一〕

變褊而心急。

樾謹按：變，當讀爲辯。《説文・心部》「辯，一曰急也」，是與褊同義，作變者，聲近假借也。《易・文言傳》「由辯之不早辯也」，《釋文》曰「辯，荀作變」，《孟子・告子篇》「萬鍾則不辨禮義而受之」，《音義》引丁音曰「辨，本作變」，皆其例矣。

故《桃左春秋》曰。（《備内》）

樾謹按：左，疑兀字之誤。桃兀，蓋即梼兀之异文。楚之梼兀，亦有《春秋》之名。《楚語》申叔時所謂「教之《春秋》」是也。故謂之《梼兀春秋》矣。

〔一〕　王其和認爲：「俞校非是，『民』下不必有『不』字。『民信其相』，言百姓衹聽從相之號令而不聽君主之號令……俞氏誤以對文校之，不合原文之旨，非是。」（第一二二二頁）

少索資，以事誣主。（《南面》）

樾謹按：誣字無義，疑誘字之誤。下文云「主誘而不察，因而多之」，即承此而言。蓋先少索資而以事誘其主，主既爲其所誘，乃因而多之也。

賞罰無紀，國雖大兵弱者，地非其地，民非其民也。（《飾邪》）

樾謹按：此言賞罰無紀，則國雖大而兵必弱，所以然者，由地非其地，民非其民也，文義本甚分明。顧氏讀「國雖大，逗。兵句。」。謂與上文「國雖小，富。民雖寡，强」一律，則「兵」之一字，殊不成義，而「弱者」二字屬下讀，於義亦未安矣。

今人臣多立其私智、以法爲非者，是邪以智過法立智，如是者禁。

樾謹按：邪字，衍文。「是以智過法立智」七字爲句，言自以其智過公法立私智也。舊注曰「以此思之，則知凡官之情，皆欲過公法立私智也」，疑其所據本作「是以知過法立智」，故其解如此。然不説「邪」字，則猶未衍也。今衍「邪」字，於義難通。顧氏於前後文句讀一一訂正，而此句未了，由不知「邪」字之衍耳。明淩瀛初本作「以邪爲智」，與舊注不合，非是。

根者，書之所謂柢也。（《解老》）

樾謹按：根上當有直字，上文云「樹木有曼根，有直根」，此云「直根者，書之所謂柢也，柢也者木之所以建生也，曼根者木之所持生也」，蓋承上文而分釋之。《韓子》之意以《老子》所謂深根固柢者，根是曼根，柢是直根也。今奪直字，失其旨矣。

人無毛羽，不衣則不犯寒。

樾謹按：「犯寒」上當有「足以」二字，言不衣則不足以犯寒也。下文曰「故聖人衣足以犯寒」，是其證。〔一〕

設炮烙。（《喻老》）

樾謹按：段氏玉裁謂，「炮烙」本作「炮格」，《史記索隱》引鄒誕云「烙，一音閣」，楊倞注《荀子·議兵篇》云「烙，音古責反」；觀鄒、楊所音，皆是格字無疑；鄭康成注《周禮·牛人》云「互，若今屠家縣肉格」，意紂所爲，亦相似。段氏此説洵足訂正向來傳寫之誤，惟「炮格」似有

〔一〕王其和認爲：「『不犯寒』即『不勝寒』，原文本通，俞氏誤以爲與『衣足以犯寒』相對而誤校。」（第一三九頁）

二義：《荀子·議兵篇》「紂刳比干，囚箕子，爲炮格刑」，楊注引《列女傳》曰「炮格爲膏銅柱，加之炭上，令有罪者行焉，輒墜火中，紂與妲己大笑」，此則「炮格」爲淫刑以逞之事，是一義也。若此文云「紂爲肉圃，設炮格，登糟丘，臨酒池」，則似爲飲食奢侈之事，别爲一義。蓋爲銅格，布火其下，欲食者於肉圃取肉置格上，炮而食之也，如此説，方與肉圃、糟丘、酒池一類。且因爲象箸而至此，正見其由小至大，箕子所以畏其卒而怖其始也。若是炮格之刑，則不特與肉圃諸事不類，且與上文爲象箸事亦絶不相干矣。《吕氏春秋·過理篇》曰「糟丘、酒池、肉圃爲格」，格即炮格，不言炮格而直曰爲格，即承肉圃之下，是於肉圃中爲格也，其爲炮肉之格明矣。高注曰「格以銅爲之，布火其下，以人置上，人爛墮火而死」。夫糟丘、酒池、肉圃，皆是飲食之地，何故即於其地炮炙人乎？蓋古書説炮格者本有二義，當各依本書説之，學者但知有前一義，不知有後一義，古事之失傳久矣。

故冬耕之稼，后稷不能羡也。

樾謹按：羡，當作美，字之誤也。下文曰「豐年大禾，臧獲不能惡也」，美與惡相對。〔一〕

〔一〕羡，王其和據古注和王念孫説認爲，「羡」本有「美」義，不必以爲誤字，俞説非是（第九四頁）。

秦武王令甘茂擇所欲爲於僕與行事。（《説林上》）

樾謹按：事字，衍文也。下文曰「公佩僕璽而爲行事」，是僕與行爲官名，言佩僕之璽而爲行之事也。讀者誤以「行事」連讀，遂於此文亦增「事」字矣。

子巧於相踶馬，而拙於任在腫膝，而不任拙於腫膝。（《説林下》）

樾謹按：此乾道木也，文錯誤不可讀。各本皆作「子巧於相踶馬，而拙於任腫膝」，顧氏《識誤》從之。然上文云「夫踶馬也者，舉後而任前，腫膝不可任也」，是任膝者馬也，非相馬者也，安得云「巧於相踶馬，拙於任腫膝」乎？疑《韓子》原文本作「子巧於相踶馬，而拙於在腫膝」，在者，察也，蓋徒知其爲踶馬，而不能察知其腫膝之不可任，是「巧於相踶馬，拙於在腫膝」也。乾道本「在腫膝」三字不誤，但「在」上又有「任」字，則因「任」與「在」形似，又涉上下文諸「任」字而誤衍耳。其下又有「而不任拙於腫膝」七字〔二〕，全無意義，則即上句之複文，傳寫又錯誤，當删去無疑。乃各本皆作「而拙於任腫膝」，則徒知乾道本之誤，而以意删改之，仍無當也。

〔二〕 七，原作「六」，據實有七個字，今改。

君曰：「我愛之信。」答曰：「臣亦愛臣之信。」

樾謹按：上「信」字衍文也。君曰「我愛之」，「之」者指鼎而言，君固愛鼎，不愛信也。涉下句而衍信字，則義不可通。

因攢而縫。（《用人》）

樾謹按：攢字無義，當作簪。《荀子・賦篇》「簪以爲父」，楊倞注曰「簪形似箴而大」，是簪亦箴類，故曰「因簪而縫」也。《説文・金部》「鐕，可以綴箸物者」，簪即鐕之假字。亦或作撍。《周易・豫》「九四。朋盍簪」，京作撍，是也。古本《韓子》當亦作撍，傳寫因誤爲攢矣。

厚賞之，使人爲賁、諸也，婦人之拾蠶，漁者之握鱣，是以效之。（《内儲説上・七術》）

樾謹按：「是以效之」，當作「以是效之」。效者，明也。是，即指婦人、漁者而言。謂厚賞之下，可使人人爲賁、諸，以「婦人之拾蠶，漁者之握鱣」明之也。下文云「鱣似蛇，蠶似蠋，人見蛇則驚駭，見蠋則毛起，然而婦人拾蠶，漁者握鱣，利之所在，則忘其所惡，皆爲孟賁」，是其義也。《荀子・正論篇》「故桀紂無天下，而湯武不弑君，由此效之也」，楊注曰「效，明也」，與此文句法正同。今誤作「是以效之」，舊注曰「此得利忘難之效也」，失其解矣。

臣請使王遇之遇。

樾謹按：上「遇」字當作「與」，上文云「王何不試與之遇乎」？故此云「臣請使王與之遇」，乾道本作「遇之遇」，傳寫誤耳。道藏本改下「遇」字爲「乃」字，屬下讀，趙本并删「乃」字，均非其舊。

行刑重其輕者，輕者不至，重者不來。

樾謹按：「不至」，當作「不生」。言犯輕罪者不得生，則自無一罪也。《商子·去强篇》曰「輕者不生，重者不來」，是其證。

采金之禁，得而輒辜磔〔一〕於市甚衆，壅離其水也。

樾謹按：此言辜磔其人，而棄屍於水，水之中流，爲積屍壅遏，遂至分流，是謂「壅離其水」，極言辜磔者之多也。舊注云「又設防禁遮擁，令人離其水也」，據下文云「夫〔二〕罪莫重辜磔於市，猶不止者，不必得也」，又曰「故不必得也，則雖辜磔，竊金不止，知必死，則天下不爲也」，

〔一〕 磔，原誤作「礫」，據蔡啓盛《校勘記》及《韓非子》改。

〔二〕 夫，原作「大」，據《韓非子》改。

并無設禁遮擁、令人離水之義。且設禁遮擁、令人離水，而猶竊金不止，則是設禁之未善，與下文「不必得」及「知必死」之意不相應矣。顧曰「離讀爲籬」，此亦不得其解，而强爲之辭。

哀公懼，自將衆輙救火者。

樾謹按：輙當爲趣，者字衍文。上文云「魯人燒積澤」，所謂火田也，哀公實親在其間，及「火南倚，將燒國」，故「哀公懼，自將衆趣救火」也。趣誤作輙，蓋以形似之故，又因下文三言「救火者」而亦衍者字，於是其義愈晦，并輙字之誤，莫之能正矣。

因詐逐所愛者，令走王知之。

樾謹按：此本作「令王知之」，走字衍文也。舊注於上經云「佯逐所愛，令君知之不疑」，令君知，即令王知也，可證舊本之無走字。

昭侯以察左右之臣不割。

樾謹按：割字，涉注文「割爪不誠」而衍，顧氏已訂正矣。臣，藏本作誠，顧謂「誠不」句絶，不、否同字。此説非也。「誠不」當作「不誠」，注云「割爪不誠」，則其所見本未倒也。下文云「子之以此知左右之不誠信」，注云「僞報有白馬者是不誠信」，正與此一律。

靖郭君相齊，與故人久語，則故人富。（《内儲説下·六微》）

樾謹按：《北齊書·顔之推傳》「《觀我生賦》『祇夜語之見忌，甯懷刷之足恃』」，皆本此書，疑古書《韓子》「久語」作「夕語」。古人朝見謂之朝，夕見謂之夕。

公叔相韓而有攻齊。

樾謹按：《爾雅·釋詁》「攻，善也」，有，讀爲又。「相韓而有攻齊」，謂相韓而又善齊也。下文云「翟璜，魏王之臣也，而善於韓」，其義相同。藏本、趙本改攻作功，失之。

犀首與張壽爲怨，陳需新入，不善犀首。

樾謹按：入字，衍文也。上文云「季辛與爰騫相怨，司馬喜新與季辛惡」，與此條情事相同，文法亦一律。此云「陳需新不善犀首」，猶彼云「司馬喜新與季辛惡」也。〔一〕

能爲之諸侯乎？

樾謹按：「爲」字衍文也。「能之諸侯乎」，言能適諸侯乎，《左傳》作「能行乎」，是其證也。

〔一〕王其和認爲：「『入』字非衍。當以『陳需新入』爲句……俞氏强與下文句式一律而誤讀誤校。」（第一三九頁）

被王衣。

樾謹按：王，當作玉。《三國志・魏文帝紀》注云「舜承堯禪被珍裘」，玉衣猶云珍裘矣。古人於美好之物皆曰玉，食言玉食，衣言玉衣，其義同也。此與下文之「握玉環」本同作玉，後人不解而臆改耳。

先問鄶之豪傑良臣、辯智果敢之士，盡與姓名。

樾謹按：與，當作舉，《周官・師氏》「王舉則從」，注曰「故書舉爲與」，是其例也。襄二十七年《左傳》「仲尼使舉是禮也」，《釋文》引沈云「舉，謂記録之也」，然則「盡舉姓名」，爲悉記録其姓名矣。

晉國之辭仕托者國之錘。（《外儲説左上》）

樾謹按：乾道本托誤作記，當從道藏本訂正。趙用賢本托下有慕字，則由誤讀下文而衍也。下文曰「晉國之辭仕托、慕叔向者，國之錘矣」，此於托字絶句，仕謂仕者，托謂托者。襄二十七年《左傳》「衛子鮮出奔晋，托於木門，終身不仕」，然則古人自有仕與托之兩途。凡托於諸侯者，君必有以養之，觀《孟子》可見，故曰辭仕托。蓋仕可辭，托亦可辭也。「慕叔向者」自爲句，後人不達托字之義，誤以「托慕」連讀，遂於此文亦增入慕字耳。又錘字無義，疑古本止作垂。《莊子・逍遥游篇》「其翼若垂天之雲」，崔譔曰「垂，猶邊也，其大如天一面雲也」。然則國之垂，猶云國之一面，與上文「中牟之民棄田圃而隨文學者邑之半」，文義一律。國之垂，猶邑之半，垂亦半也，今加金作錘，則不可通矣。

請無以此爲稽也。

樾謹按：稽字無義，疑當作指。《漢書・河間獻王德傳》「文約指明」，注云「指，謂意之所趨若人以手指物也」。字亦作旨，《孟子・告子篇》「願問其旨」，是也。齊桓伐蔡，意在蔡姬，故管仲請無以此爲指也。稽從旨聲，故得通借。《禮記・王制篇》「有旨無簡不聽」，即《尚書・吕刑篇》「有稽無簡不聽」之异文。然則稽、旨通用，古有徵矣，道藏本改稽爲規，非是。

傷者之母立泣。

樾謹按：立字不當有，蓋即泣字之誤而衍者。

趙主父令工施鈎梯而緣播吾，刻疎人迹其上。

樾謹按：疎，當作踈，即迹字也。迹，籀文作速，此變作踈，亦猶迹之變作跡矣。古本《韓子》

當作「刻人踈其上」，寫者依今字作迹，而踈字失不删去，遂誤倒在人字之上，又誤其字作踈也。

以馬爲不進盡，釋車而走。

樾謹按：《韓子》古本當作「以馬爲不盡，句。釋車而走」，「不盡」，即不進也。《列子·天瑞篇》「終進乎不知也」，張湛注曰「進，當爲盡」，是進與盡古通用。《詩·文王篇》毛傳訓藎爲進，師古注《漢書·高帝紀》曰「進字本作費，又作賮」，皆其例也。寫者依本字作進，而又失删盡字，遂并失其讀矣。

曰信名，信名則群臣守職。

樾謹按：「曰信名」之下，當有「信義信事」四字，蓋文公曰「安信」？箕鄭告以信名、信義、信事，下乃一一申之也。今奪之，則文不備。

刖危引之而逃之門下室中。（《外儲説左下》）

樾謹按：舊注曰「刖者行步危，故曰刖危」，此曲説也。危乃跪之省文。古謂刖足者爲刖跪。《内儲説下篇》「門者刖跪請曰」，是其證也。《晏子春秋·雜上篇》「刖跪擊其馬而反之」，孫氏星衍曰「跪，足也」，此説得之。

秦、韓攻魏，昭卯西説而秦、韓罷。

樾謹按：「昭卯」，疑當作「明卯」，即孟卯也。《顯學篇》云「魏任孟卯之辨」，是也。又作「芒卯」，《難三篇》云「孰與曩之孟嘗、芒卯」，是也。明、孟、芒，古音俱同，「孟卯」之爲「明卯」，猶「孟津」之爲「盟津」，「芒卯」之爲「明卯」，猶「民甿」之爲「民萌」。今作昭者，蓋與明形似義同，因而致誤。

吾父獨冬不失袴。

樾謹按：舊注曰「刖足者，不衣袴，雖終其冬夏無所損失也」。疑其所據本作「終不失袴」，故曰「雖終其冬夏無所損失」，今涉注文有冬字而誤終作冬，則不可通矣。刖者既不衣袴，何有冬夏之别，安得獨於冬言不失歟？當據注訂正。〔一〕

墾草仞邑。

樾謹按：仞當作牣，謂牣造其邑也。作仞者，字之誤。舊注曰「仞，入也，所食之邑能入其

〔一〕 冬，俞氏校作「終」，徐仁甫《諸子辨正》（第三五三頁）、王其和《俞樾訓詁研究》（第九四頁）以爲二字通，且有《釋名》《管子》等文獻可參。近是。

租稅也」，訓仞爲入，未詳其義。《新序》載此事正作「牣邑」，當據以訂正。〔一〕

發廩粟以賦衆貧，散府餘財以賜孤寡。（《外儲說右上》）

樾謹按：餘字，衍文。「散府財」與「發廩粟」相對爲文，不當有餘字，涉下文「倉無陳粟，府無餘財」而衍。

謳乎，其已乎苞乎，其往歸田成子乎！

樾謹按：已字當作芑，昭十二年《左傳》「我有圃生之杞乎，從我者子乎」，與此歌文義相似。《史記·田敬仲世家〔二〕》載此歌曰「嫗乎采芑，歸乎田成子」，字正作芑。惟此本以謳、苞爲韵，芑、子爲韵，《史記》作「歸乎田成子」，歸與謳則非韵矣，當以此爲正。

左右有欒子者。

樾謹按：「欒子」，即蘭子也，欒與蘭音近。《說文·門部》「闌，妄入宮掖也，讀若闌」，即其例也。《列子·說符篇》「宋有蘭子者」，《釋文》曰「凡人物不知生出者謂之蘭也」，是蘭子之蘭，

〔一〕王其和據蔣禮鴻等說，「仞」讀爲「牣」，「仞邑」猶言「實邑」（第一〇七頁）。

〔二〕田敬仲世家，《史記》作《田敬仲完世家》，有「完」字。

即闗之引申義，故此書以欒爲之矣。

慎而言也，人且知女。

樾謹按： 知當作和，字之誤也。 此云「慎而言也，人且和女； 慎而行也，人且隨女」，和與隨，相爲韵。 下文云「而有知見也，人且匿女； 而無知見也，人且意女； 女有知也，人且臧女； 女無知也，人且行女」，匿與意，臧與行，亦相爲韵也。 若作「人且知女」，則首句失其韵矣。

左右引王之説之曰，先告客以爲德。

樾謹按： 引當作以，曰當作日，皆字之誤也。 隸書以字，或作㕥，因誤爲引矣。 蓋因客説宣王，宣王説而大息，故左右以王之説之日，先告客以爲德也。

吾適勢與民相收。 若是，吾適不愛，而民因不爲我用也，故遂絶愛道也。（《外儲説右下》）

樾謹按： 道藏本作「吾釋勢與民相收」，當從之。 上文云「彼民所以爲我用者，非以吾愛之爲我用者也，以吾勢之爲我用者也」，是言君民之間，本是以勢相制，若釋勢而用愛，則吾適有不愛，民遂不爲我用矣，故不如絶愛道爲得也。 文義本甚分明，因釋、適聲近，又涉下句有適字，故乾道本誤爲「適勢」，顧氏謂「適勢」「適愛」相對，非是。

五苑之草著。

樾謹按：著字，衍文也。蓋涉下文「今發五苑之蔬草者」而於草下衍者字，又因草字及下蔬菜字皆從艸，遂又誤者爲著耳。舊注曰「謂草木著地而生也」，殊爲曲説。

造父方耨，得有子父乘車過者。

樾謹按：得當作見。因古得字作㝵，故得與見二字往往相混。《史記·趙世家》「逾年歷歲未得一城」，《趙策》得作見，《留侯世家》「果見穀城山下黄石」，《漢書》見作得，并其證也。趙本改得爲時，非是。顧氏疑得上有闕文，亦失之。

延陵卓子乘蒼龍挑文之乘。

樾謹按：挑當讀爲翟，下文「一曰延陵卓子乘蒼龍與翟文之乘」，注云「馬有翟之文」是也。挑從兆聲，與翟聲相近，故翟通作挑。《尚書·顧命篇》「王乃洮頮水」，鄭讀洮爲濯，《詩·大東篇》「佻佻公子」，《韓詩》佻作嬥，《爾雅·釋魚》「蜃小者珧」，衆家本珧作濯，并其例也。舊注不知挑即翟之假字，而訓爲「雕飾之」，誤矣。

矜僞不長，蓋虚不久。（《難一》）

樾謹按：矜字無義，乃務字之誤。言務爲詐僞不可以長也。《管子·小稱篇》作「務僞不久，蓋虚不長」，是其證。

是子言分謗也。

樾謹按：此當作「是郄子之言，非分謗也，益謗也」，今脱六字，則文義不明。下文云「故曰郄子之言，非分謗也，益謗也」，正與此應，可以據補。

且塞叔處干而干亡。（《難二》）

樾謹按：干即虞也。《莊子·刻意篇》曰「夫有干越之劍」，《釋文》引司馬云「干，吴也」，《荀子·勸學篇》曰「干、越、夷、貉之子」，楊倞注曰「干、越，猶言吴越」，《淮南子·原道篇》曰「干、越生葛絺」，高誘注亦曰「干，吴也」，是吴有干名。而虞與吴古同聲而通用。桓十年《左傳》正義曰「譜云：虞，姬姓也，武王克商，封虞仲之庶孫以爲虞仲之後，處中國爲西吴，後世謂之虞公」，然則虞之始封，本爲西吴，蓋以别於荆蠻之吴，因《春秋經》《傳》皆作虞，而西吴之名廢矣。《漢書·地理志》「河東郡大陽，吴山在西，上有吴城，周武王封太伯後於此，是爲虞公」，夫虞之故城謂之吴城，是虞即吴也。吴得稱干，則虞亦得稱干。蹇叔處干，即處虞也。顧云「未詳」，故具論之。

伊尹自以爲宰干湯，百里奚自以爲虜干穆公。

樾謹按：兩「以」字皆衍文；自，由也。言由爲宰以干湯，由爲虜以干穆公也。《難一》曰「故伊尹以中國爲亂，道爲宰干湯，百里奚以秦爲亂，道爲虜干穆公」，「道」亦由也，與此一律。

且夫物衆而智寡，寡不勝衆，智不足以遍知物，故則因物以治物。下衆而上寡，寡不勝衆者，言君不足以遍知臣也，故因人以知人。（《難三》）

樾謹按：「故則因物以治物」，「故則」二字無義。趙本删則字，當從之。惟此文有從舊注羼入者，《韓子》原文當云「且夫物衆而智寡，寡不勝衆，故因物以治物。下衆而上寡，寡不勝衆，故因人以知人」。舊注於上句「寡不勝衆」云「言智不足以遍知物也」，於下句「寡不勝衆」云「言君不足以遍知臣也」，傳寫誤入正文，而又有錯誤，遂參差而不可讀矣。

賢智未足以服衆而勢位足以缶賢者也。（《難勢》）

樾謹按：缶乃詘字之誤，詘字闕壞而爲出字，又因誤爲缶也。上文云「賢人而詘於不肖者，則權輕位卑也」，此即「勢位足以詘賢者」之説。趙用賢本作「任賢者」，乃不得其字而臆改，不可從也。

夫勢者，非能必使賢者用己，而不肖者不用己也。

樾謹按：兩「已」字，皆當作人己之己，即以勢而言。勢者人人得而用之，不能使賢者用我而不肖者不用我也。顧云「已字當有誤，未詳」，由不達古人語意耳。

若吾所言，謂人之所得勢也而已矣。

樾謹按：勢，當作設。上文云「此自然之勢也。非人之所得設也」，故此曰「若吾所言，謂人之所得設也而已矣」。設，誤作勢，文不可通，顧氏因疑有缺文，非是。

先王有幸臣之意，然有大傷臣之實。（《問田》）

樾謹按：「先王」當作「先生」，即謂堂谿公也。堂谿公諷韓子舍全遂之道，而肆危殆之行，故曰「先生有幸臣之意」。幸臣，猶愛臣也。《吕氏春秋·至忠篇》「王必幸臣與臣之母」是也。韓子自謂不忍嚮貪鄙之爲，不敢傷仁智之行，若從堂谿公之言，則仁智之行傷矣，故曰「然有大傷臣之實」。此有字，當讀爲又。

晉伯陽、秦顛頡、衛僑如。（《説疑》）

樾謹按：「伯陽」乃舜七友之一，晉字衍文，顧氏《識誤》已及之矣。惟顛頡，晉人，而係之秦，僑如，魯人，而係之衛，爲不可曉。且其人亦非如下文所云「伏死窟穴」者也。據下文云「若夫齊田桓〔二〕、宋子罕、魯季孫意如、晉僑如、衛子南勁、鄭太宰欣、楚白公、周單荼、燕子之，此九人者之爲其臣也，皆朋黨比周以事其君」云云，疑魯季孫意如、晉僑如，當作晉顛頡、魯僑如，而傳寫誤入上文，又誤移晉字於伯陽之上，遂妄竄入秦字耳。

此六人，臣之弑其君者也。

樾謹按：上文自「田成子」以下凡八人，不得言六，六疑亦字之誤，承上文「舜偪堯、禹偪舜、湯放桀、武王伐紂」而言，故云亦也。

若夫轉身法易位，全衆傳國，最其病也。

樾謹按：法字衍文，傳當爲傳。上所謂破國殺身者，以國君死社稷而言也，故曰尚皆賢主也。此所謂「轉身易位、全衆傳國」者，則晉静公、齊康公之類是矣，以其不能死而反見屈於臣，

〔二〕 田桓，《韓非子》作「田恒」，當從正。

故曰「最其病也」。趙本改傅爲傳，正得其字，惟不知法字之衍而删去身字，失之矣。

名之所以成，城池之所以廣者。（《詭使》）

樾謹按：顧云「池當作地」，是也，惟「城地」連文，近於不辭。城，疑衍文，「名之所以成」，「地之所以廣」，兩文相對，不當有城字，蓋即成字之誤而衍者。

狐蟲爲順辭於前者。

樾謹按：蟲乃蠱字之誤。《春秋》「蟲牢」，《春秋繁露·竹林篇》作「蠱牢」，即其例矣。「狐蠱」二字連文，見僖十五年《左傳》。

而士卒之逃事狀匿，附托有威之門，以避傜賦。

樾謹按：狀匿，即藏匿也。狀與壯通，《考工記·㮚氏》「凡鑄金之狀」，故書狀作壯，是也。壯與莊通，《漢書·古今人表》「柳壯」，《檀弓》作「柳莊」是也。而藏字《説文》所無，古書多以臧爲之。臧、莊聲近，狀通作壯，壯又通作莊，則亦可通作臧矣。〔一〕

〔一〕狀匿，當作「伏匿」，古書常見，王其和據陳奇猷《韓非子集釋》引王先謙説考證之，并認爲「俞氏輾轉通假，甚爲迂曲，非是」（第二二八頁）。

是故決賢不肖、愚知之美。（《六反》）

樾謹按：美乃筴字之誤。上文云「嚴愛之筴亦可決矣」，此云「決賢不肖、愚知之筴」，其文義正相似，作美者，形近而誤耳。趙本改美爲分，未得其字。

明君之法揆也，治賊非治所揆也，所揆也者，是治死人也。

樾謹按：此當作「明主之法也，揆賊，非治所揆也，治所揆也者，是治死人也」，方與下文「刑盜，非治所刑也，治所刑也者，是治胥靡也」文法一律。「揆賊」之揆，誤移在上句，因移下句治字以補之，義不可通矣。道藏本、趙本，但於「所揆也者」上加一治字，猶未盡得也。又按「揆」字，未詳何義，據與刑、盜對文，疑字當作殺，古字或以蔡爲之，《尚書·禹貢》「二百里蔡」，鄭注曰「蔡之言殺」，是蔡、殺聲近義通。《説文·米部》臣鍇引《左傳》「粲蔡叔」，今作「蔡蔡叔」，亦其例也。蔡誤作葵，傳寫者又以意改爲揆耳。

慈母之於弱子也，愛不可爲前。（《八説》）

樾謹按：「愛不可爲前」，猶言無前於此者，正見其愛之至也。舊注曰「不可先以愛養之」，非是。

醫曰詭。（《八經》）

樾謹按：醫字無義。趙本作繄，亦非也。醫，當作翳。翳者，蔽也。下文「易功而賞，見罪而罰，而詭乃止矣」，「易」乃「見」字之誤，説本顧氏《識誤》。「見功」「見罪」是不翳也，不翳而詭乃止，可證「翳曰詭」之義。

即邇以知其內，疏置以知其外。

樾謹按：「疏置」，當作「置疏」，疏與邇對，今作「疏置」，則不對矣。下文曰「倒言以嘗所疑，論反以得陰奸」，「論反」當作「反論」，「反論」與「倒言」相對，并傳寫誤也。

事大未必有實，舉則圖而委，效璽而請兵矣。（《五蠹》）

樾謹按：「舉則」二字誤倒，道藏本作「則舉」，當從之。《韓子》原文本作「事大必有實，則舉圖而委，效璽而請矣」，未字、兵字，皆衍文也。言事大必有事大之實，非空言事大而已。舉圖而委，效璽而請，皆其實也。所謂「舉圖而委」者，謂舉地圖而委之大國，故下文曰「獻圖則地削」也。所謂「效璽而請」者，謂收百官之璽，效之大國，而請大國發之也，故下文曰「效璽則名卑」也。《外儲説右》云「王因收吏璽自三百石以上，皆效之子之，子之大重」。此雖非以小事大，然效璽之事則同。效璽初非請兵，淺人不得其解，於請下增入兵字，殊失本指。而趙用賢本乃於上句委字之下增地字以配之，謬矣。下文曰「救小未必有實，則起兵而敵大矣」，未字，亦衍文，謂救小必有救小之實，起兵敵大，是其實也。與此文正相對，因涉下文「救小未必能存」句而衍未字，遂於「事大必有實」句亦增未字。淺人不詳文義，率意增益，往往如此。

故事私門而完解舍，解舍完則遠戰，遠戰則安。行貨賂而襲當塗者則求得，求得則私，安私安則利之所在，安得勿就。

樾謹按：「解舍完」三字，衍文也。「事私門而完解舍則遠戰」與「行貨賂而襲當塗者則求得」，兩文相對，不當衍此三字也。「求得則私」，私乃利字之誤。「遠戰則安」，「求得則利」，與上文「窮危」相對，安對危，言利對窮言也。「安私安則利之所在」，當作「安利之所在」，上云「窮危之所在也，民安得勿避」，此云「安利之所在，安得勿就」，兩文亦相對。

其患御者積於私門。

樾謹按：患讀爲串，《詩・皇矣篇》「串夷載路」，毛傳「串，習也」，《釋文》曰「串，本作患」，是其證也。「串御」，蓋謂近習進御者。趙本竟改作「近御」，失其字矣。

今夫與人相善也，無豐年旁入之利而獨以完給者，非力則儉也。與人相善也，無饑饉疾疢禍罪之殃獨以貧窮者，非侈則墮也。（《顯學》）

樾謹按：兩「善」字，皆「若」字之誤。「與人相若也」，猶曰鈞是人也。俗書若字作若，善字作善，兩形相似而誤。

不道仁義者故，不聽學者之言。

樾謹按：者當作諸，古字通用，《禮記・效特牲》曰「或諸遠人乎」，《儀禮・士虞禮》注引作「或者遠人乎」，是其證也。《廣雅・釋言》「諸，之也」，「不道仁義諸故」，即不道仁義之故，與「不聽學者之言」，兩句相對。諸、之互用，古書多有，《禮記・少儀篇》「申之面，拖諸辟」，《孟子・滕文公篇》「注諸海」「注之江」，皆是也。《大戴記・將軍文子篇》「道者孝弟，説之以義，而觀諸體」，者與諸，并猶之也。然則此文「者」字，亦自可通，并不必破爲諸矣。顧氏以者字爲衍，而以故字屬下讀，則失其義。

諸子平議卷二十二

吕氏春秋一

乘鸞輅。（《孟春紀》）

樾謹按：鸞，本作鑾，今作鸞者，後人依《月令》改之也。《吕氏》原文本作「乘鑾輅」，高誘注文本作「鸞鳥在衡，和在軾，鳴相應和。後世不能復致，鑄銅爲之，飾以金，謂之鑾輅也」。蓋高意鑄銅象鸞鳥形，故其字從金，從鸞省。若正文作鸞，則不必有鑄銅飾金之説矣。明劉如寵本正作「乘鑾輅」，是其所據本不誤，惟因正文是鑾字，疑注文不當以鸞鳥爲説，遂改注文「鸞鳥在衡」作「鑾在鑣」，則又失「注」意矣，不可從也。

還，乃賞卿諸侯大夫於朝。

樾謹按：高注曰「三公至尊，坐而論道，不嫌不賞，故但言卿諸侯大夫者也」。據此則卿上無公字，畢氏沅曰「舊本卿上衍公字，乃後人據《月令》增入，而不知其與注不合」，其説是也。然《吕氏》原文實有公字，其上文云「天子親率三公九卿諸侯大夫以迎春於東郊」，下文云「率三公九卿諸侯大夫躬耕帝籍田」，又云「反，執爵於大寢，三公九卿諸侯大夫皆御」，并以三公、九卿對言，則此文亦必當有公字矣。若謂「三公至尊，不嫌不賞」，則執爵大寢，三公至尊，亦何嫌不預，而必及之乎？然則《吕氏》原文當與《月令》同，今奪公字者，涉下文「卿諸侯大夫九推」而誤。高氏所據本已無公字，正高氏序所謂「既有脱誤」者也，不加是正，而曲爲之説，疏矣。

夫水之性清，土者抇之，故不得清。（《本生》）

樾謹按：高注曰「抇，讀曰骨。骨，濁也」，此注必有錯誤。下文曰「人之性壽，物者抇之，故不得壽」，注曰「抇，亂也」。抇字既見於前，不應又注於後，疑此文「物者抇之」，本作「物者滑之」，高注「抇，讀曰骨」，本作「滑，讀曰骨」。《淮南·原道篇》「混混滑滑」，高注曰「滑，讀曰骨也」，即其例矣。「骨，濁也」，當作「滑，濁也」。滑滑與混混同，故有濁義。

物也者，所以養性也，非所以性養也。

樾謹按：下句當作「非以性養也」，涉上句而衍所字，則義不可通。注文有所字，亦誤衍也。

三者國有一焉，無幸必亡。

樾謹按：「無幸必亡」，乃到句也，言其國必亡，無可幸免也。高注未得其義。

一曙失之，終身不復得。（《重己》）

樾謹按：高注曰「曙，明日也」，然一明日失之，文義未安。《說文》無曙字，《日部》「睹，旦明也」。《文選・魏都賦》注引作曙，蓋曙即睹之俗體耳。「一曙失之」者，一旦失之也。旦明謂之曙，故旦即謂之曙矣。

夫弗知慎者，是死生存亡可不可，未始有别也。

樾謹按：此當作「是死生存亡可不，未始有别也」。可不，即可否也。死生、存亡、可不，皆兩字相對，後人不知「不」爲「否」之假字，故又加可字耳。《序意篇》曰「若此，則是非可不可無

所遁矣」，亦當作「是非可不」，其誤正與此同。〔一〕

壽長至，常亦然。

樾謹按：常乃當字之誤。〔二〕「壽長至」三字連讀，下文高注曰「推行仁義，壽長自至」。

大庖不豆。（《貴公》）

樾謹按：高注曰「但調和五味，使神人享之而已，不復自列簠簋籩豆也」。若然，則「不簠」「不簋」「不籩」無不可言，何獨言「不豆」乎？豆，當讀爲剅。《廣雅·釋詁》曰「剅，裂也」，《玉篇》曰「小裂也」。「大庖不剅」，言大庖但調和五味，不親爲宰割之事，與上句「大匠不斫」一律。古無剅字，故假豆爲之，亦或假用脰字，《後漢書·馬融傳》「脰完羝」，王氏念孫讀脰爲剅，是也。

〔一〕俞氏衍字之説，王其和認爲「非是」，《吕氏春秋》多見「可不可」，「可」與「不可」相對，俞氏强同一律而誤校（第一三九頁）。

〔二〕劉如瑛《諸子箋校商補》認爲「實則不誤。常、當二字音近義通」（第二五二頁）。

上丁，命樂正入舞。（《仲春紀》）

樾謹按：《孟春》已有「命樂正入學習舞」之文，故《月令》於仲春止言「命樂正習舞」，不言「入學」，從省也。此不云「習舞」，而云「入舞」，文義不足。疑《吕氏》原文本作「入學習舞」，傳寫奪「學習」二字耳。下云「中丁，又命樂正入學習樂」，又字，承此而言，是則「入學」二字固不可省也。

耳雖欲聲，目雖欲色，鼻雖欲芬香，口雖欲滋味，害於生則止，在四官者不欲，利於生者則弗爲。（《貴生》）

樾謹按：高氏讀「不欲利於生者則弗爲」九字爲句，而釋之曰「則不治此四官之欲」，此注非也。「不欲」字當屬上讀，弗字疑衍文，當曰「在四官者不欲，句。利於生者則爲句。」，言四官者雖不欲，而利於生則爲之。與上文「耳目鼻口雖欲之，而害於生則止」，正相對成誼，故其下曰「耳目鼻口不得擅行，必有所制」。若如高注「謂不治四官之欲」，則四官得以擅行，大失《吕氏》本意矣。當由誤衍弗字，故失其讀，并失其誼耳。《本生篇》曰「是故聖人之於聲色滋味也，利於性則取之，害於性則舍之」，義與此同。「害於性則舍之」，即此所謂「害於生則止」也；「利於性則取之」，即此所謂「利於生則爲也」。《廣雅・釋詁》曰「取，爲也」，然則取與爲，字異而義同矣。

顔闔守閭，鹿布之衣而自飯牛。

樾謹按：鹿字乃麤字之誤。《莊子・讓王篇》作「顔闔守陋閭，苴布之衣而自飯牛」，《釋文》曰「苴，音麤，本或作麤」。

故使莊王功迹著乎竹帛，傳乎後世。（《情欲》）

樾謹按：此下竟無一語，則文義未足，疑上文「功雖成乎外」至「豈不悲哉」五十三字當在此下，傳寫者誤移置於前耳，今訂正如左：

世人之事君者，皆以孫叔敖之遇荆莊王爲幸，自有道論之則不然，此荆國之幸。荆莊王好周游田獵，馳騁弋射，歡樂無遺，盡傳其境内之勞與諸侯之憂於孫叔敖，孫叔敖日夜不息，不得以便生爲故，故使莊王功迹著乎竹帛，傳乎後世。功雖成乎外，而生虧乎内。耳不可以聽，目不可以視，口不可以食，胸中大擾，妄言想見，臨死之上，顛倒驚懼，不知所爲。用心如此，豈不悲哉！

中行寅染於黄藉秦、高彊。（《當染》）

樾謹按：黄字衍文，蓋即寅字之誤而衍者，《墨子・所染篇》無黄字。

不知要故也，不知要故則所染不當。

樾謹按：下句故字涉上句而衍，當云「不知要則所染不當」。《墨子・所染篇》作「不知要者，所染不當也」，無故字。

帝王亦然。

樾謹按：上文舜禹湯武皆帝王也。帝王之事，已見上文，何以又出此四字？下文所言孔子、墨子，皆非帝王，與此不相應。且既言「帝王亦然」，而下即繼之曰「非獨國有染也」，兩句亦不相屬，義殊可疑。據《墨子・所染篇》云「非獨國有染也，士亦有染」，疑此帝字爲衍文，王乃士字之誤。《吕氏》原文本云「士亦然，非獨國有染也」。蓋即用《墨子》之意而倒其文耳。下文言孔子、墨子事而總之曰「此二士者，無爵位以顯人，無賞禄以利人，舉天下之顯榮者必稱此二士也」。士字正與此應。因士誤爲王，後人遂臆加帝字耳。

缶醯黄蚋聚之有酸。（《功名》）

樾謹按：此當作「缶醯黄有酸，蚋聚之」，有讀爲又。言黄而又酸，故蚋聚之也。高注曰「黄，美也。黄故能致酸，酸故能致蚋」。可知「有酸」二字本在「蚋聚」之上矣，當據以訂正。

行不异，亂雖信今，民猶無走。

樾謹按：高注曰「行不异亂，雖欲信利民，無有歸走也」，然正文本無利字，且既行不异亂矣，又何信利民之有？高注非也。信，疑倍字之誤。上云「今之世至寒矣，至熱矣，而民無走者，取則行鈞也」，此云「行不异，亂雖倍今，民猶無走」，言雖寒熱加倍於今之世，民猶無可走也。倍、信形似而誤，《知士篇》「視若是者倍反」，《戰國策》作「若是者信反」，即其例。

及其天年。（《先己》）

樾謹按：及字無義。《吕氏》原文當作「終其天年」。終，古文止作夂，故誤爲及耳。孫氏星衍云《御覽》作反，則又及之誤字。〔一〕

督聽則奸塞不皇。

樾謹按：皇讀爲惶，謂奸邪閉塞不至惶惑也。《蜀志・吕凱傳》曰「遠人惶惑」，是惶與惑同義。字亦作遑，《後漢・光武紀》曰「遑惑不知所之」，遑與皇古通用，故此又作皇也。高注曰

〔一〕 及，王其和據《説文》等文獻認爲，當訓爲「至」，原文不誤，俞説非是（第九五頁）。

「奸軌塞斷於不皇。皇，暇也」，殊不成義。

三王先教而後殺，故事莫功焉。

樾謹按：高注曰「成王事之功，無過於三王」，此未得功字之義。《國語・齊語》「辨其功苦」，韋注曰「功，牢也」；《管子・小匡篇》「辨其功苦」，尹注曰「功，謂堅美」；《荀子・王制篇》「辨功苦」，楊注曰「功，謂器之精好者」。是古以堅美精好者爲功。本書《誣徒篇》曰「從師苦而欲學之功也」，亦以功、苦對文，此功字義與彼同。「事莫功焉」，猶曰事莫善焉，正與上下文「德莫盛焉」「兵莫强焉」同義。《御覽》引作「功莫大焉」，後人不知古義而妄改耳。

事心乎自然之塗。（《論人》）

樾謹按：高注曰「事，治也」，於義未得。《禮記・郊特牲篇》「信事人也」，鄭注曰「事猶立也」，《釋名・釋言語》曰「事，傳也。傳，立也，青徐人言立曰傳」，然則「事心乎自然之塗」，猶曰立心乎自然之塗也。

哀之以驗其人。

樾謹按：人，當讀爲仁。言哀之以驗其仁愛之心也。高氏不知人爲仁之假字，乃曰「人人可哀，不忍之也」，斯曲説矣。

黄帝曰：「帝無常處也，有處者乃無處也。」以言不刑蹇，圜道也。（《圜道》）

樾謹按：「刑蹇」二字連文，「刑蹇」與「形倨」同。《莊子·山木篇》曰「君無形倨」，注曰「形倨，躓礙之謂」，然則「不刑蹇」者，不躓礙也。蓋引黄帝之言而釋之曰「帝無常處者，以言不躓礙也，是圜道也」。《應同篇》引《商箴》而釋之曰「以言禍福，人或召之也」，《慎大篇》引《周書》而釋之曰「以言慎事也」，文法并與此同，高注非是。

堯、舜賢主也，皆以賢者爲後，不肯與其子孫，猶若立官必使之方。

樾謹按：高注曰「以賢者爲後，謂禪位也」。堯傳舜，舜傳禹，故曰『不肯與其子孫』也。方，正，不私邪之謂也」。如高氏意，則謂堯舜傳賢而不傳子，猶立官之不私邪耳，大失《吕氏》之旨矣。本篇名曰《圜道》，其大旨以爲主執圜而臣處方，故上文曰「先王之立高官也必使之方」。此文「立官必使之方」，即承上文而言。「猶若」者，猶然也。《誣徒篇》曰「雖不肖者猶若勸之」，《蕩兵篇》曰「中主猶若不能有其民」，凡言「猶若」，并與「猶然」同義。此言堯舜不以天下傳之子孫，而其立官也猶然必使之方。下文曰「今世之人主皆欲世勿失矣，而與其子孫，立官不能使之方，以私欲亂之也，何哉？其所欲者之遠，而所知者之近也」，此正見其與堯舜相反。堯舜不爲子孫計，而立官猶必使方，今世人主無不爲子孫計，而立官反不使方，故爲所欲遠而所知近也。又按：高氏訓方爲正，亦未合。方與圜對，下文曰「百官各處其職，治其事」，所謂方也。「正」字之義未足以盡之。

其性禮，其事視。（《孟夏紀》）

樾謹按：畢氏沅曰「《月令》無此二句，此書前後亦無此例，當爲衍文」。然既前後皆無此文，何由而衍？蓋五行分配五常五事，自古有此説。竊疑《吕氏》原文每紀皆有之，後人據《月令》删去，而《孟夏紀》尚存此二語，則删之未盡者耳。正可藉以考見《吕氏》之舊，未可反以爲衍也。

不疾學而能爲魁士名人者，未之嘗有也。（《勸學》）

樾謹按：高注曰「魁大之士，名德之人」，其説「名」字之義未得。名，亦大也。《禮記·禮器篇》「因名山升中於天」，鄭注曰「名，猶大也」，《國語·魯語》「取名魚」，韋注曰「名魚，大魚也」。然則「名人」，猶大人也，正與「魁士」一律。《安死篇》曰「又視名丘大墓葬之厚者」，此言「魁士名人」，猶彼言「名丘大墓」矣。高氏注《戰國策·秦策》「賂之一名都」，曰「名，大也」。然則名之爲大，高氏固有此訓矣，乃此注以爲名德之人，殊失其誼。

愎過自用，不可證移。（《誣徒》）

樾謹按：高注訓證爲諫，則其字當作証。《説文・言部》「証，諫也」，《戰國策・齊策》「士尉以証靖郭君」，高注曰「証，諫也」。本書《知士篇》亦誤作證，是其例矣。畢氏校本於《知士篇》已改作証，而此文猶未訂正，偶未照耳。

見權親勢及有富厚者。

樾謹按：親字，衍文也。高注曰「見權勢及富厚者」，可知正文本無親字，當據以訂正。

人之情，惡异於己者，此師徒相與造怨尤也。

樾謹按：兩句傳寫互易。「此師徒相與造怨尤也」，與上文「此師徒相與异心也」文義相屬。「人之情，惡异於己者」，與下文「人之情，不能親其所怨，不能譽其所惡」文義相屬，當乙正。

故不能學者，遇師則不中。

樾謹按：中，讀爲忠，古字中、忠通用。《漢張遷碑》「中謇於朝」，《魏横海將軍吕君碑》「君以中勇」，并假中爲忠，是其證也。「遇師則不中」，言其事師不以忠誠也。高注以「不中」爲「不正」，非是。

嗜欲不辟，樂乃可務。（《大樂》）

樾謹按：辟，讀爲僻，謂不邪僻也。高訓爲開，非是。

大樂，君臣父子長少之所歡欣而説也。

樾謹按：大，疑夫字之誤。

先聖擇兩法一。

樾謹按：高注曰「擇，棄也。法，用也」，則擇乃釋字之誤。《長見篇》「視釋天下若釋躧」，注亦訓釋爲棄，是其證。

世之人主，多以珠玉戈劍爲寶，愈多而民愈怨，國人愈危，身愈危累。（《侈樂》）〔一〕

樾謹按：「國人愈危」句衍人字，「身愈危累」句衍危字。「民愈怨」，「國愈危」，「身愈累」，皆三字句，下文曰「故樂愈侈，而民愈鬱，國愈亂，主愈卑」，亦皆三字句，是其例也。今誤衍人

〔一〕按，此句下原無篇名《侈樂》，據《呂氏春秋》補。

字、危字，則不特句法參差，且國人即民也，既言民又言國人，於義複矣。

失樂之情，其樂不樂。

樾謹按：高注曰「非正樂，故曰不樂也」，此注未得古義，古無一字兩讀之説，禮樂之樂，哀樂之樂，其讀同耳。「其樂不樂」者，言其所爲音樂不足喜樂也。上文曰「以此爲樂則不樂」，又曰「凡古聖王之所爲貴樂者，爲其樂也」，上樂字并禮樂字，下樂字并哀樂字，高氏以「非正樂」釋「不樂」，非其旨矣。

制乎嗜欲，制乎嗜欲無窮，則必失其天矣。

樾謹按：下「制乎」二字衍文也。「嗜欲無窮」四字爲句，涉上句而衍「制乎」二字，則文不成義。

勝理以治身則生全，以生全則壽長矣。（《適音》）

樾謹按：下「以」字衍文。「勝理以治身則生全，生全則壽長矣」，若作「以生全」，則文不成義。下文「勝理以治國則法立，法立則天下服矣」，「法立」上無「以」字，是其證。

太小則志嫌，以嫌聽小，則耳不充。

樾謹按：高注曰「嫌聽，譬自嫌之嫌」，此注必有誤。高注原文當作「嫌，讀如自謙之謙」。《禮記・大學篇》「此之謂自謙」，鄭注曰「謙，讀爲慊」。高意此嫌字與「自謙」之謙同，亦當讀爲慊，故云然也。《孟子・公孫丑篇》「吾何慊乎哉」，趙注曰「慊，少也」，《大學篇》正義曰「慊，不滿之貌」，「太小則志慊」於義正合。

以危聽清，則耳谿極。

樾謹按：高注曰「谿，虛；極，病也」，殊不成義。谿疑谻字之誤，其左旁谷字，與谿字左旁谷字相似，因而致誤也。《文選・上林賦》曰「與其窮極倦谻」，郭注曰「窮極倦谻，疲憊者也」，是谻、極義同，并有病義。

乃之阮隃之陰。（《古樂》）

樾謹按：「阮隃」本作「阮崙」。阮，讀若昆，《説文繫傳・自部》「阮，代郡五阮關也，從自元聲，讀若昆」，是其證也。阮字讀與昆同，故即可借爲昆。崙者，侖之借字，「阮崙」即崑崙也。因崙誤作隃，而讀者又不知阮與昆古音相近，故莫得其旨。

有倕作爲鼙鼓鐘磬吹苓管壎篪鞀椎鍾。

樾謹按：吹字，衍文也。下文云「或鼓鼙，擊鐘磬，吹苓，展管篪」，即承此文而言。此言「鼙鼓」，不言「鼓鼙鼓」，言「鐘磬」，不言「擊鐘磬」，則苓上不得有吹字明矣，蓋即涉下文而衍。

周文王處岐，諸侯去殷三淫而翼文王。

樾謹按：高氏解「三淫」爲「剖比干之心，斲材士之股，刳孕婦之胎」。《先識覽》「殺三不辜」注同。然竊謂「殺三不辜」或如高氏之説，若此云「三淫」，恐注義尚有未安。且如注義，則「三淫」即「殺三不辜」，使易其文曰「諸侯去殷，殺三不辜而翼文王」，其可通乎？「三淫」之文，殆必有誤。《吕氏》原文疑當作「諸侯去殷王受而翼文王」，王與三，形似易誤，受誤作爭，因又誤爲淫耳。

土潤溽暑。（《季夏紀》）

樾謹按：暑字，衍文也。高注曰「夏至後三十日大暑節，火王也。潤溽而溽重，又有時雨」，然則「潤溽」下無暑字明矣。後人因注有大暑字，遂於正文羼入暑字，并《禮記・月令》而亦誤矣。《月令》鄭注曰「潤溽，謂塗濕也」，是古本《禮記》無暑字。

以將陽氣。（《音律》）

樾謹按：《詩・樛木篇》「福履將之」，箋云「將，扶助也」。以將陽氣者，以扶助陽氣也。《説文・手部》「牂，扶也」，將與牂通。

無留獄訟，以亟以故。

樾謹按：高注曰「亟，疾。故，事」。然「以疾以事」，義不可通。下「以」字乃「爲」字之誤。「無留獄訟，以亟爲故」，猶上文曰「無敢懈怠，以多爲務」也，兩文正一律。

候人兮猗。（《音初》）

樾謹按：《文選・吴都賦》注引此文無兮字，是也。猗即兮字，不當并用。

涉漢，梁敗。

樾謹按：《左傳》正義云「舊説皆言漢濱之人，以膠膠船，故得水而壞」，此言「梁敗」者，天子造舟爲梁，舟敗即梁敗也。畢校疑其互异，非是。

四面不出周郊。（《制樂》）

樾謹按：上文曰「東西南北不出國郊」，則此「周郊」亦「國郊」之誤。《韓詩外傳》正作「四面不出國郊」。

舍行七星，星一徙當七年。

樾謹按：下星字衍文也。「舍行七星」，故「一徙當七年」，其中間不應有星字。

寒暑則不當。（《明理》）

樾謹按：「寒暑」上當有其字，方與上三句一律。

人民淫爍不固。

樾謹按：下文云「禽獸胎消不殖，草木庳小不滋，五穀萎敗不成」，則此句是言男女不能生育。《季夏紀》「禾稼不育〔一〕，乃多女灾」是也。高注曰「不固，不執正道」，失之。

有若山之楫。

樾謹按：高注曰「楫，林木也」，然楫之爲林木，古訓無徵。楫，疑欇字之誤。《説文·木部》「欇，木葉摇白也」，徐鍇曰「謂木遇風而翻見葉背，背多白，故曰摇白也」。氣之形狀若風之

〔一〕不育，《吕氏春秋》原文爲「不熟」，可從改。

翻動木葉，故曰「有若山之櫑」。上文云「有若水之波」，亦以水之播動者爲喻，義正一律。

有鬼投其陴。

樾謹按：高注曰「陴，脚也，音楊子『愛骭一毛』之骭」。然陴不訓脚，亦不音骭，音訓均有可疑。以下文「有螟集其國」例之，則陴字仍當從「城上女墻」之本義。《説文·𨸏部》「陴，城上女墻俾倪也」。「投其陴」「集其國」，文正一律。高讀殆非。

攻伐之與救守一實也。（《振亂》）

樾謹按：高注曰「攻伐欲陷人，救守欲完人，其實一也」。然「其實一也」謂之「一實」，義似未安。「一實」，當作「一貫」。《知化篇》曰「雖知之與勿知一貫也」，《過理篇》曰「亡國之主一貫」，是《吕氏》書多用「一貫」字。此文實字，當亦貫字之誤耳。

自今單脣乾肺。（《禁塞》）

樾謹按：「自今」乃「自令」之誤，畢校已及之矣。單字，高注訓盡，然脣無可盡之理，殆非也。單當讀爲燀，省不從火耳。《後漢·泗水王歙傳》注「燀，灼也」，然則「燀脣」者，灼脣也，與乾字同義。《順民篇》「焦脣乾肺」，此言燀，猶彼言焦。

今不别其義與不義，而疾取救守，不義莫大焉。

樾謹按：「疾取救守」，義不可通。疑疾下奪「攻伐」二字，當云「今不别其義與不義，而疾攻伐取救守，不義莫大焉」。下文屢以「攻伐」「救守」對言，此可爲證。「疾攻伐」者，言深惡此攻伐之事也。《安死篇》曰「今多不先定其是非，而先疾鬥争，此惑之大者也」，「疾攻伐」與「疾鬥争」同誼。《吕氏》之意，主乎攻伐而不取救守，故以疾攻伐、取救守爲不義。《振亂篇》曰「今之世，學者多非乎攻伐，非攻伐而取救守，取救守則鄉之所謂長有道而息無道、賞有義而罰不義之術不行矣」，文義與此相似。此云「疾攻伐、取救守」，猶彼云「非攻伐而取救守也」。下文云「故大亂天下者，在於不論其義而疾取救守」，誤與此同。高注訓疾爲争，其義迂曲矣。

故取攻伐者不可非。

樾謹按：「取」「者」二字衍文也。此文本云「故攻伐不可非，攻伐不可取；救守不可非，救守不可取」，言攻伐與救守，皆有是有非也。弟一句衍取字、者字，則與下三句不一律，而義亦不可通矣。

救守不可取。

樾謹按：高注曰「於義當守當救，不可取而有之也」。此注蓋有奪誤。當云「於義不當守不當救，不可取而有之也」。上文「攻伐不可取」，注曰「於義不可攻不可伐，故不可取」，是其例矣。惟高氏解取字爲「取而有之」，殊失其恉。「不可取」與「不可非」對文，乃孔子「奚取焉」之取，非謂取而有之也。畢氏沅校本不解前後文誼，又不知高注之奪誤，反疑此五字爲衍文，故具論之。

若令桀、紂知必國亡身死，殄無後類，吾未知其厲爲無道之至於此也。吴王夫差、智伯瑶知必國爲丘墟，身爲刑戮，吾未知其爲不善無道侵奪之至於此也。晋厲知必死於匠麗氏，陳靈知必死於夏徵舒，宋康知必死於温，吾未知其爲不善之至於此也。

樾謹按：此文凡言「吾未知」者三，惟末句不誤，第一句、第二句皆有衍字。蓋此文皆承上文而言，上文曰「使夏桀、殷紂無道至於此者幸也」，「使吴夫差、智伯瑶侵奪至於此者幸也」，「使晋厲、陳靈、宋康不善至於此者幸也」，據此則第一句當云「吾未知其爲無道之至於此也」，第二句當云「吾未知其爲侵奪之至於此也」。今第一句衍厲字，第二句衍「不善無道」四字，則與上文不相應矣。

古之至兵，民之重令也。（《論威》）

樾謹按：古，乃謂字之誤，涉下文「故古之至兵」句而誤也。「謂之至兵」四字爲句，乃結上之詞，當連上文讀之，曰「凡軍欲其衆也，心欲其一也，三軍一心則令可使無敵矣。令能無敵者，其兵之於天下也亦無敵矣，謂之至兵」。高氏本於此下出注曰「至兵，至德君之兵也。令無不化，故謂之至兵也」。今誤移注文於「民之重令也」下，乃改注文「至兵」爲「至重」，而文義俱乖矣。「民之重令也」，本與下文「重乎天下，貴乎天子」一氣相屬，今誤斷之，則文不成義，非高氏之舊，當訂正。

晉文公造五兩之士五乘。（《簡選》）

樾謹按：高注曰「兩，技也」，以技訓兩，未知所出。疑《吕氏》原文作「五能之士」，古能字或假「而」爲之。《不屈篇》曰「施而治農夫者也」，注曰「而，能也」，是本書假「而」爲「能」之證。而、兩形似，因誤爲兩矣。

能審因而加勝，則不可窮矣。（《决勝》）

樾謹按：此本作「能審因而加，則勝不可窮矣」，下云「勝不可窮之謂神」，即承此言。今

「則」「勝」二字傳寫誤倒。

趙簡子有兩白騾而甚愛之。陽城胥渠處廣門之官，夜款門而謁曰：「主君之臣胥渠有疾，醫教之曰『得白騾之肝病則止，不得則死。』」（《愛士》）

樾謹按：高注曰「陽城，姓。胥渠，名。處，猶病也。廣門，邑名也。官，小臣也」。此注殊誤。當以「陽城胥渠處廣門之官」爲句。官、館古同字。《周易・隨》「初九。官有渝」，蜀才本官作館，是其證也。「陽城胥渠處廣門之官」者，言陽城胥渠居於廣門之館也。「夜款門而謁」者，即陽城胥渠。其曰「主君之臣胥渠有疾」，乃胥渠自通於謁者之詞，非他人代爲之請也，故董安于曰「嘻！胥渠也，期吾君騾，請即刑也〔一〕」。若他人代請，則不得以此爲胥渠罪矣。高氏不知官爲古館字，而讀處字絶句，訓處爲病，古無此義；又以款門者爲廣門之小臣，益非當時事實。

天子乃厲服厲飭。（《季秋紀》）

樾謹按：「厲飭」本作「廣飭」，高注曰「是月天子尚武，乃服猛厲其所佩之飾以射禽也」，「猛厲」下脱「之服廣」三字，本作「乃服猛厲之服，廣其所佩之飾以射禽也」。《淮南子・時則

〔一〕 也，《吕氏春秋》原文作「焉」。

篇》「天子乃厲服廣飾」，高注曰「天子尚武，乃服猛厲之服，廣其所佩之飾以取禽」，是其明證也。廣字涉上文而誤作厲，而注文又有脱字，遂不可復正矣。

於是翦其髮，𨟴其手。（《順民》）

樾謹按：𨟴，未詳何字。畢校云：「李善注《文選・應休璉〈與廣川長書〉》引此亦作𨟴，音𨟴，似當從磿得聲。善又注劉孝標《辨命論》引此作磨，恐是磿字之誤。」今按，畢説是也。《呂氏》原文本作磿，後人音磿爲𨟴，遂并正文磿字亦誤加阝旁，而磿又誤作磨，於是其字益非矣。磿者櫪之假字。《説文・木部》「櫪，櫪㯩，椑[一]指也」，《韵會》引《繫傳》曰「謂以木柙十指而縛之也」。亦通作歷。《莊子・天地篇》「罪人交臂歷指」，是也。此云「磿其手」，於義正合。至《精通篇》「刃若新𨟴研」，高注曰「𨟴，砥也」，其字宜是磨字之誤，與此文全別，手豈可言砥乎？畢氏混而一之，非是。[二]

[一] 椑，《説文》多本同，陣昌治刻本，段玉裁注本作「柙」，可從。

[二] 𨟴，《論衡・感虚》作「麗」，王其和據蔣禮鴻《義府續貂・離》之考證，認爲「『磿』『麗』亦當爲『剺』之借字，訓爲『割』義」，俞説不確（第二〇一一—二一〇頁）。

上貢必適。

樾謹按：此本作「貢士必適」。《禮記·射義》疏引《書傳》曰「古者諸侯之於天子也，三年一貢士，一適謂之好德，再適謂之賢賢，三適謂之有功」，又云「貢士一不適謂之過，再不適謂之敖，三不適謂之誣」。然則「貢士必適」，謂文王貢士於紂無不適也。士誤作上，又誤作「上貢」，而義不可通矣。

顔色愁悴不贍者。

樾謹按：「愁悴」，即憔悴也。《説文·禾部》「秋，从禾，𪏰省聲。籀文作𥤚，不省」。《火部》「𪏰，讀若焦」，是秋與焦聲相近。《漢書·律曆志》曰「秋，𪏽也」。古誼即存乎聲，秋之訓𪏽，亦秋與焦聲近之證也。然則「憔悴」之爲「愁悴」，正古人同聲假借之例。

願一與吴徼天下之衷。今吴越之國，相與俱殘，士大夫履肝肺，同日而死，孤與吴王接頸交臂而僨，此孤之大願也。

樾謹按：「徼天下之衷」句衍「下」字，畢校已及矣。「今吴越之國」當作「令吴越之國」，蓋言願令如此也。作「今」者誤。

客肯爲寡人少來静郭君乎？（《知士》）

樾謹按：「少」字衍文，涉上文「寡人少，殊不知此」而誤，《戰國策》無「少」字。

故子路揜雉而復釋之。（《審己》）

樾謹按：高注曰「不欲夭物，故釋之」，此未得《吕氏》之旨。下文曰「子列子常射中矣，請之於關尹子。關尹子曰：『知子之所以中乎？』答曰『弗知也』。關尹子曰：『未可』」。子路之釋雉，即關尹子之意。蓋揜襲而取之，是未知所以取之也，猶射中而未知所以中也。雖足以得物，而於己未審，此子路之所以復釋之，而《吕氏》引以證《審己》之義者也。高注失之。

君子賂以欲岑鼎也，以免國也。

樾謹按：此當作「君子賂以岑鼎也，欲以免國也」。欲字誤移在上句，則文不成義。畢曰「猶言賂以其所欲之岑鼎」，曲説也。

今夫攻者，砥厲五兵，侈衣美食，發且有日矣，所被伐〔一〕**者不樂，非或聞之也，神者先告也。**（《精通》）〔二〕

樾謹按：「侈衣美食」四字，當在「所被伐者」下，言攻者將發，而所被伐者，雖侈衣美食而不樂也。

夫葬所愛所重，而以生者之所甚欲，其以安之也，若之何哉？（《節喪》）

樾謹按：「生者之所甚欲」，謂利也。珠玉國寶之類，豈非生者之所甚欲乎？而以之徇葬，其必不能安也明矣。下文曰「民之於利也，犯流矢，蹈白刃，涉血盩肝以求之」，即承此而言。高注曰「甚欲，欲厚葬也」，則與下意不屬矣。

皆鄉里之所斧䰝者而逐之。（《安死》）

樾謹按：此句與上下文不屬，疑「鄉里」以下十字乃後文「撲擊遏奪」下之錯簡。當云「君之不令民，父之不孝子，兄之不悌弟，皆憚耕稼采薪之勞，不肯官人事而祈美衣侈食之樂，智巧

〔一〕伐，《吕氏春秋》原作「攻」，與俞氏异。

〔二〕按，此句下原無篇名《精通》，據《吕氏春秋》補。

窮屈，無以爲之，於是乎聚群多之徒，以深山廣澤林藪撲擊遏奪鄉里之所斧䣼者而逐之，又視名丘大墓葬之厚者，求舍便居，以微扣之」，如此則文義始順。《戰國策·秦策》「蔡澤見逐於趙而入韓魏，遇奪斧鬲於涂」，此云「撲擊遏奪鄉里之所斧䣼者而逐之」，即其事矣。若在上文，則義殊不可曉。

此言不知鄰類也。

樾謹按：鄰字，衍文也。「此言不知類也」，與《孟子·告子篇》「此之謂不知類」，文義正同。鄰、類形似，因訛致衍耳。《聽言篇》曰「乃不知類矣」，《達鬱篇》曰「不知類耳」，并無鄰字，足徵此文之衍。

其所非方其所是也，其所是方其所非也。

樾謹按：兩「方」字并「乃」字之誤。言所非乃其所是，所是乃其所非也，故曰是非未定。高氏不知方字之誤，而訓爲比，迂矣。

其主俗主也，不足與舉。（《异寶》）

樾謹按：舉字，衍文也。此當云「其主俗主也，不足與」。今衍舉字者，古與、舉二字通用。

《周官・師氏》職曰「王舉則從」，故書舉爲與。《史記・吕后紀》「蒼天舉直」，徐廣曰「舉，一作與」，是其證也。疑此文與字本或作舉，傳寫誤合之，因爲「不足與舉」矣。高注訓舉爲謀，非是。〔一〕

五員過於吴。

樾謹按：此當作「五員適於吴」，涉上文「過於荆」而誤耳。上文云「因如吴，過於荆」，蓋紀其所經歷，故得言過。若吴則其所如也，不得言過矣。高注曰「過，猶至也」，當作「適，猶至也」。《莊子・天地篇》《釋文》引司馬注曰「適，至也」，高氏訓適爲至，正與此同，足徵過字之誤。

天地至大矣，至衆矣，將奚不有爲也？而無以爲。爲矣，而無以爲之。

樾謹按：「而無以爲」四字爲句。「將奚不有爲也？而無以爲」，言人皆有爲而彼獨無爲也。「爲矣，而無以爲之」，言雖有爲而仍無爲也。高氏讀「而無以爲爲矣」六字爲句，則上下文皆不成義。

〔一〕 不足與舉，王其和認爲「舉」字當非衍。高誘注：「舉，猶謀也。」「與」通「以」，「不足與舉」，即不足以謀也（第二八四頁）。

摶杖而揖之。（《异用》）

樾謹按：「摶杖」，即扶杖也。専聲、夫聲相近，故義得通。《釋名·釋言語》曰「扶，傅也，傅近之也」，是其例矣。

無發蓋藏，無起大衆，以固而閉。發蓋藏，起大衆，地氣且泄。（《仲冬紀》）

樾謹按：「以固而閉」本作「以固天閉地」，「地氣且泄」本作「陽氣且泄」，《音律篇》曰「黄鐘之月，土事無作，慎無發蓋，以固天閉地，陽氣且泄」，是其證也。《月令》作「以固而閉，地氣且泄」，乃奪陽字，又誤天字爲而字耳。後人據《月令》以改此文，幸《音律篇》未改，尚可訂正。〔一〕說詳《群經平議》。

兼用六物。

樾謹按：上文「秫稻必齊，麴蘖必時，湛饎必潔，水泉必香，陶器必良，火齊必得」，正是六物，故《月令》正義曰「六物者，秫稻一，麴蘖二，湛熾三，水泉四，陶器五，火齊六也」，其義明白，

〔一〕 徐仁甫《諸子辨正》認爲：「本文不誤。《音律》篇當作四字句，『以固天閉地』，『天』爲『而』誤，『地』字下屬爲句（說詳頗篇），俞以爲證例矣。」（第二〇一頁）

自可無疑。而高氏此注曰「六物：秫、稻、麴、糵、水、火也」，則與上文不合。疑高注本曰「六物：秫稻、麴糵、湛饎、水泉、陶器、火齊也」，傳寫有奪文耳。

人時灌之則惡之，而日伐其根。（《至忠》）

樾謹按：日當作自，字之誤也。此句自字與上句人字正相對。下文曰「夫惡聞忠言，乃自伐之精者也」，即承此言之，足徵「日伐」之當作「自伐」矣。

王大怒不說。

樾謹按：「大怒不説」，於文似複而非複也。説之言解也。《詩・氓篇》「猶可説也」，鄭箋曰「説，解也」。《禮記・檀弓篇》「天下其孰能説之」，鄭注曰「説，猶解也」。然則「大怒不説」，猶大怒不解耳。

殺身出生以徇之。（《忠廉》）

樾謹按：高注曰「出，猶去。去生必死也」。然「出生」二字，義甚迂曲，疑當作「出身殺生以徇之」。《誠廉篇》曰「此二士者皆出身棄生以立其意」，亦以「出身」二字連文，可證。

有妻之子，而不可置妾之子。（《當務》）

樾謹按：此當作「有妻之子，不可而置妾之子」，乃後人不解古義而妄改之也。「不可而」者，不可以也。本書每有此例。《功名篇》曰「故當今之世，有仁人在焉，不可而不此務；有賢主不可而不此事」，《不屈篇》曰「惠子曰：若王之言，則施不可而聽矣」，《用民篇》曰「處次官，執利勢，不可而不察於此」，凡言「不可而」者，并與「不可以」同。

莧譆數犯我以義，違我以禮。（《長見》）

樾謹按：「犯我以義，違我以禮」，即「範我以義，圍我以禮」。「範圍」作「犯違」，皆假借字。《周易・繫辭傳》「範圍天地之化」，《釋文》曰「範，馬、張、王肅本作犯；圍，本作違」，是其證矣。

遭乎亂世，不爲苟在。（《誠廉》）

樾謹按：在字無義，疑仕字之誤。

與其竝乎周以漫吾身也，不若避之以潔吾行。

樾謹按：竝字無義，疑立字之誤。〔一〕

公孫宏敬諾。（《不侵》）

樾謹按：「敬諾」上本有曰字，傳寫奪之耳。《戰國策》正作「公孫宏曰敬諾」。

良人請問十二紀。（《序意》）

樾謹按：高注曰「良人，君子也」，此訓未得。《國語·齊語》曰「十連爲鄉，鄉有良人焉」，韋注曰「賈侍中云，良人，鄉士也。昭謂良人，鄉大夫也」。《吕氏》所稱良人，或亦此乎！

嘗得學黄帝之所以誨顓頊矣，爰有大圜在上，大矩在下，汝能法之，爲民父母。

樾謹按：「大圜」四語，皆黄帝之言。爰，即曰字也。《尚書·洪範篇》「土爰稼穡」，《史記·宋世家》作「土曰稼穡」。古爰、曰通用，「爰有」，即「曰有」耳。

〔一〕竝，俞氏説可商。徐仁甫《諸子辨正》認爲：「竝，傍也。伯夷歸周，即依傍周也。」（第二一一二頁）

三者皆私設，精則智無由公。

樾謹按：精之言甚也。《呂氏》之意，蓋謂目、耳、心三者皆爲私設，至其甚則智無由公矣。《至忠篇》曰「夫惡聞忠言，乃自伐之精者也」，注曰「精，猶甚」。《勿躬篇》曰「夫自爲人官，自蔽之精者也」，注曰「精，甚」。然則謂甚爲精，本書之恒言。畢氏疑精爲情，失之矣。

諸子平議卷二十三

吕氏春秋二

秦之陽華。（《有始覽》）

樾謹按：高注曰「陽華在鳳翔，或曰在華陰西」，當以華陰之説爲是。「陽華」與「華陰」，其實一地，皆從華山得名。主乎山而言之，則爲華山之陰，故縣名華陰。主乎地而言之，則華山當其陽，故藪名陽華。《漢書·地理志》「太原郡陽曲」，應劭曰「河千里，一曲當其陽，故曰陽曲」。陽華之名猶陽曲也。《周禮》之楊紆，《爾雅》之楊陓，并陽華之假音。至《周禮》以楊紆爲冀州藪，亦猶以熲湛爲荆州浸，波溠爲豫州浸，同屬傳寫之訛。郭璞注《爾雅》謂在扶風汧縣西，則混於雍州之弦蒲，高誘注《淮南子》謂在馮翊池陽，則混於周之焦護，并非也。説詳《群經平議》。

南方曰巨風。

檝謹按：李善注《文選·木玄虛〈海賦〉》《王子淵〈洞簫賦〉》《潘安仁〈河陽縣作詩〉》引此并作「凱風」。今作巨者，疑豈之壞字也。《禮記·孔子閑居篇》《表記篇》《釋文》并曰「凱，本作豈」，是豈、凱古通用。豈風，即凱風也。豈字闕壞，止存下半，因訛爲巨耳。〔一〕

代火者必將水，天且先見水氣勝，水氣勝，故其色尚黑，其事則水。水氣至而不知，數備，將徙于土。（《應同》）

檝謹按：「水氣勝，故其色尚黑，其事則水」，此十二字當爲衍文，乃淺人不察文理，以上文之例增入，而不知其不可通也。當呂氏著此書時，秦猶未并天下，所謂尚黑者果何代乎？呂氏之意，以爲周以火德王，至今七百有餘歲，則火氣之衰久矣，其中間天已見水氣勝矣，但無人起而當之耳，故曰「水氣至而不知，數備，將徙于土」，言後之有天下者，又當以土德王也。今增入「故其色尚黑，其事則水」二語，則與「水氣至而不知」文不相屬矣。厥後秦始皇有天下，推五德之運，

〔一〕巨，俞氏當訓爲凱，而以爲「豈」字之誤，非是。王其和據于省吾《呂氏春秋新證》「巨、豈雙聲」、高誘注等訂正（第九五—九六頁）。

以爲水德之始，此由其時不韋已死故也。若不韋猶在朝用事，則必以爲水數已備，秦得土德矣。

其室培濕。（《聽言》）

樾謹按：《淮南子·齊俗篇》「鑿培而遁之」，高注曰「培，屋後墻也」，此培字當從彼訓。其室培者，其室之墻也。濕讀爲𡑞。《廣雅·釋詁》「𡑞，下也」。「其室培濕」，謂其室墻卑下也，與下文「其城郭庳」正同一律。若依本字讀之，則不可通矣。

列近則持諫，將衆則罷怯。（《務本》）

樾謹按：「持諫」二字，義不可通，疑「持禄」之誤。持禄，言保其禄也。《管子·明法篇》「小臣持禄養交，不以官爲事」，《晏子春秋·問篇》「仕者持禄，游者養交」，《荀子·臣道篇》「偷合苟容，以持禄養交」，皆古書言「持禄」之證。

武王欲及湯而不成，既足以王道矣。（《諭大》）

樾謹按：「既足以王道」，文義未足。《吕氏》原文當作「既足以王通達矣」。《務大篇》曰「湯武欲繼禹而不成，既足以王通達矣」，是其證也。《荀子·儒效篇》「通達之屬，莫不從服」，楊倞注曰「通達之屬，謂舟車所至，人力所通之處也」。《荀子》書屢言「通達之屬」，蓋古有此語。

《吕氏》亦循用之耳。通與道字形相似。《史記・天官書》「氣來卑而循車通」,《漢書・天文志》作「車道」,是其形似易訛之證。此文通訛作道,又奪達字,以致文不成義,當據《備大篇》文訂正。

地大則有常祥、不庭、岐母、群抵、天翟、不周。

樾謹按:高氏於「天翟」下注曰「皆獸名也」。「不周」二字,屬下句讀,注曰「不周山在翟」,然下文云「山大則有虎豹熊螇蛆,水大則有蛟龍黿鼉鱣鮪」,「山大」「水大」,文正相對,不得有「不周」二字也。且山亦多矣,何獨舉不周山乎?「不周」二字當屬上,自「常祥」以至「不周」,皆山水名也。雖不盡可考,然即不周之爲山名,已可例其餘矣。若從高注,以常祥之屬皆爲獸名,則與下文言山複矣。山者獸之窟穴,故舉獸類以明其大,若地之所有,固不獨獸矣。言地大而專舉獸類,非理也。高氏失其義,因失其讀,殆不可從。

人主有奮而好獨者。(《本味》)

樾謹按:奮,猶矜也。「奮而好獨者」,矜而好獨也。《荀子・子道篇》「奮於言者華,奮於行者伐」,楊注曰「奮,振矜也」,故古書每以「奮矜」連文。《荀子・正名篇》曰「有兼聽之明,而無奮矜之容」,《墨子・所染篇》曰「其友皆好矜奮」,《淮南・説林篇》曰「吕望使老者奮,項托使嬰兒矜」。

湯曰，可對而爲乎？

樾謹按：對字，衍文也。「可而爲乎」，猶曰「可以爲乎」。本書多有此例，《去私篇》曰「南陽無令，其誰可而爲之」，「可而」即「可以」也。此因涉下文「對曰」而誤衍對字耳。

甘而不噥。

樾謹按：噥者味之厚也。言甘而不失之過厚也。古或假膿爲之。《文選・七發》「甘脆肥膿」，注曰「膿，厚之味也」，是矣。《説文》無噥字，膿亦盥[一]之俗體，其訓爲腫血，非肥厚之義。然《衣部》「襛，衣厚皃」，《酉部》「醲，厚酒也」，衣厚謂之襛，酒厚謂之醲，然則味厚謂之噥，正合六書之例。未可因《説文》所無，而轉疑見於《吕氏》書者爲訛字也。畢氏沅疑爲喂字之誤，非是。

馬之美者，青龍之匹，遺風之乘。

樾謹按：此論果之美而忽及馬之美，殊爲不倫。疑此當蒙上文「所以致之」爲句，「馬之

〔一〕盥，原作「盥」，據《説文解字》改。

美」三字，乃衍文也。[一] 當云「所以致之者，青龍之匹，遺風之乘」。蓋果之美者，皆不可以致遠，時日稍久則味變矣。故必有青龍之匹、遺風之乘，然後可以致之也。後人不得其義，疑此二句言馬，與上文言果者不屬，因加「馬之美」三字，使自爲一類，而不悟與本篇之旨全不相涉，且上句「所以致之」四字，亦無箸矣。

道者止彼在己。

樾謹按：「止彼在己」，誼不可通。止，疑亡字之誤。「亡彼在己」，言不在彼而在己也。古書每以亡與在相對。《荀子·正論篇》曰「然則鬥與不鬥，亡於辱之與不辱也，乃在於惡之與不惡也」，《正名篇》曰「故治亂在於心之所可，亡於情之所欲」，《堯問篇》曰「吾所以得三士者，亡於十人與三十人中，乃在百人與千人之中」，《淮南·原道篇》曰「聖亡乎治人而在於得道，樂亡於富貴而在於得和」，并其例也。《莊子·田子方篇》曰「其在彼邪？亡乎我。在我邪？亡乎彼」，與此文「亡彼在己」，文法正同。亡訛作止，因失其旨矣。

[一] 徐仁甫《諸子辨正》認爲：「『馬之美者』四字，爲青龍兩句之旁注而誤入正文者。俞説是，而未盡妥。」（第二二三頁）

聖人之見時，若步之與影不可離。（《首時》）

樾謹按：見，當作㝵。㝵，古得字，形與見相近，因訛爲見。《史記·趙世家》「逾年歷歲未得一城」，《趙策》得作見，即其例也。又按，聖字，疑衍文。《吕氏》之意，泛言人之得時，若步與影之不可離，非專言聖人也。涉下文「聖人之所貴唯時」而誤衍聖字。

民之讎之若性，戎、夷、胡、貉、巴、越之民是以，雖有厚賞嚴罰弗能禁。（《義賞》）

樾謹按：性字，衍文也。上文云「民之安之若性」，此云「民之讎之若戎、夷、胡、貉、巴、越之民」，雖句法參差，而意本相準，因涉上文而衍性字，則「戎夷胡貉巴越之民」八字贅矣。

賞重則民移之。

樾謹按：高注曰「移，猶歸」，此未得移字之義。《禮記·郊特牲篇》「順成之方，其蜡乃通，以移民也」，鄭注曰「移之言羡也」，是移有羡義。「賞重則民移之」，言賞重則民欣羡之也。《玉篇》「遂，移也」。移之爲羡，猶遂之爲移矣。

各一則不設。（《長攻》）

樾謹按：《廣雅·釋詁》「設，合也」，《尚書·盤庚中篇》「各設中于乃心」，《隸釋》載《漢石經》設，作翕。《爾雅・釋詁》「翕，合也」，是設與翕文异義同。「各一則不合也。高注以爲「不設攻戰」，則增出「攻戰」字矣。

遇時雨，天地也。

樾謹按：地字，衍文。「遇時雨，天也」，與上文「遇湯武，天也」「遇桀紂，天也」一律，正《吕氏》引喻之旨也。「地」與「也」形相似，因訛致衍耳。

人有爲人妻者。人告其父母曰：「嫁不必生也。衣器之物，可外藏之，以備不生。」（《遇合》）

樾謹按：高注曰「不必生，謂終死」，此解大誤。「不必生」者，謂不必生子也。古者婦人無子則出。蓋恐其以無子見出，故令外藏衣器以備之，而不知其適以盜竊見出也。高注大非其旨矣。《淮南子・氾論篇》「宋人有嫁子者，告其子曰，『嫁未必成也，有如出，不可不私藏；私藏而富，其於以復嫁易』」，大旨與此略同。

故嫫母執乎黄帝。

樾謹按：高注曰「黄帝説之」，然執無説義，此注非也。《詩・執競篇》《釋文》引《韓詩》曰

「執，服也」。「執乎黄帝」者，服乎黄帝也。《白虎通·三綱六紀篇》「婦，服也，以禮屈服也」，《後漢書·皇后紀》注曰「婦，服也，明其服事於人也」，皆可以解此文執字之義。下文黄帝曰：「厲女德而弗忘，與女正而弗衰，雖惡奚傷」，方見「黄帝説之」之意。若此文，但言嫫母服事黄帝，未以黄帝言也。

客有進，狀有惡，其名言有惡狀。

樾謹按：客下涉下文而衍有字；其下涉上文「楚王怪其名」句而衍名字；句末狀字，亦涉上文而衍。《吕氏》原文本云「客進，句。狀有惡，句。其言有惡句。」。兩有字，均讀爲又。「狀又惡，其言又惡」，即下文所謂「惡足以駭人，言足以喪國」也。因多衍字，遂不可讀。〔一〕

一上一下，以禾爲量。（《必己》）

樾謹按：「以禾爲量」，殊爲無誼。高氏引《淮南子·繆稱篇》「禾三變」之文以釋之，亦曲説也。禾當作和，《莊子·山木篇》「一上一下，以和爲量」，是其明證。禾即和之壞字。

〔一〕　王其和認爲：「俞氏校『客』下『有』字衍文，是也，其餘皆非是。下『狀』字前當奪『其』字，原文當爲『客進，狀有惡其名，言有惡其狀』。」（第二八五頁）可參。

不衣芮温。

樾謹按：高注曰「芮，絮也」，不解温字，殆即以本字讀之，非也。温讀爲緼，《禮記·玉藻篇》「緼爲袍」，鄭注曰「緼，謂今纊及舊絮也」，是芮、緼義同。

子不耕於東海，吾不耕於西海也，吾馬何得不食子之禾？

樾謹按：「吾不」二字，衍文也。「子不耕於東海，耕於西海也」，此「也」字讀爲邪，古字通用。言東海、西海，非皆子所耕邪，吾馬何得不食子之禾乎？《淮南子·人間篇》作「子耕於東海至於西海，吾馬之失，安得不食子之苗」，其義更明。後人不達古書語意，臆加「吾不」二字，使與上句相對，而文義不可通矣。〔一〕

紛紛分分。（《慎大覽》）

樾謹按：高注曰「紛紛，殽亂也。分分，恐恨也」，然則「分分」當作忿忿。《老子》五十六章「解其分」，王弼注曰「除争原也」，顧歡本「分」作「忿」，即其例矣。

〔一〕 徐仁甫《諸子辨正》認爲：「『吾不』二字當爲『而』字之誤。『吾馬何得不食子之禾』又衍『不』字。」（第二二六頁）可備一説。

若告我曠夏盡如詩。

樾謹按：上文「民心積怨，皆曰『上天弗恤，夏命其卒』」，是有韵之詞，即所謂詩也。《湯誓》所稱「時日曷喪，予及女偕亡」，亦是韵語。蓋當時民俗歌謡有此言，故湯以爲「盡如詩」也。高注訓詩爲志，於義轉迂。

親郼如夏。

樾謹按：高注曰「郼，讀如衣。今兖州人謂殷氏皆曰衣，言桀民親殷如夏氏也」，高氏此注未得《吕氏》之意，蓋由正文錯誤耳。《吕氏》本文當作「親夏如郼」，言湯之親夏民，無异於郼民也，故下文即繼之曰「此之謂至公」。《簡選篇》曰「親殷如周，視人如己」，彼言「親殷如周」，可知此當言「親夏如郼」矣。其文誤到，因失其義耳。

靖箕子之宫。

樾謹按：靖，讀爲旌。「旌箕子之宫」，與下句「表商容之閭」一律。靖從青聲，青從生聲，旌亦從生聲，故旌字假靖爲之。《介立篇》「東方有士焉，曰爰旌目」，《列子・説符篇》文亦同，而《後漢書・張衡傳》注引《列子》作「爰精目」，然則旌爲靖，猶旌爲精矣。高注曰「清浄其宫以异之」，非是。

士過者趨，車過者下。

樾謹按：「士過者趨」，當作「徒過者趨」，徒與車相對成義。《晏子春秋·諫篇》曰「載過者馳，步過者趨」，文義正與此同。徒字或作辻，闕壞而止存土字，因誤爲士耳。

將斬岸堙谿以迎鐘。（《權勳》）

樾謹按：斬，當爲槧。《説文·金部》「槧，小鑿也」。字亦作嶄。《文選·海賦》「巙陵巒而嶄鑿」，注曰「槧與嶄，古字通」，是槧有鑿義。言岸之高者，則槧鑿之也。若作「斬岸」，則無義矣。

弗聽，有頃諫之。

樾謹按：頃字，衍文也。「弗聽有諫之」，有當讀爲又，言又諫之也。後人不知有爲又之假字，故妄加頃字耳。〔一〕

〔一〕　徐仁甫《諸子辨正》認爲：「『頃』字不衍。原文當是『頃有諫之』，謂頃又諫之。後人不知『有』讀『又』，故倒在『頃』上耳。」（第二二八頁）改衍爲倒。

昌國君將五國之兵以攻齊。

樾謹按：《戰國・燕策》曰「於是遂以樂毅爲上將軍，與秦、楚、三晋合謀以伐齊」，然則所謂五國者，秦、楚、三晋也。高注「謂燕、秦、韓、魏、趙」，大誤。燕是本國，不當更數，《燕策》又曰「昌國君樂毅，爲燕昭王合五國之兵」，其語更明，可知五國之不數燕矣。

悤悤乎其心之堅固也。（《下賢》）

樾謹按：高氏訓「悤悤」爲「明貌」，然於下「堅固」義不相應，殆非也。「悤悤」，當作勿勿。《禮記・禮器篇》《祭義篇》鄭注并曰「勿勿，猶勉勉也」。《大戴記・曾子立事篇》盧注同。「勉勉」之義與「堅固」相應。今誤作「悤悤」者，因俗書悤字作忩，或省作匆，與勿字相似，因而致誤耳。

迷乎其志氣之遠也。

樾謹按：迷，當讀爲彌，古字通用。《左傳》「彌子瑕」，《大戴禮・保傅篇》作「迷子瑕」，《周官・眡祲》「七曰彌」，鄭注曰「故書彌作迷」，并其證也。哀二十五年《左傳》「以肥之得備彌甥也」，杜注曰「彌，遠也」，《文選・西京賦》「彌望廣潒」，薛綜注同。「彌乎其志氣之遠」，義正相應，若作迷，則不可通矣。

堪士不可以驕恣屈也。（《報更》）

樾謹按：高氏讀堪爲湛，故曰「堪，樂也」，然非《吕氏》意也。堪之言克也，字通作戡。《爾雅·釋詁》「戡，克也」，《釋言》「克，能也」，然則「堪士」猶能士也。士之有能者，必不爲驕恣屈，故曰「不可以驕恣屈也」。

其實人則甚不安。之二者，臣爲大王無取焉。（《順説》）

樾謹按：則字衍文也，人字乃又字之誤。「其實又甚不安」，與上文「其名又甚不榮」相對。之字屬下句。「之二者」，猶言此二者，與《莊子》「之二蟲」文法相同。《先識篇》曰「之二國者皆將亡」，《慎勢篇》曰「之二臣者甚相憎也」，皆可爲證。

時不可必成，其人事則不廣。（《不廣》）

樾謹按：廣，讀爲曠，古廣、曠字通。《荀子·王霸篇》「人主胡不廣焉」，《解蔽篇》「則廣焉能棄之矣」，楊注并曰「廣，讀爲曠」。《列子·湯問篇》「不思高林廣澤」，《釋文》曰「廣，一本作曠」，并其證也。《無義篇》曰「以義動則無曠事矣」，高注曰「曠，廢也」。此文廣字，誼與彼同。言時不可必成，而人事則不可廢也。下文曰「若是而猶不全也，其天邪，人事則盡之矣」，正見人事不曠之意。此篇即以「不廣」名篇，蓋欲人以人事自盡，毋自曠廢也。高氏不知廣之爲曠，而釋之曰「廣，博也」，則此二句之義不可通，而於名篇之意亦失之矣。

公子糾外物則固難必，雖然，管子之慮近之矣。

樾謹按：「公子糾」三字，涉上文而衍。高注曰「糾在外，不可謂必得主，故曰固難必」，則其所據本已衍。

朝要甲子之期，而紂爲禽。（《貴因》）

樾謹按：此當作「要期甲子之朝，而紂爲禽」。高注曰「與諸侯要期以甲子之日」，可證正文之本爲「要期」也。朝、期二字形相似，又涉下文「吾已令膠鬲以甲子之期報其主」而誤耳。其下文曰「武王與周公旦明日早要期，則弗得也」，亦以「要期」二字連文。

孔子道彌子瑕見釐夫人。

畢氏引梁仲子曰「《淮南·泰族訓》云，孔子欲行王道，東西南北七十説而無所偶，故因衛夫人彌子瑕而欲通其道。語義正合，此文似有脱誤」。

樾謹按：梁氏誤以道字爲「行道」之道，故疑有脱誤，其實非也。道者，由也。「道彌子瑕見鼇夫人」者，由彌子瑕見鼇夫人也。《晏子春秋·諫上篇》曰「楚巫微導裔款以見景公」，文法正與此同。道、導古通用。

其時已與先王之法虧矣。（《察今》）

樾謹按：高注曰「虧，毀也」，然如高注，則但當曰「其時先王之法虧矣」，不得曰「其時已與」也。虧，當爲詭，聲之誤耳。《左傳》「齊公子無虧」，《史記·齊世家》作「無詭」，《漢書·古今人表》亦作「無詭」，是其證也。詭之言异也，《文選·西京賦》「豈不詭哉」，《海賦》「詭色殊音」，注并曰「詭，异也」。「其時已與先王之法詭矣」，猶曰其時已與先王之法异矣。故其下曰「世易時移，變法宜矣」。蓋先王之法所以不可行者，非法之毀，乃時之异也。注以本字釋之，未得其旨。

而佞進，今之世當之矣。（《觀世》）〔一〕

樾謹按：「而佞進」三字，衍文也。《謹聽篇》無，當據删。

〔一〕按，此句下原無篇名《觀世》，據《吕氏春秋》補。

若是而擊，可大彊。（《悔過》）

樾謹按：注云「一作若是而弗擊不可大彊」，此蓋校者之詞誤入注文。然作「若是而弗擊不可」，較今本爲勝，當從之。惟「大彊」二字，義不可通。今按「若是而弗擊不可」，先軫之言已止於此。「大彊」二字屬下句，當作「大臣彊請擊之，襄公不得已而許之」，「彊請」與「不得已」正相應。上文「先軫言於襄公曰，秦師不可不擊也，臣請擊之」，若此文猶言「臣請擊之」，則詞複矣。今本即涉上文而誤。

都鄙有服。（《樂成》）

樾謹按：《説文・又部》「𠬝，治也，從又，從卩。卩，事之制〔一〕也」，然則「服事」之服，字本作𠬝，今經典皆作服，而假字廢矣。卩，爲事之制，故服亦爲制。「都鄙有服」者，都鄙有制也。襄三年《左傳》杜注曰「公卿大夫服不相逾」，則誤以爲「車服」之服。此篇高注曰「服，法服也」，然都鄙有法服，義不可通。疑高氏原文曰「服，法也」，蓋服爲制，故亦爲法。淺人不知其義，妄加服字耳。

〔一〕制，諸本同。然今本《説文》大徐本、小徐本均作「節」，義更長。俞氏據「制」作解，聊備一説。

故聽無事治。事治之立也，人主賢也。

樾謹按：「聽無事治」，謂聽愚民之言，必無事治也。上文曰「使鄭簡、魯哀當民之誹訾也，而因遂弗用，則國必無功矣，子產、孔子必無能矣」，即其義也。故又曰「事治之立也，人主賢也」。高注殊未明了。

孔子見之，以細觀化遠也。（《察微》）

樾謹按：「以細觀化遠也」，甚爲無義。高注曰「見其始，知其終，故曰觀化遠也」，亦曲説耳。「觀」下蓋脱「大以近觀」四字，化字當在遠字之下，而化上又脱「通於」二字，本作「以細觀大，以近觀遠，通於化也」。何以明之？《淮南子·齊俗篇》載此事曰「孔子之明，以小知大，以近知遠，通於論者也」，故知此文當作「以細觀大，以近觀遠」。《説苑·政理篇》亦載此事曰「孔子可謂通於化矣」。此文有化字，故知當作「通於化也」，與《淮南子》字异而句法同。

郈氏介其鷄，季氏爲之金距。

樾謹按：此當從《左傳》作「季氏介其鷄，郈氏爲之金距」，蓋爲金距，更甚於介其鷄，故季氏不勝而怒也。

因歸郈氏之宫而益其宅。

樾謹按：歸，讀爲壞。《禮記·緇衣篇》「私惠不歸德」，鄭注曰「歸，或爲懷」。古懷、壞同聲，字亦通用。襄十四年《左傳》「王室之不壞」，服虔本壞作懷，是其證也。歸可爲懷，故亦可爲壞矣。〔一〕

以魯恐不勝一季氏，况於三季。同惡。

樾謹按：高氏於「同惡」下出注云「同惡昭公」，殆失其讀也。此當於「三季」絶句。言一季氏猶恐不勝，况於三季乎？「同惡」二字屬下「固相助」爲句。「同惡固相助」，言同惡之人，固相輔助也。昭十三年《左傳》曰「同惡相求，如市賈焉」，即其義也。惡，如字。

將奮於説以取少主也。（《去宥》）

樾謹按：高注曰「少主，惠王也」，此説非是。據下文云「人之老也，形益衰而智益盛，今惠王之老也，形與智皆衰邪」。然則惠王是時已老矣，非少主也。蓋因惠王年老，有漢景帝疑周

〔一〕王其和認爲：「歸與懷通用，歸與壞未必可通，俞説無文獻之證，不可從。」（第二二八頁）

亞夫非少主臣之意，故唐姑果以此言譖謝子耳。

未失其所以爲士一，而王以爲臣，失其所以爲士一，而王不以爲臣，則嚮之所謂士者乃士乎？（《正名》）

樾謹按：上文云「雖見侮而不鬥，未失其四行也。未失其四行者，是未失其所以爲士一矣」，然則此文「失其所以爲士」，上無所承，且於義亦不應有。疑《吕氏》原文本云「未失其所以爲士一，而王不以爲臣，則嚮之所謂士者，乃士乎」，今衍十二字，遂不可讀。

齊湣王，周室之孟侯也。

樾謹按：「湣王」二字，衍文也。「齊周室之孟侯也」，乃推始封之齊而言。若湣王時，周室衰微，儕於列國，久無此稱矣。下文曰「太公之所以老也，桓公嘗以此霸矣」，皆承齊字而言。若此句是齊湣王，則下二句便不可通。高氏作注時已衍「湣王」二字，故有「山頭井底」之譏，其實非也。

分地則速，無所匿遲也。（《審分覽》）

樾謹按：遲字，衍文也。上云「公作則遲，有所匿其力也」，此云「分地則速，無所匿也」，其文甚明。因涉上文而衍遲字，義不可通。高氏曲爲之説，非是。

奪其智能，多其教詔，而好自以。

樾謹按：奪，當作奮，形似致誤也。奮猶矜也，説見前《本味篇》。「奮其智能」，謂矜其智能。今誤作奪，義不可通。

夫説以智通，而實以過悗。

樾謹按：舊校云「過，一作遇」。此當以作遇者爲是。遇與愚，古通用。《詩·巧言篇》「遇犬獲之」，《釋文》曰「遇，世讀作愚」，《莊子·則陽篇》「匿爲物而愚不識」，《釋文》曰「愚，本作遇」，并其證也。愚字與上句智字正相對。《玉篇》「悗，惑也」，然則「遇悗」猶愚惑也。「説以智通，而實以愚悗」，與下文「譽以高賢，而充以卑下；贊以潔白，而隨以污德；任以公法，而處以貪枉；用以勇敢，而堙以罷怯」諸句一律。下兩字與上兩字，義皆相反。因借遇爲愚，又誤遇爲過，而其義始晦矣。

莫人不能全乃備能也。

樾謹按：「莫人」當爲「眞人」，字之誤也。隸書眞字作真，莫字作莫，二形相似，故往往致誤。《史記·高祖功臣侯者表》「甘泉戴侯莫摇」，《漢表》「莫摇」作「真粘」，《新序·雜事篇》「黄帝學乎大眞」，《路史·疏仡紀》曰「大眞，或作大莫」，并其證也。「眞人不能全乃備能也」，蓋即堯舜不徧物之意〔一〕。高注不知莫字之誤，曲爲之説，大謬。

故曰天無形，而萬物以成。（《君守》）

樾謹按：曰，乃昦字之誤。昦字闕壞，止存上半之日，因誤爲曰矣。下文「至精無象，而萬物以化」，高注曰「説與昦天同」，則其所據本正作「故昦天無形」。

故善爲君者無識。

樾謹按：「無識」當爲「無職」。《周官》「職方氏」，《脩華岳碑》作「識方氏」，是職與識古通用。「善爲君者無職，其次無事」，「無職」與「無事」義相近。若作「無識」，失其義矣。下文云「人主好以己爲，則守職者舍職而阿主之爲矣」，然則「善爲君者無職」，正以此也。高氏不知識之當爲職，乃曰「物不可悉識」，此曲説也。《勿躬篇》曰「人主知能不能之可以君民也，則幽詭愚險之言無不職矣」，「無不職」者，無不識也。此借識爲職，彼借職爲識，正可互證。

〔一〕 徧，原誤作「偏」，據蔡啓盛《校勘記》改。

故思慮自心傷也，智差自亡也。

樾謹按：心字，衍文。「思慮自傷也，智差自亡也」，兩句一律。注云「思慮勞精神而亂於心，故自傷也」，正以「自傷」二字連文，可知本無心字，因涉注文「亂於心」句而誤衍耳。差，讀爲瑳。《淮南子·原道篇》曰「偶瑳〔一〕智故，曲巧詐詐」。此云「智差」，即彼云「偶瑳智故」也，故與「思慮」相對。注曰「差，過也。用智過差，極其情欲，以自消亡」，未得其義。

奮能自殃，其有處自狂也。

樾謹按：此當作「奮能自殃也，有處自狂也」，與上句「思慮自傷也，智差自亡也」，兩句正一律。也字，秦刻石文作乜，其字，古鐘鼎文或止作甘，兩形微似，因而致誤。

謁孔子而進食。孔子佯爲不見之。（《任數》）

樾謹按：「孔子佯爲不見之」七字，當在上文「選間食熟」之上，《吕氏》本文蓋云，孔子望見顔回，攫其甑中而食之，孔子佯爲不見之。選間食熟〔二〕，謁孔子而進食，孔子起曰：「今者夢見

〔一〕偶瑳，原作「偶差」，據《淮南子》與蔡啓盛《校勘記》改。
〔二〕熟，原誤作「熱」，據《吕氏春秋》與蔡啓盛《校勘記》改。

先君，食潔而後饋。」今到其文，則義不可通。李善注《文選·君子行》因并删此七字矣。

故善爲君者，矜服性命之情，而百官已治矣。（《勿躬》）

樾謹按：矜字義不可通，疑務字之誤。

不好淫學流説。（《知度》）

樾謹按：「流説」，即游説也。流、游義得相通。《漢書·項籍傳》「必居上游」，注曰「游，即流也」，《韋玄成傳》「德盛而游廣」，注曰「游，亦流也」。《匡謬正俗》曰「斿者，旌旗之斿，訓與旒同」，然則從斿從㐬之字，本得通用。《荀子·勸學篇》「昔者瓠巴鼓瑟而流魚出聽」，流魚，即游魚也。游説之爲流説，猶游魚之爲流魚矣。

蒙厚純樸以事其上。

樾謹按：蒙與厚同義。《詩·長發篇》「爲下國駿厖」，毛傳曰「厖，厚也」，《荀子·榮辱篇》引作「爲下國駿蒙」，楊注曰「蒙，讀爲厖，厚也」。此云「蒙厚純樸以事其上」，蒙亦當讀爲厖，厖厚爲一義，純樸爲一義。

以不知爲道，以奈何爲實。[一]

樾謹按：舊校云「實，一作寶，與《淮南·主術篇》合」，當從之。高注曰「以不知爲貴，因循長養，不戾自然之性，故以不可奈何爲實也」。實亦寶字之誤。惟正文但言「奈何」，而注文增出「不可」，恐非其旨。奈何，即如何也。昭十二年《公羊傳》注曰「如，猶奈也」，是奈與如同義。既「以不知爲道」，則遇事必曰如何如何，故以如何爲寶也。孔子曰：「不曰如之何如之何者，吾末如之何也已矣」，可證此義。下文「堯曰若何而爲及日月之所燭，舜曰若何而服四荒之外，禹曰若何而治青北化九陽奇怪之屬[二]」，引三聖人言，皆有「若何」二字，「若何」即奈何也。「以奈何爲寶」之義，《呂氏》自申明之如此，足見高注之非。

[一] 按，此句下原有篇名「《知度》」二字，與上條重，據體例删。

[二] 奇怪之屬，《呂氏春秋》多本作「奇怪之所際」。

諸子平議卷二十四

吕氏春秋三

待其功而後知其舜也，是市人之知聖也。（《審應》）

樾謹按：上文云「未有功而知其聖也，是堯之知舜也」，然則此文亦當云「待其功而後知其聖也，是市人之知舜也」，「聖」「舜」二字，傳寫互易。

王射之。（《重言》）

樾謹按：高注曰「使王射不動不鳴，何意也」，是以「王射之」三字爲成公賈之言，殆非也。此三字當連下曰字爲句，「王射之曰『有鳥止於南方之阜，其三年不動，將以定志意也；其不飛，將以長羽翼也；其不鳴，將以覽民則也』」，皆「王射之」之言，若如高注，則曰字上又當有王字矣。

昔吾所亡者紡繒也。今子之衣禪繒也。以禪繒當紡繒，子豈不得哉？（《淫辭》）

樾謹按：紡與禪對，紡猶複也。紡字從方，方之本義爲兩舟相并，其字亦或作舫。衣之複者謂之紡，猶舟之并者謂之舫矣。故計其禪與紡，而因以爲得耳。

罪不善，善者故爲不畏。

樾謹按：此本作「罪不善，善者故爲畏」。故，讀爲胡。《墨子·尚賢中篇》「故不察尚賢爲政之本也」，一本故作胡。下文曰「胡不察尚賢爲政之本也」，是上文故字，乃胡之假字。《管子·侈靡篇》「公將有行，故不送公」，亦以故爲胡，并其證也。「故爲畏」，即胡爲畏，言所罪者止是不善者，則善者胡爲畏也。後人不知故與胡通，而疑「故爲畏」三字文不成義，遂臆加不字，失其旨矣。楊倞注《荀子·解蔽篇》引《論衡》正作「善者胡爲畏」。

以示諸民人。

樾謹按：舊校云「民人，一作良人」，當從之。良人見《序意篇》，蓋當時有此名目。高彼注曰「君子也」，非是。說見前。

豎子操蕉火而鉅。（《不屈》）

樾謹按：蕉，當作焦。《求人篇》「十日出而焦火不息」，是其證也。字亦作爝，《舉難篇》「爝火甚盛」，蓋爝、焦聲近通用。《莊子・逍遥游篇》「日月出矣，而爝火不息」，《釋文》曰「爝，本作燋」。《儀禮・士喪禮》「楚焞置于燋」，注曰「燋，炬也，所以然火者也」。《禮記・少儀篇》「執燭抱燋」，注曰「未爇曰燋」，是其字本作燋。《説文・火部》「燋，所以然持火也」。《求人篇》作焦者從省，此篇作蕉，則假字耳。

寡人寧以臧爲司徒，無用卬。（《應言》）

樾謹按：高注曰「臧亦魏臣」，此恐不然。若臧實有其人，則魏王已有爲司徒之人矣，何以下文又曰「願大王之更以他人詔之也」乎？此臧，乃臧獲之臧。《方言》曰「荆淮海岱雜齊之間罵奴曰臧」，是也。「寧以臧爲司徒，無用卬」，乃極言卬之不可用，故下文起賈謂孟卬曰「公甚賤於公之主」也。蓋視之不如臧獲，賤之至矣。若臧亦魏臣，則何賤之有乎？

以綘、窌、安邑，令負牛書與秦，猶乃善牛也。卬雖不肖，獨不如牛乎？

樾謹按：此當作「令牛負書與秦」。高注曰「言王使負牛持綘、窌、安邑之書，致之於秦，秦猶善牛」，亦當作使牛負持，正文注文「牛」字并當在「負」字之上，蓋言王以地與秦，則雖使一牛負持其書以往，秦猶將善視此牛也。故曰「印雖不肖，獨不如牛乎」。今「牛負」字到，義不可通。畢氏沅曰「負牛，當亦是魏臣，在孟印之下」，誤矣。

令二輕臣也，令臣責，印雖賢，固能乎？

樾謹按：「令二」兩字，義不可通，疑「令王」兩字之誤。言王令三將軍爲臣先，曰「視印如身，是重臣也，令王輕臣也，令臣責，印雖賢，固能乎」，因涉上下文并有「令」字，故誤「令」爲「令」，因又誤「王」爲「二」耳。高注曰「二，疑也。臣見疑則不重矣」，此注亦有誤。高注本云「輕，疑也。臣見疑則不重矣」，蓋高氏以疑訓輕，又以其義未足，故加下句以申明之。今作「二，疑也」，乃後人以既誤之正文，改不誤之注文耳。又高氏於「令臣責」下注曰「令秦責臣」，此注亦誤。當云「令臣責秦」，言王既輕臣，日後秦復有隙，臣不能復責之也。今到其文曰「令秦責臣」，則失其義矣。古書錯誤，所在多有，學者宜悉心考正之。

又況於弱，魏王之令乎？

樾謹按：乎字，衍文。「又況於弱」四字爲句，當連上文讀之，曰「魏雖强猶不能責無責，又況於弱」。「魏王之令」四字屬下文讀，當云「魏王之令孟印爲司徒以棄其責則拙也」。今衍

「乎」字，遂失其讀，并失其義。

中非獨弦也，而弦爲弓中之具也。（《具備》）

樾謹按：弓字，衍文也。無弦，則必不能中，故弦爲中之具，今衍「弓」字，則文不成義矣。

吾子胡不位之？（《離俗覽》）

樾謹按：之字，衍文也。高注曰「何不位天子之位也」，則所據本正作「胡不位」。

郤而自殁。

樾謹按：殁，當爲刎。《一切經音義》引《字略》曰「斷首曰刎」，又曰「刎，古文歾同」。《荀子·彊國篇》「是猶欲壽而歾頸也」，楊倞注曰「歾，當爲刎」。蓋古無刎字，古人每借歾爲刎。此又作殁者，殁即歾之或作體也。《高義篇》「殁頭乎王廷」，殁，亦當爲刎。

澹乎四海。（《上德》）

樾謹按：高注曰「澹，之也」。「之」乃「足」字之誤。古書每以澹爲贍足之贍，《漢書·食貨志》《司馬遷傳》《東方朔傳》《趙充國傳》師古注并曰「澹，古贍字」，是其證也。畢校本謂，澹、憺義同，疑是「安也」之誤，非是。

君，利勢也，次官也。處次官，執利勢，不可而不察於此。（《用民》）

樾謹按：「次官」二字，義不可通，疑當作「大官」。蓋「大」誤作「欠」，因誤作「次」矣。《貴公篇》曰「夫相，大官也。處大官者不欲小察」，可以爲證。

知其能力之不足也，則以爲繼矣。以爲繼知，則上又從而罪之。（《適威》）

樾謹按：畢校云「則以爲繼矣，以爲繼知」，當作「則難以爲繼矣，難以爲繼」，脱兩難字，下知字衍。今按，畢謂「下知字衍」，是也；謂「脱兩難字」，非也。爲，當讀作僞，古字通用。「知其能力之不足也，則以僞繼矣。以僞繼，則上又從而罪之」，文義甚明。《莊子·則陽篇》亦有此文，大略相同，正作「民知力竭，則以僞繼之」，可證明此文之義。

子陽極也好嚴，有過而折弓者恐必死，遂應猘狗而弑子陽，極也。

樾謹按：「子陽好嚴」四字爲句，中間不得有「極也」二字，蓋涉下句而衍。

冬之德寒，不信，其地不剛，地不剛，則凍閉不開。（《貴信》）

樾謹按：冬之德寒，則凍閉不開，固其所也，何以反是不信之故？此説殊不可通。《孟冬紀》曰「孟冬行春令，則凍閉不密」，疑此文開字，亦密字之誤。高注曰「不開，氣不通也」，其所據本已誤矣。

管仲可謂能因物矣。以辱爲榮，以窮爲通，雖失乎前，可謂後得之矣。物固不可全也。

樾謹按：「物固不可全也」六字，與上文不屬，疑此篇之文止於「可謂後得之矣」。言管仲失乎前，而得乎後，其意已足，「物固不可全也」，乃下《舉難篇》之起句。當云「物固不可全也，以全舉人固難，物之精〔一〕也。人傷堯以不慈之名，舜以卑父之號，禹以貪位之意，湯武以放弑之謀，五伯以侵奪之事。由此觀之，物豈可全哉」。「物豈可全」，正與「物不可全」相應，傳寫者誤繫於上篇之尾耳。

故君子責人則以人。（《舉難》）

樾謹按：下「人」字當讀作「仁」。「責人則以仁」，與下文「自責則以義」正相對。

疏賤者知，親習者不知，理無自然，自然而斷相過。

樾謹按：「理無自然」下奪「理無」二字。蓋言疏賤者知，而親習者不知，此理之所無由然

〔一〕 精，《呂氏春秋·舉難》原文作「情」。

也。理之所無由，然而以之斷其孰爲相，則過矣。今奪二字，文義未足。

君道何如？利而物利章。（《恃君覽》）

樾謹按：「章」字衍文，「物」當爲「勿」。《尚書·立政篇》「時則勿有間之」，《論衡·譴告篇》作「時則物有間之」；《莊子·天道篇》「中心物愷」，《釋文》曰「物，本亦作勿」，是古字本通也。「君道何如，利而勿利」，言君人之道宜何如乎？務在利民，而勿以自利而已。《貴公篇》曰「伯禽將行，請所以治魯，周公曰『利而勿利也』」，此可爲證。下文曰「德衰世亂，然後天子利天下，國君利國，官長利官，此國之所以遞興遞廢也，亂難之所以時作也」，然則君道以利而勿利爲貴，正《吕氏》此篇之旨矣。

謂子有志則然矣，謂子智則不然。

樾謹按：下「然」字衍文，「不」讀爲「否」。「則然」「則否」相對爲文。後人不知「不」爲「否」之假字，故又加「然」字耳。《戰國策》正作「謂子智則否」。

今而後知吾先君周公之不若太公望封之知也。（《長利》）

樾謹按：「太公望」下不當有「封」字，涉下文「太公望封於營丘」而誤衍耳。

子嘗見兩蛟繞船能兩活者乎？（《知分》）

樾謹按：「兩活」無義。兩，疑「而」字之誤，本在「能」字之上。其文曰「子嘗見兩蛟繞船而能活者乎」？「兩」、「而」形似，又涉上文「兩蛟」字而誤，後人因移之「能」字之下耳。〔一〕

嬰且可以回而求福乎？子惟之矣。〔二〕

樾謹按：高注曰「惟，宜也」，義不可通。《呂氏》原文當作「子推之矣」。《晏子春秋·雜上篇》曰「嬰且可以回而求福乎？曲刃鉤之，直兵推之，嬰不革矣」。《呂氏》此文蓋即本《晏子春秋》而省其詞。「子推之矣」，即所謂直兵推之。晏子謂持直兵者曰「子推之矣」，正見其勇於死義。若謂崔子曰「子惟之矣」，轉失當時語氣矣。「推」與「惟」形似，因而致誤耳。

四上之志。

樾謹按：高注曰「四上，謂君也。卿、大夫、士與君爲四，四者之中，君處其上，故曰四上之

〔一〕 兩活，王其和舉古人用例，稱「古亦多見」，即俱活之義。陳奇猷《呂氏春秋校釋》引范耕研云：「兩者，謂人與蛟。言非蛟覆舟，即人殺蛟，不能兩活也。」范説是也（第一二三三頁）。

〔二〕 此句下原有篇名《知分》二字，與上條重，據體例删。

志」。其説「四上」義甚迂回。且下文所言亦非君之志也。「四上」疑當作「匹士」，皆字之誤耳。《禮記·禮器篇》「匹士太牢而祭謂之攘」，此「匹士」二字之證。下文云「爲之，天下弗能禁矣；釋之，天下弗能使矣」，又云「生不足以使之，則利曷足以使之矣？死不足以禁之，則害曷足以禁之矣」，正所謂「匹夫不可奪志」者。然則「四上」爲「匹士」之誤無疑也。

寡人與仲父爲樂將幾之。（《達鬱》）

樾謹按：「幾」與「既」通。《周易·歸妹》六五、《中孚》六四，「月幾望」，《釋文》并曰「荀本幾，作既」。既之言終也，「將既之」者，將終之也。畢氏疑是「幾何」，非是。

比獸之角，能以爲城；舉其尾，能以爲旌。（《行論》）

樾謹按：兩「能」字，皆當讀爲「而」。

莫敢諫若，非弗欲也。（《驕恣》）

樾謹按：此當作「莫敢諫者，非弗欲也」，言群臣莫敢諫者，非不欲諫，乃未得進言之道耳。故下文曰「春居之所以欲之與人同，其所以入之與人異」。今本「者」作「若」，以形似致誤耳。

共伯和修其行，好賢仁，而海内皆以來爲稽矣。（《開春》）

樾謹按：「以」「爲」二字，衍文也。「而海内皆來稽矣」，與上文「而鳳皇聖人皆來至矣」文法一律。稽之言同也。《詩·玄鳥篇》正義引《尚書緯》曰「曰若稽古帝堯，稽，同也」。鄭注《堯典》亦曰「稽，同也」，是稽有同義。故《韓子·王道篇》曰「保吾所以往而稽同之」。《禮記·儒行篇》「古人與稽」，鄭注曰「稽，猶合也」，合亦同也。「海内皆來稽」，言海内皆來同也。因衍「以」「爲」二字，高注乃曰「皆以來附爲稽遲」，失之矣。

先君必欲一見群臣百姓也，天故使欒水見之。

樾謹按：天字誤。《戰國·魏策》《論衡·死僞篇》并作「夫」，當從之。「夫」字屬上句讀。

弊生事精。（《察賢》）

樾謹按：《説苑·政理篇》作「弊性事情」，當從之。《爾雅·釋詁》「事，勤也。勤，勞也」，然則「事」亦猶勞也。言弊其性，勞其情也。生與性，精與情，古字并通。

十人者其言不義也。（《期賢》）

樾謹按：「其言」當作「言其」。「十人者言其不義也」，謂言伐衛之不義。「其」即指伐衛之事而言。

民相連而從之。（《審爲》）

樾謹按：高注曰「連，結也。民相與結檐隨之」，此説「連」字未得其義。「連」當讀爲「輦」。《周官・鄉師》注曰「故書輦作連」，鄭司農曰「連，讀爲輦」。又《巾車》職曰「連車組挽」，《釋文》曰「連，本亦作輦」，是連、輦古通用。《管子・海王篇》「行服連軺輂者」，亦假連爲輦，是其證。「相連而從之」者，言相輦而從之也。人挽車爲輦。莊十二年《左傳》「以乘車輦其母」，又襄十年《傳》「輦重如役」，皆是。《莊子・讓王篇》亦載此事，司馬彪曰「連，讀曰輦」，得之矣。

與諸侯約，爲高葆禱於王路。（《疑似》）

樾謹按：禱字不可通，當讀爲壔。《説文・土部》「壔，保也」，連言之則曰「保壔」，《九章算術》「今有方垛壔」是也。「垛壔」即「保壔」之异文。此作「葆禱」者，或古文假借，或聲近而誤也。「王路」者，大路也。《廣雅・釋詁》「王，大也」。如大父母稱王父母，鮪大者謂之王鮪，皆其例也。「爲高葆禱於王路」，猶云爲高垛壔於大路。《御覽》引此文葆作堡，蓋易以今字。無下四字，則由不達而臆删之。

不可知，則知無安君，無樂親矣。《壹行》

樾謹按：下「知」字衍文。「不可知，則無安君，無樂親矣」，不當於「則」下更出「知」字。上文曰「不可知，則君臣、父子、兄弟、朋友、夫妻之際敗矣」，是其例也。

威利敵，而憂苦民、行可知者王，威利無敵，而以行不知者亡。

樾謹按：「威利敵」當作「威利無敵」。上云「故賢主必使其威利無敵，故以禁則必止，以勸則必爲」，此承上文而言，不當云「威利敵」也。蓋同是「威利無敵」，而王與亡异，則以所行者有可知、有不可知耳。今奪「無」字，義不可通。又按，「以行不知者亡」，當作「以行不可知者亡」。下云「小弱而不可知，則强大疑之」，即承此而言。本篇「不可知」「可知」「不可知」相對爲文。下云「小弱而不可知，則强大疑之」，即承此而言。本篇「不可知」之文凡七見，無作「不知」者。

士義可知故也，則期爲必矣。

樾謹按：「故也」二字，涉上文「易知故也」而衍。此言士之義苟可知，則必爲人所期會矣。

不當有「故也」二字。〔一〕

故賢者所惡於物，無惡於無處。

樾謹按：王氏引之《經義述聞》曰「處之爲居、爲止，常訓也。而又爲審度、爲辨察，書傳具有其義」，所引證凡七事，王説是也。此文云「無惡於無處」者，謂無惡於無辨也。篇首「先王所惡，無惡於不可知」，即其義也。高注未得其旨。

北至人正之國，夏海之窮。（《求人》）

樾謹按：高注曰「令正，北極之國也」，畢云「注首『令正』與正文『人正』不知孰是」，今按，皆誤字也，當作「令正」。《淮南子·時則篇》作「北至令正之谷」，是也。又按，「夏海」當作「夏晦」，故高注曰「夏海，大冥也」，《淮南子》正作「夏晦」，高注曰「夏，大也。晦，冥也」，與此正同。海字雖亦有晦義，然使正文是海字，則高氏以「夏海」爲地名足矣，何必定訓爲「大冥」乎？

〔一〕 俞氏增「苟」字爲釋，徐仁甫《諸子辨正》認爲，義與宜古字通，亦訓「如」，假設之義，與下文「强大之國誠可知」之「誠」平列，不必增字爲釋（第二八〇頁）。可備一説。

未死而言死，不論，以，雖知之與勿知同。（《知化》）

樾謹按：論，當作諭，字之誤也。言未死而言死，則人不諭也。不諭，謂不知也。〔一〕「以，雖知之與勿知同」，以讀爲已。已者，已然也。一字爲句。言已然之後，雖知之與勿知同矣。篇末曰「夫患未至，則不可告也；患既至，雖知之無及矣。故夫差之知慚於子胥也，不若勿知」，正其義也，高注未明。

肉圃爲格。（《過理》）

樾謹按：高注曰「格以銅爲之。布火其下，以人置上，人爛墮火而死，笑之以爲樂」，畢氏沅曰「炮格，各書俱訛作炮烙，得此可以正之」，今按，畢説本段氏玉裁，詢足訂向來傳寫之誤。惟「炮格」似有二義：《荀子·議兵篇》「紂剖比干，因箕子，爲炮格刑」，此則淫刑以逞之事，如高氏所説是也。《韓非子·喻老篇》云「紂爲肉圃，設炮格，登糟丘，臨酒池」，則似爲飲食奢侈之事，蓋取肉置格上，炮而食之也。此云「肉圃爲格」，可知格即在肉圃中，其爲飲食事無疑矣。高注非是，説詳《韓非子》。

〔一〕論，當訓爲「知」，而非「諭」字之誤，説見王其和《俞樾訓詁研究》（第九六頁）。

雕柱而桔諸侯。

樾謹按：此即後世鞦韆之戲所自始。高注曰「雕畫高柱，施桔槔於其端，舉諸侯而上下之」，所説正得其義。蓋此與上文糟丘、酒池、肉圃爲格，皆飲食游戲之事。《玉篇·革部》「鞦韆，繩戲也」。

不可以直言，則過無道聞。而善無自至矣。（《壅塞》）

樾謹按：高氏解「過無道聞」曰「其過成，以無道遠聞」，此説迂曲，且與下句不一律。道之言由也、從也。「過無道聞」，言過無由聞，與「善無自至」義同。《當賞篇》曰「民無道知天，民以四時寒暑日月星辰之行知天」，又曰「人臣亦無道知主，人臣以賞罰爵禄之所加知主」，《慎小篇》曰「輕小物則上無道知下，下無道知上」，凡言「無道」者，并猶言「無由」也，高注失之。

此戴氏之所以絶也。

樾謹按：此即上文齊滅宋之事。戴氏爲宋公族，《孟子》書有戴盈之、戴不勝，《韓非子·内儲説》有戴驩爲宋太宰，蓋皆戴公之後，世執國柄。時人習見戴氏爲宋公族，遂相沿以宋爲戴氏，故曰「此戴氏之所以絶也」。乃結上文齊攻宋事，非别一事也。高注未達此旨。

凡説之行也，道不智聽智，從自非受是也。

畢校本曰：「道，謂有道也。自字疑衍。」

樾謹按：畢以「自」爲衍字，是也。以道爲有道，則失之。道者，由也。「道不智聽智」者，由不智聽智也。「由不智聽智」「從非受是」，文義一律。言説之所以得行者，以人主能由不智而聽智，從非而受是也。「從」下衍「自」字者，「從」與「自」同義，疑一本作從，一本作自，而傳寫誤合之也。畢以「道」字屬上句讀，而釋爲有道，失其旨矣。〔一〕

然則子事非子之事也。（《不苟》）

樾謹按：「子事非子之事」，言子所事者，非子之事也，下文「今子爲非子之事」，是其誼矣。畢氏疑上「子」字爲衍文，非是。

鍾况然有音。（《自知》）

樾謹按：况，讀爲鍠。《説文·金部》「鍠，鐘聲也」。此作况者，古字通用。《尚書·秦誓》

〔一〕 陶鴻慶《讀諸子札記·吕氏春秋二》認爲：「依畢校以『自』爲衍字，則恐未然。『自非』與『自是』義相反，人必自知其非，而後可以受是，故曰『從自非受是也』。」（第一五一頁）其説可參。

篇》「我皇多有之」，《公羊傳》作「而况乎我多有之」。况之爲鍠，猶况之爲皇矣。

故復右主然之罪，而賜菌改官大夫。（《當賞》）

樾謹按：高注曰「復，反也。反其罪，不復罪也」。若然，獻公於右主然僅不治其罪，而於菌改則賜之官大夫之爵，未見其能用賞罰也。下文云「凡賞非以愛之也，罰非以惡之也，用觀歸也。所歸善，雖惡之，賞；所歸不善，雖愛之，罰」，是獻公必賞右主然而罰菌改，於下文之義方合。疑右主然、菌改，傳寫互易，《吕氏》原文本作「故復菌改之罪，而賜右主然官大夫」。復之言報也，見《周官・宰夫》職注。復菌改之罪，即報菌〔一〕改之罪。《説文・㚔部》「報，當罪人也」，即此文復字之義也。後人見上文皆先言右主然，後言菌改，遂互易之，以順上文之序。然正文言「復」，而注文言「不復」，其義正相反，足知非《吕氏》之旨矣。且下云「賜守塞者人米二十石」，夫守塞者，即助右主然守塞之人也，故承「賜右主然」句而言，若如今本作菌改，則菌改乃内獻公者，何有守塞之人乎？是故「賜守塞者」與「賜右主然」兩文必相接，其傳寫之誤易，更可見矣。

〔一〕菌，原作「困」，諸本同，據上下文改。

養由基、尹儒，皆六藝之人也。（《博志》）

樾謹按：明李瀚本「六藝」作「文藝」，畢刻從之，謂與下篇合，其實非也。養由基善射，尹儒善御，射與御皆六藝之事，則作六藝爲是。下《貴當篇》曰「故賢主之時見文藝之人也，非特具之而已也，所以就大務也」，「文藝」亦當作「六藝」，此承上「善相人者」而言，亦藝術事也。今作「文藝」者，字之誤耳。反據此以改上篇，謬矣。

賢良又有死之臣蒙耻。（《似順》）

樾謹按：「又有死」三字，衍文也。「賢良之臣蒙耻」，文義甚明。疑「有死」二字本在下文，其文云「今越人起師，臣與之戰，戰而敗，敗而有死，賢良盡死，不死者不敢入於國」，蓋「戰而敗，敗而有死」，即上文所謂「戰請必敗，敗請必死」也。有，讀爲又。「敗而又死」，此謂完子自死也。完子爲將而死，則賢良莫敢不死。其或不死，亦必畏罪而不敢入國矣。所以不敢入國，正以主將先死之故。若無此句，但曰「戰而敗」，則賢良之死者固死矣，其不死者何不敢入之有？未足以盡國中之賢良也。「有死」二字，羼入上文，因并「敗而」二字删去之矣。至「有死」即又死，「又有」二字不當疊用，蓋讀者因此「有」字當讀作「又」，旁注「又」字，因而致衍耳。

小方，大方之類也；小馬，大馬之類也。（《別類》）

樾謹按：「小方」「大方」，義不可通。方，疑犬字之誤，因篆文相似而誤也。犬、馬義正一例。高氏無注，以犬字不煩更釋也。若作「小方」「大方」，則不容無注矣。

高陽應將爲室家，匠對曰：「未可也。」〔一〕

樾謹按：此當於「家」字絶句。《書·梓材篇》「若作室家」，《詩·綿篇》「俾立室家」，皆以「室家」連文，此云「將爲室家」，亦猶是也。高氏於「室」字絶句，云「家匠，家臣也」，失之。

德行尊理，而羞用巧衛。（《士容論》）

樾謹按：衛，當作躗，乃假借字或壞字也。哀二十四年《左傳》「是躗言也」，正義引服虔曰「躗，僞，不信也」。然則巧躗，猶云巧僞。高注謂「羞以巧媚自榮衛」，非是。

〔一〕按，此句下原有篇名「《別類》」二字，與上條重，據體例删。

竈突决，上棟焚。（《務大》）

樾謹按：此本作「上焚棟」，傳寫誤倒。《諭大篇》作「竈突决則火上焚棟」，是其證。〔一〕

民農則其産復，其産復則重徙。（《上農》）

樾謹按：兩「復」字并當作後，字之誤也。後與厚，古通用。《釋名・釋言語》曰「厚，後也」，《莊子・列禦寇篇》注曰「静而怯，乃厚其身耳」，《釋文》曰「元嘉本厚作後」，是其證也。「民農則其産後」，言民農則其産厚也。其産厚故重徙矣。《御覽》兩後字并作厚，正得其義。但字仍當作後，以仍古書假借之舊。《辯土篇》曰「必厚其靹」，又曰「其靹而後之」，亦厚、後通用之證。〔二〕

農不敢行賈，不敢爲异事。

樾謹按：此當以「農不敢行賈」爲句。言農恒爲農，不敢爲商也。「行賈」者，商也。僖三

〔一〕王其和認爲「俞氏不明『棟焚』表被動之義而誤校」，當據陳奇猷《校釋》補「火」字，作「火上棟焚」（第一一〇—一一一頁）。

〔二〕復，當訓爲「厚」，古有用例，而非「後」字之誤，説見王其和《俞樾訓詁研究》（第九六頁）。

十二年《左傳》「鄭商人弦高」，杜注曰「商，行賈也」。高氏以「農不敢行」爲句，而釋之曰「守其疆畆」，失之矣。「不敢爲异事」亦以農言，若如高注以賈言，則非所謂「野禁」也。

奪之以水事，是謂籥，喪以繼樂，四鄰來虛。

樾謹按：籥字義不可通，疑當作瀹。《莊子·知北游篇》《釋文》「瀹，漬也」。瀹即瀹之异文。「奪之以水事」，正與漬義相應。蓋瀹變作籥，又省作籥，又誤作籥耳。「四鄰來虛」，當作「四鄰來虐」，亦字之誤。虐與瀹、樂爲韵。若作虛，則失其韵矣。

子能以窐爲突乎？子能藏其惡而揖之以陰乎？（《任地》）

樾謹按：下文土、處爲韵，淫、風爲韵，堅、均爲韵，糠、疆〔一〕爲韵，獨此二句無韵，疑突乃窔字之誤。窔與陰正爲韵。高注曰「窐，容污下也。突，理出豐高也」，是以窐爲突，猶以下爲高。然下文諸句并不從相反取義，不必定如高氏之説。且諸句之意，皆不甚可解，而韵則塙有可憑，突字之誤殆無疑也。

〔一〕疆，《吕氏春秋·任地》作「彊」，當從改。

人肥必以澤。

檝謹按：高注曰「人肥則顏色潤澤」，此大誤也。通篇皆言耕種事，不當此句獨言人之顏色，且此句與下文「人耨必以旱」正相對。然則澤者雨澤也，非謂顏色潤澤也。肥，疑耜字之誤。上文曰「是以六尺之耜，所以成畝也，其博八寸，所以成甽也。耨柄尺，此其度也，其耨六寸，所以間稼也」，以耜、耨并言；則此文「人耜必以澤」「人耨必以旱」亦承上而以耜、耨并言可知矣。耜，謂耕也；耨，謂芸也。言耕宜雨，耘宜旱也。耜字從㠯，肥字從卪，篆文相似，又涉上文「地可使肥」而誤耳。

寒則雕，熱則脩。（《辯土》）

檝謹按：高注曰「脩，長也」，於義未得。《詩·中谷有蓷篇》「暵其脩矣」，毛傳曰「脩，且乾也」。《釋名·釋飲食》曰「脩，脩〔一〕縮也，乾燥而縮也」。「熱則脩者」，言熱則乾縮也，正與「寒則雕」同義。

〔一〕脩，據《釋名》原書，不當重「脩」字，疑衍。

衡行必得，縱行必術。

樾謹按：術，讀爲遂。《春秋》文十二年「秦伯使術來聘」，《左》《穀》并同，《公羊》作遂。《禮記·學記篇》「術有序」，鄭注曰「術，當爲遂」，是術與遂，古通用。「衡行必得，縱行必遂」，言衡縱皆必順其性也。

樹墝不欲專生而族居。

樾謹按：高注曰「專，獨也」，於誼未得。專，讀爲摶。《史記·秦始皇紀》「摶心壹志」，《索隱》曰「摶，古專字」。《周易·繫辭傳》「其静也專」，《釋文》曰「專，陸作摶」。昭二十一年《左傳》「若琴瑟之專一」，《釋文》曰「專，本作摶」。是專與摶，古同字而通用。《管子·霸言篇》「不摶不聽」，見本篇「夫摶國不在敦古」，尹注并曰「摶，聚也」。又《内業篇》「摶氣如神」，注曰「摶，謂結聚也」。然則「不欲專生」者，不欲聚生也，與「族居」同義。若訓專爲獨，則與「族居」義反矣。下文曰「墝而專居則多死」，蓋以「專生」「族居」義同，故省文言「專居」。「專居」者，聚居也，猶族居也。如高注，則不可通矣。

穗鉅而芳奪。（《審時》）

樾謹按：高注[一]曰「奪，或作奮」，非也。此當以作「奪」者爲是。「奪」者，脱之本字。《説文·奞部》「奪，手持隹失之也」，故引申之爲脱失字。後人借作敚，而本義晦矣。《後漢書·李膺傳》「豈可以漏奪名籍苟安而已」，「漏奪」，即今人言「漏脱」也。此文「芳」字當讀爲房。房者，柎也。《山海經·西山經》「員葉而白柎」，郭注曰「今江東呼草木子房爲柎」，是也。「穗鉅而房奪」，言穗雖大而其房必脱落也。因借芳爲房，而後人又昧於奪之本義，遂不得其解，而誤以爲芳薌奮發，致有作「奮」之本，不可從也。

摶米而薄糠。

樾謹按：摶之言圜也。《考工記·梓人》「摶身而鴻」，《廬人》「刺兵摶」，《弓人》「紾而摶廉」，鄭注并曰「摶，圜也」。《楚辭·橘頌篇》「圓果摶兮」，王注曰「摶，圜也。楚人名圜爲摶」。然則「摶米而薄糠」，與上文「其粟圓而薄糠」，文義正同。下文曰「大菽則圓，小菽則摶」，亦以圓、摶并言。

[一] 高注，諸本同。然「奪，或作奮」似屬舊校，而非高注，陳奇猷《吕氏春秋校釋》中已有辨析，其説可參。

如此者不益。

樾謹按：益字無誼。高注曰「益，息也」，亦不可曉。益，疑當作嗌。《方言》曰「嗌，噎也。秦晉或曰嗌，又曰噎」。然則「不嗌」者，言食之不噎也。吕氏，秦人，故言秦耳。舊校云「益，一作蒜」，蒜者恭之誤也。《説文·口部》曰「恭，籀文嗌字」。然則《吕氏》原文之作嗌，固無疑矣。

諸子平議卷二十五

春秋繁露一

三者不得，則諸侯之得，殆貶〔一〕矣。此楚靈所以稱子而討也。（《楚莊王》）

樾謹按：楚靈稱子而討，疑若得之矣。然齊桓不予專地而封，晋文不予致王而朝，楚莊弗予專殺而討，以三君者之賢而不得焉，則凡諸侯之得之者，殆非所以爲褒，而適所以爲貶也。故曰「諸侯之得，殆貶矣」。明王道焜本注曰「殆，恐是不待」，未達斯旨。

〔一〕貶，《春秋繁露》或作「此」。

《春秋》之辭多所况，是文約而法明也。

樾謹按：况字絶句。言《春秋》之辭，多以况譬而見，此其所以文約而法明也。凌氏曙注本讀是字絶句，失之。

人臣之行，貶主之位，亂國之臣，雖不篡殺，其罪皆宜死。

樾謹按：「亂國之臣」，當作「亂主之國」，此蒙「人臣之行」爲文，五句一氣相屬。

《春秋》曰「晉伐鮮虞」，奚惡乎晉而同夷狄也？

樾謹按：自此至「是其所以窮也」，當在《竹林篇》「鄭伐許」一節之前。彼文云「《春秋》曰『鄭伐許』，奚惡於鄭而夷狄之也」？中間亦有「問者曰」云云，與此文一律。故知兩文必相次也。《董子》原書當以「《春秋》分十二世以爲三等」節爲首篇，其篇名即曰《繁露》，今書稱《春秋繁露》者，以首篇之名目其全書也。傳寫者誤取「楚莊王」及「晉伐鮮虞」二節列於其前，遂以《楚莊王》題篇，并《繁露》之名而失之矣。然則「楚莊王」節宜在何處？曰，此固不可考，然「晉伐鮮虞」節在《竹林篇》，則「楚莊王」節或亦當在《竹林篇》。蓋與「晉伐鮮虞」節本相次也。今本《竹林篇》「逢丑父」及「鄭伐許」兩節相次，古本此兩節之間，當有「楚莊王」及「晉伐鮮虞」兩節，

「晋伐鮮虞」與「鄭伐許」固以類相從，而「楚莊王」節以「楚莊王殺陳夏徵舒」「靈王殺齊慶封」相提并論，「逢丑父」節以「丑父欺晋」「祭仲許宋」相提并論，是二事亦以類相從也。然則此兩節之當厠於其間無疑矣。傳寫者升此兩節於篇首，必非其舊，雖未敢率議遷移，然不可不知其誤也。盧氏文弨注引錢説，以爲後人掇拾綴緝所致，蓋已見及此，但未知爲《竹林篇》之錯簡耳。

宋伯姬恐不禮而死於火，齊桓公疑信而虧其地。

樾謹按：「疑」下亦當有「不」字。疑，亦猶恐也。《禮記·雜記》「五十不致毁，六十不毁，七十飲酒食肉，皆爲疑死」，鄭注曰「疑，猶恐也」。《大戴記·曾子立事篇》「君子見善恐不得與焉，見不善恐其及己焉，是故君子疑以終身」，然則「疑」與「恐」同矣。此文上言「恐不禮」，下言「疑不信」，文异而義同，傳寫奪不字，義不了矣。

如何與同姓而殘賤遇我。

樾謹按：與，當作以，古字通用。

視其温辭。

樾謹按：温，當讀爲藴，古字通也。「藴辭」，謂藴蓄之辭，即上所謂「微其辭」者。

然而介以一言曰，王者必改制。

樾謹按：襄三十一年《左傳》「介于大國」，杜注曰「介，猶間也」。故古語以「間介」連文，《孟子·盡心篇》「山徑之蹊間介」，《文選·長笛賦》「間介無蹊」，即用《孟子》文，是也。「介以一言」，猶間以一言。蓋《春秋》之於世事，善復古，譏易常，欲其法先王，而或且出一言以介之曰「王者必改制」。此介字，即「吾無間然」之間，《竹〔一〕林篇》「溴梁之盟，信在大夫，而《春秋》刺之，爲其奪君尊也。平在大夫，亦奪君尊，而《春秋》大之，此所間也」，即可説此介字矣。凌注曰「介，因也」，失之。

今天大顯己，物襲所代，而率與同。

樾謹按：「己」字絶句。物，當爲勿。《尚書·立政篇》「時則勿有間之」，《論衡·譴告篇》作「時則物有間之」。《莊子·天道篇》「中心物愷」，《釋文》「物，本亦作勿」，是古字通也。此承上文「受命之君，天所大顯」而言，謂天既大顯己，於所代之國，本不相襲，而己不能改制，大率與同，則非天意矣。

〔一〕竹，原作「玉」，諸本同，據《春秋繁露》改。

其有繼周之弊，故若此也。（《玉杯》）

樾謹按：有，猶爲也。言《春秋》所以貴志好誠者，爲繼周之弊，故若此也。爲、有一聲之轉，爲可訓有，有亦可訓爲。見王氏引之《經傳釋詞》。

五其比。

樾謹按：五，當爲伍，古字通。「伍其比」「偶其類」，兩義相近，伍猶偶也，比猶類也。

屠其贅。

樾謹按：屠，當爲杜，古字通。昭九年《左傳》「屠蒯」，《禮記·檀弓篇》作「杜蕢」，是也。凡非《經》所本有之義，皆謂之贅，爲《春秋》者宜杜塞之，則聖人之大義，不爲群言淆亂矣。

今夫天子逾年即位，諸侯於封内三年稱子，皆不在《經》也。而操之與在《經》無以异，非無其辨也，有所見而《經》安受其贅也。故能以比貫類、以辨付贅者，大得之矣。

樾謹按：文九年《公羊傳》曰「未稱王，何以知其即位？以諸侯之逾年即位，亦知天子之逾年即位也。以天子三年然後稱王，亦知諸侯於其封内三年稱子也」。夫《經》書公即位，則諸侯逾年即位見矣。而天子逾年即位，於《經》無見也。武氏子毛伯不稱使，則天子三年然後稱王見矣。而魯十二公無有三年稱子於其封内者，是諸侯於其封内三年稱子於《經》無見也。凡此皆所謂贅也。而學者操其説與實在《經》者無异，然而其中固有辨也，何也？必於《經》實有所見，然後引而申之，觸類而長之，而《經》亦安然而受之也。董子此言必有爲而發，當時若公孫宏〔一〕以曲學阿世，其所學《春秋》雜説必有附益於師説之外者，故以此辨之與！

《書》曰「厥辟不辟去厥祇」。

樾謹按：此《今文尚書》也。祇者，病也。《易·復》「初九。無祇悔」，鄭注曰「祇，病也」。《説文·疒部》「疷，病也」，祇與疷通。

考意而觀指，則《春秋》之所惡者。不任德而任力，驅民而殘賊之，其所好者設而勿用仁義以服之也。（《竹林》）

樾謹按：「其所好者設」五字，當爲衍文。

〔一〕公孫宏，即公孫弘，此諱改字。

術修之義也。

樾謹按：術，當讀爲遹。《爾雅·釋詁》《釋文》引孫炎云「遹，古述字」。述與術通，述、遹同字，則術、遹亦同字矣。《匡謬正俗》引《逸禮》記曰「知天文者冠鷸」，鷸字音聿，亦有術音。故《禮》之《衣服圖》，及蔡邕《獨斷》謂爲術氏冠。以顔説推之，術通作鷸，則亦通作遹矣。《爾雅》訓遹爲自，遹修之義，即自修之義，正與上文「雷同」之義相對成文。《詩·文王篇》「聿修厥德」，疑三家詩有作「遹修」而訓爲自者。董子此言，即本《詩》文耳。

故按《春秋》而適往事。

樾謹按：《詩·殷武篇》「勿予禍適」，《釋文》引《韓詩》曰「適，數也」。適，爲責數之數，亦可爲計數之數。「按《春秋》而適往事」，猶云數往事矣。

《春秋》以薄恩，且施失其子心。

樾謹按：恩字絶句。「施失」二字連文。下文云「子施失恩於親」，是其證也。施讀爲弛，古字通用。《禮記·樂記篇》「庶民弛政」，《釋文》曰「弛，廢也」。然則「弛失其子心」者，廢失其子心也。下文「施失恩」，亦謂廢失恩。以本字讀之，則不得其解矣。

故君子爲之諱，不居正之謂避其後也。亂移之宋督，以成〔一〕善志。（《玉英》）

樾謹按：「不居正之謂」及「也」字，并衍文。此本云「故君子爲之諱，句。避其後亂，移之宋督，以成善志」。今衍此六字，則文義不屬矣。下文云「棄之則棄善志也，取之則害王法」，疑「不居正之謂也」六字，當在此下。《王道篇》云「《春秋》嘉義氣焉，故皆見之，復正之謂也」，與此文法一律。

至於鄫取乎莒，以之爲同居。

樾謹按：「同居」二字無義，疑「司君」之誤。司君者，嗣君也。《尚書·高宗肜日篇》「王司敬民」，《史記·殷本紀》作「王嗣敬民」，是嗣與司古通用。

或請焉或怒焉者何？（《精華》）

樾謹按：怒當作攻。攻誤爲奴，因誤爲怒矣。上文曰「大旱，雩祭而請雨。大水，鳴鼓而攻社」，此承上文而言，不得改爲怒也。下文曰「故鳴鼓而攻之」，亦不云怒，足知其誤。

〔一〕成，《春秋繁露》原文作「存」。

不救陳之患，而責陳不離。

樾謹按：《周易·否》「九四。疇離祉」，九家注曰「離，附也」。「責陳不離」者，責陳不附也。本或作納，乃不得其義而妄改之。

故去其位辭，徒言君之子而已。

樾謹按：位，當作正，字之誤也。上文曰「奚齊避此正辭，而稱君之子」，是其證。

剔孕婦，見其化。（《王道》）

樾謹按：「見」字當作觀，乃壞字也。《呂氏春秋·過理篇》作「剖孕婦而觀其化」，可據以訂正。

立適以長不以賢，以貴不以長。

樾謹按：「以貴」上，當據《公羊》隱元年傳補「立子」二字。

楚公子比脅而立，而不免於死。

樾謹按：此本作「楚公子比脅而立，而不免於誅絶」，今「誅絶」二字傳寫誤入下文，淺人遂臆補「死」字耳。下文云「齊桓、晉文擅封，致天子，誅絶繼絶存亡，侵伐會同，常爲本立」。按

「擅封」是一事，「致天子」是一事，「繼絶存亡」是一事，其間不得有「誅絶」二字，明是上文奪去，誤著於此也。

恩衛葆。

樾謹按：莊六年《經》「齊人來歸衛寶」，惟左氏《經》作「衛俘」，而《傳》亦作「衛寶」，杜預注曰「《公羊》《穀梁》經傳皆言衛寶。此《傳》亦言寶，唯此《經》言俘，疑《經》誤」。然《公羊傳》文曰「此衛寶也，則齊人曷爲來歸之？衛人歸之也」。其文雖是寶，其義則皆可通。何休解詁曰「寶者，玉物之凡名」。於是始定爲寶玉字矣。董子固傳《公羊》之學者，而此篇有「恩衛葆」之文，葆之與寶，固得通用。然葆從保聲，保從孚省，孚即古文孚也。則葆之與俘，亦得通用。若是衛寶，不得言恩，其下又言「以正囹圄之平也」，則其爲俘囚明矣。竊謂字當作寶，義當爲俘。何休所解，未達斯旨。

閔公妒其言曰，此虜也，爾虜焉知，魯侯之美惡乎致，萬怒，搏閔公，絶脰。

樾謹按：莊十二年《公羊傳》作「爾虜焉故魯侯之美惡乎至」，傳文「故」字，蓋「知」字之誤。此文「致」字，當從《傳》作「至」，古字通也。「爾虜焉知」四字爲句，「魯侯之美惡乎至」七字爲句。惡音烏，至猶甚也。説詳《群經平議》。

自内出外，無亡不行；自外至者，無主不止。

樾謹按：宣三年《公羊傳》「王者則曷爲必以其祖配？自内出者，無匹不行；自外至者，無主不止」。此即用彼《傳》文而有訛字，然彼《傳》論祭祀配食之禮，與此論虞公貪財，全不相當，未詳其旨。

乾溪有物女，水盡則女見，水滿則不見。

樾謹按：《漢書·郊祀志》「有物曰蛇」，注曰「物，謂鬼神也」。《東平思王宇傳》「或明鬼神信物怪」，注曰「物，亦鬼」。然則「乾溪有物女」者，殆亦鬼神之類。

匹馬隻輪無反者。

樾謹按：僖三十三年《公羊傳》「匹馬隻輪無反者」，《釋文》曰「一本作易輪」。董仲舒云，車皆不還，故不得易輪轍」。然則《董子》原文必作易輪。今作隻者，後人所改也。惟「不易輪轍」之義，殊爲迂曲。而董子所見《傳》文如此，必當有説。今按，易者，析之假字。析、易叠韵，故蝘蜓名蜥蜴。而《詩・節南山篇〔一〕》「胡爲虺蜴」，《説文・虫部》引作「胡爲虺蜥」，然則易之通作析，猶蜴之通作蜥矣。《説文・木部》「析，破木也」。其字亦或作枏，《張遷碑》「陽氣厥枏」是也。又或作斨，《魯峻碑》「斨薪弗荷」是也。枏、斨并從片，則析輪猶片輪也，與馬之稱匹，正同一律，較「隻輪」之文爲優矣。

觀乎潞子，知無輔自詛之敗。

樾謹按：詛，當讀爲作。言無輔而自作也。《詩・蕩篇》「侯作侯祝」，《釋文》曰「作，本作詛」，蓋作、詛雙聲，古得通用耳。

《傳》曰，諸侯相聚而盟。君子修國曰：此將率爲也哉。（《盟會要》）

樾謹按：「修國」二字，當在「也哉」之上。「君子曰，此將率爲修國也哉」，言將相率而修治其國也。上文曰「以爲本於見天下之所以致患，其意欲以除天下之患」。夫諸侯相聚而盟，固欲相率而修治其國，其意本以除天下之患，而天下所以致患即在於此。此《春秋》所以善胥命也。「修國」二字誤倒在上，則文不可通。

〔一〕 節南山篇，按「胡爲虺蜴」出自《正月篇》，此係俞氏誤檢，當改。

論賢才之義。《十指》[一]

樾謹按：義者宜也。「論賢才之義」，即論賢才之宜，言各有所宜也。

故元者爲萬物之本，而人之元在焉。安在乎乃在乎天地之前？（《重政》）

樾謹按：「乃在乎」三字，衍文也。「安在乎天地之前」，言不必在天地之前也。《易》曰「有天地然後有萬物」，聖人之言，未有及天地之前者。有「物混成，先天地生」，此老氏之旨，非聖人之言也。下文曰「故春正月者，承天地之所爲也，繼天之所爲而終之也。其道相與共功持業，安容言及天地之元？天地之元，奚爲於此」，此正申説「安在乎天地之前」之意，可證此三字是衍文矣。

安容言乃天地之元？

樾謹按：乃，是「及」字之誤。聚珍本曰「乃，他本作及」，當從之。

〔一〕按，此句下原無篇名《十指》，據《春秋繁露》補。

夫能通古今，别然不，然乃能服此也。（《服制象》）

樾謹按：下「然」字衍文也。此以「通古今」「别然不」爲對文。《玉篇·士部》引《傳》曰「通古今，辯然不，謂之士」，是其證也。後人不知「然不」即「然否」，而於「不」下又加「然」字，失之矣。《荀子·哀公篇》「情性者，所以理然不取舍者也」，《大戴記·哀公問五義篇》作「所以理然不然取舍者也」，蓋亦後人所增，失與此同。

是故《春秋》之道，以元之深，正天之端。（《二端》）

樾謹按：「深」字無義。據隱元年《公羊傳》注曰「故《春秋》以元之氣，正天之端」，疑此文「深」字亦「氣」字之誤。「深」字左旁之罙，隸書或作「罙」，與「氣」相似，「氣」誤作「罙」，因誤作「深」矣。當據何劭公注訂正。

故予先言《春秋》，詳己而略人。（《俞序》）

樾謹按：下文有「故子夏言」「故子池言」，則此文「予」字，必「子」字之誤。子先，未知何人，殆亦七十子之弟子歟！此篇所稱引皆七十子之微言，惜多奪誤，難以盡通耳。

任群賢所以爲受成。（《離合根》）

樾謹按：此本作「任群賢以受成」，「所」「爲」二字，涉上下文而衍。

分障險阻。（《立元神》）

樾謹按：《淮南子·覽冥篇》曰「上天之誅也，雖在曠虚幽間，遼遠隱匿，重襲石室，界障險阻，無所逃之，亦明矣」，文義與此略同，則此文「分」字，疑「介」字之誤。介，與畍通。

以爲名定實。（《考功名》）

樾謹按：爲字衍文。「以名定實」，與上句「以多除少」相對。

其先比二三分，以爲上中下，以考進退。

樾謹按：「比二」，皆衍文。「比」即「先」字之誤，「二」即「三」字之誤，皆因誤致衍者也。

以爲一最。

樾謹按：當作「以一爲最」，與下文「五爲中，九爲殿」一律。

順數四而相復。（《三代改制質文》）

樾謹按：此言五帝，不得言「四而相復」，其上當有闕文。

然則其略説奈何？曰，三正以黑統初，正日月朔於營室，斗建寅。

樾謹按：「三正以黑統初」，謂三正以黑統爲始也。「初」下有闕文，當據下文補「正黑統奈何曰正黑統者麻」十一字。

是月不殺。

樾謹按：凌氏注云「王者養微，故懷任新産之月，雖有罪，法所不刑」，此誤以「是月」二字屬上爲義也。上云「法不刑有懷任、新産者」，其義已足，無取申説。下云「法不刑有身懷任」，又云「法不刑有身，重懷藏以養微」，夫既以養微説之，則「是月不殺」不連上事明矣。今按「是月不殺」與下文「聽朔廢刑發德」相次，「是月」，謂晦日也。僖十六年《經》曰「是月，六鷁退飛過宋都」，《公羊傳》以爲「晦日」，其明證矣，凌氏以《公羊》説《董子》書，抑何不達此旨？

用纖施舞。

樾謹按：此即所謂「旄舞」也。《周官·樂師》「有旄舞」，鄭司農注曰「旄舞者，氂牛之尾」。又《春官·序官》「旄人」鄭注曰「旄，旄牛尾，舞者所持以指麾」。此稱爲「纖施」者，據《周書·王會篇》「樓煩以星施」，孔晁注曰「施，所以爲旄羽珥」。然則「纖施舞」之即「旄舞」明矣。魯公子尾，字施父，亦可爲證。

四法修於所故，祖於先帝，故四法如四時然。

樾謹按：「四法」即上文所謂「主天法商而王，主地法夏而王，主天法質而王，主地法文而王」也。盧注引錢云「四法，即夫子所以答顏淵者」，殊失其旨。

吾聞聖王所取，儀金天之大經。（《官制象天》）

樾謹按：金字無義。下文云「何謂天之大經」，又云「三而一成，天之大經也」，不言「金天」，此「金」字乃「法」字之誤。言聖人所取者，無不儀法乎天之大經也。法，古文作⿱亼正，因誤作金矣。

一陽而三春，非自三之時與？

樾謹按：王道焜本作「一陽而三者」，當從之。陽即春也。《董子》原文本作「一春而三者，非自三之時與」，晉人避諱，改春爲陽，若《春秋》之稱「陽秋」矣。校正者不知「一陽」之即「一春」，而反疑「三者」之爲「三春」，易其文曰「一陽而三春」，不可通矣。

是故以其三爲選。

樾謹按：依下文當作「是故其以三爲選」。

以十端四選。

樾謹按：上云「是故以四選率之」，此當云「以十端率之」。「四選」二字，涉上而誤。

以三公之勞率之。

樾謹按：勞，當讀爲僚。僚從尞聲，與勞聲相近。膫亦從尞聲，而或體作膋，從勞省聲，即其例也。昭七年《左傳》「隸臣僚」，服注曰「僚，勞也」。是僚之與勞，聲近而義通。

子猶安敢擅以所重受於天者，予他人也。（《堯舜湯武》）

樾謹按：此有闕文，當云「子猶不敢擅以所重受於父者與他人，堯舜安敢擅以所重受於天者與他人也」。

舟車甲器有禁。（《服制》）

樾謹按：甲，乃申字之誤。申與陳通。《詩·大雅·文王篇》「陳錫哉周」，《商頌·烈祖篇》「申錫無疆」，「陳錫」「申錫」，一也。説詳《群經平議》。「申器」，即陳器。定四年《穀梁傳》

「徙陳器」，范注曰「陳器，樂縣也」，是也。《管子·立政篇》正作「舟車陳器」。

天子分左右五等，三百六十三人，法天一歲之數。（《爵國》）

樾謹按：下文「天子有三公、九卿、二十七大夫、八十一元士、二百四十三下士」，合之適得三百六十三人。凌引《天官》疏「天官總攝三百六十官」，未得其旨。

通佐十上卿，與下卿而二百二十人。

樾謹按：十，乃七字之誤。據下文云「有七上卿」。有，通作又。三公九卿外，又有七上卿，即所謂「通佐」也。故知「十上卿」當爲「七上卿」矣。「二百二十人」，當作「二百八十人」，聚珍本云「下二，他本作六」。六與八，形似而誤。今本作「二十」，則後人依既誤之下文改之也。說詳後。

諸侯大國四軍。

樾謹按：諸《經》皆言「大國三軍」，無言「四軍」者。凌氏注云「考《小司徒》注『百里之國凡四都，一都之田稅入于王』，古者計夫出稅，有稅則有夫，以其奉公家也。故不言『四軍』，而言三軍，其實暗中有一軍也」。凌氏此注雖似合下文「一軍以奉公家」之說，然「奉公家」，非奉王家也。則與《小司徒》注所稱「税入于王」者，本非一事，未可援以爲説。今以本文考之，「四軍」，實當爲「三軍」。下文曰「大國十六萬口而立口軍三」，又曰「定率得十六萬口，三分之，則各五萬三千三百三十三口，爲大（缺一字）口軍三，此公侯也」。然則以十六萬口三分之而爲三軍，不得更立一軍矣。其下又曰「天子地方千里，爲方百里者百，亦三分除其一，定得田方百里者六十六，與方十里者六十六，定率得千六百萬口，九分之，各得百七十七萬七千七百七十七口，爲京口軍九，三京口軍以奉王家」。然則天子九軍，以三軍奉王家，大國三軍，以一軍奉公家，皆與數適合。奉王家之三軍，即在九軍之中，則奉公家之一軍，亦即在三軍之中，不得有四軍也。古三、四字，皆積畫，往往致誤。《儀禮·覲禮》「四享」，鄭注曰「四，當爲三，古書作三、四，或皆積畫，字相似，由此誤也」。《周官·内宰》疏引鄭注曰「純四⿰豸只」，「四，當爲三，古三、四積畫，是以三誤爲四」，并其證。

方十里，爲方百里者百，得二千四百口。

樾謹按：上百字，衍文也。方十里之地，不得有方百里者百，而方百里者百，則不止二千

四百口，故知其誤。當云「方十里，爲方里者百」。〔一〕

得良田方十里者六十，六十與方里六十六。

樾謹按：凌氏注曰「『與』上『十』字，當在『方』字之下，『里』字之下當有『者』字」，此大誤也。『與』上『十』字，乃衍文耳。《董子》原文本云「得良田方十里者六十六，與方里者六十六」。蓋方百里之地，爲方十里者百，三分去一，應除去方十里者三十三，得方十里者六十六，餘一個方十里之地，三分去一，應除去方里者三十三，得方里者六十六，餘一個方里之地，除之不盡，姑舉大數耳。下文言「天子地方千里，得田方百里者六十六，與方十里者六十六。然則大國地方百里，爲方十里者六十六，方里者六十六」，其數甚明，凌氏何猶未達乎？

有七上卿，二十一下卿，六十三元士，百二十九下士。

樾謹按：三七二十一，二十一而三之得六十三，爲元士之數，六十三而三之，當得一百八十九，爲下士之數。今乃云「百二十九下士」，文之誤也，於是上文言通佐二百八十人，亦改爲二百二十人矣。

〔一〕 王其和認爲：「俞校是也。宋嘉定本《春秋繁露》正作『方十里爲方里者百』，是其證也。」（第七五頁）

王后置一太傅太母。

樾謹按：下「太」字疑衍文，蓋尊之曰太傅母，不當分之爲太傅、太母也。〔一〕

士入仕宿衛天子者，比下士。下士者，如上士之下數。

樾謹按：下文言大國、次國，并云「士宿衛公者，比上卿者有三人，下卿六人，比上下士者如上下之數」。則此文亦當云「士入仕宿衛天子者，比上卿者有三人，下卿六人，比上下士者如上下之數」，傳寫奪誤。

士宿衛公者、比公者、比上卿者有三人，下卿六人。

樾謹按：「比公者」三字，衍文。

故伯七十里，七七四十九，三分除其一，定得田方十里者二十八，與方十里者六十六。

樾謹按：當作「方十里者三十二，與方里者六十六」。蓋方七十里之地，爲方十里者四十

〔一〕王其和認爲，「太」字當非衍。據《公羊傳》何休注等可知，「傅」與「母」爲二人，不當爲一人。「一太傅太母」即「一太傅、一太母」也（第一二四頁）。

九，三分去一，應除去方十里者十六，得方十里者三十二，餘一個方十里之地，三分去一，應除去方里者三十三，得方里者六十六，餘一個方里之地，除之不盡。今作「方十里者二十八，方十里者六十六」，失其數矣。

故子男方五十里，五五二十五，爲方十里者六十六。

樾謹按：當作「方十里者十六，與方里者六十六」，蓋方五十里之地，爲方十里者二十五，三分除一，應除去方十里者八，得方十里者十六，餘一個方十里之地，三分去一，應除去方里者三十三，得方里者六十六，餘一個方里之地，除之不盡。今作「方十里者六十六」，傳寫奪誤耳。

故附庸字者，地方三十里，三三而九，三分而除其一，定得田方十里者六十。

樾謹按：當作「方十里者六」，蓋方三十里之地，爲方十里者九，三分除一，應得方十里者六，傳寫誤衍「十」字。

稱名善者，地方半字君之地，九半四分除其一，定得田方十里者三。

樾謹按：善，衍字，蓋即「者」字之誤而衍也。上云「附庸字者，方三十里，名者方二十里」，而此云「稱名者地方半字君之地」，則止方十五里，與上文不符。「九半」之文，亦不可曉。據云

「四分除一，定得田方十里者三」，則適是方二十里之地。蓋方二十里之地，爲方十里者四，四分除一，則方十里者三矣。然則所云「半字君之地」者，必誤也。

下四半三半二十五，三分除其一，定得田方十里者一與方里者五十。

樾謹按：文訛難讀。據云「三分除其一，定得田方十里者一與方里者五十」，則是方十五里之地。蓋方十五里之地，爲方五里者九，三分除一，則爲方五里者六，并四個方五里之地，作爲方十里者一，則餘兩個方五里之地，各爲方里者二十五，并之爲五十矣。上云「附庸字者方三十里，名者方二十里，人氏者方十五里」，則此所説者必是附庸稱人氏之制。上文所謂「半字君之地」者，宜移之於此矣。

仁義發第二十九。

樾謹按：發，乃法字之誤。篇中云「是故《春秋》爲仁義法，仁之法在愛人，不在愛我；義之法在正我，不在正人」，是其證也。

未致豫備之則美之。

樾謹按：致，當讀爲至。

凡此六者，以仁治人，義治我。

樾謹按：上文《春秋》「刺上之過，而矜下之苦，小惡在外弗舉，在我書而誹之」，并無六者，則此「六」字當爲衍文。

且《論》已見之而人不察。

樾謹按：《論》，即謂《論語》也。言此所説者，在《論語》已有明文，而人顧不之察也。下文引「君子攻其惡，不攻人之惡」，「居上不寬，爲禮不敬」，皆《論語》文，可證。《必仁且智篇》曰「《論》之所謂不知人也者，恐不知別此等也」，《論》亦即是《論語》。所謂「不知人」者，即「患不知人」是矣。

絶世無復，殘類滅宗，亡國是也。（《必仁且智》）

樾謹按：「無復」當爲「無後」，字之誤也。「亡國」下有闕文。據上文云「福及子孫，德加萬民，湯武是也」，則此當云「桀紂是也」。

諸子平議卷二十六

春秋繁露二

今人有大義而甚無利。（《身之養》）

樾謹按：當作「大有義而甚無利」，與下文「人甚有利而大無義」相對。

泰伯至德之侔天地也，上帝爲之廢適易姓而子之，讓其至德海内懷歸之。（《觀德》）

樾謹按：「讓」字衍文。「上帝爲之廢適易姓而子之」，謂天與之也。「其至德海内懷歸之」，謂人歸之也。中間不得有「讓」字。

魯桓即位十三年，齊、宋、衛、燕舉師而東，紀、鄭與魯戮力而報之。後其日，以魯不得遍，避紀侯與鄭厲公也。

樾謹按：上下文有「避齊桓也」「避楚莊也」之文，則此文「避紀侯與鄭厲公也」八字爲句。遍，乃偏字之誤，偏誤作徧，因爲遍矣。偏者，偏戰也。《春秋》之例，詐戰月，偏戰日。桓十年《公羊傳》注曰「偏，一面也，結日定地，各居一面」。然則「魯不得偏〔一〕」者，言不得獨當一面也。是時齊、宋、衛、燕伐我，魯不能獨當，與紀、鄭戮力，然後結日定地，各居一面與之偏戰，偏戰然後得書日。故《經》書曰「公會紀侯、鄭伯，己巳，及齊侯、宋公、衛侯、燕人戰」。《傳》曰「曷爲後日？恃外也。其恃外奈何？得紀侯、鄭伯然後能爲日也」。是可知魯不得紀、鄭之助，不能爲日。不能爲日者，但能詐戰而不能偏戰之謂也。故曰魯不能偏也。

號其大全，瞑也者，名其別離分散也。（《深察名號》）

樾謹按：此本作「號其大全，名其別離分散也」，故下文曰「號凡而略，名詳而目」，正承此而言。「瞑也者」三字，當在上文。按上文云「士者，事也。民者，瞑也。士不及化，可使守事，

〔一〕偏，原誤作「徧」，據蔡啓盛《校勘記》及上下文意改。

從上而已」，此下當有「瞑也者」云云，乃釋「民者，瞑也」之義，傳寫奪之，又誤著在後耳。

是故王意不普大皇。

樾謹按：「大」下奪「而」字。

詰其名實，觀其離合，則是非之情，不可以相讕也。

樾謹按：此下當接「《春秋》辨物之理」至「五石六鷁之辭是也」六十三字。下有脱簡，在《玉英篇》，其文曰「是故治國之端在正名」至「非子路之所能見」，三十六字。《深察名號篇》至此已畢。篇首云「治天下之端，在審辨大，辨大之端，在深察名號」，末云「是故治國之端，在正名」。首末正相應也。今定其文如左：

詰其名實，觀其離合，則是非之情，不可以相讕已。《春秋》辨物之理，以正其名。名物如其真，不失秋豪之末。故名實石則後其五，言退鷁則先其六。聖人之謹於正名如此。君子於其言，無所苟而已，五石六鷁之辭是也。是故治國之端在正名，名之正，興五世，五傳之外，美惡乃形，可謂得其真矣，非子路之所能見。

今世闇於性，言之者不同，胡不試反性之名？性之名非生與？如其生之自然之資謂之性。性者，質也。詰性之質於善之名，能中之與？既不能中矣，而尚謂之質善，何哉？性之名不得離質，離質如毛，則非性矣，不可不察也。

檝謹按：此下當接「栣衆惡於内」云云，自此以下，即爲《實性》上篇。《董子》論性，必反求諸性之名，故曰「性之名非生與」？論心必反求諸心之名，故曰「心之爲名，栣也」。蓋古人言義理，不離乎聲音訓詁，即孔子正名之義。《實性篇》與《深察名號篇》所以相次也，後人因兩篇之文有相近者，遂將篇首「今世闇於性」云云，誤羼入《深察名號篇》「《春秋》辨物之理」一節之上，而兩篇遂不可分矣。今定此爲《實性》上篇，而「孔子曰名不正則言不順」以下，則爲《實性》下篇，庶不失《董子》之舊乎！

栣衆惡於内，弗使得發於外者，心也。

檝謹按：王道焜本注曰「栣，疑衽，如甚切，梱也」。然衽不訓梱。《説文·木部》「栠，弱貌」。則梱仍栣字之訓耳，非其旨也。今按，衽者，衣襟也。襟，有禁禦之義。《釋名·釋衣服》曰「襟，禁也，交於前，所以禁禦風寒也」。衽，亦有任制之義。《釋名·釋喪制》曰「小要，又謂之衽。衽，任也，任制際會使不解也」。「任制」與「禁禦」，其義相通。「栣衆惡於内，弗使得發於外」，正取「任制」之義。下文曰「天有陰陽禁，身有情欲栣」，栣、禁對文，然則栣即禁也，亦猶衽即襟也。原注所訓，未達其旨。

聖人以爲無王之世，不教之名民，莫能當善。

樾謹按：名，衍字。

土者火之子，五行莫貴於土。土之於四時無所命者，不與火分功名。木名春，火名夏，金名秋，水名冬。忠臣之義，孝子之行，取之土。土者，五行最貴者也，其義不可以加矣。五聲莫貴於宮，五味莫美於甘，五色莫貴於黃。此謂孝者，地之義也。（《五行對》）

樾謹按：河間獻王以「夫孝，天之經，地之義」爲問，董子以「天有五行」對「天之經」矣。又對「地之義」曰「地出雲爲雨，起氣爲風。風雨者地之所爲，地不敢有其功名，必上之於天命。若從天命者，故曰天風天雨也，莫曰地風地雨也。勤勞在地，名一歸於天。非至有義，其孰能行此？故下事上，如地事天也，可謂大忠矣」。以下即當云「此謂孝者，地之義也」。乃又有此「土者火之子也」八十二字，夫上文既以五行爲天之經矣，豈此又以五行爲地之義乎？反覆推求，此八十二字，乃《五行之義篇》脱簡誤羼於此耳。今訂正如左：

五行之主土氣也，猶五味之有甘肥也，不得不成。土者，火之子也。五行莫貴於土，土之於四時無所命者，不與火分功名。木名春，火名夏，金名秋，水名冬。忠臣之義，孝子之行，取之土。土者，五行最貴者也，其義不可以加矣。五聲莫貴於宮，五味莫美於甘，五色莫貴於黄。是故聖人之行，莫貴於忠，土德之爲也。人官之大者，不名所職，相其是矣；天官之大者，不名所生，土是矣。

天之大數畢於十旬。旬天地之間，十而畢舉。旬生長之功，十而畢成。（《陽尊陰卑》）

樾謹按：上「旬」字衍文。《天地陰陽篇》云「天、地、陰、陽、木、火、土、金、水九，與人而十者，天之數畢也」，是天之數非以旬計，安得言十旬乎？下兩「旬」字，乃「匔」字之誤。匔者，周匝之本字也。《基義篇》同，而「畢於十」又誤作「畢有十」。

安所加以不在。

樾謹按：以，猶而也。説詳王氏引之《經傳釋詞》。「安所加以不在」，猶云「何所加而不在」。故下文云「在上下，在大小，在强弱，在賢不肖，在善惡」，歷舉所在以明之也。

冬出居上，置之空處也。

樾謹按：處，乃虚字之誤。上文曰「陰常居空虚」，是也。《漢書·董仲舒傳》「陰常居大冬，而積於空虛不用之處」，亦作「空虛」，可證。

然而主好惡喜怒，乃天之春夏秋冬也。（《王道通三》）

樾謹按：當作「人主之好惡喜怒」。下文云「然則人主之好惡喜怒，乃天之暖清寒暑也」，可證。

生溉其樂以養，死溉其哀以藏。

樾謹按：溉，讀爲既。既，盡也。

天無怒氣，亦何以清而秋就殺。（《天辨在人》）

樾謹按：就，當讀爲酋。《史記・魯世家》「考公酋」《索隱》引《系本》作就，是也。《太玄・玄文》「直酋相敕」，范望注曰「酋，殺」。是酋與殺同義。

以出入相損益，以多少相溉濟也。（《陰陽終始》）

樾謹按：「溉濟」即既濟。「損」「益」「既濟」，皆《易》卦名。

故清溧之於歲也，若酸鹹之於味也。（《陰陽義》）

樾謹按：清、溧同義，不得以酸、鹹爲比。據《暖燠孰多篇》云「非薰也不能有育，非溧也不能有熟」，又云「薰與溧其日孰多」，皆以薰、溧相對爲義。疑此亦當云「故薰溧之於歲也，若酸鹹之於味也」，淺人罕見薰溧，故誤改耳。

上所右而上所左也。（《陰陽出入上下》）

檝謹按：當作「上所右而下所左也」。下文云「以此見天之夏，右陽而左陰也，上其所右，下其所左」，與此文同，可證。

以其有餘徐來不暴卒也。（《基義》）

檝謹按：「有餘」二字，衍文。餘即徐之誤而衍者。既衍「餘」字，因又增入「有」字耳。上文云「天之氣徐，乍寒乍暑。故寒不凍，暑不暍」，并無「有餘」之義，故知其誤。

首妢員。（《人副天數》）

檝謹按：妢，讀爲頒。《説文・頁部》「頒，大頭也」，《詩・魚藻篇》「有頒其首」，毛傳曰「頒，大首貌」，并合妢員之義。

木者君之官也。夫木者農也。（《五行相勝》）

檝謹按：下文云「土者君之官也」，蓋土居中央，於五行最尊，故爲「君之官」，此乃云「木者君之官也」，義不可通，當爲衍文。

司營爲神。

樾謹按：宣三年《左傳》「使民知神奸」，是神與奸同類。上云「司農爲奸」，此云「司營爲神」，則神亦不美之名，故與「司馬爲讒」「司徒爲賊」「司寇爲亂」一律矣。

士卒不使。

樾謹按：「不使」謂不從也。《爾雅·釋詁》「使，從也」。

比相生，而問相勝也。（《五行相生》）

樾謹按：問，乃間字之誤。「比相生」，若春木生夏火是也。「間相勝」，若秋金勝春木是也。

鳳凰高翔。（《五行順逆》）

樾謹按：上文「恩及羽蟲」，則曰「鳳凰翔」，此文「咎及羽蟲」，則曰「鳳凰高翔」，豈以高卑爲恩咎之別乎？殆不然矣。「高翔」當作「不翔」。宣元年《公羊傳》注曰「摘巢毁卵，則鳳凰不翔」，是其證。

木干金則地動。（《治亂五行》）

樾謹按：當作「木干火則地動」。

惡者不出。（《五行變救》）

樾謹按：出，乃黜之假字。

隱武行文。

樾謹按：隱，讀爲偃。《漢書·古今人表》「徐隱王」，師古注曰「即偃王也」，是隱、偃古通用。〔一〕

故王者爲民，治則不可以不明，準繩不可以不正。（《五行五事》）

樾謹按：「則」下有闕文。或於「民」字絶句。「治」爲「法」字之誤。「法則不可以不明，準繩不可以不正」，二語相對。《周官·太宰》曰「灋則以馭其官」。

〔一〕王其和認爲「隱」「偃」文异而義同，不必改讀，此爲俞氏濫言通假而誤訓（第二一五頁）。

從作乂，言王者言可從，明正從行，而天下治矣。

樾謹按：「明正」乃「則臣」二字之誤。當作「王者言可從，則臣從行，而天下治矣」。《尚書・洪範》正義引鄭注曰「君言從則臣職治」，與此義相近。

此十物者皆奇而可怪。（《郊語》）

樾謹按：上文有八物，無十物也。蓋由淺人誤分「蠶珥絲於室，而弦絶於堂，禾實於野，而粟缺於倉」爲四事耳。其誤顯然，不可不正。

言不必立校。

樾謹按：校，讀爲效。謂不必立有效驗也。

問爲而爲之。

樾謹按：當作「問其所爲而爲之」，奪「其所」二字。

率由舊章。舊章者，先聖人之故文章也。率由，各有修從之也。

樾謹按：「各」字乃「者」字之誤，「修」字乃「循」字之誤。循誤爲脩，因誤爲修矣。此引《詩》而釋之。舊章者，先聖人之故文章也。率由者，有循從之也。「有」與「又」通，本書借「有」

爲「又」者，不可勝舉。循字解率字之義，從字解由字之義，言舉先聖人之故文章，又循而從之，是謂「率由舊章」也。

祭而地神者，《春秋》譏之。〔一〕

樾謹按：當作「不祭天神而祭地神者，《春秋》譏之」，蓋即僖三十一年《傳》「譏不郊而望」也。

今爲其天子，而闕然無祭於天，天何必善之。

樾謹按：《郊語》《郊義》《郊祭》《郊祀》四篇，實止一篇，殆由後人欲取足《崇文總目》八十二篇之數，以意妄分之耳。其文多錯亂，盧注訂正已多。上文「今郊事天之義，此聖人故」以下文脱，當云「此古聖人文章之最重者也」，盧以《郊祭篇》「故古之聖王，文章之最重者也」接之，文氣一貫，於是自篇首至此文始可讀。然至此處「天何必善之」，下接「所聞曰，天下和平」云云，仍有脱誤。今考定其文，合四篇爲一，録之如左：

〔一〕「祭而」條，此通行本屬《效祭》篇，然此處非脱漏，乃俞氏論定今本《春秋繁露》中《郊祭》《郊祀》《郊義》三篇係後人從《郊語》中妄加分出，故不列。

今爲其天子，而闕然無祭，天何必善之。《春秋》之義，國有大喪者，止宗廟之祭，而不止郊祭，不敢以父母之喪廢事天地之禮也。父母之喪，至哀痛悲苦也，尚不敢廢郊也，孰足以廢郊者？故其在《禮》亦曰「喪者不祭，惟祭天爲越喪而行事」。夫古之畏敬天而重天郊如此甚也。今群臣學士不探察，曰「萬民多貧，或頗饑寒，足郊乎」，是何言之誤！天子父母事天，而子孫畜萬民，民未偏〔一〕飽無用祭天者，是猶子孫未得食，無用食父母也。言莫逆於是，是其去禮遠也。先貴而後賤，孰貴於天子？天子不可不祭天也，無异人之不可不食父，爲人子而不事父者，天下莫能以爲可。今爲天之子而不事天，何以异是？是故天子每至歲首，必先郊祭以享天，乃敢爲地，行子禮也。每將興師，必先郊祭以告天，乃敢征伐，行子之道也。文王受天命而王天下，先郊乃敢行事，而興師伐崇。其《詩》曰「芃芃棫樸，薪之槱之。濟濟辟王，左右趨之。濟濟辟王，左右奉璋。奉璋莪莪，髦士攸宜」，此郊辭也。其下曰「淠彼涇舟，烝徒檝之。周王于邁，六師及之」，此伐辭也。其下曰「文王受命，有此武功，既伐于崇，作邑于豐」。以此辭者，見文王受命則郊，郊乃伐崇，伐崇之時何遽平乎？已受命而王，必先祭天乃行王事，文王之伐崇是也。

〔一〕偏，原作「偏」，據蔡啓盛《校勘記》改。

《詩》云「濟濟辟王，左右奉璋。奉璋莪莪，髦士攸宜」，此文王之郊也。其下之辭曰「淠彼涇舟，烝徒楫之。周王于邁，六師及之」，此文王之伐崇也。上言奉璋，下言伐崇，以是見文王之先郊而後伐也。文王受命則郊，郊乃伐崇，崇國之民，方困於暴亂之君，未得被聖人德澤，而文王已郊矣，安在德澤未洽者不可以郊乎？所聞曰「天下和平，則災害不生」；今災害生，見天下未和平也。天下所未和平者，天子之教化不行也」。《詩》曰「有覺德行，四國順之」。覺者，著也，王者有明著之德行於世，則四方莫不響應，風化善於彼矣。故曰「悦有慶賞，嚴於刑罰，疾于法令」。周宣王時天下旱，歲惡甚，王憂之。其詩曰「倬彼雲漢，昭回于天。王曰：嗚呼！何辜今之人？天降喪亂，饑饉薦臻。靡神不舉，靡愛斯牲。珪璧既卒，寧莫我聽？旱既太甚，蘊隆蟲蟲。不殄禋祀，自郊徂宫。上下奠瘞，靡神不宗。后稷不克，上帝不臨。耗射下土，寧丁我躬」。宣王自以爲不能乎后稷，不中乎上帝，故有此灾。有此灾，愈恐懼而謹事天。天若不予是家者，是家安得立爲天子？立爲天子者，天予是家。天予是家者，天使是家。天使是家者，是天之所予也，天之所使也。天已予之，天已使之，其間不可以接天，何哉？故《春秋》凡譏郊，未嘗譏君德不成于郊也。及不郊而祭山川，失祭之叙，逆於禮，故必譏之。以此觀之，不祭天者，乃不可祭小神也。郊因先卜，不吉不敢郊，百神之祭不卜而郊卜，郊祭最大也。《春秋》譏喪祭，不譏喪郊。郊不辟喪，喪尚不辟，况他物。《春秋》之法，王者歲一祭天於郊，四祭於宗廟。宗廟因於四時之易，郊因於新歲之初，聖人有以起之，其於祭不可不親也。天者，百神之君也，王者之所最尊也。以最尊天之故，故易始歲更紀，即以其初郊，郊必以正月上辛者，言以所最尊，首一歲之事，每更紀者，以郊郊祭首之，先貴之義，尊天之道也。郊祝曰「皇皇上帝，照臨下土。集地之靈，降甘風雨。庶物群生，各得其所。靡今靡古，維予一人某，敬拜皇天之祜」。夫不自爲言，而爲庶物群生言，以人心庶天无尤也。天無尤焉，而辭順恭，宜可喜也。右郊祀九句，九句者，陽數也。

按：郊祀之辭，舊有脱誤，今從盧校本。

今群臣學士不探察。〔一〕

樾謹按：探，乃深字之誤。〔二〕

〔一〕　按，此句見於《郊祭》，緣由參前。

〔二〕　王其和認爲，「探」非誤字。「探察」爲同義連文，爲「探究、審察」之義，古書多有連文之例。原文可通，不必以爲誤字（第九七頁）。

天已予之，天已使之，其間不可以接天，何哉？〔一〕

檝謹按：「其間」當作「其家」。上文曰「天若不予是家者，是家安得立爲天子？立爲天子者，天予是家。天予是家者，天使是家」，故此云「天已予之，天已使之，其家不可以接天，何哉」？以文義求之，當作「其家」無疑。

每更紀者，以郊郊祭首之。〔二〕

檝謹按：此本作「每更紀者，以郊祭首之」，涉上文「即以其初郊，郊必以正月」而誤叠「郊」字耳。

父者子之天也，天者父之天也。（《順命》）

檝謹按：當作「祖者父子天也」，故下文曰「天者萬物之祖」。〔三〕

〔一〕按，此句見於《郊祀》，緣由參前。

〔二〕按，此句見於《郊義》，緣由參前。

〔三〕王其和指出，「天」與「祖」聲形俱遠，無由致誤，「天」字當不誤，俞氏不明文意而誤校（第一二二四頁）。

州國人民。

樾謹按：民，乃氏字之誤。莊十年《公羊傳》曰「州不若國，國不若氏，氏不若人」。

臣不奉君父。

樾謹按：當作「臣不奉君命」。

或以鶩當鳧，鶩非鳧，可用否？（《郊事對》）

樾謹按：此本作「或以鶩當鳧。鳧當鶩，可用否」，故仲舒對曰「鶩非鳧，鳧非鶩也」。又曰「奈何以鳧當鶩，鶩當鳧」，可證此文之誤。

搔而不可從繞。（《執贄》）

樾謹按：從，衍字。繞者，撓之假字。「搔而不可撓」，即《荀子・法行篇》所謂「折而不撓」也。《漢書・枚乘傳》「足可搔而絶」，然則搔與折，義亦相近。

暘有似於聖人者。

樾謹按：「聖人」下當叠「聖人」二字。下所説皆聖人之德也，至「暘亦取百草之心」，始説暘之似聖人。然則此當作「聖人者」，明矣。上文云「雁乃有類於長者，長者在民上」，亦叠「長者」二字，正與此一律也。

山則巃嵸㠑崔巑嵬崋巍。（《山川頌》）

檝謹按：此本作「山則巃嵸㠑崋」。《説苑·雜言篇》作「夫山巃嵸㠑崋」，即本此文，可證也。因傳寫之本不同，或作「巃嵸崔嵬」或作「巃嵸摧巍」，而後人誤合之，於是作「㠑崔摧嵬崋巍」矣。一聲之字，不應疊用，其誤可知。《上林賦》「於是乎崇山矗矗，巃嵸崔巍」，亦本此文，并可爲證。

不遺小問。

檝謹按：問，乃間字之誤。《説苑·雜言篇》正作「不遺小間」。〔一〕

丈夫五人，齋三日，服黄衣而舞之。老者五人，亦齋三日，衣黄衣而立之。（《求雨》）

檝謹按：聚珍本云，他本無「老者」二字。今以文義求之，無此二字者是也。據下文，「冬求雨，用老者六人」，則季夏之月，不得亦用老者，一也。且上文於春云，「小童八人，皆齋三日，

〔一〕王其和認爲：「俞校是也。宋嘉定本《春秋繁露》正作『不遺小間』，是其證也。」（第五八頁）

服青衣而舞之。田嗇夫亦齋三日，服青衣而立之」。於夏云，「壯者七人，皆齋三日，服赤衣而舞之。司空嗇夫，亦齋三日，服赤衣而立之」。於秋云，「鰥者九人，皆齋三日，服白衣而舞之。司馬亦齋三日，衣白衣而立之」。於冬云，「老者六人，皆齋三日，衣黑衣而舞之。服黑衣而立之」。是舞之者，或小童，或壯者，或鰥者，或老者，皆擇用民間之人。而立之者，或田嗇夫，或司空嗇夫，或司馬，或尉，皆在官之人也。此乃用丈夫五人舞之，老者五人立之，於義不合，一也。然則此文宜如何？曰，此文直云五人，亦齋三日，衣黄衣而立之。所謂五人，非如丈夫五人，以數計也。五人，乃當時有此名目，其字本作伍。《漢書·酷吏·尹賞傳》「乃部户曹掾史與鄉吏、亭長、里正、父老、伍人」，是「伍人」與亭長、里正同類。此所使衣黄衣而立之者，即其人也。作五者，古字通耳。後人不達其義，謂五人是以數計，則五人之上不得無文，臆加「老者」字，而古制失矣。

夏之所受初也。（《祭義》）

樾謹按：「受初」當作「初受」，傳寫誤倒。

夏約故曰礿。

樾謹按：此本作「初受故曰礿」，即承「夏之所初受」而言，與「始生故曰祠」「先成故曰嘗」

「畢熟故曰烝」皆承上而言者一律。因上文「初受」誤作「受初」，於是此文亦作「受初」，而今本作「夏約」者，即「受初」之誤。受之與夏，初之與約，字形皆相似也。

天有兩和，以成二中。（《循天之道》）

樾謹按：「兩和」，謂春分、秋分。「二中」，謂冬至、夏至。

是故和東方生而西方成。東方和生，北方之所起；前而西方和成，南方之所養長。起之不至於和之所，不能生；養長之不至於和之所，不能成。

樾謹按：此節多衍字。今正之曰「是故東方生而西方成。東方和生，北方之所起，西方和成，南方之所養[一]。起之不至於和之所，逗。不能生；養之不至於和之所，逗。不能成」。

天地先盛牡而後施精，故其精固。

樾謹按：地，誤字。「盛牡而後施精」，以天言，不以地言也。下文曰「地氣盛牝而後化，故其化良」，則此文「天地」，必「天氣」之誤。

[一] 養，原爲「養長」，常用詞，《管子》《荀子》《漢書》均見，俞氏删改可商。

天地之經，生至東方之中，而所生大養，至西方之中，而所養大成。

樾謹按：生，衍字，蓋即至字之誤而衍者。

鶴之所以壽者，無宛氣於中，是故食冰。蝯之所以壽者，好引其末，是故氣四越。

樾謹按：凌注以「是故食冰」四字屬下爲義，非也。蝯無食冰之説，於義無取。且「鶴之所以壽者」「蝯之所以壽者」兩文相對，「是故食冰」「是故氣四越」兩文亦相對，則「食冰」自屬鶴矣。《董子》原文疑作「是故食不冰」。冰者，凝之正字。《説文》於「冰」篆下出重文「凝」，曰「俗冰，從疑」，是也。「食不凝」，謂所食不凝滯也。蓋中無宛氣，故食不凝滯，此鶴之所以壽也。《相鶴經》謂「大喉以吐故，修頸以納新」是矣。淺人但知冰爲冰凍字，誤删不字，遂失其義。

氣不傷於以盛通，而傷於不時天并。

樾謹按：「天并」二字無義，疑當作「弃天」。弃與并字相似，傳寫又誤倒耳。下文曰「不與

陰陽俱往來謂之不時，恣其欲而不顧天數，謂之天并」。夫「不顧天數」，正弃天之謂，可知其誤矣。〔一〕

冬避重潔。

樾謹按：潔，爲泲潔字。《説文》本作濕，而今經傳相承皆以濕爲燥溼之溼。然則此言「重潔」，即重溼也。以潔爲溼，猶經傳之以濕爲溼矣。李翕《析里橋郙閣頌》「醳散關之嶃潔」，潔即溼也，與此正同。説詳王氏念孫《漢隸拾遺》。

是故當百物大生之時，群物皆生，而此物獨死。可食者，告其味之便於人也；其不可食者，告殺穢除害之不待秋也。當物之大枯之時，群物皆死，如此物獨生。

樾謹按：「如此物獨生」，即「而此物獨生」也。惟其文傳寫錯誤，今正之曰「是故當百物大生之時，群物皆生，而此物獨死不可食者，告殺穢除害之不待秋也。當物之大枯之時，群物皆死，如此物獨生可食者，告其味之便於人也」。

〔一〕天并，俞氏疑作「弃天」，其義近之，而誤字之説則非。當從蘇輿《春秋繁露義證》「并即屏字，言爲天所屏棄」之説。參王其和《俞樾訓詁研究》（第九七頁）。

故貴爵而臣國所以爲仁也。（《天地之行》）

樾謹按：此皆承上文而言。上文云「高其位所以爲尊也，下其施所以爲仁也」，則此文「貴爵」下奪「所以爲尊也」五字。

聖人何其貴者，起於天至於人而畢。（《天地陰陽》）

樾謹按：聖，衍字也。此明人貴於物之義。上文曰「天、地、陰、陽、木、火、土、金、水九，與人而十」，是起於天、畢於人也。此人之所以貴也，但言人貴，非言聖人貴，聖字之衍，明矣。

物者投所貴之端，而不在其中。

樾謹按：投字無義，疑數字之誤。

受其治者不能辭其終。（《天道施》）

樾謹按：治，乃始之誤。

諸子平議卷二十七

賈子一

東割膏腴之地，北收要害之郡。（《過秦上》）

樾謹按：《史記》無北字，是也。《文選》有北字，而李善注引李斯上書曰「惠王用張儀之計，西并巴蜀，南取漢中，東據成皋之險，割膏腴之壤」，亦無北字。蓋「要害之郡」即指「成皋之險」，在東不在北，則北字衍文也。

合縱締交，相與爲一。

樾謹按：明吉府本作「相舉爲一」，舉、與古通用。作舉者，必古本也。

良將勁弩，守要害之處。

樾謹按：吉府本「守」上有「而」字，疑「勁弩」上闕一字。下句云「信臣精卒，陳利兵而誰何」，此句「良將」與「信臣精卒」對，「勁弩」與「利兵」對，必更有一字，方與「陳」字對也。此字偶闕，後人誤以「良將勁弩」四字，對「信臣精卒」四字，遂覺「而」字無謂，輒删去之矣。吉府本有「而」字，猶可推尋其迹。然所闕者何字，無可據補也。

俛起阡陌之中。

樾謹按：俛，當從《始皇本紀》作倔。字誤作俛，而《陳涉世家》遂作「俛仰矣阡陌」，亦當從《史記》作「什伯」。十人爲什，百人爲伯，以軍法言，即上文所謂「行伍之間」也。

然秦以區區之地致萬乘之勢，序八州而朝同列。

樾謹按：致字，衍文。「萬乘」當從《史記》作「千乘」。「區區之地」，言其地之小也，與「序八州」相對。「千乘之勢」，言其勢之弱也，與「朝同列」相對。序者，次弟之也，《陳涉世家》作抑，蓋字之誤，因而《始皇本紀》又誤爲「招」矣。

二世不行此術，而重以無道，壞宗廟，與民更始，作阿房之宮。（《過秦中》）

樾謹按：「與民更始」四字，當在「不行此術」句下。

故先王者見終始之變。

樾謹按：此本作「故先王覩終始之變」，覩字，誤分爲「者見」二字，亦猶《禮記・祭義篇》分䀛字爲「間見」二字矣。

循津關。（《過秦下》）

樾謹按：潭本循作修，是也。修通作脩，因誤作循耳。

案士息民，以待其弊。

樾謹按：「案士」無義。案，當從《史記》作安。土，乃士字之誤，吉府本正作士。言安息其士民，以待諸侯之弊也。

臣故曰，時且過矣，上弗蚤圖，疑且歲間所不欲焉。（《宗首》）

樾謹按：間，乃聞字之誤。疑，猶恐也。《禮記・雜記篇》「皆爲疑死」，鄭注曰「疑，猶恐也」，是矣。且，猶將也。《淮南・時則篇》「雷且發聲」，高誘注曰「且，猶將也」，是矣。「疑且歲聞所不欲焉」，猶曰恐將歲聞所不欲焉。上文云「今或親弟謀爲東帝，親兄之子西嚮而擊，今吴又見告矣」。「聞所不欲」，即指此等事而言。蓋謂不蚤圖之，則此等事恐無歲不聞也。聞與閒，形似致誤。《儀禮・士虞禮篇》鄭注曰「不言養禮畢於尸閒嫌」，又曰「此記更從死起。异人之閒，其義或殊」，兩閒字，今皆誤作閒。辯見《群經平議》。此文聞，誤作閒，正與彼同。盧氏文弨不能訂正，反謂此十九字不成文理而删去之，謬矣。《匈奴篇》云「疑將一材而出奇，厚贅以責漢」，此云「疑且」，猶彼云「疑將」，可以互證。

且謂天何，權不甚奇而數制人，豈可得也。

樾謹按：吉府本、建本并有此十六字，在「豈有异秦之季世乎」句下，當從之。「且謂天何」四字爲句。天，即天時也。上云「時且過矣，上弗蚤圖」，故此曰「且謂天何」。「權不甚奇而數制人」，八字爲句。奇之言奇羨也，奇贏也。《史記・貨殖傳》曰「時有奇羨」，《漢書・食貨志》曰「操其奇贏」，是其義也。言漢與諸侯王，比權量力，亦不甚奇贏，而欲諸侯王數數受其制，豈可得也？此乃《賈子》原文，班固删去之，而後人依《漢書》以删《賈子》，故潭本無此十六字。盧氏謂其不成文理，從潭本削去，是讀《漢書》，非治《賈子》也。

臣聞之，自禹以下五百歲而湯起。（《數寧》）

樾謹按：《漢書》「射獵之娛，與安危之機，孰急也」，即接「使爲治，勞知慮，苦身體」云云，文氣吻合。今以「臣聞之，自禹以下」至「又將誰須也」一段，橫隔其中，殊不可通。若移在篇首「臣竊惟事勢」之上，則文理俱順矣。蓋由後人依《漢書》刪去此段，而校補者又不當其處耳。

自武王已下，過五百歲矣，聖王不起，何怪矣。

樾謹按：怪字難通。明吉府本作「何怪矣」，當從之。怪猶异也，言何其异也。蓋過五百歲，而聖王不作，可怪异之甚也。作怪者，形似而誤。

臣觀寬大知通，竊曰，是以摻亂業，握危勢。

樾謹按：是，當爲足。下文「食穀之法，固百以是」，盧校曰「是，當爲足」，正與此同誤。

因諸侯附親軌道，致忠而信上耳。

樾謹按：自此以下，凡用因字、耳字者十，其句法皆同。班固刪改以入《漢書》，大失《賈子》之真，當以此書爲正。後人習讀《漢書》，不睹《賈子》原文，故亦無襲用此句法者，或反以爲誤，失之。

因觀成之廟，爲天下太宗，承太祖與天下漢長亡極耳。

樾謹按：此當作「爲天下大宗，承天下太祖，與漢長亡極耳」。「天下」二字，誤在「漢」上，義不可通。

子生而立，其身以子，夫將何失？（《藩傷》）

樾謹按：「立」字絶句。「其身以子」句當有闕文，蓋謂奪之其身以與其子也。盧校謂當作「其身而夭，子將何失」，非是。

若與臣下相殘，與骨肉相飲菇，天下雖危，無傷也，則莫如循今之故而勿變，以前觀之，其國最大者反最先。（《藩彊》）

樾謹按：盧校本删此四十一字，非也。此與上文「欲令天下之治安，天子之無憂，莫如衆建諸侯而少其力」，反覆相明。其云「以前觀之，其國最大者反最先」，則又起下文也。下文《大都篇》曰「昔楚靈王問范無宇曰『我欲大城陳、蔡、葉與不羮』」，與此句正相接。蓋《賈子》原文本是一篇也，後人割而分之，盧氏遂疑其語氣不了矣。

臣聞大都疑國，大臣疑主，亂之謀也。（《大都》）

樾謹按：謀，當爲媒，古字通用。《權重篇》曰「亂媒日長」，是其證也。《審微篇》曰「故明者之感奸由也蚤，其除亂謀也遠」，謀，亦當爲媒。奸言由，亂言媒，語意相近。

以皇帝所在宫法論之。（《等齊》）

樾謹按：建本作「皇帝在所宫法論之」，非也。上句云「諸侯王所在之宫衛織履蹲夷」，則此句當作「皇帝所在宫」明矣。兩「所在」字正相應也。盧校本反從建本作「在所」，殊誤。

諸侯之言曰令，令儀令言是也。

樾謹按：明吉府本作「諸侯之言曰令，儀之言是也」。「儀之言」句，雖不可解，必是古本如此。後人因上文「天子之言曰令，令甲令乙是也」，遂臆改之曰「令儀令言是也」，使與上文一律。然「令儀令言」亦仍不可解，當從古本而闕疑。

是以高下异，則名號异，則權力异，則事勢异，則旗章异，則符瑞异，則禮寵异，則秩禄异，則冠履异，則衣帶异，則環佩异，則車馬异，則妻妾异，則澤厚异，則宫室异，則床席异，則器皿异，則飲食异，則祭祀异，則死喪异。（《服疑》）

樾謹按：「名號异」下當叠「名號异」三字。本云「是以高下异，則名號异，名號异，則權力异」，以下諸句皆同。古書遇叠句多省不書，止於字下加二小畫識之，傳寫奪去耳。建本於「則死喪异」下又加「則」字，是誤於「則」字絶句矣。

其苦之甚矣，其欲有卒也類良有。所至逋走而歸諸侯，殆不少矣。（《益壤》）

樾謹按：卒，乃立字之誤。「其欲有立也類良有」八〔一〕字爲句。蓋言吏民苦屬漢，欲有所立者多有也。類，乃語詞。良，猶甚也。「良有」即甚有也。《漢書》作「其苦屬漢，而欲得王至甚」，即本此文而潤色之耳。《屬遠篇》云「甚苦屬漢而欲王，類至甚也；逋遁而歸諸侯，類不少矣」，可與此篇互證。「所至」二字，屬下句讀。

今所恃者，代、淮陽二國耳。皇太子亦恃之。

樾謹按：「恃之」下，脱「二國耳」三字。「皇太子亦恃之二國耳」，謂亦恃此二國耳。之，猶此也。上文曰「陛下所恃以爲藩捍者以代、淮陽耳」，又曰「唯皇太子之所恃者，亦以之二國耳」，與此文相同，可證。

〔一〕 八，原作「七」，據文意改。

天子無可以徼幸之權。（《五美》）

樾謹按：「天子」，當作「天下」，吉府本不誤。

於是齊悼惠王之子孫，王之分地，盡而止。

樾謹按：此本作「於是齊悼惠王之子孫，各以次受其祖之分地」，下文云「趙幽王、楚元王之子孫，亦各以次受其祖之分地」，即承此而言，可據訂也。又按《漢書》「盡而止」上有「地」字，此亦當有，傳寫奪之。

特賴其尚幼倫㛹之數也。（《制不定》）

樾謹按：倫，乃偷字之誤。㛹，乃緩字之誤。「偷緩」者，言苟緩之而已。建本誤作「倫㛹」，其字形尚相近，潭本作「倫㷭」，則彌遠矣。

所排擊，所剥割，皆象理也。

樾謹按：此當從《漢書》作「皆衆理解也」。象即衆字之誤。

周襄王出逃伯鬬。（《審微》）

樾謹按：周襄王出居於鄭，《左傳》以爲避大叔帶也。而此以爲「逃伯鬬」，乃古事相傳之异，宜表出之，以廣异聞。鬪，即鬭之俗字。

其中罪者，聞命而自弛。（《階級》）

樾謹按：弛，讀爲縨。《説文·糸部》「縨，繫縨也」。「聞命而自縨」者，聞命而自繫也。故下曰「上不使人頸盭而加也」。據《説文》「弛，或作褫」，與縨同聲，故得通用。師古注《漢書》曰「弛，廢也」。自廢而死，無論自廢而死，不得但謂之自弛，且與下文大罪之聞命自裁何别乎？

慮非顧行也。（《俗激》）

樾謹按：慮，猶無慮也，古人常語。「慮非顧行也」，謂大氐非顧行也。建本慮下衍念字，乃淺人不得其義而妄增。下云「盜者慮探柱下之金，掇寢户之簾」，亦言其大氐如此也。潭本作利，亦淺人改之。

攻擊奪者爲賢，貴人善突盜者爲忻。（《時變》）

樾謹按：攻，當作工。「貴人」，并衍文。貴即賢字之誤而衍者，因又衍人字耳。忻，乃折字之誤。故潭本作圻。圻與折，尤相似也。「善突盜者爲折」，折，讀爲哲，古字通用。《尚書·吕刑篇》「折民惟刑」，《墨子·尚賢中篇》作「哲民惟刑」，是也。「爲哲」與「爲賢」同意。下云

「諸侯設諂而相飭，設輹而相紹者爲知」，知亦哲也。「諸侯」二字未詳，疑衍字。

今俗侈靡，以出相驕，出倫逾等，以富過其事相競。

樾謹按：下「出」字，衍文。「倫逾等」三字，即在上「出」字之下。本作「今俗侈靡，以出倫逾等相驕，以富過其事相競」，傳寫脱「倫逾等」三字，補者誤箸句下，又衍一「出」字耳。

民不爲奸而貧爲里母也。

樾謹按：母，當作侮。言爲里人所輕侮也。下云「廉吏釋官而歸爲邑笑」，語意相近。

夫雕文刻鏤，周用之物繁多。（《瑰瑋》）

樾謹按：周，疑害字之誤。「害用」者，害於用也。下文云「黼黻文綉纂組害女工」。

作之宜一日，今十日不輕能成。用一歲，今半歲而弊。作之費日挾巧，用之易弊。不耕而多食農人之食，是天下之所以困貧而不足也。

樾謹按：「用一歲」，當作「用之宜一歲」，與「作之宜一日」相對爲文。「作之費日」「用之易弊」兩文亦相對，其中間不當有「挾巧」二字，此二字當在「不耕而多食」之上，謂其挾巧伎而不耕作，反多食農人之食也。

是使天下公得冒主而夫人務侈也。

樾謹按：「公得冒主」者，謂顯然得冒主也。《漢書・吴王濞傳》「公即山鑄錢」，《胡建傳》「公穿軍垣以求賈利」，師古注并曰「公，謂顯然爲之也」，是其義也。「夫人務侈」，謂人人務侈也。襄八年《左傳》「夫人愁痛」，杜注曰「夫人，猶人人也」，是其義也。

曰爲大，夫治，可也，若爲大，亂，豈若其小。（《孽産子》）

樾謹按：建本如此，潭本無「夫」字。然「夫」字非衍文，但當移在「曰」字之上。其文云「夫曰爲大，句。治，句。可也。句。若爲大，句。亂，句。豈若其小」。蓋此因獻計者類曰「無動爲大」耳，故以此破之。「無動」是一説，「爲大」又是一説。上文云「夫無動，而可以振天下之敗者，何等也」，乃破「無動」之説也。此云「夫曰爲大，治，可也。若爲大，亂，豈若其小」，乃破「爲大」之説也。賈子以爲獻計者，但知爲大耳，爲大而治，誠可也，爲大而亂，則豈若爲其小乎？文義甚明。盧本删去此十五字，則上文有「無動」「爲大」兩説，此但破「無動」一説，於文爲不備矣。

進計者猶曰「無爲」。

樾謹按：上文云「獻計者類曰『無動爲大』耳。夫無動，而可以振天下之敗者，何等也？夫曰爲大，治，可也；若爲大，亂，豈若其小」，蓋舉獻計者之説，而一一破之也。此文當云「進計者猶曰『無動爲大』」，方與上文相應。乃云「進計者猶曰『無爲』」，則既遺「爲大」一説，而上云「無動」，此云「無爲」，亦殊不合矣。蓋《賈子》原文本作「無動爲大」，班固删削，遂成此誤，不可不正也。

所謂禁游宦諸侯及無得出馬關者。（《壹通》）

樾謹按：「所謂」，即「所爲」也。古書謂、爲字多通。《吕氏春秋·恃君篇》「凡吾所爲爲此者」，《趙策》作「所謂」。《史記·蕭相國世家》「上所爲數問君者」，《漢書》作「所謂」。此文用「所謂」，正《賈子》之原文。盧校云「本作所謂，誤。今改正」，則失之矣。上文云「所謂建武關、函谷、臨晉關者」，「所謂」，亦「所爲」也，盧氏何不改乎？

天子都長安，而以淮南東南邊爲奉地。

樾謹按：自此至「陛下奈何久不正此」，與前段「罷關」意不相承，當合下《屬遠篇》爲一，蓋

《壹通篇》之文至「害兼覆之義，不便」而止。「天子都長安」以下，即爲《屬遠篇》。傳寫者誤割之，非《賈子》之舊矣。

故陳勝一動而天下不振。（《屬遠》）

樾謹按：「不」字衍文。「天下振」者，言天下爲之振動也。今衍不字，非其意矣。

行中道而衣，行勝已羸弊矣。彊提荷弊衣而至，慮非假貸自詣，非有以所聞也。

樾謹按：盧校疑「行勝」當作「行縢」，已得之矣。「自詣」當從潭本作「自儲」，吉府本作「自諸」，諸即儲之假字也。「以所聞」三字涉下「竊以所聞」句而衍。「慮非假貸自儲，非有也」，言大氐非假貸自儲，則無有也。非有，猶無有。《耳痹篇》曰「死而非補」，猶死而無補也，可證此「非」字之義。

竊以所聞縣令丞相歸休者，慮非甚彊也，不見得從者。

樾謹按：盧氏以「丞相」二字連讀，大誤也。此以「縣令丞」連讀，「相歸休者」連讀，「見」字衍文，即「得」字之誤而衍者。古得字作㝵，闕壞而爲見字，校者注得字於下，傳寫誤合之，遂成「見得」二字矣。此言道路遼遠，人不願往，縣令丞之歸休者，大氐非彊有力，即不得從者耳。

六七諸公皆無恙。（《親疏危亂》）

樾謹按：「六七」下又言「諸」，不辭甚矣。「諸公」當作「公諸」。諸，讀爲者，古字通用。《爾雅・釋魚》「龜，俯者靈，仰者謝，前弇諸果，後弇諸獵」，諸即者字也。《禮記・郊特牲篇》「或諸遠人乎」，《士虞禮》注作「或者遠人乎」，是其證也。「六七公諸皆無恙」，猶言六七公者皆無恙。後人不達其義，涉下文屢言諸公，因誤倒之耳。《漢書》正作「六七公者」，可證。

慮無不宰制，而天子自爲者。

樾謹按：《白虎通・諫諍篇》曰「宰，制也」，故此以「宰制」連文。《漢書》作「帝制」，則與「天子自爲」複矣。

誰與領諸侯，此所謂親也者。

樾謹按：《漢書》作「誰與領此」，「此」即指諸侯而言。班固所改也，又删「此所謂親也者」六字。然此句上應「臣請試言其親者」，下起「故疏必危，親必亂」，似未可删。盧校從《漢書》削去，則不如讀《漢書》矣。

故禹水九年，湯旱七年，甚也野無青草。（《憂民》）

樾謹按：「甚也」即「甚者」，屬下爲義，猶曰「甚者野無青草」也。《禮記·檀弓篇》「古者冠縮縫，今也衡縫」，《論語·陽貨篇》「古者民有三疾，今也或是之無也」，并上言「古者」，下言「今也」，是「也」與「者」同。

未獲年，富人不貸，貧民且飢。

樾謹按：年，當從潭本作耳。吉府本同。此言豐歲特未收穫耳，然其困已若此。

上弗自憂，將以誰偷？

樾謹按：偷，讀爲輸。《荀子·修身篇》「偷儒轉脱」，楊倞注曰「偷，當爲輸」，是其例也。言上弗自憂，則此憂無可委輸也。

中國乘其歲而富彊。（《解縣》）

樾謹按：歲，乃威字之誤。此説匈奴事，與歲與涉。

此其示武昧利之時也。（《匈奴》）

樾謹按：「昧利」，猶貪利也。《漢書·匈奴傳贊》「昧利不顧」，師古曰「昧，貪也」。

愛人之狀，好人之技，人道；信爲大操，帝義也。

樾謹按：師古注《漢書》本傳引此曰「愛人之狀，好人之技，仁道也；信爲大操，常義也」。此文「人道」下奪也字。仁、人古通，帝、常形似。然上文曰「妨害帝義」，則帝字不誤。

匈奴之使至者，若大降者也。

樾謹按：「匈奴之使至者」是一事，「大降者」是一事，「若」猶及也。猶言「匈奴之使至者，及大降者也」。《禮記・内則篇》「父母有婢子若庶子庶孫」，與此「若」字同義。下文曰「降者之傑也，若使者至也」，又曰「陛下之所召幸，若所以約致也」，并與此同。

美胾臇炙肉。

樾謹按：「炙肉」二字，衍文也。臇，即炙之异文，炙從肉，從火，此變從火爲從熭，則以義而兼聲矣。故炙亦作爃。《顏氏家訓》曰「火旁作庶爲炙」，是也。庶與煮同聲。《周官・庶氏》注曰「庶，讀如藥煮之煮」，然則臇從熭聲，猶爃從庶聲矣。讀者以臇即炙肉之炙，故注「炙肉」二字於下以識之，傳寫誤合之正文耳。「美胾臇」「具醯醢」，皆三字爲句，今衍「炙肉」二字，則與下句不倫矣。

上使樂府幸假之但樂。

樾謹按：但，乃具字之誤。具，誤爲俱，因誤爲但矣。下文云「上幸令官助之具，假之樂」，與此同義。彼分言之，則曰「助之具，假之樂」。此合言之，則曰「假之具樂矣」。具謂器具，樂爲鼓樂，非一事也。

陛下必時有所富。

樾謹按：富，當從建本作官。盧校依他本作富，非是。官者，館之古文。説詳余所著《字義載疑》。《保傅篇》云「學者，所學之官也」，師古注《漢書》曰「官，謂官舍」。官舍，即館舍也。此云「時有所官」，猶云「時有所館」。下文云「必令此有高堂邃宇，善厨處，大困京，廐有編馬，庫有陣車」，并就館舍言，可證。下文又曰「於來降者，上必時時而有所召幸拊循，而後得入官」，益知此文作富者之誤矣。

皆過其故王，慮出其單于或，時時賜此而爲家耳。

樾謹按：王，乃土字之誤，屬上讀，言皆過其故土也。「慮出其單于或」六字爲句。或，讀爲域。《説文・戈部》「或，邦也。從口從戈，以守一。一，地也」。重文域曰「或，又從土」，是

「或」本「域」之正字也。「出其單于或」者，出其單于之邦域也。慮，與「無慮」同，猶大氐〔一〕也。言大氐出其單于之邦域，時時賜此而爲家也。

上乃幸自御此薄。

樾謹按：薄，讀爲博，謂博戲也。莊十二年《公羊傳》「與閔公博」，《釋文》曰「博，字書作簙」。然則此作薄者，疑簙之誤矣。上文「或薄或掙」，義與此同。

具帶服賓餘。

樾謹按：「賓餘」，即《史記・匈奴傳》所謂「比余」也。餘、余同聲，古字通用。《周官・委人》職「凡其余聚以待頒賜」。鄭注曰「余，當爲餘」，是也。賓與比，亦一聲之轉。《白虎通・封禪篇》「賓連者，木名也。其狀連累相承」。然則「賓連」，即比連也。《說文・目部》引《詩》「國步斯矉」，今《詩・桑柔篇》作「國步斯頻」，鄭箋云「頻，猶比也」。蓋頻、比一聲之轉，矉、頻亦一聲之轉，賓得通比，猶矉得通頻也。《國語・齊語》「夫管夷吾射寡人中鈎，是以濱於死」，《管子・勢篇》曰「動静者，比於死」。「比於死」，即濱於死也。并可爲「賓餘」即「比余」之證。

〔一〕 氐，原誤作「氏」，據蔡啓盛《校勘記》改。下同。

衆欲無來，恐或軒之。

樾謹按：軒，乃掮字之誤。《文選・長楊賦》「麾城掮邑」，李善注引《蒼頡》曰「掮，拍取也」。「恐或掮之」，言恐爲人所取，方與上句「若虎在後」一律。《漢書・楊雄傳》作㨮，即掮之誤。此作軒，又㨮之壞字矣。

大每一關，屠沽者，賣飯食者，美臛炙臏者，每物各一二百人。

樾謹按：「大」字不誤。潭本作夫，非也。大，猶言大率也。《數寧篇》曰「故聖王之起，大以五百爲紀」，與此「大」字正同。

闔閭富，故然使專諸刺吴王僚。燕太子丹富，故然使荆軻殺秦王政。（《淮難》）

樾謹按：此本云「闔閭富，句。然故使專諸刺吴王僚。燕太子丹富，句。然故使荆軻殺秦王政」。「然故」，猶是故也。《禮記・少儀篇》曰「然故上無怨而下遠罪也」，《管子・任法篇》曰「然故諶杵習士聞識博學之人，不可亂也」，《荀子・大略篇》曰「然故民不困財」，《韓子・難三》曰「然故忠臣盡忠於公」，諸書并以「然故」連文。説見王氏引之《經傳釋詞》。此文兩言「然故」，正與彼同。今作「故然」，則不可通矣。

今陛下將尊不億之人。

樾謹按：「不億」，猶不𤔣也。襄二十四年《左傳》「不可億𤔣」，是億與𤔣同義。

或稱《春秋》而爲之聳善而抑惡，以革勸其心。（《傅職》）

樾謹按：革者，戒也。《文選·三國名臣序贊》「訓革千載」，李善引《蒼頡篇》曰「革，戒也」。「革勸」，即戒勸。《國語·楚語》正作「以戒勸其心」。

德言以揚之。

樾謹按：《楚語》作「德音以揚之」，疑此「言」字誤。〔一〕

天子不姻於親戚。

樾謹按：古人稱父母爲親戚。昭二十年《左傳》「親戚爲戮，不可以莫之報也」，《韓詩外傳》「親戚既没，雖欲孝，誰爲孝」，并其證也。此本作「天子不恩於親戚」，後人不達親戚之義，故易以姻字耳。《大戴記·保傅篇》作「天子無恩於父母」，父母，即親戚也。

〔一〕德言，與「德音」同義，指合乎仁德的言論，古書兩存，不必致疑。詳參王其和《俞樾訓詁研究》（第一三四頁）。

天子居處燕私安所易。

樾謹按：此本作「安而易」，與下句「樂而湛」相對爲文。隸書「所」字，或作所，見《魏孔羡碑》，與「而」字相似，因致誤耳。《大戴記·保傅篇》作「安如易」，如即而也。

夜漏屏人而數。

樾謹按：數者，説也。《詩·擊鼓篇》「與子成説」，毛傳曰「説，數也」。説爲數，故數亦爲説。《禮記·儒行篇》「遽數之不能終其物」，正義曰「數，説也」。蓋稱説者必一一數之，故數與説，其義得通。隱十二年《穀梁傳》曰「犆言同時也，累數皆至也」，范寧注曰「累數，總言之也」。然則累數，即累説也。「屏人而數」，猶屏人而言。盧校未得「數」字之義，故疑其有脱文矣。

左臆右臆。（《連語》）

樾謹按：臆，讀爲「十萬曰億」之億。「左億右億」，極言其數之多也。

提石之者猶未肯止。

樾謹按：《史記·絳侯周勃世家》「以冒絮提文帝」，《索隱》引蕭該曰「提，猶擲也」。《廣雅·釋詁》「石，擿也」。此「提石」二字之義。

以時巡循。（《輔佐》）

樾謹按：巡，乃順字之假借。巡、順并從川聲，古通用也。循，乃修字之誤。循、修二字，隸書相似，往往致誤。《荀子·王制篇》曰「以時順脩」，楊注曰「謂不失其時而順之脩之」，可據訂正。盧校云「循，即巡字，後人妄增」，猶未得也。

審詩商，命禁邪言，息淫聲。

樾謹按：「命」字上奪「脩憲」二字。「審詩商，脩憲命，禁邪言，息淫聲」，皆三字爲句。《荀子·王制篇》作「脩憲命，審詩商，禁淫聲」，是其證也。

諸子平議卷二十八

賈子二

虞人翼五豝以待一發，所以復中也。（《禮》）

樾謹按：復，乃優字之誤。言優假尊者，使之易中也。上文云「所以優飽也」，文義正同。今誤作復，義不可通。既云「以待一發」，則無再發之事，又何「復中」之有？

禮者所以節義而没不還。

樾謹按：還，乃遝字之誤。《小爾雅·廣詁》「没，無也」。《方言》曰「遝，及也」。「没不遝」者，無不及也。故下所説，皆逮下之事。

不出穎羅。

樾謹按：穎，讀爲絓。《太玄·玄瑩篇》「禍福絓羅」，正以「絓羅」二字連文，可證也。絓從圭聲，穎從頃聲，而得相通者。《説文》「烓，讀若冋」，即其例矣。《禮記·祭義篇》「故君子頃步而弗敢忘孝也」，鄭注曰「頃，當爲跬，聲之誤也」。然則絓之通作穎，猶跬通作頃矣。

魚肉不入廟門。

樾謹按：「魚肉」之義未詳。肉，疑育之壞字。育下從肉，闕其上半則爲肉字矣。《魯語》曰「鳥獸成，水蟲孕，水虞於是禁罝罜麗設穽鄂，以實廟庖」，即「魚育不入廟門」之義。

攫齧搏擊之獸鮮，毒蠚猛蚼之蟲密，毒山不蕃草木少薄矣，鑠乎大仁之化也。

樾謹按：盧校本於鮮字、密字絶句，是矣。惟未解密字之義。密，讀爲伏。古人書伏字，或作虙，或作宓。故伏羲氏，《漢書·五行志》作虙，《古今人表》作宓。密與虙、宓同聲，故亦得通作伏矣。「毒山」句不可曉，疑毒字衍文，蓋即涉上句而衍者。「薄矣」二字，傳寫誤倒。《賈子》原文云「山不蕃草木少矣」，言山之不蕃草木者少也。又云「薄鑠乎大仁之化也」，「薄鑠」連文，猶言灼爍也。古音灼與暴近。《墨子·親士篇》「靈龜近灼，神蛇近暴」，以灼、暴爲韵，是其證也。而薄與暴聲相同。《匡謬正俗》七引《山海圖贊》曰「暴有薄音」。《漢書・宣帝紀》注曰「薄，亦暴也」，并其證也。是故「薄鑠」即「灼爍」也。凡形況之辭，本無定字，亦無定義，在以聲求之而已。《爾雅・釋詁》「毘劉，暴樂也」。《桑柔篇》毛傳作「暴爍」，即此文「薄鑠」也。暴爍本希疏之義，而因有光明之義，凡樹木茂密則幽，希疏則明也，因又變其字爲灼爍。《説文新附》「灼爍，光也」。許書無「灼爍」，而有「玓瓅」，實則皆後出字耳。

繆然愻然憂以湫。（《容經》）

樾謹按：此當從潭本作「憂以」。下「湫」即愻之异文，不當重出。

喪紀之容，怮然懾然若不還。

樾謹按：還，亦當爲還。與《禮篇》「没不還」同誤。「若不還」者，若不及也。下云「言若不足，喪紀之言也」，「不足」猶不及也。

身似不則。

樾謹按：「不則」之義不可曉，或改爲「側」字，亦非也。身自不宜傾側，豈但似之而已乎？則，當讀爲即。《禮記・王制篇》「必即天倫」，鄭注曰「即，或爲則」，是古字通用。故《廣雅・釋言》曰「則，即也」。「身似不則」者，身似不即也，言其身若不往就之者然，故下句曰「從容而任」。

旄如濯絲。

樾謹按：《淮南・地形篇》「多旄犀」，高誘注曰「旄，讀近綢繆之繆，急氣言乃得之」。此文旄字，當從彼讀，方合「如濯絲」之義。

隨前以舉。

樾謹按：隨，乃骰之假字，隨從隋聲，與妥聲相近。《儀禮・士虞禮》注曰「今文墮爲綏」，《特牲饋食禮》注曰「墮與挼讀同」，并其證也。古無骰字，故以隨爲之，説詳《群經平議・周易》「執其隨」下。此云「隨前以舉」，與下句「項衡以下」相對爲文，言拜之時，其骰必前以舉，其項必衡以下也。益知隨之爲骰假字矣。

故能宗揖其國。

樾謹按：揖，與輯通。宗，疑安字之誤。「安輯」之文，史傳屢見。《漢書・段會宗傳》「使安輯烏孫」，《孫寶傳》「蠻夷安輯」，《西域傳》「可安輯，安輯之」，《王莽傳》「安輯海内」，并其證也。

審乎明王。

樾謹按：《淮南子·本經篇》「審于符者」，高誘注曰「審，明也」。「審乎明王」，正以「審乎」爲形况之辭。審乎，所以擬其明也。潭本審作沈，非是。

故威勝德則惇，德勝威則施。

樾謹按：惇，當讀爲憝。《周書·世俘篇》「凡憝國九十有九國」，孔晁注曰「憝，惡也」。威勝德則惡矣，故曰憝也。施者，弛之假字。言德勝威則廢弛也。

是法廢而威不立也。（《春秋》）

樾謹按：此下有「非所聞也」四字。盧校以爲不類原文而去之，此大誤也。《論衡·福虚篇》載此事云「念譴之而不行其罪乎？是廢法而威不立也，非所以使國人聞之也」。然則此文亦必與彼同，但奪去「以使國人之」五字耳，當據《論衡》補。

惠王之後而蛭出，故其久病心腹之積皆愈。

樾謹按：故字，衍文。《論衡·福虚篇》作「及久患心腹之積皆愈」，無故字。

故天之視聽，不可謂不察。

樾謹按：「視聽」，乃「親德」之誤。《論衡》作「故天之親德也，可謂不察乎」，是其證也。上云「臣聞皇天無親，惟德是輔」，故此云「天之親德」，即承上文爲説也。《廣雅·釋詁》「察，至也」。「不可謂不察」者，不可謂不至也。後人不達察字之義，疑與「天之親德」意不相承，遂以形似之字易之，而爲「天之視聽」矣。

寇挾城堞矣。

樾謹按：挾，讀爲接。《儀禮·鄉射禮》「兼挾乘矢」，《大射儀》「挾乘矢」，鄭注并曰「古文挾，皆作接」。

小而生大，必伯於天下。

樾謹按：《戰國策》作「小而生巨」，當從之。古占驗之辭，必有韵，「巨」與「下」爲韵，「大」與「下」則非韵矣。當據《國策》訂正。

昔楚莊王即位，自静三年。（《先醒》）

樾謹按：静，讀爲靖，古字通用。《尚書·堯典篇》「静言庸違」，《漢書·王尊傳》作「靖言庸違」，是其證也。《廣雅・釋詁》「靖，謀也」。自靖者，自謀也。《韓詩外傳》載此文作「昔者楚莊王謀事而居」，雖與此不同，然彼謀字，即此靜字之義。

天下服而□御。（《耳痹》）

樾謹按：上句云「上下調而无尤」，下句云「四境静而無虞」，則此句所闕亦必是「無」字矣。御讀爲啎，御從卸聲，卸從午聲，啎從吾聲，吾從五聲，故御與啎，聲近而得通。《説文・金部》「鋤，或作鋙」，即其例也。「天下服而無啎」者，天下服而無逆也。《説文・午部》「啎，逆也」。後人不解「御」字，以「無御」不可通，而闕之，又或妄補「在」字，更失之矣。

飲腑水。

樾謹按：腑，即腐字，移下半肉字於右旁耳。《吕氏春秋・盡數篇》「流水不腐」，然則腐水謂淤積之水。《楚辭・離世篇》「淹芳芷於腐井兮〔一〕」，王逸注曰「腐，臭也」，即此所謂「腐水」矣。

〔一〕「淹芳芷」句，今見於《九嘆・怨思》。

請婦人爲妾，丈夫爲臣，百世名寶，因閒官爲積。

樾謹按：官，乃館之古文。説詳《匈奴篇》。「閒官」，即閒館，謂館舍之空虛者。《上林賦》「靈圄燕於閒館」是也。此言請以越國百世之名寶，因吴國館舍之空虛者而以爲積，故曰「因閒館爲積」也。

稱善累德。

樾謹按：稱，讀爲爯。《説文・冓部》「爯，并舉也」。并舉，亦有積累之義，故與「累德」對文。

范蠡負室而歸五湖。

樾謹按：潭本作「負石而蹈五湖」，吉府本同，當從之。蓋此文言越之君臣，皆不善終，以明誣神而逆人，則天必敗其事也。下文曰「大夫種繫領謝室，渠如處車裂回泉，句踐不樂，憂悲薦至，内崩而死」。然則范蠡負石蹈湖，亦是言其不得其死，非如蔡澤所謂超然避世，長爲陶朱者也。《吕氏春秋・悔過篇》「故箕子窮於商，范蠡流於江」，意與此近。古事相傳，往往不同，即如子胥爲夫差所殺，其事甚箸。此云「子胥見事之不可爲也，何籠而自投水」，然則説范蠡事，豈必如世所傳乎？

天之處高，其聽卑，其牧芒，其視察。

樾謹按：牧，乃狀字之誤。言天之處雖高，而其聽則甚卑，其狀雖若芒芒然，而其視則甚察也。

寡人朝飢，時酒二配。（《諭誠》）

樾謹按：《説文・角部》「觛，小觶也」。配，即觛字，變從角者而從酉耳。《説文》以爲小觶，實即觶之异文。觶之爲觛，猶鱓之爲鉭也。

大夫國士畜我。

樾謹按：大字，衍文也。上云「夫衆人畜我」，此云「夫國士畜我」，兩文正同。古人書「大夫」字，或止於「夫」下積二畫，如《嶧山碑》「御史夫二臣德」是也，故往往相亂。《晏子春秋・問篇》「晏子聘於魯，魯昭公問曰『夫儼然辱臨』」，是誤「大夫」爲「夫」也。此云「大夫國士畜我」，是誤「夫」爲「大夫」也。雖屬錯訛，而尚可見古書之真，别本有作「是以」者，則後人率意妄改耳。盧校反謂建本訛，非也。又《階級篇》作「國士遇我」，此作「畜我」，義通。盧氏必從别本作

「遇我」，亦失之拘矣。

翟，窶國也，惡見此臺也？（《退讓》）

樾謹按：見，當作㝵，古得字也，與見相似，往往致訛。《史記·趙世家》「逾年歷歲，未得一城」，《趙策》得作見，亦㝵字之訛。

文王有志爲臺，令近境之民聞之者，裹糧而至。（《君道》）

樾謹按：「民聞之者」，民自聞之也，非文王令之聞之也，於義殊不可通。潭本作「令近規之民聞之者，贏裹而至」，吉府本同。據此則當於「規之」絶句。近，乃匠字之誤。《干禄字書》所載，如匝作迊，匹作疋，匣作押，陋作陋，凡從匚之字，每變而爲辶。然則匠之誤作近，亦猶是矣。此言文王有志爲臺，令匠氏規度之，而民之聞之者已裹糧而至矣。《詩》曰「經始靈臺，經之營之」，此即所謂「令匠規之」者，蓋古詩説也。因匠誤作近，遂改規字爲境字以合之，其句讀舛，而義亦全失矣。

榆鋏陂，雜芷若，蝱蟁視，益口笑。（《勸學》）

樾謹按：此皆以三字爲句。「榆鋏陂」，未詳。疑榆字讀若《司馬相如傳》「揄紵縞」之揄，揄之言引也。陂乃帔假字。此句蓋言衣服之美耳。「雜芷若」者，芷、若皆香草也。《列子·周穆王篇》「雜芷若以滿之」，正以「雜芷若」連文，故知此當以三字爲句也。「寅虱視」，義不可通。寅，疑望之假字。虱，則風之誤字。言望風而視也。「益口笑」者，益讀爲翳。《堯典》之益，《秦本紀》作翳，是其例也。《方言》曰「翳，掩也」。「翳口笑」，即掩口笑也。此數句，惟第一句之義，尚當闕疑，以下三句皆明白矣。盧校本疑「榆鋏」即「陜輸」，因以「榆鋏陂雜」爲句，「芷若寅虱」爲句，無理殊甚，不可從也。

昔者南榮跦醜聖道之忘乎己。

樾謹按：忘，當爲亡。「亡乎己」者，不在乎己也。古人謂「不在」爲亡。《禮記·祭法篇》「諸侯在其地則祭之，亡其地則不祭」，《荀子·正論篇》「然則鬥與不鬥邪，亡於辱之與不辱也，乃在於惡之與不惡也」，《正名篇》「故治亂在於心之所可，亡於情之所欲」，《淮南子·原道篇》「聖亡乎治人，而在於得道。樂亡於富貴，而在於得和」，諸書并以「亡」與「在」對，是「亡」猶「不在」也。後人不達「亡」字之義，加心作「忘」，轉不可通矣。

鏡儀而居。（《道術》）

樾謹按：儀，讀爲俄。《詩·賓之初筵篇》「側弁之俄」，傳曰「俄，傾貌」。《廣雅·釋詁》曰

「俄，衺也」。凡人置鏡必稍傾邪之，然後可以自鑒。故曰「鏡俄而居」也。

反友爲𪘪。

樾謹按：𪘪字，無考。《説文·齒部》「𪘨，缺齒也。讀若權」，疑即此字，蓋相齮齕之意。

放理潔静謂之行，反行爲汙。

樾謹按：隱三年《左傳》服注曰「水不流謂之汙」。字亦作洿，《一切經音義》八引《三蒼》曰「停水曰洿」。是汙爲停積之水，故反行爲汙也。

行歸而過謂之順。

樾謹按：過，當作和。古書和字，或以咼爲之。《淮南子·説山篇》「咼氏之璧」，高誘注曰「咼，古和字」，是也。《賈子》原文本作咼，後人不識，因改爲過矣。和與順，義正相應。

六理無，不生也。（《六術》）

樾謹按：「無」字絶句，言無此六理，則不生也。

以與《詩》《書》《易》《春秋》《禮》《樂》六者之術。

樾謹按：與，乃興字之誤。

是故先王設爲昭穆三廟，以禁其亂。何爲三廟？上室爲昭，中室爲穆，下室爲孫嗣令子。各以其次，上下更居。

樾謹按：此所謂廟，非廟祧之廟也。《呂氏春秋・慎勢篇》曰「古之王者，擇天下之中而立國，擇國之中而立宫，擇宫之中而立廟」，是王者所居，謂之廟也。此三廟，即所謂「三寢」。莊三十二年《公羊傳》何休注曰「天子諸侯皆有三寢：一曰高寢，二曰路寢，三曰小寢。父居高寢，子居路寢，孫從王父母，妻從夫寢，夫人居小寢」，其説略同，而謂「孫從王父母」，似不若此書所説之善矣。

數加於少而度出於居。

樾謹按：此本作「數加於少而度出於小」，言數之多者由少而加，度之大者從小而出也。下文曰「數度之始，始於微細，有形之物，莫細於豪。是故立一豪以爲度始」，此正「度出於小」之證。建本作「數加於小」，蓋即下句之「小」字誤移至上句耳，於是下句遂不得其字，妄加「居」字以足句。校者雖知上句之當作「少」，而不知移「小」字於下句，則終無以得其義也。

德生理，通之以六德之畢離狀。六德者，德之有六理。理離狀也。（《道德説》）

樾謹按：盧校本改畢作華，而説以《周官·形方氏》「華離之地」，恐未足據。其於離字絶句，尤誤。據下文「故曰如膏謂之德。德生理，通之以六德之畢離狀」，則「狀」字當屬上讀。此云「理離狀也」，亦「離狀」連文，不得於離字絶句，明矣。「理離狀」即「畢離狀」，蓋畢誤作里，又誤作理耳。

未變者道之頌也。

樾謹按：未字，乃夫字之誤。

《易》者察人之精德之理與弗循，而占其吉凶。

樾謹按：精，乃循字之誤。「察人之循德之理與弗循」十字爲句，下文云「《春秋》者守往事之合德之理與不合」，句法與此一律。因循字誤作精，盧校遂於弗字絶句，下句亦讀至不字絶句，殊失之矣。

故國以爲力，君以爲力，吏以爲力。（《大政上》）

樾謹按：此下有闕文，以上文例之可見。

知善而弗行，謂之不明；知惡而弗改，必受天殃。

樾謹按：「謂之不明」句，當在「知惡而弗改」下。

至於子孫而衰，則士民皆曰「何君子之道衰也數也」。

樾謹按：「衰也」，當作「衰之」。此云「何君子之道衰之數也」，下云「何天誅之遲也」，兩文相對。數之言促、速也。《禮記·曾子問篇》「不知其已之遲數」，鄭注曰「數，讀爲速」。此以數與遲對，正與彼同，亦當讀爲速。下文曰「故堯、舜、禹、湯之治天下也，所謂明君也，士民樂之，皆即位百年然後崩，士民猶以爲大數也。桀、紂所謂暴亂之君也，士民苦之，皆即位數十年而滅，士民猶以爲大久也」。久、數對文，可知數字之義，即可證此句之誤。

故爲人君者，其出令也其如聲，士民學之其如響，曲折而從君，其如景矣。

樾謹按：「曲折而從君」上有闕文。當有「如形」一喻，然後「如景」句乃有所承。蓋聲響一喻，形景一喻，不可并而爲一。下文曰「君鄉善於此，則佚佚然協，民皆鄉善於彼矣，猶景之象形也。君爲惡於此，則哼哼然協，民皆爲惡於彼矣，猶響之應聲也」。以後證前，知此文將言如景，必先言如形，其有闕文明矣。

信道而不爲，國家必空。（《大政下》）

樾謹按：信，疑倍字之誤。

故苟上好之，其下必化之，此道之政也。

樾謹按：「此道之政也」，文不可通，當作「此道之謂也」，傳寫誤耳。上文云「故勸之其上者，由其下而上睹矣，此道之謂也」，與此文法一律。

故國也者行之綱，然後國臧也。

樾謹按：「行」下本有「政」字，上云「臣忠君明，此之謂政之綱也」，此云「故國也者行政之綱，然後國臧也」，兩文相承。今奪「政」字，則文不成義矣。

故古聖王君子不素距人，以此爲明察也。國之治政在諸侯大夫，士察之理在其與徒。

樾謹按：「察也」二字，誤倒。侯字，衍文。「士察」二字，亦誤倒。本云「故古聖王君子不素距人，以此爲明也。察國之治，句。政在諸大夫，察士之理，在其與徒」。下文云「君必擇其臣」，即所謂「察國之治，政在諸大夫」也。惟國之治在諸大夫，故君必擇其臣也。又云「臣必擇其所與」，即所謂「察士之理在其與徒」也。惟士之理在其與徒，故臣必擇其所與也。舊校本作

「察國之治在夫諸侯，察士之理在其與徒」，下句得之，上句猶未得。又按上句「所謂政在諸大夫」者，此政非政令之政，乃是語詞。猶言正在於此也。下文「政有命國無君也」，「政有命國無吏也」，「政有命國無人也」，又云「故政謂此國無君也」，「故政謂此國無吏也」，「故政謂此國無人也」，諸政字，并同。《論語·述而篇》「正唯弟子不能學也」，即此文政字。

分人而不譐者，其惟道矣。（《修政語》）

樾謹按：譐，讀爲剸。《説文·刀部》「剸，減也」。字或作撙。《管子·五輔篇》「整齊撙詘，以避刑戮」。又或作繜。《荀子·不苟篇》「不能則恭敬繜絀以畏人」。「撙詘」「繜絀」，并即剸減之義而引申之，字异而義同也。「分人而不譐者」，謂雖分以與人，而其數不爲之減也。盧解以「譐沓」釋之，則與「分人」之義不相應矣。吉府本譐字下注云「音撙」。

故播之於天下而不忘者，其惟道矣。

樾謹按：忘，讀爲亡。《太玄·交》「次四。往來熏熏，得亡之門」。范望注曰「亡，猶絶也」。「播之於天下而不亡」，謂播之於天下而不絶也。《詩·有女同車篇》「德音不忘」，謂德音不絶也。《國語·周語》「令聞不忘」，謂令聞不絶也。其義并同。若以本字讀之，則胥失之矣。

學黃帝之道而賞之。

樾謹按：賞，讀爲償。《廣雅・釋言》「償，復也」。

帝嚳曰「緣道者之辭而與爲道已，緣巧者之事而學爲巧已，行仁者之操而與爲仁已。故節仁之器以修其躬，而身專其美矣。故士緣黃帝之道而明之，學帝顓頊之道而行之，而天下亦平矣」。帝嚳曰「德莫高於博愛人，而政莫高於博利人。故政莫大於信，治莫大於仁，吾慎此而已矣」。

樾謹按：「故士緣黃帝之道」至「天下亦平矣」二十五字，皆衍文也。上文載帝顓頊之言云「故上緣黃帝之道而行之，學黃帝之道而賞之，加而弗損，天下亦平矣」。此文涉彼而衍，又改下句「黃帝」爲「顓頊」，以實其爲帝嚳之言。盧氏校《親疏危亂篇》云「傭書小人，唯欲篇幅稍溢，利多得金」，其知言乎。《困學紀聞》卷二引此書曰「帝嚳曰：緣巧者之事而學爲巧，行仁者之操而與爲仁也。故節仁之器以修其財，而身專其美矣。德莫高於博愛人，而政莫高於博利人，故政莫大於信，治莫大於仁，吾慎此而已矣」。是王厚齋所見本，無此數語。且兩條合爲一條，亦無下「帝嚳曰」三字也。或疑王氏所引不備，未足爲據，則固不然。如下文有兩「湯曰」，王氏引之則云「湯曰」「又曰」，未嘗并爲一談也。若此有兩「帝嚳曰」，則亦當云「帝嚳曰」「又曰」，何以并而一之乎？

故吾詳取之以敬也。

樾謹按：《困學紀〔一〕聞》引此無「詳」字，當據删。

粥子曰：「唯攻守而勝乎同器。」(《脩政語下》)

樾謹按：盧校別本作「戰乎」，當從之。上文周武王問「守而必存，攻而必得，戰而必勝，則吾爲此奈何」，故粥子告以攻守戰三者同器也。「攻守而戰乎」，猶《大政上篇》云「明君而君子乎」。《賈子》自有此文法。言攻守與戰也，三者并舉，以「而」字連屬之，又用「乎」字爲語詞耳。上下文粥子之對，并曰「唯疑」，此文「唯」下亦當有「疑」字。

上下之人等其志矣。

樾謹按：《禮記・樂記篇》「然後立之樂等」，鄭注曰「等，差也」。《周官・司勳》職「以等其功」，鄭注曰「等，猶差也」。然則「等其志矣」，謂其志有等差也。與上文「賢不肖之人別其行

〔一〕紀，原作「記」，據前引與蔡啓盛《校勘記》改。

矣」一義，非齊等之謂。

賓禮贈賄同，是禮而從。（《禮容語下》）

檝謹按：是，當爲視。《釋名·釋姿容》曰「視，是也」。視與是，義本相通，故古書或假是爲視。《荀子·解蔽篇》「是其庭可以搏鼠」，楊倞注曰「是，蓋當爲視」，此其證也。《國語·周語》載此事曰「賓禮贈餞，視其上而從之」。此言是，彼言視，文异而義同矣。

命者，制令也；基者，經也、勢也。

檝謹按：「制令」，當爲「制度」。蓋訓命爲制度，訓基爲經，故下文曰「經制度」，即釋「基命」之義。後人不達其意，疑命當訓令，遂改爲「制令」。然詔令稱制，三代未聞。「制令」二字，義不相連。賈子述叔向之言，不當以「制令」連文也。至基之訓勢，未聞其義，直當爲衍文耳。

太宰持斗而御户右。（《胎教》）

檝謹按：斗，《大戴記·保傅篇》作升，盧辯注曰「升，所以斟」，孔氏廣森《補注》以《士冠禮》注「勺，尊升，所以𣂺酒」説之。然《穆天子傳》「佐者承斗而哭」，郭璞注曰「斗，斟水杓也」。《御覽》七百六十二引《通俗文》曰「木瓢爲斗」，則斗亦未始不可以斟。盧氏所據《大戴記》，其作升、作斗，未可知也。且下文云「荷斗而不敢煎調」，則并非斢酒之物。孔氏謂「持升」即「持勺」，義亦未安。今按：斗與豆，音近而易誤。《考工記・梓人》「一獻而三酬，則一豆矣」，鄭注曰「豆，當爲斗」。又云「飲一豆酒」，注曰「一豆酒，又聲之誤，當爲斗」，并其證也。疑此文本作「太宰持豆而御户右」。《詩・生民篇》「卬盛于豆」，毛傳曰「木曰豆。豆，薦葅醢也」。《大戴記・曾子事父母篇》「執觴觚杯豆而不醉」，盧注曰「豆，醬器」，則與下文「不敢煎調」文義正合。因豆、斗聲近，而誤豆爲斗，又因斗、升形似，而誤斗爲升，均非本字耳。

正之禮者王太子，無羞臣領臣之子也，故爲領臣之子也。身朝王者妻朝后，之子朝王太子，是謂臣之子也。

樾謹按：「羞臣領」三字，及「故謂領臣之子也」七字，并疑衍文。此本云「正之禮者王太子，句。無臣之子也。身朝王者妻朝后，句。之子朝王太子，句。是謂臣之子也」。蓋以上文所説諸禮，惟王太子得行之，人臣之子皆無是也。故曰「正之禮者王太子，無臣之子也」。「正之禮者」，猶云正其禮者。之，猶其也。《吕氏春秋・音初篇》「之子是必大吉」，高誘訓之爲其，是也。此下云云，又申説「臣之子」之義，謂其身朝王者，其妻必朝后，其子必朝王太子，是乃所謂「臣之子」也。因多衍字，故文訛難讀耳。

威王以齊彊於天下，而簡公以殺於檀臺。

樾謹按：威王在簡公之後，不應先言威王之彊，而後言簡公之殺，與上下文皆不一律矣。《大戴記》文與此同。惟《説苑・尊賢篇》作「威王以齊彊於天下，而湣王以弑死於廟梁」，則與上下文一律，或《賈子》原文也。

無宜治之民。

樾謹按：上云「無常安之國」，則此當云「無恒治之民」。恒與宜，相似而誤。《説苑・尊賢篇》正作恒字，當據訂正。

使天下之俗，失明尊敬而不讓。（《立後義》）

樾謹按：俗字絶句。明，疑所字之誤。「失所尊敬而不讓」，七字爲句。盧校於失字絶句，而解「明尊敬」爲「明知所當尊敬」，義未安也。吉府本作「失開尊敬」，尤誤。

諸子平議卷二十九

淮南内篇一

神與化游，以撫四方。（《原道》）

樾謹按：撫，讀爲幠。《説文・巾部》「幠，覆也」。古書或以撫爲之。《荀子・宥坐篇》「勇力撫世，守之以怯」，楊倞注曰「撫，掩也」。掩即覆也。此云「以撫四方」，猶言以覆四方。上文云「舒之幎於六合」，高誘注曰「幎，覆也」。幠、幎同義，作撫者假字耳。高注「撫，安也」，失之。

神托於秋豪之末，而大宇宙之總。

樾謹按：「大」下疑脱「於」字。謂神雖托於秋豪之末，而視宇宙之總合更大也。今脱「於」

字，文義未明。〔一〕

遂兮洞兮。

樾謹按：遂，讀爲邃。《離騷經》「閨中既邃遠兮」，《招魂篇》「高堂邃宇」，王逸注并曰「邃，深也」。洞，亦深也。《文選・西京賦》「赴洞穴」，薛綜注曰「洞穴，深且通也」。是洞有通義，亦有深義。「遂兮洞兮」，皆言其深也，方與上句「幽兮冥兮」意義相稱。高注曰「洞，達也」，非是。

扶摇抮抱羊角而上。

樾謹按：此當作「抮扶摇抱羊角而上」。讀者因《淮南》書多以「抮抱」連文，高氏此注又曰「抮抱，引戾也」，故移抮字於下，使「抮抱」連文，以合於高注，不知高注自總釋二字之義耳，非正文必相連也。扶摇也，羊角也，皆風也。《莊子・逍遥游篇》「摶〔二〕扶摇而上者九萬里」，《釋文》引司馬云「上行風謂之扶摇」，又曰「摶扶摇羊角而上者九萬里」，司馬云「風曲上行，若羊

〔一〕王其和據于省吾《淮南子新證》云「宋本『大』下有『與』字，當從之」，認爲「于説是也」。又證以《廣雅・釋言》：「與，如也。」（第一二七頁）可參。
〔二〕摶，原作「搏」，據《莊子》改。下同。

角」，是其義也。「搸扶摇抱羊角而上」，猶云摶扶摇羊角而上，今作「扶摇搸抱羊角」，則義不可通矣。

執道要之柄，而游於無窮之地。

樾謹按：既言要，又言柄，於義未安。當作「執道之柄，而游於無窮之地」。《文子・道原篇》作「執道之要，觀無窮之地也」。彼言要，此言柄，彼言觀，此言游，文异而義同。後人據《文子》以讀此文，遂有改柄爲要者。傳寫兩存其字，又誤入上文耳。又按「地」下亦當有「也」字，蓋此是答問之辭，若無「也」字，則與上文「何也」不相應矣。當據《文子》補。

人生而静，天之性也。感而後動，性之害也。

樾謹按：害，乃容字之誤。《禮記・樂記》作「性之欲也」，「欲」亦「容」字之誤。《史記・樂書》作「性之頌也」。徐廣曰「頌，音容」。蓋古本《樂記》字本作容，故徐廣讀頌爲容也。静、性爲韵，動、容爲韵。作欲，作害，則皆失其韵矣。且上言動，下言容，容亦動也。《説文・手部》「搈，動搈也」。容，即搈之假字。亦或作溶。《韓子・揚〔一〕搉篇》曰「動之溶也」，是也。「感而

〔一〕 揚，原作「楊」，據《韓非子》改。

後動」，即是性之動，故曰「性之容也」。作欲，作害，則皆失其義矣。《史記》作頌者，頌與容，古通用字。若是欲字、害字，則《史記》無緣誤作頌，徐廣又何據而讀爲容乎？故知此與《禮記》并誤也。説詳《群經平議》。

是故鞭噬狗、策蹄馬而欲教之，雖伊尹、造父弗能化。

樾謹按：伊尹不聞以善御名，何得與造父并稱？伊尹疑當作尹儒。《吕氏春秋·博志篇》「尹儒學御三年，夢受秋駕於其師」，即其人也。傳寫脱儒字，後人臆補伊字於尹字之上耳。《道應篇》作「尹需」。

夫井魚不可與語大，拘於隘也。夏虫不可與語寒，篤於時也。曲士不可與語至道，拘於俗、束於教也。

樾謹按：「大」字泛而無指，義不可通。疑本作「夫井魚不可與語大海，拘於隘也。夏虫不可與語寒雪，篤於時也。曲士不可與語至道，拘於俗、束於教也」。曰「大海」，曰「寒雪」，曰「至道」，皆二字爲文，與《莊子·秋水篇》不同。彼云「井蛙不可以語於海者，拘於虚也。夏虫不可以語於冰者，篤於時也。曲士不可以語於道者，束於教也」，曰海，曰冰，曰道，皆一字爲文。古人屬辭必相稱如此。高注於次句曰「言蟬蜩不知寒雪也」，則其所據本正有雪字。若正文但言寒，不言雪，則高注何以横加雪字乎？即謂增字以足句，何不據《莊子》加冰字，而必加雪字乎？此句既有雪字，則上句亦有海字可知。不然，次句曰語寒雪，三句曰語至道，而首句獨曰語大，文不相稱。且寒以雪言，至以道言，大以何物言乎？文又不備矣。梁張綰文曰「井魚之不識巨海，夏虫之不見冬冰」，「巨海」，即大海也。

藏於不敢。

樾謹按：《文子・道原篇》作「藏於不取」，當從之。即所謂「百姓足，君孰與不足」也。取與敢，形似而誤。

授萬物而無所前後。

樾謹按：「授」上當有「稟」字。上文曰「稟授無形」，又曰「布施稟授而不益貧」，下文曰「稟授於外而以自飾也」，并以「稟授」連文，是其證也。《文子・道原篇》作「稟授萬物而無所先後」，當據補。

味者甘立而五味亭矣。

樾謹按：《説文・高部》「亭，民所安定也」。是亭有定義。故《文選・謝靈運〈初去郡〉》詩注引《蒼頡》曰「亭，定也」。亦通作停。《釋名·釋言語》曰「停，定也。定於所在也」。「五味亭矣」，猶曰五味定矣。《文子·道原篇》字正作定，可證也。高注曰「亭，成也」，於義轉迂。〔一〕

憂悲者德之失也。

樾謹按：上云「喜怒者道之邪也」，下云「好憎者心之過也」。喜之與怒，好之與憎，皆二字相反，此云「憂悲」，則非其義矣。「憂悲」，當作「憂樂」。下文云「心不憂樂，德之至也」，即承此文而言。《精神篇》曰「夫悲樂者，德之邪也」，與此文异義同。悲即憂也，當由别本從彼作「悲樂」，而傳寫誤合之，轉脱樂字耳。

豈必處京臺章華。

樾謹按：「京臺」即强臺也。《戰國策·魏策》「楚王登强臺而望崩山」是也。强字，籀文作彊，從彊得聲，與京聲相近。麠或作麖，鱷或作鯨，皆其例也。故强臺，亦稱京臺矣。强臺見《道應篇》。而《文選·應璩〈與滿寵書〉》注引作「京臺」。此「京臺」即「强臺」之明證。

〔一〕亭，訓「成」，與上下文「宫立而五音形矣」「白立而五色成矣」「一立而萬物生矣」之「形」「成」「生」義同，均有「成」義，俞説可商。

此其爲樂也，炎炎赫赫，怵然若有所誘慕。

樾謹按：高注曰「怵然，猶惕然」，此説非也。下文「解車休馬，罷酒徹樂」之後，方云「忽然若有所喪，悵然若有所亡」，則此時不得遽云「惕然」也，若已「惕然」，又何樂之有乎？怵，當讀爲訹。《説文·言部》「訹，誘也」。下言「有所誘慕」，故上言「訹然」，義正相應。作怵者，假字耳。

夫内不開於中而强學問者，不入於耳而不著於心。

樾謹按：「不入於耳」句，衍不字，言雖入耳而不著於心也。不字，涉上下句而誤衍。〔一〕

此齊民之所爲形植，黎累憂悲而不得志也。

樾謹按：王氏念孫據《文選·江淹〈上建平王書〉》注訂「黎累」爲「黎黑」，是也。惟未説植字之義。植，當讀爲殖。《管子·地員篇》「五殖之狀，甚澤以疏，離坼以臞塉」，是殖有臞瘠之義。「形殖」，謂形體臞瘠也。蓋即從「脂膏殖敗」之義而引申之耳。

〔一〕　于省吾《淮南子新證》認爲：「『不』字非衍。『而』猶『則』也。詳《經傳釋詞》。」可參。

今夫狂者之不能避水火之難，而越溝瀆之險者。

檝謹按：「不能」，當作「能不」，傳寫誤倒。

夫精神氣志者，静而日充者以壯，躁而日秏者以老。

檝謹按：下兩「者」字，皆衍文。「日充以壯，日秏以老」，猶言日充而壯，日秏而老也。有「者」字，則文不成義。《文子・九守篇》正無兩「者」字。

一範人之形而猶喜。（《俶真》）

檝謹按：範，即犯之假字。《周易・繫辭傳》「範圍天地之化而不過」，《釋文》曰「範圍，馬、王肅、張作『犯違』」。是範、犯古字通也。《莊子・大宗師篇》正作「特犯人之形而猶喜之」，又曰「今一犯人之形而曰人耳人耳」，皆其證也。高注曰「範，猶遇也，遭也」，此説得之。郭象注《莊子》曰「人形乃是萬化之一遇耳」。是亦以遇釋犯也。高注又曰「一説，範，法也。言物一法效人形而猶喜也」，則望文生訓，失之泥矣。

其道可以大美興，而難以算計舉也。

檝謹按：美，當作筴，隸書策字也。《史記・五帝紀》「迎日推策」，晋灼曰「策，數也」。是大筴，即大數也。興，亦舉也，言止可以大數舉也。筴與美，形似而誤。《大戴記・易本命篇》「此乾坤之筴」，盧辯注曰「三百六十乾坤之筴」。而今正文筴字，亦誤作美，是其證也。高注曰「言天地萬物，但可以大美興而育之」，是其所據本已誤。

中徙倚無形之域，而和以天地者乎？

樾謹按：「和以天地」，義不可通。地，疑倪字之誤。《莊子・齊物論篇》曰「和之以天倪」。

休于天鈞而不碣。

樾謹按：高注曰「碣，敗也。天鈞，北極之地，積寒之野，休之輒敗，唯體道能不敗也」。此說天鈞之義，殊爲無據。《莊子・齊物論篇》曰「是以聖人和之以是非，而休乎天鈞」，郭象注曰「莫之偏任，故付之自均而止也」。《釋文》引崔譔曰「鈞，陶鈞也」。《淮南》「休乎天鈞」之文，即本《莊子》，義亦當與彼同。謂休乎自然之陶鈞，故不敗也。他書無以積寒之地爲天鈞者，足徵高注之非矣。

其所居神者，臺簡以游太清。

樾謹按：高注曰「臺，猶持也」。以持訓臺，蓋以聲爲訓。《釋名・釋宮室》曰「臺，持也。

築土堅高能自勝持也」，是其證也。《方言》曰「臺，支也」。支與持義同。錢氏坫謂臺當作臺，古文握字。然臺之訓持，自是古訓，不必疑其字誤也。《莊子·庚桑楚篇》曰「靈臺者有持而不知其所持，而不可持者也」，是亦以臺爲持，故《釋文》曰「靈臺，謂心有靈智能任持也」。然則「臺簡」即持簡，猶「靈臺」即靈持矣。

譬若周雲之蘢蓯遼巢彭濞而爲雨。

樾謹按：高注曰「周雲，密雨雲也」。然密雨之雲謂之周雲，甚爲未安，殆失之矣。周，當讀爲朝。《詩·汝墳篇》「惄如調饑」，毛傳曰「調，朝也」。周之爲朝，猶調之爲朝也。朝雲爲雨，即《詩》所謂「朝隮于西，崇朝其雨」也。鄭箋云「朝有升氣於西方，終其朝則雨。氣應自然，升氣即雲也」。《文選·高唐賦》「王問玉曰，此何氣也？玉對曰，所謂朝雲者也」，即可說此「周雲」之義。〔一〕

〔一〕 周，《說文·口部》：「周，密也。」王其和認爲，「周」訓「密」古爲常訓，讀本字可通，不必改讀，高注當不誤（第二一六頁）。

芒然仿佯于塵埃之外，而消播于無事之業。

樾謹按：《廣雅·釋詁》「業，始也」。「無事之業」，謂無事之始也。《文子·精神篇》作「無事之際」，乃淺人不得其義而臆改。《九守篇》亦作「無事之業」。

華藻鎛鮮。

樾謹按：高注曰「華藻，華文也。鎛，今之金尊也。鮮，明好也」。此説於鎛字之義未得，「鎛鮮」連文，若是「金尊」，則與「鮮」字不屬矣。陳氏壽祺《左海經辨》説以《説文·金部》之「鎛鱗」，謂鮮當爲鱗。然「鎛鱗」自是鐘上横木之飾，此言犧尊，非所施也。今按，鎛，從尃聲，尃猶敷也，謂以金敷布其上也。古者以金飾物謂之鎛。《史記·禮書》注「金薄璆龍」，《索隱》引劉氏曰「薄，猶飾也」。薄，即鎛之假字也。鮮，讀爲獻。《禮記·月令篇》「天子乃鮮羔開冰」，注曰「鮮，當爲獻」，是其證也。《明堂位篇》「周獻豆」，注曰「獻，疏刻之」。然則「鎛獻」，謂疏刻而以金飾之也。畫爲華藻之形，疏刻而金飾之，是爲「華藻鎛獻」。

不知耳目之宣，而游于精神之和。

樾謹按：宣，當作宜，字之誤也。《莊子·德充符篇》「夫若然者，且不知耳目之所宜，而游心乎德之和」，即《淮南》所本。《文子・精誠篇》作「知九竅四肢之宜，而游乎精神之和」，字正作宜，但「知」上脱「不」字耳。

夫世之所以喪性命，有衰漸以然，所由來久矣。

樾謹按：衰，乃等衰之衰。上文自伏羲氏而歷數之，以至於周室之衰，每降而愈下，故曰「有衰漸以然」。

與其有説也，不若尚羊物之終始也，而條達有無之際。

樾謹按：「終始」下衍「也」字。「不若尚羊物之終始，而條達有無之際」，兩句一氣相屬，今衍「也」字，則文義隔絶矣。

人莫鑑於流沫，而鑑於止水者，以其静也。

樾謹按：高注曰「沫，雨潦上沫起覆甌也」。又《説山篇》「人莫鑑於沫雨，而鑑於澄水者，以其休止不蕩也」，注曰「沫雨，雨潦上覆瓫也。沫雨，或作流潦」。今按，此當以「流潦」爲正，流潦即行潦也。《詩・泂酌篇》毛傳曰「行潦，流潦也」，《孟子・公孫丑篇》趙注曰「行潦，道旁流潦也」，是其義也。「流潦」與「止水」，正相對爲文。《莊子・德充符篇》「人莫鑑於流水，而鑑於止水」。流潦，猶流水也。《文子・九守篇》亦作「流潦」，可知古本如此矣。高本作「流沫」者，疑「流泉」之誤。隸書泉字，或作淥。楊君《石門頌》「平阿淥泥」，是也。古本作「流潦」，別本作「流泉」，義初不异。淥與沫相似，因誤爲沫矣。高據誤本作注，而以「雨潦上沫起覆甌」説之，蓋謂是水中浮漚耳，其説迂曲。而《説山篇》之「沫雨」，則又涉高注而誤。因高注「沫雨」二字相連，淺人妄謂是舉正文而釋之，遂改正文「流沫」作「沫雨」，又於注文雨下加雨字以從既改之正文，斯爲謬矣。王氏念孫謂當作「流雨」，「流雨」之文殊不成義，不可從也。《文選・江賦》注引作「流灥」，灥即《説文・泉部》驫字之异文。許君云泉水也，此正可爲別本作「流泉」之證。

莫窺形於生鐵，而窺於明鏡者，以睹其易也。

樾謹按：《太平御覽・服用部》《方術部》引此文并無睹字，是睹爲衍文。「以其易也」，與上句「以其静也」正相對。惟「易」字於義無取，疑「明」字之誤。「明」字從日從月，而「易」字據《説文》引秘書説「日月爲易，象陰陽也」，則亦從日從月，故「明」誤爲「易」耳。

能有名譽者，必無以趨行求者也。

樾謹按：趨，乃越字之誤。越之言逸也，躐也。「越行」，猶言過行也。謂不以過甚之行求名譽也。《文子・九守篇》作「能有名譽者，必不以越行求之」，是其證。

勢利不能誘也，辯者不能説也，聲色不能淫也，美者不能濫也，智者不能動也，勇者不能恐也。

樾謹按：「聲色」句，移在「辯者」句前，則「勢利」「聲色」以類相從，「辯者」「美者」「智者」「勇者」亦以類相從矣。《文子·九守篇》正如此，可據以訂正。

夫化生者不死，而化物者不化。

樾謹按：「化生」當作「生生」，涉下句而誤。《精神篇》曰「故生生者，未嘗死也，其所生則死矣。化物者，未嘗化也，其所化則化矣」，是其證也。

横扃天地之間而不窕。

樾謹按：高注曰「扃，猶閉也」，則與「横」字之義不貫矣。《儀禮·士冠禮》鄭注曰「扃，所以扛鼎」，《考工記·匠人》注曰「大扃，牛鼎之扃，長三尺。小扃，䏶鼎之扃，長二尺」。是扃者，横木以扛鼎者也。宣十二年《左傳》服注曰「扃，横木校輪間，一曰車前横木也」。是凡横木皆謂之扃，故以「横扃」并言。

蚉蝱噆膚而知不能平。

樾謹按：知，猶志也。《禮記·緇衣篇》「爲上可望而知也，爲下可述而志也」，鄭注曰：「志，猶知也」。是知與志義通。「知不能平」者，「平」定也。謂志不能定也。與上句「蜂蠆螫指而神不能憺」高注曰「憺，定也」，義正一律。《太平御覽·虫豸部》引作「性不能平」，恐後人不達知字之義而臆改，未足爲據。王氏念孫謂「性，猶體也」，此恐不然。神也，志也，皆就在內者而言，故下文曰「夫憂患之來攖人心也，直蜂蠆之螫毒，而蚉蝱之慘怛也」，言攖人心不言攖人體，則此不當以體言矣。

雖欲勿稟，其可得邪。

樾謹按：《國語·晋語》「將稟命焉」，《楚語》「是無所稟命也」，韋注并曰「稟，受也」。此言萬物之來擢拔吾性、攓取吾情，吾雖欲勿受之，而不可得也。高注曰「稟，猶動用也」，於辭意未合，且稟字亦無「動用」之義。

東北曰變天。（《天文》）

樾謹按：《周易·説卦傳》「艮，東北之卦也，萬物之所成終而成始也」，正義曰「東北在寅丑之間，丑爲前歲之末，寅爲後歲之初，則是萬物之所成終而所成始也」。「東北變天」之義，亦取諸此。以其居終始之交，故以變名。高注以「萬物萌芽」説之，尚未盡變字之義。

景風至，則爵有位，賞有功。

樾謹按：既云「有位」，又何爵焉？「爵有位」之文，殊不可通。位，疑德字之誤。「有德」「有功」相對爲文。草書德字作[illegible]，與位相似，故德誤爲位耳。《白虎通義·八風篇》正作「爵有德，封有功」，可據以訂正。

何謂五官，東方爲田，南方爲司馬，西方爲理，北方爲司空，中央爲都。

樾謹按：「都」上疑脱「官」字。「官都」者，官之都總也。蓋以二字爲官名。《管子·問篇》曰「問五官有度制，官都其有常斷，今事之稽也何待」，此五官有「官都」之塙證。又《揆度篇》云「自言能爲司馬，不能爲司馬者，殺其身以釁其鼓。自言能治田土，不能治田土者，殺其身以釁其社。自言能爲官，不能爲官者，劓以爲門父。故無敢奸能誣禄至於君者矣，故相任寅爲官都」。按司馬及治田土即此東方、南方之官也。然則「官都」，亦即此五官之一矣。

太微者，太一之庭也。

樾謹按：下文曰「紫宫者，太一之居也」。然則「太一」自在紫宫，不在太微，此「太一」乃「天子」二字之誤。《太平御覽》引《天官星占》曰「紫宫，太一坐也。太微之宫，天子之庭，五帝之坐也」，是其明證。

天阿者群神之闕也。

樾謹按：高注曰「闕，猶門也」，然《開元占經·甘氏中官占》引「甘氏曰：天阿一星，在昴西，以察山林之妖變也」，則非門闕之謂。《北堂書鈔》《太平御覽》引此，并作「天河」，然「天河」非星也。遍考書傳，無以「天河」爲星名者。今按，「天河」當作「兩河」。《史記·天官書》曰「鉞北，北河，南，南河。兩河天闕」，是其證也。「天」字篆文作亓，與「兩」字相似，故「兩」誤爲「天」矣。

日冬至則水從之，日夏至則火從之。故五月火正而水漏，十一月水正而陰勝。

樾謹按：此文有錯誤。冬至水王，夏至火王，豈得但曰「水從之」「火從之」？一也。「火正」與「水漏」，有二義，「水正」與「陰勝」，則止一義耳，兩文不稱，二也。且連下文讀之，曰「陽氣爲火，陰氣爲水，水勝，故夏至濕，火勝，故冬至燥」。夫冬至水從之，夏至火從之，則夏至何以濕，冬至何以燥乎？前後不相應，三也。今按，「日冬至則水從之，日夏至則火從之」，「水」「火」二字當互易。冬至一陽生，故日冬至，而火從之也。夏至一陰生，故日夏至，而水從之也。「五月火正而水漏」，正説「夏至水從之」之義，言五月火方用事，而水氣已滲漏也。「十一月水正而陰勝」，陰乃火字之誤。勝字，當讀爲升。勝、升古通用。謂十一月水方用事，而火氣已上升也，正説「冬至火從之」之義。如此，則與下文一貫矣。

二陰一陽成氣二，二陽一陰成氣三。

樾謹按：陽之數以三而奇，陰之數以二而偶，所謂「參天兩地」也。《周書・武順篇》曰「男生而成三，女生而成兩」，是其義也。二陰一陽，則二二如四，一三如三，其數七。除五生數，則得成數二，所謂「二陰一陽成氣二」也。二陽一陰，則二三如六，一二如二，其數八。除五生數，則得成數三，所謂「二陽一陰成氣三」也。高注未得其解，此陰陽之數，即《易》少陽、少陰之數，説詳《群經平議》。

以至于仲春二月之夕，乃收其藏而閉其寒。

樾謹按：高注曰「收斂其所藏而閉之」。然二月非收斂之時，義不可通。《太平御覽・時序部》引作「乃布收其藏而閉其寒」，引高注作「收斂其所藏而出布之」。是今本脱布字，然「布收」連文，義亦未安。收，疑攸字之誤。《尚書・洛誥篇》「乃惟孺子頒」，《説文・攴部》作「乃惟孺子攽」。是布攽，即布頒，猶言頒布也。上文云「至秋三月，地氣下藏」，故至二月乃布頒之也，高氏據誤本作注，後人以「布」「收」异義，不得連文，遂以布爲衍字，而削之矣。

太陰治春，則欲行柔惠温凉。

樾謹按：温、凉异義，不得連文。凉當作良，聲之誤也。〔一〕

南方曰巨風。（《地形》）

樾謹按：巨，乃豈之壞字。豈，讀爲愷。高注云「一曰愷風」。愷，正字；豈，借字；巨，誤字耳。説詳《吕氏春秋》。

其高萬一千里，百一十四步二尺六寸。

樾謹按：「萬一千里」，言城之高。則「百一十四步二尺六寸」，當言城之厚。然其數奇零，

〔一〕 温凉，《太平御覽》卷十七、《天中記》卷六引作「温良」，可以參證。見王其和《俞樾訓詁研究》（第七十頁）。

疑有脱誤。

旁有四百四十門，門間四里，里間九純，純丈五尺。

樾謹按：「門間四里」，言每門相距之數也。「里間九純」，義不可通。疑本作「門九純」，言門之廣也。門誤爲間，後人遂妄加里字耳。

自東北方曰大澤曰無通。

樾謹按：此當作「自東北方曰無通曰大澤」，方與下文「東方曰大渚曰少海，東南方曰具區曰元澤，南方曰大夢曰浩澤，西南方曰渚資曰丹澤，西方曰九區曰泉澤，西北方曰大夏曰海澤，北方曰大冥曰寒澤」，文義一律。蓋無通也，大渚也，具區也，大夢也，渚資也，九區也，大夏也，大冥也，所謂「八殥」也；大澤也，少海也，元澤也，浩澤也，丹澤也，泉澤也，海澤也，寒澤也，所謂「八澤」也。故下文總之曰「凡八殥八澤之雲，是雨九州」。今「無通」「大澤」，傳寫誤倒，則先澤而後殥，與下不一律矣。高注「大澤、無通，皆藪名也」，本作「無通，藪名也」，蓋「無通」是藪，「大澤」是澤，澤名已顯，故不必注。藪名未顯，故必注之。因「無通」「大澤」傳寫誤倒，遂增「大澤」於「無通」之上，而以爲皆藪名矣。其注「少海」曰「東方多水，故曰少海，亦澤名也」。上注無澤名之文，而此云亦者，亦大澤也。「大澤」是澤名，「少海」亦是澤名，特因東方多水，故從大稱而曰海耳，實亦澤也，故言亦也。即此，可見「大澤」與「少海」，同在「八澤」之數。然則「大澤」不應在「無通」之上，其證一矣。下文「浩澤」注曰「浩，亦大也」。上注無「大」文，而此云「亦」者，亦大澤也。「大澤」以大得名，「浩澤」亦以大得名，故言「亦」也。即此，可見「大澤」與「浩澤」同在「八澤」之數。然則「大澤」不應在「無通」之上，其證二矣。

是故堅土人剛，弱土人肥。

樾謹按：下文「壚土人大，沙土人細，息土人美，秏土人醜」，大與細對，美與醜對，剛與肥則不對矣。肥，當作脃。《廣雅・釋詁》「脆，弱也」。脆，即脃之俗體。「堅土人剛，弱土人脃」，正相對成義。《家語・執轡篇》作「堅土之人剛，弱土之人柔」。柔，亦脃也。

食土者無心而慧。

樾謹按：高注曰「蚯蚓之屬是也」。然蚯蚓之屬，何慧之有？《大戴記・易本命篇》作「無心而不息」。盧辨注曰「蚯蚓之屬，不氣息也」。〔一〕此文慧字，疑亦「不息」二字之誤。

〔一〕盧辨，當爲「盧辯」，北朝時人，注《大戴禮》。

其人面末僂修頸。

樾謹按：高注曰「末，猶脊也」。然則「末僂」者，謂其脊句僂也。末上不當有面字，疑是衍文。又按《莊子·外物篇》「末僂而後耳」，《釋文》引李云「末，上，謂頭前也」。蓋訓末爲上，又以上爲頭，故以「末僂」爲頭前。此説末字之義較合。《説文·木部》「木上爲末」，故人亦以上爲末矣。

汶出弗其流合於濟。

樾謹按：《説文·水部》「汶水出琅琊朱虚東泰山，東入濰」。又曰「桑欽説，汶水出泰山萊蕪，西南入泲」。是汶水有二：一入濰，一入泲，泲即濟也。高注曰「弗其山在北海朱虚縣東」，是誤以入濰之汶，説入濟之汶。王氏《讀書雜志》已辯正矣。惟「弗其」之名，未能塙指。《漢書·地理志》曰「泰山郡萊蕪有原山」。《禹貢》「汶水出西南入泲」。今原山在山東泰安府萊蕪縣東北七十里，亦名馬耳山。「弗其」二字，疑即「馬耳」之誤。弗與馬，其與耳，字形皆相似。

窔生海人。

樾謹按：下文又曰「凡窔者生於庶人」，兩窔字，皆胈字之誤。《史記·司馬相如傳》「躬胝胑無胈」，韋昭曰「胈，戚中小毛也」。《漢書・相如傳》注引孟康曰「胈，毳；膚，皮也」。然則「凡胈者生於庶人」，與下「凡羽者生於庶鳥」「凡毛者生於庶獸」「凡鱗者生於庶魚」「凡介者生於庶龜」一律。人以胈言，猶鳥獸魚龜以羽毛鱗介言也。其字本從肉，傳寫誤從穴，後人以從穴之字多上形下聲，因變爲㝑矣。《管子・侈靡篇》有鵃字，即鴑字之誤。《墨子・備城門篇》有膭字，即竇字之誤。説見本書。彼蓋先誤穴爲肉，後人以從肉之字多左形右聲，因變爲鵃、爲竇，與此正可互證也。道藏本作「凡容者生於庶人」，則與「㝑生海人」不相應，即與下文羽毛鱗介不一律矣。又按「㝑生海人」，㝑下脱一字，説詳下條。

介鱗生蛟龍。

樾謹按：蛟龍，乃鱗蟲，非介蟲也，不當兼言介。上文「羽嘉生飛龍，毛犢生應龍」，下文「介潭生先龍」，曰羽嘉，曰毛犢，曰介潭，是羽、毛、介各有一字以配之，使成二名。則此文鱗下亦當有一字，傳寫脱去，又涉下文「介潭」而誤衍「介」字耳。以此推之，上文「㝑生海人」，㝑下亦必脱一字矣。

孟春行夏令，則風雨不時。（《時則》）

樾謹按：《月令》作「雨水不時」，是也。仲春之月始雨水，則孟春之月而雨水，即爲「雨水不時」矣。漢太初以後，更改氣名，以雨水爲正月中，則正月雨水不復爲异。於是改「雨水不時」爲「風雨不時」，非《淮南》之舊矣。《吕氏春秋·孟春紀》亦作「風雨不時」，并太初以後人所追改。

草木旱落。

樾謹按：《月令》作「草木蚤落」。《吕氏春秋》作「草木早槁」。此旱字，即早字之誤。

令滂人入材葦。

樾謹按：高注曰「滂人，掌池澤官也」。然池澤之官，不聞謂之滂人。高注非也。「滂人」，當作「榜人」。《月令》「命漁師伐蛟」，鄭注曰「今《月令》漁師，爲榜人」。《文選·司馬相如〈子虚賦〉》「榜人歌」，張揖曰「榜，船也。《月令》曰『命榜人』。榜人，船長也。」張所據《月令》，即鄭君所謂今《月令》，船長之義，亦必《月令》舊説也。《淮南》書用「榜人」字，正本《月令》。高氏以爲「掌池澤官」，蓋據《月令》作「命澤人納材葦」，故云然耳，非「榜人」之本義也。後人因高注「池澤」之文，疑榜字從木無義，改榜爲滂，而古義湮矣。

大禱祭于公社。

樾謹按：《月令》作「大割祠于公社」。割者，禂字之誤也。禂之與禱，猶幬之與幬。《説文》分禱、禂爲二字，非是。阮氏《積古齋鐘鼎款識》所録《無専鼎銘》有㓮字，釋爲割字。然其文云「用㓮眉壽萬年」，則非割字也。此字當讀爲禂，其左旁乃周字，蓋假周爲禂，而右旁又作刀。翁氏方綱以爲「持刀立戈之類，古鐘鼎文往往有之，不足异也」。「用禂眉壽萬年」，即用禱眉壽萬年也。説詳余所著《金石瑣談》。《月令》「大割祠」之文，甚爲無義，以此鼎文證之，疑本亦作㓮，學者不識古文，故誤以爲割字耳。《淮南》作禱，可證《月令》之誤。余著《群經平議》未見及此，故於此詳之。

春行夏令泄。

樾謹按：下云「冬行春令泄」，不當重複。且上文云「仲春始出，季春大出」，則春日發泄不足爲咎也。《管子・幼官篇》作「春行夏政閹」，當從之。蓋發泄太過，故奄然而息也。《方言》及《廣雅》并曰「奄，息也」。閹與奄通，因脱閹字而寫者以泄字補之，殊非其義。高注曰「象盛陽發泄也」。是其所據本已誤。夫下文「冬行春令泄」，高注曰「象春氣布散發泄也」。然則「布散發泄」，自是春氣所固然，豈行夏令所致乎？即此，可知其非矣。

直而不争。

樾謹按：争，讀爲綪。《儀禮·士喪禮》鄭注曰「綪，屈也。江沔之間謂縈收繩索爲綪」。故此曰「繩之爲度也，直而不綪」。

自古及今，不可移匡。

樾謹按：移之言迆也。《説文·辵部》「迆，邪行也」。移，亦有邪義。《禮記·玉藻篇》「手足毋移」，正義曰「移，謂靡迆摇動也」，是其證也。匡，與軭通。《説文·車部》「軭，車戾也」。《考工記》「輪雖敝，不匡」。匡，即軭字。不移匡，言不邪曲也。

諸子平議卷三十

淮南内篇二

陽侯之波，逆流而擊。（《覽冥》）

樾謹按：高注曰「陽侯，陽陵國侯也」。然陽陵自是漢侯國。《史記·高祖功臣侯表》有陽陵侯傅寬，是也。高注以説古之陽侯，殆失之矣。《春秋》閔二年「齊人遷陽」，杜注曰「國名」。正義曰：「《世本》無陽國，不知何姓。杜《世族譜》，土地名，闕，不知所在」。古之陽侯，當即此陽國之侯。《水經》「沂水南逕陽都縣故城東。縣，故陽國城」，是其所在矣。

直偶於人形。

樾謹按：偶，與寓通。言特寄寓於人之形耳。高注曰「外直偶與人同形」，則增出同字矣。

觀九鑽一。

樾謹按：高注曰「九謂九天。一，竈也」。此説迂曲。九、一，皆以數言也。數始於一，而極於九，至十則復爲一矣。《素問·三部九候論》曰「天地之至數，始於一，終於九焉」，是其義也。故古人之言，凡至少者以一言之，如《孟子》「一杯水」「一鈎金」是也。至多者以九言之，如《公羊傳》「叛者九國」是也。「觀九鑽一」，言所觀覽者多，而所鑽孯者少也。《精神篇》曰「能知一，則無一之不知也；不能知一，則無一之能知也」，是其義。

知不能論。

樾謹按：論者，知也。《説山篇》「以小明大，以近論遠」，高注曰「論，知也」。此論字不訓爲知，蓋以正文已有知字故耳。不知正文知字，當讀爲智。「知不能論」，謂智者不能知也。《説文·心部》「惀，欲知之貌」。論與惀通。下文曰「心意之論，不足以定是非」，論亦知也。

然以掌握之中，引類於太極之上，而水火可立致者，陰陽同氣相動也。

樾謹按：高氏注「太極之上」曰「太極，天地始形之時也。上，猶初也」。此説殊失其義。

《周易・繫辭傳》「易有太極」,《釋文》曰「太極,天也」。然則「太極之上」,言天之上也。上文曰「夫陽燧取火於日,方諸取露於月」,此云「取類於太極之上,而水火可立致」,即以「取火於日」「取露於月」而言。日月麗乎天,故曰「太極之上」也。注以爲天地始形之初,則與上義不相屬矣。

其得之乃失之,其失之非乃得之也。

樾謹按:「非」上脱「未始」二字,「非」下衍「乃」字。本作「其失之未始非得之也」。故高注曰「自謂得道,乃失道者也;自謂失道,未必不得道也」,各依正文爲説耳。《文子・精神篇》曰「其得之也,乃失之也;其失之也,乃得之也」。雖用《淮南》文,然意同而字句固小异矣,不得據彼改此,而轉與高注不合也。

左右若鞭。

樾謹按:鞭,當讀爲緶。《説文・糸部》「緶,交枲也」。段氏玉裁曰「謂以枲二股交辮之也。交絲爲辮,交枲爲緶」。此云「左右若緶」,言如枲之交辮也。「左右若緶,周旋若環」,兩句一律。高以本字讀之,故所列二説皆非。

黄雲絡。

樾謹按：此當作「絡黄雲」，方與上下文句法一律。高注曰「黄雲之氣絡其車」，正説「絡黄雲」之義，猶下注曰「白螭導在於前」，是説正文「前白螭」之義，「奔蛇，騰蛇也，從在於後」，是説正文「後奔蛇」之義。非正文作「白螭前，奔蛇後」也。後人因注文絡字在「黄雲」之下，輒改正文作「黄雲絡」以合之，謬矣。

群臣準上意而懷當。

樾謹按：高注曰「準，望；懷，思；當，合也。取合上意，不復以道正諫也」。然「懷當」二字，甚爲不辭。高注亦曲説耳。「懷當」，乃「壞常」之誤。言群臣皆準上意而敗壞其典常也。《文子・上禮篇》作「群臣推上意而壞常」，是其明證。〔一〕

獵不聽其樂。

樾謹按：高注曰「樂崩，故不復聽田獵之樂」，是此樂字是喜樂字，而非音樂字，乃言「不

〔一〕　王其和認爲，古懷、壞同聲，字亦通用，當、常俱從「尚」聲，古亦通用，「『懷當』即是『壞常』，《文子》用本字，《淮南子》用借字，不必據《文子》而改《淮南子》」（第一三四頁）。

聽」，於義未安。聽，疑德字之誤。《家語・本命篇》「效匹夫之聽」，王注曰「聽，宜爲德」，是其例也。德與得通。不德其樂，即不得其樂。言雖田獵而不得其樂也。正與上句「喪不盡其哀」，文義一律。後人不知德爲得之假字，遂臆改爲聽耳。

相攜於道，奮首於路。

樾謹按：高注曰「奮首，民疲於役，頓仆於路，僅能搖頭耳」。此説極爲迂曲。《淮南》原文本作「奮於首路」。首，猶鄉也。《漢書・司馬遷傳》「北首争死敵」，師古曰「首，鄉也」，是其義也。「相攜於道，奮於首路」，言不得已自奮勉而鄉路也。《兵略篇》曰「百姓之隨逮肆刑挽輅首路死者，一旦不知千萬之數」，正以「首路」連文，可證此篇之誤。

潦水不泄，瀇瀁極望，旬月不雨，則涸而枯澤，受瀷而無源者。

樾謹按：者，當作也。澤字絶句。如、而古通用。「涸而枯澤」者，涸如枯澤也。此言潦水雖瀇瀁極望，然旬月不雨，則涸如枯澤矣。所以然者，以其受瀷而無源也。與上文「河九折注於海而流不絶者，昆侖之輸也」，正相對成義。句末也字誤作者，則文義轉似不了矣。

古未有天地之時，惟像無形。（《精神》）

樾謹按：惟，乃惘字之誤。隸書罔字，或作罓，故惘與惟相似而誤也。「惘像」，即罔象也，《文選・思玄賦》「儵汩飂戾沛以罔象兮」。亦作「象罔」，《莊子・天地篇》「乃使象罔，象罔得之」，是也。罔象，乃叠韵字，與下文「澒濛」「鴻洞」一律，皆無形之象，故曰「罔象無形」。今作「惟像無形」，義不可通。乃高注訓惟爲思，則其誤久矣。

天有四時五行九解。

樾謹按：高注「九解」有三説，當以「八方中央」之義爲確。《天文篇》「天有九野：中央曰鈞天，東方曰蒼天，東北曰變天，北方曰玄天，西北方曰幽天，西方曰顥天，西南方曰朱天，南方曰炎天，東南方曰陽天」，即此九解矣。解者，分也。謂分周天三百六十五度四分度之一而爲九也。

人之耳目，曷能久熏勞而不息乎？

樾謹按：熏，當爲勳。勳勞二字連文，古人常語。主乎勳而言之，則勞亦勳也。《禮記・明堂位篇》「成王以周公爲有勳勞於天下」，言有勳於天下也。主乎勞而言之，則勳亦勞也。此文曰「曷能久勳勞而不息乎」，言不能久勞而不息也。《文子·九守篇》作「何能久燻而不息」，蓋由後人不達古語而改之。

故事有求之於四海之外而不能遇，或守之於形骸之内而不見也。

樾謹按：守，當作得。言求之於四海之外而不能遇者，或得之於形骸之内也。求與得，文義相應。下文曰「故所求多者所得少」，正承此而言。今作「守之」，失其義矣。《一切經音義》一引衛宏《古文官書》曰「㝵得二字同體」。㝵與守相似，故誤爲守耳。

夫惟能無以生爲者，則所以修得生也。

樾謹按：「修得生」本作「得修生」。「得修生」者，得長生也。《淮南》以父諱長，故變長言修耳。《文子·九守篇》正作「得長生」，是其證。今作「修得生」，則文不成義矣。高注曰「無以生爲者，輕利害之鄉，除情性之欲，則長得生矣」。「長得生」，亦當作「得長生」，後人依既倒之正文而改之耳。

以死生爲一化，以萬物爲一方。

樾謹按：《文子·九守篇》作「以千生爲一化」，當從之。言生之數，雖有千而以爲一也。

「以千生爲一化，以萬物爲一方」，兩文相儷，而意亦相準。若作「死生」，則不類矣。且「以死生爲一化」，義亦未安，當據《文子》訂正。〔一〕

此精神之所以能登假於道也，是故真人之所游。

樾謹按：「是故真人之所游」，本作「是真人之游也」，乃結上之辭。《文子·九守篇》亦有此文，大略相同，結之曰「此真人之游也」，乃其明證也。下文曰「若吹呴呼吸，吐故納新，熊經鳥伸，鳧浴蝯躩，鴟視虎顧，是養形之人也，不以滑心」。高注曰「是非真人之道也」。若如今本，作「是故真人之所游」，則下文云云，皆爲真人之道矣。其謬殊甚，不可不正。

使神滔蕩而不失其充。

樾謹按：充，當作元。元者，本也。謂不失其本也。《文子·九守篇》作「使精神暢達，而不失於元」，與此不同，雖不必據彼改此，而元字之義，自較充字爲長。高注曰「充，實也」，是其所據本已誤。

〔一〕 死生，不誤，王其和指出，「死生」乃《淮南子》常用語，與「萬物」多并言，「俞樾拘於對文，以爲『千生』與『萬物』相對，又據《文子》之誤文而校，非是」（第一三五頁）。

子求行年五十有四，而病傴僂，脊管高於頂，腸下迫頤，兩脾在上，燭營指天，匍匐自闚於井曰：「偉哉，造化者其以我爲此拘拘邪！」

樾謹按：「子求」，當作「子來」，字之誤也。子來事，見《莊子·大宗師篇》。其文曰「子祀、子輿、子犁、子來四人相與友」，又曰「俄而，子輿有病，子祀往問之。曰『偉哉，夫造物者將以予爲此拘拘也。曲僂發背，上有五管，頤隱於齊，肩高於頂，句贅指天』」，又曰「俄而，子來有病，喘喘然將死」。《淮南》所見《莊子》其子輿有病，子來有病，兩文蓋與今本互易，故以傴僂之病屬之子來也。《莊子》《釋文》引崔譔云「《淮南》作子永」。《抱樸子·博喻篇》亦云「子永歎天倫之偉」。顧氏千里以作永爲是，誠知其當爲子來，則求與永并屬形似之誤。求固非，而永亦未是也。説互詳《莊子》。

行快而便於物。（《本經》）

樾謹按：快，當爲決。《周易·文言傳》鄭注謂古書傳作立心，與水相近。決快相亂，正由此矣。《説文·水部》「決，行流也」。是決有行義。上句曰「發動而成於文」，發亦動也。此云「行決而便於物」，決，亦行也。

元元至碭而運照。

樾謹按：高注曰「元，天也。元，氣也」，分兩字爲兩義，殊不可通。疑正文及注均誤。正文本曰「元光至碭而運照」，注文本曰「元，天也。光，氣也」。《俶真篇》曰「弊其元光而求知之於耳目」，此「元光」二字見於本書者。高彼注曰「元光，内明也。一曰，元，天也」。然則此曰「元，天也」，正與彼注同。疑彼亦有「光，氣也」三字，而今脱之也。〔一〕

菑榛穢，聚埒畝。

樾謹按：高注曰「茂草曰菑。木聚曰榛。積之於疆畝」。此注殊失其義。菑者，殺草之名。《爾雅·釋地》「田一歲曰菑」，孫炎曰「菑，始灾殺其草木也」。「榛穢」連文，其義相同。《漢書·楊雄傳》注曰「榛榛，梗穢貌」，是也。「菑榛穢，聚埒畝」，皆三字爲句。言榛穢之區，皆灾殺之，而集成埒畝也。下云「芟野莢，長苗秀」，是此四句皆言治田之事。「菑榛穢」，故「芟野莢」；「聚埒畝」，故「長苗秀」也。下文曰「草木之句萌銜華戴實而死者，不可勝數」，正見其殺草之多。若從高注，則與下文不貫矣。

〔一〕按，劉文典《集解》稿本説，宋明本皆作「玄元主碭而運照」，胡適作序時以「玄元」爲是。

橑檐榱題，雕琢刻鏤，喬枝菱阿，夫容芰荷。

樾謹按：高注曰「阿，曲屋」，不説菱字之義。疑高氏所據本菱字作淩，言橑檐榱題之上，雕刻樹木，故其喬枝上淩於曲阿也。淩字之義易明，故不煩訓釋，後人因下句言「芰荷」，遂改淩作菱以配之，則義不可通矣。

故聖人者，由近知遠，而萬殊爲一。古之人同氣於天地，與一世而優游。

樾謹按：「古之人」三字，衍文也。四句一氣相屬，皆蒙「故聖人者」爲文。若有「古之人」三字，則文義不貫矣。此文本云「故聖人者，由近而知遠，以萬殊爲一同，句。氣蒸於天地，與一世而優游」。今本而字脱去，校者誤補於遠字之下，遂誤删以字。「一同」與「萬殊」本相對爲文，今衍「古之人」三字，遂以同字下屬，而誤删蒸字，皆非其舊。《文子・下德篇》作「聖人由近以知遠，以萬里爲一同，炁蒸乎天地」，宜據以訂正。彼云「由近以知遠」，即「由近而知遠」也。「以萬里爲一同」，即「以萬殊爲一同」也。彼云「炁蒸乎天地」，故知此脱蒸字矣。上文云「氣乃上蒸」，即此蒸字之義也。

故德之所總，道弗能害也。

樾謹按：總字無義，乃利字之誤。利，古文作物。總，俗作惚，其上半相似，因而致誤。《周書·大匡篇》「及其利害」，今本利亦誤作總，是其證也。「德之所利，道弗能害」，利與害，義相應。高注曰「總，一也」，是其所據本已誤矣。〔一〕

九嬰大風。

樾謹按：高注曰「大風，風伯也，能壞人屋舍」。此下當有「一曰鷙鳥」四字，而今脱之。《文選·劉孝標〈辨命論〉》注引高誘曰「大風，鷙鳥」，是其證也。下文「繳大風於青丘之澤」，注曰「羿於青丘之澤繳遮，使不爲害也。一曰，以繳繫矢射殺之」。「繳遮」之説，以風言也；「繳射」之説，以鳥言也。

堯乃使羿誅鑿齒於疇華之野，殺九嬰於凶水之上，繳大風於青丘之澤。

樾謹按：王氏念孫謂「疇華之野」，野，本作澤。「青丘之澤」，澤，本作野。引《北堂書鈔》

〔一〕 陶鴻慶《讀諸子札記五·淮南内篇》認爲，此文「總」非誤字，合也，與下文「害」讀爲「割」，分也，正相對，全句意謂德之所合，道不能分也。可參。

《太平御覽》爲證。然劉孝標《辨命論》曰「鑿齒奮於華野」，華野者，疇華之野也。若本作「疇華之澤」，何不曰華澤，而曰華野乎？然則古本自作「疇華之野」「青丘之澤」，類書所引，殆未足據。

燎焚天下之財。

樾謹按：天下之財，不當言燎焚。燎焚，當作撩聚。古人書聚字，或作冣。《漢書·古今人表》「冣子」，師古注曰「冣，聚字也」。俗書焚字作焚，兩形相似而誤。聚誤爲焚，自然改撩爲燎矣。《廣雅·釋詁》[一]「撩，取也」。聚與取，古字通。《周易·萃》彖傳「聚以正也」，《釋文》曰「聚，荀作取」。《漢書·五行志》「内取兹爲禽」，師古曰「取，讀如《禮記》『聚麀』之聚」，并其證也。「撩聚」，即撩取。謂撩取天下之財也。

地愛其平。

樾謹按：《詩·黍苗篇》「原隰既平」，毛傳曰「土治曰平」，此平字之義也。高注曰「平，正

[一]《廣雅·釋詁》，原作《廣詁·釋詁》，《小爾雅》有《廣詁》篇，無《釋詁》篇，而「撩，取也」見於《廣雅·釋詁》，故據改。

也」，未得其旨。

抑減怒瀨，以揚激波。

樾謹按：高注曰「減，怒水也」。減既爲怒水，何以又云怒瀨乎？高説非也。減者，逆也。言抑而逆之以揚其波也。《莊子·天下篇》「其風窢然」，郭注曰「逆風所動之聲」。水逆謂之減，猶風逆謂之窢。

樂斯動，動斯蹈，蹈斯蕩，蕩斯歌，歌斯舞。歌舞節，則禽獸跳矣。

樾謹按：「歌舞節則禽獸跳矣」，本作「舞則禽獸跳矣」。與下文「動則手足不静，發怒則有所釋憾矣」，文義一律。歌字、節字，皆衍文也。下文曰「故鐘鼓、管簫、干戚、羽旄，所以飾喜也」。是此時所謂舞者，尚未有干戚、羽旄之飾，不過手之舞之、足之蹈之而已。其去禽獸跳踉無幾也。今衍歌字、節字，義不可通。王氏念孫謂「當作歌舞無節」，不知節與不節，尚非所論於此也。

言爲文章，行爲儀表於天下。（《主術》）

樾謹按：「於天下」三字，衍文也。涉高注曰「爲天下人所法則也」，故誤衍此三字。

昔孫叔敖恬卧，而郢人無所害其鋒。

樾謹按：害字無義，王氏念孫謂是「用」字之誤。然用與害，字形不似，無緣致誤也。害，蓋容字之誤。容亦用也。《釋名·釋姿容》曰「容，用也。合事宜之用也」，是其義也。「無所容其鋒」，即無所用其鋒。老子曰「兵無所容其刃」，此《淮南》所本也。

木擊折轊，水戾破舟，不怨木石而罪巧拙者。

樾謹按：「水戾破舟」，當作「石戾破舟」，故云「不怨木石」。今作「水戾」，則下句石字無著矣。巧字，疑功字之誤。功與工通。《周官·肆師》職「凡師不功」，故書功爲工是也。不罪木石而罪工拙，工，即工人之工，言不罪木石而罪作舟車者之拙也。高注曰「罪御者刺舟者之巧拙也」，是其所據本已誤。

任輕者易權。

樾謹按：《文子·下德篇》作「任輕易勸也」。勸字之義，視權字爲長。言任輕，則易舉，故人皆相勸而爲之也。高注曰「權，謀也」，其所據本已誤。

夫乘衆人之智，則無不任也。用衆人之力，則無不勝也。

樾謹按：「無不任也」，當作「無不聖也」。上文曰「文王智而好問故聖，武王勇而好問故勝」。此即承上文而言。《説文・耳部》「聖，通也」。「無不聖」，即無不通也。後人不達聖字之義，疑「無不聖也」於文難通，故臆改爲任字。不知任即勝也。勇當言勝，智當言聖。若亦言任，則與勝義複，而無以爲智、勇之别矣。

是以勇者盡於軍。

樾謹按：此下當有「智者」云云，而今闕之。下文云「爲智者務於巧詐，爲勇者務於鬥争」，亦以智、勇并舉，是其證也。

不隨南畝。

樾謹按：《修務篇》「隨山刊木」，注曰「隨，循也」。不隨南畝者，不循南畝也。王氏念孫以隨爲脩字之誤，非。

大羹不和。

樾謹按：高注曰「不致五味」。疑本作「大羹不致」，故高注云然。桓二年《左傳》曰「大羹不致」，杜注亦曰「不致五味」，即本諸此。

舉天下而以爲社稷，非有利焉。

樾謹按：此本作「以爲社稷，非有利焉」。言皆以爲社稷，而非自以爲利也。涉下文「舉天下而傳之舜」句衍此四字，當删。

縣法者法不法也，設賞者賞當賞也。

樾謹按：「設賞者賞當賞也」，七字疑衍文。下文「法定之後，中程者賞，缺繩者誅」，即承「縣法者法不法也」而言。《文子・上義篇》正作「縣法者法不法也，法定之後，中繩者賞，缺繩者誅」，可據以訂正。王氏念孫謂上句當作「縣罰者罰不法也」，與下句對。若然，何不竟改爲「罰當罰」與下句「不尤」對乎？

夫寸生於䅺，䅺生於日，日生於形，形生於景，此度之本也。

樾謹按：王氏引之以䅺爲標字之誤，標與秒同。其説是也。惟「標生於日」，義不可通。疑本作「寸生於標，標生於形，形生於景，景生於日」，與下文「樂生於音，音生於律，律生於風」文義一律。言度之本生於日，聲之宗生於風也。傳寫錯亂其文耳。

景、桓公臣管、晏，位尊也。

樾謹按：此本作「桓、景臣管、晏」，言桓臣管、景臣晏也。因傳寫誤作「桓公」，後人遂加景字於桓字之上，先景後桓，與管、晏不相當。而「景、桓公臣管、晏」與上文「衛君役子路」，句法又參差不一律，足知其非矣。

故握劍鋒以離北宫子、司馬蒯蕢不使應敵，操其觚，招其末，則庸人能以制勝。

樾謹按：王氏念孫謂「離是雖字之誤。使上應有可字」，皆是也；疑「握劍鋒以」之下有脱文，則尚未盡得。此當於鋒字絶句。「操其觚，招其末」之下，更無它文。則「握劍鋒」下亦不必更有何字矣。「以」字本在「雖」字之下，其文曰「故握劍鋒雖以北宫子司馬蒯蕢，不可使應敵」。因「雖」字誤作「離」，遂移「以」字於上使成句耳。

中田之獲，卒歲之收。

樾謹按：既言「之獲」，又言「之收」，重複無謂。疑本作「中田卒歲之收」，無「之獲」二字。故《文子·上仁篇》作「中田之收」，蓋省「卒歲」二字耳。若使本作「中田之獲，卒歲之收」，而《文子》省其一句，則何不曰「中田之獲」而必變獲言收乎？

處静持中。

樾謹按：《文子・微明篇》作「處静以持躁」，當從之。静、躁對文，與上文「得要以應衆，執約以治廣」文義一律。

凡此六反者，不可不察也。

樾謹按：高注曰「六反，謂孔、墨、萇弘、孟賁、吴起、張儀也。其行相反，故曰六反」。此注大謬。上文雖有此六人，然非舉以相較。萇弘、孟賁，不過謂孔子之智勇過此二人耳，初非言其相反也。六反者，即上文所謂「心欲小而志欲大，智欲員而行欲方，能欲多而事欲鮮也」。小與大反，員與方反，多與鮮反，是謂「六反」。

衆愚人之所見者寡，事可權者多，愚之所權者少，此愚者之所多患。

樾謹按：此有脱誤。當云「物之可備者衆，愚人之所備者寡，事之可權者多，愚人之所權者少。此愚者之所以多患也」。下文曰「物之可備者，智者盡備之，可權者盡權之。此智者所以寡患也」，與此文反覆相明，是其證也。衆上脱「物之可備者」五字，王氏念孫遂欲以衆字屬上句讀。然上文云「物之若耕織者，始初甚勞，終必利也」，其文義已足，必綴衆字於句末，轉爲不詞矣。

治國上使不得與焉。

樾謹按：高注曰「使不得與亡傷之危，是上術也」，此蓋屬上文讀之。然文義迂回，不可從也。此當屬下文讀之。下文曰「孝於父母，弟於兄嫂，信於朋友，不得上令而可得爲也。釋己之所得爲，而責於其所不得制，悖矣」，是「不得」「可得」，兩文反覆相明。疑「治國」下脱非字。本云「治國非上使不得與焉」，蓋上文言「國無義，雖大必亡；人無善志，雖勇必傷」，此言國之有義無義，乃治國之事，治國之事，非上使我爲之，我不得與焉。若人之有善無善，則在我而已。故曰「不得上令而可得爲也」。上令，即上使也。「不得上令而可得爲」，正與「非上使不得與」相對。高所據本已脱非字，故失其解矣。

故上世體道而不德，中世守德而弗壞也，末世繩繩乎惟恐失仁義。（《繆稱》）〔一〕

樾謹按：《文子・微明篇》作「中世守德而不懷」，此文壞字亦懷字之誤。懷即懷來之懷。言中世守德，未知仁義之爲美，猶無意乎懷來之也。字誤作壞，失其旨矣。

〔一〕按，此句下原無篇名《繆稱》，據《淮南子》補。

凡行戴情，雖過無怨；，不戴其情，雖忠來惡。

樾謹按：高注曰「戴，心所感也」，此未得戴字之義。戴，當讀爲載。《釋名·釋姿容》曰「戴，載也。載之於頭也」。是戴、載聲近義通。下文曰「其載情一也，施人則异矣」，可證此文戴之當爲載矣。下文又曰「義載乎宜之謂君子」，亦與此載字同。

蓋力優而克不能及也。

樾謹按：高注曰「克，猶能也」，則是「克不能及」爲「能不能及」矣，於義難通。王氏念孫以能爲衍字。然「力優而克不及」，義亦未安。今按，此文蓋有錯誤，此注亦後人竄入，非高氏原文也。克當作悳，及當作𠬝，皆以形似而誤。悳者，惪之古文，與德字通。𠬝者，服之本字也。古書服字每作𠬝，而傳寫多誤爲及。《尚書·吕刑篇》「何度非及」，《大戴記·王言篇》「及其明德也」，及并𠬝字之誤。説詳《群經平議》。此文本云「蓋力優而悳不能𠬝也」。高注於上文注曰「力能殺虎而德不能服之」，本當注於此句之下。「德不能服」四字，即本正文，因悳誤作克，𠬝誤作及，遂移注於上文，又竄入「克，猶能也」四字爲此句之注，而文義俱晦矣。

喜憎議而治亂分矣。

檝謹按：高注曰「下有喜議而國治，有憎議而國亂也」，此未得議字之旨。議，當讀爲儀。《周易·繫辭傳》「議之而後言」，《釋文》曰「議，陸、姚、桓玄、荀柔之本作儀」。《國語·鄭語》「伯翳能議百物」，《漢書·地理志》議作儀。是議、儀古通用。《廣雅·釋詁》「儀，見也」。「喜憎儀」，謂喜憎見也。《俶真篇》「是非無所形」，高注曰「形，見也」。儀與形同，故《廣雅》形與儀并訓見。《齊俗篇》曰「是非形則百姓眩矣」。此云「喜憎儀而治亂分矣」，句法一律。乃諸書多以形爲見，少以儀爲見，而此又假議爲之，其義益晦。宜表出之，以存古訓也。

故戎兵以大知小，人以小知大。

檝謹按：戎兵以器言，猶曰器以大知小，人以小知大耳。兵器有大小，如《考工記》所載弓與劍，皆有上制中制下制是也。知上制如干，則等而下之皆可知矣。故曰「戎兵以大知小」。高氏以湯武説上句，堯舜説下句，殊非其旨。

羊羹不斟，而宋國危。

樾謹按：《方言》曰「斟，益也。凡〔一〕相益而又少謂之不斟」。然則「羊羹不斟」，謂羹少也。上句「魯酒薄，而邯鄲圍」，酒薄羹少，其事正相類。宣二年《左傳》「其御羊斟不與」，羊斟，自是人名。此云「羊羹不斟」，自謂羹少，必并爲一談，則皆失之矣。

夜行瞑目而前其手，事有所至，而明有不害。

樾謹按：至當作宜，害當作容，皆字之誤也。容，用也。説見《主術篇》。容，與庸通。《莊子·胠篋篇》「容成氏」，《六韜·大明篇》作「庸成氏」。庸爲用，故容亦爲用也。夜行者不用目，而用手，是事之宜也。故曰事有所宜，而明有不容也。《説林篇》曰「夜行者掩目，而前其手。涉水者解其馬，載之舟。事有所宜，而有所不施」，可證此文至字之誤。不施，亦即不用也。

〔一〕按，「凡」字前，《方言》有「南楚」二字。

雍門子以哭見孟嘗君，涕流沾纓。

樾謹按：「孟嘗君」下當更有「孟嘗君」三字，而今脱之。《覽冥篇》曰「昔雍門子以哭見於孟嘗君，已而陳辭通意，撫心發聲，孟嘗君爲之增欷歍唈，流涕狼戾不可止」。彼文再言「孟嘗君」，故知此亦當同。不然，則涕流沾纓仍屬雍門子，而不屬孟嘗君，不見其感人之至矣。

其衣致煖而無文，其兵戈銖而無刃。（《齊俗》）

樾謹按：《文子·道原篇》作「其衣煖而無文，其兵鈍而無刃」。故王氏念孫謂「致與戈皆衍文」，其説是也。高解銖字曰「楚人謂刃頓爲銖」，是銖與「無刃」一意也。煖與「無文」則非一意矣，疑煖當爲緩。緩者縵之假字也。《説文·糸部》「縵，繒無文」。《國語·晋語》曰「乘縵不舉」，韋注曰「縵，車無文也」。是凡無文者，皆謂之縵。故曰「其衣縵而無文」，正與「其兵銖而無刃」同義。縵與緩，古音相同，得以通用。《廣雅·釋詁》慢、謾并訓緩，故緩亦通作縵也。後人不知緩爲縵之假字，因其言衣，輒改作煖，似是而實非矣。

山處者木。

樾謹按：木，乃采之壞字，謂采樵也。「山處者采」，與上句「水處者漁」，下句「谷處者牧，陸處者農」一律。漁也、采也、牧也、農也，皆言其事也。若作「山處者木」，則上句當云「水處者魚」矣。《文子・自然篇》作「林處者采」，可據以訂正。《説林篇》「漁者走淵，木者走山」，木亦當爲采。

涕之出於目。

樾謹按：莊氏逵吉曰「《太平御覽》引此，目作鼻，疑是」。此説非也。《周易・萃》「上六。賫咨涕洟」，《釋文》引鄭注曰「自目曰涕，自鼻曰洟」。然則涕出乎目，非出乎鼻，不得據《御覽》之誤字，以改《淮南》之不誤者也。

雖之夷狄徒倮之國。

樾謹按：《廣雅・釋詁》「徒，袒也」。「徒倮」猶「袒倮」，徒與袒，一聲之轉。《吕氏春秋・异用篇》「非徒網鳥也」，高注曰「徒，猶但也」。袒與但同。

絹以綺綉。

樾謹按：絹，當爲罥。《漢書・司馬相如傳》「罥要裹」，師古注曰「罥，謂羅繫之也」。《文選・上林賦》李善注引《聲類》曰「絹，係取也」。罥以綺綉，謂以綺綉繫之。作絹者，省不從网耳。《太平御覽・皇王部》引作「飾以綺綉」，殆由不得其義而臆改也。

故天之圓也不得規，地之方也不得矩。

樾謹按：兩「得」字皆當爲「中」。《周官・師氏》「掌國中失之事」，故書「中」爲「得」，是其例也。《文子・自然篇》正作「天圓不中規，地方不中矩」。

跌衽宮壁。

樾謹按：「跌衽宮壁」，於文未明。高注曰「跌衽，至平公衣衽中宮壁」。疑本作「跌衽中壁」。跌，猶越也。言越過平公之衽，而中於壁也。今作「宮壁」，即涉注而誤。

常欲在於虛，則有不能爲虛矣。若夫不爲虛而自虛者，此所慕而不能致也。

樾謹按：此言欲爲虛，則不能爲虛。若夫不爲虛而自虛，則又慕之而不能致也。蓋性之自然，非可勉强，故慕之而不能致。《文子・道德篇》作「此所欲而無不致也」，於義不可通。王氏念孫反據以訂正《淮南》，殊爲失之。

秦王之時，或人葅子，利不足也。

樾謹按：「或人」，即國人也。《說文・戈部》「或，邦也」。《口部》「國，邦也」。或、國古通用。

諸子平議卷三十一

淮南内篇三

可以窈，可以明。（《道應》）

樾謹按：窈，讀爲幽，故與明相對。《禮記·玉藻篇》「再命赤韍幽衡」，鄭注曰「幽，讀爲黝」。窈之通作幽，猶幽之通作黝也。

若以石投水中何如？

樾謹按：中字，衍文。《列子·説符篇》《吕氏春秋·精諭篇》并作「若以石投水」。〔一〕

〔一〕王其和認爲：「俞校是也。下文『若以水投水何如』，亦無『中』字，可證。」（第五七頁）

惠子爲惠王爲國法已成，而示諸先生，先生皆善之。

樾謹按：「先生」乃長老有德者之稱。惠子爲國法而示諸先生，乃就正有道之意。《呂氏春秋・淫辭篇》「先生」，皆作「民人」。舊校云「一作良人」，此當以「良人」爲是。《序意篇》「良人請問十二紀」，高注曰「良人，君子也」。然則「諸良人」即諸先生也。若是「民人」，則惠子豈能一一示之？且使民人皆以爲善，則其可行也必矣，下文翟煎何以云「善而不可行」乎？王氏念孫反以「民人」爲是，而欲改《淮南》以從之，誤矣。

飄風暴雨，日中不須臾。

樾謹按：「飄風暴雨」下脱「不終朝」三字。《老子》曰「飄風不終朝，驟雨不終日」，是其義也。「日中不須臾」，乃日中則仄之義。今脱「不終朝」三字，則若「飄風暴雨」亦「不須臾」者，失其義矣。《列子・説符篇》正作「飄風暴雨不終朝，日中不須臾」，可據以訂正。《呂氏春秋・慎大篇》亦脱「不終朝」三字。

异哉，歌者非常人也。

樾謹按：《呂氏春秋・舉難篇》「歌者」上有之字，當從之。之，猶是也。「之歌者」，即「是歌者」也。無之字，則文不備。《新序・雜事篇》作「此歌者」，「此」亦猶「是」也。

寡人得立宗廟社稷。

樾謹按：立字無義，疑主字之誤。

輪扁曰：「其人在焉？」

樾謹按：焉，猶乎也。《儀禮・喪服傳》曰「野人曰：父母何算焉」，《禮記・檀弓篇》曰「子何觀焉」，《論語・子路篇》曰「又何加焉」，皆是也。詳見王氏《經傳釋詞》。「其人在焉」，猶曰「其人在乎」。故桓公告之曰「已死矣」。《莊子・天道篇》作「聖人在乎」，與此文异而義同。

夫國家之安危，百姓之治亂，在君行賞罰。

樾謹按：君字衍文，涉下文「君自行之」而衍。此但言「行賞罰」，下乃分別言之，曰「夫爵賞賜予，民之所好也，君自行之；殺戮刑罰，民之所怨也，臣請當之」。若此文有君字，則下文不可通矣。

王壽負書而行，見徐馮於周。

樾謹按：《韓非子・喻老篇》周下有塗字，是也。行而見之則必在道塗之間，故曰「見徐馮於周塗」。「周塗」，猶周道也。

争者人之所本也。

樾謹按：本字無義，乃去字之誤。下文「始人之所本，逆之至也」，《説苑・指武篇》作「殆人所棄，逆之至也」。彼作棄，此作去，文异而義同。惟始字亦不可通。《説苑》作殆，尤爲無義。始，乃治字之誤。吴起欲砥礪甲兵，故屈子以爲治人所去，言取人之所去者而治之也。《文子・下德篇》作「治人之亂，逆之至也」，治字不誤，可據以訂正。

差，須夫子也。

樾謹按：此句作「嗟，句。須夫子也」。嗟，乃嘆辭。《説苑・指武篇》作「嘻！且待夫子也」，是其證也。嗟字闕壞，高注遂以「差須」連讀而釋之曰「猶意須也」，失之甚矣。

周伯昌行仁義而善謀。

樾謹按：行字，衍文也。下云「太子發勇敢而善謀，中子旦恭儉而知時」。若此句有行字，則與下兩句不一律矣。蓋涉上文「與之競行」而衍。

玄玉百工，大貝百朋。

樾謹按：高注曰「三玉爲一工也」，「五貝爲一朋也」。然「三玉爲一工」，它無所見。疑本作「玄玉百玨」，注本作「二玉爲一玨也」。《説文·玨部》「二玉相合爲一玨」，是也。莊十八年《左傳》「賜玉五瑴」，僖三十年《傳》「納玉於王與晋侯，皆十瑴」，襄十八年《傳》「獻子以朱絲，係玉二瑴」，《國語·魯語》「行玉二十瑴」，《穆天子傳》「於是載玉萬瑴」，杜預、韋昭、郭璞注并以「雙玉」説之。瑴即玨之或體，是古人用玉率以玨計，未聞其以工計也。蓋玨字闕壞而爲工，後人因改爲工，又改高注「二玉」爲「三玉」，以别异於玨耳。至朋之訓「五貝」，本《詩·菁菁者莪篇》鄭箋。然《正義》曰「五貝者，《漢書·食貨志》以爲大貝、壯貝、幺貝、小貝、不成貝爲五也。言爲朋者，爲小貝以上四種各二貝爲一朋，而不成者不成朋。鄭因經廣解之，言有五種之貝，貝中以相與爲朋，非總五貝爲一朋也」。然則高氏泥鄭箋「五貝」之説，以注此文，殊非確詁。古者實以二貝爲一朋。《周易·損》「六五。十朋之龜」。李鼎祚《集解》引崔憬曰：「雙貝曰朋」，得之矣。《詩·七月篇》「朋酒斯饗」，毛傳曰「兩樽曰朋」。貝以兩爲朋，猶樽以兩爲朋也。此云「玄玉百玨，大貝百朋」，玨也、朋也，皆以兩計。「玄玉百玨」者，玉二百也。「大貝百朋」者，貝二百也。其數正相當矣。

是以犯敵能威。

樾謹按：威，乃烕字之誤。烕，讀爲滅，言能滅之也。《吕氏春秋・悔過篇》正作滅。又按《吕氏春秋》，此句下有「去之能速」四字，高注曰「故進能滅敵，去之能速也」。此文無此四字，則於文爲不備，疑寫者脱去之。

盧敖仰而視之，弗見，乃止駕，止柸治，悖若有喪也。

樾謹按：王氏念孫謂「止柸治」之止，乃心字之誤，是也。「柸治」之義，高注曰「楚人謂恨不得爲柸治也」。其實，「柸治」即不怡也。「不怡」二字本於《虞書》，古人習用之。《國語・晋語》曰「主色不怡」，太史公《報任少卿書》曰「聽朝不怡」，此言「心不怡」，非必《楚語》因聲誤而爲「柸治」，其義始晦矣。《論衡・道虚篇》作「乃止喜，句。心不怠」，即「乃止駕，心不怡」也。喜者，嘉字之誤，駕之假字也。怠者，怡之假字也。

嘗有如此而得活者乎？

樾謹按：「嘗」下脱「見」字。下文對曰「未嘗見也」。「嘗見」字，與此相應。《吕氏春秋・知分篇》作「子嘗見有兩蛟繞船能兩活者乎」，正有見字。「能兩活」，當作「而能活」，説見《吕氏春秋》。

棄劍而已。

樾謹按：己，乃人己之己，己上當有全字。《吕氏春秋》正作「棄劍而全己」。

孔子聞之，曰：「夫善載！腐肉朽骨棄劍者，佽非之謂乎？」

樾謹按：載，當作哉，聲之誤也。哉下脱「不以」二字。《吕氏春秋》正作「夫善哉！不以腐肉朽骨而棄劍者，其次非之謂乎」。〔一〕

故大人之行，不掩以繩。

樾謹按：掩字無義。高注曰「掩，猶揮也」，義亦未詳。掩，乃扶字之誤。《管子・宙合篇》曰「千里之路，不可扶以繩」，是其證也。下文「此所謂《管子》梟飛而維繩者」，王氏念孫引陳觀樓説，謂當作「此《管子》所謂鳥飛而準繩者」。按，「鳥飛準繩」本《管子・宙合篇》，其曰「千里之路不可扶以繩，萬家之都不可平以準」，即説「鳥飛準繩」之義也。然則此云「大人之行，不扶以繩」，亦本《管子》，掩字之誤無疑矣。《宙合篇》又曰「夫繩，扶撥以爲正」，即此扶字之義。因

〔一〕 載，俞校作「哉」。王其和認爲：「俞校非是。『載』與『哉』古通用……不必以爲誤字。」（第一〇〇頁）次非，《淮南子》作「佽非」，後又作「佽飛」，指春秋時楚勇士。

扶字闕壞，止存扶形，淺人遂以意補成掩字耳。

道全爲無用之事，煩擾之教。

樾謹按：全，乃令字之誤。令，猶使也。道，與導同。謂導使爲無用之事，煩擾之教也。

於是乃去其督，而載之木。

樾謹按：高注曰「督，被髪也。木，鷸鳥冠也。知天文者冠鷸」。王氏引之以木爲朮字之誤，朮即鷸字也，引《匡謬正俗》「鷸字音聿，亦有術音，蔡氏《獨斷》謂爲『術氏冠』」爲證，其説洵墒不可易矣。惟未説督字之義。督，當爲鍪。鍪者，兜鍪也。《説文·兜部》「兜，兜鍪，首鎧也」。從省言之則止曰鍪。《氾論篇》「古者有鍪而綣領」，高注曰「鍪，頭著兜鍪帽」是也。「去其鍪，而載之朮」，謂去其首鎧，而戴之鷸鳥之冠，正與「解其劍而帶之笏」文義一律。作督者，假字耳。高注以被髪説之，夫被髪，豈可言去？足知其非矣。

夏后氏祭於闇，殷人祭於陽，周人祭於日出以朝。（《氾論》）〔一〕

樾謹按：高注首句曰「於室中中夜祭之也」，二句曰「於堂上日平旦祭也」，三句曰「於日出

〔一〕按，此句下原無篇名《氾論》，據《淮南子》補。

時祭於庭中。朝者，庭也」，所説皆未得其義。此文本《禮記·祭義篇》，其文曰「郊之祭，大報天而主日，配以月。夏后氏祭其闇，殷人祭其陽，周人祭日，以朝及闇」，鄭注曰「闇，昏時也。陽讀爲『曰雨曰暘』之暘，謂日中時也。朝，日出時也。夏后氏大事以昏，殷人大事以日中，周人大事以日出，亦謂此郊祭也。以朝及闇，謂終日有事」。《正義》曰「此郊之祭一，經止明郊祭之禮。郊之祭者，謂夏正郊天」。然則此文所説，本屬郊祭，郊祭必爲壇，初非廟祭，有何室中、堂上、庭中之分乎？「祭於闇」者，於中夜時祭也。「祭於陽」者，於日中時祭也。「祭於日出」，即是祭以朝。朝者，日出也。因周人尚文，郊祭終日有事。日出而祭，及闇而畢，故曰「以朝及闇」。《淮南》引此文不連「及闇」二字者，意在明三代之祭不同。若言闇，則疑與夏同。且周人初非有取於闇，直以禮繁不得不及闇耳。《檀弓篇》止言「大事以日出」，其無取於闇，明矣。故《淮南》省此二字也。高氏誤以朝爲「庭中」，遂并上文亦以「室中」「堂上」言之，與《祭義》不合，不可從也。

有奉持於文王，洞洞屬屬而將不能，恐失之。

樾謹按：「而將不能，恐失之」，義不可通。高注曰「而將不能勝之，恐失之，慎之至也」。疑本文作「而將不能勝之」。而與如，古通用。謂如將不能勝之也。「恐失之」三字，高氏自解

「如不能勝之」義。此三字誤入正文，而轉脱去「勝之」二字，於是文不成義矣。

古者人醇工龐，商樸女重。

樾謹按：重，本作童。《大戴記·王言篇》「民敦工璞，商慤女憧」，即《淮南》所本也。童與憧通，今作重者，形聲相似而誤。

和者，陰陽調，日夜分而生物，春分而生，秋分而成。

樾謹按：下言「春分而生」，上言「日夜分而生物」，文義重複。且春分秋分皆日夜分也。「日夜分而生物」，於「秋分而成」義亦不合。《文子·上仁篇》作「和者，陰陽調，日夜分，故萬物春分而生，秋分而成」。然則此亦當同上，「而生」二字，乃「故萬」之誤。

國之所以存者道德也。

樾謹按：德，當爲得，字之誤也。〔一〕《文子·上仁篇》正作得。「國之所以存者道得也」，與下句「家之所以亡者理塞也」正同一律。高注曰「理，道也」。然則道、理一也，得則存，塞則亡

〔一〕德，俞校作「得」，云「字之誤也」，非是。《廣雅·釋詁三》：「德，得也。」古書舊注均有，俞氏誤校。

矣。高注此句曰「道德施行，民悦其化，故國存也」。蓋以「道德」本屬恒言，故加德字以足句，非正文本作「道德」也。下文曰「存在得道，而不在於大也；亡在失道，而不在於小也」，正與此文相應。疑此塞字，亦即失字之誤，故高氏無注矣。

湯武救罪之不給，何謀之敢當。

樾謹按：當字無義，《群書治要》作慮，然謀即慮也。「何謀之敢慮」，義亦難通。當，疑蓄字之誤。言救罪且不給，不暇更蓄他謀也。〔一〕

昔楚恭王戰於陰陵，潘尫、養由基、黄衰微、公孫丙相與簒之。

樾謹按：高解「相與簒之」句曰「四子楚大夫，簒晋取恭王」。夫上文并無恭王見禽於晋之事，即云「相與簒之」，於文不備。據「戰於陰陵」下有高注曰「恭王與晋厲戰於陰陵，吕錡射恭王中目，因而禽之」，疑此二十字是正文，本在「昔楚」二字之下，因此二十字誤作注文，後人遂於「昔楚」下補「恭王戰於陰陵」六字耳。

〔一〕　當，俞疑爲「蓄」，王其和據《説文·思部》「慮，謀思也」認爲應從《群書治要》作慮，慮爲動詞。何謀之敢慮，即「敢慮何謀」之義，屬賓語前置（第一一四頁）。其説可參。

玉工眩玉之似碧盧者。

樾謹按：上云「劍工惑劍之似莫邪者」，「莫邪」是良劍之名，則「碧盧」亦必是美玉之名。《地形篇》「碧樹瑶樹在其北」，高注曰「碧，青玉也」，是其義也。下文云「闇主亂於奸臣小人之疑君子者」，然則「莫邪」「碧盧」是喻君子，非喻小人。高注曰「碧盧，或云碔砆」，失之。

薛燭庸子見若狐甲於劍而利鈍識矣。

樾謹按：「狐甲」之義不可曉。狐，疑爪字之誤。《荀子·大略篇》「争利如蚤甲而喪其掌」，楊注曰「蚤，與爪同」。此「爪甲」連文之證。若爪甲者，言其小也，言燭庸子之於劍，止見若爪甲者，而已識其利鈍矣。下文曰「臾兒易牙淄澠之水合者，嘗一哈水而甘苦知矣」。一哈，言其少也，與此文正一律。

故達道之人，不苟得，不讓福。

樾謹按：讓，當爲攘。《詮言篇》「不能使福必來，信己之不攘也」，高注曰「攘，却也」。此云「不攘福」，義與彼同。

不貪無用，則不以欲用害性。（《詮言》）

樾謹按：下「用」字衍文。《文子・符言篇》作「不貪無用，即不以欲害性」，是其證。

故治未固於不亂，而事爲治者必危。行未固於無非，而急求名者必剉。

樾謹按：襄二十七年《公羊傳》「我即死，女能固納公乎」？《秦策》「王固不能行也」，何休、高誘注并曰「固，必也」。「治未固於不亂」，「行未固於無非」，言爲治未必不亂，爲行未必無非也。下文曰「爲義之不能相固，威之不能相必也」，是可知固、必同義。高此注以「尚未牢固」説之，其義轉迂。

故常無禍，不常有福；常無罪，不常有功。

樾謹按：常，與尚通。《史記・衛綰傳》「劍尚盛」，《漢書》尚作常。《漢書・賈誼傳》「尚憚以危爲安」，《賈子・宗首篇》尚作常，并其證。

其智也，告之者至，然後覺其動也；使之者至，然後覺其爲也。

樾謹按：「使之者至」上當有「其能也」三字。上文云「有智而無爲，與無智者同道。有能而無事，與無能者同德」，下文云「有智若無智，有能若無能」，皆以智、能對舉，故知此亦當然。

然而守重寶者，必關户而全封。

檝謹按：全字無義，乃璽字之誤。《國語·魯語》「追而予之璽書」，韋注曰「璽書，璽封書也」，此「璽封」二字之證。《時則篇》曰「固封璽」，「封璽」與「璽封」同。《五音集韵》曰「璽，俗作坌」，與全字形相似，故誤爲全矣。《氾論篇》「盗管金」，高注曰「金，印封所以爲信」。金亦璽字之誤。說見王氏《讀書雜志》。彼璽誤爲金，此璽誤爲全，其誤正同。

雖有聖賢之寶，不遇暴亂之世，可以全身，而未可以霸王也。

檝謹按：寶字無義，疑當作資。《荀子·性惡篇》「離其資」，楊注曰「資，材也。」謂雖有聖賢之材也。資與寶形似而誤。〔一〕

一身之身，既數變矣。

檝謹按：上「身」字當作「人」。《氾論篇》曰「故一人之身而三變者，所以應時矣」，文義與此同。

〔一〕俞氏釋義可通，而誤字之説無據。古書寶亦音保，有「依恃」義，此訓詁可通，不必作校勘問題。

此四者，耳目鼻口不知所取去，心爲之制，各得其所。

樾謹按：鼻字，衍文也。上文云「目好色，耳好聲，口好味。接而説之，不知利害，嗜慾也。食之不寧於體，聽之不合於道，視之不便於性，三關交争，以義爲制者，心也」。然則此承上文而言，亦當止言耳目口，不當兼言鼻。今衍鼻字者，蓋後人據《文子・符言篇》增入，不知彼文上言「目好色，耳好聲，鼻好香，口好味」，故下言「耳目鼻口」。此文上言「目好色，耳好聲，口好味」，故下止言耳目口，兩文不同，未可據彼以增此也。

聖人内藏，不爲物先倡。

樾謹按：「先」字衍文。先，即倡也。言倡不必言先。《文子・上德篇》正作「不爲物唱」，無先字。

智遽於事。

樾謹按：遽，讀爲勮。《説文・力部》「勞，勮也」。然則勮亦勞也。「勮於事」，謂勞於事也。遽、勮古通用。《公羊》宣六年傳《釋文》曰「勮，本作遽」。

不能爲御者，不可以爲僕，無害於爲佐。

檝謹按：高注曰「佐，君位也」。則正文及注「佐」字均當作「左」。《禮記·曲禮篇》《正義》曰「車行則有三人，君在左，僕人中央，勇士在右」。是左爲君位也。今加人旁作佐，則失其旨矣。

行成獸，止成文。

檝謹按：「成獸」之文，殊不成義。高注曲爲之説，非也。獸，疑獻字之誤。隸書獸或作獣，見《桐柏廟碑》，形與獻似，故獻或誤爲獸。《周官·庖人》職「賓客之禽獻」，注曰「獻，古文爲獸，杜子春云當爲獻」，是其例也。《論語·八佾篇》「文獻不足故也」，文、獻對文，自有所本。「行成獻，止成文」者，獻，賢也，言行則成賢善，止則成文采也。字誤作獸，則不可通矣。

其作始簡者，其終本必調。

檝謹按：王氏念孫以本爲卒字之誤，其説是矣。惟調之言和也、合也，與簡字之義，殊不相應。調，當作𡖖。《玉篇·多部》「𡖖，丁幺切，多也，大也」。「其作始簡者，其終卒必𡖖」，言始於少而終於多也。《莊子·人間世篇》曰「其作始也簡，其將畢也必巨」。巨者，大也。大與多，義相近，故《玉篇》㚌訓多，亦訓大，且其字亦或從大，作奓也。

故神制則形從，形勝則神窮。

樾謹按：《文子·符言篇》作「故神制形則從，形勝神則窮」，當從之。此申明上文「神貴於形」之義，言可使神制形，不可使形勝神也。觀高注，則其所據本已誤。

故不得不中絶。（《兵略》）

樾謹按：此當作「故人得不中絶」，言聖人勃然而起，夷險除穢，故人類不至於中絶也。今作「不得不中絶」，於義難通。《文子·上義篇》亦然，則其誤久矣。

夫畜池魚者必去猵獺，養禽獸者必去豺狼。

樾謹按：《主術篇》「夫華騮、緑耳，一日而至千里，然其使之搏兔不如豺狼」，《太平御覽·獸部》引作「狼契」。王氏引之曰狼、契，皆犬名也。《廣雅》曰「狼、狐、狂、獚，犬屬也」。《玉篇》「猰，公八切，雜犬也」。猰與契通。犬能搏兔，而馬不能，故曰不如「狼契」。説見《讀書雜志》。今以其説推之，此文「豺狼」亦當作「狼契」。蓋猵獺能食魚，狼契能搏獸，故猵獺不可與池魚并畜，而狼契不可與禽獸同養。若豺狼本非人之所養，又何待言去乎？此於義不可通。且獺與契爲韵，若作「豺狼」，則於韵亦不可協矣。蓋由後人習聞「豺狼」，罕聞「狼契」，故率意更改，皆非其舊。

此天之所以誅也，此民之所以仇也。

樾謹按：兩「以」字皆衍文。《吕氏春秋·懷寵篇》作「若此者，天之所誅也，人之所仇也」，無兩「以」字。《文子·上義篇》同。[一]

有逆天之道、帥民之賊者。

樾謹按：帥字義不可通。《吕氏春秋》作衛，是也。當由衛誤作衛，因改爲帥耳。

是故至於伏尸流血，相支以日。

樾謹按：「相支以日」，甚爲無義。《文子·上義篇》作「相交於前」，當從之。交與支，形似而誤。交誤爲支，因改「於前」爲「以日」，使成文義耳。

[一] 王其和認爲，「以」字當不衍。「所以」表示「誅」「仇」之原因。他書「此」後有「者」文義不同，不必强同一律（第一三六頁）。

凡物有朕，唯道無朕。

樾謹按：高注曰「言萬物可朕也，而道不可朕也」，則正文及注文朕字，皆勝字之誤，故以可不可言。若是朕字，則但當言有無，不當言可不可也。《文子・自然篇》作「夫物有勝，唯道無勝」，當據以訂正。

察行陳解贖之數。

樾謹按：「解贖」當爲「解續」。解之言解散也，續之言連續也。「解續」，猶言分合。下文曰「出入解續」，是其證。

博則能禽缺。

樾謹按：博與缺，義不相應，與上文「静則能應躁，後則能應先，數則能勝疏」不一律矣。博，當作摶，字之誤也。《説文・手部》「摶，圜也」，故與缺相對爲文。《太玄・中》「次六曰，月闕其摶」，月之有闕有摶，即此文摶、缺對文之證。

是故處於堂上之陰，而知日月之次序；見瓶中之冰，而知天下之寒暑。

樾謹按：於字，衍文也。「處堂上之陰」者，謂察堂上之陰也。《兵略篇》曰「相地形，處次舍」，是「處」與「相」同義。《主術篇》曰「援白黑而示之，則不處焉」。不處，猶不察也。蓋物居其所謂之處，使物各得其所，亦謂之處。《國語·魯語》曰「夫仁者講功，而知者處物」，是也。故「處」即有辨别之義。後人不達，而妄加「於」字。「處於堂上之陰」，於義殊不可通。且「處堂上之陰」本與「見瓶中之冰」相對，今增「於」字則句法亦參差不齊矣。

典凝如冬。

樾謹按：高注曰「典，常。凝，正也」。此未得典字之義。典讀爲「腼典」之典，《考工記·輈人》「是故輈欲腼典」，鄭注曰「腼典，堅刃貌」。然則「典凝」，猶堅凝也。與上句「湫漻如秋」一律。若訓典爲常，則失其義矣。

故將必與卒同甘苦、俟饑寒。

樾謹按：俟字，義不可通，乃併字之誤。併與并通。《廣雅·釋詁》「并，同也」。「併饑寒」，與「同甘苦」一律。

魄曰：「言者獨何爲者？」「吾將反吾宗矣。」（《説山》）

樾謹按：「吾將反吾宗矣」上，當有「魂曰」二字，此乃魂之言也。「吾將反吾宗」者，魂欲反其宗也。故下文曰「魄反顧，魂忽然不見」。惟反其宗，所以不見也。高解「反吾宗」曰「魂將反於無形」，則其所據本正有「魂曰」二字，不然何知其是魂而非魄乎？

鸚鵡能言而不可使長。

樾謹按：《藝文類聚・鳥部》《太平御覽・羽族部》引此并作「不可使長言」，當從之。高注曰「長，主也」，又曰「不知所以長言」，下注又曰「不能自爲長主之言」，則未得長字之義。長，主也，則長猶典也。「不可使長言」，猶曰不可使典言，謂不可使典主教令也。

獸不可以虛氣召也。

樾謹按：氣，當作器。《莊子・人間世篇》「氣息茀然」，《釋文》曰「向本作『諰器』」，云『器，氣也』」。是器、氣聲近義通。《大戴記・文王官人篇》「其氣寬以柔」，《逸周書・官人篇》氣作器。此古書以器爲氣之證。「獸不可以虛器召」，猶上句云「魚不可以無餌釣」也。《文子・上德篇》正作「獸不可以空器召」。

保者不敢畜噬狗。

樾謹按：高注曰「保，城郭居也」。然以「居城郭」者謂之保者，義殊未安。此保字，乃「阿保」之保，《禮記・内則篇》「其次爲保母」是也。「保者不敢畜噬狗」，恐其驚孺子也。上句云「亡者不敢夜揭炬」，亡者、保者，皆以事言，非以地言。

小馬，非大馬之類也。小知，非大知之類也。

樾謹按：上「非」字衍文也。本作「小馬，大馬之類也。小知，非大知之類也」。言馬則小大同類，知則大小迥殊。正以馬之類，明知之不類也。《孟子・告子篇》「然則犬之性，猶牛之性，牛之性，猶人之性與」，亦以物之同，見人之不同，與此語意相近。《吕氏春秋・别類篇》曰「小方，大方之類也。小馬，大馬之類也。小智，非大智之類也」，即《淮南》所本。後人不達其旨，誤謂兩句一律，於上句亦增「非」字，失之矣。然觀高注曰「小馬不可以進道致千里，故不得與大馬同類。小知不可以治世長民，故不得與大知同類」。則其所據本已衍「非」字。

見卵而求晨夜。

樾謹按：晨，當作辰。淺人誤謂與夜對文，故加日作晨，不知非其義也。辰者，時也。《詩・東方未明篇》「不能辰夜」，毛傳曰「辰，時也」，正義曰「不能時節此夜之漏刻」。然則辰夜，即時夜也。《莊子・齊物論篇》正作「見卵而求時夜」。蓋皆本於《毛詩》，《淮南》用其文，《莊子》用其義耳。

見一葉落，而知歲之將莫。睹瓶中之冰，而知天下之寒。

樾謹按：寒下當有暑字。《兵略篇》曰「是故處堂上之陰，而知日月之次序。見瓶中之冰，而知天下之寒暑」。彼以暑與序爲韵，此以暑與莫爲韵。今删暑字，則失其韵矣。上文曰「嘗一臠肉，知一鑊之味；縣羽與炭，而知燥濕之氣」，味、氣爲韵。則此文亦必有韵可知，當據《兵略篇》補。

孫叔敖制冠浣衣。

樾謹按：制，疑刷字之誤。《爾雅·釋詁》「刷，清也」。故與「浣衣」對文。

祭之日而言狗生。

樾謹按：生，當作胜。《説文·肉部》「胜，犬膏臭也」。「狗胜」，猶言狗臭。

爲醫之不能自治其病，病而不就藥則勃矣。

樾謹按：藥，當讀爲㿥。《説文·疒部》「㿥，治也。或作療」。古每以藥爲之。《詩·板篇》「不可救藥」，《韓詩外傳》作「不可救療」。毛用假字，韓用正字也。「病而不就藥」，謂不就其療治。《申鑒·俗嫌篇》曰「藥者，療也」。

諸子平議卷三十二

淮南内篇四

曹氏之裂布。（《説林》）

樾謹按：高注曰「楚人名布爲曹。今俗間以始織布繫著其旁，謂之曹布」。然則高氏所據本，疑無氏字。若有氏字，則曹是人之氏族，何得以布言之乎？今有氏字者，蓋涉下文「夏后氏之璜」而衍，非高本之舊也。惟高注義亦未安。若從前一説，則曹即布之異名，言曹不必更言布。若從後一説，則當以「曹布」連文，不當曰「曹之裂布」也。曹，疑當讀爲褿。《廣雅・釋器》曰「褿，褯也」。《玉篇・巾部》曰「幓，藉也」。幓即褿之异文。又《衣部》曰「褯，小兒衣也」。然則褿者，疑是小兒承藉菌屎之布，故亦謂之褯。褯，猶席也。《漢書・宣帝紀》注引李奇曰「緥，小兒大藉也」，即其類也。「禮之裂布」者，《説文・衣部》「裂，繒餘也」，字通作烈。《廣雅・釋詁》「烈，餘也」。「裂布」，即餘布，言承藉小兒其四邊所有之餘布也。是其爲物至賤，然而蜹者貴之，正上文「時有所合」之意。

鳥飛反鄉，兔走歸窟，狐死首丘，寒將翔水，各哀其所生。

樾謹按：《文子・上德篇》作「各依其所生」也。哀與依，古聲同，此作哀者，即依之假字耳。高注曰「哀，猶愛也」，非是。

大匠不斲，大豆不具，大勇不鬥。

樾謹按：「大匠」「大勇」，皆以人言，而「大豆」獨以器言，且「大豆不具」，義亦難通，殆非也。《淮南》原文本作「大庖不豆」。《呂氏春秋・貴公篇》曰「大匠不斲，大庖不豆，大勇不鬥」。即《淮南》所本。高氏彼注曰「但調和五味，使神人享之而已，不復自列簠簋籩豆也」。疑高氏此注，亦與彼同。今但存「豆簠簋籩豆之器」七字，蓋後人删改之，以合於既誤之正文，非其舊也。又按，豆者，剅之假字。《廣雅・釋詁》「剅，裂也」。「大庖不剅」，謂不自割裂，與「不斲」「不鬥」一律。説詳《呂氏春秋》。

任動者車鳴也。

樾謹按：高注曰「任者，輦也」。《詩》曰『我任我輦』」，此説失之。《黍苗篇》「我任我輦，我車我牛」，毛傳曰「任者，輦者，車者，牛者」，鄭箋曰「有負任者，有輓輦者，有將車者，有牽牛者」。是毛、鄭皆以任、輦爲二事。若曰「任者，輦也」，亦將曰「車者，牛也」，其可通乎？今按此任，即所謂「任木」也。《考工記·輈人》曰「凡任木，任正者十分其輈之長，以其一爲之圍。衡任者五分其長，以其一爲之圍」。鄭康成説「任正」「衡任」未得其義。宋戴侗《六書故》曰「任正者，輈也。衡任者，軸也」。近世學者程氏瑶田則謂「必在輿下者，始足當任木之名。隧深四尺四寸，輈在四尺四寸下者，任正也。車廣六尺六寸，軸在六尺六寸下者，衡任也」。金氏榜則謂「凡任木，縱者皆名任正，横者皆名衡任。任正者，輈也，伏兔也。衡任者，軸也，衡也」。其説皆本戴氏而推之，可以説此文「任動車鳴」之義。

使但吹竽，使氏厭竅，雖中節而不可聽。

樾謹按：高注曰「但，古不知吹人」，此殆望文生訓。且既不知吹矣，又何能中節乎？《文子·上德篇》作「使倡吹竽，使工捻竅」。然則「但」「氏」二字，乃「倡」「工」之誤。倡也，工也，特爲异名以别之，明非一人，實則同義。蓋倡與工雖善吹竽，然必自吹之而自厭之。若一人吹竽，一人厭竅，則雖中節而不可聽矣。《韓子·外儲説右篇》曰「田連、成竅，天下善鼓瑟者也。然而田連鼓上，成竅擫下，而不能成曲」。此意即《淮南》所本。倡也、工也，猶曰田連也、成竅也。彼舉其人以實之，此則不舉其人耳。倡字闕壞，而成但字；隸書工或作㠪，氏或作互，二形相似，故工誤作氏。高據誤本作注，曲爲之説，失之矣。

蝯狖之捷來乍。

樾謹按：高注訓乍爲「暫疾」，而以「疾擊取之」申明其義，此曲説也。乍，與作通，當讀爲斮。《爾雅·釋器》「魚曰斮之」，《禮記·内則篇》作「魚曰作之」，即其例也。成二年《公羊》疏引樊光曰「斮，斫也」。斫乃斫之俗字。斫者，擊也。「蝯狖之捷來斮」，謂見斫擊也，方與上句「虎豹之文來射」文義一律。《繆稱篇》曰「蝯狖之捷來措」，高注曰「措，刺也」。刺、擊義亦相近。

轂立三十輻，各盡其力，不得相害。使一輻獨入，衆輻皆棄，豈能致千里哉！

樾謹按：《文子·上德篇》作「轂虚而中立」，是此文「轂」下脱「虚而中」三字。「一輻」，《文子》作「一軸」，亦當從之。蓋一軸在轂中，三十輻在轂外，若一軸獨入，而三十輻皆棄，即不成爲輪矣，故不可以致千里也。

蘇秦步曰何故，趨曰何趨，馳。

樾謹按：此當作「蘇秦步曰何步，趨曰何趨，馳曰何馳」。因首句高注有「何故」二字，遂誤正文「何步」爲「何故」，而馳下又脱「曰何馳」三字，則文不成義矣。

的的者獲，提提者射。

樾謹按：高注曰「的的，明也。爲衆所見，故獲。提提，安也」。王氏念孫謂「的的」「提提」皆明也，引《管子·白心篇》「爲善乎無提提」爲證，其説得之矣。惟未説獲字之義。今按的的，猶提提也；獲，猶射也。兩句實止一意。《儀禮·鄉射禮篇》「獲者坐而獲」，鄭注曰「射者中則大言獲」，是古謂射中爲獲。上句言獲，下句言射，變文以成辭耳。

扶之與提，謝之與讓，故之與先，諾之與已，也之與矣，相去千里。

樾謹按：「故之與先」，本作「得之與失」。草書得字作[illegible]，故字作[illegible]，兩形相似。隸書失字或作𠫓，先字或作先，兩形亦相似，因誤得爲故，誤失爲先耳。「之與矣」三字，衍文也。蓋校者見《淮南》舊本有「得之與失」句，因補注於「諾之與已也」下，而傳寫又脱得字，且誤失爲矣耳。《文子·上德篇》正作「扶之與提，謝之與讓，得之與失，諾之與已，相去千里」，可據以訂正。

待利而後拯溺人，亦必以利溺人矣。

樾謹按：「以」字衍文。高注曰「利溺人者，利人之溺得其利也」，則其所據本無「以」字。

聖人處於陰，衆人處於陽；聖人行於水，衆人行於霜。

樾謹按：四語相對成文，且陽、霜爲韵，非有脱誤。《文選·洛神賦》注引作「聖足行於水無迹也，衆生行於霜有迹也」。《太平御覽·天部》引作「聖人行於水無迹，衆人行於霜有迹」。疑「無迹也」「有迹也」，是許叔重注，引者并注文舉之，使其意明顯耳。王氏念孫欲據以增入正文，然則「處於陰」「處於陽」下，又將增入何語乎？足知其非矣。

寅丘無壑，泉原不溥。

樾謹按：「寅丘」，謂大丘也。《方言》「夤，大也」，《廣雅·釋詁》同。寅，即夤之假字。言丘雖大而無壑，則泉原不溥也。下文曰「尋常之壑，灌千頃之澤」，「尋常」言其小，則「寅丘」必言其大矣。高注以爲汙潦水名，非是。

抮和切適。

樾謹按：高注曰「抮，轉也。轉其和更作急調」。然則正文疑當作「抮和適切」。切者，急切也。適，猶之也，往也。言轉其和平之音，而適於急切之調也。

尾生之信，不如隨牛之誕。

樾謹按：高注曰「隨牛、弦高矯君命爲誕以存國」。然隨牛未知何人。據《人間篇》注曰「蹇他、弦高之黨」，未聞其有隨牛也。隨牛，疑當作隨生，即謂漢初之隨何也。生猶先生也。《史記·儒林傳》《索隱》曰「自漢已來，儒者皆號生，亦先生省字呼之耳」。然則稱「隨何」爲「隨生」，乃漢時常語也。隨何，爲漢初辯士，故曰「尾生之信，不如隨生之誕」。陸士衡《漢高祖功臣頌》曰「隨何辯達，因資於敵，紓漢披楚，唯生之績」，此即隨何稱生之證。

發一端，散無竟，周八極，總一管，謂之心。（《人間》）

樾謹按：「總一管」三字，當在「周八極」之上，蓋言發於一端，而散於無竟，總於一管，而周於八極。猶下文所云「執一而應萬」也。兩句誤倒，失其義矣。

歸而封孫叔敖，辭而不受，病疽將死。

樾謹按：諸書無言孫叔敖以病疽死者。疽乃「疒且」二字之誤。「病」「將」二字，皆衍文也。《說文·疒部》「疒，痾〔一〕也。人有疾痛，象倚著之形」。是古疾病字止作疒。其從矢之疾，蓋疾速字，而非疾病字也。後人假疾爲疒，疾行而疒廢矣。「疒且死」，即「疾且死」也。其事亦見《列子·說符篇》《吕氏春秋·异寶篇》，并作「疾將死」。將，猶且也。彼作疾，此作疒，古今字耳。因「疒且」二字誤合爲疽字，後人乃於上加病字，下加將字，失之矣。

楚國之俗，功臣二世而爵禄，惟孫叔敖獨存。

樾謹按：「二世而爵禄」，文義未完。疑本作「二世而奪禄」。下文曰「夫孫叔敖之請有寢之丘，沙石之地，所以累世不奪也」。奪字，即承此而言。因奪與爵，草書相似，又以文在禄上故奪誤爲爵耳。夫所謂「孫叔敖獨存」者，存其寢丘之地也。禄也，非爵也，不當兼言爵。《韓子·喻老篇》作「楚邦之法，禄臣再世而收地」，亦言禄不言爵，則爵字之誤無疑矣。〔二〕

〔一〕 痾，今本《說文解字》作「倚」，當從改。

〔二〕 爵，俞氏校作「奪」，王其和認爲「爵」字當不誤，古書訓作「盡」，爵禄即盡禄，「本字可通，不必以爲誤字。」（第一〇一頁）

魯君聞陽虎失。

樾謹按：失，當讀爲逸。《荀子·哀公篇》「其馬將失」，楊注曰「失，讀爲逸」，是其證也。桓八年《左傳》「隨侯[一]逸」，杜注曰「逸，逃也」。「陽虎逸」，即陽虎逃。古字逸與佚通，故亦通作失。

智伯求地於魏宣子，宣子弗欲與之。

樾謹按：「弗欲與之」，本作「欲弗與之」。下文「求地而弗與」，即承此而言。《戰國·趙策》作「魏桓子欲勿與」。

虞之與虢，相恃而勢也。若假之道，虢朝亡而虞夕從之矣。

樾謹按：勢字義不可通。疑本作「相恃而存也」。《呂氏春秋·權勳篇》曰「夫虢之不亡也，恃虞。虞之不亡也，亦恃虢也。若假之道，則虢朝亡而虞夕從之矣」，即《淮南》所本。虢不亡恃虞，虞不亡恃虢，故曰「相恃而存也」。今本誤作勢者，蓋因《呂氏春秋》此文之上有「虞虢

〔一〕侯，原誤作「候」，據蔡啓盛《校勘記》與《左傳》改。

之勢是也」句。《韓子·十過篇》亦有「虞虢之勢正是也」句，疑《淮南》不當無此句，因以意竄改，非其舊矣。

此吉祥以饗鬼神。

樾謹按：「吉祥」下脱也字。《列子·説符篇》《論衡·福虚篇》并作「此吉祥也」，當據補。

近塞上之人有善術者。

樾謹按：近，謂近時也。此蓋《淮南》舉近事言之，故曰近，非連塞字爲義也。班孟堅《幽通賦》「北叟頗識其倚伏」，即用此〔一〕事。而云「北叟」者，以下文言「胡人大入塞」，故知是北方之塞耳。乃顔師古注《漢書·叙傳》引此文作「北塞上之人」，蓋涉正文「北叟」而誤，非顔注之舊，是以李善注《文選·幽通賦》止云「塞上之人」。若使本作「北塞」，則正宜引之以證「北叟」之義，安得删去之？惟其是近字，故可有可無也。《後漢書·蔡邕傳》「得北叟之後福」，李賢注曰「北叟，塞上叟也」。但言「塞上」，不言「北塞上」，然則《淮南子》原文不作「北塞」明甚。而《藝文類聚》《太平御覽》引此文并作「北塞上之人」，則爲《漢書》注所誤。王氏念孫反據以訂正《淮南》，謬矣。

〔一〕此，原誤作「比」，據蔡啓盛《校勘記》改。

下文「近塞之人死者十九」，則當作「塞上之人」。《漢書》《後漢書》注、《文選》注及諸類書所引，無作「近塞」者，可知近字之非。然亦無作「北塞」者，又可見此文作「北塞上」之誤矣。

無害子之慮，無中於策謀，無益於國，然而心調於君，有義行也。

樾謹按：調，當爲周。《楚辭・離騷》「雖不周於今之人兮」，王逸注曰「周，合也」。「心周於君」，謂心合於君也。作調者，古字通用。《文子・微明篇》正作「心周於君」。

以詐僞遇人，雖愈利，後無復。

樾謹按：愈，當爲愉，古偷字也。《周官・大司徒》職「以俗教安則民不愉」，《釋文》云「愉，音偷」，是其證也。「愉利」，即偷利。謂雖偷取利，而後不可復也。《吕氏春秋・義賞篇》曰「雖今偷可，後將無復」。

至其日之夜。

樾謹按：其，當作期。謂所期之日之夜也。《韓子・十過篇》正作「至於期日之夜」。

佞人得志，是使晋國之武舍仁而後佞。

樾謹按：後字，義不可通，乃從字之誤。「佞人得志」，故晋國之士皆舍仁而從佞也。「晋

國之武」，即晉國之士。《淮南》一書，通謂士爲武。〔一〕

陳成常果攻宰予於廷中，而弒簡公於朝。

樾謹按：攻，乃殺字之誤。殺宰予，弒簡公，君臣异辭，其實一也。下文曰「廷殺宰予」，是其明證。

郈公作難。

樾謹按：郈昭伯，魯大夫，不得稱「郈公」，乃「郈氏」之誤。上文云「郈氏介其鷄」，是其明證也。今作「郈公」者，涉下文「魯昭公出走」而誤。又按「魯昭公出走」句，王氏念孫謂衍公字，以上下文皆四字句故也。然上文云「簡公遇殺，身死無後」，疑此文本作「昭公」。昭公不稱魯，猶簡公不稱齊。後人誤加魯字，遂致句法參差，而王氏乃議删公字，失之矣。

西屬流沙，北擊遼水，東結朝鮮。

樾謹按：擊字無義，疑罊字之誤。《爾雅・釋詁》「罊，盡也」。言北盡遼水也。《史記》作

〔一〕 後，俞校作「從」，于省吾《淮南子新證》校曰：「景宋本『後』作『爲』，當據訂。」「爲佞」常用，近是。

「起臨洮，至遼東」，「至」即有「盡」義。

哀公默然深念，憒然自反。

樾謹按：「憒然」非自反之貌。憒，疑隤字之誤。《周易·繫辭傳》「夫坤隤然，示人簡矣」，虞注曰「隤，安也」，馬注曰「柔貌」，皆與「自反」之義合。上文「孔子讀《易》，至《損》《益》，未嘗不憒然而嘆」。王氏念孫謂「憒然」當作「喟然」。此誤隤爲憒，猶彼誤喟爲憒，皆形似而誤。古書從貴從貴之字，往往相亂。詳見《讀書雜志》。

武王蔭暍人於樾下。

樾謹按：注曰「樾下，衆樹之虚也」。此注未得。《精神篇》曰「當此之時，得茠越下，則脱然而喜矣」。注曰「楚人樹上大本小如車蓋狀爲越，言多蔭也。越，讀『經無重越』之越也」。此注得之。越、樾古同字，而前後异説，疑有許、高之异。《繆稱》《齊俗》《道應》《詮言》《兵略》《人間》《泰族》《要略》八篇標目下，無「因以題篇」四字，與它篇不同，或許注也，因無塙證，故不别言之。

子發盤罪威王而出奔。

樾謹按：「盤罪」二字，甚爲無義。盤，疑本作服。服，古字作舩，與般字相似，往往致誤。

《爾雅·釋詁》「服、宜、貫、公，事也」。《釋文》曰「服，又作般」，《荀子·賦篇》「讒人服矣」，楊注曰「服，本或作般」，并其證也。服誤爲般，因又誤爲盤耳。服者，負之假字。《考工記·車人》注「鄭司農曰，服，讀爲負」。是負、服一聲之轉，古得通用。「服罪威王而出奔」，言其負罪而出奔也。高注曰「盤，辟也」，是其所據本已誤。

禹沐浴霪雨，櫛扶風。（《脩務》）

樾謹按：浴字，衍文。王氏念孫已訂正矣。扶字，疑即疾字之誤。隸書疾字或作𤵸，見《圉令越君碑》，扶字作扶，見《桐柏廟碑》，兩形相似故誤耳。《莊子·天下篇》「禹沐甚雨，櫛疾風」，即《淮南》所本。〔一〕

夫地勢水東流，人必事焉，然後水潦得谷行。

樾謹按：高注曰「水勢雖東流，人必事而通之，使得循谷而行也」。然循谷而行，謂之「谷行」，甚爲不辭。且水注溪曰谷，水之東流，豈必循谷而行乎？於義亦不可通。谷，疑沿字之誤。沿字缺壞，止存右畔之㕣，因誤爲谷矣。《荀子·禮論篇》《榮辱篇》楊倞注并曰「沿，循也」。

〔一〕扶，俞校作「疾」，王其和考釋，《淮南子·覽冥》高誘注：「扶風，疾風也。」字不誤，義可通（第一〇一頁）。

也」。然則「沿行」者，循行也。高注本作「循沿而行」，蓋以循訓沿耳。又下文説申包胥事曰「於是乃贏糧跣足，跋涉谷行」。夫申包胥自楚至秦，非必行於谷中，且其下説所經歷之地，曰「峭山」，曰「深溪」，曰「川水」，曰「津關」。乃獨以「谷行」二字冠之，則於文轉爲不備矣。谷亦沿字之誤，沿亦循也。申包胥恐爲吴軍所得，不敢從正路，循沿邊際而行，故曰「沿行」。《楚策》載此事曰「於是贏糧潛行」，是其義也。

憤於中則應於外，故在所以感。

檝謹按：感下本有「之矣」二字，傳寫脱之，則文義未完。《文子・精誠篇》正作〔一〕「故在所以感之矣」。

世俗廢衰，而非學者多，人性各有所脩短，若魚之躍，若鵲之駮，此自然者，不可損益。

檝謹按：「非學者多」下有闕文，或是言字，或是曰字，未敢臆補。蓋「人性各有所脩短」云云，乃世俗非學者之説，意謂人性之自然者，非學所能損益也。下文「吾以爲不然」，則《淮南》自爲破之之説

〔一〕 作，原作「足」，據蔡啓盛《校勘記》改。

使未嘗鼓瑟者。

樾謹按：瑟，當作琴。上文云「然而搏琴撫弦」，此與相應，不容异文。

然而莫能至焉者，偷慢懈惰，多不暇日之故。

樾謹按：不字，衍文。「多暇日」者，謂其人偷慢懈惰而不學，故多暇日也。今衍不字，失其指矣。《荀子・脩身篇》曰「其爲人也多暇日者，其出入也不遠矣」，即《淮南》所本。

此所謂名可彊立者。

樾謹按：「彊立」，本作「務立」，上文「名可務立，功可彊成」。高注曰「務，事也」。然則此亦當言「務立」，今作「彊立」者，乃後人據《文子・精誠篇》改之。不知彼上文云「名可彊立，功可彊成」，與此文本不相同，不得據彼以改此也。

戰而身死，卒勝民治，全我社稷，可以庶幾乎！

樾謹按：治字，衍文。本作「卒勝民全」。此時但求民之全，不當計其治不治也。後人誤以

全字屬下句讀，故妄增治字耳。《楚策》作「社稷其庶幾乎」，無全字，然則此全字上屬無疑。[一]

申包胥竭筋力以赴嚴敵，伏尸流血，不過一卒之才，不如約身卑辭，求救於諸侯。

樾謹按：「竭筋力」以下皆申包胥之言也。「申包胥」下當有「曰吾」二字，而今脱之。《楚策》曰「棼冒勃蘇曰『吾被堅執鋭赴强敵而死，此猶一卒也，不若奔諸侯』」，是其明證。

琴或撥刺枉撓，闊解漏越，而稱以楚莊之琴，側室争鼓之。

樾謹按：「側室」二字無義。高注曰「側室，或作廟堂也」。「廟堂」亦無義，疑《淮南》原文本作「則尚士争鼓之」。尚，與上通。「尚士」即「上士」也。《考工記》「桃氏爲劍」「弓人爲弓」并有「上士服之」之文。故此言琴，亦曰「上士鼓之」也。上文曰「今劍或絶側羸文，嚙缺卷鋌，而稱以頃襄之劍，則貴人争帶之」，兩文相對，此曰「則上士争鼓之」，猶彼曰「則貴人争帶之」也。因假尚爲上，而「尚士」二字誤合爲堂字，淺人因改則字爲廟字。高所據或本是也。又因古本實是則字，遂改堂字爲室字，而加人旁於則字之左，使成側字，高所據本是也，皆非《淮南》之舊。

[一] 王其和疑「治」當爲「活」字之誤，古書多有「活民」「民活」連文者（第一一六頁）。可備一説。

藜藿之生蠕蠕然，日加數寸，不可以爲櫨棟。

樾謹按：高注曰「櫨，屋也」。然則正文及注文并當作廬。《漢書・食貨志》注曰「廬，田中屋也」。故高注訓廬爲屋，「以爲廬棟」猶曰「以爲屋棟」。《説山篇》曰「郢人有買屋棟者」，彼云「屋棟」，此云「廬棟」，其義一也。因棟字從木，遂并廬字而亦誤從木作櫨。櫨者，柱上柎〔一〕也。若果是櫨字，何得以屋訓之？《本經篇》「標枺欂櫨」，高注曰「櫨，柱上柎，即梁上短柱也」。然則高氏非不知「柱上柎」之義，何以於此篇必變其説乎？且以文義言之，「日加數寸」，言其長也。屋棟之木必取其長。若櫨則短柱耳，以方木爲之，其形如斗，故亦謂之斗拱，非必長木乃可爲之，何取於「日加數寸」者乎？

一言聲然大動天下。（《泰族》）

樾謹按：「聲然」二字，文不成義。聲，當作罄，涉上文「四海之内，寂然無聲」而誤也。《周書・太子晋篇》「師曠罄然又稱曰」，孔注曰「罄然，自嚴整也」，是其義也。下文「故聖人者懷天心，聲然能動化天下者也」，「聲然」亦「罄然」之誤。能，讀爲而。

〔一〕柎，原作「枡」，據蔡啓盛《校勘記》及下文改。

奚仲不能旅，魯般不能造。

樾謹按：「旅」字無義，疑放字之誤。《廣雅・釋詁》「放，效也」。言天地所生者，雖奚仲不能放效之，雖魯般不能造作之也。高注曰「旅，部旅也」，其所據本已誤。

故聖人懷天氣，抱地心。

樾謹按：《文子・精誠篇》作「懷天心，抱地氣」，是也。上文云「故聖人者懷天心」，則此文亦當作「懷天心」矣。「懷天心」之文，既與《文子》同，則下句亦當作「抱地氣」矣，傳寫誤耳。上文「故聖人者懷天心」下，疑亦當有「抱地氣」三字。今闕此句，文義不備。

巢枝穴藏。

樾謹按：枝，乃豉字之誤。「巢豉」「穴藏」，相對成義。《史記・梁孝王世家》《索隱》引《通俗文》曰「高置立豉棚曰豉閣」，即此豉字之義。巢高故言豉，穴深故言藏。

乃澄列金木水火土之性，故立父子之親而成家。

樾謹按：「故立」，當從《文子・上禮篇》作「以立」，王氏念孫已訂正矣。惟「木水」二字，傳寫誤倒，當作「水木」。蓋金水木火土相生之序，故本之以立父子之親也。

故勇者可令進鬥，而不可令持牢。重者可令塡固，而不可令凌敵。貪者可令進取，而不可令守職。廉者可令守分，而不可令進取。信者可令持約，而不可令應變。五者相反，聖人兼用而財使之。

樾謹按：「勇者」當作「輕者」。上文云「故用兵者或輕或重、或貪或廉，此四者相反，而不可一無也。輕者欲發，重者欲止，貪者欲取，廉者不利非其有」。然則此承上文而言，亦當以輕重、貪廉對舉，其本作「輕者」明矣。淺人不尋上下文理，見有「進鬥」之文，妄改爲「勇者」，非其舊也。又按上言四者而下言五者，義亦可疑。且輕與重反，貪與廉反，所謂四者相反也。信則與何者相反乎？乃云「五者相反」，義不可通。疑「信者可令持約，而不可令應變」十二字，淺人竄入，《淮南》本無此句。「五者」亦作「四者」，與上文相應，因竄入「信者」句，遂改四爲五以合之，而不悟其不可通耳。

小見不達必簡。

樾謹按：「小」上當有「道」字，因涉上句「小藝破道」，兩「道」字適相連，寫者止於上句「道」字下作二小畫以識之，而遂脱去也。見，乃則字之誤。則字闕壞，止存左旁之貝，因誤爲見矣。達下當更有達字，亦因止作二小畫而脱去也。其文本曰「道小則不達，達必簡」。《文子・上仁篇》作「道小必不通，通則必簡」，與此文小异而義同。若如今本，則不成文理矣。

故不言而信，不施而仁，不怒而威，是以天心動化者也。

樾謹按：「天心動化」，本作「無心動化」，因無字作无，故誤爲天耳。《文子・上仁篇》亦作「天心」，誤與此同。而《精誠篇》曰「一言而大動天下，是以无心動化者也」，无字不誤。可據以訂正《上仁篇》，即可以正《淮南子》矣。

夫欲治之主不世出，而可與興治之臣不萬一。

樾謹按：興字，衍文。蓋即與字之誤而衍者。高誘注《吕氏春秋・觀世篇》，引此文曰「欲治之君不世出，可與治之臣不萬一」，是其明證。《文子・下德篇》亦無興字。

乘衰而流。

樾謹按：衰，乃「等衰」之衰。水之從高流下，必有次弟，故曰「乘衰而流」。高注訓衰爲下，未得。王氏引之因以衰爲衺之誤字，更非矣。

故百川并流，不注海者不爲川谷。

樾謹按：既云「百川」，則不得又云「不爲川」。川字，衍文也。後人因下句云「不爲君子」，故妄增川字，使字數相當耳。《文子·上義篇》正作「不注海者不爲谷」。

使人左據天下之圖，而右刎喉。

樾謹按：「刎」下當有「其」字。《文子·上義篇》作「左手據天下之圖，而右手刎其喉」。

天下大利也，比之身則小；身之重也，比之義則輕。

樾謹按：「身之重也」，本作「身，句。所重也」，與「天下，句。大利也」一律。涉上下句兩言「比之」而誤。《文子·上義篇》作「身之所重也，比之仁義則輕」，所字不誤，之字亦涉上下句而衍。

昭王奔隨，百姓父兄携幼扶老而隨之。乃相率而爲致勇之寇，皆方面奮臂而爲之鬥。

樾謹按：「乃相率而爲致勇之寇」，文不成義。當作「乃相率爲勇而致之寇」，與下句相對。致，如「致師」之致；寇，即謂吴人也。言致死於吴也。下文曰「各致其死，却吴兵，復楚地」，是其義也。王氏念孫改爲「相率致勇而爲之寇」，然百姓却敵，初非爲寇，於義不可通矣。

天地之間，無所繫戾。

樾謹按：「繫戾」，當爲「擊戾」。《主術篇》「曲得其宜，無所擊戾」，是也。「擊戾」，猶拂戾也。擊者，毄之假字。説見《荀子·修身篇》。

故因其患，則造其備。

樾謹按：因，乃困字之誤。言困於患難，則造作其備也。與下句「犯其難，則得其便」一律。

又況知應無方而不窮哉！犯大難而不懾，見煩繆而不惑，晏然自得其爲樂也，豈直一說之快哉！

樾謹按：「知應無方而不窮哉」句，衍知字、哉字。「應無方而不窮，犯大難而不懾，見煩繆而不惑」，三句一律，皆蒙「又況」二字爲文。因涉上文「欲知高下」「欲知輕重」「欲知遠近」而誤衍知字，則與下二句不一律，遂於句末加哉字，使自爲句，而文義隔絶矣。

根深則本固。

樾謹按：根，即本也，不得云「根深則本固」。本，乃末字之誤。上文云「草木洪者爲本，而殺者爲末」，是也。後人習於「根本」之説，遂妄改爲「本」字，失其義矣。「根深則末固」，與下句「基美則上寧」一律。《説文・木部》曰「木上曰末」。然則末即木之上也。「末固」「上寧」，文异而義同。王氏念孫據上文「猶城之有基，木之有根」，謂本當作木。然則下句「上」字亦當作「城」字矣。下句不言「城」，知此句亦不言「木」，王説非也。

師曠曰：「此亡國之樂也，大息而撫之。」

樾謹按：「撫」下脱「止」字。本作「大息而撫止之」。《史記・樂書》作「師曠抚而止之」，《韓非子・十過篇》作「師曠撫止之」，《論衡・紀妖篇》作「曠撫而止之」，并有止字，是其證。

故事有鑿一孔而生百隙，樹一物而生萬葉者。

樾謹按：「生百隙」，本作「開百隙」，涉下句而誤也。下文曰「所鑿不足以爲便，而所開足以爲敗」，是其證。

懼爲人之惽惽然弗能知也。（《要略》）

樾謹按：爲字，涉下句「多爲之辭，博爲之説」而衍。本作「懼人之惽惽然弗能知也」，與下文「又恐人之離本就末也」一律。衍一爲字，則文不成義。

發號施令，以時教期。

樾謹按：期，當讀爲惎。宣二年《左傳》「楚人惎之」，杜注曰「惎，教也」。《文選・西京賦》「人惎之謀」，薛綜注曰「惎，教也」。是惎與教同義，故曰「以時教惎」。

標舉終始之壇也。

樾謹按：高注曰「壇，場也」。然「終始」不當以壇場言。此注未得其義。壇，當讀爲嬗。《説文·女部》「嬗，一曰傳也」。《精神篇》「以不同形相嬗也」，高注曰「嬗，傳也」。「終始之嬗」，即終始之傳。作壇者，假字也。

一杯酒白，蠅漬其中。

樾謹按：「酒白」二字，文不成義。疑本作「白酒」，而傳寫誤倒之。《周官·酒正》職鄭注曰「昔酒，今之酋久白酒」。然則「白酒」正漢時常語。《藝文類聚·雜器部》引此白作甘。蓋因已倒爲「酒白」，故臆改爲甘字。「一杯酒甘」，亦於義不安，未足據也。

諸子平議卷三十三

楊子太玄

火魁頤，水包貞。（《中》）

樾謹按：諸家本皆作「大魁頤」。温公從王涯本作「火魁頤」，與「水包貞」對文，是也。惟魁字義當從范望訓藏。《周》「次三。吉凶之魁」，《積》「次七。魁而顔而」，《玄告篇》「神之魁也」，范并曰「魁，藏也」。魁之訓藏，他書所無，而范注屢見，必有所受之。《説文·衣部》「褢，袖也。一曰藏也」。訓魁爲藏，蓋讀魁爲褢。魁、褢并從鬼聲，故得通也。《説文·包部》「包，象人褢妊」。是則褢與包同義。故曰「火褢頤，水包貞」。《漢書·外戚傳》晉灼注曰「包，藏也」，是褢、包皆藏也。「測曰，酋酋之包，任臣則也」。言包不言褢，以其義同耳。因假魁爲褢，學者但知有魁首之義，而范注遂莫之從矣。

拔車山淵。（《礥》）

樾謹按：山，疑出字之誤。言拔其車而出之於淵也。范望注雖亦有山字，然曰「民溺於世，惟大位能濟之也」，則其所據本必作「拔車出淵」，若作「山淵」，則淵可言溺，山不可言溺也。注中山字，或後人竄入，非其舊耳。「次六。測曰，將車入虛，道不得也」。拔車出淵，與「將車入虛」，文正相對。

將其車，入于丘虛。

樾謹按：丘字，衍文也。「次七。出險登丘，或牽之牛」，范注曰「火生土，故爲丘」。彼丘字有注，此丘字無注，知所見本無丘字也。因注云「將車入險，在於丘虛之中」，故後人於經文增入丘字，不知注有丘字以足句耳。其下云「車以喻君，君而隨臣，臣道不正，猶入虛也」，是可爲經文無丘字之證。「測曰，將車入虛，道不得也」，亦無丘字。《增》「次七。丘貞」，范注亦曰「火生土，故言丘」，可知七有丘象，六無丘象矣。且以義言之，次五曰「拔車出淵」，次六曰「將其車入于虛」，次七曰「出險登丘」，蓋由淵而虛、而丘，經文固自有次第也。今「出淵」誤作「山淵」，「入于虛」誤作「入于丘虛」，全失其義矣。

閑于𨘷篨，或寢之廬。（《閑》）

樾謹按：范本作「蘧除」，王涯、宋惟幹本作「蘧篨」，温公從宋衷、陸績本作「𨘷篨」，然止字體之小异。古文以聲爲主，不足爲异同也。惟范訓「蘧除」爲不能俯者，王訓「籧篨」爲傳舍，則皆失之。《方言》曰「簟，宋魏之間或謂之籧苖，其麤者謂之籧篨」。上文「次六。閑黄垳，席金第」，王曰「垳，古雉字，謂城也。第，簀也」。此云「閑于𨘷篨，或寢之廬」，「廬」則非「黄垳」之固，「𨘷篨」則非「金第」之安。兩贊之義，正相反。然則「𨘷篨」，當從《方言》訓簟矣。

赤臭播闗。

樾謹按：王曰「赤臭者，陰陽交争，殺傷之象也，播於遠闗之外」。然「播於遠闗之外」，而但曰「播闗」，似爲不辭。播，疑當作燔，或字之誤，或聲同而借也。《干》次八曰「赤舌燒城」。此云「赤臭燔闗」，兩文相近。燔，猶燒也。闗，猶城也。

閑門以終虚。

樾謹按：終，衍文也。「測曰，閑門以虚，終不可實也」。贊辭終字，即涉測辭而衍。

眇于謙。（《少》）

樾謹按：范注曰「眇，微也」。温公同。然「測曰，不見謙也」，則是以「不見」解眇字，當爲「眇能視」之眇。《易》《釋文》「眇，盲也」。

少持滿，今盛後傾。

樾謹按：持，疑恃字之誤。惟其以滿自恃，故今盛而後傾也。若作「持滿」，則與「持盈」同。《詩・鳧鷖篇》序曰「能持盈守成」，《國語・越語》曰「夫國家之事，有持盈，有定傾」，不當反以致傾危也。

女不女，其心予。（《戾》）〔一〕

樾謹按：予，猶我也。女子從人者也。今其心惟知有我，斯不女矣，所以覆夫謫也。范注曰「予，我也」，得其旨矣。又曰「我，謂五也」，則未必然。温公謂「予與與同」，非是。

〔一〕按，此處「《戾》」，原在「殺生相午」條下，此句「女不女，其心予」，係《戾》次七文字，今據《太玄》移乙。

殺生相午。

樾謹按：范本作「相矢」。然其注云「矢，乖也」。則疑矢乃失字之誤。因其下云「射兕東南，而矢西北，故乖」。後人遂改失爲矢，不知范引「次五」之文以說。此贊「射兕東南，而矢西北」，正見乖失之意。今改經作「相矢」，改注文作「矢，乖也」，不可通矣，必非范本之舊。諸家本作「相午」，「違牾」之與「乖失」，義亦不甚遠耳。

思登于天，谷在于淵。《上》

樾謹按：谷，當作谷，字之誤也。谷者，卻之借字。古文以聲爲主，卻從谷聲，故即以谷爲之。《廣雅・釋言》「卻，退也」。卻入於淵，猶退入於淵也。思登天而退入淵，正由「上無根」之故，今字訛作谷，失其義矣。

陽扶物如鑽乎堅。《干》

樾謹按：范、王本作「陽氣扶物而鑽乎堅」。温公從二宋、陸本。然諸首辭多言「陽氣」者，如《中》首曰「陽氣潛萌于黄宫」，《周》首曰「陽氣周神而反乎始」，《礥》首曰「陽氣微動」，《閑》首曰「陽氣閑於陰」，皆是也。范、王本作「陽氣」，未始不可從。至「如」與「而」，古書通用。二宋、陸本作「如鑽乎堅」，即「而鑽乎堅」也。《增》首云「日宣而殖」，二宋、陸本亦作如。温公於彼不從，於此從之，何歟？

蚩蚩干于丘飴，或錫之坏。

樾謹按：「丘飴」，未詳何義。范注曰「丘，聚也。飴，美食也」。温公曰「丘，以喻高大。飴，錫也，以喻甘美」，其義皆似未安。「丘飴」，疑「甌瓵」之借音。《説文·瓦部》「甌瓿謂之瓵」，是也。甌，從區聲。《禮記·曲禮篇》鄭注曰「嫌名，謂聲音相近，若禹與雨，丘與區也」。是古音丘與區同，故丘可讀爲甌。至飴之與瓵，并從台聲，義更可通矣。范曰「未成瓦曰坏」，温公説同。所求者甌瓵，而或錫之以未成瓦之坏，故「測曰，蚩蚩之干，錫不好也」。坏之與甌瓵，實爲同類之物，但不好耳。若釋飴爲美食、爲餳，則與坏絶遠矣，豈楊子屬辭之旨乎？

四馬就括。（《羡》）

樾謹按：括，當讀爲廥。《説文·广部》「廥，刍稾之藏也」。軸折衡抈，則車不可行，故四馬反而就廥也。廥從會聲，括從昏聲，兩聲相近。話，籀文作譮，即其例也。《詩·車舝篇》「德音來括」，毛傳曰「括，會也」。括之訓會，亦以聲近而義通。《儀禮·士喪禮》「鬠用組」，鄭注曰「古文鬠，皆爲括」。《尚書·禹貢篇》「杶榦栝柏」，《史記集解》引鄭注曰「柏葉松身曰栝」。《爾雅・釋木篇》則曰「檜，柏葉松身」。然則以括爲儈，猶以括爲髻，以栝爲檜矣。

迷腹達目，以道不明也。（《達》）

樾謹按：范本如此，温公從之。宋、陸本作「以不道明」，似於義爲長。蓋必達於腹，而後達於目，此明之以道者也。今迷腹而達目，則明不以道矣，是謂「以不道明」，范本誤。

大圈閎閎，小圈交之。（《交》）

樾謹按：《管子・幼官篇》「强國爲圈，弱國爲屬」。然則范望訓圈爲國，正得其解。大圈小圈，猶大國小國，謂小國交於大國也。王曰「圈者，殽羞之器」，温公謂「圈，養畜閑也」，并與「交之」之義未合。

不禍禍，傒天活我。（《傒》）

樾謹按：「測曰，禍不禍，非厥訧也」，疑贊辭亦當作「禍不禍」。范注曰「近比於九秋，氣將降，禍不爲禍」，正釋「禍不禍」之義。是范氏作注時，經文未倒也。下云「故言不禍禍」，則後人據已倒之經文而改之。

進以高明，其道迂也。（《進》）

樾謹按：迂，大也。蓋即訏之假字。《爾雅·釋詁》「訏，大也」。字亦作盱。《周易·豫》「六三。盱豫」。《釋文》引王肅注曰「盱，大也」。又或作于。《書大傳》「名曰朱于」，鄭注曰「于，大也」。蓋于、盱、訏、迂，并聲近而義通。《禮記·文王世子篇》「况迂其身以善其君乎」，《正義》曰「迂，猶廣也，大也」，是其義矣。進以高明，故其道大。范注以「迂遠」釋之，非是。

動之丘陵，失澤朋。（《釋》）〔一〕

樾謹按：范注曰「朋，類也」。此未得朋字之義。古朋字與崩通。《史記·齊太公世家》「隰朋」，《集解》引徐廣曰「朋，或作崩」。《周易·復》彖辭「朋來无咎」，《漢書·五行志》引作「崩來无咎」，并其證也。此贊朋字，當讀作崩，言高以下爲基，其下無澤，則丘陵不能成，其高而致崩壞矣。「測曰，動之丘陵，失下危也」，以「失下危」明「失澤朋」之義，可知朋之當爲崩矣。

〔一〕按，此句下原無篇名《釋》，據《太玄》補。

柔，嬰兒于號，三日不嗄。（《夷》）

樾謹按：二宋、陸、王本嗄作嚘。温公從范本作嗄。然實以作嚘爲長。蓋此贊三句，「柔」一字爲句，嚘與柔韵。若作嗄，失其韵矣。《玉篇·口部》「嚘，於求切，《老子》曰『終日號而不嚘』。嚘，氣逆也」。而今本《老子》亦皆作嗄，惟傅奕本作歠，尚爲近之。

或飫之徒。

樾謹按：王曰「徒，猶空也。或飫以食，徒空爾也」。此説於義未安。温公謂「雖有美食不能食，適足飫其徒屬而已」。然按之經文，亦未允協。「測曰，食不足嘉也」，豈謂有美食而不能食乎？徒，蓋塗之假字。「或飫之塗」，即所謂「嘑爾而與之，行道之人不受」者，故曰「食不足嘉也」。《列子·天瑞篇》「食于道徒者」。道徒，即道塗。故《釋文》曰「徒，道旁也」，以徒爲塗，正與此同。

臂膊脛如。（《争》）

樾謹按：王、小宋本「脛」作「脛」。然脛爲鳥胃，於此殊非所施。温公從大宋、范、陸本作脛。言臂大如脛，不可使也。然「脛如」，乃形容之詞，與下句「股脚膜如」一律。若以「脛如」爲

「如脛」，則下句「膹如」當爲「如膹」。温公曰「膹音噴，肉脹起也」，然則兩句不一律矣。脛，當訓直。《漢書·楊惲傳》注「脛脛，直貌」，是也。「臂膊脛如」，言其不能屈伸也。《爾雅·釋詁》「頲，直也」，《禮記·曲禮篇》「鮮魚曰脡祭」，鄭注曰「脡，直也」。脛與頲、脡，聲并相近。

丈人扶孤，豎子提壺。（《事》）

樾謹按：王曰「丈夫有扶持孤弱之事」。然《居》「次七。曰老夫擐車，少女提壺」，與此贊辭義相近。「擐車」與「提壺」，并實指一事言，則「扶孤」與「提壺」亦當如之。若謂「扶持孤弱之事」，則虚實不倫矣。孤，疑弧字之誤。《國語·晋語》「侏儒扶盧」，韋注曰「扶，援也」。〔一〕然則扶弧者，援弧也。《孟子·告子篇》「思援弓繳而射之」，是其義也。「丈人扶弧，小子提壺」，弧、壺對文，與《周易·睽》「上九。先張之弧，後説之壺」相似。《太玄》本準《周易》，楊子所見《周易》蓋與京、馬、鄭、王本同也。〔二〕

〔一〕援，《國語》韋注作「緩」，俞氏誤引而誤釋。

〔二〕王其和認爲「原文其義爲『長者能扶持孤弱，小子知奉養長者』，二者義正相應，不必强爲對文而改之」，原文當不誤（第一四〇頁）。可參。

懷威滿虛。（《毅》）

樾謹按：范注曰「虛，空也。雖威而消，故曰滿虛」。然次三曰「戴威滿頭」，句法與此同。若訓虛爲空，則與滿成兩義。以「次三」之文例之，殆非然也。《淮南子・俶真篇》「虛室生白」，高注曰「虛，心也」。蓋虛訓空，故亦訓孔竅。《淮南子・氾論篇》「若循虛而出入」，注曰「虛，孔竅也」。訓孔竅，故亦訓心矣。《史記・吴起傳》「批亢擣虛」，猶言批其亢、擣其心也。《管子・心術篇》「心者，智之舍也」，《淮南子・詮言篇》「虛者，道之舍也」，是虛與心義相近。更以本經證之，《斷》初一曰「斷心滅斧」，《失》初一曰「刺虛滅刃」。「滅刃」與「滅斧」同，則「刺虛」與「斷心」同矣。此云「懷威滿虛」，猶云「懷威滿心」，與「戴威滿頭」一律。《盛》「次三。懷利滿胸」「次五。何福滿肩」，末一字，皆屬形體，更可證矣。

不田而穀，穀于揀禄。

樾謹按：宋、陸、王本「揀」作「楝」。温公從范本作揀，言「剛果所施，施于擇禄而已」。然「揀禄」之文義殊未安。范望注云「五爲天子家，性毅毅然自亢，處高食禄，故不田也」。是范氏并無揀擇之説。尋繹其意，所謂「自亢」者，正釋楝字之義。《周書・作雒篇》孔晁注曰「重亢，重楝也」，是楝與亢同。范氏所據本，必亦作楝，故以亢字釋楝字，又以「處高」申明之。見經文，所謂「穀于棟禄」者，棟則高亢之意，禄則但知食禄之謂也。若是揀字，則注何以不及？而所謂「自亢」與「處高」者，何指乎？「次五〔一〕。穀于棟柱」，即承此贊而言。「穀于棟禄」，處高食禄而已。「穀于棟柱」，則處高而有楮柱之功，不徒食禄也。兩贊意本相承，後人不達，因「棟禄」連文，他書罕見，遂妄改爲揀字，非范本之舊，温公從之，誤也。

豦戰喈喈，若熊若螭。（《衆》）

樾謹按：豦，即豦字。《説文・豕部》「豦，鬥相丮不解也。從豕虍。」豕虎之鬥不相捨，是豦之本義爲兩獸相鬥。《老子》曰「猛獸不據」，《鹽鐵論》曰「虎兕相據」，并即豦字也。彼從手作據，此從足作豦，皆古文借字耳。「豦戰」，即以熊螭言。温公謂「豦，當作劇」，非是。

其志資戚。（《親》）

樾謹按：范注曰「資，用也。二爲平人，未仕於世，志在親戚骨肉」。王曰「資，取也。戚，親也。其志惟取於相親附也」。此二説并非經義。初一曰「其志齟齬」，此曰「其志資戚」，文法正同。「資戚」與「齟齬」，并雙聲字也。資，讀爲咨。《周易略例》「不諮于闇」，《釋文》「諮，本作

〔一〕次五，諸本同。然《太玄》原書《毅》篇下均作「次六」，疑「五」爲「六」之誤。

資」，是其例也。「資戚」猶「咨戚」，訓用，訓取，分「資戚」爲二義，胥失之矣。

準繩不甫。（《法》）

樾謹按：范注曰「甫，始也」。然「準繩不始」，甚爲不辭。温公訓爲美，義亦未合。甫，當讀爲尃。《説文·寸部》「尃，布也」。昭三年《左傳》「寡君使虎布之」，杜注曰「布，陳也」。然則「準繩不尃」，猶言準繩不陳。《禮記·經解篇》「繩墨誠陳」，是其義矣。

幽遇神，及師夢。（《遇》）

樾謹按：范注「師，衆也」，此未得其解也。《衆》「次七。師孕唁之，哭且𥈭」，范曰「師，盲者也」，《瞢》「次三。師或導射」，范曰「師，爲瞽者也」。此贊師字，亦當同之。蓋所遇者神，已爲幽矣，而又見夢於無目之人，幽益甚也。

兑人遇雨。

樾謹按：《易·繫辭傳》「潤之以風雨」，又曰「上棟下宇，以待風雨」，虞注并曰「兑爲雨」。然則兑本有雨象，蓋雨者水氣，兑爲澤，故爲雨也。「兑人」，言處川澤之人。以兑人而遇雨，故「測曰，還自賊也」。范注以兑爲巫説之，雖亦用《易》義，然非楊子之旨。

陽蓬其外。（《大》）

樾謹按：范本蓬，作逢。温公從二宋、陸、王本作蓬。宋曰「蓬，猶盛也」。其實逢亦盛也。《禮記・儒行篇》「衣逢掖之衣」，鄭注曰「逢，猶大也」。《荀子・非十二子篇》「其衣逢」，楊倞注曰「逢，大也」。逢訓大，則亦即與盛同義矣。蓋逢與豐通。《淮南・天文篇》「五穀豐昌」，《史記・天官書》「豐」作「逢」，是其證也。訓大，訓盛，皆豐字之義。是故作逢者，豐之假字；作蓬者，逢之异文。温公疑逢無盛義，必作「其葉蓬蓬」之蓬始得訓盛，是猶未達乎古訓也。

雉之不禄，而鷄蓋穀。（《文》）

樾謹按：宋、陸本「而」下有「不」字，蓋即「而」字之誤而衍者。王本無而字，則更非矣。温公從范本，是爲得之，惟未解蓋字之義。《方言》「蓋，餘也。秦晋之間炊薪不盡曰蓋」。《廣雅・釋詁》亦曰「蓋，餘也」。「雉之不禄，而鷄蓋穀」，言雉不禄而鷄有餘穀也。

子序不序。（《永》）

樾謹按：上「序」字疑衍文，蓋即「子」字之誤而衍者。王云「子而不居子之次序，則祭祀賓客長無主矣」。疑王涯所據本正作「子不序」，而温公不言有异同，蓋寫者改從既衍之本矣。

《居》「次三」。長幼序，子克父」，宋、陸、王本并同，而范本作「長幼序序」，誤亦類此。

决欲招寇。（《積》）

樾謹按：王本决作快，當從之。《方言》「逞、曉、恔、苦，快也。自關而東或曰曉，或曰逞，自關而西曰快」。然則「快欲」，猶逞欲也。逞欲故招寇矣。諸家作决，乃字之誤，温公從之，非是。

前尸後喪。（《沈》）

樾謹按：尸，當訓陳。言前雖陳列之，後終喪失也。故「測曰，終以貪敗也」。王曰「危亡之道相繼而至，故前尸後喪」，未得其旨。

爾儀而悲，坎我西階。（《内》）

樾謹按：范注曰「坎，憂也。親迎之道，婦升西階。有代親之義，故悲也」。然「坎我西階」，甚爲不辭。且既言悲，不必更言憂矣，范説非也。坎，乃次字之誤。次者，即也。《説文》「垐，古文作堲」。是次、即古音相同。《尚書・康誥》「勿庸以次女封」。《荀子・致士篇》《宥坐篇》并引作「勿庸以即」，是次與即通用也。「次我西階」者，即我西階也。范引「婦升西階」爲說，是矣。

睄提明。（《晦》）

樾謹按：睄，當從小宋音眇，云一目盲也。范云「睄，目不明也」，意亦與眇同。眇從目，少聲；睄從目，肖聲。少與肖并從小聲，其聲同也。本或誤從日，王涯以爲古宵字。然宵何以從日乎？殆不然矣。提字之義，自來莫得其解。王云「提明自照」，「提明」謂燭之類。其說至爲鄙陋。提，當爲瑅。《說文・目部》「瑅，迎視也」。「睄瑅明」，謂眇而視明，正《周易》「眇能視」之義。范本明下有德字，因測而誤，温公已正之。

天禍以他。（《窮》）

樾謹按：他，古字作佗。《說文・人部》「佗，負何也」。負何，故有加義。《詩・小弁篇》「予之佗矣」，傳曰「佗，加也」。字亦作拕。《易・訟》「上九。終朝三褫之」，鄭本作拕，云「三加之也」，佗、拕字异義同。然則「天禍以他」，猶曰天禍以加。故「測曰，逢不幸也」。范注以爲「不偶天禍」，非是。王曰「咎非他作」，亦於文義未合。

車轠馬𢷬，行可鄰也。（《止》）

樾謹按：《大戴記·子張問入官篇》「故不先以身，雖行必鄰也」。盧注訓鄰爲郄。蓋鄰者遴之假字。《説文·辵部》「遴，行難也」。行難則宜止而不行，故亦得訓郄。此云「行可鄰也」，謂其行可以郄退也。范注謂「止於鄰里」，失之矣。

弓善反，弓惡反。（《止》）

樾謹按：范注云「善反，《詩》云『四矢反兮』，言反其故處也。惡反者，不善發，則遍然反也」。此注非是。「弓善反，弓惡反」，言弓善者亦反，弓惡者亦反。與下文「善馬很，惡馬很」義正一律。不曰「善弓」「惡弓」，而曰「弓善」「弓惡」，故與下文錯綜其辭，見文法之變。亦猶《論語》「迅雷風烈」，《楚辭》「吉日兮辰良」之比耳。善、惡以弓言，不以反言。注以「善反」「惡反」爲説，則兩反字義异矣。

成微改改，未成而殆。（《成》）

樾謹按：殆，當讀爲怠。《詩·玄鳥篇》「受命不殆」，鄭箋云「受天命而行之不解殆」。《論語·爲政篇》「思而不學則殆」，何晏注曰「徒使人精神疲殆」。「解殆」與「疲殆」，其字并當作怠，而作殆者，古字通也。此贊言成之尚微，而改之又改，則未及其成而先已解怠矣。故「測曰，不能自遂也」。王以「危殆」釋之，非是。

羈角之吾。（《勤》）

樾謹按：吾，當讀爲牙。《後漢書・崔駰傳》注「童牙，謂幼小也」，是其義也。牙、吾古同聲，故得通用。猶「騶吾」之或爲「騶牙」矣。《管子・海王篇》「吾子食鹽二升少半」，尹注曰「吾子，謂小男小女也」，與此吾字義同。王曰「吾者，吾吾然無所歸之貌」，此未得其義，而曲爲之說。

閾也皆合二，而密也成用一。（《玄錯》）

樾謹按：成，乃咸字之誤。「咸用一」，與「皆合二」相對爲文。范注曰「二氣協和而成一」，是其所據本已誤矣。

親附疏，割犯血。

樾謹按：血與疏對文，則血是親近之意，猶言骨肉也。

疑者提之。（《玄擒》）

樾謹按：范注曰「提，猶正也」然「提」無「正」義，且於文亦未合。提，當爲題。《説文·見部》「題，顯也。從見，是聲」。「疑者題之」，謂使之明顯也。提亦從是聲，故得通用耳。

纖也入薉。

樾謹按：薉字無義，當讀爲奯。《説文·大部》「奯，空大也」。《玉篇·大部》「奯，空也」。空與孔同，謂其纖細者，可入乎孔穴之中也。

榆漏率刻。（《玄瑩》）

樾謹按：范注曰「榆，猶寫也」，則榆當讀爲揄。《説文·手部》「揄，引也」。揄訓引，故得訓寫。作榆者，假字，或字之訛也。

嘖情也，抽理也，瑩事也，昭君子之道也。

樾謹按：上云「陰陽所以抽嘖也，從横所以瑩理也，明晦所以昭事也」，此當云「抽嘖也，瑩理也，昭事也」，方與上合。今「抽嘖」誤作「嘖情」，情字蓋即嘖字之誤而衍者，於是移抽字以易下句瑩字，而「瑩理」誤作「抽理」矣。又移瑩字以易下句昭字，而「昭事」誤作「瑩事」矣。至昭字無下句可易，因置之下句之首。《楊子》原文本作「抽嘖也，瑩理也，昭事也，君子之道也」，今作「昭君子之道也」，此昭字，即「昭事」之昭，其致誤之由，尚歷歷可指耳。

爲猛。（《玄數》）

樾謹按：許翰曰「唐人避諱，書多改虎爲猛，此字疑當作虎，而未有本證定」。然范注曰「金堅剛也」，則晋時已作猛矣，非唐人改也。又按以虎爲猛，《楊子》書固自有之。《養》「次七。小子牽象，婦人徽猛，君子養病」，范注曰「婦人謂四」「三爲虎而四在前，故徽猛[一]」。然則以虎爲猛，亦非自唐人避諱始也。若謂彼文正避唐諱而改，則固不然。象、猛、養，三字爲韵，若本文作虎，則非韵矣。故知不然也。

爲大哆。

樾謹按：許翰曰「丁、宋無此一句」。今考范望本，此句無注。是范本亦無此一句也，當删。

[一] 徽猛，諸本同。然《太玄》原書各本均作「徽墨」，疑「猛」爲「墨」之誤。

辰辰未戌丑。

樾謹按：許曰「多用辰戌丑未，今從丁、宋本」。然范注曰「辰，取其延長。未，取其冥昧。戌，取其悉戌。丑之言畜也」。是亦以「辰未戌丑」爲次，今作「辰戌丑未」，寫者誤耳，非范本之舊。

二爲方沮。

樾謹按：沮，與且通。《婁壽碑》「榮且溺之耦耕」，且即沮也。「方沮」，當爲「方且」。《廣雅·釋詁》「方，始也」。《莊子·庚桑楚篇》「與物且者」，《釋文》「且，始也」。是「方」「且」并有始義。「二爲規模，二爲方且」，言規模既定，始爲之也。范注謂「將有事而自止」，非是。

蒙，南方也，夏也，物之修長也，皆可得而戴也。（《玄文》）

樾謹按：許昂、黄伯思本，均作載。范注曰「枝葉已成，蒙覆於上，皆可燾載者」。是范本亦作載。然燾、載自是兩義。蒙則燾也，而非載也，不當并爲一談而以「燾載」說蒙字之義也。章督、丁謂、郭元亨本，并作戴。戴與蒙義合，自以作戴爲長。

福則有膞，禍則有形之謂直。

樾謹按：膞字無義，乃端之假字。膞從專聲，端從耑聲，兩聲相近。《禮記·雜記篇》「載以輲車」，注云「輲，或作槫」。《史記·屈原賈誼傳》「何足控摶[一]」，《索隱》云「本作控揣」。《文選·長笛賦》「冬雪揣封乎其枝」，注曰「揣，與團古字通」。并專、耑聲近之證。膞之爲端，猶槫之爲輲，摶之爲揣，團之爲揣也。「福則有膞」，猶云福則有端，正與「禍則有形」文義一律。

日月相斛，星辰不相觸。（《玄挩》）

樾謹按：斛，與觸同義。《御覽》八百三十引《風俗通》曰「斛者，角也」。《廣雅·釋言》曰「角，觸也」。然則「相斛」猶「相角」，「相角」猶「相觸」也。日月歲十二會，故相斛；星辰不相干犯，故不相觸。斛與觸，變文以成句耳，其義一也。范曰「斛，量也」，非是。

輿物旁震。（《玄圖》）

樾謹按：丁謂本輿作與，是也。下文云「與物時行」，正與此句一律。涉上文「百卉權輿」、

〔一〕 摶，原誤作「搏」，據蔡啓盛《校勘記》及《史記》改。

下文「天地與新」，故誤作與耳。

南征不利，遇崩光。

樾謹按：章詧本作「遇乎崩光」，宋惟幹本作「遇於崩光」，并非也。范注曰「陽而南征，與陰相遇，光明崩毁，故不利」。然則「遇崩光」，謂相遇而崩毁其光，若作「遇乎崩光」，或作「遇於崩光」，均不可通矣。讀者因此篇多四字爲句，故妄增之。然下文曰「天地人功咸酋貞」，亦七字句。

天甸其道。

樾謹按：《詩・信南山篇》「維禹甸之」，《周官・稍人》注引作「維禹敶之」，是甸與敶通。古田、陳同聲，甸通作敶，亦猶齊陳氏之爲田氏也。《説文・攴部》「敶，列也」，今經典皆以陳爲之。「天甸其道」者，天陳其道也。范注曰「甸之言挺也，言天挺立其道於上」，未得其義。

歲寧悉而年病。（《玄告》）

樾謹按：日躔黄道一周，歷春夏秋冬四時，共三百六十五日有奇，是爲一歲。月離白道一周，歷朔弦望晦，復追及日而合朔，十二合朔，共三百五十四日有奇，是爲一年。歲與年較，多十一日弱，所謂「氣盈」也。年與歲較，少十一日弱，所謂「朔虛」也。「歲寧悉」，即「氣盈」之謂。「年病」，即「朔虛」之謂。寧乃語詞，諸本或作能，能亦語詞也。悉者，盡也。自立春至大寒，而歲實始盡。然正月朔日立春，至十二月晦日，尚未至大寒，是年病也。病者，病其不足也。於是三年必置閏焉。故下文曰「十九年七閏，天之償也」。范注曰「一歲之數足，則年安。不足，則病」。混歲、年而一之，然則足與不足，於何見之乎？

諸子平議卷三十四

楊子法言一

羿、逢蒙分其弓。（《學行》）

樾謹按：「分」字之義不可通，當讀爲棼。文十一年《左傳》「獲僑如之弟棼如」，《史記・魯世家》作「棼如」。《爾雅・釋天》「棼輪謂之穳」，《釋文》作棼，曰「本或作棼」。然則分之通作棼，猶棼之通作棼也。「羿、逢蒙棼其弓」，正與下文「良舍其策，般投其斧」一律。〔一〕

〔一〕分，俞氏改讀「棼」，王其和認爲「俞説非是」，「分」之本義爲「别」，引申有「斷、破」之義，此處當訓「斷」，俞氏濫言通假而誤訓（第二一六頁）。

川有瀆，山有嶽。高而且大者，衆人所不能逾也。

樾謹按：李軌注曰「言諸賢之有妙藝，猶百川之有四瀆，衆山之有五嶽。而川可度，嶽可登，高而且大者，惟聖人之道，如天不可升也」。宋咸曰「觀正文之意，當云『高而且大者，衆人所不能逾也』，脱其不字矣，何以明之？或人問般、羿、周、孔之名如一，楊以『川有瀆，山有嶽』而對之。是謂般、羿之徒猶川山，周、孔之道猶嶽瀆，自然小大不同，高低有异矣。故下篇亦云『仲尼之道，猶四瀆也』。由是詳之，楊之旨皆以嶽瀆比聖人，明矣。注不能辨，但依誤文以爲之解，反謂聖人之道，如天不可升，且正文安有如天之説哉」。吴祕曰「周、孔、顔子之道，如山川之有嶽瀆，豈曰處一而已。羿、逢蒙、良、般之藝，如山川高而且大者，甚衆人所能逾也」。今按，正文初無「如天」之説，李氏增益其義，誠非楊子雅意。然宋著作謂其依誤文爲解，則非然也。李云「高而且大者惟聖人之道，如天不可升也」，則其所據本作「高而且大者，衆人所不能逾也」，明矣。使無不字，何以有「天不可升」之説哉！推尋李意，直以《論語》有他人丘陵、仲尼日月之説，疑嶽瀆未足擬聖人之高大，故必極之於天，然後見人之不能逾也。以是言之，李本當有不字，宋氏糾之，反爲疏矣。惟吴司封本實無不字，故云「羿、逢蒙、良、般之藝，如山川高而且大者，甚衆人所能逾也」。《音義》謂俗本脱不字，殆指此而言。然也字，古通作邪。《荀子·正名篇》「其求物也？養生也？粥壽也」，楊倞注曰「也，皆當爲邪，問之辭」。今依此讀之，「衆人所能逾也」，猶曰「衆人所能逾邪」。雖無不字，其旨亦同。疑楊子原文本如此，其有不字者，乃後人不達古語而臆加之。《音義》所斥爲俗本者，轉是古本矣。

桐子之命也。

樾謹按：桐者，侗之假字。《法言序》云「天降生民，倥侗顓蒙」，即此「桐子」之桐。序用正字，經用假字耳。李注曰「桐，洞也。桐子，洞然未有所知之時」。夫洞有通達之義，故《淮南子·原道篇》「遂兮洞兮」，高誘注曰「洞，達也」。此乃云「洞然未有所知」，義不可通。疑注文洞字，即侗字之誤。注本云「桐，侗也。侗子，侗然未有所知之時」，蓋不破經字，而即以訓詁明假借，用毛傳例也。《莊子·山木篇》「侗乎其無識」，正李注所本矣。宋著作以經文桐字爲誤，又譏李氏依誤文訓爲洞，恐皆失之。至吴司封以「桐子」爲「太甲」，則不達假借之旨，務穿鑿而喜新奇。宋以後説經者，多此類矣。

或曰：「顔徒易乎？」曰：「睎之則是。」曰：「昔顔嘗睎夫子矣，正考甫常睎尹吉甫矣，公子奚斯常睎正考甫矣。不欲睎則已矣，如欲睎，孰禦焉？」

樾謹按：「睎之則是」上已有曰字，而其下又有曰字，明世德堂本遂將上曰字删去。然「睎之則是」，明是楊子應語，不得以爲或人問也。以文義求之，上曰字不當刪，下曰字當在「正考甫」句上。因或人問「顔徒易乎」，故應之曰「睎之則是，昔顔嘗睎夫子矣」。又恐或人聞此，疑夫子大聖，非人所能睎，故又曰「正考甫嘗睎尹吉甫矣，公子奚斯嘗睎正考甫矣。不欲睎則已矣，如欲睎，孰禦焉」。古人之文，往往有一人之辭，而亦加曰字以別之者。若《禮記・檀弓篇》「公瞿然失席，曰，是寡人之罪也。曰，寡人嘗學斷斯獄矣」，哀十六年《左傳》「乞曰，不可得也。曰，市南有熊宜僚者，若得之，可以當五百人矣」，《論語・憲問篇》「子曰，若臧武仲之知，公綽之不欲，卞莊子之勇，冉求之藝，文之以禮樂，亦可以爲成人矣。曰，今之成人者何必然」，《微子篇》「齊景公待孔子曰，若季氏，則吾不能，以季、孟之間待之。曰，吾老矣，不能用也」，皆加曰字，以別更端之語。此文亦猶是耳。不然楊子之意，自以顔睎夫子爲主，至正考甫、公子奚斯不過泛舉之，以小見大，以淺見深。若其間無曰字以別之，則顔之睎夫子，正考甫之睎尹吉甫，公子奚斯之睎正考甫，直是一律而論，漫無主賓之辨矣。〔一〕

〔一〕王其和據汪榮寶《法言義疏》論述，認爲「俞説上『曰』字不可删，是也。然謂下『曰』字當在『正考甫』句上，則非是」，下「曰」字不誤（第二八二頁）。

吾不睹參、辰之相比也。是以君子貴遷善。遷善者，聖人之徒與！

樾謹按：「君子貴遷善」，與「參、辰之不相比」意不相承。下文云「百川學海而至於海，丘陵學山不至於山。是故惡夫畫也。頻頻之黨甚於譽斯，亦賊夫糧食而已矣」。「頻頻之黨」，與「惡畫」之義，亦不相承。疑此兩節傳寫互誤。楊子蓋因參、辰之不相比，而戒人之黨比游宴〔一〕。故曰「頻頻之黨甚於譽斯」。《廣雅·釋訓》曰「頻頻，比也」。李軌注亦以「黨比游宴」釋之，則與「參、辰之不相比」意正一貫矣。至「君子貴遷善」，乃申明「惡畫」之義，「遷善」是不畫也。兩節傳寫互易，而其義皆不可通。今訂正如左：

吾不睹參、辰之相比也，頻頻之黨甚於譽斯，亦賊夫糧食而已矣。

百川學海而至於海，丘陵學山不至於山，是故惡夫畫也。是以君子貴遷善。遷善者，聖人之徒與！

吾聞先生相與言，則以仁與義；市井相與言，則以財與利。如其富！如其富！

樾謹按：「如其富」，言如何其以富也。重言之者，深疾之之辭。此句法本於《論語》之「如

〔一〕 宴，原作「晏」，據蔡啓盛《校勘記》改。下同。

其仁！如其仁」。孔安國注云「誰如管仲之仁」，增字解經，頗非經旨。以楊子之意推之，則「如其仁」者，不許之也。孔子於管仲，但許其事功之盛，而未嘗予之以仁，故其意若曰，論管仲者，但以事功論之足矣，如何其以仁也！如何其以仁也！即下章「民到於今受其賜」，可謂推許之至，而於仁字，固不一及也。非楊子此文，則孔子之意不見矣。《吾子篇》「或問『屈原智乎』，曰『如玉如瑩，爰見丹青。如其智！如其智』」。此與孔子之論管仲，正可互明。蓋若管仲者，論其事功可也，不必論其仁也。若屈原者，論其志節可也，不必論其智也。楊子以《法言》擬《論語》，正在此等處。吴祕注曰「如何其智，如何其智，非智也」，即可以説《論語》之「如其仁」矣。

使我紆朱懷金，其樂不可量已。

樾謹按：不字，衍文。已，當從世德堂本作也。也、邪古字通。「其樂可量也」，猶云「其樂可量邪」。與上文「衆人所能逾也」文法一律。學者不達古語，妄增不字，又改也字爲已字，失其舊矣。《文選・鮑明遠〈擬古詩〉》李善注引此文，正作「使我紆朱懷金，其樂可量也」，當據以訂正。

有教立道，無心仲尼。有學術業，無心顏淵。

樾謹按：術，當讀爲述。《禮記・祭義篇》「結諸心，形諸色，而術省之」，鄭注曰「術，當爲述」。《韓勑後碑》「其術韓君德政」，《張表碑》「方伯術職」，《樊敏碑》「臣子褒術」，并以術爲述，皆其證也。「述業」與「立道」正相對。有教立道，作者之謂聖也。有學述業，述者之謂明也。又按，《音義》曰「天復本心作止」，當從之。言立道不止則爲仲尼，述業不止則爲顏淵也。李、宋、吴本并作心，於義難通。温公從之，非是。

或問：「蒼蠅、紅紫？」曰：「明視。」(《吾子》)

樾謹按：蒼蠅，當以聲言。此乃與「紅紫」并以色言，義似可疑。李注曰「蒼蠅，間於白黑」。夫蒼蠅則何間於白黑之有？疑楊子原文本作「蒼駹」。駹與蒼，皆色也。《周易·説卦傳》「震爲龍」，虞翻本龍作駹，云「駹，蒼色」。字亦通作尨。《文選·思玄賦》「尉尨眉而郎潛兮」，舊注曰「尨，蒼也」。是蒼駹同義，故得連文。《廣雅·釋器》「蒼，青也」。故亦曰「青駹」。《史記·匈奴傳》「其西方盡白馬，東方盡青駹，北方盡烏驪，南方盡騂馬」。然則李注所稱「間於白黑」，其即本《史記》爲説與！

如玉如瑩，爰見丹青。

樾謹按：宋龔鼎臣《東原録》曰「嘉祐中，予在國子監，與監長錢象先進學官校定李軌注楊子《法言》。後數年，乃於唐人類書中見『如玉如瑩』一義，惜其未改正也。或問『屈原智乎』，曰

『如玉加瑩，爰見丹青』。軌注曰『夫智者達天命，如玉加瑩，磨而不磷』。往日不知其誤，遂改軌注以就文義爾」。以上皆龔説。今按《華嚴經音義》引《倉頡篇》曰「瑩，治也」。《爾雅・釋鳥篇》《釋文》曰「瑩，磨瑩也」。「如玉加瑩，爰見丹青」，言屈原之放遂，猶玉加磨瑩而成文采也。《説文・玉部》引《逸論語》曰「如玉之瑩」。然則楊子此文自有所本。今作「如玉如瑩」，不可通矣。當據龔説訂正。

足言足容，德之藻矣。

樾謹按：《學行篇》曰「吾未見好斧藻其德若斧藻其楶者也」。然則「德之藻矣」，自是美之之辭。容，猶用也。《釋名・釋姿容》曰「容，用也」。字亦通作庸。《莊子・胠篋篇》「容成氏」，《六韜・大明篇》作「庸成氏」，是也。庸，亦用也。「足言足容」，謂既足以言之，又足以用之。斯其言非空言，乃德之藻飾也。李注曰「足言，夸毗之辭。足容，戚施之面。言皆藻飾之僞，非篤實之真」，恐非楊子之意。今試連上文讀之。「或問『君子尚辭乎』，曰『君子事之爲尚。事勝辭則伉，辭勝事則賦，事辭稱則經』」。然則「足言足容」，所謂「事辭稱」者，正申明「君子事之爲尚」也。上文并未言及容儀，烏得分「言」「容」而二之乎？

升東嶽而知衆山之峛崺也，况介丘乎！

樾謹按：《廣雅·釋詁》「介，獨也」。此介字，當訓獨，與「衆山」相對爲義。

多聞則守之以約，多見則守之以卓。

樾謹按：卓，亦約也。《莊子·大宗師篇》「彼特以天爲父，而身猶愛之，而况其卓乎」，郭象注曰「卓者，獨化之謂也」。是卓有獨義。《説苑·君道篇》「踔然獨立」，踔與卓同。「多聞則守之以約，多見則守之以卓」，并謂聞見宜多，而所守宜少也。蓋卓與約本疊韵字。《莊子·逍遥游篇》「淖約若處子」，《文選·上林賦》「便嬛綽約」。此云「守之以約」「守之以卓」，亦猶「淖約」「綽約」之比，變文以成辭，初無异義也。温公注曰「約謂擇其精要，卓謂取其高遠」，强爲區别，未達古人用字之法矣。

熒魂曠枯，糟莩曠沈。（《修身》）

樾謹按：「熒魂」以喻輕清之氣，「糟莩」以喻重濁之質。糟者，酒之滓。莩者，米之皮也。其輕清者日以枯，其重濁者日以沈，斯盲矣。柳宗元注以糟爲精之誤，而訓莩爲目精之表，殆失其旨。李注曰「莩，孰也」，義亦未安。

箪瓢捽茹。

樾謹按：捽，讀爲啐。《禮記·雜記篇》「主人之酢也，嚌之，衆賓兄弟則皆啐之」，鄭注曰「嚌、啐，皆嘗也。嚌至齒，啐入口」。

仁以人之。（《問道》）

樾謹按：《禮記·中庸篇》「仁者，人也」，鄭注曰「人也，讀如『相人偶』之人。以人意相存問之言」。「仁以人之」，當從此讀。咸曰「有仁，則人必歸之」，光曰「仁者，人道之常」，均未達古義。

佗則苓。

樾謹按：咸曰「苓，當爲蒙，字之誤也」。然苓與蒙雖并從艸，其下絶不相似，安得致誤？祕曰「苓，苓耳也。苓耳徒有其名，而無聆聞之實」。然上文言「惟聖人爲可以開明」，此當從目取喻，不當從耳取喻也。光曰「苓，音聆，闕」。蓋以二説皆未安，故闕其義。今按，苓當讀爲笭。《説文·竹部》「笭，車笭也」，《釋名·釋車》曰「笭，横在車前，織竹作之，孔苓苓也」。此言惟聖人爲可以開明，其佗則如車笭然，所見者小矣。

閉之閈然不睹墻之裹。

樾謹按：此即所謂「不得其門而入，不見宗廟之美，百官之富」者。上句云「開之廓然見四海」，言聖道之大也。此云「閉之閈然不睹墻之裹」，言聖道之深也。李注云「不開聖卷，喻無所見」，非楊子之意。祕曰「自背其道，不見數仞之内」，光曰「不學墻面」，皆仍李注之誤。

夫智用不用，益不益，則不贅虧矣。

樾謹按：宋、吴二説皆未解「贅虧」之義。温公謂「有餘曰贅，不足曰虧」，是也；惟疑「不」爲衍字，非也。凡物用之則虧，益之則贅。知者以不用爲用，以不益爲益。用而不用，是不虧也。益而不益，是不贅也。故曰「夫智用不用，益不益，則不贅虧矣」，文義甚明，亦無衍字，舊説均失之。

或問「太古塗民耳目」。

樾謹按：塗，當讀爲斁。《説文・丹部》雘篆下引《周書》「惟其斁丹雘」，今《書・梓材篇》作「惟其塗丹雘」，是塗與斁通也。《説文・攴部》「斁，閉也。從攴，度聲，讀若杜」。經典即以杜爲之。《尚書・粊誓篇》「杜乃擭」，《周官・雍氏》注引作「斁乃擭」，是也。「斁民耳目」者，謂閉塞民之耳目也。若以今字書之，當云「杜民耳目」矣。

若牛羊用人，則狐狸、螻、螾不膢臘也與？

樾謹按：李注曰「膢，八月旦也。今河東俗奉之以爲大節，祭祀先人也。臘，腊〔一〕也，見《禮記》」。是但釋膢、臘二字之義，而於狐狸、螻、螾未有發明。咸曰「臘，獵也。冬則獵取百獸，故狐狸至是死矣。《呂氏春秋》曰『南呂之月，蟄蟲入穴』，故螻、螾至是絶矣。夫以申、韓刑名，如牛羊之用人，則人之生也何可久乎？其趨死猶狐狸、螻、螾不過乎膢臘之候矣」。此説亦殊不可通。正文言「狐狸、螻、螾」，不言人如狐狸、螻、螾，不可通一也。正文言「不膢臘也與」，若謂「不過乎膢臘之候」，當云「不膢臘矣」，如《左傳》云「虞不臘矣」，於義方合。咏嘆之文，非所施也，不可通二也。且冬日雖獵取百獸，然狐狸之類不應便絶。而云不過此候，不可通三也。尋楊子之意，直以申、韓之法行，則人死者多，屍相枕籍，狐狸、螻、螾得饜其肉，如人遇膢臘有酒食醉飽之樂，故曰「狐狸、螻、螾不膢臘也與」，正與上文「牛羊用人」相應，以人爲牛羊，則食之者必狐狸、螻、螾也，自來未達此旨。

〔一〕 腊，諸本同，蔡啓盛《校勘記》正作「蜡」。作爲祭名，見於《禮記》諸篇者，均作「蜡」，不作「腊」。

如申、韓！如申、韓！

樾謹按：兩言「如申、韓」，謂如何其用申、韓也。與《學行篇》「如其富！如其富」、《吾子篇》「如其智！如其智」、《淵騫篇》「如其寢！如其寢」同義。祕曰「豈如申、韓之法」，光曰「如申、韓者何足爲法」，皆未達楊子語意。

請問之。（《問神》）

樾謹按：之，當作心，隸書相似而誤也。上文「或問神。曰，心」，故或人又「請問心」也。《音義》曰「天復本作『請聞之』」。蓋既誤心爲之，因又改問爲聞，以就其義。温公從之，非是。

聖人以不手爲聖人。

樾謹按：李軌注曰「手者，桎梏之屬」，義甚淺陋。咸曰「手當爲干。聖人雖爲紂囚，然終不干其刑」。祕曰「手，持也，執也。雖以非禮見囚，終不能執而戮之」。此二説亦未安。即見幽囚，安得云「不干其刑」，亦安得云「終不能執」也？光曰「手謂人所提携指使，枉己之道而隨人左右也」，如此説則與「羑里之問」不相應矣。今按，手當爲午。成二年《公羊傳》「曹公子手」，《釋文》曰「手，本作午」，是其例也。《説文・午部》「午，啎也。五月陰氣午逆，陽冒地而出」。《釋名·釋天》曰「午，仵也。陰氣從下上與陽相仵逆也」。然則不午者，不逆也。此言聖人之德與神龍异。龍以不制爲龍，聖人則以不午爲聖人。《記》曰「素富貴行乎富貴，素貧賤行乎貧賤，素夷狄行乎夷狄，素患難行乎患難，君子無入而不自得焉」。此「不午」之義也。文王之囚於羑里，正所謂「素患難行乎患難」，何損於文王之聖乎？

惜乎《書》序之不如《易》也。

樾謹按：《書》有序，《易》亦有序，今《序卦傳》是也。《序卦傳》自「盈天地之間者唯萬物，故受之以《屯》」，至「物不可窮也，故受之以《未濟》」終焉，皆以意義聯貫。其或闕失，可以推求。故上文曰「《易》損其一，雖惷，知闕焉」。至《書》序，則但云，爲某事，作某篇，不相聯貫。故上文曰「至《書》之不備過半矣，而習者不知」。此或人嘆《書》序不如《易》之意也。自來説此者，皆未明曉，吴説略近之。宋以「大衍虚一」説上文「《易》損其一」，謬甚矣。

狄牙能喊。

樾謹按：李注曰「喊，咂物聲也」，然義不可通。吴曰「喊，聲也」，直訓爲聲，更無義矣。喊者，諴之异文，從口，與從言同。詠咏，詅吟，即其例也。《説文·言部》「諴，和也」，《廣雅·釋詁》「諴，調也」。「狄牙能喊」，謂狄牙能和調也。《戰國·魏策》曰「易牙，乃煎熬燔炙和調五味而進之」，所謂「狄牙能噉」矣。又按，「狄牙」即易牙，猶「簡狄」《漢書·古今人表》作「簡逷」也。温公以狄爲「儀狄」，牙爲「易牙」，失之。

面相之，辭相適。

樾謹按：之字絶句。「相之」「相適」對文成義。温公曰「之，亦適也」。宋注非。

著古昔之㫚㫚，傳千里之忞忞者，莫如書。

樾謹按：忞忞，與㫚㫚同義。《史記·屈原傳》「受物之汶汶」，《索隱》曰「汶汶，猶昏暗不明也」。汶汶，即忞忞也。李注曰「㫚㫚，目所不見。忞忞，心所不了」，得其義矣。宋、吴從本義訓爲勉，非是。

或問經之艱易。曰「存、亡」。或人不諭。曰「其人存則易，亡則艱」。

樾謹按：光曰「人，當作文，字之誤也」。今以下文證之，頗以温公之説爲然。下文曰「延陵季子之於樂也，其庶矣乎。如樂弛，雖札，末如之何矣」。夫人如延陵季子，而樂弛，則無如何，是所重者在其文，不在其人也。下文又曰「如周之禮樂、庶事之備也，每可以爲不難矣。如秦之禮樂、庶事之不備也，每可以爲難矣」。是難不難由於備不備，益足見經之艱易存乎文矣。

温公所改，殆非無見。

或曰「君子病没世而無名，盍勢諸，名卿可幾也」。

樾謹按：李注曰「勢，親也。名卿，親執政者也。言何不與之合勢以近名也」。祕曰「言何不附勢於有名之卿，可以近名也」。二注大略相同。以下文求之，則似皆失其義，且失其讀矣。此當以「盍勢諸」三字爲句。古勢力字止作埶，種蓺字亦止作埶，蓋本一字耳。「盍勢諸」，即盍蓺諸。蓺，猶樹也。襄三十一年《左傳》「吾子盍與季孫言之，可以樹善」，正與此言「盍蓺諸」同意。「名卿可幾也」五字爲句。「名可幾」是一事，「卿可幾」又一事。下文「梁、齊、趙、楚之君，非不富且貴也，惡乎成名」，是對「名可幾」而言。「谷口鄭子真，不屈其志而耕乎巖石之下，名振於京師。豈其卿，豈其卿」，是對「卿可幾」而言。

諐語，君子不出諸口。

樾謹按：李於諐下出注曰「欲聞其義」。是諐，一字爲句，或人問辭也。吴讀同。然義實未安。諐字，當合下語字爲句。「諐語」者，過諐之言也。過諐之言，君子不出諸口。咸曰「恥言之也」，正得其義。或宋固以「諐語」連讀乎！

不聰，實無耳也；不明，實無目也。（《問明》）

樾謹按：兩實字，皆當爲是。「不聰，是無耳也。不明，是無目也」，非實無耳、無目也。是通作寔。故《爾雅・釋詁》曰「寔，是也」。寔通作實。故《詩・韓奕篇》鄭箋云「趙魏之東，實寔同聲」。然則實亦可通作是矣。

如庸行翳路，衝衝而湣，君子不貴也。

樾謹按：咸曰「翳，塞也。衝衝，多也」。祕曰「翳路，言多也」。然上文言「明哲」，此文宜與相應，但言其多，不相應矣。《漢書・甘泉賦》「迺登夫鳳皇兮而翳華芝」，注引韋昭曰「翳，隱也」。「如庸行翳路」，謂以庸愚之人，而行翳隱之路也。衝，《説文》作衝，本從童得聲。此衝字，即上文「童蒙」之童。因「或人言童蒙則湣」，故楊子應之曰「衝衝而湣，君子不貴也」。字不作童而作衝者，承上「庸行翳路」爲文，故從行作衝也。此古人屬辭之法，後世解此者希矣。

舉兹以旃，不亦寶乎！

樾謹按：旃字，義不可通。咸曰「旃，之也。言舉此諸德以議之。莊亦寶也」。則增出議字矣。旃，疑稱字之誤。《禮記・射義篇》注曰「稱，猶言也」。

靈場之威，宜夜矣乎？

樾謹按：李注曰「靈場，鬼神之壇祠也。靈壇所以爲威，可冥夜，不可經白日。偏謬之談，可獨説，不可核諸實」。此未得楊子之意也。楊子因或問堯讓天下於許由，而爲此説。靈場者，禪位之壇也。鄭康成注《尚書大傳》曰「古者天子命大事命諸侯，則爲壇國之外，堯聚諸侯命舜陟〔一〕位居攝，致天下之事，使大録之」。其後，漢魏之事，循用此義。故魏公卿上尊號奏有曰「遵大鹿之遺訓，遂於繁昌築靈壇，皇帝乃受天子之籍」云云，此靈場之義也。楊子以爲帝者禪位，其事至大，其禮至嚴。若如或説，堯讓天下於許由，則以天下之重輕相傳受，靈場之威不必在白日，而宜乎在冥夜矣，豈其然乎？故曰「靈場之威，宜夜矣乎」。説者誤以「靈場」爲鬼神壇祠，斯失其義。且如李説「靈場之威實宜於夜矣乎」之文，施之不當矣。

或問：韓非作《説難》之書，而卒死乎説難。

樾謹按：下難字，衍文也。此本云「韓非作《説難》之書，而卒死乎説」，蓋傷其知説之難，而終以説秦王爲李斯、姚賈所毁害致死也。太史公曰「余獨悲韓子爲《説難》而不能自脱耳」，

〔一〕陟，原作「涉」，據《尚書大傳》與蔡啓盛《校勘記》改。

亦是此意。今作「死乎説難」，義不可通。且如此，則或人已知韓非之死由於説難矣。何以楊子又應之曰「説難，蓋其所以死乎」？然則此文「卒死乎説」下，不當有難字，蓋涉上下文并言「説難」而衍。

如賢人謀之美也，詘人而從道；如小人謀之不美也，詘道以從人。（《寡見》）

樾謹按：如，猶與也。「如賢人謀」者，與賢人謀也。「如小人謀」者，與小人謀也。如、與聲近，故得通用。説見王氏《經傳釋詞》。

古者之學耕且養。

樾謹按：此本作「古之學者耕且養」，傳寫誤倒耳。「古之學者」與下文「今之學也」相對爲文，上句用者字，下句用也字。亦猶《論語·陽貨篇》「惡紫之奪朱也，惡鄭聲之亂雅〔一〕樂也，惡利口之覆邦家者」，《孟子·盡心篇》「孩提之童，無不知愛其親者，及其長也，無不知敬其兄也」，并以者、也互用，是其例也。〔二〕

〔一〕雅，原作「邪」，據《論語》及蔡啓盛《校勘記》改。
〔二〕按，《漢書·藝文志》正作「古之學者耕且養」，可以參證。

魯不用真儒故也。

樾謹按：祕曰「齊人歸女樂，季桓子使定公受之，三日不朝，孔子行。言不聽孔子故也」。此恐非楊子之意。上文曰「昔在姬公用於周，而四海皇皇，奠枕於京。孔子用於魯，齊人章章，歸其侵疆」。是楊子固以魯人爲能用孔子矣，豈有甫言其能用，而又言其不能用乎？且如吴說，但當曰「魯不用儒」足矣，何以言「不用真儒」乎？蓋或人所問，魯用儒而削，自指魯穆公時事，《鹽鐵論・相刺章》曰「昔魯穆公之時，公儀爲相，子柳、子原爲之卿，然北削於齊，以泗爲境，南畏楚人，西賓秦國」。或人此問，意亦猶是。楊子則以公儀諸人皆未足爲真儒，必如周公、孔子，乃見用儒之效。故曰「魯不用真儒故也」。《孟子・告子篇》「魯穆公之時，公儀子爲政，子柳、子思爲臣，魯之削也滋甚」。是魯穆公以用儒而削，自戰國時已有此說。子思，疑亦當作子原，不然何以反列子柳之下？且果用子思，不得謂非真儒矣。觀楊子不用真儒之說，益見穆公之未能用子思也。

奔壘之車。

樾謹按：光曰「奔壘，謂馬驚逸抵敵壘者」，此未解奔字也。《說文・夭部》「奔，走也。從夭，賁省聲」。故賁與奔，古通用。《詩》「鶉之奔奔」，《禮記・表記》引作「鶉之賁賁」，是也。

「奔壘」，當作「賁壘」。《射義》「賁軍之將」，鄭注曰「賁，讀爲僨。僨，猶覆敗也」。《大學》「此謂一言賁事」，《釋文》曰「賁，本又作僨，猶覆敗也」。然則「賁壘之車」，謂車之覆於壘者。下句「沈流之航」，謂舟之沈於流者，兩文正相對。隱三年《左傳》「鄭伯之車僨於濟」。車以僨言，古語然也。僨通作賁，又通作奔。而學者據本字說之，失其義矣。

諸子平議卷三十五

楊子法言二

因往以推來，雖千一不可知也。（《五百》）

樾謹按：千謂千歲，一謂一歲，從其極疏者言之，或千歲而生一聖人，從其極數者言之，或一歲而生一聖人。故曰「雖千一不可知也」。李軌注曰「千歲一人，一歲千人，不可知也」。夫聖人之生，必無一歲千人之理，疑李注本作「一歲一人」，傳寫誤耳。祕曰「雖千年一聖，亦未可知也」，則但從其疏者言，於義爲不備矣。

若是，則仲尼之開迹諸侯也，非邪？

樾謹按：《國語·晉語》「夫樂以開山川之風」，《吕氏春秋·樂成篇》「夫開善豈易哉」，韋昭、高誘注并曰「開，通也」。然則「開迹」者，通迹也。如魯兩生之不肯行，則絶迹於漢廷矣。故以孔子之歷聘諸侯爲通迹也。宋訓開爲開布，於義未安。吴分開迹爲二義，則更失之。

不聽正，諫而不用，噫者吾於觀庸邪！無爲飽食安坐而厭觀也。

樾謹按：「不聽正」，當從宋讀作「不聽政」。温公亦云「正，與政同也」。噫當作意。「意者吾於觀庸邪」七字爲句。邪，乃語詞。蓋托爲孔子之言，若曰，意者吾將於此觀彼庸庸者邪！故又曰「無爲飽食安坐而厭觀也」。《楊子》書每以庸爲庸衆之稱。《問明篇》「甚矣，聖道無益於庸也」，又曰「如庸行翳路」，宋、吴并以「庸愚」釋之。此文庸字，亦當與同。因假噫爲意，説者遂不得其解，宋、吴本又增雉字於噫字之上，於義益不可通矣。

世人之益者，倉廩也，取之如單。

樾謹按：如，讀爲而，古字通用，故李注曰「有時而盡」。

或問：「聖人占天乎？」曰：「占天地。」

樾謹按：地，疑也字之誤。下文「史以天占人，聖人以人占天」，但言天，不言地，可證地字之誤。

德隆則晷星，星隆則晷德也。

樾謹按：晷者，日景也。古人以土圭致日景以定南北。《易通卦驗》所謂「樹八尺之表，日中視其晷」，是也。故楊子即借晷爲推測之義，言君德隆盛，則當晷之於星，以驗德之至與不至；星象隆盛，則當晷之以德，以驗星之應與不應也。吳訓晷爲規，本之《釋名》，意蓋近之，惜所説不了。咸曰「晷，影也。猶影蔽之也」，義殊未安。光曰「影從形者也。德崇則星從而祥，星崇則德從而壞」。夫星崇何以壞德？此説甚不可通。且正文但言「晷星」「晷德」，亦不得强爲區別也。

月未望則載魄於西。

樾謹按：李注曰「載，始也。魄，光也。載魄於西者，光始生於西面，以漸東滿」，此古義也。咸曰「按《周書・召誥》『惟丙午朏』，《傳》曰『朏，明也。月三日明生之名』。《康誥》曰『惟三月載生魄』，《傳》曰『三月始生魄，月十六日明消而魄生』。是則朏爲明，魄爲晦矣。夫『月未望』者，即始生明之時也。正文宜曰『月未望則載朏於西』。今未望亦言魄，蓋字之誤」。温公從其説，故曰「魄，當作朏，明也。明始於西，以漸變魄」。今以古義求之，則宋説非也。《康誥篇》《釋文》引馬云「魄，朏也，謂月三日始生兆朏名曰魄」。是朏即魄矣。《説文・月部》「霸，月始生霸然也。承大月二日，承小月三日。從月，䨣聲。《周書》曰『哉生霸』」。以是言之，魄者霸之假字。壁〔一〕中古文本作霸，後人因經傳相承作魂魄字，遂誤以魄爲月質，而有「死霸朔，生霸望」之説，與《禮記・鄉飲酒義》「月三日則成魄」、《白虎通》「三月成魄，八日成光」之説，皆不合矣。是故《康誥》之「惟三月載生魄」，實即《洛誥》〔二〕之「越若來，惟三月丙午朏」。説詳《群經平議》。此文云「月未望則載魄於西，既望則終魄於東」，始終皆以魄言，足徵僞孔傳之誤。而宋咸輒生异説，温公亦爲之惑，信古義之久湮矣。

聆聽前世，清視在下。

樾謹按：「聆聽」叠用，無義。故宋、吴本改作「聆德」，温公從之。然其注曰「前世不可見，故云聽。臣民今在下，故云視」。則雖從作德之本，而仍不及德字之義。若然，德字爲贅設矣。宋、吴之本，殆不可從。今按，聆當作泠。泠與清，本雙聲字。《文選・風賦》曰「清清

〔一〕壁，原作「璧」，據文義改。
〔二〕洛誥，下引文見《尚書・召誥》，疑召誤爲洛，當改。

泠泠」，蓋聲近者義亦相同。「泠聽前世，清視在下」，泠亦清也。楊子正以「泠聽」與「清視」相對爲文，後人不達，因其與聽連文，改泠爲聆，又因「聆聽」不宜疊用，而改聽爲德，愈改而愈失其真矣。

先甲一日易，後甲一日難。（《先知》）

樾謹按：《管子·四時篇》曰「春三月以甲乙之日發五政」，「夏三月以丙丁之日發五政」，「秋三月以庚辛之日發五政」，「冬三月以壬癸之日發五政」，是以《周易》稱「先甲三日、後甲三日」，蓋以春三月言也。又稱「先庚三日，後庚三日」，蓋以秋之日言也。楊子此文獨稱「先甲」，則專以春言耳。其「三日」「一日」，皆行事之節。如《冠禮》「前期三日，筮賓」，此先三日之例也。「子生三日，卜士負之」，此後三日之例也。《祭禮》「前期一日，視濯視牲」，此先一日之例也。《鄉射禮》「明日有息司正之事」，此後一日之例也。說互見《群經平議》。「先甲一日易，後甲一日難」，即所謂「靡不有初，鮮克有終」耳。舊說皆未得。

死者逋。

樾謹按：既死矣，又何逋之有？祕曰「見死者逋逃而不葬」，光曰「逃棄不葬，皆就生者言」，亦曲爲之說耳。逋，乃膊之假字。膊從専聲，専從甫聲，逋亦從甫聲，故得通用。《說文·

肉部》「膊，薄脯，膊之屋上也」。《方言》「膊，暴也。燕之外郊，朝鮮洌水之間，凡暴肉、發人之私、披牛羊之五藏，謂之膊」。然則「死者膊」，猶言暴露也，正與上文「死者葬」相對。

或問民所勤。

樾謹按：僖二年《穀梁傳》「不雨者，勤雨也」，《釋文》曰「糜氏音覲」。《集韵·去聲二十二稕》「勤，渠吝切，憂也」。《春秋傳》「勤雨」，糜氏説此文勤字，當從彼讀。《音義》無音，失之。

吾見玄駒之步。

樾謹按：襄二十六年《左傳》「左師見夫人之步馬者」，杜注曰「步馬，習馬」。字亦作騬。《玉篇·馬部》「騬，盆故切，習馬」。此云「玄駒之步」，蓋因螘有駒名，故借用「步馬」之義，正古人屬辭之密。吴注但曰「步，行也」，未得其旨。

雷不一，風不再。

樾謹按：李解上句曰「三令五申」，解下句曰「制無二也」，甚得楊子之旨，惜其説下句未了耳。《易通卦驗》曰「立春，調風至。春分，明庶風至。立夏，清明風至。夏至，景風至。立秋，凉風至。秋分，閶闔風至。立冬，不周風至。冬至，廣莫風至」。是一時有一時之風。「風不再」，謂不并至也。[一] 王者法之，故號令亦無錯出矣。光曰「一、再，言其少。洊雷隨風，乃能動物。三令五申，乃能齊衆」。然則一與再，何必异其文乎？

聖人樂陶成天下之化，使人有士君子之器者也。

樾謹按：宋、吴本樂下有天字，然於義殊不合。疑天乃夫字之誤。「聖人樂夫陶成天下之化，使人有士君子之器者也」，其旨亦與李本不殊。因夫字誤作天，宋、吴遂依誤本爲説，鑿矣。宜温公不之從也。

爲國不迪其法，而望其效，譬諸算乎！

樾謹按：李注曰「夫算者，不運籌策，不能定其數」。然正文并無「不運籌策」之説。光曰「譬如無財而運算，終無益於富」。然正文亦無「無財」之説，是二説皆以意增益，非楊子意也。算，疑簒字之誤。《方言》曰「凡取物而逆謂之簒」。爲國者，必先迪其法，而後望其效。今不迪其法，而即望其效，猶之乎逆而取之矣。故曰「譬諸簒乎」。《論語·陽貨篇》「譬諸小人，其猶

[一] 汪榮寶《法言義疏》十二先知卷第九認爲：「一時有一時之風，乃風因氣候之變而异其凉燠，遂各爲之名。非諸异名之風不并至。且『不并』之與『不再』，義亦有别。俞説非也。」

穿窬之盗也與」，亦以人事爲喻，正與此同。《法言》固擬《論語》而作也。〔一〕

蓋哉！蓋哉！應難未幾也。（《重黎》）

樾謹按：「應難」二字，衍文也。此本云「蓋哉！蓋哉！未幾也」。李注曰「再言『蓋哉』者，應難以事未有近其理者」。是「應難」之文，乃李氏解再言「蓋哉」之意，猶言應之難也。正文即涉注而衍耳。

迄始皇，三載而咸。

樾謹按：始皇二十六年始并天下，始稱皇帝。而此言「三載」，於義可疑。祕曰「蓋言稱皇帝後三年，東行郡縣，上鄒嶧山，刻石頌秦功德，封泰山，禪梁父，而天下咸一也」，此亦曲説矣。今按，《重黎》一篇，多楊子之微言。李注上文《黄帝終始章》曰「深矣楊子之談也。王莽置羲和之官，故上章寄微言以發重黎之問。而此句明言真僞之分也」。然則楊子之文，固有深意矣。按夫始皇以二十六年并天下，當時無不知之，乃云「始皇三載」者，故爲悠謬之辭以寓意也。

〔一〕汪榮寶《法言義疏》十二先知卷第九認爲：「運籌策者，算之法。不運籌，即不迪算法之謂，非以意增益。俞説殊謬。」

《漢書》元始五年，平帝崩，莽稱攝皇帝，改明年爲居攝元年。至居攝三年十一月戊辰，遂即真天子位。以十二月癸酉朔爲始建國元年。然則所謂「始皇三載」者，其文則指始皇，其意則在新莽。以居攝三年，當始皇之二十六年，使其文若謬誤者，而其旨微、其辭曲矣。學者拘文牽義，烏足以語此哉！又按，咸者，𢦏之假字。《説文・戈部》「𢦏，絶也。讀若咸」。經傳即以咸爲之。《尚書・君奭篇》「咸劉厥敵」、《周書・世俘篇》「越五日甲子朝，至接于商，則咸劉商王紂」，咸皆𢦏之假字也。「迄始皇三載而咸」，謂至始皇三載而絶也。李注云「皆屬秦也」，訓咸爲皆，失之。

子弟且欲喪之，況於民乎，況於鬼神乎！

樾謹按：此論秦楚，而秦楚初無「子弟欲喪」之事，楊子是言，豈虚設乎？蓋爲王莽發也。莽子宇非莽隔絶衛氏，恐帝長大後見怨，與師吴章、婦兄吕寬議其故，使寬持血灑莽第，門吏發覺之，莽執宇送獄，飲藥死。其後皇孫功崇公宗，坐自畫容貌被服天子衣冠，自殺。莽有「宗屬爲皇孫，爵爲上公，不知厭足，窺欲非望」之語，事在天鳳五年，亦楊子所及見也。然則所謂「子弟且欲喪之」，殆以是而發乎！至地皇二年，太子臨與莽妻侍者通，恐事泄，謀共殺莽，此則非楊子所及見。然其言愈信而有徵矣。《重黎》一篇，雖論古人，實寓時事。上文或問「趙世多神，何也」？曰「神怪茫茫，若存若亡，聖人曼云」。此刺莽之以符命自立也。下文論韓信、黥布云「忠不終，而躬逆，焉攸令」？亦刺莽始以誅淳于長，及徹去定陶太后坐，獲忠直名，而後乃躬爲大逆也。《孟子》曰「頌其詩，讀其書，不知其人，可乎？是以論其世也。」讀《楊子》書，宜論其世矣。

如矯世，則葛溝尚矣。

樾謹按：葛溝，未詳何義。李注曰「古者未知喪送之禮，死則裹尸以葛，投諸溝壑」。然裹尸，何必以葛，亦似曲説也。葛，疑楬之假字。《周官·蜡氏》「若有死於道路者，則令埋而置楬焉」。楬溝，言棄尸於溝而置楬其上。較之倮葬爲更疏略矣。

攀龍鱗，附鳳翼，巽以揚之。（《淵騫》）

樾謹按：光曰「宋、吴本作『巽以揚之』，今從李本。揚，發揚也」。是李本無巽字。盧氏弨弓云「李本巽作翼」，不知翼者即涉上句「附鳳翼」而誤衍。温公但云「揚，發揚也」，不及翼字之義，是其所據本無巽字，亦非别有他字也。今各本皆作「巽以揚之」，蓋據宋、吴本加，非李本之舊。

起臨洮，擊遼水。

樾謹按：擊字無義，疑罄字之誤。《爾雅·釋詁》「罄，盡也」。言起臨洮，而盡遼水也。《史記》作「起臨洮，至遼東」。至即有盡義。

力不足而死有餘。

樾謹按：力者，功也。《周官·司勳》「治功曰力」，是也。言蒙恬爲秦築長城，無救於秦之亡，以論功則不足，以致死則有餘矣，故曰「力不足而死有餘」。宋、吴本死作屍，誤也。温公從之，非是。

忠不足相也。

樾謹按：《説文·木部》「相[一]，省視也。從目從木。《易》曰『地可觀者，莫可觀於木』」。是相與觀，義近。「忠不足相也」，猶曰忠不足觀也。不曰觀，而曰相，子雲好爲艱深之辭故耳。李注訓相爲助，將使誰助之乎？失楊旨矣。

[一] 相，見於《説文》卷四上《目部》，俞氏誤，當改。

實蛛蝥之靡也。

樾謹按：李注曰「若蜘蛛之蟲小巧耳」。然下文曰「實壯士之靡也」「實刺客之靡也」，豈亦「小巧」之謂乎？祕曰「靡，披靡而死也」，光曰「謂靡爛也」，義皆未安。靡與爲，古音相近。故《廣雅・釋詁》曰「靡，爲也」。「蛛蝥之靡」，即蛛蝥之爲，猶曰是乃蛛蝥之所爲耳。下文兩靡字，義同。

曼面爲姊。

樾謹按：曼，當讀爲鏝。《爾雅・釋宫》「鏝謂之杇」。《説文・木部》「杇，所以涂也」。是鏝者，所以塗之具。故塗即可謂之鏝。鏝面者，塗面也。《音義》曰「曼，謨官切。塗面」，此説得之。祕曰「曼，無也。使他人無所識認」，則不可通矣。

折節：周昌、汲黯。

樾謹按：以周昌、汲黯而謂之折節，義不可通。祕曰「折節，言其能降也。夫彊直之人，降則爲亂。若二公者，天姿彊直，而乃能降，其折節可尚矣」，斯亦曲爲之説，非楊子意也。折，疑抗字之誤。言其能抗節而不撓也。隸書亢字或作𠘯。《華山碑》「禮與岱𠘯」，是也。

凡從亢之字，亦或作亢。《劉寬碑》「伉浮雲之志」，伉即伉字。《殽阬神祠碑》「於是殽阬以爲之黄」，阬即阬字，并其證也。此文抗字，從隸體作抏，形與折似，因誤爲折。吴氏曲爲之説，謬矣。

滕、灌、樊、酈曰「俠介」。

樾謹按：俠，與夾通。《尚書・多方篇》「爾曷不夾介，乂我周王」，此即楊子所本。《一切經音義》十二引《倉頡》曰「夾，輔也」。《爾雅・釋詁》曰「介，助也」。夾介，猶言輔助。説詳《群經平議》。李注曰「此四人前後輔夾高帝」，得其義矣。吴説非。

叔孫通，曰「槧人也」。

樾謹按：李注謂「見事敏疾」，未詳其義。據《五百篇》楊子以魯兩生爲大臣，則其不滿於叔孫通也甚矣。不當如李氏説也。祕曰「叔孫通采古禮與秦儀，雜著漢儀，簡牘之人也」。槧，猶牘也」，此説亦殊未安。槧，疑當爲鏩。《太玄・上》「初一。挫厥鏩鏩」，温公解爲「挫其鋭進躁急之志」。叔孫通不知禮樂百年而後興，而急欲爲之，豈非所謂鏩鏩者乎？故楊子以爲鏩人。鏩字，依《説文》本作鏨。兹作槧者，或亦如鑿之與槃，古本一字耳。

曰：血國三千，使捋疏飲水褐博，没齒無愁也？

樾謹按：咸曰「昔禹會塗山，執玉帛者萬國，於商周之世已漸并之矣。故至漢世但可三千而已」，此説殊謬。古之建國，盪然無存，安得云「可三千」乎？祕曰「周一千八百國，而漢郡國一百三，縣邑千三百一十四，云三千者，蓋貨殖之人，倍取於國，且言其多」，此亦曲爲之説，非楊意也。今按《漢書·王莽傳》「始建國四年，授諸侯茅土，諸侯之員千有八百，附城之數亦如之」。是合諸侯與附城凡三千六百國。「血國三千」，依莽制言之，舉成數耳。楊子此文蓋亦有譏焉。是時以圖簿未定，未授國邑，且令受奉都内月錢數千，諸侯皆困乏，至有庸作者。楊子因或問「貨殖」而應之曰「蚊」。又復爲此言，若謂彼貨殖者，亦猶蚊之爲蟲，食人之血以生耳。今天下建國三千，彼得國者亦將血之以自肥也。乃使之捋疏飲水褐博，没齒無愁邪？句末也字，當讀爲邪。《楊子》書多有此文法。《學行篇》「衆人所能逾也」「其樂可量也」，并以也爲邪，説已見前矣。上文已有曰字，而此復有曰字，乃更端之語，温公謂衍字，非也。説此文者皆不達「血國三千」之義，故不得其解。

陳平之無悟。

樾謹按：李注曰「内明奇畫，外無違悟」。疑其所據本作「無啎」。《説文·午部》「啎，逆也」，故注曰「外無違啎」。若是悟字，則「違悟」之文不相屬矣。後人多見悟，少見啎，因改啎爲悟。宋、吴本又因悟字無義，易以悞字，而訓爲謬悞，愈失其真。温公反謂悞與忤同而從之，其失甚矣。

鼓之以道德，征之以仁義。

樾謹按：征，乃鉦字之誤。《詩·采芑篇》「鉦人伐鼓」，《傳》曰「鉦以静之，鼓以動之」，是鉦、鼓相對爲文。「鼓之以道德，鉦之以仁義」，猶言以道德動之，仁義静之耳。今誤作征，殊失其義。

應諧似優。

樾謹按：李注曰「似倡優」，此説非也。下文「不窮似哲，正諫似直，穢德似隱」。哲也、直也、隱也，皆美名，不應首句言「似倡優」也。且似倡優矣，尚何名過其實之有？與問意亦不相應也。此優字乃優游之義。《論語·憲問篇》皇侃疏曰「優，猶寬閑也」，《左氏春秋序》「優而柔之」，正義曰「優、柔俱訓爲安，寬舒之意也」，皆可説此優字之義。

或問「航不漿，衝不薺，有諸」？（《君子》）

樾謹按：李注曰「樓航不挹漿，衝車不載薺」。然薺有三：《説文·艸部》「薺，蒺藜也」，此一薺也。《詩·谷風篇》「其甘如薺」，《釋文》曰「薺，菜也」，又一薺也。《禮記·月令》「靡草死」，鄭注曰「靡草，薺亭歷之屬」，又一薺也。此所謂薺，何薺乎？且草類亦多矣，何獨言薺乎？薺，當爲齏。《周官·醢人》「以五齊七醢七菹三臡實之」，鄭注曰「齊，當爲齏。凡醢醬所和細切爲齏」。然則「航不漿，衝不齏」，謂樓航不可挹酒漿，衝車不可盛齏醢也。漿與齏以類相從，作薺者假字耳。以本字讀之，則不倫矣。

玩而廉。

樾謹按：上句「柔而堅」，堅與柔對，則此句必廉與玩對。光曰「玩，當作刓，音完，謂廉而不劌」。如温公説，則當改「玩而廉」，謂「廉而不玩」矣，殆亦未得也。蓋温公雖知玩爲刓之假字，而未得其義。凡物刓之，則圜。《楚辭·懷沙篇》「刓方以爲圜兮」，是也。故《史記·酈生陸賈傳》「刻印刓而不能授」，《集解》引孟康曰「刓，刓斷無復廉鍔也」。然則「刓而廉」，正與「刓斷無廉鍔」相反。《漢書·陳平傳》「士之頑鈍耆利無耻者」，如淳曰「頑鈍，謂無廉隅也」。《孟子·萬章篇》曰「頑夫廉」，頑與廉對，足證此文之義。以物言之，爲「刓而廉」，以人言之，爲「頑而廉」矣。

隊乎其不可形也。

樾謹按：宋訓隊爲衆，未知何據。祕曰「隊乎猶言垂之如隊」，温公從之。然玉之德多矣，何獨以下之如隊言之乎？《説文・心部》「㒸，深也」。隊，疑㒸之假字。或學者多見隊，少見㒸，而改之也。惟其深，故不可得而形矣。

甚矣，傳書之不果也。

樾謹按：《説文・木部》「果，木實也」。木實謂之果，故果與實同義。《淮南子・道應篇》高誘注曰「果，誠也」。誠即實也。「傳書之不果」，言傳記之書多失實也。宋、吴説果字，皆未得其義。

如回之殘、牛之賊也，焉德爾？

樾謹按：「焉德爾」，當作「焉得爾」。咸曰「言假令顔行之殘、冉行之賊，則安得不朽之壽如是哉」！正釋「焉得爾」之義。因涉上文「德故爾」而誤耳。

天地裕於萬物乎？萬物裕於天地乎？（《孝至》）

樾謹按：世德堂本無兩「乎」字。然觀宋咸注曰「正文當云『萬物非裕於天地』」，疑脱其非字。裕，饒裕也。天地生萬物非冀其報，故能饒裕於萬物，而萬物不能饒裕於天地也」。是宋所據本，亦無兩「乎」字。不然，則豈不知其爲疑問之辭，而顧疑其脱非字乎？

是以祭不賓。

樾謹按：以儀禮言之，則祭必有賓。楊子此言，非古制矣。祭，疑齊字之誤。上文曰「夫能存亡形、屬荒絶者，惟齊乎？故孝子之於齊，見父母之存也」，此云「是以齊不賓」，義正相應。謂方齊之時，不接見賓客也。齊誤作祭，義不可通。宋、吴之解，與禮不合。光曰「賓，謂敬多而親少，如待賓客」，則曲爲之説矣。

或曰「何以處僞」？

樾謹按：物居其所謂之處，使物各得其所亦謂之處。《魯語》「夫仁者講功，而知者處物」，是其義也。故處即有審察之義。文十八年《左傳》「則以觀德，德以處事」。《大戴禮・文王官人篇》「以其聲處其氣」，《漢書・谷永傳》「臣愚不能處也」，《淮南子・主術篇》「援白黑而示之，則不處焉」，其義并同。「何以處僞」，謂何以辨别其僞也。下文楊子應之曰「有人則作之、無人則輟之之謂僞。觀人者，審其作輟而已矣。」是告之以審察之道。故知此「處」字，非居處之謂也。祕曰「何以居僞」，失之矣。

知情天地形不測。

樾謹按：光曰「知，與智同」，是也。咸曰「知情天地者，言知天地之情」，祕曰「知天地之情，其形不可測」，并誤讀知字矣。「知情天地形不測」與上文「德諧頑嚚讓萬國」，相對爲文。天地不能匿其情，是謂情天地；不測者，無所隱其形，是謂形不測。舊説皆失之。

不亦享乎？

樾謹按：享字無義，乃厚字之誤〔一〕。隸書厚字，或作厚，《婁壽碑》「高位厚禄」是也。亦或作厚，《度尚碑》「惠以厚下」是也。厚厚二形，均與隸書享字作享者相似，因誤爲享耳。此言單于來臣，禮之太厚也。自來皆依誤本作注。祕曰「不亦施饗禮之盛乎」？增益其文，殊非本義。光曰「享，當作亨，亨猶泰也」，亦爲迂曲。

〔一〕按，俞説近是，今《太平御覽》卷八四九引此文正作「厚」。

周公以來，未有如漢公之懿也，勤勞則過於阿衡。

樾謹按：王莽居攝三年，劉歆與博士諸儒議莽母功顯君服，稱「殷成湯既没，而太子蚤夭，其子太甲幼少不明，伊尹放諸桐宮而居攝，以興殷道。周武王既没，周道未成，成王幼少，周公屏成王而居攝，以成周道。是以殷有翼翼之化，周有刑錯之功」。然則伊尹、周公者，莽居攝以前所以自比者也。至始建國元年，莽曰：「王氏，虞帝之後也，出自帝嚳；劉氏，堯之後也，出自顓頊」。則不自以爲伊尹、周公，而以爲虞舜矣。楊子仍以伊尹、周公待之，蓋不許其爲虞舜也。楊子此言，與阮嗣宗《爲鄭冲勸晋王箋》同意。箋曰「昔伊尹，有莘之媵臣耳，一佐成湯，遂荷阿衡之號。周公籍已成之勢，據既安之業，光宅曲阜，奄有龜蒙」，是亦以伊、周比之也。末云「令大魏之德，光於唐虞，明公盛勳，超於桓文，然後臨滄洲而謝支伯，登箕山以揖許由，豈不盛乎」！是亦不許其爲虞舜也。此皆古人之微辭，後人鮮或能喻矣。或疑楊子既不諂莽，何必爲此言？温公釋之曰「晋袁宏作《東征賦》，不序桓彝、陶侃，猶爲桓温、陶胡奴所劫，况楊子作《法言》，品藻漢興以來將相名臣，而獨不及莽，莽能無耻且忿乎」？温公之論，亦屬膚淺。楊子特著此文，蓋有微意矣。《法言》一書，終以《孝至》。是篇論唐虞成周，而終之以漢。上文曰「或問『泰和』。曰『其在唐虞成周乎』」？又曰「漢德其可謂允懷矣」。下文曰「漢興二百一十載而中天，其庶矣乎」！終之曰「唐矣夫」！蓋以漢德上媲唐堯也。中間特著此文，以見漢祚中絶之由。且上言「允懷」，見民心之思漢也。下言「中天」，見漢祚之方半也。若無此文，則前後文之微意皆不見矣，故依楊子之文觀之，自唐虞成周而漢，漢絶於新，新復爲漢，歷歷可數。至誠前知，楊子之謂矣。

辟廱以本之，校學以教之。

樾謹按：《後漢書》世祖建武五年初起太學，中元元年起辟廱。楊子之言，至是驗矣。上文「漢興二百一十載而中天」，柳宗元曰「楊子極陰陽之數，此言知漢祚之方半耳」，其信然乎！

陳施于意。（《序》）

樾謹按：意，《漢書》作億。李奇曰「布陳於億萬事也」。温公不言諸本有異同，是其所據本皆作意。然祕曰「言陳施之，動成萬法」，則吴司封本固作億也。

幽宏横廣。

樾謹按：宋、吴及温公本均作「横度」，當從之。廣，即度字之誤耳。惟「横度」之義，宋、吴皆未得。横，與光同。《書·堯典》「光被四表」，《後漢書·馮异傳》作「横被四表」，是也。度與宅同。《堯典》「五流有宅」，《史記·五帝紀》作「五流有度」；《禹貢》「三危既宅」，《夏本紀》作「三危既度」，是也。然則「横度」，即「光宅」也。《書序》「昔在帝堯，聰明文思，光宅天下」，此即楊子所本。

參差不齊一，概諸聖。

樾謹按：舊讀皆於齊字絶句，非也。《詩·載馳篇》毛傳曰「進取一概之義」，《正義》曰「一概者，一端」。然則此云「一概諸聖」，不可通也。疑當於「一」字絶句。《淮南子·修務篇》「故立天子以齊一之」，是「齊一」連文之證。惟其參差不齊一，故必概諸聖也。《學行篇》序曰「訓諸理」，《五百篇》序曰「經諸範」，此云「概諸聖」，句法正同。